Hans-Günther Hartmann

MORITZBURG

Schloß und Umgebung
in Geschichte und Gegenwart

Dem Andenken
meines verehrten Lehrers
Professor Dr.-phil. Walter Hentschel
(1899–1970)

Hans-Günther Hartmann

MORITZBURG

Schloß und Umgebung
in Geschichte und Gegenwart

1989
Hermann Böhlaus Nachfolger · Weimar

Mit 229 Textabbildungen

ISBN 3-7400-0093-7

Erschienen bei Hermann Böhlaus Nachfolger, DDR-5300 Weimar, Meyerstr. 50 a
© Hermann Böhlaus Nachfolger, Weimar 1988
Lizenznummer: 272–140/134/88
Printed in the German Democratic Republic
Satz und Druck: VEB Druckhaus Köthen
Bindearbeiten: Druckhaus „Maxim Gorki", Altenburg
Klischeeherstellung: Interdruck Leipzig
Gestaltung: Angelika Schönemann, Weimar
LSV 8126
L.-Nr. 2661
Bestell-Nr. 795 763 5

05000

Inhalt

Vorwort

Das nordwestlich von Dresden inmitten der Wald-
und Teichlandschaft des Friedewaldes gelegene Jagdschloß Moritzburg gilt als bedeutendstes Wasserschloß
der DDR. Hervorgegangen aus einer unter Kurfürst
Moritz 1542 begonnenen Renaissanceanlage, verdankt
es seine heutige Form einem Umbau, der 1723 in
enger Wechselwirkung zwischen August dem Starken
und seinem Oberlandbaumeister Matthäus Daniel
Pöppelmann begann und um 1736 zum Abschluß kam.
Ein Zeugnis der Jagdleidenschaft der Wettiner, be-
sticht dieser völlig auf äußere Zurschaustellung monarchisch-zentraler Macht abgestimmte Schloßbau
durch seine großartige Vereinigung mit der Landschaft: Architektur, Park, Wald und Wasser bilden
eine gestalterische Einheit, in der sich in selten überkommener Reinheit der Gedanke des barocken Gesamtkunstwerkes ausdrückt. Dabei überrascht freilich
die im Vergleich zum süddeutschen oder österreichischen Barock sparsame dekorative Gestaltung. Doch
setzt sich hier ein stilistischer Wandel fort, der um
1720 in Sachsen mit dem Bau des Pillnitzer Wasserpalais begonnen hatte und die Ablösung der hochba-
rocken Formensprache Pöppelmanns durch den bür-
gerlich-rationellen Geist des aufkommenden Klassizismus bewirkte. Dem einmaligen äußeren Bild entspricht die ebenso einmalige Inneneinrichtung des
Schlosses, deren Charakter von im großen Umfang erhaltenen Ledertapeten und der stärksten Rothirsch-
geweihsammlung der Welt bestimmt wird.

Ihren baulichen Abschluß erfuhr die Anlage nach
der wirtschaftlichen Erholung des Landes vom De-
saster des Siebenjährigen Krieges. Aber das seit 1769
ostwärts vom Schloß entstehende Fasanenschlößchen
wird zum Ausdruck einer inzwischen verbürgerlich-
ten fürstlichen Lebensweise, die vom Weiten ins
Enge, von der Repräsentation ins Intime strebt. Nicht
mehr das Hinwenden zum harmonisch-individuellen
Naturerlebnis im Sinne Rousseaus, sondern die
Flucht vor den wachsenden gesellschaftlichen Widersprüchen in eine Scheinwelt kennzeichnet hingegen
jene verspielt-maritimen Anlagen, die nach 1780 mit
Miniaturhafen, Leuchtturm und den künstlichen Ruinen der „Dardanellen" an den Ufern des Großteiches entstehen. Daß hierbei noch Gedanken Augusts
des Starken in Form von Schneisenführungen wie

auch der Anordnung von Blickpunkten ihre Realisierung finden, erhöht den Reiz des heute als Ausdruck zweier unterschiedlicher Kulturäußerungen er-
lebbaren Gesamtkunstwerkes Moritzburg.

Die sich unter dem Einfluß der Französischen Revolution durchsetzenden Veränderungen im Jagdwesen ließen auch das Jagdschloß Moritzburg in seiner
Bedeutung zurücktreten, so daß es seit etwa 1830
nur noch bei gelegentlichen Hofjagden als Festort
diente. Beim Sturz der Monarchie 1918 vorübergehend enteignet, verblieb das danach als Wohnschloß
genutzte Bauwerk bis 1945 im Besitz der Wettiner.
Nach seiner Überleitung in Volkseigentum 1947 als
„Barockmuseum Schloß Moritzburg" eröffnet, entwickelte es sich zu einem international bekannten Bil-
dungs- und Kulturzentrum, das heute vornehmlich
kunst- und kulturgeschichtliche Kenntnisse über das
Zeitalter des Barocks und der Jagd vermittelt.

Im vorliegenden Buch unternimmt der Verfasser
den Versuch, die Entwicklung des Moritzburger Gesamtkunstwerkes einschließlich seiner Nebenanlagen
erstmals komplex darzustellen. Dies geschieht unter
Einbeziehung der jeweiligen politischen, ökonomischen und gesellschaftlichen Verhältnisse, da erst im
Zusammenhang mit ihren Wechselwirkungen eine solche Schöpfung als geschichtliches Denkmal verständ-
lich wird. Ausgehend vom Charakter des Schlosses
kam dabei einer Darstellung der zeitlich unterschiedlichen Jagdverhältnisse besondere Bedeutung zu: sie
verbinden sich mit dem alten Jagdgebiet des Friedewaldes, das die barocken Planungen in einen großen
Tiergarten zu verwandeln suchten, wobei dem Schloß
der Status eines ideellen Mittelpunktes zugedacht
war. Die eng damit verknüpften forst- und teich-
wirtschaftlichen Probleme des Waldbereiches werden
von Entwicklungen in den Randdörfern ergänzt, wo
harte Lebensrealitäten der Landbevölkerung einer
feudalen Machtausweitung und Prunkentfaltung ge-
genüberstanden.

Das Schaffen der jungen „Brücke"-Künstler an den
Moritzburger Teichen 1906/11 wie auch der Aufenthalt von Käthe Kollwitz 1944/45 in Moritzburg sollen darüber hinaus die aus dieser Landschaft erwachsenden geistigen Impulse belegen. Die Darstellung
des Zeitabschnittes von 1945 bis zur Gegenwart ver-

folgt den Ausbau der Schloßanlage zu einer Stätte der kulturellen Bildung. Darin einbezogen sind die vielfältigen denkmalpflegerischen Bemühungen zur Erhaltung des einmaligen Ensembles, während abschließend Entwicklungstendenzen des Naherholungsgebietes „Friedewald-Moritzburger Teichgebiet" Berücksichtigung finden.

Der Verfasser stützt sich bei all dem auf eine Reihe von Veröffentlichungen namhafter Wissenschaftler, von denen zunächst Walter Bachmann genannt werden muß. In seiner um 1936 verfaßten monographischen Arbeit über Moritzburg, die sich als unveröffentlichtes Manuskript im Institut für Denkmalpflege, Arbeitsstelle Dresden, befindet, untersucht er vor allem die Baugeschichte des kurfürstlichen Jagdhauses bis zum Umbau unter August dem Starken, wobei umfangreiche überkommene Materialien ihre teilweise erstmalige Bearbeitung erfahren. Eine Beschreibung der Moritzburger Gesamtanlage hatte bereits Cornelius Gurlitt 1904 in Band 26 seines Inventarisationswerkes über die sächsischen Bau- und Kunstdenkmäler gegeben. Ebenso enthalten in späteren Jahren vor allem von Walter Hentschel, Heinrich Gerhard Franz und Hermann Heckmann verfaßte Untersuchungen zu speziellen Problemen der sächsischen Baugeschichte wertvolle Erkenntnisse zur Moritzburger Thematik. Dagegen behandelte in neuerer Zeit Gisela Haase im Rahmen ihrer Arbeiten über Dresdener Möbel des 18. Jahrhunderts auch Aspekte der ursprünglichen Ausstattung des Schlosses und des Fasanenschlößchens. Zudem veröffentlichte Brunhild Werner-Gonschor Untersuchungen über die ornamentalen Ledertapeten, während Harald Marx innerhalb seiner Forschungen über Louis de Silvestre die Ledergemälde des Billard- und Monströsensaales einer grundlegend neuen Wertung unterzog. Für die Darstellung des Moritzburger Intermezzos der „Brücke"-Künstler enthielt der 1970 zum gleichen Thema erschienene Ausstellungskatalog des Brücke-Museums Berlin (West) wesentliche Materialien.

Erst nach Abschluß seines Manuskriptes wurde dem Verfasser die 1984 verteidigte Dissertation „Das barocke Architektur- und Landschaftsensemble Moritzburg" von Monika Schlechte bekannt. Der Schwerpunkt dieser Untersuchung liegt auf der Umgestaltungsphase von 1723/33, wobei erstmals eine umfassende Darstellung der barocken Tiergartenplanungen sowie die Behandlung der Schloßanlage als zentraler Bezugspunkt der Gesamtanlage erfolgt. Zudem erfahren die persönlichen Planungsanteile Augusts des Starken und Matthäus Daniel Pöppelmanns ihre

nähere Bestimmung. Besonderen Wert gewinnt die Arbeit durch eine systematische Auswertung des vor allem im Staatsarchiv Dresden liegenden Quellenmaterials, was auch zur Richtigstellung von überkommenen Fehlannahmen führte.

Wirkten sich jene verdienstvollen Untersuchungen grundlegend auf die Absicht des Verfassers aus, so galt es daneben eine Fülle von Veröffentlichungen mit teilweise widersprüchlichen Aussagen zu analysieren, zu vergleichen und kritisch zu bewerten, zumal die ältere Literatur den Nachteil einer fast ausschließlichen Beschränkung auf das Schloß zeigte. Zu besonderen Detailfragen konnten – freilich in begrenztem Umfang – Quellenstudien vorgenommen werden. Eine Vielzahl von Bilddokumenten, unter denen sich auch bisher unveröffentlichte Darstellungen finden, unterstützt das geschriebene Wort, während das Literaturverzeichnis nicht nur benutzte Schriften nennt, sondern darüber hinaus Anregung für weitergehende Studien geben will.

Mein besonderer Dank gilt Frau Dr. Agatha Kobuch, Dresden, und Frau Dr. Gisela Haase, Dresden, die als Gutachter wirkten und in dieser Eigenschaft wertvolle Hinweise zum neuesten wissenschaftlichen Forschungsstand und damit zur Vervollkommnung des Manuskriptes gaben. Für spezielle Hinweise und Anregungen danke ich weiterhin Frau Dr. Herta Steiner, Direktor des Staatlichen Hengstdepots Moritzburg, Herrn Professor Dr.-Ing. Hans Nadler, Dresden, Herrn Archivrat Dr. Siegfried Seifert, Bautzen, sowie Herrn Werner Ehlich, Dresden. Freundliche Unterstützung beim Beschaffen des umfangreichen Bildmaterials gaben die Deutsche Fotothek in der Sächsischen Landesbibliothek, die Staatlichen Kunstsammlungen Dresden, das Institut für Denkmalpflege, Arbeitsstelle Dresden, das Staatsarchiv Dresden wie auch die Kunsthalle Hamburg, das Wallraf-Richartz-Museum Köln und andere Institutionen. Ebenso zu danken ist den Dresdener Fotografen Erich Fritzsch, Wolfgang Krammisch und Ernst Hirsch sowie Rolf Dvoracek, Bautzen, die benötigte Aufnahmen teilweise neu anfertigten. Frau Charlotte Hassebrauk und Frau Helga Jüchser erteilten freundlicherweise die Veröffentlichungsgenehmigung für je eine Abbildungsvorlage; auch danke ich Fräulein Liane Schulze, ehemals Stadt- und Kreisbibliothek Bautzen, für ihre Hilfe beim Beschaffen von schwer erreichbarer Literatur. Schließlich gebührt dem bewährten Mitwirken meiner Frau und nicht zuletzt dem Verlagslektor Herrn Hubert Amft für seine fördernde Unterstützung meines Anliegens ebenfalls Dank.

Hans-Günther Hartmann

Die Landschaft um Moritzburg

In weitem Bogen wird Dresden von einem Kranz ausgedehnter Waldflächen umzogen: Neben der Dresdener Heide im Norden, der Dippoldiswalder Heide im Süden und dem Tharandter Forst im Südwesten kommt vor allem dem nordwestlich der Stadt gelegenen Friedewald in ökologischer Hinsicht wie auch als stadtnahem Erholungsgebiet hohe Bedeutung zu. In enger Verbindung mit dem flachwelligen Relief des Moritzburger Teichgebietes ergibt hier die günstige Verteilung von Wasser, Wiesen- und Ackerland sowie verschiedenartiger Waldformationen eine abwechslungsreiche Kulturlandschaft. Ihre reizvollen Eindrücke werden noch gesteigert durch eine in unterschiedlichen Zeiträumen entstandene Schloßanlage, die mit den umliegenden Wäldern und Teichen eine harmonische Einheit bildet (Abb. 1, 2).

Diese Vielfalt von Naturerlebnissen ist das Ergebnis wechselvoller erdgeschichtlicher Entwicklungen. Mit seinen zahlreichen bewaldeten Kuppen, den kleinen Höhenrücken und dazwischenliegenden Wannen, die meist als Waldwiesen oder Teiche erscheinen, ähnelt das Gebiet der mecklenburgischen Moränenlandschaft. Seine Hochfläche liegt auf der westlichen Grenzverwerfung der Lausitzer Platte und entwickelte sich im engen Zusammenhang mit den angrenzenden Naturräumen des Dresdener Elbtales sowie der Lausitz. Syenit bildet das dominierende Gestein des Grundgebirges; er wechselt nach Osten in den Lausitzer Granodiorit, nach Nordwesten in Syenit-Granit und im Oberauer Bereich in den roten Granit des Meißner Massivs über. Nach Südwesten hingegen trennt eine etwa 100 Meter hohe Geländestufe das Moritzburger Plateau von der Elbtalweitung: Ihr Verlauf folgt einer alten tektonischen Leitlinie, die entstand, als am Ausgang der Kreidezeit der Lausitzer Granodiorit über die Ablagerungen des Elbtales emporgehoben wurde.

Jene in Mitteleuropa nahezu einmalige Kleinkuppenlandschaft entstand durch mehrere unterschiedliche Prozesse, deren bestimmende Aktivitäten in der Elsterkaltzeit lagen. Dabei wurde offenbar eine wohl dem Tertiär entstammende, fast ebene Fläche von der Schurfwirkung des nordischen Inlandeises überformt, so daß das vordem unter einer Verwitterungsdecke lagernde Syenit- und Granitmassiv in zahlreichen kleinen Hügeln und Rücken zutage trat. Heute betonen die oftmals bewaldeten Erhebungen im ackerbaulich genutzten Umland das kuppig-wellige Relief (Abb. 3); hingegen werden die flachen Wannen von tonigen und lehmsandigen Massen als Relikte des von den Gletschern transportierten Materials ausgekleidet. Dieser schwer durchlässige Untergrund förderte das Stagnieren des nur träge abfließenden Wassers, was zur Ausbildung von sumpfigen Tümpeln und Brüchen führte, während man in den größeren Ausschürfungen die Niederschläge seit etwa 1500 zu Teichen aufstaute (Abb. 4, 145). Künstliche Wasserabzugsgräben verbinden sich hierbei mit natürlichen Bachläufen, wobei das Gebiet von der Lockwitz nach der Elbe und vom Promnitzbach nach Norden in die Röder entwässert wird. Diese von Menschenhand teilweise planmäßig geschaffene Landschaft überrascht daher weniger durch vielgestaltige Ausbildungen: Ihr Reiz liegt im kleinflächigen Formenwechsel bei einer ständigen Wiederholung des Grundprinzips von Wald und Wasser, Wiesen und Feldern, wobei eine reiche Flora und Fauna die Eindrücke noch steigern.

Wurde das Gebiet des Friedewaldes aufgrund seines Wildreichtums von den Wettiner Landesfürsten vorwiegend als Jagdrevier genutzt, so sind in unserer Zeit Wald und Teiche zum attraktiven Ziel für die Erholungsuchenden des dicht besiedelten Elbtales geworden. Aus den Wäldern kommen daneben Rohstoffe, Holz und Baumharz für verschiedene Wirtschaftszweige, während ein Großteil der Gewässer zur Aufzucht von Fischen dient. Die in landwirtschaftlichen Genossenschaften zusammengeschlossenen Bauern der Hochfläche widmen sich neben dem Bewirtschaften des Ackerlandes ebenso der Milchvieh- und Mastviehproduktion. Hingegen wurde der als traditionelles Zentrum der Pferdezucht geltende Ort Moritzburg durch sein weithin bekanntes Schloß- und Parkensemble zum internationalen Touristenziel. Aus dem einstigen Jagdschloß der Wettiner entstand nach 1945 eine Stätte kultureller Bildung, in der die Entwicklung von Kunst, Kunsthandwerk, Jagd und Wissenschaft im Zeitalter des Barock museal demonstriert wird. Sie dient damit der Vermittlung von Geschichtskenntnissen, aber auch dem Nacherleben

*1
Partie
am Schloßteich*

künstlerischen Schöpfertums für alle Schichten der Bevölkerung. Ergänzung finden solche Anregungen durch das im Fasanenschlößchen am Großteich eingerichtete Museum für Vogelkunde und Vogelschutz, dem sich das Wildgehege mit seinem vorzüglichen Bestand einheimischer Tierarten anschließt. So verbinden sich die landschaftlichen und kulturellen Eigenheiten des Gebietes in fruchtbarer Wechselbeziehung mit vielfältiger gesellschaftlicher Nutzung, was zur Vertiefung der Erlebnisse beiträgt.

Naturstimmungen voll poetischen Zaubers sichern dieser Landschaft zu jeder Jahreszeit ihre Anziehungskraft; dazu führten günstige ökologische Bedingungen zu einem Artenreichtum an Vögeln, so daß die Teiche um Moritzburg zu bevorzugten Orten der Vogelforschung wurden. Vor allem Frauen- und Schloßteich sowie der Westteil des Dippelsdorfer Teiches gelten als Wohn-, Brut- und Rastbereiche für viele Arten von Sumpf- und Wasservögeln, weshalb man sie 1954 zu Naturschutzgebieten erklärte. Im Frühjahr und Herbst rasten hier seltene Zugvögel, zur Sommerszeit brüten die heimischen Arten, doch

im Winter stellen sich gefiederte Gäste aus nordischen Ländern ein.

Ihre stärkste Ausstrahlung erreicht wohl die Moritzburger Landschaft, wenn das Laub im Forst die flammenden Farben des Herbstes trägt. Dann steht das Schloß graublau und unwirklich hinter Morgennebeln (Abb. 5), über der Fasanerie und ihren Relikten aus empfindsamer Zeit liegt eine elegische Stimmung (Abb. 6), während am Abend die vor dunklen Waldkulissen liegenden Teiche an Gemälde von Walter Leistikow erinnern. Bald beginnt nun das Abfischen der Gewässer die nach dem Ablassen vielen Vögeln reichliche Nahrung spenden. Fischreiher, Wasser- und Uferläufer, Regenpfeifer, Schnepfen und andere Watvögel bevorzugen den Schlick und die Schlammbänke, doch ebenso finden sich hier viele Durchzügler, darunter Kormoran, Seetaucher, Fischadler sowie manch fremde Entenart. Besonders eindrucksvoll wirkt der seltener erscheinende Seeadler durch sein gewaltiges Flugbild, aber auch dem Kranich oder dem buntschillernden Eisvogel begegnet man bei einigem Glück. Feierliche Ruhe herrscht da-

2 Moritzburger Landschaft mit Schloß und Dorf von Südwesten.
Luftbild aus 3000 Meter Höhe, um 1925. Luftbildgen. Nr. ZLB/L 1699/74

3
Blick vom Turm der Moritzburger Kirche nach Osten mit dem Keulenberg im Hintergrund

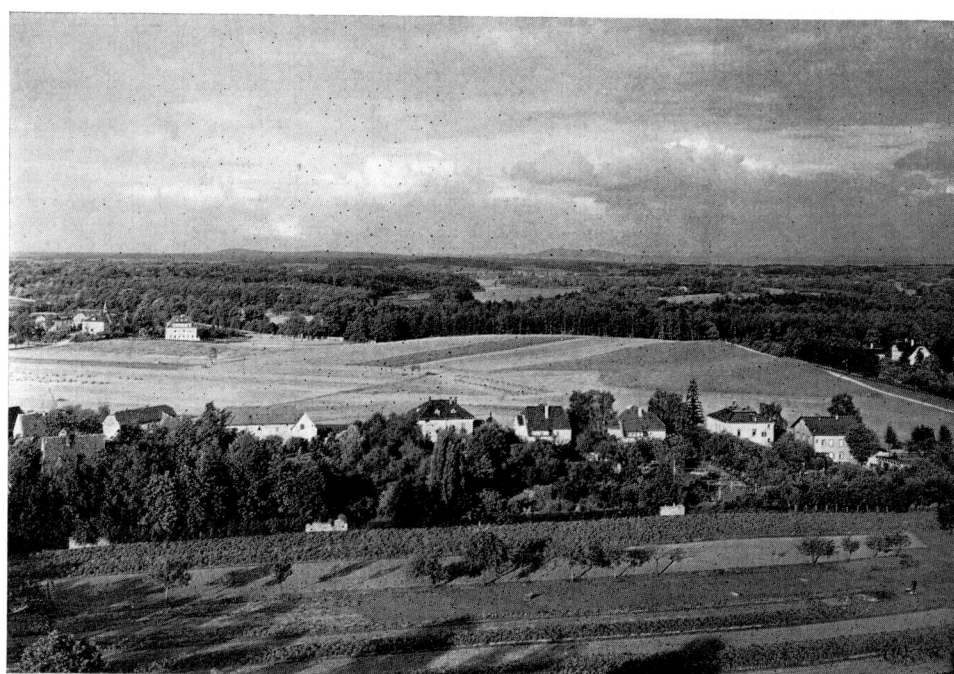

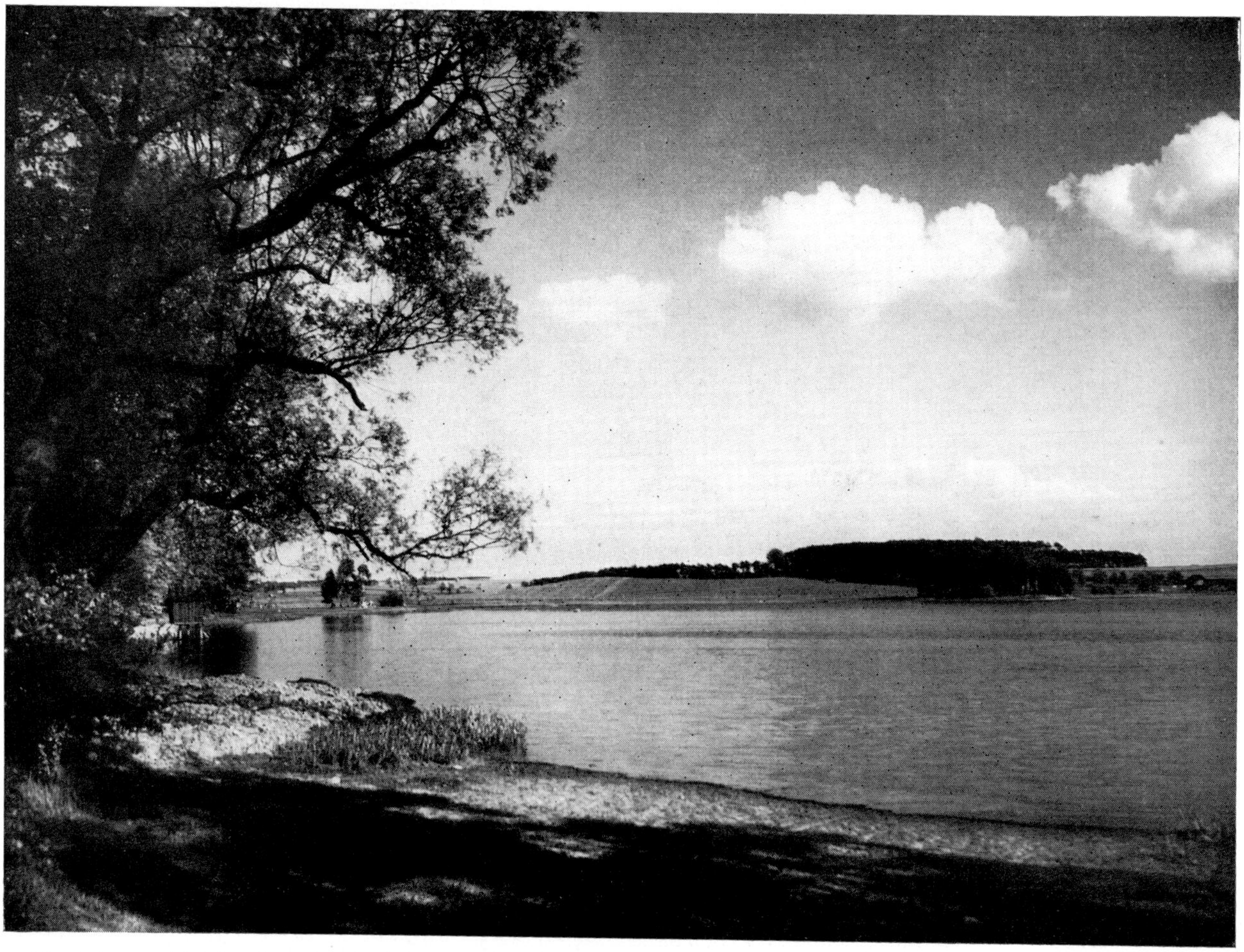

4 *Moritzburger Teichgebiet: Landschaft am Oberen Waldteich bei Volkersdorf*

5
*Herbstliche
Stimmung
am Schloß-
teich*

gegen am Ilschenteich, dessen Wasserspiegel nahe dem Auer durch das Strauchwerk schimmert. Sein Name mag auf den heiligen Ägidus zurückgehen, der vom Volke vielfach in Gilgen oder Ilgen abgewandelt wurde und auch als Schutzpatron der Hirten galt, so daß die Anlage des Gewässers bereits im Mittelalter erfolgt sein dürfte.

Hat dann der Winter seinen Einzug gehalten (Abb. 7), beleben Vögel aus dem Norden wie Seidenschwanz, Gimpel, Bergfink, Rotdrossel oder Birkenzeisig das Revier, wobei sich mitunter auch der Sibirische Tannenhäher einstellt. Im Schnee erkennt man die Fährten von Rehen und Hasen, seltener noch von Wildschweinen, während an Raubwild nur Fuchs und Dachs, Marder und Wiesel vorkommen. Hierbei steht eine sinnvolle Bewirtschaftung der Wildbestände im Vordergrund der durch Gesetze geregelten jagdlichen Maßnahmen, um Störungen im Haushalt der Natur sowie Schäden in der Kulturlandschaft infolge von Übervermehrungen jagdbarer Tiere auszuschließen.

Das den Höhepunkt solcher Erlebnisse bildende Schloß wirkt mit seinen vier wehrhaften Rundtürmen als Ausdruck bewegter Schwere und Sinnenfreude, der uns barockes Lebensgefühl noch spüren läßt (Abb. 63). Erhaltene Skizzen des königlichen Bauherrn belegen, daß er von Anbeginn das Einbeziehen des umgebenden Freiraumes in einer Form wie sonst bei keinem seiner Schlösser wünschte, und noch können wir jene geniale Art bewundern, mit der hier Kunst und Natur zu geschlossener Wirkung geführt wurden.

Der eigene Ausdruck dieser Landschaft hat auch die Künstler zu vielseitiger Interpretation angeregt. So treten als frühe Bildchronisten des Schlosses Johann August Corvinus, Johann Caspar Ulinger wie auch Johann Alexander Thiele auf: Ihre dem Zeitraum zwischen 1733 und 1740 entstammenden Wiedergaben sind wirklichkeitsnahe Darstellungen von Architektur und Topographie, die mit rahmenden Baumkulissen, vorbeisprengenden Reitern oder Jagdszenen einen dekorativ-phantasievollen Vordergrund

6 Am Fasanenschlößchen

7 Wintertag am Fasanenschlößchen

8 Georg Nerlich (1892–1982): Porzellanquartier im Jägerturm des Schlosses Moritzburg. Aquarell, um 1950

zeigen, während das Schloß als Symbol der Zurschaustellung fürstlich-absoluter Macht im Zentrum des Hintergrundes aufwächst (Abb. 81, 142, 143). Wenig später bewirkt das mit dem Zeitalter der Aufklärung verbundene Erwachen eines freieren Naturgefühls die Abkehr vom Pathos des Barock: Auf den seit etwa 1770 entstandenen Gemälden und Stichen von Johann Christoph Malcke, Johann Gottfried Jentzsch, Adrian Zingg oder Ludwig Richter erscheinen Schloß sowie neuerbaute Fasanerie eingebunden in den Organismus der Landschaft, wobei diese wirklichkeitsnahen Wiedergaben im engen Zusammenhang mit der damals aufblühenden Dresdener Landschaftsmalerei stehen (Abb. 182, 196, 197, 221). Bald verlegen auch Künstler ihren Wohnsitz nach Moritzburg. So ist der zu den Wegbereitern einer modernen realistischen Landschaftsmalerei zählende Christian Friedrich Gille seit 1872 hier ansässig und zieht zuletzt in das nahe Wahnsdorf, wo er 1899 stirbt (Abb. 201). Wilhelm Georg Ritter, Mitbegründer der als „Goppelner Landschafterschule" in die Dresdener Kunstgeschichte eingegangenen Künstler-

gruppe, wohnte von 1910 bis zu seinem Tode 1926 gleichfalls in Moritzburg. Stellte er diese Gegend in manchem, von der Frische des unmittelbaren Naturerlebnisses geprägten Bild dar, so weilten zwischen 1906 und 1911 die jungen Maler der Künstlergemeinschaft „Brücke" an den weltabgeschiedenen Teichen, um dort Akt- und Landschaftsstudien in ihrer leidenschaftlichen Ausdrucksform des Expressionismus zu schaffen (Abb. 203–206). Schließlich wurde noch der ehemalige Rüdenhof am Schloßteich seit Juli 1944 zum Wohnsitz von Käthe Kollwitz (Abb. 212). Obwohl Krankheit ihr das künstlerische Arbeiten verwehrte, zeugen schriftliche Äußerungen von der Geborgenheit und Ruhe, die sie hier durch familiäre Fürsorge und unter dem Einfluß des Blickes über Wald und Wasser bis zu ihrem Tode im April 1945 gefunden hat.

Jene von den Künstlern mit der Landschaft geführten schöpferischen Auseinandersetzungen reichen bis in unsere Zeit, belegen doch Darstellungen von Ernst Hassebrauk, Hans Jüchser, Georg Nerlich, Gerhard Stengel, Otto Westphal oder Paul Wilhelm, wie

9
Hans Jüchser (1894–1977):
Blick von der Terrasse
des Schlosses Moritzburg.
Öl auf Hartfaserplatte, 1960

vielfältig die von dieser Gegend ausgehenden Anregungen sind. Während dabei Georg Nerlich die Harmonie eines Schloßinterieurs in leuchtender Farbigkeit erfaßt (Abb. 8) oder Hans Jüchser mit fein abgestufter Palette einen Blick von der Schloßterrasse zum Friedewald vorträgt (Abb. 9), entdeckt Otto Westphal eine verschwiegene Teichecke am Waldrand mit all ihrer reizvollen Vegetation, die er durch sicher gesetzte Farben zu nobler Wirkung bringt (Abb. 209). Ernst Hassebrauk hingegen spürt innersten Zusammenhängen von Bauwerk und Landschaft nach, wobei die mit vitalem Temperament auf das Papier geworfenen Linien, deren kraftvolle Turbulenz zuweilen eine kühne Farbigkeit steigert, den erlebten Stimmungsgehalt widerspiegeln (Abb. 10): „Streben nach Ausdeutung einer vergangenen Welt in aktueller Formulierung" nennt Fritz Löffler diese Eigenart im Werk des Künstlers, das von der Atmosphäre Dresdens und seiner Umgebung in beinahe einem halben Jahrhundert geprägt wurde. So regt die formgebundene Landschaft bis in die Gegenwart hinein die formgebenden Kräfte des Menschen an und bewirkt, daß das große Gesamtkunstwerk Moritzburg im Prozeß eines vielseitigen schöpferischen Strebens ständige Ergänzung findet.   •

10
Ernst Hassebrauk
(1905–1974):
Schloß Moritzburg.
Kreide, 1972.
Dresden, im Nachlaß
des Künstlers

Zur Geschichte des Jagdschlosses Moritzburg und seiner Umgebung

I.

Die Besiedlung des Friedewaldes

Schon in vorgeschichtlicher Zeit erstreckte sich auf der Hochfläche des Lausitzer Granodiorits, deren Steilhang den Dresdener Talkessel nach Nordosten begrenzt, ein großes Waldgebiet. In seiner Ausdehnung von der Elbe zwischen Meißen und Riesa bis hinauf zum Elbsandsteingebirge reichend, vereinigte es die Moritzburger Landschaft wie auch die Dresdener und Laußnitzer Heide, während sich im Osten die Massenei anschloß. Bis heute blieb in der fast zusammenhängenden Waldfläche, die am Elbstrom bei Diesbar-Seußlitz beginnt und das Laubachtal, den Golkwald, die Gävernitzer Heide, den Großdobritzer und Oberauer Wald sowie das Moritzburger Forstrevier einschließt, ein Rest jenes riesigen Waldgebietes erhalten, das zugleich eine natürliche Grenze zwischen den Siedlungsbereichen des Elbtales und der Lausitz bildete.

Vor allem im Abschnitt des späteren Moritzburger Landes erschwerten Wassertümpel und sumpfige Brüche den Zugang zum Wald, der mit seinem fast undurchdringlichen Dickicht ohnehin wenig einladend wirkte. Dennoch belegen Einzelfunde aus der Jungsteinzeit und der Bronzezeit sowie bronzezeitliche Gräberfelder im Bereich zwischen Steinbach, der Mistschänke und dem Neuen Anbau nahe dem Auer, daß hier seit etwa 4000 Jahren Menschen siedeln. Aus germanischer Zeit sind bisher keine Siedlungsspuren bekanntgeworden, und ebenso dürften die im 7. Jahrhundert n. u. Z. einwandernden Sorben nur vereinzelt zum Zwecke der Jagd und der Bienenzucht in den Wald eingedrungen sein. Vielleicht hat dieser vor allem von Ackerbau, Viehzucht und Fischerei lebende slawische Stamm schon Teiche für den Fischfang angelegt, während das unwegsame Waldgebiet in Kriegszeiten sichere Zuflucht bot.

Als zu Beginn des 10. Jahrhunderts unter König Heinrich I. die Ostexpansion des ersten frühfeudalen deutschen Staates einsetzte, blieb der Wald um das spätere Moritzburg weiterhin unbesiedeltes Niemandsland: ein Teil jenes großen Markwaldes, der den kleinen, das Elbtal von Pirna bis hinunter nach Gauernitz umfassenden Sorbengau Nisane nach Osten hin gegen das Milzenerland, die nachmalige Oberlausitz, schützte und abgrenzte. Inmitten des Slawenlandes begründete König Heinrich um 929 die Burg Meißen als militärischen Ausgangspunkt zur Befriedung des eroberten Gebietes; 968 folgte durch Kaiser Otto I. die Errichtung des Bistums Meißen, dem die Aufgabe der Christianisierung oblag, während die etwa zur gleichen Zeit gegründete Markgrafschaft Meißen erstmals 1046 Erwähnung fand. Ein blutiges Ringen zwischen Deutschen, Polen und Tschechen um die in ihrem strategischen Wert erkannte Grenzmark sollte jedoch noch lange den planmäßigen Landesausbau verhindern. Vor allem seit Anfang des 11. Jahrhunderts begannen fast dreißig Jahre lang andauernde Kämpfe mit dem Polenherzog Boleslaw I. Chrobry, in deren Verlauf das polnische Heer bis in die Gegend von Strehla gelangte. Der Markwald freilich blieb vorerst unberührt; nur als die 932 von Meißen aus unterworfene und 965 mit der Markgrafschaft vereinigte Gau Milska im Frieden von Bautzen 1018 zeitweilig an Polen als kaiserliches Lehen abgetreten werden mußte, bildete das Waldgebiet die Grenze zu jenem östlichen Nachbarland. Erst nachdem 1031 Kaiser Konrad II., seit 1024 gewählter Nachfolger König Heinrichs II., den polnischen Herzog Mieszko II. besiegt hatte, konnte das Lausitzer Land wieder in den deutschen Feudalstaat zurückgeführt werden.

Nachdem 1089 das Gebiet der Mark Meißen an das Adelsgeschlecht der Wettiner gekommen war, vermochte Markgraf Konrad um 1144 mit dem Erwerb des vorher zu Böhmen gehörenden Gaues Nisane seine Hausmacht auszuweiten. Die Festigung des deutschen Herrschaftsanspruches zog zugleich den Beginn der Besiedelung des Landes nach sich: Aus Franken, Thüringen und Niedersachsen kamen bald deutsche Bauern in die eroberten Slawengaue, rodeten Wälder und gründeten zahlreiche Dörfer. Rodungsfreiheiten förderten das Urbarmachen des Bodens: wohl mußten auf Rodeland siedelnde Bauern neben dem Kirchenzehnt auch an den Grundherrn einen Zins abführen, doch blieb ihnen zunächst die persönliche Freiheit und das Erbrecht ihrer Höfe garantiert, während die slawische Bevölkerung durch teilweise mindere Rechte eine deutliche Benachteiligung erfuhr.

Dennoch beteiligten sich neben den deutschen Siedlern auch die slawischen Bewohner an der Rodung und Kolonisation des Waldes. Auf den gewonnenen Flächen entstanden bald neue Dörfer, doch mitunter erwies sich der für eine solche Siedlung gewählte Ort als ungeeignet und mußte wieder aufgegeben werden. „Wüstungen" wie die wüste Mark Cunnersdorf nahe dem Oberen Waldteich, die 1408 als „villa desolata" erwähnt wird, künden noch heute von solchen Rückschlägen. Der alte Markwald freilich wurde durch diese Erweiterungen des Siedlungsraumes in mehrere Waldbereiche und Heiden zerteilt; es waren Restflächen, die eine landwirtschaftliche Nutzung ausschlossen und deren im 13. Jahrhundert erreichter Zustand seither kaum Veränderungen erfuhr. Auf der Moritzburger Hochfläche hatte die Besiedlung vor allem das südliche, vom Steilrand aus sanft nach Norden hin abfallende Gelände erfaßt, dort, wo eine schwache Schicht Lößlehm als Relikt der Nacheiszeit dem Feldanbau Erfolg versprach. Straßendörfer wie Wahnsdorf oder Wilschdorf, mitunter auch langgestreckte Reihendörfer mit Waldhufenfluren wie Großdittmannsdorf prägen hier den Siedlungscharakter. Dagegen setzte die östlich davon beginnende Dresdener Heide mit ihrem sandig werdenden Boden weiteren Siedlungsbildungen Grenzen.

Die nach der Besiedlung verbliebenen Wälder mögen noch etwa zwei Jahrhunderte ihr urwaldähnliches Aussehen bewahrt haben, doch galten sie jetzt nicht mehr als herrenlos wie in slawischer Zeit: Mit der deutschen Eroberung zum königlichen Bannwald geworden, herrschte in ihnen der Friede des Königs. Daher erhielt sich der Name „Friedewald" für das zwischen Coswig, Weinböhla und Moritzburg liegende Forstgebiet bis heute, während noch im 13. Jahrhundert alle Reststücken des einstigen Markwaldes diese Bezeichnung trugen; allerdings will eine andere Auslegung jenen Namen auf eine alte Umfriedung zurückführen. Spätestens in der zweiten Hälfte des 13. Jahrhunderts, also zur Zeit Markgraf Heinrichs des Erlauchten, ist wohl der Friedewald aus königlichem Besitz an die Markgrafen von Meißen gekommen. Seine erste Erwähnung erfährt er 1326, als ein Syfried von Schönfeld und seine Söhne dem Markgrafen Friedrich II., genannt der Ernsthafte, den „Frydewald" im Tausch gegen die Stadt Radeburg zurückgeben. Er mag dem wohlhabenden Vasallengeschlecht verpfändet gewesen sein, denn aufgrund der Jagd- und Holznutzungen galt das Waldgebiet trotz des vernachlässigten Zustandes als wertvoller Besitz. Wenig später, im Jahre 1337, wird erstmals die Lehenshoheit des Stiftes Meißen über den Friede-

wald bezeugt. Die kirchlichen Rechte dürften indes schon früheren Zeiten entstammen, vielleicht, als Friedrich Clem, jüngster Sohn Heinrichs des Erlauchten, bei der nach dem Tode seines Vaters 1288 von den Erben vorgenommenen Landesteilung die Stadt Dresden mit der Heide, dem Friedewald und der Veste Radeberg als Herrschaftsbesitz erhalten hatte. Das Stift mag von ihm die Lehenshoheit durch Auftrag erworben haben, denn merkwürdigerweise besaß schon Markgraf Heinrich dieses kleine Gebiet vom Meißner Bischof zu Lehen. Aus der Markgrafschaft herausgelöst, hatte es unter dem schwachen Regiment des Friedrich Clem, der sich zeitweise Herr oder auch Markgraf von Dresden nannte, die bewegte Zeit der kriegerischen Auseinandersetzungen um das Fortbestehen der wettinischen Landesherrschaft erlebt. Begünstigt durch Gegensätze in jenem Fürstenhaus, unternahm Ende des 13. Jahrhunderts das deutsche Königtum den letzten Versuch zur Errichtung einer neuen Zentralgewalt in den Kerngebieten des Reiches. Damit wurden vor allem Thüringen und die Mark Meißen zum Spielball feudaler Machtinteressen, und in raschem Wechsel geboten bald die deutschen Könige, bald der König von Böhmen oder die Markgrafen von Brandenburg über jene Territorien, bis sich letztlich der große wettinische Machtkomplex in voller Auflösung befand. Am Ende nur noch der Hausmachtpolitik des habsburger Königtums dienend, blieben diese feudalen Manupulationen weit entfernt von einer Wahrnehmung zentralstaatlicher Belange.

In der Schlacht bei Lucka 1307 konnte jedoch Markgraf Friedrich der Freidige die Ansprüche der Reichsgewalt erfolgreich abwehren; zudem vermochte er wenig später, die thüringische Landgrafschaft und die Mark Meißen wieder in einer Hand zu vereinigen wie auch das Pleißenland und das Gebiet um Torgau zurückzuerlangen. Damit war es ihm erneut gelungen, den überwiegenden Teil der alten Besitzungen – außer der erst 1635 zurückkehrenden Lausitz – zu behaupten, was einer Neugründung der wettinischen Macht gleichkam. Als schließlich 1319 Bischof Withego II. von Meißen den Verzicht seiner Ansprüche auf das Gebiet um Dresden zugunsten Friedrichs des Freidigen erklärte, verblieb nunmehr dieser Bereich ebenfalls bei den Wettinern. Dennoch bezeugen 1470 die fürstlichen Brüder Kurfürst Ernst und Herzog Albrecht, daß sie „slos und stadt Dresden mit der heide und dem Friedewalde" von Bischof Dietrich III. zu Lehen genommen haben, und bis zur Einführung der Reformation in Sachsen 1539 wird von den Landesherren die kirchliche Lehenshoheit durch Reverse bestätigt. Wiederholt diente der Wald mit Schloß und Stadt Dresden, mit Schloß und Amt

Radeberg oder mit Burg und Stadt Meißen bei damaligen Geldverlegenheiten der Wettiner als Pfandobjekt; auch setzte man ihn samt den genannten Orten als Leibgut sächsischer Fürstinnen ein. Unklar bleibt indes, ob die Burggrafen von Meißen zeitweilig am Besitz des Friedewaldes beteiligt waren, trägt doch noch heute der nordwestlich der Weinböhlaer Straße gelegene und bis an die Flurgrenzen von Oberau und Weinböhla verlaufende Teil des Waldes den Namen „Burggrafenheide"; zudem hatten die Burggrafen an der Besiedlung des östlichen, um Reichenberg liegenden Waldgebietes wesentlich mitgewirkt. Jener Heidebereich könnte daher eine der Landflächen gewesen sein, die ihnen 1068 von Kaiser Heinrich IV. beim Errichten ihres kaiserlichen Amtes zur wirtschaftlichen Sicherstellung verliehen worden waren. Nach Aufhebung des Meißner Burggrafenamtes im Jahre 1439 fiel freilich ihr gesamter Besitz und damit auch etwaiger Anteil am Friedewald als freies Reichslehen durch Entscheid an den sächsischen Kurfürsten.

Inzwischen war jedoch der Wald zu einer Stätte des Bergbaues geworden. Die reiche Ausbeute der 1168 beim späteren Freiberg entdeckten Vorkommen von Silbererz hatte bald das Suchen nach weiteren Erzlagern im Lande veranlaßt. Hierbei bevorzugte man zunächst Fundstätten, die aufgrund ihrer geringen Tiefe unter dem Mutterboden eine Gewinnung ohne größeren Arbeitsaufwand zuließen. Damals fanden Bergleute auch im Friedewald solche Lager von Raseneisenstein. Ein Dorf (villa) „Ysenberg" wird in einer Urkunde von 1358 erwähnt: Mit ihr verlieh Markgraf Friedrich III., genannt der Strenge, der Ehefrau des vermögenden Dresdener Patriziers Johannes Münzmeister einen Anteil am Wagenzins des Ortes, was gleichfalls auf Bergbau deutet. Als weitere Namensformen kommen 1462 „Isemberge" und 1539 „Eysenpergk" vor; es war ein von deutschen Siedlern wohl gegen Ende des 12. Jahrhunderts gegründetes Straßendorf, dessen Grundform im westlichen Teil der heutigen Moritzburger Ortsanlage fortlebt. Noch 1438 wurde ein Hans Kune und seine Familie mit einem Hof, einer Hufe Ackers sowie „zwei Zechen, . . . alles zum Isenberge gelegin", belehnt, dann verlieren sich in den Akten die Hinweise auf bergbauliche Tätigkeit.

Jene Urkunde von 1438 bezeichnet indes den Hans Kune wie auch einen gewissen Nickel, von dem der erstere Besitz erworben hatte, als „furster zcu Isenberge". Demnach waren bereits damals Förster in offenbar gehobener Stellung im Dorfe ansässig, so daß hier, wo der Wildreichtum des Friedewaldes ideale Jagdbedingungen bot, die Grundherren schon zeitig das Weidwerk betrieben haben dürften. Darauf

deutet auch, daß der Ort 1378 neben dem nahen Cunnertswalde und anderen zum Amte Dresden gehörenden Dörfern zur Abgabe von Forsthaferzinsen verpflichtet wird. Dieser Forsthafer, der ebenso als Hut- und Hundehafer oder Forstkorn in den Akten vorkommt, diente vor allem zur Fütterung der Jagdhunde, denen er in Form von Brot gereicht wurde; mitunter war er aber auch für die Erlaubnis des Holzsammelns oder der freien Hutung in den landesherrlichen Waldungen zu entrichten. Zudem enthalten die Rechnungen des Amtes Dresden zwischen 1449 und 1462 Ausgaben an Geld und Naturalien für ein „Lager der Jäger zum Isenberge": vielleicht schon ein fester Wohnbau, kann es als Vorläufer des Jagdhauses Moritzburg gelten, obwohl seine Lage nur vermutbar bleibt. Jedenfalls sind die Eisenberger Bauern seit der Aussiger Schlacht von 1426 heerfahrtsfrei gewesen, doch mußten sie dafür jährlich drei Meiler Kohlen auf ihre Kosten in den Amtsgehölzen brennen lassen und offenbar dem Lager liefern, denn dem Moritzburger Amtserbbuch von 1551 zufolge ist diese Leistung für das neue kurfürstliche Jagdhaus ebenfalls zu erbringen. Möglicherweise befand sich jenes Lager bereits am Orte des jetzigen Schlosses, wo eine Granitkuppe aus der Moorfläche ragte, die dem Anlegen einer Wasserburg entgegenkam. Andererseits wird im Berainungsbericht von 1537 ein Flurstück bei Eisenberg „die Burg" genannt, während es noch heute auf einem Hügel westlich des Ortes Moritzburg die Flurstücke „Auf der Burg" und „Die Burgstücken" gibt. Schließlich erscheint auf der großen Karte des Friedewaldes, die von Johann Humelius und Matthias Oeder zwischen 1550 und 1570 angefertigt wurde, anstelle der sich heute westlich des Schlosses im Walde erhebenden Hohburg die Bezeichnung „die alte burg" und daneben der „Burgbruch" (Abb. 13). Hierher verlegt die Volkssage einen alten Rittersitz der von 1421 bis 1556 in Coswig ansässigen Familie von Karras; zumindest aber lassen auf dem Hohburgfelsen verflachte Wallreste eine wohl dem Mittelalter angehörende Wehranlage vermuten.

II.

Das kurfürstliche Jagdhaus Moritzburg von 1542 bis zum Jahre 1700

1. Die politisch-gesellschaftlichen Verhältnisse in Sachsen nach 1500

Die Anfänge des Jagdschlosses Moritzburg fallen in eine Zeit großer politischer und gesellschaftlicher Veränderungen in Sachsen. Der wettinische Territorialstaat hatte sich im 15. Jahrhundert aufgrund seiner starken politischen und wirtschaftlichen Potenz, die vor allem auf dem Silberbergbau des Erzgebirges und einer straff organisierten Landesverwaltung beruhte, zu einer beachtlichen Territorialmacht im Reich entwickelt. Zwistigkeiten zwischen den beiden, seit 1464 gemeinsam regierenden fürstlichen Brüdern Ernst und Albrecht führten jedoch 1485 zu einer Teilung des sich von der Werra bis zum Queis erstreckenden Landes: Während Ernst damals das südliche Thüringen, das Herzogtum Sachsen mit der Kurwürde sowie einen Teil des Pleißen- und Osterlandes erhielt, fielen an Albrecht die meißnischen Gebiete, die restlichen Bereiche des Pleißen- und Osterlandes wie auch Nordthüringen. Die beiden Territorien bildeten freilich keine in sich geschlossenen Gebiete, denn Überlagerungen in den Grenzbereichen, die damit beiden Herren unterstanden, sollten zumindest nach außen eine gewisse Zusammengehörigkeit des Gesamtbesitzes bekunden. Mußte indes schon die Teilung als kein glücklicher Entschluß erscheinen, so gaben auch jene Verzahnungen der Grenzen Anlaß zu weiteren Streitigkeiten zwischen beiden Linien. Vor allem aber war mit der nun dauernden Trennung der Gedanke eines mächtigen wettinischen Territorialstaates im Zentrum des Reiches endgültig gescheitert. Die Entwicklung Sachsens sollte dadurch für lange Zeit entscheidend beeinflußt werden.

Der Beginn des 16. Jahrhunderts bedeutete zugleich eine Zeitwende, „die größte progressive Umwälzung, die die Menschheit bis dahin erlebt hatte, eine Zeit, die Riesen brauchte und Riesen zeugte, Riesen an Denkkraft, Leidenschaft und Charakter, an Vielseitigkeit und Gelehrsamkeit" (F. Engels). Die damit verbundenen Veränderungen auf fast allen Gebieten des gesellschaftlichen Lebens hatten auch den sächsischen Raum erfaßt. Schon im 14. Jahrhundert waren soziale Mißstände und die zunehmende Verweltlichung des Klerus ein Anlaß für steigende Unzufriedenheit gewesen; zudem weckte der sich vor allem auf Deutschland konzentrierende Machtanspruch des Papstes Forderungen nach einer Reform der kirchlichen Verhältnisse. Die daraus erwachsende Reformation, ausgehend vom Wittenberger Thesenanschlag des Augustinermönchs Martin Luther im Jahre 1517, hatte den sächsisch-thüringischen Bereich nochmals in den Mittelpunkt europäischen Geschehens gerückt.

Als geistige Grundlage jener Zeit galt ein Humanismus, der seit der Befreiung der Wissenschaften von den Fesseln dogmatisch-scholastischer Denkweisen des Mittelalters „nach der Entdeckung der Welt und des Menschen" (J. Burckhardt) strebte. Mit der 1502 von Kurfürst Friedrich dem Weisen gegründeten Universität Wittenberg war eine den neuen Ideen freier Welterkenntnis besonders aufgeschlossene Bildungsstätte entstanden. Hervorragende Gelehrte wie Martin Luther, Philipp Melanchthon, Johannes Bugenhagen wirkten an ihr und ließen sie zum geistigen Zentrum der Reformation werden.

Die mit dem Übergang zur entwickelten Warenproduktion und dem Anwachsen der Geldwirtschaft verbundene Herausbildung des Bürgertums hatte seit dem 14. Jahrhundert auch im sächsisch-thüringischen Raum einen zunehmenden Widerstand gegen die feudalen Grundherren bewirkt. Zugleich forderte die Entwicklung der Produktivkräfte erweiterte, experimentell erprobte und in der Praxis überprüfte Kenntnisse der Naturwissenschaften. Daher verbanden sich Tendenzen der neuen bürgerlichen Weltanschauung mit religiösen, gegen die herrschende Feudalklasse gerichteten Ansichten der Humanisten, mußte doch aufgrund der besonderen Situation in Deutschland der Kampf gegen den Feudalismus auch im religiösen Habit geführt werden. Hier wirkte vor allem die Kunst mit, indem sie die Verbreitung der neuen bürgerlichen Denkweise durch Einkleidungen in traditionelle christliche Thematik oder in Vorgänge aus der antiken Mythologie förderte. Lucas Cranach, seit 1505 Hofmaler Kurfürst Friedrichs des Weisen und mehrmals Bürgermeister der Stadt Wittenberg, wurde nun zum Künstler der Reformation, den Freundschaft mit Luther verband und dessen Holzschnittfolge „Passional Christi und Antichristi" einen der schärfsten Angriffe gegen das Papsttum darstellte. Getragen von einer starken Wirtschaft, in der sich Bergbau, Hüttenwesen und Tuchgewerbe vorrangig entwickelt hatten, waren die beiden sächsisch-thüringischen Territorialstaaten zu Kernpunkten des geistigen und kulturellen Lebens geworden, aber auch zu einem der Zentren von Ereignissen der frühbürgerlichen Revolution in Deutschland.

2. Kurfürst Moritz

Das albertinische Sachsen war seit 1500 in Nachfolge Albrechts des Beherzten von Herzog Georg dem Bärtigen regiert worden. Als strenger Katholik ein unversöhnlicher Gegner Luthers, stand er ebenso erbittert der Bauernbewegung gegenüber, obwohl das sächsische Gebiet aufgrund der relativ günstigen sozialen Lage seiner Landbevölkerung von den Geschehnissen des Großen Deutschen Bauernkrieges 1525 fast unberührt blieb. Dennoch konnte erst nach dem Tode Herzog Georgs im Jahre 1539 sein Bruder und Nachfolger Heinrich der Fromme die Reformation einführen.

Nach dem Scheitern der frühbürgerlichen Revolution und der Niederwerfung der Bauern begann sich auch im Herzogtum Sachsen die feudale Staatsgewalt zu festigen. Auf den wenig energischen Herzog Heinrich war 1541 sein damals zwanzigjähriger Sohn Moritz gefolgt, der als Landesherr wohl der bedeutendste der Wettiner gewesen ist (Abb. 11). Vom

11 Lucas Cranach d. J. (1515–1586):
Kurfürst Moritz von Sachsen (1521–1553).
Papier auf Pappe, auf Fichtenholz aufgezogen, um 1548.
Staatl. Kunstsammlungen Dresden, Gemäldegalerie
Alte Meister

humanistischen Bildungsideal geprägt, gründete er 1543 die für die Volksbildung bedeutsamen Fürstenschulen in Meißen, Pforte und Grimma, und unter seinem Einfluß wandelte sich die Universität Leipzig zu einer Lehrstätte des fortschrittlichen Humanismus. Mit dem Einsetzen der hier wie auch an den städtischen Lateinschulen erzogenen bürgerlichen Beamten erreichte Moritz eine weitere Stärkung der Staatsgewalt, während er die Rechte des nur auf den eigenen Vorteil bedachten Adels einzuengen suchte, zumal er finanziell von ihm fast unabhängig war.

Nach außen verfolgte Moritz gegenüber den kirchlichen Parteien zunächst eine vorsichtig-beobachtende Neutralitätspolitik, deren Einhaltung er 1546 auch dem katholischen Kaiser versicherte. Als aber 1547 der Schmalkaldische Krieg ausbrach, stellte er sich unter Ausnutzung des innerdeutschen Zwiespaltes auf die Seite Karls V. Dieser belohnte ihn dafür in der auf die Schlacht bei Mühlberg folgenden Wittenberger Kapitulation mit dem Kurkreis und der Kurwürde des unterlegenen ernestinischen Vetters Johann Friedrich. Moritz war damit zum Begründer des sächsischen Kurstaates geworden, während die Ernestiner ihren Machtbereich nun vorwiegend in Thüringen ausbauten.

Schließlich kam es 1552 unter Führung des Kurfürsten Moritz zur Fürstenerhebung gegen den Kaiser, dem das Ausweiten der eigenen Hausmacht näher lag als der Reichsgedanke. In dem noch im selben Jahr unterzeichneten Passauer Vertrag konnte Moritz jedoch von König Ferdinand I., der in Vertretung Kals V. verhandelte, die Zusicherung des Religionsfriedens bis zum Augsburger Reichstag von 1555 erhalten. Als dort der Protestantismus reichsrechtlich anerkannt wurde und die weltlichen Reichsstände das Recht zur Bestimmung der Konfession ihrer Untertanen erhielten, stieg Dresden als Hauptstadt des führenden protestantischen Staates Deutschlands zum Zentrum der evangelischen Lehre auf.

Moritz hatten jedoch noch weiterführende Gedanken bewegt. So wollte er nach der allseitigen Sicherung des Staates gegen den Machtanspruch des Adels Deutschland ohne Hinzuziehung des Kaisers durch einen Bund unabhängiger protestantischer Länder neu ordnen, ein Gedanke, den später Samuel von Pufendorf nochmals aufgriff. Doch der Kurfürst kam nicht mehr zum Durchführen solch weitgesteckter Absichten: Während eines Reitergefechtes in der Schlacht bei Sievershausen am 9. Juli 1553 verwundet, starb der erst Zweiunddreißigjährige zwei Tage später, wobei neueren Forschungen zufolge Meuchelmord nicht auszuschließen ist (K. Blaschke). Als Persönlichkeit die überragende Erscheinung unter den Renaissancefürsten Deutschlands, hatte er mit einer freilich rücksichtlos betriebenen Diplomatie den jungen sächsischen Kurstaat als neue Macht in die europäische Politik eingeführt. Die nationale Sehnsucht der Zeit nach einem Ende der politischen Zersplitterung Deutschlands konnte indes keine Erfüllung finden.

Auswirkungen auf die Bautätigkeit. Unmittelbar nach der Übernahme des Kurhutes begann Moritz mit umfangreichen Bauvorhaben. Sie galten vor allem seiner bisher unbedeutenden Residenz Dresden und wurden bestimmt von den neuen Formen der Renaissance, die von Prag, Nürnberg und Augsburg her in Sachsen Eingang gefunden hatten. Schon 1518 war es deswegen beim Bau der St. Annenkirche in Annaberg zu einem Streit zwischen den Annaberger und Magdeburger Steinmetzen gekommen, wobei die letzteren für das Weiterführen der spätgotischen Tradition eintraten. Damals hatte sich Herzog Georg auf die Seite des künstlerischen Fortschritts gestellt und somit für Dresden die erste eigenständige, bis zum

12 Herzog Heinrich der Erlauchte,
Markgraf von Meißen, auf der Falkenjagd.
Aus der Manessischen Liederhandschrift,
14. Jahrhundert.
Dresden, Sächsische Landesbibliothek

Dreißigjährigen Krieg fortwirkende Kunstentwicklung begründet.

Bald konnte Herzog Georg in Dresden zeigen, daß er hinter seiner Entscheidung stand. Der aus dem Silberbergbau gewonnene Reichtum ermöglichte es ihm, mit dem Umbau des Residenzschlosses zu beginnen: Bei der 1543 bis 1537 vorgenommenen Erweiterung des Baues erhielt das darin einbezogene Elbtor neuartige Gestaltungsformen, die mit einem der Elbfront vorgelegten Erker, abgetreppten Giebeln und farbig gefaßten Dekorationen unverkennbar auf lombardische Einflüsse deuteten. Kurfürst Moritz führte seit 1547 diese baulichen Veränderungen fort. Nach den Entwürfen seines Baumeisters Caspar Voigt von Wierandt, eines mit der damaligen französischen und osteuropäischen Schloßbaukunst vertrauten Architekten, entstanden bis 1556 die den Großen Schloßhof umgebenden Flügel. Plastisch reich geschmückte Treppenspindeln und mit Sgraffiti überzogene Fassaden kündeten danach von der Umwandlung der mittelalterlichen Burg zum repräsentativen Renaissancewohnschloß: An ihr sind neben deutschen auch italienische Künstler beteiligt gewesen, die damals über Prag und Krakau erstmalig in Dresden erschienen. Auch die letzte, 1546 nach niederländisch-italienischem Vorbild begonnene Erweiterung und Verstärkung des Festungsringes der Residenz hat Voigt von Wierandt geleitet, wobei das rechts der Elbe liegende Altendresden in die Gesamtstadt einbezogen wurde. Es waren Zeitereignisse, in deren Rahmen sich die Anfänge des Schlosses Moritzburg bewegten.

3. Die Anfänge des kurfürstlichen Jagdhauses Moritzburg

Fast alle Fürsten aus dem Hause Wettin haben die Jagd leidenschaftlich betrieben: Schon seit dem 14. Jahrhundert galten sie als „Obrist-Reichs-Jägermeister", und die bald nach 1300 entstandene Manessische Liederhandschrift zeigt Heinrich den Erlauchten auf der Falkenjagd (Abb. 12). Sein bevorzugtes Jagdgebiet ist um Mitte des 13. Jahrhunderts der Grillenburger Wald bei Tharandt gewesen, während sich Markgraf Konrad ein Säkulum früher im Wermsdorfer Forst ein massives Jagdhaus errichten ließ, das den Wehrtyp der Moritzburger Anlage, wenn auch mit rechteckigen Ecktürmen, vorwegnahm. Durch die Jagd erfolgte damals die Hauptnutzung des Waldes, hinter ihr mußte vorerst jede Waldpflege zurücktreten. Dennoch gab nicht allein fürstliche Leidenschaft dem Jagdwesen solche Bedeutung: Auch der Fleischbedarf des Hofes wurde vornehmlich durch Wildbret gedeckt, zumal das Wild früher wesentlich artenreicher auftrat und auch Tiere wie Dachs oder Eichhörnchen der menschlichen Ernährung dienten.

Erst nachdem Dresden gegen Ende des 15. Jahrhunderts Residenzstadt geworden war, wandte sich das Interesse der Wettiner dem Friedewald zu, lag er doch näher als die Tharandter oder Wermsdorfer Wälder. Damals war sein Gebiet als Jagd- und Forstbereich längst genutzt und durch Wege erschlossen, während kurfürstliche Beamte über die Einhaltung des landesherrlichen Jagdregals wachten und die Belieferung der Hofküche mit Wild und Fisch sicherten. Bis in den Anfang des 16. Jahrhunderts hinein hatten sich die Landesherren bei zeitlich längeren Jagden mit Jagdlagern begnügt, einfachen Bauten im Walde, wie sie auch für „Isenberg" bezeugt sind. Bald aber forderte die Ausweitung des Jagdbetriebes und der damit wachsende Bedarf an Personal, Material und Tieren festere Baulichkeiten. In Sachsen ließ zunächst Moritz – damals noch Herzog – Jagdhäuser errichten, doch mag er aufgrund seiner politischen und kriegerischen Unternehmungen nur selten das Weidwerk betrieben haben. Während aber das für die Dresdener Heide 1543 bis 1546 durch Umbau entstandene Schloß Klippenstein in Radeberg später seine Bedeutung verlor, diente die gleichzeitig für den Friedewald errichtete Moritzburg bis zum Sturz der Monarchie im Jahre 1918 ihrer ursprünglichen Zweckbestimmung.

1542 – ein Jahr nach dem Antritt seiner Regierung – hatte Moritz am Westrand des „Moßebruches", einer kleinen sumpfigen Niederung im Friedewald, den Bau eines befestigten Jagdhauses beginnen lassen. Sein Fundament bildete eine flache Granitkuppe, was zwar die Pfahlrostgründung entbehrlich machte, doch fehlte der schützende Wassergraben. Ein Versuch, den Graben aus dem Felsen herauszutreiben, schlug fehl, und so blieb die Anlage bis zur Herstellung des Schloßteiches im Anfang des 18. Jahrhunderts ungehindert von zwei Seiten zugänglich (Abb. 13).

Man errichtete zunächst die umlaufenden Wehrbauten, danach folgte das „Haupt-Hauß". Beim vorläufigen Bauabschluß im Jahre 1546 bildete der Gesamtgrundriß fast ein Quadrat von 58 × 56,5 Metern, an dessen Ecken zweigeschossige, von geschweiften Hauben bedeckte Rundtürme heraussprangen. Dazwischen spannten sich etwa gleichhohe, innen mit hölzernen Gängen versehene Wehrmauern, wie es noch heute – freilich in weit bescheidenerer Form – Schloß Hermsdorf bei Dresden zeigt. Türme und Mauern umschlossen einen weiten Hof; in seiner Mitte stand mit 30 Metern Länge und 16 Metern Breite das ebenfalls zweigeschossige Haupthaus. Der einfach behandelte Bau war im unteren Geschoß massiv und im Obergeschoß in Fachwerk ausgeführt, während an der Ostseite ein aus der Mitte gerückter Wendelstein beide Stockwerke verband. Das zwischen doppelgeschossigen Volutengiebeln eingespannte Satteldach wurde vom „Thörmle", einem hohen Dachreiter von eigenwilliger Gestalt, bekrönt (Abb. 14). Diese Uranlage ist noch im heutigen Schloßbau erkennbar, indem sein Mitteltrakt auf den Fundamenten des alten Haupthauses steht und die beiden Südtürme in ihrem unteren Bereich Reste der ursprünglichen Wehrtürme enthalten.

Vorstellungen über die Nutzung und Ausstattung der Innenräume lassen sich aus erhaltenen Inventaren der Jahre 1548 und 1553 ableiten. Demnach umfaßte der mittlere Teil des Haupthauses im Erd- und Obergeschoß je eine gewölbte Halle (Abb. 19), die jetzt die Eingangshalle und den oberen Steinsaal bilden (Abb. 83, 84). Von der unteren Halle führte ein Zugang zur „Hofestube", dem Tages- und Speiseraum für das Hofgesinde, während sich gegenüber die Speisekammer und daneben die Silberkammer, in der das Tafelgerät verwahrt wurde, befanden. Im oberen Geschoß lagen zu seiten der Mittelhalle die Fürstenzimmer: anstelle des heutigen Monströsensaales der Wohn- und Schlafraum des Kurfürsten, im Bereich des jetzigen Billardsaales die Gemächer der Kurfürstin. In den beiden darüberliegenden Giebelgeschossen waren unten die „Frawenzymmer" und oben vier Kammern für Bediente angeordnet. Von dort führten Leitern mit „eysern Sprossen" in den zweigeschossigen Dachreiter.

Wie das seit 1554 im Bau befindliche neue Jagdhaus Grillenburg zeigte, muß auch die Ausstattung der Moritzburger Fürstenzimmer sehr einfach gewesen sein. Dies betrifft vor allem das wenige Mobiliar und den Wandschmuck, der vielleicht nur aus einigen Geweihen oder anderen Jagdtrophäen bestand, heißt es doch damals von der Grillenburg, daß darüber hinaus „auch nicht das geringste" an Gemälden und anderen Kunstwerken vorhanden war. Allein die aus Holzbalken mit Einschub bestehenden Decken mögen Bemalungen gezeigt haben.

Die Ecktürme hingegen wurden als Wirtschaftsteile genutzt. Der Hauptzugang zur Anlage befand sich bis zum Jahre 1723 im südöstlich gelegenen „Thor Thurmb, wo der Hauptmann innen ist", dem späteren Amtsturm. Im nordöstlichen „Kuchen-Thurmb" lag unter der Küche das Gefängnisgewölbe, während sich nach Nordwesten der später als Backturm bezeichnete „Badestuben Thurmb" erhob. Die Südwest-Ecke nahm der „Rothe Thurmb" ein, der zur Aufbewahrung von Jagdwaffen diente und dessen Kellergewölbe die Trinkstube für die nach den Jagden üblichen Zechgelage aufnahm. Außerdem be-

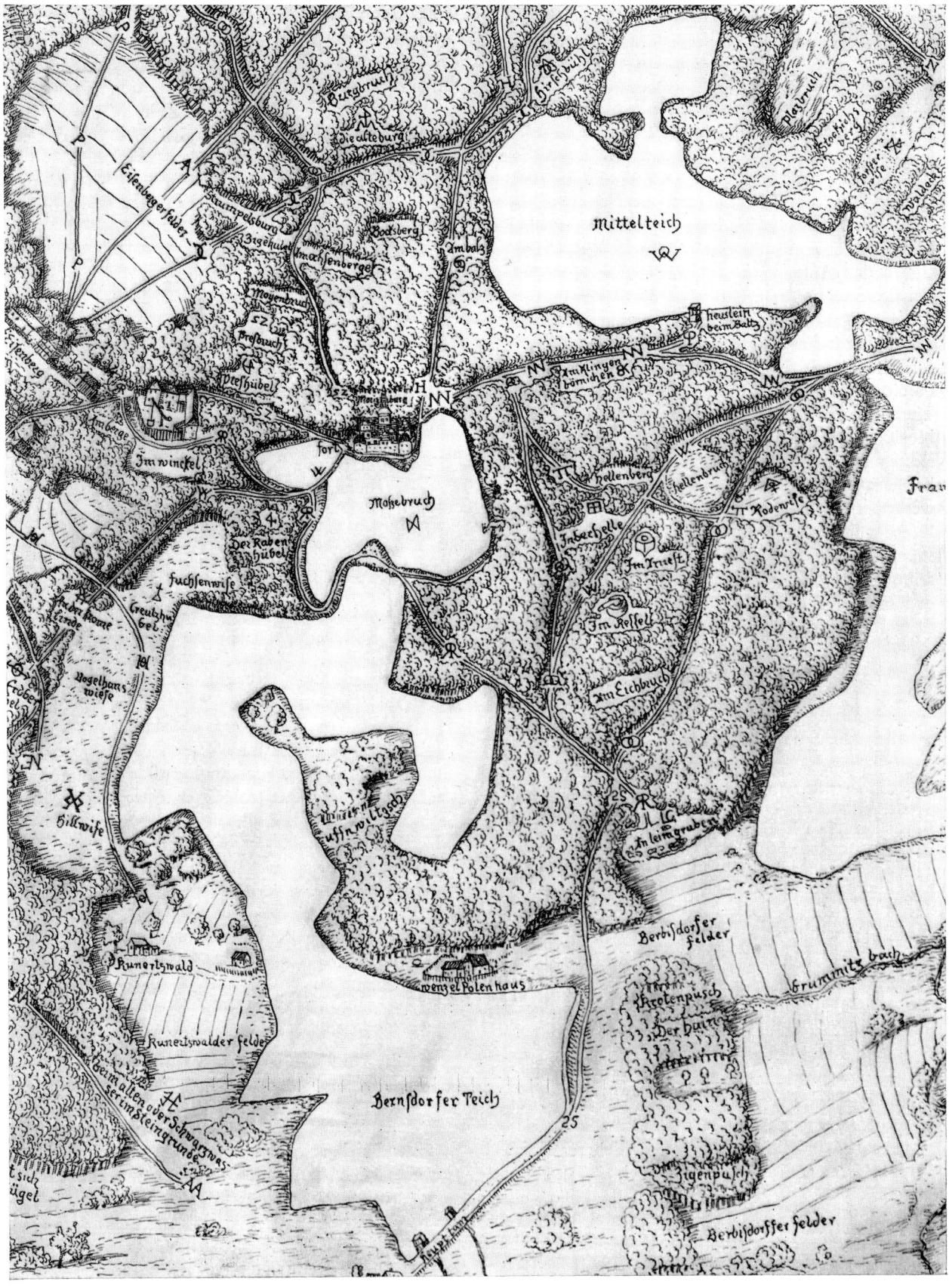

13 Das Moritzburger Teichgebiet um 1570 mit dem kurfürstlichen Jagdhaus. Ausschnitt nach der Karte des Friedewaldes von Johann Humelius und Matthias Oeder, um 1570. Umzeichnung von W. Bachmann. Dresden, Institut für Denkmalpflege

14 Das kurfürstliche Jagdhaus Moritzburg um 1570. Ausschnitt aus der Karte des Friedewaldes von Johann Humelius und Matthias Oeder, um 1570. Dresden, Staatsarchiv

fand sich in den Türmen je eine Stube mit Schlafkammer. Von dort führten hölzerne Treppen in die Dachhauben, wo jeweils drei Bettkammern lagen.

Das neue „Fürstlich Jagthauß" im Friedewald nannte man zu Ehren seines Bauherrn die „Moritzburch": Am 12. Februar 1549 findet sich der Name erstmals belegt. Bald wurde sie auch Verwaltungssitz des um 1550 aus Teilen des Amtes Dresden und aufgekauften Adelsgütern geschaffenen Amtes Moritzburg, so daß der südöstliche „Thor Thurmb" als Sitz des Amtmannes seitdem Amtsturm hieß. In ihrer äußeren, wenig eleganten Erscheinung entsprach die Anlage mehr dem einfachen Typus der im 16. Jahrhundert üblichen Wasserburgen. Schmuckelemente kamen mit Ausnahme der Volutengiebel des Haupthauses kaum vor; lediglich die Tür- und Fenstergewände mögen aus Sandstein bestanden und schlichte Profilierungen gezeigt haben. Ein „Sumarischer Auszug der Ausgaben auf die Gebäude Moritzburg u. a." aus der Zeit von 1546 bis 1554 nennt als „Sumae uf den ganzen Bau 13 698 Gulden, 12 Groschen, 8 Pfennig", wovon auf den Maler 885, auf den Steinmetzen 448 und auf den Bildhauer 85 Gulden ent-

fielen. Damit charakterisierte sich das Ganze als eine den persönlichen Interessen des Landesherrn dienende Anlage, die über eine kurze Zeit einer begrenzten Anzahl von Personen Herberge bieten konnte. Mit ihren Mauern und Türmen, deren wehrhafter Eindruck allein durch die schlichten Volutengiebel des Haupthau-

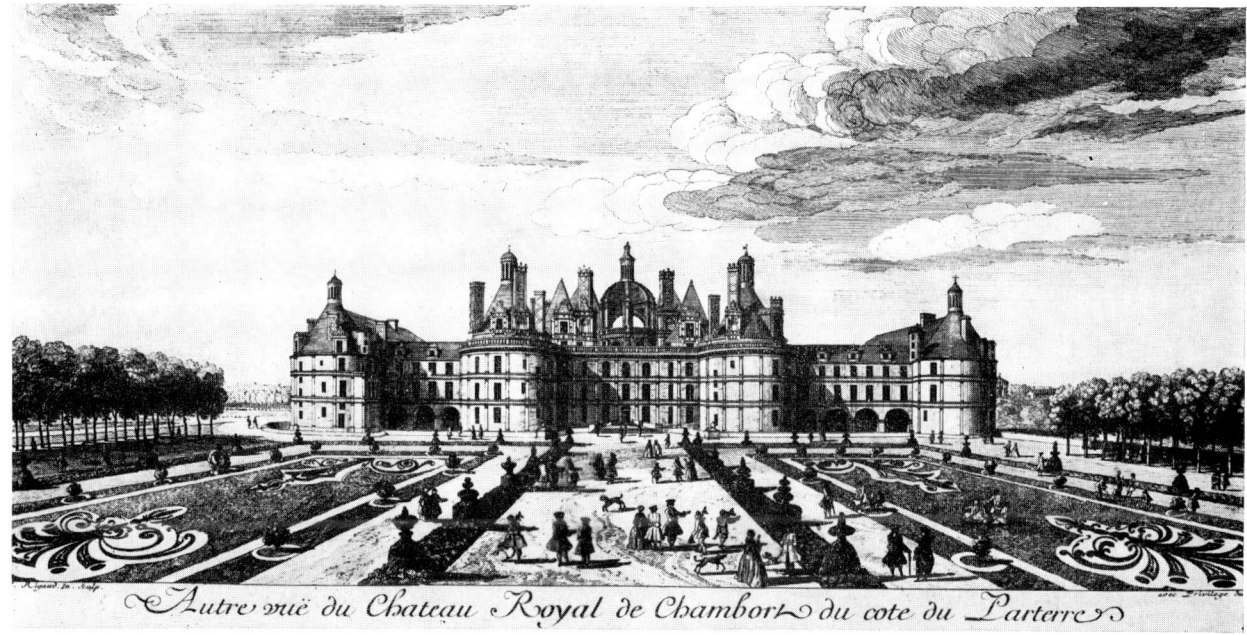

15 Jacques Rigaud (um 1681–1754): Hauptansicht des Schlosses Chambord mit Gartenparterre. Kupferstich, um 1710

ses gemildert wurde, stand sie der Wirkung nach zwischen Burg und Schloß.

Vermutlich haben Entwurf und Ausführung in den Händen des Architekten und Festungsbaumeisters Caspar Voigt von Wierandt gelegen. Da dieser jedoch wenig später von Moritz mit umfangreichen Bauaufgaben in Dresden betraut wurde, scheint die Vollendung des Jagdhauses 1546 durch Hans von Dehn-Rothfelser erfolgt zu sein. Darauf deutet zumindest, daß Kurfürst August am 3. April 1565 bei den Erben des Hans von Dehn anfragt, ob sie noch Risse der Moritzburger Anlage besitzen; auch hat Dehn unter Moritz den Umbau der Radeberger Burg zum Jagdhaus Klippenstein vorgenommen. Für die Gesamtkonzeption der Anlage im Friedewald haben indes französische Vorbilder Pate gestanden: Voigt von Wierandt, der 1541 nach Dresden kam, war mit Moritz in Frankreich gewesen und hatte dort sicherlich die neuartigen Renaissanceschlösser gesehen. Ihre Entstehung war vornehmlich von der sich im 15. Jahrhundert durchsetzenden königlichen Zentralgewalt beeinflußt worden. Bald danach begann in dem vor allem durch Kriegszüge nach Italien expansiv gewordenen Frankreich die Entwicklung eines Renaissancestiles, der italienische Anregungen mit eigenen Kunstauffassungen verband. Deshalb zeigten die neuen Schloßbauten meist Grundformen, die der italienischen Zentralbauidee nahestanden und die auch mit ihren mannigfach gestalteten Ecktürmen eine Her-

kunft vom italienischen Kastelltyp nicht verleugnen konnten. Das Schloß Le Verger, eine Anlage mit runden Ecktürmen, umlaufendem Wassergraben und weiträumigem Vorhof, wurde damals zum Ausgangspunkt für zahlreiche Idealprojekte von polygoner oder streng geometrischer Grundgestalt, die den bedeutungsvollsten Abschnitt der französischen Schloßbaukunst einleiteten. Vor allem in Bauten wie Chambord, dem riesigen, 1523 für König Franz I. in der wald- und wildreichen Sologne begonnenen Jagdschloß (Abb. 15, 16), drückte sich eine Hauptforderung der Renaissance-Architektur aus: der regelmäßig angelegte, nach einem Plan errichtete Baublock, dessen Grundriß einer rein geometrischen Form entsprach (Abb. 17). Mit seiner Lage inmitten großer Waldungen, seinen einstmals dazugehörenden, doch künstlich geschaffenen Wasserflächen und den aus dem Rechteck herausspringenden runden Ecktürmen mag es das Vorbild für die ursprüngliche Moritzburger Anlage abgegeben haben. Wenige Jahre vor dem Umbau des Dresdener Residenzschlosses, dessen Treppenspindeln im Großen Hof gleichfalls die Anregung von Chambord belegen, gelangte hier Voigt von Wierandt zu einer vereinfachten, auf damalige deutsche Verhältnisse übertragenen Umbildung des Jagdschlosses nahe der Loire. Freilich: Die Verbindung von Wehrbau und Wohnen ließ dabei kaum etwas spüren vom wohnlich-freieren Denken der Renaissance, das sich mit offeneren Formen in französischen Schloßbauten

16
Schloß Chambord
im französischen
Département
Loire-et-Cher.
Luftbild von Süden

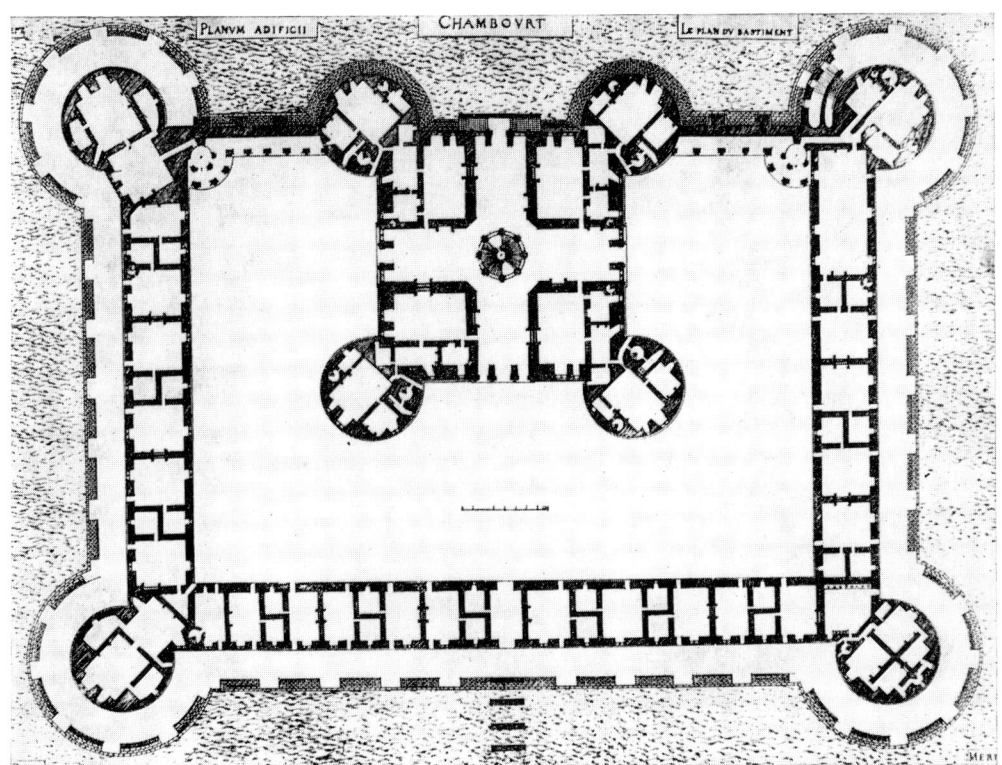

17
Schloß Chambord.
Grundriß
des Erdgeschosses.
Nach
J. A. Ducerceau,
Le premier volume
des plus excellents
Bastiments de
France,
Paris 1576, S. 3

wie Amboise oder Blois ausdrückte und seine epochal wirkende Ausbildung auf deutschem Boden durch Arnold von Westfalen in der Meißner Albrechtsburg gefunden hatte. Und so las man auch über dem Eingang zum Fürstenhaus der Moritzburg den wenig einladenden, dem französischen Geselligkeitsbedürfnis entgegenstehenden Spruch:

> Ich eines Fürsten Jagthauß,
> Ob ich nicht iedem gefallen thu.
> Wer mich veracht, der bleibe drauß,
> Laß mich allein, behalt sein ruh.

4. Die Moritzburg unter Kurfürst August
1553 bis 1586

Durch den frühen Tod des Kurfürsten Moritz hatte 1553 sein damals siebenundzwanzigjähriger Bruder August den Kurhut erhalten (Abb. 18). In seiner mehr als drei Jahrzehnte währenden, von keinem Krieg erschütterten Regierungszeit beschritt die sächsische Politik zunehmend den Weg zur zentralisierten landesherrlichen Gewalt. Den inneren Ausbau des Kurstaates förderte hierbei eine straff organisierte Landesverwaltung; ihr gehörten vorwiegend bürgerliche Beamte an, so daß der Adel zeitweilig seine beherrschende Stellung verlor. Vor allem aber war

Kurfürst August um die Sicherung und weitere Stärkung der ökonomischen Kraft des Landes bemüht. Auf der Grundlage einer zielstrebigen Wirtschafts- und Steuerpolitik verband sich damit der Aufstieg Sachsens zu einem der politisch, wirtschaftlich und kulturell fortgeschrittensten Länder im damaligen Deutschland, wobei Dresden als Residenzstadt ebenfalls wachsende Bedeutung erlangte. Theologische Streitigkeiten ablehnend, legte der Kurfürst das Schwergewicht seiner Maßnahmen nicht auf die Außen-, sondern auf die Innenpolitik: er war ein nüchtern rechnender protestantischer Regent mit einer gutsherrlich-patriarchalischen Auffassung des Fürstenamtes, der erkannt hatte, daß sich die materielle Förderung der Untertanen auch zum eigenen Vorteil auswirken mußte. Tiefgreifende wirtschaftliche Veränderungen, die Herausbildung frühkapitalistischer Produktionsverhältnisse in Bergbau und Textilherstellung sowie das Entstehen von wirtschaftlich starken Städten auf der Basis von Handel, Handwerk und Messen führten damals zu wachsendem Wohlstand im Lande, dessen Annehmlichkeiten freilich weniger dem einfachen Volke, sondern in erster Linie der herrschenden Klasse zugute kamen.

Zu den Zweigen, die sich der besonderen Förderung durch Kurfürst August erfreuten, zählten Forstwirtschaft und Jagdwesen: Mit ihm, der selbst ein leidenschaftlicher Jäger war, begann die eigentliche

18 Lucas Cranach d. J. (1515–1586):
Kurfürst August von Sachsen (1526–1586).
Öl auf Holz, um 1565 (Ausschnitt).
Barockmuseum Schloß Moritzburg
(Leihgabe Staatl. Kunstsammlungen Dresden,
Gemäldegalerie Alte Meister)

Blütezeit der kursächsischen Hofjägerei und damit auch die große Zeit des Friedewaldes. Dennoch verblieb das Jagdhaus Moritzburg bis nach 1580 im überkommenen Zustand. Lediglich kleinere Veränderungen nahm man vor: 1555 wurden die Keller unter dem Fürstenhaus aus dem Felsen getrieben, ausgemauert und in Tonnen gewölbt wie auch die Bedientenkammern im oberen Giebelgeschoß wohnlicher gestaltet, während Kurfürst August 1562 durch einen „Wasserkünstler" des Herzogs von Braunschweig eine Wasserleitung für den „Röhrkasten" anlegen ließ. Ihre Wartung oblag einem Röhrmeister; da dieser jedoch aufgrund seiner überaus geringen Entlohnung auftretende Schäden kaum behob, führte sie nur selten Wasser. Ein „ganz zinnerner verguldeter Damhirsch" im Zimmer des Kurfürsten ließ dann das köstliche Naß aus seinem Maule in eine Zinnwanne laufen, die einen Ablaufhahn aus Messing besaß und mit vergoldeten Löwenköpfen sowie dem Kurwappen verziert war. Zum Schutz gegen Feuchtigkeit hatte man den Fußboden im Bereich der Wanne mit Blei ausgelegt.

1581 folgte noch das Anlegen eines „Pferdestalls unterm Gang", dann begannen 1582 umfangreiche Sicherungs- und Erneuerungsarbeiten, zeigte doch das Fachwerk des Fürstenhauses starke Schäden, während sich die Giebel bereits nach vorn zu neigen begannen. Mit der Anfertigung des Kostenanschlages war Hofmaurermeister Peter Kummer beauftragt worden, doch führte die Behebung der Mängel schließlich zum Umbau der gesamten Anlage, zumal dieser durch den übersteigerten Jagdbetrieb bei Kurfürst August ohnehin erforderlich wurde. Wohl unter Aufsicht von Oberzeugmeister Paul Buchner hat damals Peter Kummer die beiden Volutengiebel an der Westseite des Haupthauses durch einen großen Giebel ersetzt, während die anderen Fronten den überkommenen Zustand behielten. Eine wesentliche Wandlung im Äußeren brachte freilich der Abbruch des ebenfalls baufällig gewordenen „Thörmles"; dafür erhöhte man aber den der Ostseite vorgelegten Wendelstein, der zugleich eine neue Dachhaube sowie eine Uhr mit Schlagwerk erhielt.

Größere Veränderungen erfolgten auch an den Innenseiten der Wehrmauern, wo die hölzernen Wehrgänge, die Stallstube und der Pferdestall zum Abbruch kamen. Nun entstanden entlang der West- und Ostmauer massive zweigeschossige Anbauten mit pultartigen Ziegeldächern (Abb. 19). Sie enthielten im Erdgeschoß Ställe mit gewölbten Decken und im Obergeschoß durch Gänge erschlossene Wohnstuben und Kammern, aber auch Heu- und Haferböden. Zudem wurde in Achse des westlichen Anbaues ein brückenartiger Übergang zum Obergeschoß des Haupthauses geschaffen, während ein kleiner, am Amtsturm neu aufgeführter Wendelstein die dort in beiden Geschossen gelegenen Wohnräume des Amtmannes verband.

Weiterhin erfuhr das Innere des Fürstenhauses Verbesserungen, die freilich noch immer bescheiden wirkten. So richtete man im Vorraum der „Hofestube" eine Hauskapelle ein; ebenso wurden Tore wie auch Türen mit Jagdszenen bemalt, und die Holzbalkendecken zeigten in Leimfarbe ausgeführte figurale und ornamentale Malereien oder waren mit „Flasern", einer Papiertapete mit aufgedruckter Ahornmaserung beklebt. An den Wänden und Decken der fürstlichen Gemächer herrschten dagegen Täfelungen vor, während der Fußboden – ähnlich dem heutigen Tafelparkett – aus in Mustern verlegten Brettern bestand. Als Wandschmuck dienten Hirschgeweihe sowie Gemälde; ebenso hingen in fast allen Räumen Leuchter. Die Beheizung erfolgte durch Kamine und Öfen.

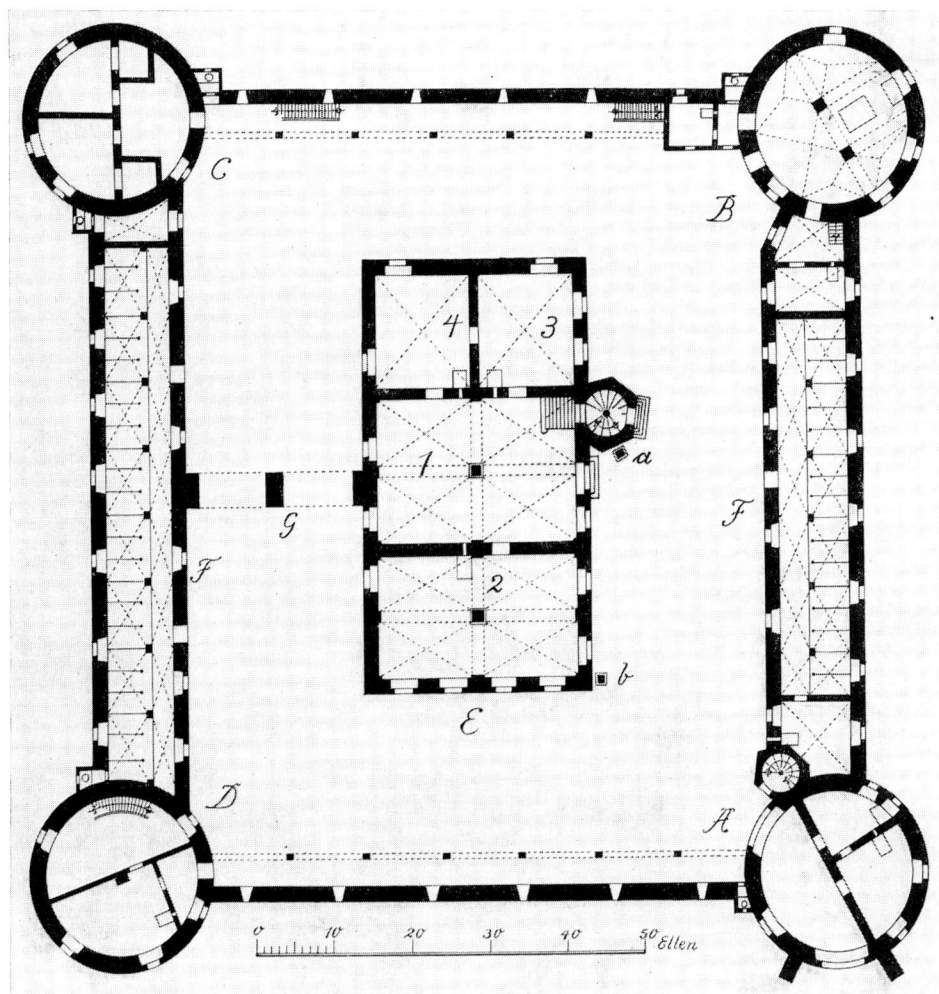

19
Jagdhaus Moritzburg.
Grundriß des Erd-
geschosses nach dem
Umbau von 1584.
Rekonstruktion
von W. Bachmann
nach dem Plan
von Paul Buchner
im Staatsarchiv Dresden.
Dresden, Institut
für Denkmalpflege.
A = Tor- oder
Amtsturm,
B = Küchenturm,
C = Kanzlei-
oder Backturm,
D = Roter-
oder Jägerturm,
auch Kellereiturm
genannt,
E = Fürsten-
oder Haupthaus,
darin: 1 = Vorhalle,
2 = Hofestube,
3 = Speisekammer,
4 = Silberkammer;
F = neue Ställe,
G = Übergang zwischen
Fürstenhaus
und Westflügel.
a = Standbild
des Jägers von 1602,
b = Standbild des
Hirsches von 1602

Zwei solcher Öfen, bestehend aus eisernen Feuerkästen und aufgesetzten Kacheltürmen, wurden 1584
von „Heinrich Kramern zu Leipzigk für
53 Gulden 12 Groschen" gekauft. Auch ist bereits
1558 viel zinnernes Tafelgeschirr vorhanden gewesen, während die Küche einen großen Vorrat an
kupfernen Kesseln, Bratpfannen und eisernen Bra-
tenwendern besaß, galt doch schon damals das Jagd-
essen als Höhepunkt nach beendeter Jagd.

Die Kosten der am 7. November 1584 abgeschlossenen Baumaßnahmen sind in einer Abrechnung des
Schössers Melchior Berthold mit 3362 Gulden 7 Groschen und 10 Pfennig belegt. Von den daran beteiligten Handwerkern werden neben Peter Krummer
der Polier Nicolaus Weber, der Zimmermeister Mar-
ten Heidehan, der Schmied Hans Albrecht, Kanne-
gießer Salomon Lingke, der Tischler Christoph Christ-
mann, Dachdecker Martin Kummer, der Töpfer Melchior Hannsen, der Maler Hans Frischheintz, Schlos-
ser Hans Göbel sowie der Uhrmacher Peter Hacke

genannt. Säulen, Gewände und Gesimse hatten die
Dresdener Steinmetzen Melchior Barthel, Lazarus
Richter und Wolf Weber gefertigt, Hofmaler Heinrich
Göding führte wohl die Malereien an Türen, Toren
und Zimmerdecken aus und bemalte oder vergoldete
die Wetterfahnen. Als einzige Frau erscheint eine
Martha Heroldin: sie war mit den Glaserarbeiten be-
schäftigt gewesen.

5. Die Zeit bis zum Dreißigjährigen Krieg

Entwicklungen in Sachsen. Am 11. Februar 1586 hatte
Kurfürst August in der Moritzburg einen Schlaganfall
erlitten; man brachte ihn gegen Mittag ins Dresdener
Schloß, wo er noch am gleichen Tage starb. Sein
Sohn und Nachfolger Christian I., von Natur kränk-
lich und ein Freund der Tafel, widmete sich nur wenig
den eigentlichen Aufgaben eines Landesherrn. Dennoch setzte sich der wirtschaftliche und künstlerische
Aufstieg Sachsens während seiner nur fünfjährigen

Regierungszeit fort. Vor allem die Baukunst erfreute sich der Förderung des Kurfürsten: Außer dem Kleinen Hof des Residenzschlosses entstand damals in Dresden der Stallhof als Ort ritterlicher Spiele und Schauturniere; beide Anlagen trugen bereits den Charakter fürstlicher Repräsentationsbauten, ebenso wie das 1590 von dem Italiener Giovanni Maria Nosseni begonnene Lusthaus auf der Jungfernbastei. Außerhalb der Residenz war es wieder Nosseni, der mit seiner fürstlichen Begräbniskapelle im Dom zu Freiberg schon die Geisteshaltung des Absolutismus berührte, während der Königstein seine Fortifikationen erhielt, Schloß Colditz umgebaut und Schloß Zabeltitz errichtet wurde. Nicht nur die Weite damaliger fürstlicher Macht sprach aus solchen Bauten; sie spiegelten zugleich die wirtschaftliche Kraft des Landes wider und bildeten Höhepunkte der späten Renaissancekunst in Sachsen.

Diese Entwicklung nahm auch ihren Fortgang, nachdem 1591 Kurfürst Christian I. im Alter von erst 31 Jahren gestorben war. Zunächst folgte jedoch aufgrund der Unmündigkeit des Kurprinzen eine zehnjährige Verwaltung des Landes durch den Administrator Friedrich Wilhelm von Sachsen-Weimar. Ein Enkel des bei Mühlberg besiegten Johann Friedrich, erwies er sich indes als strenger Lutheraner; seine Regentschaft gereichte daher dem Lande wenig zum Vorteil, war doch im Streit zwischen den Parteien der konfessionellen protestantischen Lehren seit Kurfürst Augusts Tagen der Weg der toleranten Mitte beschritten worden. Zudem betrieb die Mutter des künftigen Kurfürsten ihre eigene Politik; der Sohn aber erhielt von ihr eine mehr zum Wohlleben neigende Erziehung, die ernsthafte Unterweisungen in Fragen der Staatskunst vermissen ließ. So zeigte sich Christian II., nachdem er 1601 den Kurhut übernommen hatte, der schwierigen politischen Situation seiner Zeit nicht gewachsen. Ohnehin schlaff von Natur, dem Trunk und der Jagd ergeben, blieben ihm auch jene Gefahren verborgen, die aus einer zunehmenden Macht des Adels für Staat und Landesherrn entstanden. Noch Christian I. hatte unter dem Einfluß seines Kanzlers Nikolaus Crell versucht, die zielbewußte Politik des Kurfürsten Moritz wiederaufzunehmen, wollte doch Crell durch Bündnisse mit protestantischen Ländern Kursachsen zum Mittelpunkt einer dem Katholizismus entgegenwirkenden europäischen Politik machen. Als Vertreter des sächsischen Bürgertums war es ihm gelungen, mit der Durchführung von Reformen die Position der bürgerlich-protestantischen Kräfte gegenüber dem Kaiser zu stärken und unter Zurückdrängung des Adels alle wichtigen staatlichen Verwaltungen in eigener Hand zu konzentrieren. Der nach dem plötzlichen Tod Chri-

stians I. im Bunde mit dem Kuradministrator und der lutherischen Reaktion offen ausbrechende Haß des in seinem Machtanspruch benachteiligten Adels führte jedoch zum Sturze Crells. Unter dem Vorwand von Kryptokalvinismus angeklagt, wurde er nach einem zehnjährigen Prozeß 1601 auf dem Dresdener Jüdenhof enthauptet; damit aber verbanden sich innenpolitische Konsequenzen wie die Rückgängigmachung des von Crell eingeleiteten Regierungsprogrammes. Die Nachfolger Christians I. gerieten daher in eine zunehmende Abhängigkeit vom Adel und mußten neben erheblichen Machtbeschränkungen auch den Verzicht auf politische Aktivität hinnehmen. Damals erhielt Sachsen seine Prägung zum Ständestaat: Das Recht der Steuerbewilligung lag bei den Ständen, so daß der Kurfürst finanziell von ihnen abhängig blieb. Der Adel aber verdrängte die bürgerlich-progressiven Kräfte aus allen staatlichen Ämtern; ihm lag das Durchsetzen eigener Interessen näher, was vor allem die Landbevölkerung durch ein rapides Absinken ihrer Lebensbedingungen zu spüren bekam.

Auch Johann Georg I., der 1611 zur Regierung gelangte Sohn Christians I., bewegte sich im Mittelmaß damaliger fürstlicher Potentaten. Sein Wirken galt neben einer Förderung von Musik und Kunst vor allem der Jagd: Unter ihm wurde 1617 der in Altendresden schon 1568 angelegte Jägerhof vollendet. Innerhalb der großen politischen Zeitereignisse ist Johann Georg jedoch „Objekt und nicht Träger der geschichtlichen Wandlungen gewesen" (H. Kretzschmar). Seine politische Indolenz führte 1631 zur Aufgabe der Neutralität Sachsens im Dreißigjährigen Krieg, doch der Anschluß an Schweden zog die Kriegsfurie ins eigene Land, dessen wirtschaftliche und finanzielle Kräfte schon erschöpft waren. Am Ende der Auseinandersetzungen zählte Sachsen zu den am schwersten betroffenen Gebieten Deutschlands: Neben dem allgemeinen wirtschaftlichen und kulturellen Niedergang war die Bevölkerungszahl um mehr als ein Drittel gesunken. Demgegenüber mußte es als schwacher Trost wirken, daß dem Kurfürsten im Frieden von Prag 1635 die Erwerbung der beiden Lausitzen gelang. Damit lagen die östlichen Grenzen seines Kurstaates am Queis und an der Oder, was bei den damals unsicheren Machtverhältnissen im europäischen Osten einen wichtigen politischen Faktor bildete.

Veränderungen in der Moritzburg. Im Gegensatz zu den großen künstlerischen Leistungen der Zeit vor dem Dreißigjährigen Krieg erschöpften sich die Vorhaben im Jagdhaus Moritzburg fast nur in Nutzbauten und inneren Verbesserungen. So hören wir 1589 von 5359 Gulden, die unter anderem für neue hölzerne Türeinfassungen, schmiedeeiserne Fenstergitter sowie „drey Camine und Öfen" ausgegeben wurden; danach fielen zwischen April 1590 und Juni 1591 nochmals 900 Gulden für wohl ähnliche Arbeiten an. Auch reichte Oberzeugmeister Paul Buchner 1593 einen Vorschlag zur zusätzlichen Sicherung der Moritzburg durch Wall und Graben ein, „weil man vom Walde an die Schießlöcher kommen kann". Daraufhin umgab man die Anlage 1594 mit einer zweiten Mauer, so daß zwischen beiden Schutzwehren ein Freiraum als Zwinger enstand.

Buchner, 1531 in Nürnberg geboren, hatte dort zunächst das Tischlerhandwerk erlernt, dann aber den Beruf eines Schraubenmachers ergriffen. Als solcher entwickelte er sich zum Spezialisten für Kriegstechnik, dessen Belagerungsgeräte bald viele Potentaten Europas begehrten. 1558 auf Empfehlung an den Hof Kurfürst Augusts in Dresden gekommen, vermochte er nach einiger Zeit alle wesentlichen Festungsbauvorhaben unter seiner Hand zu vereinigen. 1576 folgte die Ernennung zum Oberzeugmeister und damit zum Chef der gesamten Staatsbauverwaltung. Indes scheint sich Buchner beim Erreichen seiner Ziele nicht immer geradliniger Mittel bedient zu haben, hatte er doch die Stellung seines Vorgängers Rochus Graf von Lynar mit Erfolg untergraben können, so daß dieser 1578 Dresden verließ und in brandenburgische Dienste trat. Buchners große Zeit begann aber erst unter dem baufreudigen Kurfürst Christian I., doch bleibt seine Autorschaft bei vielen Bauten umstritten. Offenbar ist ihm meist nur die Oberaufsicht übertragen gewesen, während die eigentlich schöpferischen Leistungen in der Periode der sächsischen Spätrenaissance Künstler wie Giovanni Maria Nosseni, Hans Irmisch, Carlo di Cesare, Kilian Fabritius oder die Bildhauer der späten Walther-Generation vollbrachten.

Buchner, dem es trotz seiner vielseitigen Tätigkeit nicht gelang ein Vermögen zu erwerben, scheint auch finanzielle Unregelmäßigkeiten begangen zu haben, gab es doch bei der Abrechnung der von ihm geleiteten Bauten manche Ärgernisse, besonders, als man nach dem Tode Christians I. die Nachprüfungen genauer vornahm. So ist auch jene erhebliche Summe von etwa 6260 Gulden anzuzweifeln, die der Oberzeugmeister zwischen 1589 und Juni 1591 lediglich für Ausstattungsarbeiten in der Moritzburg berechnet hatte, waren doch bei dem großen Umbau von 1584 weit höhere Leistungen für nur 3362 Gulden erbracht worden. Ebenso zeigt ein nach seiner Anweisung um 1590 gefertigtes Holzmodell des Jagdhauses Unstimmigkeiten gegenüber dem originalen Bau: Wehrmauern, Türme und Fürstenhaus sind hier im Gegensatz zu ihrer tatsächlich zweigeschossigen Ausführung als dreigeschossig dargestellt; außerdem ist das Fürstenhaus mit unrichtigem Giebelgeschoß wiedergegeben (Abb. 20). Buchner wollte wohl durch solche Manipulationen größere Baumaßnahmen vortäuschen, um seine willkürliche Rechnungslegung zu rechtfertigen.

20 Holzmodell für einen Umbau
des Jagdhauses Moritzburg nach dem Entwurf
von Paul Buchner.
Ansicht von Südwesten, um 1590.
Barockmuseum Schloß Moritzburg

Administrator Friedrich Wilhelm ließ von 1595 bis 1598 noch die Wehrmauern sowie den Küchen- und Backturm erneuern. Unter Kurfürst Christian II. wurde 1602 die gesamte Anlage mit einem hölzernen Zaun umgeben, während 1603 die Ummauerung des alten, schon vorher der Westseite vorgelegten Tiergartens folgte (Abb. 21a, 21b). Dieser hatte drei Zugänge und war mit zwei Ställen, einer Wildhecke und einem Fischbehälter ausgestattet.

Zu weiteren Baumaßnahmen kam es erst wieder 1620 unter Kurfürst Johann Georg I.: Damals wurde die äußere Umgrenzung „ringsumbter mit einer steinern Mauer ... anstatt vorigen stachets vermacht", wobei diese Mauer „uff beeden seiten Pfordten" erhielt (Abb. 21a, 29). Freiraum zwischen der dritten Schutzwehr und dem Mauerring von 1594 lag der Holzhof, wo sich Vieh- und Pferdeställe, die Wohnung für den Viehwärter sowie Schuppen für Wagen und Hunde befanden; außerdem war am zweiten Tor ein Wachgebäude errichtet worden. Über die damalige innere Ausstattung des Fürstenhauses gibt ein Inventar von 1614 Auskunft. Demnach waren in der Hofestube außer Tischen und Bänken auch Wandbretter mit 26 Holzpflöcken vorhanden, die dem Ge

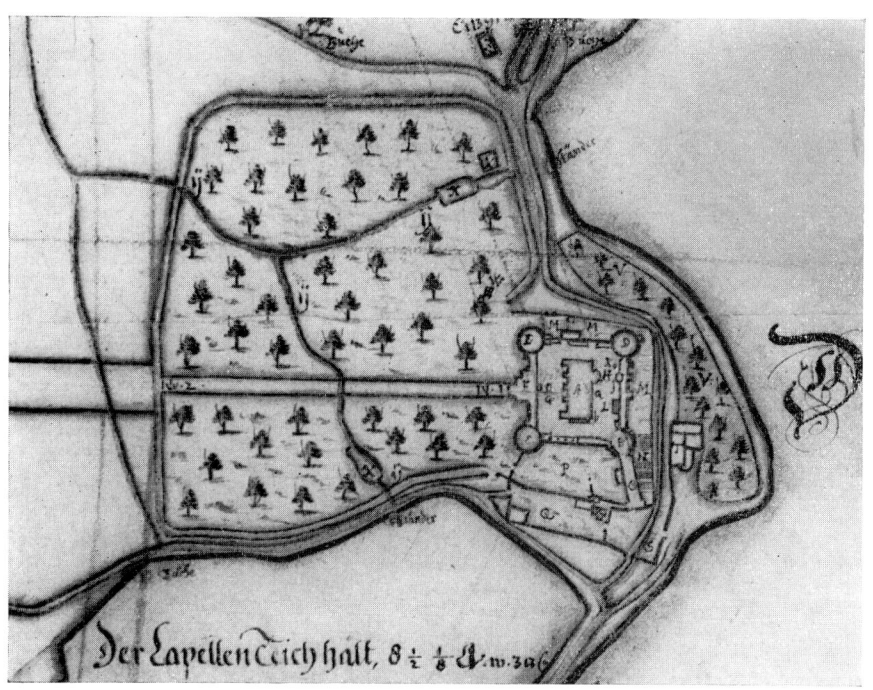

21a
Hans Augustus Nienborg
(1660–1729):
Die Anlage
des Jagdhauses Moritzburg
mit dem westlich vorgelegten
Tiergarten aus der Zeit
nach 1580.
Rechts der Mosebruchteich.
Ausschnitt aus „Delineation
oder Eigentliche Grundlegung
des Schlosses Moritzburgk",
1691. Dresden, Staatsarchiv

sinde zum Aufhängen der Kleider und Waffen dienten. Im Vorsaal des Obergeschosses bestand der Fußboden aus Sandsteinplatten; die hölzerne Decke war
„eingefaßt, getefelt und angenagelt". Hier standen
zwei rotgestrichene Tische und eine lange Wandbank,
während an den Wänden 12 Hirschgeweihe mit 12
bis 18 Enden sowie eine „gemahlte Wasserjagd, so
zu Dresden den 19. September 1614 auf der Elbe
gehalten worden", hingen.

Nun hören wir auch erstmals von einer künstlerischen Ausschmückung der Moritzburg: Am 22. April
1602 hatte man im Beisein Kurfürst Christians II.

zwei steinerne Bildwerke auf Säulen, die vergoldete
Löwenköpfe zierten, vor die Ostseite des Fürstenhauses „gesetzt" (Abb. 19). Der Überlieferung zufolge stellte eine der Plastiken einen lebensgroßen,
grünbemalten Jäger mit Hifthorn und Hirschfänger
dar, links ein Glas und rechts einen Sauspieß haltend,
während sich zu seinen Füßen ein weißer Hund befand; die andere zeigte einen Hirsch mit 16 Enden
und darunterliegender Schlange, „darbey auch ein
Hundt, so an den Hirsch jaget". Beide Kunstwerke
hatte der Dresdener Bildhauer Christoph Walther IV
in Sandstein geschaffen.

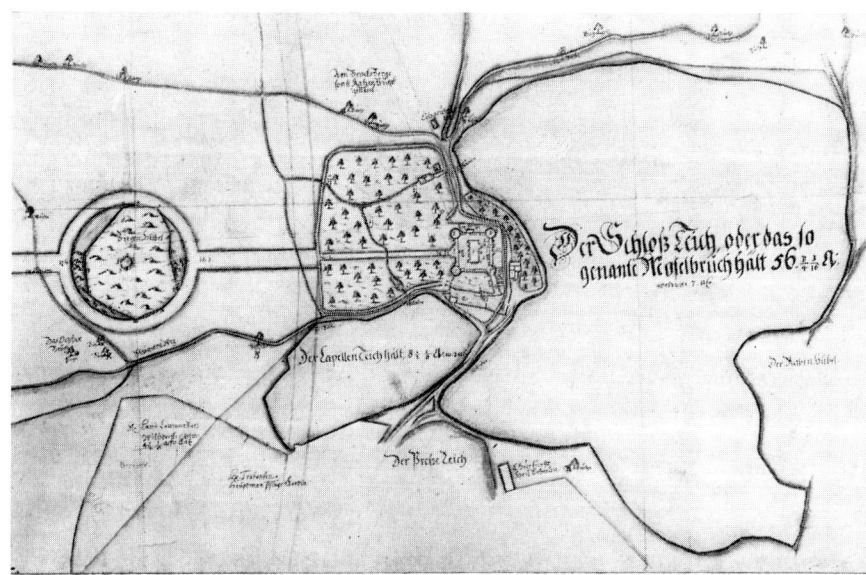

21b
Hans Augustus Nienborg
(1660–1729):
Die Anlage
des Jagdhauses Moritzburg
mit der neuen ost-westlichen
Hauptschneise und dem Rondell
um den „Ziegenhübel"
im geplanten Tiergarten.
Ausschnitt aus „Delineation
oder Eigentliche Grundlegung
des Schlosses Moritzburgk",
1691. Dresden, Staatsarchiv

Im Dreißigjährigen Krieg erlitt dann die Moritzburg vielerlei Schäden, vor allem 1632, als sie von
Kroaten überfallen wurde, doch offenbar auch 1637
durch die Schweden: Damals lag der vom Sockel ge-
stürzte Jäger zerbrochen im Hof, und dem Hirsch
waren die vorderen Läufe abgeschlagen, „welches die
schwedischen Soldaten, als sie daselbst logirt, sollen
gethan haben". Jedenfalls bezeichnet ein Inventar
von 1637 viele Türen und Türschlösser als zerschlagen oder zerstoßen, und selbst der wasserspeiende
Hirsch im Zimmer des Kurfürsten zeigte absichtlich
verursachte Beschädigungen. Daß 1638 sowie 1647
bis 1648 auch Reparaturen an „Hoffscheune, Holz-
hoff- und Thiergarthen Mauer ... Fenster und Thüren uf dem Haubgebeuden ... und andere nothwen-
dige außbeßerung an Dachung, Ställen und sonsten"
vorzunehmen waren, läßt erkennen, wie umfangreich
die angerichteten Zerstörungen gewesen sind.

6. Die Zeit bis 1700

Anfänge des Absolutismus in Sachsen. Der Dreißigjährige Krieg, dieses unter konfessionellem Vorzei-
chen geführte letzte gewaltige Ringen zwischen kai-
serlicher Zentralmacht und den nach Unabhängigkeit
strebenden Territorialstaaten Deutschlands, hatte
Sachsen zu einem verarmten und verwüsteten Land
werden lassen. Nach dem 1635 in Prag geschlossenen
Separatfrieden mit Österreich war der abgefallene
Bundesgenosse von den Schweden besonders schwer
heimgesucht worden; auch erhielt Sachsen im Frieden
von Münster und Osnabrück außer der Bestätigung
des Besitzes der beiden Lausitzen kaum Zugeständnisse, so daß es seine Vormachtstellung in den protestantischen Nordgebieten des Reiches verlor.

Dennoch konnte das wirtschaftlich relativ fortge-
schrittene Land die Kriegsfolgen schneller überwinden als andere deutsche Länder, wenn auch der Wiederaufbau die Zeit bis zum Ende des Jahrhunderts
beanspruchen sollte. Während sich aber im Ausland
das absolutistische Herrschaftssystem herausbildete,
das im persönlichen Willen des Landesherrn den
Ausgangspunkt für alles staatliche und gesellschaftliche Leben sah, war in Deutschland diese Entwicklung
durch den Krieg verzögert worden. Dem Bestreben
der deutschen Fürsten, hier den Anschluß zu gewin-
nen, folgten auch die Wettiner seit Johann Georg II.
mehr oder minder erfolgreich. Der in Sachsen aufkommende Absolutismus bewirkte zugleich mit dem
steigenden Repräsentationsbedürfnis des Landesherrn
eine Veränderung seiner Lebensform, was wiederum
die Entwicklung von Wirtschaft, Kunst und Kultur
beeinflußte.

Unter Kurfürst Johann Georg II. (Abb. 22), der
1656 zur Regierung gelangte, bildete sich eine prunk-
volle, mit der Förderung von Wissenschaft und Kunst
verbundene Hofhaltung heraus, sollte doch damit
nach dem Vorbilde Frankreichs Macht und Reichtum
des Landesherrn demonstriert werden. So ließ er
aufgrund seiner besonderen Neigung zur italienischen
Oper 1664 bis 1667 durch Wolf Caspar von Klengel
ein Komödienhaus als ersten festen Theaterbau Dresdens errichten, und Klengel war es auch, der 1674
die Erhöhung des Schloßturmes vornahm. Schließlich

*22 Unbekannter Meister: Johann Georg II.,
Kurfürst von Sachsen (1613–1680).
Ölgemälde, nach 1660.
Ehem. Dresden, Historisches Museum*

entstand 1678 bis 1683 mit dem Palais im Großen
Garten als Werk Johann Georg Starckes jener „Mark-
stein in der Entwicklung, und zwar nicht allein des
sächsischen, sondern auch des gesamtdeutschen Barock" (H. G. Franz): keiner deutschen Tradition folgend, verbindet sich in diesem der Hochrenaissance
noch nahestehenden Bauwerk die Heiterkeit des italienischen Lusthauses mit der repräsentativen Würde
des französischen Châteaus. 1680 übernahm Johann
Georg III. den Kurhut. Mehr Soldat als Staatsmann,

gelang ihm 1683 gemeinsam mit Jan III. Sobieski von Polen der Sieg über die Türken vor Wien, während er für Sachsen zum Schöpfer eines stehenden Heeres wurde und damit den Grund legte zur militärischen

*23
Wolf Ernst Brohn
(nach 1600–1664):
Jäger mit Hund.
Sandstein, Höhe
ca. 1,50 m, um 1660.
Moritzburg,
Schloßinsel
(Südwestecke)*

1623 in kurfürstlich-sächsischen Diensten stand und 1650 für Johann Georg I. das reizvolle Weinbergschlößchen Hoflößnitz errichtet hatte.

Im Jahre 1650 wußte Matthäus Merian in seiner „Topographia Superioris Saxoniae" lediglich zu berichten: „Vnter Dresden beym Hayn liegt das newe Schloß vnd Jagdhauß Moritzburg." Dem Kurfürsten Johann Georg II. schien daher die überkommene Anlage aufgrund des jetzt zunehmenden Repräsentationsbedürfnisses nicht mehr genügt zu haben. Jeden-

*24
Conrad Buchau
(gest. 1657):
Jäger mit Hund,
ehem. Jagdhaus
Grillenburg.
Sandstein,
Höhe ca. 1,70 m,
nach 1640.
Staatl.
Kunstsammlungen
Dresden,
Museum
für Volkskunst*

Sicherung des Herrschaftsanspruchs der Wettiner. So spiegelten sich auch in der Entwicklung Kursachsens nach dem Dreißigjährigen Kriege die feudalabsolutistischen Verhälnisse und gesellschaftlichen Gegensätze im politisch wie wirtschaftlich zersplitterten Deutschland wider, wo mehr als 300 weltliche und geistliche Landesherren als „Souveräne" über Territorien von oftmals kleinsten Ausmaße geboten und im Zuge eines eigenstaatlichen Absolutismus nur ihre selbstsüchtige, gegen die Interessen des Volkes gerichtete Politik verfolgten.

Umbau der Moritzburg 1656 bis 1672. Auch in der Moritzburg blieb das Baugeschehen zunächst auf die Instandsetzung der durch den Krieg verursachten Schäden beschränkt. Mit der Bauleitung beauftragte man den Landbaumeister Ezechiel Eckhardt, der seit

falls begann 1656 unter Leitung von Johann Albrecht Eckhardt und der Oberaufsicht von Oberlandbaumeister Wolf Caspar von Klengel eine lebhafte Bautätigkeit (Abb. 27, 28). Schon 1654 war mit dem Einbau einer neuen Bäckerei unter dem Backturm begonnen worden. Nun ließ der Kurfürst die alte Hofestube im Fürstenhaus als Tafelgemach herrichten und mit wertvollen Möbeln und Kunstwerken ausstatten. Ebenso erfuhren die kurfürstlichen Zimmer im Obergeschoß eine Umgestaltung, wobei auch der „zinnerne Wassertrog und Hirsch samt desselben Wasserläuffte" instand gesetzt wurde. Den hier gelegenen Vorsaal verkleinerte man um die Hälfte und ordnete auf einer Seite der gewonnenen Fläche neben dem Schlafgemach der Kurfürstin eine Küche an; der andere Teil diente weiterhin als Zugang zur Brücke nach dem Westflügel. 1661 bis 1662 folgte ein Umbau des südwestlichen Roten Turmes, der aufgrund des dabei im Obergeschoß geschaffenen Raumes für den Jägermeister nun „Jägerturm" hieß. Zugleich kam es hier zum Einbau einer neuen Trinkstube im Keller und einer Pagenunterkunft im Erdgeschoß, während man den Dachraum für Gesindestuben nutzte. 1663 wurde am inneren Anbau der östlichen Wehrmauer auf oktogonalem Grundriß ein neuer Wendelstein mit Trompeterstuhl und abschließender welscher Haube aufgeführt (Abb. 28). Er vermittelte den Zugang zum Ostflügel, den man nun um ein Geschoß erhöhte und mit acht Wohnräumen für Gäste und Hofbedienstete ausstattete. Selbst das alte Wachhaus am zweiten Tor erhielt auf seinen massiven Unterbau ein weiteres Geschoß in Fachwerk gesetzt, so daß nun das auch mit einem Türmchen geschmückte Gebäude etwa acht Gästen Unterkunft bieten konnte (Abb. 29). Ebenso mußte der Pferdestall im Holzhof erweitert werden, während Hoftöpfer Alexander Böschel – gleichfalls 1663 – im Fürstenhaus den Einbau eines „Riesenquerofens von 5 (eisernen) Blatten auf drey eisern Füßen, mit einem Kachelthurme übersetzt, . . ." vornahm. Nach Abrechnungen von Unterlandbaumeister Johann Albrecht Eckhardt beliefen sich die Kosten der 1672 zum Abschluß gebrachten Baumaßnahmen auf insgesamt 5127 Gulden, 11 Groschen und ½ Pfennig. Durch wohlüberlegtes Vorgehen hatte man – fast ohne zusätzliche Neubauten – eine rationellere Nutzung vorhandener Räumlichkeiten erreicht und bessere Wohnbedingungen geschaffen. Außerdem war zwischen 1660 und 1662 südlich des Jagdhauses der Kapellenteich angelegt worden, was zugleich den Bau einer Zugbrücke veranlaßte (Abb. 21a).

Wohl als Ersatz für die im Dreißigjährigen Krieg zerstörte Statue hatte Kurfürst Johann Georg II. im Jahre 1660 einen neuen steinernen Jäger verfertigen lassen. Sein Schöpfer ist Wolf Ernst Brohn gewesen, der als kurfürstlicher Bildhauer auch am Lusthaus auf der Dresdener Jungfernbastei tätig war. Für das Moritzburger Standbild erhielt er 1660 3 Gulden 9 Groschen „vollends zahlt". Es stellt einen Jäger im Habit der Zeit dar, der – vor einem Baumstumpf stehend – mit dem Hifthorn zur Jagd bläst und links einen Spieß hält, während ihm zu Füßen ein aufschauender Hund sitzt (Abb. 23). Brohn variiert hier den Typus jener beiden Jägergestalten, die Conrad Buchau um 1646 für das Jagdhaus Grillenburg schuf (Abb. 24), doch zeigt das Moritzburger Beispiel gegenüber Buchaus derb-starrem Stil eine qualitätvollere Behandlung. Sie findet Ausdruck in der bewegteren Haltung wie in sorgfältiger gearbeiteten Details, deren Wiedergabe indes auf das Wesentliche beschränkt bleibt: Die Vereinfachung der Formen

wirkt wie ein Atemholen vor dem bald lebensvoll aufblühenden Barock. Der ursprüngliche Standort ist nicht überliefert, doch soll das Bildwerk schon 1693 schadhaft gewesen sein, so daß es beim Umbau des Jagdhauses unter August dem Starken erneuert werden mußte. Hierbei mag die Weidtasche an der rechten Seite des Jägers mit dem sächsich-polnischen Wappen verziert worden sein, während links auf der Halterung des Weidmessers das alte Kurwappen erscheint. Die heute sichtbare Aufstellung an der Südwestecke der Schloßinsel erfolgte jedoch erst später, wobei auch ein 1732 entstandenes Gegenstück seinen Platz an der südöstlichen Ecke erhielt.

Als Wolf Ernst Brohn seinen Jäger für die Moritzburg schuf, herrschte die hohe Zeit des Weidwerks und des Weines. Daß man in dem wohnlicher hergerichteten Haus nun auch gastfreier geworden war, bezeugte eine neue, vom Dresdener Kupferschmied Tobias Bertram gefertigte und am Eingang zum Fürstenbau angebrachte Tafel, deren vergoldete Lettern besagten:

J. G. D. II. C.

Ich ergetze meinen Fürsten,
Den nach Jagtlust pflegt zu dürsten;
Kurtzweill ist hier gut zu treiben,
Wer nicht kann, der lass es bleiben.

1658

Wolf Caspar von Klengel und die neue Kapelle. Durch die ständig steigende Zahl der Jagdgäste hatte sich der kleine, unter Kurfürst August im Erdgeschoß des Fürstenhauses eingerichtete Betsaal bald als zu eng erwiesen. Da aber die räumlich beschränkten Verhältnisse innerhalb der Moritzburg den Ausbau von vorhandener Substanz nicht mehr zuließen, beauftragte Kurfürst Johann Georg II. um 1660 seinen Oberlandbaumeister Wolf Caspar von Klengel (Abb. 26) mit der Planung einer neuen Andachtstätte.

Klengel, der 1630 in Dresden geboren wurde, stand als Sohn einer alten Baumeisterfamilie und Enkel von Paul Buchner in persönlicher Beziehung zur baulichen Entwicklung der Residenz. Die nach begonnener militärischer Laufbahn unternommene Kavalierstour hatte ihn 1647 durch Frankreich und die Niederlande geführt, während er 1651 seine erste Reise nach Italien antrat und über Venedig, Florenz, Rom, Neapel und Sizilien bis zur Insel Malta gelangte. In der Ewigen Stadt war er mit Francesco Borromini und Lorenzo Bernini als den führenden Vertretern des römischen Hochbarock bekannt geworden; damals entstanden am Petersplatz Berninis Kolonnaden, und Borromini hatte eben die Kirche San Carlo alle quattro fontane vollendet, die den Spätbarock mit seinem Streben nach Bewegtheit und Plastizität einleitete. Skizzen im Tagebuch Klengels lassen jene nachhaltigen Eindrücke erkennen, die solche epochale Bauten in dem jungen Architekten hinterließen. 1655 als Hauptmann der Republik Venedig in Dalmatien stehend, wurde er

setzte Klengel den neuen Baukörper über einem rechteckigen Grundriß von 17,2 Metern Länge und 10,5 Metern Breite vor jene Schutzwehr (Abb. 27, 28), womit die Ausbildung der west-östlichen Hauptachse begann, die den späteren Tiergartenprojekten zu-

25 a/b
Avers und Revers
der
Medaille auf die
Grundsteinlegung
der Kapelle
des Jagdhauses
Moritzburg.
Silber, $\oslash$ 64 mm,
1661.
Bautzen,
Stadtmuseum

auf Anraten des Kurprinzen Johann Georg II. nach Dresden zurückberufen, um als Nachfolger Wilhelm Dilichs das Amt des Oberlandbaumeisters zu übernehmen. Der erst Fünfundzwanzigjährige schrieb damals einem Bekannten, daß er ein Grauen vor dem Hofdienst habe, wohl weil er sein Wirken vor allem als das eines praktisch tätigen Architekten verstand. In dieser Eigenschaft begann Klengel seit 1661 unter schöpferischer Verarbeitung der in Italien erhaltenen Anregungen den Grund zu legen für die Entwicklung des Dresdener Barockstils, der sich über seine Nachfolger Starcke, Dietze und Karcher bis hin zum Hochbarock Pöppelmanns als spezifischer Stil des Oberbauamtes herausbildete.

Die Moritzburger Kapelle steht innerhalb dieser für Dresden eigenen Stilentwicklung am Anfang. Als ihr Bau begann, war Klengel zugleich mit der Erneuerung der Dresdener Schloßkapelle beschäftigt, nachdem er eben den Umbau des Flaschenturmes am Torgauer Schloß beendet hatte. Welche Bedeutung das Ereignis in den Augen der Zeit besaß, geht daraus hervor, daß auf die Grundsteinlegung am 1. November 1661 eine Medaille geschlagen wurde (Abb. 25 a/b). Man tat drei Exemplare und einen schriftlichen Bericht in eine kupferne Kapsel, die der Kurfürst mit einem weiteren Behältnis, das je eine Flasche roten und weißen Weines enthielt, im Grundstein unterbrachte.

Zunächst mußte der westliche Flügel des Jagdhauses in seiner Achse durchbrochen werden. Danach

26 Heinrich Christian Fehling (1654–1725):
Oberlandbaumeister Wolf Caspar von Klengel
(1630–1691). Öl auf Leinwand, um 1680.
Staatl. Kunstsammlungen Dresden,
Gemäldegalerie Alte Meister

grunde lag (Abb. 21 b). Der Zugang war indes nur vom ersten Stockwerk des dreigeschossig wiederaufgebauten Westflügels möglich, wo man durch je eine Tür in der Nord- und Südwand den Kirchenraum betreten konnte. Allein die kurfürstliche Familie hatte an

und Peter Schulze aus Beerwalde brachen den granitenen Grund aus.

Die in ihren Formen fast unverändert gebliebene Kapelle baut sich über dem ersten Stockwerk auf und führt mit einer Raumhöhe von 13,1 Metern durch

27
Jagdhaus Moritzburg.
Grundriß des ersten
Obergeschosses nach
dem Umbau von 1656
bis 1672.
Rekonstruktion
von W. Bachmann.
Dresden, Institut
für Denkmalpflege.
A = Amts- oder Torturm,
B = Küchenturm,
C = Backturm,
D = Jägerturm,
auch Kellerei oder
Pagenturm genannt,
E = Fürstenhaus,
darin: 1 = Vorsaal,
2 = Wohnzimmer
des Kurfürsten,
3 = Schlafzimmer
des Kurfürsten,
4 = Wohnzimmer
der Kurfürstin,
5 = Schlafzimmer
der Kurfürstin,
6 = kleine Küche,
7 = Durchgang
zur Kapelle

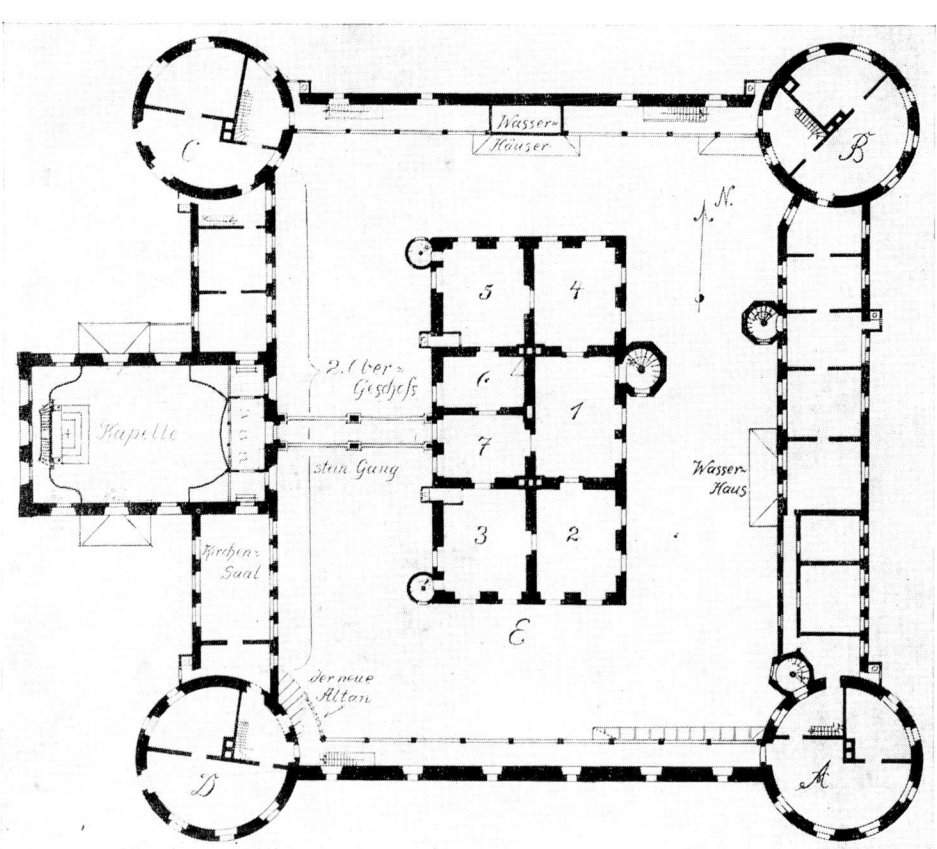

der mit der Innenfront des Westflügels fluchtgleich liegenden Ostseite der Kapelle einen separaten Eingang, so daß sie vom Obergeschoß des Fürstenhauses über die nun überdachte Verbindungsbrücke direkt auf ihre Empore gelangte. Die Gesamtkosten des 1672 zum Abschluß gebrachten Baues beliefen sich auf 10 544 Gulden, 10 Groschen und $8^3/_4$ Pfennige. Mit der Bauausführung war Unterlandbaumeister Johann Albrecht Eckhardt beauftragt gewesen, während neben dem Maurermeister Merten Möser und dem Hofzimmermeister Matthäus Schumann aus Dresden die Steinmetzen Paul Rauschmann als Polier, Nicolaus und Michael Forwerk, Hans Georg Steinböck, Nicolaus Sautter sowie Hans Georg Köhler Unterstützung gaben. Weiterhin werden von Dresdener Handwerkern der Dachdecker Georg Andres, Kupferschmied Tobias Bertram und Klempner Christoph Fleischer genannt. Die Steinbrecher Matthes Tiebel

zwei Geschosse. Das durch Säulen in drei Schiffe gegliederte Erdgeschoß wurde seit 1672 infolge der zum Tafelgemach umgestalteten alten Hofestube als Gesinderaum genutzt und diente später Wirtschaftszwecken. Dem Äußeren verlieh Klengel monumentale Wirkung, die nicht allein durch Schweifdach und bekrönendem Turmreiter erreicht wird: Den Unterbau gliedern neben Eckquaderungen hohe, mit Rundbögen abgeschlossene Öffnungen, deren sich nach innen verjüngende Leibungen tief ins Mauerwerk führen (Abb. 30). Zweiteilige Fenstergruppen, die unten hochrechteckige, darüber aber ovale Formen zeigen, bilden dort den hinteren Abschluß; es sind für Klengel typische, der italienischen Festungsarchitektur entlehnte Gestaltungsmotive, die von ihm auch in Dresden am Ball- und am Komödienhaus verwendet wurden (Abb. 31), während er 1674 beim Erhöhen des Schloßturmes flach eingetiefte Blend-

28 Jagdhaus Moritzburg. West-Ost-Schnitt nach dem Umbau von 1656 bis 1672.
Rekonstruktion von W. Bachmann. Dresden, Institut für Denkmalpflege.
Von links nach rechts: Kapelle mit Westflügel, Übergang zwischen Westflügel und Fürstenhaus,
Fürstenhaus mit Wendelstein, Ostflügel und Treppenturm mit Trompeterstuhl

bögen vorsah. Wohl aufgrund der beengten Raumverhältnisse hat man der nördlichen und südlichen Kapellenfassade bis in halbe Höhe reichende Sakristeibauten vorgelegt, die mit ihren flachgeneigten Kupferdächern als einfache, durch Ecklisenen und gekuppelte Fenster gegliederte Baukörper erscheinen (Abb. 28). Sie wirkten ursprünglich sicher störender als heute, wo ihr unterer Teil hinter der nach 1726 errichteten Schloßterrasse verschwindet.

Hingegen mag das über dem kräftigen Hauptgesims hochstrebende geschweifte Dach mit den Hauben der ehemals niedrigeren Rundtürme in harmonischer Korrespondenz gestanden haben. Es ist eine Form, die damals neben dem abgewalmten Satteldach gern Verwendung fand: Klengel hatte schon 1660 den

schadhaft gewordenen Dachaufbau des Lusthauses auf der Dresdener Jungfernbastei durch eine geschweifte Bedachung ersetzt, und auch Starcke gab seinem 1668 bis 1672 entstandenen Lusthaus im Italienischen Garten, dem späteren Türkischen Palais, einen solchen Abschluß. In Moritzburg baut sich darüber ein etwa 22 Meter hoher, in Schiefer gedeckter Turmreiter auf, dessen Holzverband eine Meisterleistung des Hofzimmermeisters Matthäus Schumann darstellt, der nach 1674 auch den Helmverband des Dresdener Schloßturmes ausführte. Elegant wächst er aus einem auf dem Dach sitzenden Sockelkörper (Abb. 30), der wohl früher ornamental verzierte Seitenflächen zeigte (Abb. 28). Darüber leiten Schmiegekehlen zu einer oktogonalen Laterne mit Helm, hin

29
Hans Augustus
Nienborg (1660–1729):
Ausschnitt aus der Karte
des Friedewaldes
mit einer Darstellung
des Jagdhauses
Moritzburg, um 1691.
Von links nach rechts:
Kapelle, Jägerturm,
Fürstenhaus mit Wen-
delstein, Treppenturm
mit Trompeterstuhl,
Amtsturm. Davor:
Trabantenhaus (Wache),
Pferdestallungen
mit Wohnung
für Viehwärter,
Holzschuppen
sowie Schuppen
für Hunde und Pferde
vor dem zweiten Tor

30 *Jagdschloß Moritzburg.*
Schloßkapelle und Jägerturm von Südwesten.
Zustand 1982

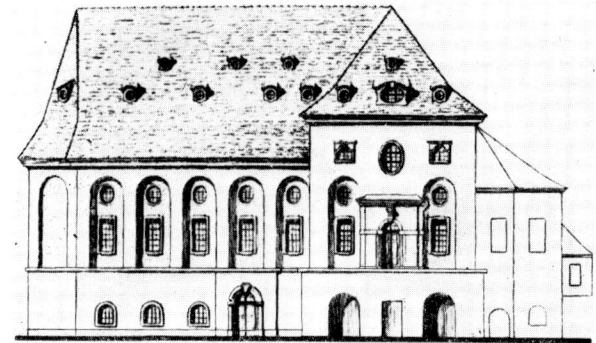

31 *Wolf Caspar von Klengel (1630–1691):*
Entwurf zum Neubau des Komödienhauses in Dresden.
Ansicht von Norden. Federzeichnung, wohl 1664.
Dresden, Institut für Denkmalpflege

ter deren unterschiedlich geformten Fensteröffnungen sich ein Geläut von drei Glocken verbirgt, das Andreas Herold 1665 in Dresden gegossen hat. Dem Helm folgt eine kleinere, von runden Öffnungen durchbrochene Laterne, auf der die hohe Turmspitze mit Knopf und Fahne sitzt. Die Wetterfahne erhielt „wegen eines Comets, welcher Anno 1665 allhier erschienen", eine solche kosmische Gestalt samt der Jahreszahl jener Himmelserscheinung.

Der Ausbau des Inneren hatte 1666 begonnen; mit ihm ist neben den Räumen der Hoflößnitz die einzige geschlossen erhaltene Dresdener Innenarchitektur aus dem 17. Jahrhundert auf uns gekommen (Abb. 32, 33). Einfach und klar gegliedert, entsprach der von einer flach gewölbten Decke überspannte Raum den Erfordernissen des protestantischen Predigtgottesdienstes. Seine Ausstattungsarbeiten in Sandstein und Holz zeugen zugleich vom hohen Stand der damaligen sächsischen Handwerkskunst, sind doch hier fast ausschließlich einheimische Kräfte am Werk gewesen. Allein die reichen Stukkaturen haben der Tradition gemäß Italiener geschaffen. Die Baurechnungen nennen Domenico Galli, Giovanni Materno und Antonio Trenello; es waren offenbar Mitarbeiter von italienischen, in Prag ansässigen Unternehmen, wurde doch zur gleichen Zeit die Decke des Audienzsaales der Bautzener Ortenburg ebenfalls von italienischen Künstlern stark plastisch stukkiert, während der neue französische Einfluß mit seinen Laubwerkdekorationen erst im Palais im Großen Garten spürbar zu

32
Jagdschloß Moritzburg.
Inneres
der Schloßkapelle
mit Altar
und Heerespaukerstand

33 Jagdschloß Moritzburg. Die Emporen
der Schloßkapelle. Obergeschoß von 1728

werden begann. In Moritzburg zeigen die italienischen Stuckarbeiten meist Tuchdraperien wie auch
aus Trauben und Blumen gebildete Gehänge an Fenstern und Wänden, zwischen denen verschiedentlich
Engelköpfe erscheinen, während die oberen Oval-
fenster mit großen Flammenvasen abschließen. Es
sind typische, schwer und derb gehaltene Dekorationsformen des 17. Jahrhunderts; hingegen ist die
flache, über einem kräftig profilierten Wandgesims
beginnende Deckenwölbung in Felder aufgeteilt,
deren Flächen dünnes Rankenwerk ausfüllt. Ihre
trennenden Rippenstege werden von schwingenden
Bändern und Fruchtgebinden geschmückt; sie münden
im Bereich der Deckenmitte in eine ovale Stuckrah-
mung, die in reicher Durchbildung zwischen Bandwerk angeordnete Blüten und Kinderköpfchen zeigt,
während nach innen ein Kranz sich reihender Mu-
scheln folgt. Das von ihr umschlossene Gemälde der
Himmelfahrt Christi wurde vom Oberhofmaler
Johann Fink um 1670 fertiggestellt: Seine Bewegtheit
der Komposition mit ihrem Figurenreichtum und den
Wolkenballungen wird durch eine starke Farbigkeit
noch gesteigert.

Für den nach Westen orientierten Altar hat Klengel ebenfalls den Entwurf gefertigt (Abb. 34). Im
Jahre 1672 ausgeführt, bildete das Werk eine farbig
gefaßte Säulenarchitektur aus Holz, deren Formen
mit ihren kurz gehaltenen Säulen noch dem Stil der
sächsischen Spätrenaissance verpflichtet erschienen.
Neben Vasenstellungen über den seitlichen Verkröp-
fungen klang die barocke Steigerung nur zaghaft
durch einen mittleren, mit Engelgestalten und dem
Kreuz besetzten Aufbau an. In ihm war ein kleines
Rundgemälde eingelassen, das den Heiligen Geist als
Taube zeigte und wieder von Johann Fink stammte,
während das Altarbild mit der Himmelfahrt Christi
Stefano Cattaneo 1669 gemalt hatte. Nach dem 1697
vorgenommenen Übertritt Augusts des Starken zum
katholischen Glauben wurde der Altar 1728 verändert, wobei man nur die Seitenteile des alten Werkes
übernahm und Cattaneos Gemälde durch die Himmelfahrt Mariä eines unbekannten Meisters aus venezianischer Schule ersetzte (Abb. 113). Ebenso ist

34 Wolf Caspar von Klengel (1630–1691):
Ausgeführter Altarentwurf für die Kapelle
des Jagdhauses Moritzburg.
Federzeichnung, nach 1666. Dresden,
Institut für Denkmalpflege

35 Jagdschloß Moritzburg, Kapelle:
Die Kanzelempore in der Südwand

36 Jagdschloß Moritzburg, Kapelle:
Aus Holz geschnitzter und vergoldeter Engelkopf
als Träger des Kanzelkorbes, nach 1666

damals das Rundbild mit dem Heiligen Geist gegen die vergoldete Holzschnitzerei des Strahlenkranzes mit Christusmonogramm ausgetauscht worden. Cattaneos Altarmalerei indes gelangte 1904 in die zu jener Zeit errichtete Pfarrkirche des heutigen Ortes Moritzburg.

Die hölzerne, links vom Altar in die Südwand eingefügte Kanzelempore ist von der Sakristei aus über eine Treppe zu erreichen (Abb. 35). Sie gilt als Werk des Hoftischlers Christoph Krockner, der den von einem vergoldeten Engelkopf getragenen Kanzelkorb aus Akanthusblättern entwickelte (Abb. 36). Engelköpfe umziehen auch den unteren Rand des Schalldeckels; darüber streben Ranken kronenartig zum Mittelpunkt empor, aus dem eine Flammenvase wächst. Das Ganze ist in eine zweigeschossige Holzarchitektur eingespannt, deren Kanzelgeschoß durch vier kannelierte korinthische Pilaster gegliedert wird und mit einem gesprengten Segmentgiebel abschließt. Die einst vergoldeten Zierformen des im Grunde weiß behandelten Einbaues bestehen gleichfalls aus Tuchgehängen und Fruchtgebinden, während die Fül-

lungen der unteren Zugangstür wie auch die Brüstungsfelder unter den oberen Seitenfenstern mit biblischen Szenen bemalt sind. Ebenfalls von Christoph Krockner stammt der gegenüber der Kanzel in die Nordwand eingelassene „Heerespaukerstand", eine Musikempore von fast gleicher Gestaltung, die anstelle des Kanzelkorbes einen „rundten Austritt vor die Musikanten ohne Decke" besitzt (Abb. 32). Klengels erhaltener Entwurf für beide Einbauten läßt wieder erkennen, daß er sich mitunter nur schwer von der in ihm noch lebendigen Formensprache der Spätrenaissance zu lösen vermochte, waren doch die Proportionen zu breit geraten, so daß man beim Ausführen die Abmessungen verändern mußte (Abb. 37).

Von den an der Ostseite angeordneten Emporen ist die obere dem Kurfürsten vorbehalten gewesen. Die untere „Cavaliersempore" wird von vier kannelierten, in Holz hergestellten korinthischen Säulen getragen, während ihre nach innen geschweifte Brüstung hölzerne Baluster zeigt. Hier sind an der Nord- und Südwand die alten Zugangstüren – wenn auch nur als Attrappen – erhalten geblieben. Ihre stukkierten Rahmungen gleichen denen der Fenster, doch ist über jeder Tür eine Tafel mit einem geistlichen Spruch in hebräischen Lettern angebracht, und anstelle der ovalen Öffnungen erscheinen nach Norden das Kurwappen, gegenüber aber das sächsische Wappen in farbigen Fassungen (Abb. 33).

Ursprünglich legte sich um den Altar auf halber Höhe eine weitere „oval-rundte" Empore, die wohl über eine dahinter gelegene Holztreppe zugängig gewesen ist (Abb. 38). Nach dem Inventar von 1709 bestand ihr „Brustgeländer ... aus zwei Postamenten und sechszehn geschnittenen viereckigen Docken, woran der Grundriß und die Zierathe vergoldet, inwendig durchgehends mit rothem Tuch bekleidet" waren. Offenbar hat sie als zweite Musikempore zur Aufstellung eines kleinen Sängerchores mit Positiv gedient. Klengel entsprach damit einer Dresdener Tradition, die ihre besondere Förderung durch Heinrich Schütz fand, der in den Jahren des Kapellenbaues noch lebte und 1663 auch den Einbau von zwei Emporen in die Schloßkapelle zu Zeitz empfohlen

hatte. Daß hier ebenso größere Orchester musizieren konnten, erfahren wir aus einem Bericht des englischen Gesandten bei der Hansestadt Hamburg, Sir William Swan. Dieser nahm 1678 als Ehrengast an dem alljährlich am St. Georgstag in Dresden feierlich begangenen Fest des englischen Hosenbandordens teil, zu dessen Ritter Johann Georg II. 1668 gewählt worden war. Sir Swan fuhr am 27. April mit dem Kurfürsten zur Moritzburg, wohin dieser „alle seine Musiker bestellt hatte". Am nächsten Tag „nach 7 Uhr morgens" besuchte er den Gottesdienst in der Kapelle, „die sehr schön ist; dort wurde vor und

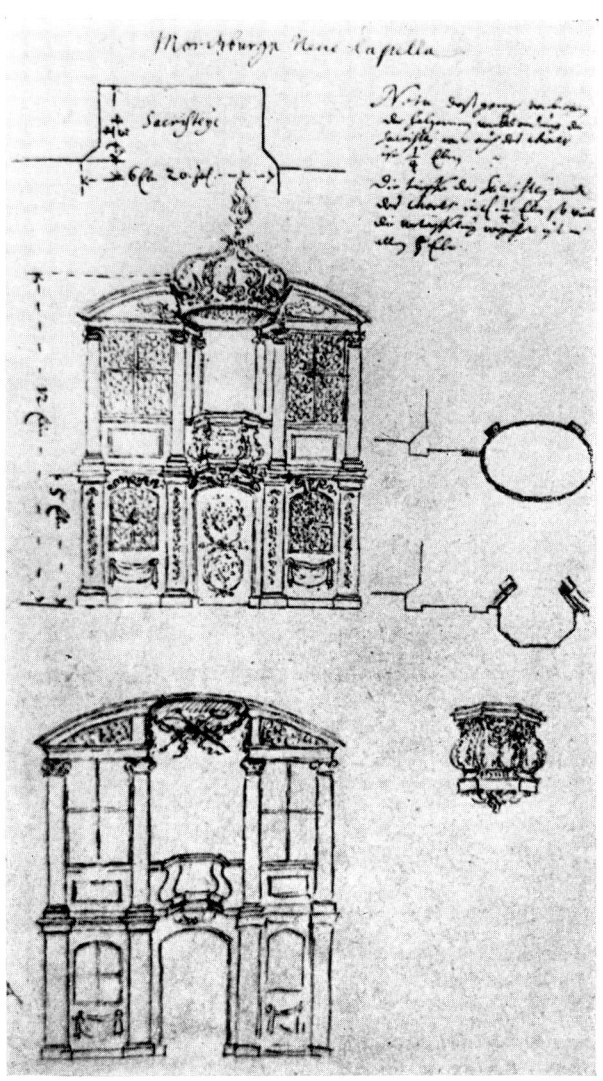

37 *Wolf Caspar von Klengel (1630–1691):*
Entwurfsskizze für Kanzelempore und Heerespaukerstand der Kapelle des Jagdhauses Moritzburg.
Nach 1661. Stuttgart, Württembergische Landesbibliothek, ehem. Plansammlung Nicolai,
Bd. III, S. 68 (Rückseite)

38 *Ernst Caspar Dürr (zwischen 1634–1692):*
Avers der Medaille auf die Weihe der Kapelle des Jagdhauses Moritzburg. Gold, ⌀ 52,85 mm, 1672.
Gipsabdruck nach dem Original im Münzkabinett der Staatl. Kunstsammlungen Dresden

nach der Predigt eine ausgezeichnete Musik aufgeführt". Der Abbruch jener Altarempore beim Umwandeln des Raumes für den katholischen Gottesdienst im Jahre 1728 mag freilich in das einheitlich wirkende Gesamtbild eine Störung getragen haben, korrespondierte doch ihre nach innen gekehrte Schweifung mit dem gleichen Motiv der „Cavaliersempore". Ebenso erhielt die Kapelle erst im späten 18. Jahrhundert jene bis heute sichtbare weiße Ausmalung, während vordem eine farbige Fassung des Ganzen und die Vergoldung vieler Schmuckelemente den Eindruck mitbestimmten.

Für das Jagdhaus Moritzburg ist die Errichtung der Kapelle das bedeutendste baugeschichtliche Ereignis im 17. Jahrhundert gewesen. „Den 24. Junii" 1672 konnte Oberhofprediger Dr. Geyer ihre Weihe „In honorem Nominis Divini" vornehmen; danach folgte ein feierlicher Kirchengang der Mitglieder des kurfürstlichen Hauses wie auch des Hofstaates mit Festmusik und Abendmahlspende. Eine anläßlich der Einweihung geschlagene Gedenkmedaille, von der jeder Teilnehmer ein Exemplar erhielt, zeigt auf dem Avers die ursprüngliche Raumgestaltung mit Kanzel, Heerespaukerstand, dem alten Altar und der sich um ihn legenden Sängerempore, während im Vordergrund der Kurfürst in Verrichtung seiner Andacht kniet (Abb. 38). Bis auf die Veränderungen von 1728 ist es der Zustand, wie man ihn noch heute erleben kann.

Die Moritzburg bis 1700. Mit dem 1672 abgeschlossenen Umbau konnte die Anlage vorerst als gesichert gelten, so daß unter Kurfürst Johann Georg III. das Erhalten der überkommenen Substanz im Vordergrund stand. In diesem Zusammenhang wurde 1686 im Hof nahe des Küchenturmes zur Verbesserung der Trinkwasserversorgung mit dem Bau eines Brunnens begonnen, den man 1689 „bis auf das Tach" fertigstellte (Abb. 50). Den heute innerhalb des Schlosses liegenden Schacht hatten Bergleute bis auf eine Tiefe von etwa 7,50 Meter durch den Granit getrieben. Auch folgte 1691 zur besseren Bevorratung unweit des Jagdhauses der Bau einer Eisgrube.

Bald nach dem Regierungsantritt Kurfürst Johann Georgs IV. im Jahre 1691 verlangte jedoch der ständig zunehmende Jagdbetrieb erneute räumliche Erweiterungen der Moritzburg. So trug man bei einem 1691 bis 1694 vorgenommenen Umbau des Fürstenhauses die Volutengiebel aus der Zeit Paul Buchners ab, erhöhte den Baukörper um ein Geschoß und bedeckte ihn mit einem beidseitig abgewalmten Satteldach. Zugleich wurden zwei schon früher an den Seiten der Westfassade aufgeführte kleine Wendelsteine abgebrochen und durch neue steinerne Treppenanlagen von quadratischer Grundform ersetzt (Abb. 50). Auch kam es 1693 an der Ostseite zur Errichtung eines ihr axial vorgelegten Treppenturmes, der den bisher dort aufstrebenden großen Wendelstein ersetzte und nun sämtliche Geschosse miteinander verband (Abb. 59). Sein von Johann Georg Starcke entworfener Kubus entwickelte sich ebenfalls über dem Quadrat und zeigte aufgeputzte Eckquaderungen, während die flache Bedachung von einem achteckigen Glockentürmchen mit geschweifter Haube bekrönt wurde. Eine damit verbundene Uhr war unterhalb des Hauptgesimses angebracht worden.

Das Innere des Fürstenhauses, das unter Johann Georg IV. manch glanzvolles Jagdfest sah, hat man damals mit neuem Mobiliar und anderem Wohnkomfort im französisch beeinflußten Zeitgeschmack ausgestattet. Auch sollen bereits 1686 Wandverkleidungen in Form von gepreßten und vergoldeten Ledertapeten vorhanden gewesen sein, wobei offenbar zunächst nur funktionell untergeordnete Räume solche Bespannungen erhielten (Abb. 39); dagegen waren die

39 *Rapport einer gepreßten und vergoldeten Ledertapete aus dem Jagdhaus Moritzburg vom Anfang des 18. Jahrhunderts.*
Barockmuseum Schloß Moritzburg,

kurfürstlichen Repräsentations- und Wohnräume mit gelbem wie auch grünem Damast ausgeschlagen. Ebenso ersetzte man in einigen Zimmern die alten Holzeinschubdecken durch Stukkierungen, während das hölzerne „Tafelwerk" von den Decken und Wänden der kurfürstlichen Gemächer entfernt und nach Torgau gebracht wurde.

Besondere Bedeutung erhielt jedoch der unter Kurfürst Johann Georg IV. fortgeführte jagdmäßige Ausbau des Friedewaldes, hatte er sich doch „gnädig entschlossen, an Unserm Jagdthause nah der Moritzburg im Forderwalde einen Thiergarten nach dem Umfang anzulegen, wie Wir ihn selbst umritten, . . ." Dabei dürfte schon die Errichtung des Jagdhauses Veränderungen im Friedewald bewirkt haben, denn bei ihren um 1600 durchgeführten Vermessungen legten Matthias Oeder und Balthasar Zimmermann um das Bereich des Grießberges acht Schneisen, während es unter dem Administrator Friedrich Wilhelm von Sachsen-Weimar zur Festlegung von 16 Jagdflügeln kam. Hingegen strebten die 1691 beginnenden Planungen ein planmäßig geordnetes und eindeutig umgrenztes Jagdgebiet an, das sich in Teilbereichen mit den nachfolgenden Absichten Augusts des Starken um die Schaffung eines Gesamtkunstwerkes verband.

Jene Vielzahl der zwischen 1691 und 1693 entstandenen Pläne läßt in ihrer Grundaussage das Unterordnen des gesamten Waldgebietes in ein geometrisches System erkennen. Auffassungen der Zeit zur Anlage von Tiergärten bilden hierbei den Ausgangspunkt für die Gestaltungen, deren Nachwirkungen sich bis ins erste Drittel des 18. Jahrhunderts verfolgen lassen. Bereits auf der ersten „Delineation oder Eigentlichen Grundlegung des Schlosses Moritzburgk", die 1691 im Zuge einer Vermessung des Friedewaldes vom Geometer Hans Augustus Nienborg angefertigt wurde, erscheint der Forstbereich als teilweise umfriedetes Terrain. Es wird in der dem barocken Kanon folgenden Ost-West-Richtung von einer Schneise durchschnitten, die ihren Ausgang an der Kapelle des Jagdhauses findet. Vor dort führt sie zunächst in einer Breite von $22\frac{1}{4}$ Ellen durch den unmittelbar westlich angrenzenden alten Tiergarten bis zu seiner Umfassungsmauer; dann aber durchquert sie mit einer Breite von 50 Ellen den Friedewald. Dabei wird ihr Verlauf bald nach dem Verlassen des Tiergartens von einem Rondell unterbrochen, das sich um den südöstlich der „Hohen Burg" aufwachsenden „Ziegenhübel" legt (Abb. 21b).

Wirkt der vorangegangene Plan als Verbindung von Vermessung und Entwurf, so läßt ein weiterer Nienborgscher Plan von 1692 die Fortführung der Gedanken jener Vorarbeit erleben. Man erblickt ein regelmäßiges Polygon mit sechs Ecken sowie ein die Schneisen halbierendes kleineres Sechseck. Von den Ecken laufen sechs Schneisen zum Mittelpunkt des Sternes, wobei die wieder von der Kapelle des Jagdhauses ausgehende mittlere Schneise als nach Westen weiterführend gekennzeichnet ist. Dabei findet wohl das Polygon sein Vorbild in der sternförmig geteilten Waldung um Paris, die Johann Georg IV. auf seiner Kavalierstour 1685 sehen konnte.

Weitere dem Jahre 1692 angehörende Detailpläne lassen erkennen, das der geplante Tiergarten weit mehr Fläche als der durch Mauern und Zäune umschlossene Friedewald einnahm. Daneben ist aus ihnen zu ersehen, daß das Zentrum des Polygons auf dem zwischen Hahnen- und Grießberg gelegenen Reichbrodtschen Bruch, also nahe der heutigen Mün-

chenhauwiese, geplant war. Weiterhin sollten einige Schneisen über aufgeschüttete Dämme durch Teiche führen; auch wollte man den die Mittelschneise blockierenden „Ziegenhübel" abtragen, eine Maßnahme, die wohl bald ihre Realisierung fand. Vom März 1692 stammt die Planung eines kreisförmigen Tiergartens, der freilich den Parforcejagden durch sich ergebende Sichtbehinderungen und andere Unzulänglichkeiten entgegenstand. Schließlich zeigt ein letzter unter Kurfürst Johann Georg IV. angefertigter Plan von 1693, daß dem Polygon der Vorzug gegeben wurde.

Wenn auch die Verwirklichung des Vorhabens noch auf sich warten ließ, so folgt doch aus einer Anweisung des Kurfürsten vom 4. November 1693, daß man zumindest mit dem Schlagen der Hauptschneisen begann. Bereits 1691 hatte Oberhofjägermeister von Erdmannsdorff mit Reskript vom 18. Oktober „die Direction" zur „Verfertigung" des Tiergartens mitsamt dem Hinweis übertragen erhalten, er solle sich „nunmehr solchen Baues unternehmen, Denselben so viel an Euch ist beschleünigen . . .", während Oberforstmeister Schönbergen den Auftrag zur Sicherung des Waldgebietes durch einen aus kiefernen Säulen, Querriegeln und Latten bestehenden Wildzaun erhielt. Dennoch dürfte es damals nicht zum Schlagen der Querschneisen gekommen sein, zumal die Planungen zur Gestaltung des Friedewaldes späterhin ihre Fortführung erfuhren.

Jenen großzügig formulierten Plangedanken stand jedoch weiterhin das Errichten von Provisorien im alten Jagdhaus gegenüber. So erbaute man 1698 im Holzhofe „vor die parforce Hunde ein gantz neu Back Hauß wie auch einige neue Hunde Ställe"; auch folgten 1699 eine Erneuerung des dem Ostflügel vorgelegten Wendelsteines sowie der Bau eines Pferdestalles nahe dem Kapellenteich, denn es mußten bereits Pferde des Hofstaates wegen Platzmangels in Stall- und Schuppengebäuden von Eisenberger Einwohnern untergebracht werden. Doch zu jenem Zeitpunkt regierte August der Starke schon fünf Jahre den sächsischen Kurstaat, und bald sollte in die Planungen zur Umgestaltung der Residenzstadt Dresden und ihrer Umgebung auch das Jagdhaus Moritzburg einbezogen werden.

III.

Sachsen
unter August dem Starken

1. Die politisch-gesellschaftlichen
Verhältnisse

Hatte im 17. Jahrhundert das für den Spätfeudalismus typische Herrschaftsprinzip des Absolutismus seine nachhaltigste Ausbildung in Frankreich erfahren, so war diese Entwicklung innerhalb Deutschlands infolge des Dreißigjährigen Krieges verzögert worden. Nach dem Westfälischen Frieden von 1648, der den deutschen Fürsten die lang angestrebte Souveränität und damit auch das Recht ihrer unmittelbaren Beteiligung am politischen Geschehen Europas brachte, befand sich das Heilige Römische Reich Deutscher Nation aufgrund seiner zersplitterten territorialstaatlichen Situation „in einem jämmerlichen Zustand" (F. Mehring). Während absolutistische Regierungsformen vorerst nur verhalten in den sich zu europäischen Großmächten entwickelnden Staaten Österreich und Brandenburg-Preußen Eingang fanden, blieb die Ständeherrschaft in mittleren Territorialstaaten wie Kursachsen, Württemberg oder Hessen zunächst bestehen. Hingegen traf man in den kleinen und geistlichen Territorien staatliche Formen an, die sich meist noch denen der Landesherrschaft näherten.

Sachsen war von den Auswirkungen des Dreißigjährigen Krieges vor allem nach 1635 betroffen worden, wobei es fast die Hälfte seiner Einwohner verloren hatte; dennoch konnten der Bevölkerungsverlust wie auch die erheblichen wirtschaftlichen Schäden bis gegen Ende des 17. Jahrhunderts weitgehend ausgeglichen werden. Damit blieb der gegenüber den anderen deutschen Staaten erreichte ökonomische Vorsprung Kursachsens auch unter einer nun zum Manufakturkapitalismus hindrängenden Entwicklung vorerst bestimmend. Zudem waren seit Kurfürst Johann Georg II. in Sachsen Tendenzen erkennbar geworden, die den Übergang zur absolutistischen Herrschaft ankündigten. So hatte Johann Georg III. im Jahre 1682 den Aufbau eines stehenden Heeres eingeleitet, und sein Nachfolger Johann Georg IV. drohte den Ständen bei der Ablehnung von Steuerforderungen mit militärischer Exekution. Als er aber 1694 unerwartet starb, fiel der Kurhut an den jüngeren Bruder Friedrich August, nachmals August der Starke genannt. Dieser damals 24 Jahre alte Landesherr zeigte sich von Anbeginn bemüht, seine terri-

rialstaatliche Macht durch absolutistische Regierungsformen zu festigen, fand er doch einen Kurstaat vor, der sich seit dem Sturze des Kanzlers Crell zu einem vom Adel regierten Ständestaat entwickelt hatte, während in den Städten die wohlhabenden Ratsgeschlechter eine uneingeschränkte Herrschaft ausübten. Beide Teile wußten überall ihren Vorteil wahrzunehmen, was vor allem im Abwälzen fast aller öffentlichen Lasten auf Kleinbürger und Bauern zum Ausdruck kam.

Eine wenige Jahre vor dem Regierungsantritt von Friedrich August unternommene Kavalierstour hatte ihn durch die Zentren europäischer Politik und absolutistischer Machtausübung geführt, wobei er sich freilich in Briefen an seinen Vater kaum beeindruckt davon zeigte. Sein sofort nach dem Thronwechsel erkennbares zielstrebiges Vorgehen gegen die Stände läßt jedoch auf eine gewisse Kenntnis von Fragen der Staatskunst schließen. Auch bediente sich der Kurfürst bewußt einer Reihe von Beratern, die nicht dem sächsischen Adel entstammten: Vor allem der soeben aus österreichischer Haft entlassene Hans Adam von Schöning und der Pommer Jacob Heinrich von Flemming gewannen hierbei durch ihre innen- und außenpolitischen Ratschläge besonderen Einfluß. So kam es zunächst in einigen Bereichen der Verwaltung und Justiz zu Reformen. Zugleich schuf sich Friedrich August mit dem 1704/06 eingerichteten Geheimen Kabinett eine oberste Zentralbehörde zur Verkündung seines unumstößlichen Willens; dagegen erfolgte die nach 1717 eingeleitete Militärreform mit der seit 1726 vorgenommenen Verstärkung des Heeres auf etwa 30 000 Mann zu spät, um für ihn noch politisch wirksam zu werden. Ebenso mußte auf Betreiben des Adels der 1697 zur Beseitigung von Mißständen in der Landesverwaltung eingesetzte Generalrevisionsrat schon im Jahre 1700 wieder aufgelöst werden, doch erwies sich zumindest die ab 1702 gegen den Willen der Landstände eingeführte Generalkonsumtionsakzise als erfolgreich. Durch diese indirekte Steuer wurde der Kurfürst vom Steuerbewilligungsrecht der Stände zwar unabhängiger; dennoch ließ jene traditionelle Machtposition des sächsischen Adels sein wirksames Bekämpfen nicht zu, zumal auch das Bürgertum Vorbehalte gegenüber den absolutistischen Bestrebungen des Landesherrn anmeldete.

Hemmend auf die Innenpolitik Friedrich Augusts sollten sich vor allem seine weitgreifenden außenpolitischen Ziele auswirken: Da sie stets vorrangig behandelt wurden, benötigte er hier fortwährend die finanzielle Unterstützung der Stände, was wiederum Zugeständnisse unumgänglich machte. So setzte besonders die Wahl des Kurfürsten zum König von

Polen im Jahre 1697 seinen Absichten Grenzen, brachte er doch durch den damit verbundenen Übertritt zum Katholizismus Spannungen in ein Land, dessen absolutistische Entwicklung noch in den Anfängen steckte. Freilich wird jener Auffassung, der Kurfürst habe vorwiegend aus dynastischen Motiven und politischer Ruhmsucht nach der Krone Polens gestrebt, in neuerer Zeit von polnischer Seite entgegengetreten: Nicht nur die Stellung Sachsens gegenüber seinen Nachbarstaaten, sondern ebenso wirtschaftliche und kulturelle Erwägungen waren hierfür bestimmend, wie die von August wohl im Frühjahr 1697 verfaßte Denkschrift „Umb Pohlen in Flor und in ansehung gegen seine nachtbarn zu sehzen" erkennen läßt. Dabei ist sicher die Vorstellung einer Beherrschung des gewinnbringenden Transithandels, der vom Orient über Polen nach Westeuropa führte, verlockend gewesen. Dennoch setzte der Wahlerfolg die wohlwollende Haltung Österreichs, Brandenburgs und Rußlands voraus, fürchteten doch jene Mächte bei der Wahl des von Frankreich nominierten Prinzen Conti eine Stärkung des französischen Einflusses in Osteuropa, zumal von dieser Seite das türkische Vorgehen gegen den zersplitterten Reichskörper Unterstützung erfuhr.

Mit der Konversion Friedrich Augusts mehrten sich jedoch die Widersprüche. So erblickte die seit 1539 streng evangelische Bevölkerung Sachsens – unterstützt von einer orthodoxen Geistlichkeit – in der überholten landständischen Verfassung den Schutz ihres Glaubens, was die Landstände beim Durchsetzen eigener Interessen auszunutzen verstanden. Wenn auch der König in konfessionellen Fragen stets Toleranz übte, so berührte sein Glaubenswechsel dennoch viele Bevölkerungsschichten des Landes. Schwerer aber wog der daraus folgende Verzicht Sachsens auf die protestantische Führungsrolle in Deutschland: Nun übernahm Brandenburg-Preußen den Vorsitz der evangelischen Reichsstände, was für den sächsischen Kurstaat eine folgenschwere Schwächung seiner politischen Potenz in der Auseinandersetzung mit dem aufstrebenden preußischen Nachbarn bedeutete. Ebenso stand jene gegen eine Festigung der absolutistischen Herrschaft gerichtete Haltung des Adels in enger Beziehung zur gesellschaftlichen Neuorientierung, die aus der Verschwägerung von sächsischen und polnischen Adelsfamilien hervorging. War es bisher in Sachsen unbekannt geblieben, daß eine zahlenmäßig kleine, aber um so reichere Oberschicht eine völlig verarmte Landbevölkerung absolut beherrschte, so begann jetzt der sächsische Adel dem polnischen Vorbilde nachzueifern, wodurch der bis dahin in Sachsen als relativ frei geltende Bauer bald zum Inbegriff des Untertans wurde. Zwar erkannte

August die hier entstehende Gefahr und stellte sich zunächst schützend vor das 1704 unter der Losung „Nieder mit den Ständen!" erschienene Pamphlet „Portrait de la Cour de Pologne" des Kammerherrn von Wolfframsdorff. Doch der Umstand, daß es ihm nie gelang, sich von den Ständen unabhängig zu machen, führte schließlich zur Ausbildung eines Kompromißzustandes: Er gestattete dem Landesherrn bei Wahrung bestimmter Privilegien des Adels das Betreiben einer weitgehend absolutistischen Politik, doch verblieb damit Kursachsen im Status eines absolutistischen Ständestaates.

Der zwiespältigen inneren Entwicklung des Landes stand ein Großmachtstreben nach außen gegenüber. Mit der Annahme des polnischen Königstitels hatte August der Starke als erster Wettiner seit Kurfürst Moritz wieder die Erweiterung seiner Hausmacht begonnen, was ihn freilich zu kühnen Spekulationen über den Aufstieg Sachsens verleitete. Die politische Szene Europas zeigte sich damals von Spannungsherden erfüllt. Während in Mitteleuropa die Auseinandersetzungen zwischen den Dynastien Bourbon und Habsburg fortdauerten, kam es im osteuropäischen Raum zu Aktivitäten der schwedischen Großmacht und des aufstrebenden Rußland; dazu bahnten sich im Ostseeraum englisch-russische Spannungen an. Kursachsen und das mit ihm in Personalunion verbundene Polen wirkten in diesem politischen Ränkespiel nun gleichfalls als bedeutender Faktor: Ihr gemeinsames Kräftepotential sollte Grundlage sein für den unüberlegt unternommenen Versuch Augusts des Starken, mit dem Kaiser um den Führungsanspruch in Mitteleuropa zu rivalisieren. Ein Wahlversprechen veranlaßte ihn zunächst im Februar 1700, bei völliger Verkennung der Kräfteverhältnisse die Rückgewinnung ehemals polnischer und nunmehr schwedischer Ostseegebiete zu beginnen, wodurch Sachsen in den von Schweden provozierten Nordischen Krieg (1700–1721) verwickelt wurde. Nachdem Karl XII. die aus Livland zurückweichenden sächsischen Truppen 1702 bei Klissow geschlagen hatte, entschied ihre vernichtende Niederlage am 13. Februar 1706 nahe Fraustadt vorerst das Kriegsgeschehen. Im Herbst rückten die Schweden in das ohne militärischen Schutz liegende Sachsen ein; August aber mußte am Ende der Friedensverhandlungen von Altranstädt im September 1706 den Verzicht auf die polnische Krone erklären, während dem Land die bis September 1707 andauernde schwedische Besetzung 23 Millionen Taler kostete. Diese tiefe Demütigung ließ den König spätere diplomatische Aktionen überlegter vornehmen, wenn auch seine außenpolitischen Absichten keine Änderung erfuhren. Sein Traum, eine Vergrößerung der Machtsphäre mit Hilfe Frankreichs auf Kosten der habsburgischen Monarchie und der aufstrebenden Hohenzollern zu erreichen, sollte sich jedoch nicht erfüllen.

Zunächst konnte August nach der Niederlage Karls XII. bei Poltawa im Jahre 1709 die polnische Krone zurückerlangen, wobei ihm Rußland Unterstützung gab. Das frühe Hinscheiden Kaiser Josephs I. am 7. April 1711 führte ihn dann auf einen Höhepunkt äußeren Glanzes, indem er bis zur neuen Kaiserwahl im Oktober jenes Jahres das für die Wettiner traditionelle Amt des Reichsvikars ausübte. Der nachfolgende Kaiser Karl VI. aber war damals alleiniger männlicher Habsburger und blieb auch vorerst kinderlos. Dies erweckte in August Bestrebungen nach der Kaiserkrone, während er die Wahl seines Nachfolgers zum polnischen König mit dessen Übertritt zum Katholizismus zu sichern suchte. Die 1719 vorgenommene Vermählung des Kurprinzen mit Maria Josepha, der ältesten Tochter Josephs I., sollte solchen Absichten ebenso dienen wie der langjährig geführte Streit des Königs um die Anerkennung der Pragmatischen Sanktion, mit der 1713 die habsburgischen Länder für immer unteilbar und in weiblicher Linie vererbbar erklärt wurden: Hier wollte sich August durch das Verweigern seiner Zustimmung die aufgrund jener familiären Verbindung beider Dynastien juristisch real gewordene Wahl eines Wettiners zum Reichsoberhaupt offenlassen. Indes galt all dieses Streben allein dem Absichern einer expansiven dynastischen Politik, die im Traum der Errichtung einer osteuropäischen Großmacht unter wettinischer Führung gipfelte. Beruhend auf der Verbindung des wirtschaftlich starken Sachsen mit dem Königreich Polen als dritten bedeutenden Machtfaktor im damaligen Europa, sollten darin Schlesien, Böhmen und Mähren sowie Gebiete des zu jener Zeit unter türkischer Herrschaft stehenden osteuropäischen Raumes einbezogen werden.

Doch die von phantastischen Vorstellungen beeinflußte Gedankenwelt des Königs wie auch seine in zu vielen Unternehmungen zersplitterten Kräfte führten schließlich zum Zusammenbruch der weitausgreifenden und bereits im Atlas Royal aufgenommenen Eroberungspläne. Für ihre Verwirklichung blieb allein schon die wirtschaftliche und politische Basis zweier so strukturell unterschiedlicher Staatswesen wie Sachsen und Polen zu schwach, um derartigen Großmachtbestrebungen eine Grundlage zu geben. Außerdem war von habsburgischer Seite der Aufteilung Österreichs mit dem Einsetzen einer Gesamterbin in Person der 1717 als Tochter Kaiser Karls VI. geborenen Maria Theresia vorgebeugt worden: Sie begründete später mit ihrem Gatten Franz I. von Lothringen das Haus Habsburg-Lothringen und übernahm die Regierung

der habsburgischen Erblande. Ebenso blieben sächsische Versuche erfolglos, durch eigene Machterweiterung den preußisch-österreichischen Spannungen zu begegnen. Die Lage Sachsens zwischen den beiden rivalisierenden Mächten, die wirtschaftliche und finanzielle Erschöpfung des Landes wie auch das politische Desinteresse von Augusts Thronfolger haben hierbei entscheidend mitgewirkt und zur Katastrophe am Ende des Siebenjährigen Krieges geführt, in deren Folge Sachsen nach zeitgenössischem Urteil auf die Stufe eines europäischen Staates vierter Größe herabsank.

2. Der künstlerische Aufschwung und seine Ursachen

Gleichlaufend mit jener widerspruchsvollen politischen Entwicklung vollzog sich der große künstlerische Aufschwung und lag letztlich als Bestandteil absolutistischer Politik darin begründet. Für die im Dreißigjährigen Krieg zum Erliegen gekommene sächsische Kunstentwicklung waren in der Folgezeit Anregungen nur von den auf diesem Gebiet zurückgebliebenen protestantischen Staaten zu erlangen gewesen, da die hier führenden Länder Italien oder später Frankreich auf Seiten der Gegenreformation standen. Zwar kam es bald zu Lockerungen, indem schon unter Kurfürst Johann Georg II. Dresdener Architekten und Maler Studienfahrten nach Italien unternahmen; dennoch konnten die künstlerischen Einflüsse aus den katholischen Staaten in Sachsen erst nach dem Glaubenswechsel Augusts des Starken ihre volle Auswirkung erreichen.

Bereits als junger Prinz war Friedrich August im Verlauf seiner umfassenden Erziehung durch den Oberlandbaumeister Wolf Caspar von Klengel in die Architectura civilis et militaris eingeführt worden. Von den zur Vertiefung solcher Kenntnisse unternommenen Reisen erhielt vor allem seine Große Tour nachwirkende Bedeutung, indem sie ihn ab Mai 1687 für zwei Jahre durch Frankreich, Spanien, Portugal und Italien führte. Neben den allgemeinen Freuden des Kavalierlebens haben damals den Prinzen die neuartigen Formen der französischen Bau- und Gartenkunst in Versailles, der Escorial bei Madrid sowie Venedig mit dem Canale Grande am stärksten beeindruckt. Durch die unerwartete Übernahme des Kurhutes und wenig später als polnischer König sah er sich plötzlich in die Möglichkeit versetzt, jene empfangenen Anregungen beim Ausbau seiner Residenz zum glanzvollen Mittelpunkt eines am französischen Beispiel orientierten absolutistischen Herrschaftssystems verwirklichen zu können.

Wie zahlreiche Bildnisse ausweisen, war der König von stattlicher Erscheinung. Cornelius Gurlitt hebt den „frech-genialischen" Ausdruck im Antlitz einer Marmorbüste des jungen Herrschers hervor, die Guillaume Coustou d. Ä. wohl nach 1700 schuf (Abb. 40); ein Zeitgenosse, Johann Michael von Loen, schreibt: „Die Züge seines Gesichts formieren eine solche Bildung, die mit einmal etwas Großes und Erhabenes ausdrückt. Man findet darin nichts als männliche Zeichen: einen großen Mund, starke Lefzen und Augenbrauen, eine hohe Stirn und breite Kinnbacken. Nur die Augen mischen in ihr lebhaftes Feuer einen Blick, der huldreich und freundlich ist." Louis de Silvestre betont auf seinen Darstellungen dieser repräsentativen Herrscherpersönlichkeit gleichfalls jene großzügig-vornehme Charakteristik des Kopfes mit der dunklen und lange Zeit natürlichen

40 *Guillaume Coustou d. Ä. (1677–1746):*
Büste Augusts des Starken (1670–1733).
Marmor, wohl nach 1700.
Staatl. Kunstsammlungen Dresden, Skulpturensammlung

Lockenpracht des Haares, die später die modische Allongeperücke ablöst, der langen Wettiner Nase, dem großen, sinnlich-wulstigen Mund (Abb. 41). Als ausgeprägt musischer Charakter vermochte August nicht nur, für die vielfältigen Aufgaben beim Ausgestalten seiner Residenz den jeweils geeigneten Künstler zu finden; seine hervorragende Ausbildung wie auch das laufende Studium der bedeutendsten Architekturbücher und Kupferstichwerke der Zeit befähigten ihn, eigenschöpferisch an den Vorstellungen seiner Architekten mitzuwirken. „Der König von Polen ist vielleicht der einzige Souverän, welcher imstande ist, für sich selbst zu erfinden und auszuführen, was man nur irgendwie unternehmen will", bemerkt 1730 Graf von der Schulenburg; es sind Worte, die durch viele in den Archiven erhaltene Entwürfe des Königs belegt werden. Oft zeigen die Risse der Architekten Korrekturen seiner Hand oder Vermerke wie „nach Ihro Koenigl. Majt. Aller Höchsten Gedancken", während aus den Ideenskizzen Augusts meist schon fest umrissene Konzeptionen des Bauprogrammes sprechen (Abb. 44, 46). Dieses sichere Urteilsvermögen zog Künstler aus vielen Bereichen Europas nach Dresden; sie kamen vorwiegend als Unbekannte, deren Talente erst hier zur Entfaltung gelangten. Zudem entsprach es dem Charakter des Königs wie auch seiner bezeugten Liebenswürdigkeit, daß er ihre persönlichen Ausdrucksformen nicht in ihm genehme Richtungen zu drängen suchte, sondern sie sich selbständig entwickeln ließ. Streitigkeiten, wie sie später am preußischen Hof zwischen Friedrich II. und seinen Künstlern vorkamen, blieben daher in Dresden unbekannt.

Die einmalige Größe der Aufgaben und die einmalige Freiheit bei deren Verwirklichung führte bald zu Ergebnissen, die ganz Europa bewunderte. Während Pöppelmann den Festplatz des Zwingers als großartigen Ausdruck barocker Lebensfreude schuf, wuchs aus den Ruinen des 1685 abgebrannten rechtselbischen Altendresden die „Neue Königsstadt" nach einem genialen städtebaulichen Plan empor, und die gleichfalls umgestaltete Augustusbrücke verband sie mit der nunmehrigen Altstadt am linken Stromufer. Hervorragende Zeugnisse sächsischer Palastarchitektur enstanden mit dem Taschenbergpalais, der Ritterakademie, dem Japanischen Palais; zugleich aber griff der dem Absolutismus eigene Gedanke des Gesamtkunstwerkes über das Weichbild der Stadt hinaus und schmückte die umliegende Landschaft mit den Schloßanlagen von Pillnitz, Moritzburg und Großsedlitz. Auch die Bürgerschaft fühlte sich vom Baufieber des Königs ergriffen. Mit seinen Bauordnungen hatte August die Grundlagen für den einheitlichen Charakter der Straßen und Plätze geschaffen;

41 Louis de Silvestre (1675–1760): Reiterbildnis Augusts des Starken (1670–1733).
Öl auf Leinwand, um 1720 (Ausschnitt). Barockmuseum Schloß Moritzburg
(Leihgabe Staatl. Kunstsammlungen Dresden, Gemäldegalerie Alte Meister)

nun ergaben die noblen Fassadengliederungen neuer bürgerlicher Wohnbauten jene geschlossenen Raumkompositionen, die einstmals in der Rampischen Gasse oder der Großen Meißner Straße ihre berühmtesten Beispiele fanden. Schließlich erhielt das Stadtbild noch eine reizvolle Steigerung durch die Kuppel der Frauenkirche George Bährs, dessen bedeutendster protestantischer Sakralbau Deutschlands zum Kraftzentrum der evangelischen Bürger gegen den Glaubenswechsel des Königshauses wurde. Doch das Leistungsvermögen blieb nicht auf Werke der Architektur beschränkt: die steinplastischen Schöpfungen Balthasar Permosers, die erlesenen Goldschmiedearbeiten Melchior Dinglingers, die Erfindung des europäischen Porzellans durch Böttger waren ebenso Teil eines großen Gemeinschaftswerkes verschiedenartigster Künstler, das ständige Anregung und Förderung durch den König erfuhr. „Ich beschreibe hier den prächtigsten und galantesten Hof von der Welt", weiß Johann Michael von Loen, Europareisender und Großonkel Goethes, 1718 aus der Residenz zu berichten. „Die Stadt Dresden scheint gleichsam nur ein großes Lustgebäude zu sein, worin sich alle Erfindungen der Baukünste angenehm miteinander vermischen und doch besonders betrachten lassen. Ein Fremder hat fast ein paar Monate zu tun, wenn er alles, was dieser Ort Schönes und Prächtiges hat, in Augenschein nehmen will. Es ist keine Kunst in der Welt zu finden, davon man hier nicht ausnehmende Meisterstücke sieht." Zahlreiche Planungen und Bauten für Polen rundeten zudem jenes enorme künstlerische Gesamtwerk ab, das in weniger als vier Jahrzehnten entstand. Die hochfliegende Phantasie des Königs aber trübte auch hier den Blick für Realitäten, so daß einige Vorhaben nicht zur Ausführung kamen oder Begonnenes unvollendet blieb. Dazu zählte die als Frucht venezianischer Anregungen vorgesehene Wiederholung des Canale Grande an der Elbe: Dresdener Veduten Canalettos zeigen, wie bereits die Kuppel der Frauenkirche Erinnerungen an Maria della Salute weckte und die elegant sich über den Strom schwingende Brücke den Rialto zitierte, doch gelangte jene Gestaltung des Flusses zur via triumphalis über Ansätze nicht hinaus.

Unter Augusts Nachfolger Kurfürst Friedrich August II., der seit dem 5. Oktober 1733 ebenfalls die Krone der Jagellonen trug, erfuhr die römisch-katholische Richtung stärkere Betonung. Doch ihm fehlte das produktive Element seines Vaters: Mehr Privatmann als Fürst, überließ er die ihn kaum bewegenden Staatsgeschäfte großenteils dem allmächtigen Premierminister von Brühl, während im künstlerischen Bereich das Schwergewicht auf den systematischen Ausbau der Kunstsammlungen verlagert wurde.

Allein die Katholische Hofkirche des Italieners Gaëtano Chiaveri blieb monumentale Schöpfung seiner Regierung und zugleich einziges Zeugnis des römischen Spätbarocks auf deutschem Boden. Das Wunderwerk ihres filigran aufstrebenden Turmes aber vollendete die Dresdener Stromansicht: Der friedvoll-harmonische Zusammenklang mit der mächtigen Frauenkuppel erschien gleichsam als Milderung des Spannungsfeldes von geistigen wie konfessionellen Gegensätzen und ließ die Stadtsilhouette zu einem Sinnbild für die Una Sancta werden (Abb. 42). Wirkten sich auch jene Großmachtbestrebungen beider Augusti im Siebenjährigen Krieg für Sachsen verhängnisvoll aus, so bedeutete ihre Epoche für Dresden den Aufstieg zu einem kulturellen Zentrum von europäischem Rang, das den jungen Winckelmann 1749 zu dem Ausruf veranlaßte: „Wer Dresden nicht siehet, hat nichts Schönes gesehen!" Die Intensität der Ausstrahlungskraft zeigt sich auch darin, daß heute noch das Wenige, das der Vernichtung im zweiten Weltkrieg entging, uns eine Vorstellung von jener künstlerischen Vielfalt zu geben vermag.

Diese breit angelegte Förderung von Kunst, Kultur und Wissenschaft war freilich fest in die Herrschaftskonzeption des Königs eingebunden. Um in Dresden den glanzvollsten und zugleich mächtigsten Hof Europas neben dem von Versailles zu errichten, benötigte August die übersteigerte Repräsentation nach außen zur Betonung seiner politischen Bedeutung wie auch zur Erhöhung des Ansehens. Dies bedingte aber stabile ökonomische Verhältnisse, da eine solch enorme Prunkentfaltung finanzielle Aufwendungen in vorher nicht gekannter Höhe verlangte. In dieser Hinsicht besaß Sachsen gegenüber den anderen deutschen Staaten günstigere Voraussetzungen, denn das Land zählte zu den entwickeltsten Territorien im Reich; auch übertraf es mit etwa 2 Millionen Einwohnern das territorial weitaus größere Brandenburg-Preußen um ein Viertel und galt als eines der am dichtesten besiedelten Gebiete Deutschlands. Mit bedingt durch jenen starken Bevölkerungszuwachs, kam es in Kursachsen an der Wende vom 17. zum 18. Jahrhundert zu einem relativen Aufschwung der agrarischen Produktivkräfte; vor allem aber leitete eine beschleunigte Entwicklung des Manufakturwesens den allmählichen Übergang zum Kapitalismus ein. Schon zeitig waren hier verschiedenartigste Manufakturen entstanden, deren Technologien man fortwährend auf den neuesten technisch-wissenschaftlichen Stand brachte, so daß vor allem die Spiegelschleifen und Glashütten, die Textilindustrie und bald auch die Meißner Porzellanmanufaktur internationalen Ruf genossen. Ebenso hatte der natürliche Reichtum des Erzgebirges an Silber-, Zinn- und

Perspective du Pont de Dresde sur L'Elbe, tirée de la veue du Palais de S.M. dit d'hollande avec la part Laterale de L'Eglise catolique et batimens contigus.

42 *Bernado Bellotto gen. Canaletto (1721–1780): Ansicht der Stadt Dresden vom rechten Elbufer unterhalb der Augustusbrücke.*
Radierung, 1748. Staatl. Kunstsammlungen Dresden, Kupferstichkabinett

Eisenerzvorkommen Sachsen zu einem wichtigen Zentrum der europäischen Montanindustrie werden lassen, zumal hier gleichfalls die Landesherren als oberste Bergherren und Bodeneigentümer fortschrittliche Produktionsverfahren förderten, wobei sie freilich die Festigung ihrer Herrschaft zur ständigen Entwicklung der Produktivkräfte zwang. Ein mit breitgelagerter Gewerbetätigkeit verbundener Handel brachte zudem auf der Leipziger Messe als traditionellem Umschlagort für Textilien, Pelze und Bücher steigende Umsätze, so daß die Stadt zum bedeutendsten Messeplatz Europas aufstieg; dazu kam es nach 1720 zur Ausweitung der wirtschaftlichen Beziehungen mit Polen, wo vorherrschend Landwirtschaft, Viehzucht und Holzhandel betrieben wurden und der Warenverkehr zwischen Ost und West seinen Durchgang nahm. Die sich aus dieser allseitigen wie auch zielstrebigen Förderung der Wirtschaft ergebende ökonomische Stabilität des Landes bot dem König jene Basis für eine weitgehende Realisierung seiner hochfliegenden Pläne.

Als Herrscher vertrat August der Starke die Prinzipien des aufkommenden Merkantilismus, nach dem die heimischen Industrien und Künste so zu fördern waren, daß der Export den Import überstieg. Beim Erfüllen dieser Zeitforderung dienten ihm die Staatsbauten und Manufakturen, das Hüttenwesen wie auch Feste und Sammlungen als Mittel zur Stimulierung der Gewerbe und des Geldumlaufs; daher erstreckte sich sein Interesse auf das Erforschen und Nutzen von Bodenschätzen, auf die Entwicklung der Künste, des Handels und neuer Produktionsverfahren, auf Verbesserungen im Post- und Verkehrswesen. Die ökonomischen Grundlagen hierfür schuf ein starkes Bürgertum sowie der – außer in der Lausitz – von Leibeigenschaft freie Bauer, während die Teilnahme des Adels an den wirtschaftlichen Unternehmungen mitunter spekulativen Charakter trug. Immer aber sollte die Wirtschaftspolitik des Königs einer Absicherung seines Herrschaftsanspruches dienen, da die aufgrund ihres ungenügenden Zustandes weder nach außen noch nach innen als Stützpfeiler wirkende Armee eine Lösung mit militärischen Mitteln, wie sie später durch Preußen erfolgte, ausschloß.

Im Gegensatz zu den politischen Absichten Augusts des Starken erwies sich seine wirtschaftliche Konzeption als erfolgreich: Die Übertragung der praktischen

Erfahrungen des französischen Merkantilismus auf sächsische Verhältnisse brachte einen weitwirkenden ökonomischen Effekt, der jedoch Voraussetzung war für den großartigen kulturellen Aufschwung. Um nämlich die politisch herausragende Stellung des Kurstaates zu festigen und weiter auszubauen, wurde Prachtentfaltung zur Notwendigkeit, da man damals den Wohlstand eines Landes an der Hofhaltung seines Fürsten maß. Nicht allein, daß mit den prunkvollen Festlichkeiten und phantasievollen Architekturschöpfungen das Geld tausender schaulustiger Ausländer nach Sachsen gezogen wurde: An praktischen Beispielen führte man ihnen das hohe Leistungsvermögen der Manufakturen und Kunsthandwerker vor, wobei die Feste zugleich als Schaumessen dienten. Indes begann sich schon vor 1740 das Ende jenes wirtschaftlichen Aufschwunges abzuzeichnen. Hatte der zwischen Sachsen und Preußen auf ökonomischem wie auch politischem Gebiet entbrannte Wettstreit gegen 1730 seinen Höhepunkt erreicht, so folgten der Thronbesteigung Friedrichs II. Restriktionen, die durch Behinderungen des Handels der sächsischen Wirtschaft merklichen Schaden zufügten, bis im Siebenjährigen Krieg das Ringen um die Vormachtstellung zugunsten Preußens seine Entscheidung fand.

Obgleich August der Starke neben Kurfürst Moritz der bedeutendste Landesherr unter den albertinischen Wettinern war, hat er keines seiner hochgesteckten imperialen Ziele erreichen können: Den vielfältigen widersprüchlichen Kräften der Zeit wie auch dem Willen seiner Klasse unterworfen, gelang ihm zumindest eine weitgehende Reformierung Sachsens, während gleichartige Versuche in Polen am massiven Widerstand der Schlachta- und Magnatenherrschaft scheiterten. Dabei bedingte der sich aus den politischen Absichten des Königs und seiner Prachtentfaltung ergebende enorme Geldbedarf eine rücksichtslose Steuerpolitik, die vor allem für Bürgertum und Bauernschaft äußerste materielle und physische Belastungen brachte; dennoch dürfte jener Aufwand weniger Kosten als die Kriege anderer Herrscher verursacht haben, zumal sich damit nachwirkende Stimuli für Handel, Handwerk, Gewerbe und Kunst verbanden. In diesem Zusammenhang fragte bereits Carl Justi im 1866 erschienenen ersten Band seiner Winckelmann-Biographie: „Hat Karl XII. nicht Schweden tiefer ins Verderben gerissen, als die beiden August, und dazu, ohne eine Spur zu hinterlassen?"

Die universellen Interessen des Königs deuten auf eine hohe Bildung; zudem belegen in jüngerer Zeit aufgefundene Dokumente seiner Hand zur musealen Einrichtung des Grünen Gewölbes sein großes ästhetisches Gestaltungsempfinden. Werden dadurch auch alle späteren Interpretationen eines angeblich prunksüchtigen und parasitären Daseins widerlegt, so dürfen die charakterlichen Schwächen nicht unbeachtet bleiben: Seine starken polygamen Neigungen sind durch die Zahl der Mätressen bezeugt; ebenso wurde schon von den Zeitgenossen das Sprunghafte und Unbeständige im Wesen Augusts als bedenklich empfunden. Heute bewerten wir diese Eigenschaften schärfer, hingen doch von den Entscheidungen des Königs die Geschicke einfacher Menschen ab, deren Lebensbedingungen den ohnehin harten Realitäten des damaligen Alltags unterworfen blieben. „Wir stehen nicht auf dem Standpunkte, daß Fürstengeschlechter Geschichte machen", urteilt Franz Mehring in seiner „Lessing-Legende", „sondern wir meinen, daß diesen Geschlechtern ihre historische Rolle von der geschichtlichen Entwicklung vorgeschrieben wird. Ist dem aber so, dann läßt sich nicht verkennen, daß den Wettinern auf dem Gebiete der Kultur eine immerhin erfreulichere Rolle zugefallen war, als den Hohenzollern auf dem Gebiete des Militarismus. Durch die Reihe jener vererbte sich seit der Reformation ein gewisses Interesse an der Kunst, durch die Reihe dieser ein großes Interesse an der Soldateska. Weder jenes, noch dieses war freie Wahl, sondern eine Folge der Verschiedenheit, die zwischen den von den Hohenzollern und den Wettinern regierten Ländern bestand." In der Außenpolitik ein skrupelloser Diplomat und Politiker, ist August nur auf die Erweiterung der eigenen Hausmacht bedacht gewesen, doch glich er in diesem dynastischen Streben, dem nationales Denken fremd blieb, völlig den anderen deutschen Fürsten seiner Zeit. Als König und als Kunstkenner aber wußte er Künstler an seinen Hof zu ziehen, die ein Gesamtwerk schufen, dessen künstlerische wie geistige Bewältigung höchste Qualität erreichte, so daß es dem sächsischen Barock Weltgeltung verschaffte. „Augusts Zeit war in der sächsischen Geschichte eine Episode von weltgeschichtlichem Ausmaß", schrieb der bedeutende sächsische Historiker Rudolf Kötzschke anläßlich des 200. Todestages des Königs, „und mit ihr bleibt eine Fortbildung der sächsischen Staatsverwaltung und ein Fortschritt wirtschaftlicher Entwicklung in Sachsen verbunden. Größeres noch verdankt ihm Sachsens künstlerische Kultur."

IV.

Der Umbau
des kurfürstlichen Jagdhauses
unter August dem Starken

1. Die frühen Planungen seit 1703

Voraussetzungen und Grundgedanken. Zu Beginn des 18. Jahrhunderts griff die große Welle der Schloßbaukunst von Frankreich her auch auf Deutschland über. Ihre völlig auf äußeres Wirken bedachten Formen verkörperten eine gesellschaftliche Situation, die aus dem Gedanken des Absolutismus heraus zu jenem Machtanspruch der Souveräne geführt hatte, der im egoistischen „L'état c'est moi!" des französischen Sonnenkönigs seinen höchsten und zugleich maßlosesten Ausdruck fand. Es entsprach dieser Devise, daß im Schloß des Barock sich letztmalig innerhalb der europäischen Architekturentwicklung der Begriff des Gesamtkunstwerkes ausdrückte, indem Malerei und Plastik, Kunsthandwerk und Gartengestaltung unter dem Primat des Architekten einer gemeinsamen Bauidee dienten. Mit der weitläufigen Gesamtschöpfung der Versailler Schloßanlage hat Frankreich damals das vollkommenste Beispiel solcher Geschlossenheit erreicht. Hardouin-Mansart als Architekt und Le Nôtre als Gartenkünstler formten dort aus dem Typ des altfranzösischen Châteaus und den Ideen der Gartenkunst Italiens ein Gesamtwerk, das in seinen Ausstrahlungen fast überall in Europa fühlbar wurde. Es stand symbolgleich für den Gestalterwillen des Souveräns, der ins Große und Weite strebte und dabei selbst die Natur dem architektonischen Gesetz unterwarf.

In Dresden hatte sich unter August dem Starken aufgrund seiner weitgreifenden politischen Ziele und der ökonomischen Stärke Kursachsens eines der umfangreichsten Schloßbauprogramme innerhalb Deutschlands herausgebildet. Zudem stand es im engen Zusammenhang mit der vom Kurfürst-König vorgenommenen Umgestaltung der Hoffeste, verlangten doch diese Veranstaltungen ihren eigenen baulichen Rahmen. Augusts Freude am festlichen Ereignis lag freilich eine jahrhundertelange Tradition der Wettiner zugrunde. Blieb er ihr auch verbunden, so galt sein Bemühen dennoch dem eigenschöpferischen Interpretieren der Überlieferung: Dieses tätige Mitwirken, das den Anteil der Vorfahren weit übertraf, räumte jetzt nicht nur der Frau eine bisher unbekannte Stellung im sächsischen Festwesen ein, sondern nahm auch die Leistungen des Volkes in den Darstellungsbereich auf. So bedeutete das Bergwerksfest von 1719, das anläßlich der Hochzeit des Kurprinzen im Plauenschen Grund nahe Dresden stattfand, zugleich eine Ehrung des Bergmannes, der mit seiner Arbeit den Reichtum des Landes mehrte. Daß hierbei die Architektur neben ihrer Aufgabe als Rahmendekoration des Festgeschehens auch von der Propagierung politischer Absichten und der Selbstdarstellung absolutistischer Fürstenmacht durchdrungen wurde, hat ihren künstlerischen Wert nicht gemindert; vielmehr erhielt sie durch diese Zeitbezogenheit den Ausdruck frischester Lebendigkeit, der ihr Erscheinungsbild noch heute prägt. Hatten sich frühere Zeiten mit dem Stallhof, dem Lusthaus auf der Jungfer oder dem Palais im Großen Garten ihnen gemäße Feststätten geschaffen, so war jetzt der Zwinger als monumentale Schaubühne für die farbigen, figurenreichen Aufzüge und Maskeraden des Barock errichtet worden. Aber auch im stadtnahen Landschaftsraum entstanden mit Pillnitz, Moritzburg und Großsedlitz drei Schloßanlagen, die als Repräsentationsbauten bestimmte Funktionen im Rahmen der neuartigen höfischen Festprogramme erfüllen sollten. Daneben mag sich mit ihnen der Wunsch verbunden haben, ähnlich dem Vorbild der aristokratischen Villen des alten Rom stadtnahe Schlösser zu besitzen, die auch den Aufenthalt über nur einen Tag erlaubten. Dies läßt ihre annähernd gleiche Entfernung vom Dresdener Residenzschloß erkennen; zudem entsprachen solche Erwägungen dem Charakter Augusts des Starken, der sich gern im Freien aufhielt und deshalb der Gestaltung des Außenraumes ein besonderes Interesse entgegenbrachte. Das Ganze charakterisierten Absichten und Ziele einer Zeit, die nach den Worten von Charles de Montesquieu „nicht das Gute, sondern das Schöne; nicht Gerechtigkeit, sondern Größe; nicht das Vernünftige, sondern das Außerordentliche" bezweckten, wobei solchen Bestrebungen die landschaftliche Lage der Moritzburg – vor allem auch im Hinblick auf die ausgeprägte Jagdleidenschaft des Königs – weitgehend entgegenkam.

Zärtliches Intermezzo: Maria Aurora von Königsmarck. Durch seinen Vater Kurfürst Johann Georg III., der gern in Moritzburg weilte, um dort zu jagen, war Friedrich August schon in jungen Jahren mit Jagdhaus und Landschaft vertraut geworden, so daß er auch als Träger des Kurhutes hier vielfachen Aufenthalt nahm. Die den Jagden oftmals nachfolgenden Fußturniere, „Aufzüge von Mohren und anderen Nationen", Maskenbälle, Theateraufführungen und Damenringrennen als eine von August eigens für Damen erfundene Abwandlung des mittelalterlichen Turniers schlossen meist mit der großen Hoftafel ab.

Seine Mätressen erschienen hierzu im Kostüm der Diana oder Venus und waren Königinnen solcher Festlichkeiten, wobei das Auftreten der jungen Gräfin Maria Aurora von Königsmarck einen Höhepunkt bildete (Abb. 43).

Die Gräfin war 1662 als Tochter des schwedischen, später in holländischen Diensten stehenden Generals Conrad Christoph v. Königsmarck geboren worden, während ihre Mutter dem Geschlecht der Wrangel

43 *Pieter (Petrus) Schenk (1660 bis um 1718):*
Maria Aurora Gräfin von Königsmarck (1662–1728).
Schabkunstblatt, 1705.
Staatl. Kunstsammlungen Dresden, Kupferstichkabinett

entstammte: Deren Vater Karl Gustav von Wrangel hatte 1675 als Befehlshaber des schwedischen Invasionsheeres die gegen den Großen Kurfürsten Friedrich Wilhelm von Brandenburg geführte Schlacht bei Fehrbellin verloren. Nach Aufenthalten an den Höfen von Stockholm, Braunschweig und Hannover kam Aurora gegen Ende des Jahres 1694 in die sächsische Residenz. Hier suchte sie bei dem eben zur Regierung gelangten Kurfürsten Friedrich August Anteilnahme zu erwecken für das Schicksal ihres Bruders, der auf sein Ersuchen eine Anstellung als kursächsischer Generalmajor erhalten hatte, aber wenige Tage vor seiner Abreise nach Dresden in Han-

nover verschollen war. Der Kurfürst indes verliebte sich in die schöne, damals 32 Jahre alte Aurora, von deren Erscheinung der sonst wenig glaubwürdige Baron Pöllnitz schreibt: „Zähne wie Perlen, feurige dunkle Augen, volles schwarzes Haar hoben den Glanz ihrer weißen Haut. Sie war sehr belesen, sprach auch lateinisch und schrieb anmutige Verse. Sie liebte wie der Kurfürst Musik, Theater, Pracht und Vergnügungen." Vorerst freilich widerstand die Königsmarck den Werbungen des fürstlichen Liebhabers, folgte dann aber doch seiner Einladung zu einem Dianenfest in der Moritzburg. Zusammen mit einigen als Amazonen verkleideten Damen erscheinend, wurde sie zunächst von Diana und ihren Nymphen als Göttin Aurora willkommen geheißen. Bei der bald darauf stattfindenden Tafel befand sich ihr Platz neben dem im Kostüm des Pan erschienenen Kurfürsten, während der Hofstaat griechische Gottheiten darstellte. Später setzte die Gesellschaft in Gondeln nach einer Insel über, auf der prächtige türkische Zelte standen. Aus einem derselben trat Friedrich August im Gewand eines Sultans und umgeben von Großoffizieren des Serails. Nun begann eine Szene, deren naive Phantastik sich mit dem hauchzarten Parfüm eines orientalischen Märchens mischte: Den Damen entgegengehend, warf er Aurora ein kostbares Schnupftuch zu; dann ließen sich beide auf einem Diwan nieder und genossen Darbietungen von türkischen Tänzerinnen und Tänzern. Danach bestieg man wieder die Gondeln und fuhr zurück zum Jagdhaus, wo eine Aufführung des Schauspiels „Psyché avec ses Agréments" folgte. Beim anschließenden Souper fand Aurora auf ihrem Teller ein Bukett von Brillanten, Rubinen, Smaragden und Perlen; strahlend im Glanz der Petriosen eröffnete sie mit Friedrich August noch den Ball, den beide bald verließen. Indes setzte sich das Fest noch mehere Tage fort, und es heißt, daß der Kurfürst sogar die ihm erst 1693 angetraute Gemahlin wie auch seine Mutter unbesucht ließ, wenn ihn zwischendurch Regierungsgeschäfte nach Dresden riefen. Auch bei einem Fischerfest, das damals Friedrich August anläßlich seines Namenstages in der Moritzburg gab, ging es sehr prachtvoll zu. Als der pompöse Festzug mit dem Kurfürsten und Aurora, die in einem mit himmelblauem Samt ausgeschlagenen muschelförmigen Gefährt saß, im Jagdhaus eintraf, erschollen Kanonenschüsse und Janitscharenmusik. Während der Tafel wurde eine riesige kalte Pastete aufgetragen, die Aurora auf Geheiß Friedrich Augusts mit einem großen hölzernen Messer zerteilen sollte. Beim Heben des Deckels entstieg ihr jedoch der schwarzgekleidete Hofzwerg. Nachdem sein Becher mit Wein gefüllt worden war, brachte er die Gesundheit des

Kurfürsten und der Festkönigin aus, der er zudem ein kostbares Geschenk überreichte. Dann begann das Fischen, bei dem die Gräfin und Friedrich August in einer von einem Schwan gezierten Gondel saßen. Als man das von dort ausgeworfene Netz eingezogen hatte, fand sich unter der Beute ein großer Fisch, der im Maule einen Ring trug, dessen Edelsteine den Namen „Aurora" bildeten. Ein Geschenk des Gottes der Fluten, streifte Friedrich August der Gräfin das Kleinod auf den Finger. Beim späteren Umbau des Jagdhauses hat Louis de Silvestre ein solches Fischerfest in einem Ledergemälde des Billardsaales thematisch verarbeitet (Abb. 105).

Doch die Liaison mit der Königsmarck, von der Voltaire sagte, sie sei die berühmteste Frau zweier Jahrhunderte gewesen, war nicht von Dauer. Nach der Rückkehr des Kurfürsten vom Türkenfeldzug in Ungarn trat Aurora am 16. Februar 1696 im Opernballett „Das Musenfest" noch als Erato auf; dabei verkündete sie deutlich ihren Triumph über den Hercules Saxonicus mit den Worten, die Liebe verbiete, daß Helden sich unüberwindlich nennen, während eine Partnerin in der Rolle der Artesia sang: „Wer will mir's wehren, wenn's mir gefällt? Die Götter lieben, die Götter machen, daß wir uns üben in Liebessachen. Ich sag' es noch: Das süße Joch will ich nicht meiden vor allen Freuden. Es ist mir lieber, weil nichts darüber ist in der Welt. Wer will mir's wehren, wenn's mir gefällt?" Doch als die Königsmarck 1696 – wenige Tage nach der Geburt des Kurprinzen – Friedrich August in Goslar einen dann Moritz genannten Knaben gebar, hatte ihren Platz beim Kurfürsten bereits die Gräfin Esterle eingenommen. Jener Moritz aber, den er 1710 offiziell als Sohn anerkannte und 1711 in den Reichsgrafenstand erhob, entwickelte sich zum politisch wie militärisch begabtesten seiner Söhne. Für die Mutter setzte Friedrich August beim Kaiser die Ernennung zur Pröpstin des reichsunmittelbaren Frauenstiftes Quedlinburg trotz energischen Protestes der vornehmen Insassinnen durch, womit er ihr ein hohes Einkommen sicherte. Moritz jedoch trat nach seiner Teilnahme an den Türkenkämpfen unter Prinz Eugen 1720 in französische Dienste, errang 1741 die Hauptsiege im österreichischen Erbfolgekrieg und stieg 1744 zum Maréchal de France auf. Bewundert als Grandseigneur der damaligen französischen Gesellschaft wie als Kriegsheld und Philosoph, starb er 1750 auf dem ihm von Ludwig XV. geschenkten Schlosse Chambord.

Friedrich August indes weilte auch weiterhin gern in der alten Moritzburg. So hören wir aus dem Jahre 1704, daß am 24. Dezember „S.K.M. Abends gegen 7 Uhr, nachdem Sie vorhero im Grünen Gewölbe gewesen, hinauß nach Moritzburg gereiset, allda Sie

Dero Devotion zu haben gewillt". Ebenso hielt sich der König vom 26. Februar bis zum 2. März 1705 hier auf und gleichfalls ab Mittwoch vor Ostern desselben Jahres, wo er bis zum ersten Feiertag blieb. Der Kurprinz, damals neun Jahre alt, kam am 22. Oktober und 2. November in Begleitung des Oberhofmarschalls und anderer Herren heraus, um dem Fischen – zuerst auf dem Preßenteich, dann auf dem Frauenteich – zuzusehen. Daneben folgten weitere Feste, die hier – meist verbunden mit Jagden – glanzvoll begangen wurden. Dennoch konnte das Jagdhaus den Erfordernissen repräsentativer Festlichkeit mit ihren immer aufwendiger betriebenen Hofjagden nicht

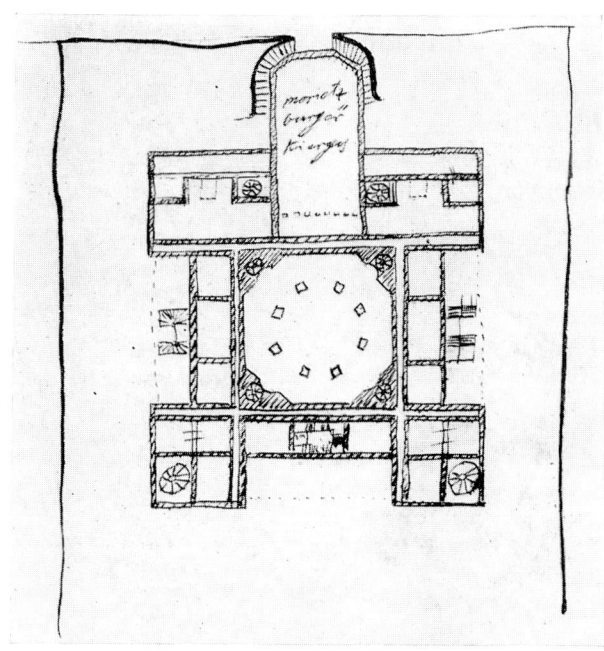

44 August der Starke (1670–1733):
Ideenskizze zum Umbau des Jagdhauses Moritzburg.
Tusche, um 1703. Dresden, Staatsarchiv
(Fach 99, Nr. 37)

mehr genügen, entsprach doch auch sein äußerer Eindruck weder dem Zeitgeschmack noch der eben errungenen Königswürde Augusts des Starken, die eine größere Zurschaustellung fürstlicher Repräsentation verlangte. Vor allem ließen die vielen vorangegangenen und nicht immer mit Einfühlungsvermögen vorgenommenen Umbauten den einheitlichen Charakter der Anlage vermissen, so daß sie in ihrem Stilgemisch von Früh- und Spätrenaissance bis hin zum Frühbarock eher wie eine von Kinderhänden aus Baukastenteilen zusammengesetzte Spielburg wirkte. Dies alles veranlaßte schon zeitig Überlegungen, die eine völlige Neugestaltung des Jagdhauses zum Ziele hatten.

45
*August der Starke
(1670–1733):
Ideenskizze
(Aufriß und Schnitt)
zum Umbau des Jagd-
hauses Moritzburg.
Bleistift, um 1703.
Dresden, Staatsarchiv
(Fach 99, Nr. 37)*

Die Planungsideen Augusts des Starken. Wohl seit 1703 dachte August der Starke an einen umfassenden Umbau der alten Moritzburg zum repräsentativen Barockschloß. Mehrere offenbar aus dieser Zeit stammende Ideenskizzen von ihm belegen seinen Anteil an jenen frühen Planungen; sie lassen aber auch erkennen, daß sich damals noch nicht eine solch enge und fruchtbringende Zusammenarbeit zwischen dem König und seinen Architekten herausgebildet hatte, wie sie seit der Zwingerplanung zu beobachten war. Deshalb mag auch eine dieser nachweisbar von August für ein bestimmtes Objekt entworfenen Skizzen mit der im Kapellengrundriß eingetragenen Bezeichnung „morietzburger Kierges" weder in Beziehung zum überkommenen Jagdhaus noch zu den hier seit 1723 vorgenommenen Umgestaltungen stehen (Abb. 44). Allein die Kapelle Wolf Caspar von Klengels ist vom Altbau übernommen, doch soll ihr Baukörper nach Westen durch einen Chor mit gebrochenen Ecken erweitert werden. Hingegen zeigen der Grundriß des gedachten neuen Schlosses wie auch die auf dem gleichen Blatt flüchtig skizzierte Ansichts- und Schnittdarstellung mit Mittelkuppel und vortretenden Ecktürmen deutliche Merkmale des Zentralbaues (Abb. 45), jener später auch auf andere Schloßplanungen übertragenen Lieblingsidee des Königs. Dieser kastellartige, bis dahin in Deutschland nicht vorkommende Schloßtyp muß ihm als sinnfälliger Ausdruck der Macht erschienen sein, was wohl genährt wurde durch Beispiele der italienischen und französischen Renaissance, die ihm sicher aus den besten Architekturbüchern der damaligen und früheren Zeit bekannt waren. Nachhaltiger aber hatte wohl diesen Sinnenmenschen die eigene Anschauung während seiner Kavalierstour beeinflußt. Marly, jenes Schlößchen nahe Versailles, von Hardouin-Mansart

für Ludwig XIV. als Eremitage erbaut (Abb. 140), sicher auch das von Guarini errichtete Schloß Racconigi bei Turin (Abb. 56 a/b), vor allem aber der „schweigend großartige Kasten" (R. Hamann) des Escorial, Kirche, Kloster und Residenz der spanischen Könige, dürften durch dort verwirklichte Prinzipien des Zentralbaues fördernde Eindrücke hinterlassen haben. Daher mußte auch die Moritzburg schon frühzeitig das Interesse des Königs wecken, kam doch ihre Anlage in fast idealer Form seiner Neigung entgegen.

Auf jener Skizze erscheint ein dreigeschossiger Baukörper mit gedrückter Kuppel und Laterne über dem breit angelegten Tambour, der sich über einem oktogonalen Mittelsaal aufbaut (Abb. 44, 45). Die vorspringenden Eckpavillons verlaufen höhengleich mit dem Kernbau und werden noch nicht – wie später etwa auf Pillnitzer Entwürfen Longuelunes – von Nebenkuppeln oder Zeltdächern bekrönt. Der Nord- und Südseite sind doppelläufige Freitreppen vorgelegt; sie führen über Vorsäle auf Gänge, von denen aus die Räumlichkeiten einschließlich der nach Westen vortretenden Kapelle erschlossen werden. Hier dürfte der Einfluß von Jacques Androuet Ducerceau fühlbar sein, des großen französischen Architekturtheoretikers der Renaissance, dessen Veröffentlichungen dem König sicherlich zur Verfügung standen.

Auch eine weitere Ideenskizze Augusts des Starken läßt von der alten Anlage nicht viel mehr als die Kapelle übrig, die jetzt aus einem H-förmigen Schloßgrundriß mit west-östlich verlaufender Hauptachse nach Westen herausspringt (Abb. 46). Der hier aus der Mitte gerückte Saal zeigt eine ovale Ausbildung, und der Ostfassade als Zugangsseite ist eine große doppelläufige Freitreppe vorgelegt, neben der August in Französisch vermerkt, daß sie nach hollän-

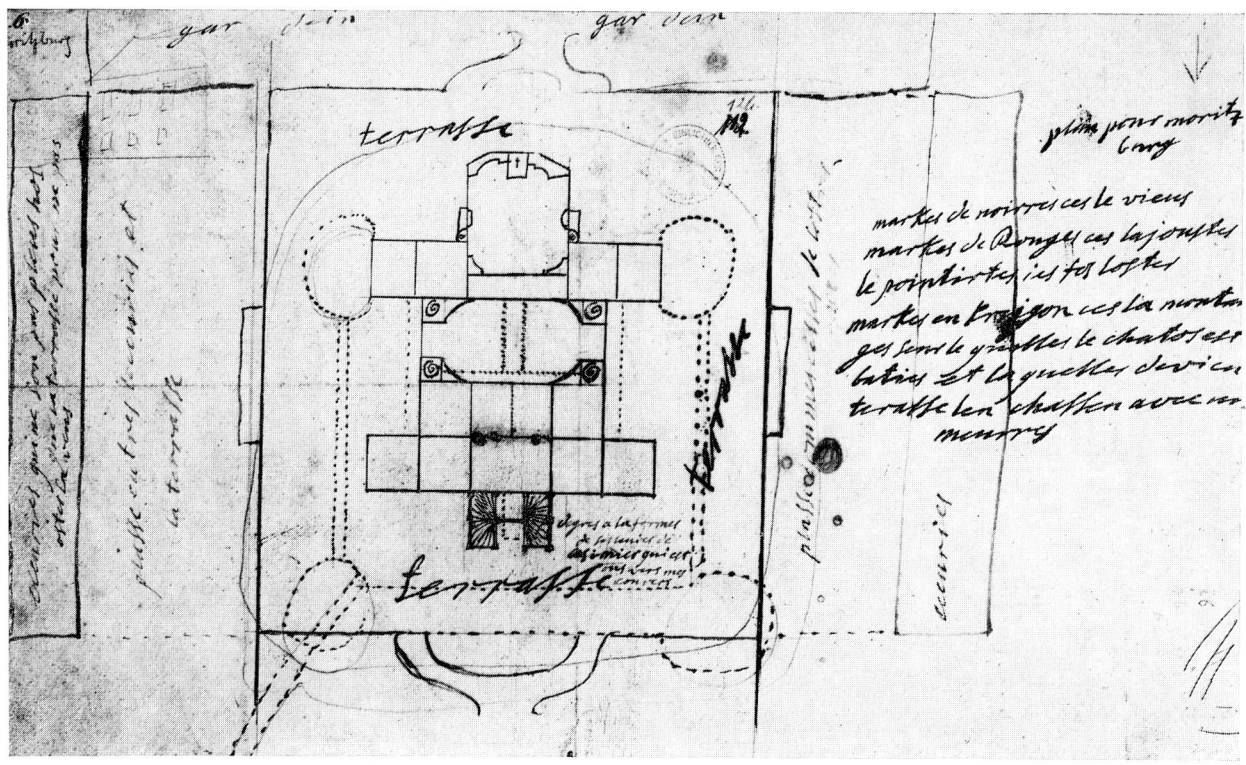

*46 August der Starke (1670–1733): Ideenskizze zu einem H-förmigen Schloß für Moritzburg.
Tusche, farbige Tinte und Bleistift, um 1703. Dresden, Staatsarchiv (Fach 99, Nr. 36)*

discher Art gewendelt aufsteigen solle. Außerdem erläutert der König rechts auf dem Blatt – wieder in Französisch –, daß die vorhandene Substanz mit schwarzen, der neue Baukörper mit roten und die niederzulegenden Teile des alten Jagdhauses mit punktierten Linien bezeichnet sind. Auch hier könnten Beispiele aus Werken von Ducerceau als Vorbilder gedient haben; vielleicht kommt das Jagdhaus La Muette in Betracht, das 1541 von Pierre Chambiges d. Ä. im Walde von St. Germain–en–Laye nahe Paris errichtet worden war, aber eine wesentlich klarere Grundrißlösung zeigt.

Beiden Skizzen ist indes der grundlegend neue Gedanke gemeinsam, das Schloß auf eine unterkellerte Terrasse zu stellen. Während sie in der ersteren Skizze (Abb. 44) nur andeutungsweise erscheint, wird auf dem zweiten Blatt (Abb. 46) gleich dreimal der Eintrag „terrasse" sichtbar. Geschwungene Zufahrtsrampen verbinden diese mit einer inselartigen Plattform; dort sind nach Norden und Süden große Vorhöfe angeordnet, die zum Teich hin von langgestreckten Gebäuden begrenzt werden, während sich nach Westen eine Gartenanlage anschließt. Jenen hier erstmals vom König formulierten Terrassengedanken griff

dann Markus Conrad Dietze in seinem Moritzburger Schloßprojekt auf.

Markus Conrad Dietze und sein Schloßprojekt von 1703. Dietze, ein aus Ulm stammender Schwabe, war 1680 nach Dresden gekommen, wo er vorerst eine Tätigkeit als Bildhauer am Bauamt aufnahm. In dieser Eigenschaft hatte er 1692/93 an dem nach Klengels Entwurf ausgeführten Grünen Tor des Dresdener Residenzschlosses den plastischen Trophäenschmuck über der Attika geschaffen, der bisher einzige nachweisbare bildhauerische Arbeit Dietzes in der Stadt blieb. Ende 1699 bewarb er sich um eine festbesoldete Stelle am Bauamt, wobei er anführte, daß sicherlich Bedarf an „Conducteurs oder Crottirer" bestände, da August der Starke in Polen „künftig einige Gebäude zu Deroselben ewig währenden Ruhm und Andencken auszuführen entschlossen sey", und „... ich mich von Jugend auf in der Bau Kunst befließe, bey Dero Glorwürdigsten Vorfahren auch, in die 18 Jahre in Dero Bau Ambte mich gebrauchen laßen, und in dieser Kunst mich desto beßer zu perfectioniren, an die zwey Jahre Italien besuchet habe ...". Zwar wurde daraufhin seinem

47
Markus Conrad Dietze
(1656–1704):
„General Grund Riß von Ihro
Königl. Mayestät in Pohlen
und Churfürst. Durchl.
zu Sachßens Schloß
zu Moritzburg wie selbiges
könte angeleget und gebauet
werden. ao 1703."
Federzeichnung,
farbig getönt (Ausschnitt).
Dresden, Staatsarchiv
(OHMA Cap. V, Nr. 29)

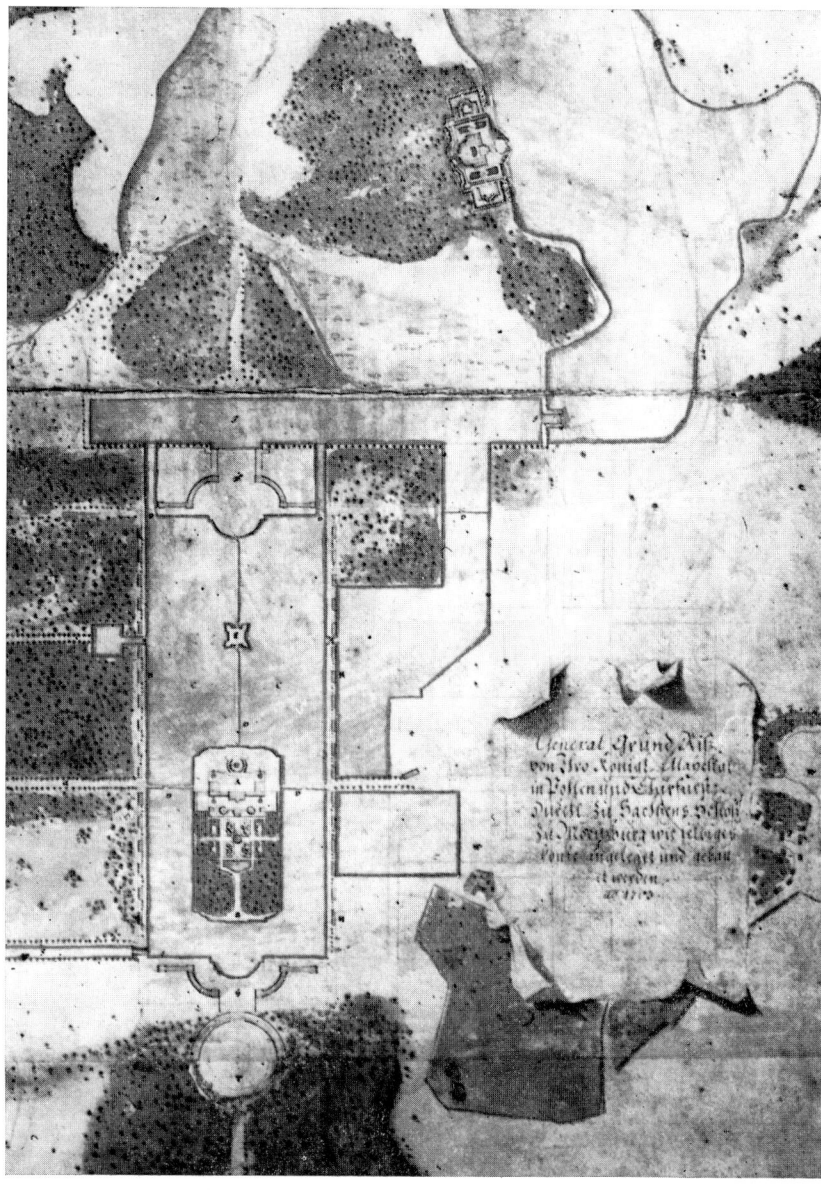

Wunsche „wegen der vorhabenden Gebäude in Pohlen" entsprochen, doch aufgrund der für Sachsen un-
glücklichen Situation während des Nordischen Krieges konnte Dietze vorerst Dresden nicht verlassen,
so daß er sich hier zunehmend architektonischen
Aufgaben widmete. Als man ihn jedoch 1703 – nach
einer zwischenzeitlichen Entlassung – zum „Hofarchitekten" ernannte, war dies ein Rang, der bis dahin
im Bauamt nicht existierte; er war eigens für Dietze
geschaffen worden, da der König seine ungewöhnliche
Begabung erkannt hatte. August übertrug ihm nun
Planungen für ein neues Residenzschloß, für einen
Marstall und ein Reithaus, bei deren Gestaltung
Dietze die schweren Barockformen vom Ausgang des
17. Jahrhunderts durch einen leichteren Duktus er-

setzte. Sein tragischer Tod bei einem Scheunenbrand
in Polen im Jahre 1704 beschloß das Leben eines
Architekten, der in seiner Bedeutung und seinem
Einfluß viel stärker gewesen ist, als es die wenigen
erhaltenen Entwürfe zu bekunden vermögen.

Infolge der Auswirkungen des Nordischen Krieges
waren damals viele Projekte Augusts des Starken un-
durchführbar geworden, darunter auch Entwürfe
Dietzes für ein neues Jagdschloß in Moritzburg, die
er 1703 anfertigte (Abb. 47, 48). Zwar hält er sich
hierbei eng an die ihm von August vorgegebene Konzeption (Abb. 46), doch wird versucht, neben der
Kapelle mit dem Westflügel auch andere Teile des
alten Fürstenhauses in den dreiflügeligen Neubau
einzubeziehen (Abb. 48). Die Hauptachse der Pla-

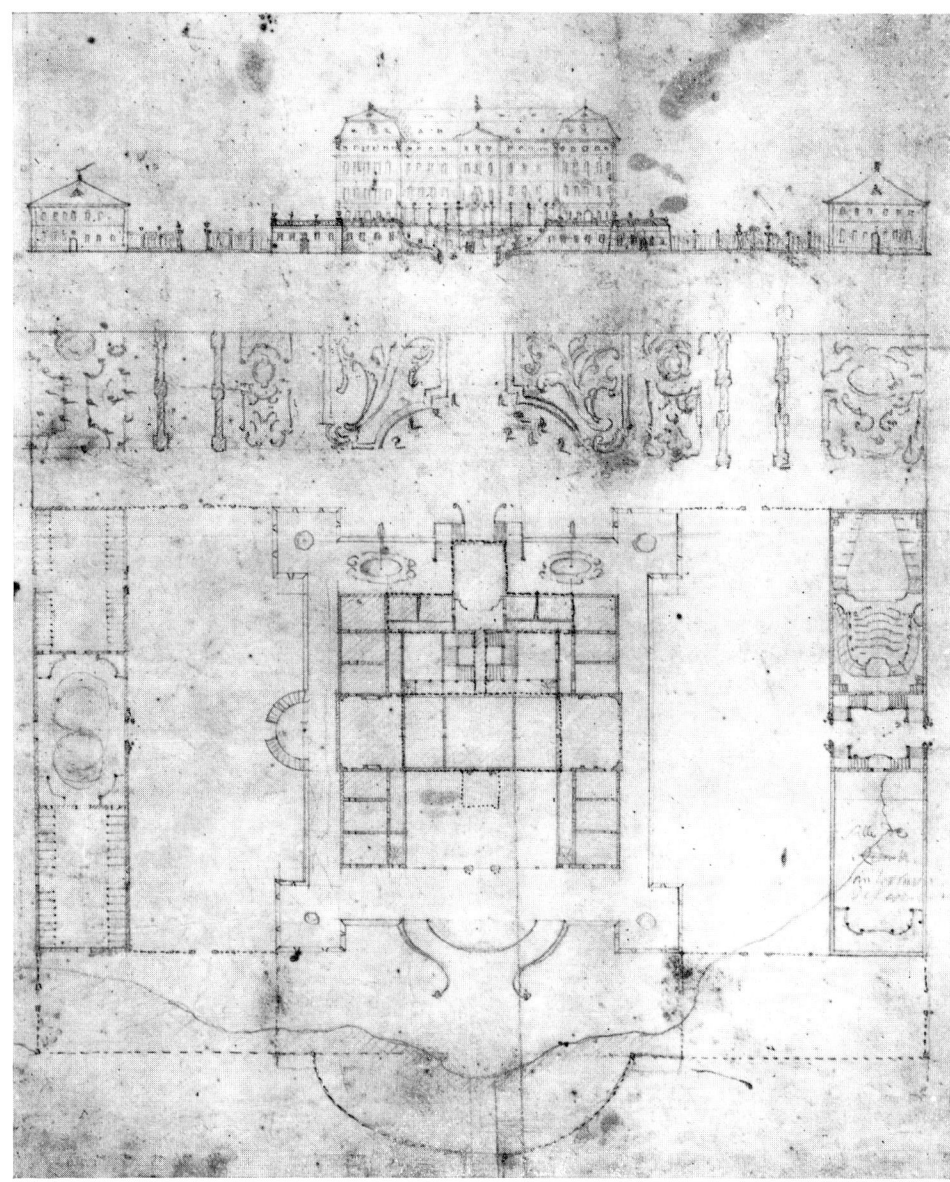

*48
Markus Conrad Dietze
(1656–1704):
Entwurf zum Umbau
des Jagdhauses
Moritzburg.
Grundriß
und Ansicht von Osten.
Feder
und Bleistift, 1703.
Dresden, Staatsarchiv
(OHMA Cap. V,
Nr. 15)*

nung verläuft wieder in der für die Zeit typischen Ost-West-Richtung, was seinen Ursprung im Sonnenkult des französischen Hofes hatte, wo der Bezugspunkt der Achsführung am Paradebett des königlichen Schlafzimmers lag. Demzufolge führt die Zufahrt von Osten her zur Hauptfront des Schlosses, das sich über einer inselartigen Plattform im westlichen Drittel eines großen rechteckigen Teiches als Point de vue aufbaut. Doch zugleich findet eine neue Süd-Nord-Achse ihren Zielpunkt in den seitlichen Flügeln des Schlosses und wird damit deutlich als Nebenachse gekennzeichnet. Jene bassinartige Wasserfläche sollte Abmessungen von etwa 350 x 900 Metern erhalten und aus der Zusammenlegung von Mosebruch- und

Kapellenteich entstehen. Durch die sich im Cour d'honneur des Schlosses kreuzenden Achsen wird aber nicht die aus dem Mittelpunkt des Teiches gerückte Insel, sondern der Schloßbau zum ideellen Zentrum der Anlage erklärt, ein Gedanke, den Dietze auf zwei vorausgehenden Entwürfen nur andeutet, doch im „General Grund Riß" von 1703 eindeutig darlegt (Abb. 47). Diese Lage des Schlosses im Schnittpunkt beider Achsen wurde bis zum später ausgeführten Entwurf Pöppelmanns beibehalten.

Weiterhin ist in Umsetzung der Idee des Königs dem Ostufer des Schloßteiches – wohl als Anleihe von Versailles – ein Kanal vorgelegt, den nach Süden eine Grotte abschließt, an die unmittelbar der

Bärnsdorfer Großteich grenzt. Halbkreisförmig sich nach dem Schloß öffnende Gebäudegruppen mit seitlich abzweigenden Flügeln betonen dazu am östlichen Schloßteichufer die in der Hauptachse verlaufende Zufahrt; sie führt von dort über einen Damm, den in der Mitte eine sternartige Ausweitung unterbricht, zum 170 Meter breiten und 350 Meter langen Inselplateau. Freitreppen leiten hier auf eine stockwerkhohe Terrasse mit vorspringenden Eckausbildungen, Fontänen und statuengeschmückter Balustrade: sie trägt das mit Erdgeschoß, zwei Vollgeschossen und einem Halbgeschoß ausgestattete Schloß, so daß die Terrasse als Sockel wirkt und damit die monumentale Wirkung des Baukörpers gesteigert wird (Abb. 48). Dieser Gedanke zieht sich durch alle nachfolgenden Planungen, bis er 1726 seine endgültige Form erhält. Aus dem dreiflügelig angelegten und mit Mansarddach bedeckten Schloßbau springt nach Westen die wohl ohne Turmreiter übernommene Kapelle vor; hingegen bilden die an der östlichen Hauptzugangsseite vortretenden kurzen Seitenflügel einen Cour d'honneur, während den Mittelflügel ein dreiachsiger Risalit mit abschließendem Frontispiz betont. Im Erdgeschoß liegt dahinter die Eingangshalle, der eine doppelläufige Treppenanlage folgt; sie vermittelt über Flure den Zugang zu den Räumlichkeiten wie auch zur Kapelle.

Die untere Plattform wird in Länge der Schloßterrasse nach Norden und Süden von je einem zweigeschossigen, mit Walmdach bedeckten Gebäude begrenzt. Im nördlichen Bau befindet sich das Theater sowie der „Salle de Redoute", die beide von zwei in Achse des langgestreckten Baukörpers angeordneten doppelten Treppenläufen erschlossen werden. Dabei zeigt der Grundriß des Theaters jenes später auch von Pöppelmann verwendete und auf italienischen Vorbildern beruhende Schema mit Proszenium, Bühnenportal und einer durch seitliche Prospekte konisch in die Tiefe führenden Bühne, während den halbrunden Zuschauerraum ein Kranz von Logen umzieht, in deren Mitte die vorkragende Königsloge erscheint. Das südliche Gebäude enthält wohl neben seitlich angeordneten Pferdeställen in der Mitte eine Reit- oder Ringrennanlage; hingegen dienen die Räume unter der Schloßterrasse wirtschaftlichen Zwecken und als Wagenremisen. Die Freiflächen zwischen jenen Baulichkeiten und dem Terrassenaufbau tragen den Charakter von großen Höfen, deren Begrenzung nach Osten und Westen durch schmiedeeiserne Gitter erfolgt. Hier verbinden kurze, im Zuge der neuen Süd-Nord-Achse angelegte Dämme die Insel mit dem Festland. Die Fläche westlich vom Schloß nimmt eine barocke Gartenanlage ein mit Bodieparterre und sich ihm beidseitig in schmalen

Formen anschmiegenden Boskets, während wohl unregelmäßige Baumpflanzungen das Ganze rahmen sollten. Auch zeigt ein im Schnittpunkt des Wegekreuzes im Parterre angeordnetes kreisförmiges Bassin den Mittelpunkt der Insel an.

Bildet diese Gartenanlage mit ihrem der Hauptachse folgenden Mittelweg einen harmonischen Übergang zum nahen Forst, so kennzeichnet die Gesamtplanung ohnehin das Fortführen der Bemühungen um die gestalterische Einordnung des neuen Schlosses in die umliegende Landschaft. So erfolgt das Betonen der Hauptachse am westlichen Ufer des Schloßteiches wieder durch halbkreisförmig sich öffnende Gebäudegruppen, in deren Anschluß das Rondell um den abgetragenen „Ziegenhübel" aus der Nienborgschen Planung von 1691 (Abb. 21b) erscheint. Es nimmt jetzt eine Menagerie auf, während die Schneise durch den geplanten Tiergarten nach Westen weiterführt. Bleistiftkorrekturen des Königs in den Plänen weisen zudem auf eine Verbindung aller das Schloß umgebenden Teiche hin. Sie sind durch Kanäle miteinander verbunden und finden ihren Beginn und ihr Ende im Schloßteich. Der Schaffung des angestrebten Gesamtkunstwerkes dient aber auch das Einordnen weiterer kleinerer Anlagen an den Teichen, zu denen das Fischhaus am Ostufer des Bärnsdorfer Großteiches, eine Windmühle am Frauenteich oder das „labirint" am Mittelteich zählen. Sie wirken ebenso als Teile einer auf Abwechslung zielenden Gestaltungsabsicht wie eine Fasanerie, die August der Starke am nordwestlichen Ufer des Großteiches angeordnet wissen will. Dietze entwickelt daraus eine „reizvolle Miniaturarchitektur" (W. Bachmann), wobei jene Gedanken den König und seine Architekten auch späterhin beschäftigen, bis sie nach 1769 ihre teilweise Umsetzung erfahren. Schließlich sind entlang der Nord- und Südseite des Schloßteiches in regelmäßigen Abständen zahlreiche kleine Wohnhäuser für die am Schloßbau tätigen Handwerker angeordnet, eine Idee, die wohl von Versailles herrührte und ebenso in nachfolgenden Moritzburger Planungen erscheint.

Man fühlt bei alldem die Bedeutung Dietzes, der hier als erster sächsischer Architekt in die Bereiche eines rationalistischen Gestaltungsprinzips vordringt: Nicht das schmückende Detail bestimmt den äußeren Eindruck seines Schloßkörpers, sondern einfache große Flächenteilungen führen zusammen mit einer kraftvollen Massengliederung zu Geschlossenheit und monumentaler Wirkung. In Dietzes Schaffen wirkt dies als ungewöhnliche Erscheinung, gilt doch seine besondere Neigung eigentlich der plastisch bewegten Fassade, die er mitunter so reich ausschmückt, daß die entstandenen Gliederungen architektonischen Regeln nicht mehr entsprechen. Das Moritzburger Projekt aber läßt eine Orientierung Dietzes an der französischen Schloßbaukunst des ausgehenden 17. Jahrhunderts erkennen, deren Gestaltungen unter dem Einfluß der rationalistischen Architekturtheorie Nicolas François Blondels von jener großen, schon dem barocken Klassizismus verpflichteten Formvereinheitlichung geprägt sind. Vor allem Jules Hardouin-Mansart hatte mit seinem vor 1700 zwischen Laon und Soissons errichteten Château Pinon ein Hauptwerk jener neuen Stilrichtung geschaffen (Abb. 49). Dieser zweigeschossige, im ersten Weltkrieg durch Kampfhandlungen zerstörte Bau zeigte als Dreiflügelanlage auf einer von Wasser berührten Terrasse deutliche Bezüge zum Dietzeschen Entwurf: Auch dort wurden die einfach-blockhaften, allein durch die Rhythmik ihrer Flächenabschnitte wirkenden Bauglieder von einem dreiachsigen Mittelrisalit samt Frontispiz und genuteten Ecklisenen sparsam belebt. Es ist die typische Form eines ländlichen Schlosses, wobei sich in Moritzburg das horizontale Lagern des Vorbildes durch größere Geschossigkeit zur Vertikale wandelt, um wohl dem Bau in Verbindung mit der doppelten Terrasse seinen beherrschenden Charakter inmitten der flach-hügeligen Wald- und Teichlandschaft zu sichern.

Wenn Dietze auch weitgehend die vom König vorgegebenen Gedanken respektierte, so deutet andererseits sein dreiflügeliger Baublock des Schlosses an, daß Augusts Architekten die Begeisterung ihres Bauherrn für den Zentralbau nicht geteilt haben. Denn die zentralisierte Anlage widersprach den damals üblichen Schloßtypen der Drei- und Vierflügelanlagen völlig, ließ sie doch mit ihrem quadratischen Grundriß, ihrer Mittelkuppel und den risalitartigen Eckbetonungen das barocke Orientierungsprinzip auf eine Hauptachse vermissen. So ist selbst beim Moritzburger Schloß, das als Mittelpunkt eines den Wald erschließenden Schneisensystems der Richtungslosigkeit des Zentralbaues entgegenkam, jene königliche „idée fixe" unverwirklicht geblieben. Trotzdem berührte sie fast alle höfischen Schloßplanungen für Sachsen und Polen, doch suchten die Architekten immer der streng-geometrischen Grundform Lockerung und klare Beziehungen zu geben. Es ist das Echo auf eine Bauform gewesen, die dem Achsgedanken des Barock fremd geworden war; daher führte der Tod Augusts des Starken auch sofort zur Einstellung der Zentralbauprojekte.

Das Schloßprojekt von 1716. Die schweren Belastungen, die sich für Sachsen aus seiner Niederlage

49 Jules Hardouin-Mansart (1646–1708): Schloß Pinon, südwestlich von Laon (Frankreich), im ersten Weltkrieg zerstört. Skizze des Verfassers nach einer alten Photographie

50

Jagdhaus Moritzburg.
Gesamtgrundriß
der Anlage von 1714
bis zu ihrem Abbruch
im Jahre 1723.
Rekonstruktion
von W. Bachmann
nach einem Plan im
Staatsarchiv Dresden
(OHMA Cap. VI,
Nr. 16b). Dresden,
Institut für Denkmal-
pflege

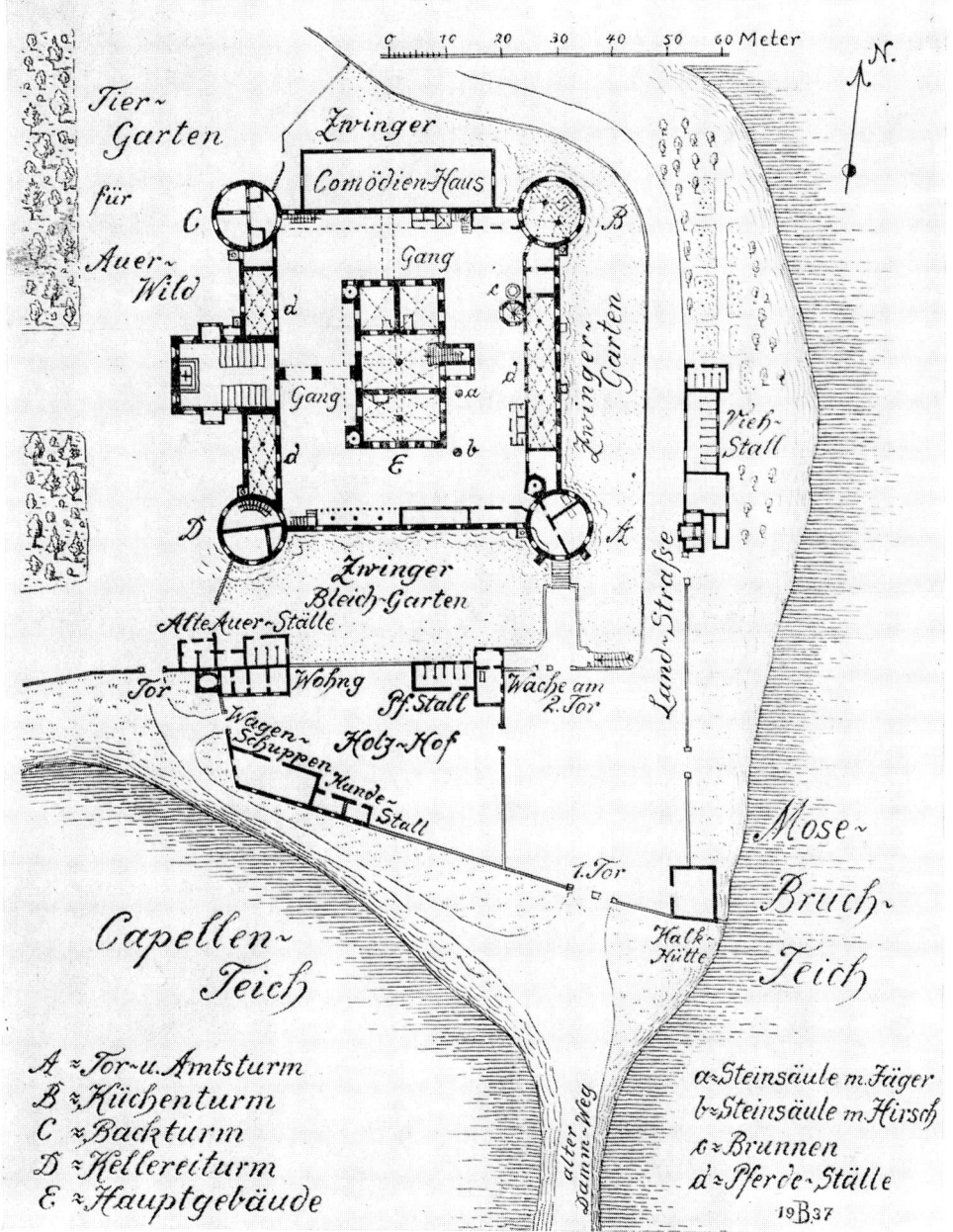

im Krieg mit Schweden ergaben, wie auch das vorrangige Interesse des Königs für die Schloß- und Zwingerplanung in Dresden ließen vorerst eine Umgestaltung der Moritzburg in den Hintergrund treten. So versuchte man weiterhin, mit Hilfe von Provisorien die Nutzung des Jagdhauses trotz zunehmender räumlicher Enge zu gewährleisten. In diesem Zusammenhang wurde Anfang des Jahres 1714 der äußeren Seite der nördlichen Wehrmauer „ein gantz neu comoedien Hauß" vorgelegt (Abb. 50). Das schmucklose eingeschossige Gebäude zeigte Abmes-

sungen von 11 x 30 Metern, besaß ein hohes schindelgedecktes Dach und war von „außen her mit Kalcke berappet und geweiset", wobei die Baukosten 1800 Gulden betragen hatten. Freilich ist der eigentliche Anlaß zur Errichtung die hier am 12. März 1714 abgehaltene Hochzeit des Grafen Moritz von Sachsen mit Johanna Viktoria Tugendreich von Löben gewesen, der Tochter eines reichen sächsischen Grundbesitzers. Moritz, der kaum Neigung zu einer Ehe verspürte, fühlte sich mehr vom Vermögen seiner Braut angezogen; da aber beide Partner noch nicht volljährig waren, mußten sie erst durch ein königliches Dekret vom 1. März 1714 für mündig erklärt werden. Zu den Feierlichkeiten zählte auch ein am 13. März in Moritzburg veranstaltetes Feuer-

realisierten Baues (Abb. 52). Indes wachsen diese Ecktürme auf viereckiger Grundform empor, aber sie heben sich schon durch hinreichend große Vorsprünge plastisch von der Nord- und Südfassade ab

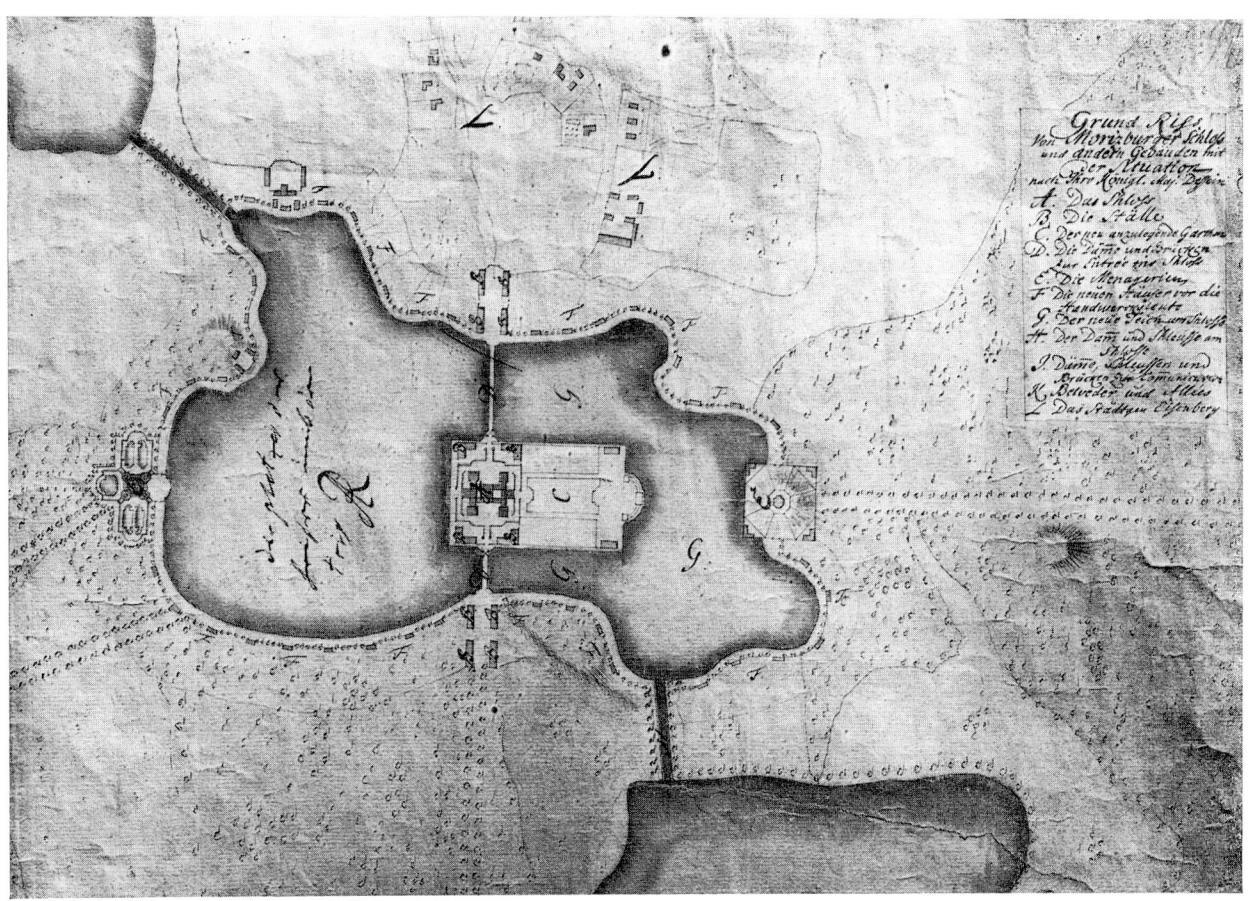

51   M. D. Pöppelmann (1662–1736): Gesamtplan zum Umbau des Jagdhauses Moritzburg.
Federzeichnung, farbig getönt, mit eigenhändigen Notizen Augusts des Starken.
1716. Dresden, Staatsarchiv (OHMA Cap. V, Nr. 30)

werk; indes wurde jene eheliche Verbindung schon 1721 wieder geschieden.

Im Jahre 1716 kam es dann zu einem weiteren Moritzburger Schloßprojekt, dessen Bearbeitung vermutlich in den Händen von Matthäus Daniel Pöppelmann lag (Abb. 51–54). In den Grundzügen folgte es dem Entwurf Markus Conrad Dietzes von 1703: Wieder steht der Neubau auf einer hohen Terrasse im Ostteil einer rechteckigen, von der erweiterten Fläche des Mosebruchteiches umgebenen Plattform, deren Westseite der „neuanzulegende Garthen" einnimmt. Doch das Schloß scheint süd-nördlich orientiert und zeigt mit seinem H-förmigen Grundriß, dem südlichen Hauptzugang sowie den vier an den Seiten herausgerückten Ecktürmen bereits wesentliche Merkmale des später

und erhalten zusammen mit ihren stattlichen Kuppeln im Aufriß starke Betonung, auch wenn ihr Hauptgesims noch in gleicher Höhe mit den dreigeschossigen Verbindungsflügeln liegt. Die letzteren münden in den einbezogenen, im Achsschnittpunkt liegenden Baukörper des alten Fürstenhauses, dessen Schmalseiten sich in der Nord-Süd-Achse als vierachsige Mittelrisalite markieren und eine besondere Gestaltung erfahren: Der Unterbau ist durch ein zusätzliches Halbgeschoß gegenüber der allgemeinen Hauptsimslinie erhöht; darüber schwingen seitliche Mauerkehlen mit Statuenschmuck in einen zweiachsigen doppelgeschossigen Aufbau von rechteckigem Grundriß, den ein kuppelartiges Dach mit durchbrochenem Glockentürmchen bekrönt (Abb. 53). Hier

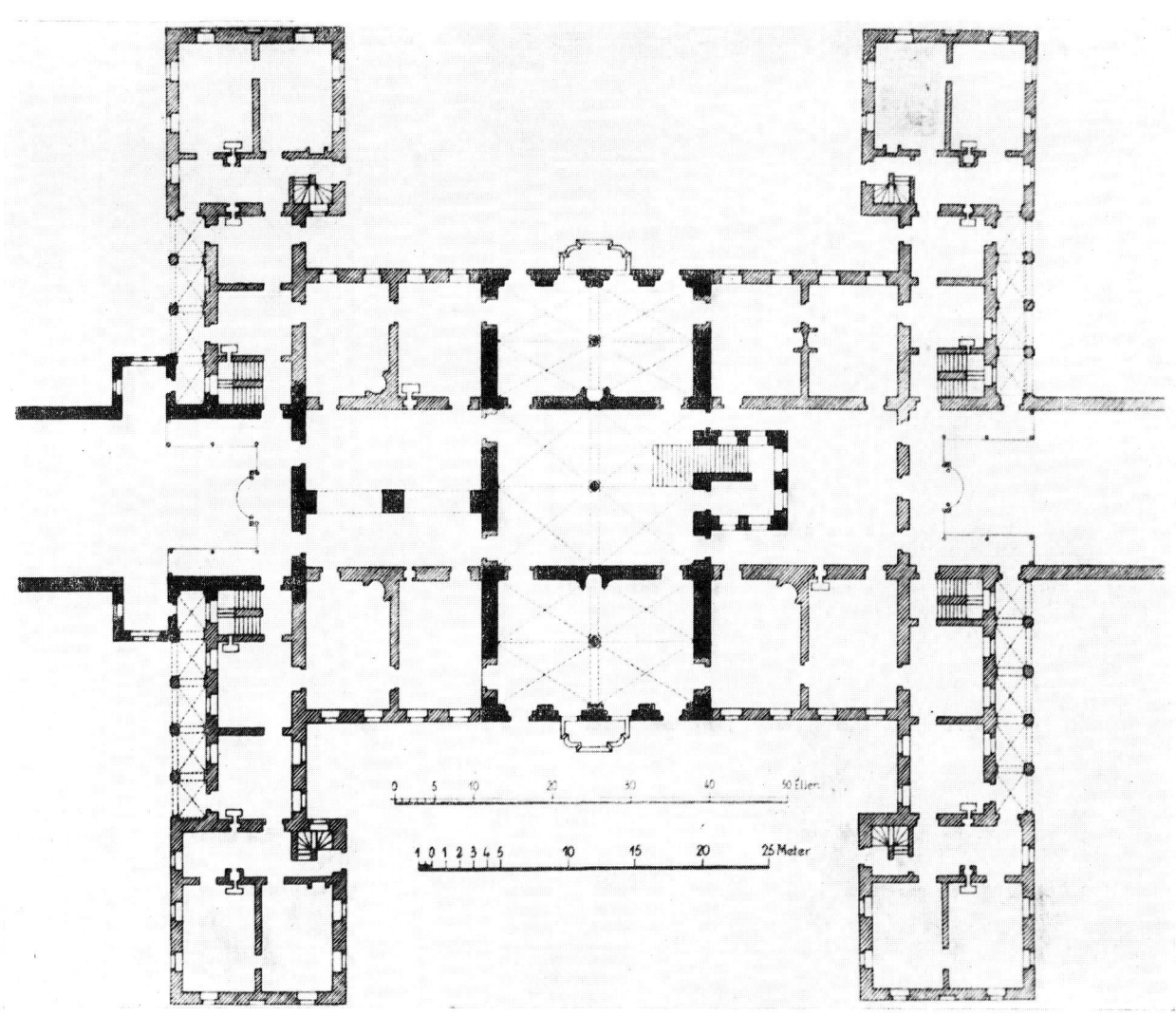

52 *Grundriß des Jagdschlosses Moritzburg nach dem Umbauentwurf von 1716 (Umzeichnung).*
Die vom alten Jagdhaus übernommene Substanz erscheint schwarz. Der Klengelsche Kapellenbau
ist in den H-förmigen Grundriß einbezogen und erhält an der Ostseite des Schlosses eine Wiederholung.
Zwischen den Ecktürmen und der Kapelle wie auch dem östlichen Pendant spannen sich Arkaden.
Ebenso ist das alte Fürstenhaus belassen, wobei sein östlicher Treppenvorbau zur Erschließung der Anlage dient.
Dresden, Institut für Denkmalpflege

liegt vermutlich ein vom König selbst gewünschter Versuch vor, seine Zentralbauidee zumindest andeutungsweise zu verwirklichen. Es gibt dazu noch einen wohl ebenfalls von Pöppelmann oder einem seiner Mitarbeiter stammenden Entwurf mit zwei Varianten (Abb. 54), wo unter Verzicht auf den doppelgeschossigen Aufbau über dem Hauptgesims des Mittelrisalites eine Balustrade folgt; aus ihr wachsen zuerst ein gewölbtes Mansarddach, dann eine Dachkuppel, wobei ein jeweils verschieden ausgebildeter Dachreiter mit Uhr und Glockentürmchen den Abschluß bildet. Die Schmuckformen oberhalb der Ba-

lustrade variieren von obeliskenbekrönten Dachfenstern und Figurenstellungen im ersteren Fall bis zum eingeschossigen Aufbau mit seitlichen Doppelpilastern und abschließendem Dreiecksgiebel beim zweiten Versuch. Auch erhielt sich ein von unbekannter Hand geschaffenes Gemälde, das wohl auf der Grundlage dieser Entwürfe das Schloß mit der Achsbetonung eines gewölbten Mansarddaches und aufsitzenden Dachreiters darstellt (Abb. 55). All dies aber weckt Vergleiche mit dem Castello Reale in Racconigi bei Turin, das Guarino Guarini nach Mitte des 17. Jahrhunderts durch Umbau eines alten Ka-

53 Südansicht des Jagdschlosses Moritzburg nach dem Umbauentwurf von 1716.
Federzeichnung, farbig getönt, 1716. Dresden, Institut für Denkmalpflege

stells geschaffen hatte (Abb. 56 a/b). Für August den Starken mag dieser Bau, den er wohl von seiner Kavalierstour her kannte, durch die zentral angelegte Kuppel und die vier herausgerückten quadratischen Ecktürme als Idealvariante seines Wunschbildes erschienen sein, so daß durchaus eine königliche Einflußnahme nach dieser Richtung vorliegen könnte. Indes gibt es keine Veranlassung, die bei der Moritzburg unterbliebene Absicht zu bedauern, hätte doch ihre Verwirklichung innerhalb der ausgewogenen Massenverteilung des Baukörpers nur als kleinliche Zutat gewirkt.

Der Entwurf von 1716 ist jedoch noch in anderer Hinsicht von Interesse, kündigt sich doch im verhältnismäßig klaren Aufbau seiner architektonischen Grundhaltung ein Stilwandel an: Die Abkehr vom Hochbarock des Zwingerstils. Die Wandflächen sind in Fensteröffnungen und dazwischenliegende Putzspiegel zerlegt, dazu treten an den Ecktürmen einfache Lisenengliederungen auf; alles steht im gleichwertigen Verhältnis zueinander und summiert sich

zur Schauwand, die keinerlei Plastizität mehr durchpulst. Allein der Mittelrisalit ist reicher dekoriert durch Kolossalpilaster mit Phantasiekapitellen und Schmuckausbildungen auf der Achslisene, während die Erdgeschoßzone – sonst umlaufend genutet – zur Betonung des Hauptzuganges grottenartige Formen zeigt. Darüber hinaus tauchen Schmuckelemente nur noch in den Dachbereichen auf, dort freilich als Relikte des Hochbarock: Die Kuppeln der Ecktürme werden von schwungvoll gestalteten Laternen bekrönt, die unten von Lambrequins umzogen sind und oben mit Vasen abschließen; über den äußeren Kolossalpilastern des Mittelrisalites stehen große Figurengruppen, und das Glockentürmchen wirkt fast als Apotheose des abklingenden Stils. Doch die sparsamen Flächenteilungen der Fassaden lassen wohl erstmals innerhalb der damaligen höfischen Architektur Sachsens den Einfluß jenes kühlen barocken Klassizismus fühlen, der jetzt von Frankreich her nach Deutschland dringt und hier die überschwengliche Pathetik des Hochbarock abzulösen beginnt. 1715

54
Matthäus Daniel Pöppelmann
(1662–1736) oder Mitarbeiter:
Entwurfsvarianten für die Eingangsfront
des Jagdschlosses Moritzburg.
Federzeichnung,
mehrfarbig getönt, um 1716.
Ehem. Dresden,
Landesamt für Denkmalpflege
(Kriegsverlust)

hatte Pöppelmann während seiner Studienreise nach Paris Bauten der neuen Stilrichtung gesehen, und in Dresden wirkte seit dem gleichen Jahr Zacharias Longuelune, der als strenger Vertreter des französischen Klassizismus hier schon zeitig die Abkehr vom Hochbarock beeinflußte. Daß auch Pöppelmann jener Entwicklung folgte, sollte sich in praxi zunächst 1720/21 beim Bau des Pillnitzer Wasserpalais zeigen.

Im Projekt von 1716 finden aber auch die Überlegungen zur Einbeziehung des Schlosses in die umgebende Landschaft ihre Weiterführung (Abb. 51). Dies dürfte freilich in engem Zusammenhang mit damaligen Aufzeichnungen des Königs stehen, nach denen die im Raum Dresden bereits vorhandenen Schlösser in gegenseitige Beziehung gebracht werden sollten, um aus ihnen ein Ensemble zu schaffen. Es waren Ideen, die ihren Ursprung wohl in der beabsichtigten Herausgabe des Atlas Royal hatten, wobei sich unter den 24 genannten Anlagen auch das als „temple de diane" bezeichnete Jagdhaus Moritzburg findet. Um eine logischere Zufahrt zu erhalten, verfolgt daher Pöppelmann den schon von Dietze

eingebrachten Gedanken der Nord-Süd-Achse weiter. Da beim Projekt von 1703 die Anfahrt aus südlicher Richtung vor der Insel eine Wendung um 90 Grad verlangte, um den im Zuge der ost-westlichen Hauptachse angelegten Teichdamm passieren zu können, blieb die nach Osten weisende Hauptfront des Schlosses erst im letzten Moment erlebbar (Abb. 47). Verbot dieser dreiflügelige Schloßbau aufgrund der Lage des Cour d'honneur eine andere Lösung, so ermöglichte der H-förmige Baukörper Pöppelmanns die geradlinige Zufahrt von Süden, ohne das es zur Abwertung der Hauptachse kam, die von Ost nach West durch eine großzügig gestaltete Landschaft leiten sollte. Daher liegt auch hier das Schloß im Schnittpunkt beider Achsen: Obwohl nicht den Mittelpunkt bildend, bleibt es ideelles Zentrum der Gesamtanlage.

Im Zuge der Nord-Süd-Achse aber führen jetzt über den erweiterten Mosebruchteich „Dämẽ und Brücken zur Entrée ins Schloß". Auf den beiden Landseiten werden die Zugänge von je vier Stallgebäuden flankiert, doch finden sich Stallanlagen mit rechtwinkeligem Grundriß ebenso an den vier Ecken

55 *Unbekannnter Meister: Ansicht des Jagdschlosses Moritzburg von Südosten mit nicht realisiertem Mittelbau nach dem Entwurf von 1716. Ölgemälde, nach 1725. Barockmuseum Schloß Moritzburg Staatl. Kunstsammlungen Dresden, Gemäldegalerie Alte Meister*

der Schloßterrasse. Weiterhin ist in der ost-westlichen Hauptachse an den landseitigen Ufern des Teiches jeweils eine Menagerie angeordnet: während die östliche als offenbar zentralisierte Anlage inmitten einer Gruppe von Wasserbecken liegt, umgibt den oktogonalen westlichen Baukörper ein Sternplatz. Beide Menagerien bilden den Abschluß von schon früher angelegten Schneisen, die auf das Schloß zielen, so daß es als Point de vue in den Forst einbezogen erscheint. Außerdem ist im Osten ein Belvedere an Stelle der heutigen Fasanerie als Blickpunkt des nach dort führenden Schneisenzuges geplant, während die im Bereich der späteren „Dardanellen" angeordneten „Däme, Schleusen und Brücken zum Kom̄municiren" als deren Vorläufer wirken. Wie schon beim Projekt von 1703 wird zudem die Idee einer Wohnsiedlung entlang des Teichufers für am Schloßbau beschäftigte Handwerker aufgenommen. Das besondere Interesse des Königs an ihr bezeugt der in seiner abenteuerlichen Orthographie gehaltene Hinweis auf „die pletzer der heiser umb den teich"; dagegen belegt den schöpferischen Anteil der Vermerk „nach Ihro Königl. Maj. Dessein" in der Planlegende (Abb. 51). Zum Baubeginn kam es aber aufgrund der forcierten Weiterführung des Zwingerbaues im Zu-

sammenhang mit der bevorstehenden Hochzeit des Kurprinzen noch immer nicht. So mußten weiterhin Provisorien den Hofstaat und seine Gäste während der Jagdfeste aufnehmen, wobei selbst Schenken und Häuser in umliegenden Dörfern als Unterkünfte beansprucht wurden.

Weitere Planungen und Feste bis 1719. Erneute Umbaugedanken folgten nach einer großen Parforcejagd, die im November 1717 in Moritzburg stattfand und an der die polnische Gräfin Maria Magdalena von Dönhoff, damals Maitresse en titre Augusts des Starken in Nachfolge der Cosel, als „Herrin der Jagd" teilnahm (Abb. 57). Auch anläßlich ihres Namenstages gab hier der König vom 14. bis zum 17. August 1718 ein Sommerfest, das „zum größten Contentement vieler 1000 Personen vorgegangen" und zu den prunkvollsten der je in Moritzburg veranstalteten Feste zählte. Dazu ließ August am Ufer des Mosebruchteiches ein von ihm entworfenes Sommerlusthaus von 70 Metern Länge und 35 Metern Breite errichten, das als Ort der wesentlichsten Belustigungen für Kostümfeste, Aufzüge und Maskeraden diente. Es dürfte einige Zeit bestanden haben, erscheint doch sein Baukörper noch auf der Nienborgschen Ausmes-

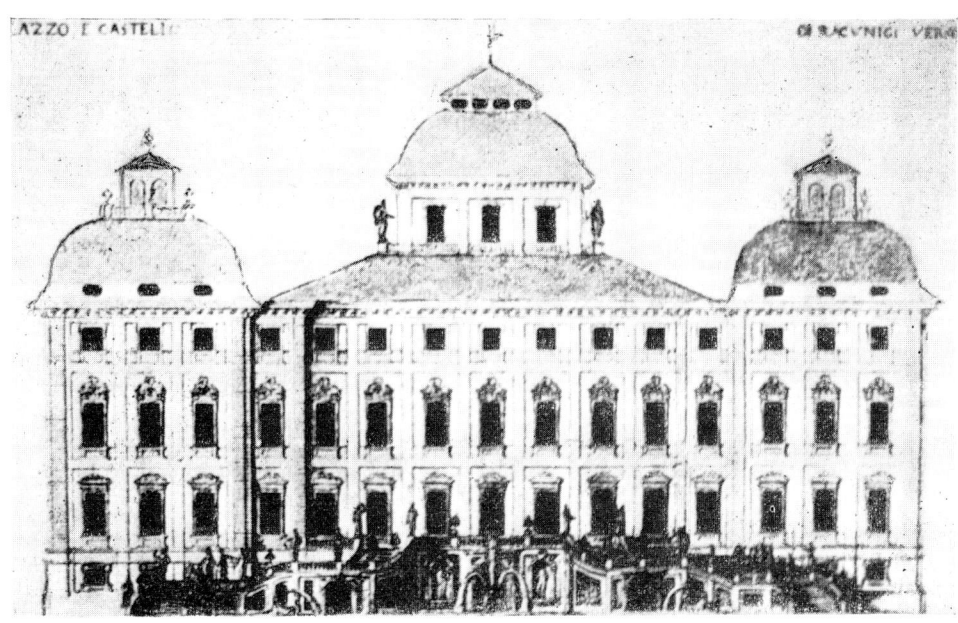

56 a/b
*Guarino Guarini
(1624–1683):
Castello Reale
in Racconigi bei
Turin.
Oben: Ansicht
der Fassade
nach dem Garten.
Unten: Grundriß
des Erdgeschosses.
Aus W. Hentschel:
Die Zentralbauprojekte
Augusts des Starken,
Tafel LVII*

sung von 1723. Dem dreiflügeligen, mit repräsentativem Ehrenhof versehenen Gebäude schlossen sich vier durch Gänge miteinander verbundene „Cabinetgen" an, während „etliche Stuffen von Rasen" die direkte Verbindung zum Teich herstellten. Das Ganze, das der im Dietzeschen Plan von 1703 am Großteich vorkommenden Fasanerie auffallend ähnelte, bestand aus einer mit Ziegeln ausgefachten Holzkonstruktion, war mit Schindeln bedeckt und „inwendig auch sonst schön gemahlet".

Außerdem hatte man „in und um den mentionirten weltbekannten lustig und gesund liegenden Moritzburgischen Schloß-Gebäude weit über 100 Boutiquen und Gezelte aufgeschlagen, darinnen sowohl Speiß und Tranck als auch andere Sachen um currenten Preiß öffentlich verkauffet und ausgesetzet worden sind, und weiln zugleich an diesen Tagen der in dem harte darbey liegenden Dorff Eisenberg jährlich am Mariä Himmelfarth einfallende privilegirte Jahrmarckt gehalten worden, so war nicht nur der Zulauff von Hohen, sondern auch von geringen, auch so gar Bauren Volckes also starck, daß sehr viele kein Nacht-Lager haben bekommen können, sondern unter freyen Himmel schlaffen müssen". Der König begab sich mit seinem Gefolge am 14. August „in aller Frühe" nach Moritzburg. Während der Mittagstafel im Jagdhaus wurde ihm „ein merckwürdiger Americanischer Aufzug praesentiret", der „einen freudenreichen Glückwunsch und Vivat erschallen lassen, auch allerhand öffentlich tragende Praesente, von Affen, Mumenetten, Papageyen und fremden Früchten … aus der so genannten neuen Welt hernachmahln unterthänigst überbracht und übergeben".

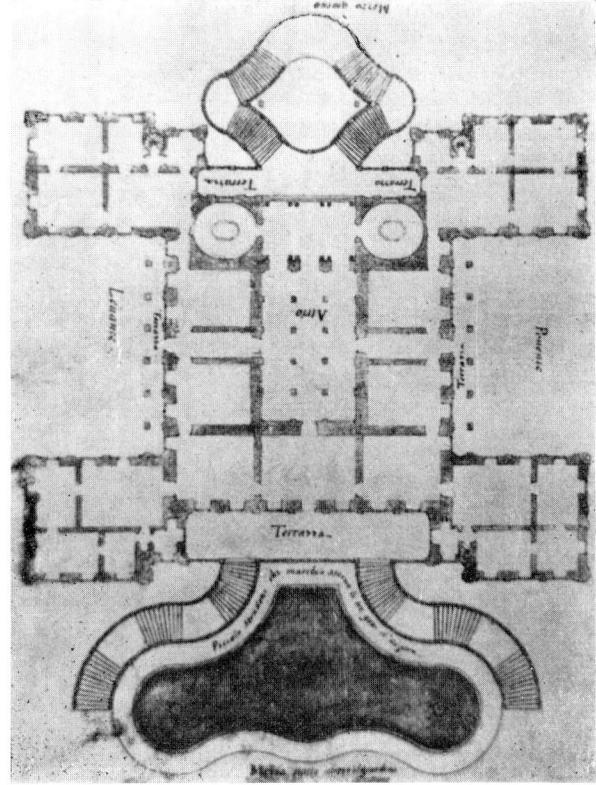

Nach der Tafel folgte unter Mitwirkung mehrerer Musikkapellen ein Entenschießen auf dem Großteich, „allwo etliche 100 auf den Köpffen mit hohen Federbüschen a part besetzte Enden uñ Gänse" von etwa 40 Gondeln aus „erleget und getödtet" wurden. Hierauf hielt man „eine propere Merenda", während „der

57 Adam de Manyoki (1673–1757):
Maria Magdalena Gräfin von Dönhoff,
geb. von Bielinska (gest. 1730).
Öl auf Leinwand, um 1715. Warschau, Nationalmuseum

Abend mit einem sehr kostbaren und starcken Feuer-
werck, das fast drei Stunden gebrannt, beschlossen
und zum grösten Vergnügen aller hohen und niedern
Spectateurs geendet". Freilich: Allzu nahe wollte
man die letzteren nicht wissen, denn „das aller Orten
häuffig herzueilende Volck, ... von den Eintringen
ins Schloß abzuhalten, waren aus der Dreßdner Gu-
arnison 300 Mann commandiret und abmarchiret".

Am 15. August, dem Namenstag der Dönhoff, veranstaltete man nach gehaltener Mittagstafel eine Wasserjagd auf dem Großteich, wo im Verlauf dieses ro-
hen höfischen Vergnügens „über 200 Stück roth und
schwartz zusammen getriebenes Wildpreth erleget"
wurde. Abends wieder in der Moritzburg, speiste die
Gesellschaft an einer hufeisenförmigen Tafel, deren
Mitte ein kleines Broderieparterre mit einer Fontäne
schmückte. An ihrem offenen Ende befand sich eine
Bühne, wo Schauspieler der Comici italiani die der
Dönhoff gewidmete Oper „La Cleonice" mit der
Musik von Giovanni Alberto Ristori aufführten, „de
leur façon" – auf ihre Art und Weise – wie von französischer Seite bemerkt wurde.

Der nachfolgende Tag sah eine Parforcejagd nahe
dem Großteich, für die der König zwei prächtige
Hirsche freigegeben hatte, wobei wir hören, daß sich
„verschiedene Hohe Dames zu Pferde sehr signali-
sireten". Nachdem dann nochmals „eine köstliche
Mahlzeit refraichiret worden", ging das Festtreiben
gegen 11 Uhr „mit einen Nacht-Scheiben-Schiessen,
da nemlich den Treffer jederzeit die aufsteigenden
Raqueten angedeutet", zu Ende. Die Schilderung
jener „extraordinairen Lustbarkeiten" in den „Remar-
quablen curieusen Briefen" von 1722 schließt mit
dem Bemerken: „Darauf Ihro Maj. den folgenden
17ten Aug. nebst Dero Sviten ausgeruhet, und Nachmittags wiederum in grösten Contentement zurück
in Dero Residenz-Schloß verfüget."

Noch vor jenen Sommer-Divertissements war
erwogen worden, an die Nordseite des Komödienhauses von 1714 eine dreiflügelige Baugruppe mit
Binnenhof anzufügen. Innerhalb dieses zweigeschossig gedachten Gebäudes sollte der den Hof nach Norden abschließende Flügel im Untergeschoß die Konditorei, Wirtschaftsräume sowie Bedientenzimmer aufnehmen, während das gesamte obere Stockwerk des

Anbaues Wohnzwecken vorbehalten war. Es verband
sich hiermit die Absicht, „daß nicht allein wenn
Fremde daraußen, accomodiret würden durch einen
Tracteur, sondern auch alle die Comoedianten, Music
und deßen Zugehör auch Anhang sich daraus könnten speisen laßen, damit man allen Embraßements,
so man sonsten gehabt, überhoben und alles beyein-
ander wäre". Zudem finden sich aus jener Zeit Entwürfe für einen Anbau an die Südmauer des Jagdhauses und für eine Freitreppe im Osten, während
ein weiterer, nur in den Umrissen angelegter Entwurf im Westen eine Gartenanlage mit Parterre und
Boskets vorsieht. Allen diesen Planungen dürfte
kaum Verwirklichung beschieden gewesen sein. Aufgrund seiner räumlichen Unzulänglichkeit wurde daher
das Jagdhaus vom Verlauf der von September bis
Oktober 1719 andauernden Festlichkeiten zur Hochzeit des Kurprinzen mit Maria Josepha von Österreich nur am Rande berührt. Nach dem offiziellen
Abschluß der Festwochen in Dresden weilte der Hof
vom 4. bis zum 12. Oktober in Moritzburg. Hierbei
fanden verschiedene Jagden sowie Vorstellungen des
französischen Schauspiels und Ballettes statt; auch gelangte während der Tafel am 7. Oktober die „Italienische Serenade" von Johann David Heinichen durch
Musiker der Hofkapelle zur Aufführung. In den Jahren 1720/21 folgte dann ein letzter Versuch, die

räumliche Situation ohne größeren Aufwand zu verbessern, werden doch damals im inneren Gang an der Nordmauer „verschiedene Stübgen und Camern zu rechtgemachet". Doch der Raumnot war nicht mehr abzuhelfen; zudem entsprach die von unterschiedlichsten Gestaltungen geprägte Anlage weder den an sie gestellten funktionellen Anforderungen noch dem Repräsentationsbedürfnis Augusts des Starken.

2. Die Umgestaltung der Moritzburg 1723 bis 1736

Der Bauverlauf. Erst 1728, in der zweiten Ausgabe des Baureglements von 1718, das neben Anordnungen zur architektonischen und technischen Ausbildung der Dresdener Zivilbauten auch die Festlegung der Verantwortungsbereiche von Beamten des Oberbauamtes enthielt, hat Pöppelmann außer vielerlei Objekten „in der Königl. Residenz Neu und Alt-Dreßden ... auf dem Lande die sämmtlichen Moritzburger Gebäude" als seinem „Departement eigentlich zugehörig" erhalten. Aber schon um 1720 war beim König wieder das Interesse an dem alten Jagdhaus erwacht, forderte er doch 1721 den Grafen Wackerbarth schriftlich auf, sich vom Zwingerarchitekten frühere Entwürfe vorlegen zu lassen, darunter auch einen „Plan des Schlosses, der Umgebung und des Teiches von Moritzburg, nach dem Entwurf von Karger". Der Verfasser Johann Friedrich Karcher, ein Schüler Klengels und Le Nôtres, weilte seit 1684 in Dresden und ist als Oberlandbaumeister der Vorgänger Pöppelmanns gewesen. Sein Hauptwerk war der im Stil Le Nôtres angelegte Große Garten; auch hatte ihm der König „die Inspection über alle Unsere Civil- u. Garthen Gebäude" übertragen.

Als jedenfalls August der Starke in einem an Pöppelmann gerichteten schriftlichen Befehl vom 22. Januar 1723 seinen Willen zum Umbau des Jagdhauses ausdrückte, hatten die Vorarbeiten schon längst begonnen. Sie galten zunächst dem Schaffen der Baufreiheit für das Anlegen einer Zufahrt im Zuge der neuen Nord-Süd-Achse. So hatte man 1722 die erst zwei Jahre zuvor im Holzhof für die Parforcejäger errichteten Bauten wieder abgebrochen; auch wurden damals „eine neue Schloß Brücke gemachet, der Schloß Hoff um ein ziemliches vergrößert, und oben am Thor steinerne Säulen, worin die Gatter Thore eingehencket werden verferttigt". Wie aus Aufmessungen von 1723 hervorgeht, waren zu jener Zeit alle dem Durchführen der Nord-Süd-Achse hinderlichen Bauten mitsamt der südlichen Wehrmauer abgetragen. Ein neu angelegter Weg querte nun nach dem Passieren des zwischen Preßen- und Kapellenteich liegenden Dammes den früheren Holzhof wie auch die alte Straße und erreichte danach das Jagdhaus, während man den einstigen, im Amtsturm mündenden Zugang vermauert hatte. Zu diesen Veränderungen dürfte Pöppelmann schon vor dem 22. Januar 1723 einen mündlichen Befehl des Königs erhalten haben, eine Verfahrensweise, die aufgrund des beiderseits bestehenden Vertrauensverhältnisses oft vorkam.

Damals war der Zwinger in seinen wesentlichen Teilen vollendet; zugleich aber hatte 1720 die Errichtung der Pillnitzer Schloßanlage begonnen, neben der zu jener Zeit im gesamten Land wie auch in Polen eine Vielzahl von königlichen Bauten ihre Ausführung erlebten. So mag die daraus resultierende schwache Finanzlage das von Anbeginn erkennbare Anlegen der Moritzburger Planung als abschnittsweise realisierbares Projekt begründen, dem keine Gesamtkonzeption zugrunde lag. Da noch im Februar 1723 der König „nebst Dero hohen Ministri" im Jagdhaus Aufenthalt nahmen, dürfte der Umbau bald danach seinen Anfang genommen haben, wobei vorerst ein Anbau von vier Flügeln geplant war. Als Oberbauleiter wirkte Matthäus Daniel Pöppelmann, während die Mitarbeit Zacharias Longuelunes umstritten bleibt. Einer damals erfolgten Anweisung von 8000 Talern stand die schon verbrauchte oder im Herbst 1723 noch als Teilausgabe zu erwartende Summe von 10 983 Talern 21 Groschen 8 3/4 Pfennigen gegenüber. Vom einsetzenden Abbruch der Anlage blieben zunächst die Kapelle mit den seitlichen Gästeflügeln, Teile des Fürstenhauses samt dem Keller, die vier Ecktürme sowie der Treppenturm von 1693 verschont. Nach dem Aufführen der vier Flügel ließ Pöppelmann die beiden Südtürme um zwei Geschosse erhöhen und durch mächtige Kuppeln mit bekrönenden Laternen abschließen (Abb. 58, 59). Zudem wurde der in Nord-Süd-Achse über dem Keller des alten Fürstenhauses mit Erdgeschoß, zwei Vollgeschossen und Mezzanin neu errichtete Kernbau annähernd auf die Hauptsimshöhe der Türme gebracht, deren Anbindung an das Ganze durch je einen dreigeschossigen Ost- und Westflügel erfolgte. Damit war die südliche Hauptzugangsseite zur Breitfront geworden, aus der die Turmbauten seitlich hervortraten (Abb. 63). Besonders nach dem Anlegen der Dresdener Allee entstand so der Eindruck einer dem barocken Kanon widersprechenden Führung der Hauptachse in Nord-Süd-Richtung, was heute durch die nicht zum Abschluß gebrachte Gesamtplanung wie auch eine nur das Schloß erfassende Betrachtungsweise noch betont wird (Abb. 223).

Ein weiteres Problem brachte der Umstand, daß die Lage des alten Fürstenhauses innerhalb der Wehr-

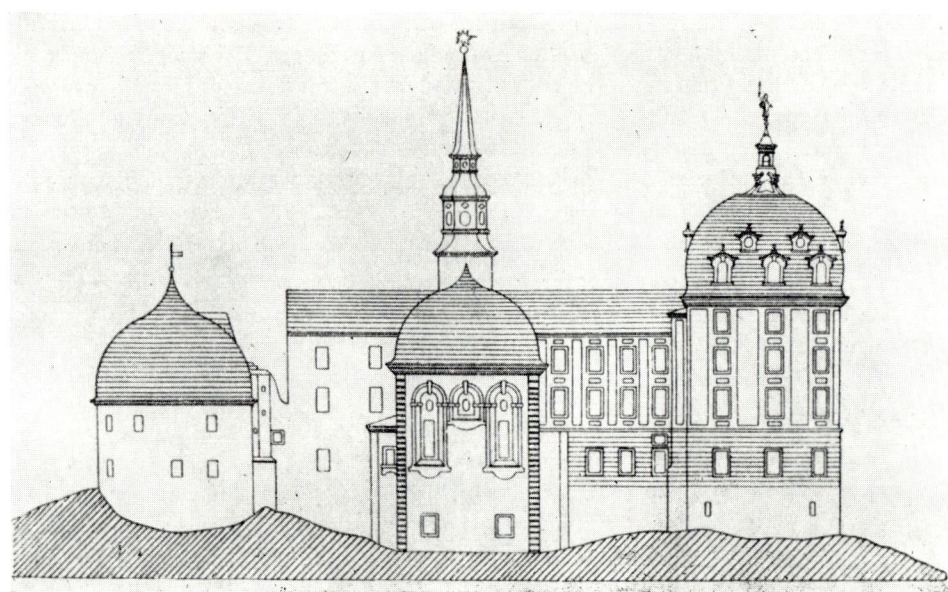

mauern eine geringe Verschiebung nach Norden gezeigt hatte, so daß sich dem barocken Symmetriebe-
dürfnis entgegenstehende Auswirkungen auf den
neuen Schloßkörper ergaben. Deshalb kam es zur
Ausarbeitung eines Planes, der den Abbruch des
Back- und Küchenturmes und ihren Wiederaufbau
etwa zwei Meter nördlich vom alten Standort vorsah. Der Zustimmung des damals in Warschau weilenden Königs folgte die Realisierung, wobei beide
Türme den Formen der bereits fertiggestellten Südtürme angeglichen und ebenfalls durch seitlich ab-
zweigende Flügel mit der Anlage verbunden wurden. Nunmehr bildete das Ganze einen H-förmigen
Grundriß, aus dem nach Westen im Zuge der Hauptachse die Klengelsche Kapelle vorsprang. Sie erhielt 1726 ihr Gegengewicht durch einen der Ostseite des Schlosses vorgelegten Baukörper, der im
Erdgeschoß die Hofküche und darüber den durch
zwei Geschosse führenden Speisesaal aufnahm (Abb.
83, 84). Damit ging man einen Kompromiß ein zum
Befehl vom 5. April 1723, der den Anbau von zwei
großen Sälen verlangt hatte, was den Abbruch der
überkommenen Kapelle bedeutet hätte.

Neben der Erhöhung der Südtürme wurden 1723
auch die alten Gewölbe über dem Erdgeschoß des
Fürstenhauses wegen des Anlegens der Durchfahrt
herausgebrochen und in Teilbereichen durch Holzbalkendecken ersetzt. Beim Einschlag von benötigtem
Holz kam es jedoch zu einem heftigen Streit zwischen Pöppelmann und dem Oberhofjägermeister
Wolf Dietrich von Erdmannsdorff, da – angeblich
ohne Wissen des Letzteren – „die an dem Königl.

Baue zu Morizburg stehende Zimmerleute, in das
Morizburger Gehölze abgeschicket und von ihnen
nach eigenen Gefallen der Kern des Holzes ausge-
suchet, auch der Wildte Bahne oder nöthiger Gehaue
und jungen Anflugs halber, keine geziemende Re-
flexion gemachet". Der Oberlandbaumeister ver-
wahrte sich freilich in einer scharf gehaltenen Ent-
gegnung vom 25. Oktober 1723 gegen solche Anschul-
digungen, indem er schrieb, Erdmannsdorff habe in
seinem Bericht die Vorkommnisse „wieder die Wahr-
heit ungeschiet" dargestellt; es sei „unterm 22ten
January 1723 ... zur hochlöbl. Cammer, des zum
Anfange bedürfenden Holzes halber, schrifftliche No-
tification gethan", worauf „selbige sofort an den
Herrn Cammerherrn, und das Amt Morizburg, zur
Anweisung und Fällung deßselben Verordnung er-
theilet". Die Meinungsverschiedenheiten nahmen indes immer schärfere Formen an, so daß Erdmannsdorff am 6. Dezember 1723 vom König die „hohe
Gnade" erbat, sich gegen Pöppelmann und dem Moritzburger Amtmann „gerechte Satisfaction nach Dero
Königl. Duell Mandate wiederfahren zu lassen". August aber dürfte die Streitenden bald besänftigt haben, stand er doch innerlich auf seiten seines Oberlandbaumeisters, da dieser den Umbau eines königlichen Schlosses realisieren sollte. Doch noch im Dezember 1723 erfolgte die Anweisung zum künftigen
Schlagen des Holzes in der Laußnitzer Heide.

Auch geschah das Klären von Planungsfragen nie
ohne Mitwirkung des Königs, der immer wieder Vorschläge brachte oder selbst zeichnend tätig war. So
hatte man in der Nord-Süd-Achse des Kernbaues –

entgegen zuerst vorgesehener kleinerer Räume – mit Monströsen-, Stein- und Billardsaal drei durch das erste und zweite Obergeschoß reichende Säle geschaffen, was ein Herausbrechen der alten Holzbalkendekken erforderte (Abb. 60). Hierbei war in halber Höhe des mittleren Steinsaales eine umlaufende Wandgalerie geplant, die mit an den äußeren Mauerflächen von zwei seitlich anschließenden Binnenhöfen entlangführenden Bedienungsgängen verbunden sein sollte. Je eine Tür im oberen Teil der beiden hohen Fensterwände jenes Saales bezeugt noch heute dieses Vorhaben, dessen Verwerfung während des Bauablaufs geschah, da man durch die größere Raumhöhe eine repräsentativere Wirkung der Säle erreichen wollte. Im grundlegenden Entwurf von 1726, bezeichnet als „Copie des Grund-Rißes vom Schloß Morizburg.

selplattform mit der sich darauf erhebenden Schloßterrasse sowie die nord-südliche Nebenachse als verbindlich festgelegt. Nachher sind größere Korrekturen der Grundplanung nicht mehr vorgekommen.

Der Rohbau des Schlosses konnte Ende 1726 im wesentlichen als vollendet gelten. Nach Pöppelmanns Baubericht von 1725 betrugen die dafür aufgewendeten Kosten 42 338 Taler 5 Groschen und 11 $\frac{1}{2}$ Pfennige; es war eine etwa gleichhohe Summe, wie für Melchior Dinglingers 1707 vollendeten „Hofhalt des Großmoguls Aureng-Zeb" ausgegeben wurde, wobei M. Schlechte die Annahme ausspricht, daß wohl größere Zuwendungen aus der königlichen Privatschatulle erfolgten. Auch belegen im Staatsarchiv Dresden vorhandene Rechnungen eine starke Baubeteiligung der im Amt Moritzburg ansässigen Handwerker,

59 Jagdschloß Moritzburg. Ansicht von Osten während des Umbaues. Zustand um 1724.
Links der aufgestockte und neugestaltete Amtsturm, rechts der alte Küchenturm vor dem Abbruch.
In der Mitte der Treppenturm J. G. Starckes von 1693. Ausschnitt aus Abb. 62

Wie solchen Ihro Königl. Majt. unterm 10. April 1726 dem Ober Bau Amt überschicket haben", sind solche Detailänderungen durch Augusts Unterschrift „AR" (Augustus Rex) bestätigt (Abb. 61). Zudem wurden von dem damals in Warschau weilenden König die In-

während die Bewohner umliegender Dörfer viele Pferde- und Handdienste leisten mußten. Aufgrund ihrer Bitte um Erleichterungen erließ ihnen der König mit Reskript vom 2. Januar 1725 wegen „des ihnen daher an ihrer Nahrung, und Haußwesen erwachsenden vielfältigen Schadens ... und damit sie nicht in Schulden verfallen" bis zum Abschluß des Umbaues die Hälfte der Kammer- und Steuergefälle.

Innerhalb des nachfolgenden Zeitraumes lag das Schwergewicht auf der Fertigstellung der Außenanlagen sowie auf dem Ausbau der Innenräume. Hierbei brachte das Jahr 1726 wiederholt gestalterische

heißt es, daß „Dero Oberlandbaumeister Pöppelmann und dem Conducteur Roussau auffgetragen worden zu solchen Ende nach Morizburg sich zu begeben, daselbst alles nach dem Riß abzustecken, wie ein und das andere sich am füglichsten anbringen lassen werde zu überlegen und darüber den Rapport zu erstatten".

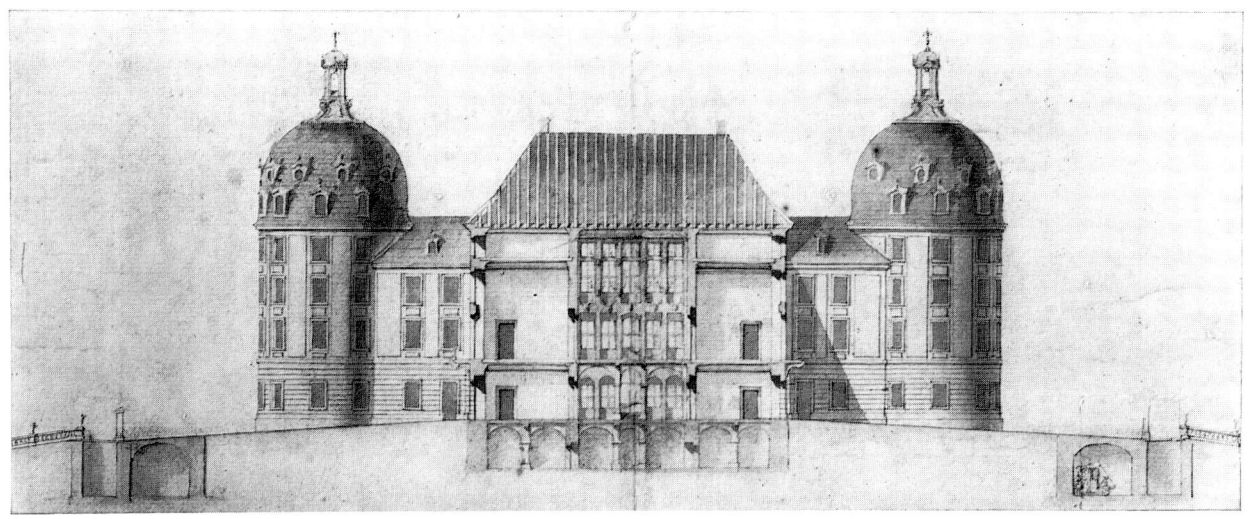

60 Jagdschloß Moritzburg. Schnitt in der nord-südlichen Nebenachse durch den Kernbau mit Steinsaal sowie dem angrenzenden Monströsen- und Billardsaal. Dahinter die Ansichten der Verbindungsflügel und Rundtürme mit der seit 1979 rekonstruierten Fassadenbemalung. Federzeichnung, farbig getönt, um 1724, sign. A. Ad. (Andreas Adam). Ehem. Dresden, Landesamt für Denkmalpflege (Kriegsverlust)

Eingriffe des Königs, wobei freilich sein langer, auch durch Krankheit bedingter Aufenthalt in Polen einen planmäßigen Bauablauf kaum zuließ, da anfallende Probleme nur über den zeitaufwendigen Postweg zu klären waren. Vor allem bewegt ihn immer wieder die Ausbildung des Mittelrisalites, für den jetzt zahlreiche Varianten entwickelt werden. Auch in den Briefen des Grafen von Wackerbarth, damals Generalintendant „über alle in Sachsen und Pohlen befindlichen Civil-, Fortifications- und Militairgebäude", finden seit 1726 Arbeiten für Moritzburg Erwähnung. So erfahren wir aus seinem an den König gerichteten Schreiben vom 15. Juni 1726, daß der Konducteur Johann Jacob Roussau die korrigierten Risse des Schlosses aus Warschau überbracht hat, die nun „in der Ober Bau Amts Commission von Punct zu Punct vorgenommen und überlegt" wurden. Danach erachtete man es als nötig, „dieses Werck mit dem Terrain zugleich in Augenschein zu nehmen, umb alsdann in desto genauere Betrachtung ziehen zu können, wie Ew. Königl. Majt. allergnädigste Intention mit möglichster Menage zu Dero Gefälligkeit in Execution zu bringen seyn möge". Weiter

Im Herbst 1726 aber liegt August über Wochen krank in Grodno und Białystok darnieder. Carl Friedrich Pöppelmann, der um 1697 geborene zweite Sohn des Zwingerarchitekten und damals am sächsischen Bauamt in Warschau tätig, hat ihn während dieser Zeit mit Bauprojekten zu unterhalten. In seinen Briefen an Graf Wackerbarth wird neben den Schlössern Ujazdów und Großsedlitz sowie der Dresdener Frauenkirche auch die Moritzburg oft genannt; hingegen teilt ihm der Generalintendant am 1. Mai 1727 mit, daß sein Vater noch an den Moritzburger Bauten beschäftigt sei, was ihn gehindert habe, den Plan für Großsedlitz zu vollenden. Und eine Woche später, am 7. Mai, schreibt der Graf von „Sedlitz" aus dem jungen Pöppelmann, daß er den Vater nach Moritzburg beordert habe, „um den dortig Bau nach zu sehen und deßen Beförderung zu veranstalten". Es sind Dokumente, die den entscheidenden Anteil des Zwingerbaumeisters am Umbau der überkommenen Anlage belegen, doch geht daraus ebenso jene ständige Zusammenarbeit mit dem König hervor. Hierbei erschwert freilich das kollektive Schaffen der Architekten Augusts des Starken eine Beurteilung der

Einzelleistung, zumal es außer dem Zwinger nicht viele Bauten gibt, die Pöppelmann mit Sicherheit allein gestaltete.

1726 wurde zudem ein Gedanke des Königs verwirklicht, indem man das Schloß auf eine stockwerkhohe viereckige Terrasse mit den Abmessungen 90 × 95 Metern setzte (Abb. 62, 65). Elegant ge-

im Raum unter der Kapelle Platz fand. Die Arbeiten an der Terrasse zogen sich jedoch bis nach 1740 hin, sollten doch allein deren Balustraden mit 32 Statuen und 120 steinernen Vasen besetzt werden. An ihnen arbeiteten wohl Johann Christian Kirchner und Benjamin Thomae, die auch im Zwinger tätig waren und neben Balthasar Permoser zu den bedeutendsten

61
„Copie des Grund Rißes
vom Schloß Morizburg.
Wie solchen Ihro Königl. Majt. unterm
10. April 1726 dem Ober Bau Amt
überschicket haben."
Dresden, Staatsarchiv
(OHMA Cap. V, Nr. 12)

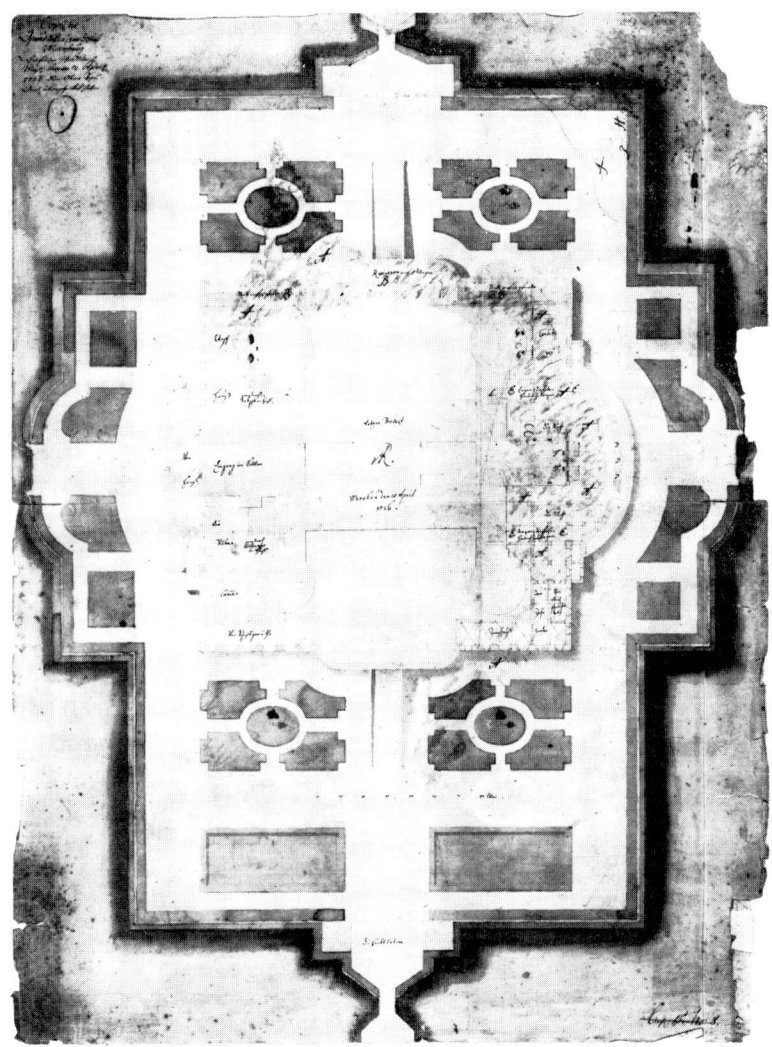

schweifte, 38 Meter lange „Apparaillen" vermitteln seitdem als breite Auffahrten von Süden und Norden her die Zu- und Abfahrt (Abb. 65, 66, 223); hingegen führen in der west-östlichen Hauptachse doppelläufige geschwungene Wangenfreitreppen auf die Terrasse (Abb. 65). In den gewölbten Räumen des Unterbaues wurden das Backhaus, die Konditorei, die Silberkammer, ein kleines Zeughaus, Pferdeställe und Wagenremisen eingerichtet, während die Hofkellerei

Dresdener Bildhauern jener Zeit zählten. Zudem beschäftigten sie in ihren Werkstätten viele Hilfskräfte, die zum Teil ebenfalls für Moritzburg wirkten. Dennoch ist der plastische Schmuck nie vollendet worden: Aus dem Inventar von 1733 geht hervor, daß man bis dahin erst „6 große Statuen von Jägern und Anderen, 50 Vasen und 46 kleine Figuren" auf den Balustraden der Terrasse, der Auffahrten und der Freitreppen verteilt hatte.

Nach einem „aptirten Riß" des Ingenieur-Offiziers Georg Maximilian von Fürstenhoff begann dann seit Mitte 1727 das Anlegen des „Fürstenweges", der vom Schlosse nach Dresden führenden Straße, die 1729 vollendet war. Wegen der Baumaßnahmen mußten 40 Einwohner ihre Grundstücke abtreten. Gemeinsam mit Friedrich Wilhelm Tüllmann, dem damaligen Amtmann von Moritzburg, war Pöppelmann um das Bereitstellen von Ersatzland bemüht, und ebenso richtete er fortlaufend Schreiben an die Kammer, damit die beim Straßenbau beschäftigten Arbeiter ihren Lohn erhielten.

Die damals fast ausschließlich vorkommende Bezeichnung als „neue Straße von Moritzburg nach Dreßden" betonte ihre Zuordnung zum Schloß. Das Anlegen solcher ins Weite führenden Achsen entsprach barocken Gestaltungsprinzipien, nach denen das Bauwerk mit seiner umgebenden Landschaft in Beziehung zu setzen war: Durch jene geradlinig auf das Schloß zielende Straße, die sich nach Norden in der Parkachse fortsetzte und in den Schneisen des Tiergartens ihre Auffächerung erfuhr, wurde der Schloßkörper zur Dominante im Gesamtensemble erklärt. Von dieser Bedeutung zeugt auch eine starke Anteilnahme des Königs am Straßenbau, der dafür mehrmals Geldmittel bereitstellen ließ, waren doch die Gesamtkosten mit etwa 30 000 Talern veranschlagt worden. So verlangte allein das Nivellieren des Geländes erheblichen Aufwand, zumal die Straße über drei felsige Erhebungen führte. Im Juni 1728 war der erste Abschnitt „biß an die Allee" nahe Reichenberg fertiggestellt. Nach M. Schlechte kann diese Allee, „wenn man die Fortführung der Straße betrachtet, nur mit der den Tiergarten eingrenzenden und die Straße von Reichenberg kreuzenden Allee des Polygons identifiziert werden ... Der Verweis auf den Schnittpunkt mit dieser Allee. ... läßt mit grosser Wahrscheinlichkeit darauf schließen, daß das Tiergartenprojekt, zumindest in seinen prägnantesten Bestandteilen, zu diesem Zeitpunkt ausgeführt war". Die nachfolgende Realisierung des Abschnittes bis zur Straße von Dresden nach Großenhain hatte zugleich das künftige Führen des Postverkehrs über Moritzburg zur Folge.

Nach dem Abschluß der Bauleistungen besetzte man die neue Straße beidseitig mit insgesamt 1000 wilden Kastanienbäumen, von denen freilich 1741 noch 976 Stück mitsamt den Pflanzarbeiten zu bezahlen sind. Von dem bei Reichenberg gelegenen Abzweig nach Großenhain verläuft ihre Trasse im Zuge der Süd-Nord-Achse fast schnurgerade zum Schlosse (Abb. 68, 69). Hierbei passiert die Straße zunächst das damals vom König als Teil des Gesamtkunstwerkes begründete Dorf Moritzburg, auf dessen

Struktur sie bis heute bestimmend wirkt; dann führt ihr Verlauf über den schmalen, 1729 begonnenen Teichdamm zu einem früher aus einer Zugbrücke bestehenden Übergang, der das Festland mit der Schloßinsel verbindet. Hier markieren zwei hohe steinerne Säulen das äußere Tor; sie werden von mit Blumen gefüllten Sandsteinvasen bekrönt, an deren Seiten Tuchgänge das Monogramm AR und die Königskrone rahmen (Abb. 70). Nun wächst über dem nachfolgenden Vorhof als Point de vue das Schloß auf, das durch die Terrasse in seiner monumentalen Wirkung noch gesteigert wird (Abb. 223).

Damals verlor die Schloßanlage zunehmend den Eindruck einer Baustelle, waren doch nur noch spezielle Arbeiten vorzunehmen, zu denen mehrfache Bemühungen um eine bessere Wasserversorgung zählten. Auch erhielt 1727 der Moritzburger Amtmann aus der königlichen Schatulle Mittel zum Einstellen von Hilfskräften mit dem Hinweis, „die gantze Sache zu dirigiren". Unter den benötigten Personen finden sich ein Aufwärter, ein Tischlergeselle für erforderliche Instandsetzungen am Mobiliar und jeweils eine Frau zum Bettenmachen, Kehren und Waschen sowie zum Mangeln der Wäsche.

Im Jahre 1728 hatte Generalleutnant Jean de Bodt die Nachfolge des Grafen Wackerbarth als Generalintendant aller Militär- und Zivilbauten angetreten (Abb. 71). Von niederländischer Herkunft und Schüler Blondels, faßte er sein Amt im Gegensatz zu dem mehr der Aufsichts- und Verwaltungsfunktion verbunden gewesenen Vorgänger als schöpferischer Architekt auf. Davon zeugten die von ihm während seiner vorangegangenen Tätigkeit in Berlin vorgenommene Vollendung des Zeughauses und seine Mitwirkung am Bau des Potsdamer Stadtschlosses. Ebenso dürfte in Moritzburg der Hinweis de Bodts eine Verbesserung des Schloßgrundrisses veranlaßt haben, indem 1729 anstelle der beiden Binnenhöfe, die der Plan von 1726 (Abb. 61) seitlich des Kernbaues vorsah, zwei Englische Treppen angelegt wurden (Abb. 83, 84). Damit konnte nun der Abbruch des Treppenturmes von 1693 erfolgen, wobei damals vorkommende Ausgaben in Höhe von 28 000 Talern wohl jene Abrißleistungen wie auch beginnende Erdbewegungen zum Anlegen des Schloßteiches und der Dämme betrafen.

in der Nord-Süd-Achse schmale Dämme die Verbindung mit dem Festland vermitteln (Abb. 69). In der Hauptachse hingegen erscheinen an der Ost- und Westseite halbrunde Vorsprünge, in deren Mitte einfache Freitreppen zu kleinen Häfen hinabführen, wo bei Wasserfesten die Gondeln des Königs anlegten (Abb. 65). Seitlich davon sind jeweils zwei Pavillons mit quadratischem Grundriß angeordnet, deren schlichte Formen von Zeltdächern mit Ziegeldeckung bekrönt werden. Außerdem enstanden beiderseits des südlichen und nördlichen Zugangs zur Schloßinsel je zwei Wachthäuser. Ebenfalls einfach gehalten, be-

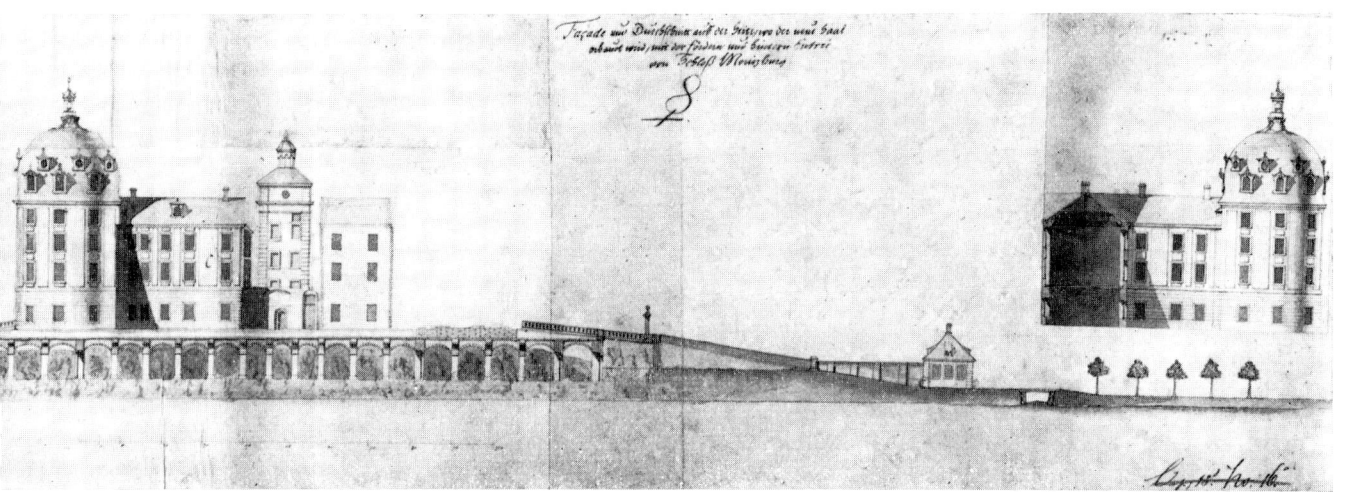

62 Jagdschloß Moritzburg. Ansicht von Osten während des Umbaues mit Schnitt durch die Schloßterrasse. Federzeichnung, farbig getönt, um 1724. Dresden, Staatsarchiv (OHMA Cap. V, Nr. 19)

Das Ausschachten des Schloßteiches, der aus dem Mosebruch- und Kapellenteich sowie einem kleineren Weiler entstand, nahm 1730 seinen Anfang. Hierbei forderten die sich bis um 1739 hinziehenden Arbeiten von den Bewohnern der umliegenden Dörfer schwere Frondienste beim Abgraben und Abtransportieren der Erdmassen. Auch mußte man wegen dem felsigen Boden Spreng- und Steinbrecherleistungen beanspruchen, und noch Johann Christoph Knöffel ließ 1739 eine den Weg um den Teich hindernde Geländeerhebung am Schloßpark beseitigen. Die Einfassung der Ufer geschah „mit mehr denn 30 000 Ellen Mauer Werk", wobei 1739 gleichfalls Ergänzungen vorzunehmen waren. Jene Landzunge, auf der einst das alte Jagdhaus gestanden hatte, wurde somit zur Insel, so daß der neue Schloßbau die großartige Wirkung einer aus dem Wasser aufstrebenden Anlage erhielt (Abb. 63, 64). Von kreuzförmiger Gestalt, ist sie durch massive Ufermauern eingefaßt, während

steht ihr charakteristisches Merkmal in weit nach vorn ausladenden Simskehlen, die den Posten als Witterungsschutz dienten; innen befindet sich jeweils eine kleine Wohnung. Auch errichtete man auf den vier Ecken der Insel anstelle von zuerst vorgesehenen steinernen Schilderhäusern je ein sechseckiges Steinpostament. Während das südwestliche zur Aufstellung der damals erneuerten Jägerfigur von Wolf Ernst Brohn diente (Abb. 23), erhielt auf dem südöstlichen Sockel ein 1732 gefertigtes Gegenstück seinen Standort. Ursprünglich sollten diese Statuen eine der beiden Auffahrten zieren. Die Freiflächen des Inselplateaus wurden gärtnerisch ausgestaltet (Abb. 119).

Nachdem dann der am 20. März 1730 zum Kammerherrn ernannte Heinrich von Brühl zugleich die Aufsicht über sämtliche Schlösser, Palais und Meubles des Königs erhalten hatte, folgten weitere Anstrengungen zur Vollendung der Moritzburger Anlage. So dürften die nach den Berichten de Bodts in

63 Jagdschloß Moritzburg. Ansicht von Süden mit rekonstruierter Fassadenbemalung. Zustand 1984

jenem Jahr dafür ausgegebenen 10 800 Taler vor allem für die Inneneinrichtung und die Gestaltung der näheren Umgebung verwendet worden sein. Freilich muß damals das Schloß schon in wesentlichen Teilen seinen Funktionen entsprochen haben, hält sich doch der König im Verlauf des Jahres 1730 hier mehrmals auf. Zudem wurden im selben Jahr die Räumlichkeiten für ein großes Jagdfest genutzt, das August im Anschluß an das Zeithainer Lustlager gab. Unter den Gästen befanden sich auch König Friedrich Wilhelm I. von Preußen und sein Sohn Kronprinz Friedrich, nachmals König Friedrich II. Das gesamte Revier wurde in vier Treiben genommen, wobei 600 Forstbeamte und 4000 zu Treiberdiensten beorderte Bauern mitwirkten. Sie mußten jedes Jagen mit Netzen einstellen und nachts Wachtfeuer unterhalten, um ein Ausbrechen des Wildes zu verhindern. Damals waren an einem Tage 211 geweihte Hirsche, 116 Stück Kahlwild, 82 Damhirsche, 46

Damtiere sowie 614 Wildschweine und ein als „Märtlein" aufgeführter Marder erlegt worden. Im Winter folgte noch ein Sautreiben, wobei man wiederum im Schloß übernachtete.

1731 nennen die Moritzburger Bauakten erstmals Johann Christoph Knöffel, der seit 1728 als dritter Oberlandbaumeister neben Pöppelmann und Zacharias Longuelune tätig war; 1732 erwähnt Generalintendant de Bodt eine Bausumme von 10 528 Talern, von denen 5140 Taler auf das Anlegen des neuen Gartens nördlich vom Schloß entfielen. Dazu mußten damals einige Zimmer für den König neu ausgestaltet werden, aber schon im Herbst jenes Jahres teilte de Bodt mit, daß das Oberbauamt „ohne ein besonderes Deputat die neuen Schloß- und Lustgebäude sammt dem Garthen nicht unterhalten und repariren" könne. August der Starke indes dürfte während eines hier 1732 abgehaltenen Hubertusfestes die Anlage zum letzten Mal erlebt haben, denn

64 *Jagdschloß Moritzburg. Blick über den Schloßteich von Südosten. Zustand 1984*

am 1. Februar 1733 verstarb er in Warschau. Es fand damit die glänzendste Epoche des Schlosses und des Friedewaldes ihr Ende.

Obwohl Augusts Sohn und Nachfolger Kurfürst Friedrich August II. die Wermsdorfer Wälder mit dem Schloß Hubertusburg als Jagdrevier bevorzugte, strebte er die Fertigstellung des Moritzburger Schloßbaues an. Schwerpunkte waren hierbei die Vollendung der Innenausstattung sowie der Neubau eines Stallgebäudes an der Dresdener Allee für die zu den Parforcejagden benötigten Pferde. Wie M. Schlechte nachweisen konnte, ist an jenen Aufgaben Matthäus

Morizburg bey unterbleibender Aßignation sothaner 20 000 Thl. . . . zurückgesetzt werden" müßten. In der Folgezeit erhielt Moritzburg wesentlich höhere Mittel als Pillnitz und Großsedlitz, wo nur noch Aufwendungen für Unterhaltung und Reparaturen erscheinen. Auch übertrug sich wohl das zwischen August dem Starken und seinem Oberlandbaumeister bestehende Vertrauensverhältnis auf den neuen Landesherrn, denn 1733 erhält Pöppelmann den Auftrag, am Inventar des Schlosses mitzuarbeiten.

Als dann 1734 der inzwischen Zweiundsiebzigjährige darum ersuchte, ihn „in Ansehung seines hohen

65 Jagdschloß Moritzburg. Luftbild der Gesamtanlage von Süden. Um 1930.
Luftbildgen. Nr. ZLB/L 0641/71

Daniel Pöppelmann trotz Krankheit und hohen Alters noch mit Hingabe beteiligt gewesen. Bereits 1727 hatte man ihm im Amtsturm drei Zimmer als Quartier eingerichtet. Sein Interesse am Fortgang der Arbeiten nach dem Tode des Königs belegt ein an das „Cammer-Collegio" gerichtetes Schreiben vom 5. Juni 1733, in dem er sich darüber beschwert, daß für den Schloßbau zu geringe Mittel bereitgestellt würden, weshalb „die Gebäude . . . insonderheit zu

Alters, von der ihm bisher oblegenen Moderation . . . der Anschläge" zu entbinden, betraute die Kammer Johann Christoph Knöffel mit dieser Aufgabe. Pöppelmann bleibt jedoch weiterhin Oberlandbaumeister und Angehöriger wie auch Besoldeter des Oberbauamtes. In dieser Eigenschaft führten ihn Dienstreisen in den Jahren 1734/35 noch nach Elsterwerda, Mühlberg, Torgau, Großsedlitz; besonders oft aber besuchte er Moritzburg, für das sich sein Wirken bis

66 *Jagdschloß Moritzburg. Jägerturm und Statue eines Piköts an der südlichen Auffahrt. Zustand 1984*

zum 14. Mai 1735 belegen läßt, dann zwang ihn Krankheit bis zum Eintreten des Todes am 17. Januar 1736 zur Bettlägerigkeit. Jene erkennbare innere Neigung zu Moritzburg dürfte zudem ein vertrauliches Verhältnis gefördert haben, das wohl im Verlauf des Schloßumbaues zwischen Pöppelmann und dem dortigen Amtmann Friedrich Wilhelm Tüllmann entstanden war und das dann den Oberlandbaumeister sogar bewog, sein erstes wie auch zweites Testament

bei ihm zu hinterlegen. Und dem Nachlaßverzeichnis Pöppelmanns zufolge hing in seiner Wohnung auf der Dresdener Schloßstraße ein Gemälde vom Moritzburger Schloß in vergoldetem Rahmen. So darf man vermuten, „daß sich Pöppelmann deshalb bis an sein Lebensende so intensiv um Moritzburg bemühte, weil hier Pläne einer großzügigen komplexen Anlage Realität wurden. Seine Schloßbaupläne für die sächsische Residenz blieben im Stadium des Entwurfs, und auch die

67 Jagdschloß Moritzburg. Blick über die Dächer nach Nordosten. Zustand um 1950

Vollendung der Zwingeranlage war ihm versagt. Als Baumeister des Barocks erwuchs für ihn in Moritzburg eine Aufgabe, die Meisterschaft im Umgang mit dem Formenkanon der Zeit forderte und individuelles Gestaltungsvermögen verlangte" (M. Schlechte).

Bis 1736 konnte der Umbau des Schlosses innen wie außen im wesentlichen zum Abschluß gebracht werden, wobei noch bis 1740 nachfolgende Arbeiten vornehmlich Reparaturen sowie das Anlegen von vier neuen Brunnen und einer Eisgrube betrafen. Gleich einem Symbol der zentralen Macht eines absolutistischen Herrschers erhob sich nunmehr das Schloß inmitten des Friedewaldes (Abb. 81), so daß den Zeitgenossen sein Name als nicht mehr treffend genug erschien. Seit etwa 1725 wird es in den Akten wie in der Literatur zumeist „Königsburg" genannt, wäh-

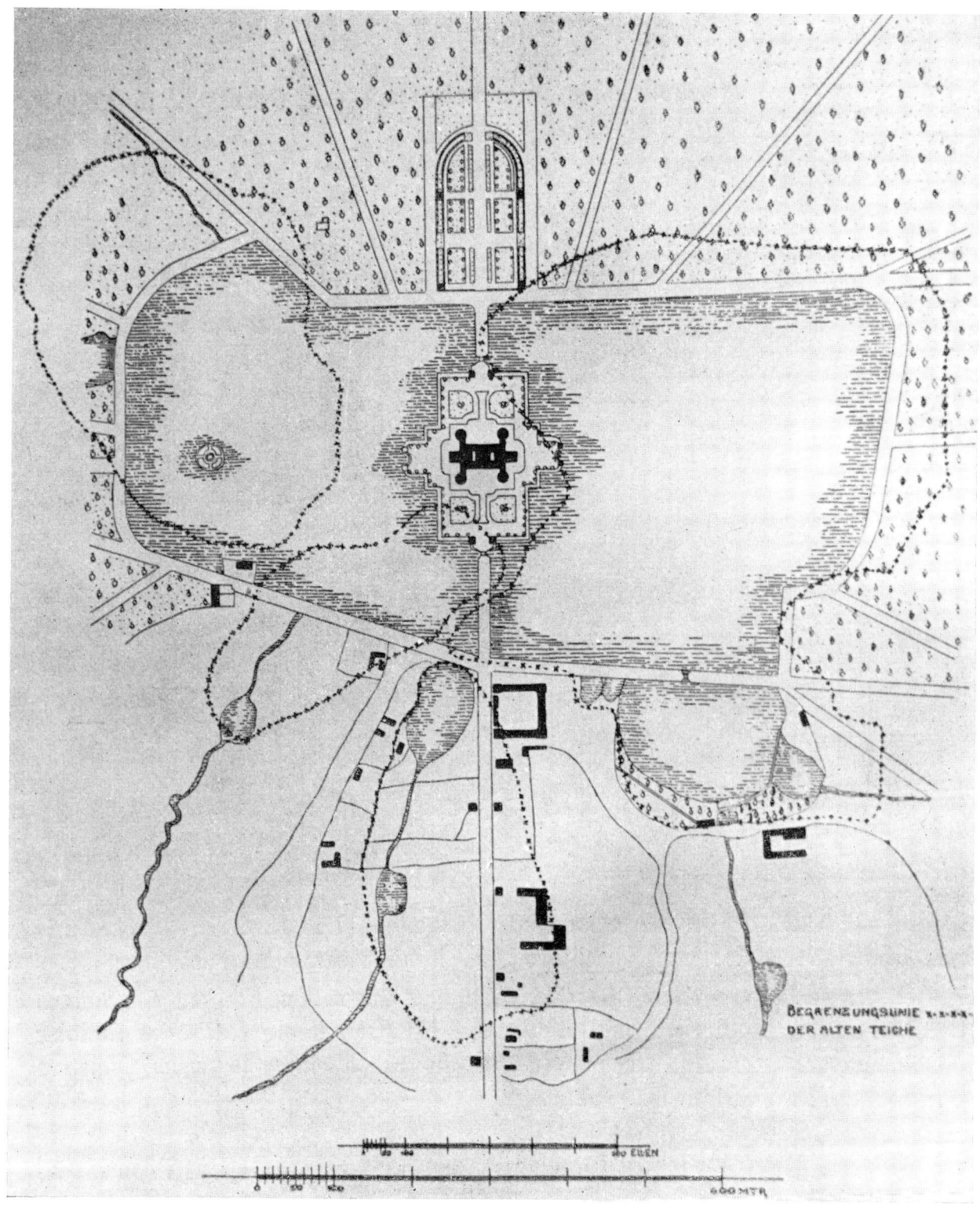

68 *Lageplan des Jagdschlosses Moritzburg und seiner Umgebung um Mitte des 18. Jahrhunderts.*
Aus C. Gurlitt: Beschreibende Darstellung . . ., Bd. 26, S. 106

rend die vorher übliche Bezeichnung „Dianenburg" von den hier oftmals im Kostüm der Jagdgöttin Diana auftretenden Mätressen des Königs abzuleiten sein dürfte. Die Hofpoeten aber erfanden für das Ganze den Begriff „insula fortunata" – glückliche Insel –, und der gastfreie König hatte 1728 eine Tafel anbringen lassen, auf der man als freundliches Willkommen lesen konnte:

„Ihr Gäste komt herbey aus aller Welt Vier Ecken!
Man läßet hier für euch die Taffel Wol-Feil decken.
Wer ist, der nicht dis Hauß fürs beste Wirths- Hauß hält,
Da hier die Herberg ist für jeden Theil der Welt."

Im Vergleich mit dem abweisenden Spruch an der Moritzburg des 16. Jahrhunderts offenbaren sich hier zwei völlig entgegengesetzte Welten: die noch von Denkweisen des Mittelalters beeinflußte deutsche Renaissance und das weltoffene, sinnenfrohe Wesen des Barock.

69 Jagdschloß Moritzburg. Entwurfsvariante der Gesamtanlage mit neuem Schloßteich und Bebauung der Dresdener Allee (heute Ernst-Thälmann-Allee). Federzeichnung, mehrfarbig getönt, nach 1733. Dresden, Institut für Denkmalpflege

Die Fassaden. Pöppelmann und Longuelune. Nachdem der König den zur Realisierung bestimmten Grundriß des Moritzburger Schloßbaues am 10. April

1726 bestätigt hatte, bringen die aus der nachfolgenden Zeit erhaltenen Pläne fast nur noch Varianten zur Fassadengestaltung. Hierbei dürften die grundlegenden architektonischen Gedanken auf Matthäus Daniel Pöppelmann zurückgehen, doch mögen daneben auch Johann Rudolph Faesch, der sich seit 1712 in Dresden aufhielt, Zacharias Longuelune und Johann Christoph Naumann Ideen beigetragen haben, die in das Gesamtwerk einflossen. Im Ausführungsbereich standen den Architekten bewährte Praktiker wie der Hofzimmermeister Christian Berthold oder der „so ziemlich vigoreuse Hoff-Mäurer-Meister" Christoph Schumann zur Seite, wobei der Letztere auch am Japanischen Palais in Dresden und beim Bau der Pillnitzer Weinbergskirche mitwirkte.

Matthäus Daniel Pöppelmann stand bereits im Alter von 61 Jahren, als ihm 1723 die Oberleitung des Moritzburger Bauvorhabens übertragen wurde. Er war damals noch mit Planungsaufgaben der 1720 begonnenen Pillnitzer Anlage beschäftigt; auch sollte bald die Umgestaltung des Großsedlitzer Schlosses hinzukommen, das August der Starke 1723 vom Grafen Wackerbarth erworben hatte. Eine wohl um jene Zeit gefertigte Bildnis-Miniatur zeigt den Zwingerbaumeister der Zeitmode folgend mit langer, auf die Schultern herabfallender Allongeperücke, während seine hohe Stirn sowie durchdringend blickende Augen nicht nur Geist, Tatkraft und Selbstsicherheit, sondern auch Lebensfreude verraten (Abb. 72). Charakterlich von liebenswürdiger und menschlich fühlender Art, ist er seiner großen Familie ein sorgender Vater gewesen, doch ebenso war ihm das Schicksal der auf den Baustellen im Lande Beschäftigten nicht gleichgültig. So hören wir von seinem Einsatz für die durch Lohnrückstände in Not geratenen Zwingerarbeiter, während er andermals die Freilassung von zwei arretierten Maurern oder auch das Zahlen einer Rente für einen verunglückten Zimmermann beantragt. Mit dem Grafen Wackerbarth und den anderen Architekten des Oberbauamtes stand Pöppelmann gleichfalls in freundlichem Einvernehmen, verdankte er doch seinen Aufstieg allein den persönlichen Fähigkeiten und Leistungen, nicht aber Geltungsdrang oder gar Protektion.

Der 1662 geborene Herforder Kaufmannssohn befand sich schon seit 1680 in Dresden, wo er am Hofbauamt unter Klengel und Starcke zunächst untergeordnete Dienste leisten mußte. Obgleich 1691 zum Baukonducteur aufrückend und von Wackerbarth als „capabler Mann . . ., der seine Riße wohl versteht", beurteilt, folgte sein beruflicher Aufstieg erst, als er 1705 nach dem tragischen Tode des Hofarchitekten Markus Conrad Dietze zum Landbaumeister ernannt worden war: Nun erkannte der König das

70 Jagdschloß Moritzburg. Äußeres Südtor mit Amtsturm. Zustand 1984

aufkeimende Talent und förderte es durch Aufträge für seine Repräsentationsbauten.

War bis dahin das schöpferische Wirken Pöppelmanns auf wenige bürgerliche Wohnbauten begrenzt geblieben, deren Entwürfe er – wohl zur Aufbesserung seines schmalen Kondukteursgehaltes – meist privat anfertigte, so markieren nun das Weiterführen der Dietzeschen Projekte zum Neubau des Residenzschlosses und der Bau des Taschenbergpalais jene Schaffensperiode bis zur beginnenden Zwingerplanung. Wie bereits seine Vorentwürfe zum Dresdener Schloß erkennen lassen, besaß Pöppelmann im Ver-

71 *Louis de Silvestre (1675–1760):*
Generalleutnant Jean de Bodt (1670–1745).
Öl auf Leinwand, 1729. Staatl. Kunstsammlungen
Dresden, Gemäldegalerie Alte Meister

gleich zu Dietze den ausgeprägteren Sinn für monumentale Formen und räumliche Wirkung, doch hatte bis dahin das Schwergewicht seiner Ausbildung mehr auf der praktischen als auf der künstlerischen Seite gelegen. Ebenso fehlte ihm die eigene Anschauung von Architekturleistungen an damals führenden Höfen Europas. Aufgrund einer hieraus resultierenden Unsicherheit Pöppelmanns in der Wahl architektonischer Ausdrucksmittel befahl August der Starke vor Be-

ginn der Zwingerplanung am 4. Januar 1710, „daß der Landbaumeister Pöppelmann nacher Wien und Rom gehen soll umb deren Orthen sich der itzigen Arth des Bauens sowohl an Palaesten, alß Gärthen zuersehen, absonderlich die ihm mit gegebene Riße zu hießigen Schloß Bau mit denen vornehmbsten Bau Meistern und Künstlern zu überlegen". Pöppelmann hat diese Reise, die ihn über Prag zunächst nach Wien und danach über Salzburg in die Ewige Stadt führte, spätestens Anfang Februar 1710 angetreten. Da aber sein Name erstmals wieder am 27. August 1710 in den Dresdener Akten erscheint, ist er offenbar sechs Monate unterwegs gewesen. Prag, das seit jeher in enger Wechselbeziehung zur sächsischen Residenz stand, hatte ihn den von Christoph Dientzenhofer und Santini Aichel aus dem übersteigerten römischen Hochbarock Borrominis und Guarinis entwickelten Spätstil gelehrt, der architektonische Schwere durch Bewegung und Krümmung überwindet: Beste Anschauung hierfür bot die auf der Kleinseite im Stile des römischen Architektur-Illusionismus der Borromini-Schule errichtete Kirche St. Niklas, die als Hauptwerk Dientzenhofers damals ihrer Vollendung entgegenging. Ebenso wirkten in Wien die Schöpfungen Lukas von Hildebrandts und Fischer von Erlachs anregend durch das Neuartige ihrer schwingenden Bauglieder: Pöppelmann sah hier Fischers Trautson-Palais mit Orangerie und Wassertheater wie auch Hildebrandts Frühwerk des Palais Schönborn; vor allem aber trat er mit beiden Baumeistern in persönlichen Gedankenaustausch, wobei wohl Lukas von Hildbrandts festlich-heitere, die ornamentale Dekoration bevorzugenden Gesamtkompositionen seiner Auffassung besonders entsprachen. Rom endlich zeigte ihm den wuchernden Formenreichtum Borrominis und Guarinis, von Carlo Fontana schon zur Nähe des Frühklassizismus geführt. Er studiert hier die antiken Amphitheater ebenso wie die Gärten mit ihren Terrassenanlagen und Wasserspielen, sieht in den Villen von Frascati und Tivoli die lebendige Vermählung der Architektur mit dem Wasser und wird vom Papst empfangen, der ihm durch einen seiner Neffen den Vatikan zeigen läßt. Im Zwingerbau kann nachher Pöppelmann die erhaltenen Anregungen zu fast schwereloser, sprühend bewegter Eleganz steigern; er gibt damit gleichsam das Resümee zum reichen Fundus der Architekturformung im damaligen Europa.

Die Reise von 1710 wirkte im Schaffen des Zwingerbaumeisters als Zäsur; sie führte ihn vom lastenden Gleichmaß in der Gliederung seiner frühen Entwürfe zu sprudelnder Leichtigkeit, mit der er nun die Baumasse gleich einem plastischen Stoff modellierte und in Bewegung brachte. Doch jene umfassenden Planungen zum Innenausbau des Zwingers wie auch für den Neubau des Schlosses veranlaßten bald eine zweite Studienfahrt, erhielt doch Pöppelmann am 20. Februar 1715 in Warschau den Auftrag zu einer

72 Unbekannter, wohl Dresdener Miniaturmaler: Bildnis des Oberlandbaumeisters Matthäus Daniel Pöppelmann (1662–1736) mit eigenhändiger Unterschrift. Öl auf Elfenbein (?), 30 : 24 mm, um 1720. Ehem. Dresden, Stadtmuseum (Kriegsverlust)

ihm „allergnädigst anbefohlenen Reise aus Dresden nach Paris". Er begann sie am 18. März und kehrte am 1. Juni mit Umweg über die Niederlande zurück. Es war dies der erste Aufenthalt eines namhaften deutschen Architekten in der Seinestadt: Neben dem Louvre und dem Palais du Luxembourg hatte Pöppelmann Versailles mit Grand Trianon, Marly, St. Cloud, Meudon, St. Germain-en-Laye und andere, meist mit bedeutenden Gartenanlagen verbundene Schlösser der

Pariser Umgebung besucht, um den damaligen Stand der Schloßbaukunst zu studieren. Doch er war dabei auch der inzwischen in Frankreich aufgekommenen klassizistischen Stilrichtung begegnet. Ihr Ausgangspunkt lag bei einem Wettbewerb, den Ludwig XIV. im Jahre 1667 zur Erlangung von Vorschlägen für die Vollendung des Louvre ausgeschrieben hatte und der im Ergebnis die überraschende Niederlage Berninis gegenüber dem Franzosen Claude Perrault brachte. Dessen Gliederungsprinzip der Ostfassade durch eine Kolonnade aus gekuppelten Säulen samt Mittelrisalit und Eckvorsprüngen bedeutete damals den Sieg des Klassizismus, der freilich in Frankreich auf einen vom Bürgertum seit langem vorbereiteten Boden fiel. Nun negierten fast alle französischen Baukünstler das Bestreben ihrer römischen Kollegen, durch dekorative Fülle die Tektonik eines Gebäudes zu verdecken. Indem sie offene Darlegung des Körperlichen, Sachlichkeit und Einfachheit im Aufbau forderten, gelang ihnen die Umsetzung jener italienischen Einflüsse in die eigenen Ausdrucksformen eines kühlen klassischen Barocks.

Bereits der Pillnitzer Planungsverlauf sollte zeigen, daß Pöppelmann, der 1718 Oberlandbaumeister und damit Chef des neugegründeten Oberlandbauamtes geworden war, die in Frankreich erhaltenen Anregungen aufgenommen hatte: nun herrscht die gerade Fluchtlinie vor, den Baugruppen sind keine dynamischen Kurvungen mehr eigen, sondern Klarheit im Aufbau wie in der Zuordnung; plastischer Schmuck, im Zwinger zu einmaliger Synthese mit der Architektur geführt, fehlt fast völlig. Hier zeigte sich innerhalb der damaligen höfisch-sächsischen Architekturentwicklung erstmals in praxi jenes rationale Denken des französischen Klassizismus, der die großartig-dekorative Auffassung Pöppelmanns abzulösen begann. Weit mehr aber als durch die Pariser Reise des Zwingerbaumeisters ist dieser Verlauf vom Auftreten des Franzosen Zacharias Longuelune beeinflußt worden. Der 1669 offenbar in Paris geborene Künstler war wohl über die Malerei zur Architektur gekommen. Nach seiner Ausbildung an der französischen Akademie bei Antoine Lepautre hatte er schon 1696 das Heimatland verlassen und auf weiten Reisen eine hohe Bildung erworben. Schließlich finden wir ihn als Kondukteur unter Jean de Bodt am Bau des Berliner Zeughauses mitwirkend, während er 1710 eine Studienreise nach Italien unternimmt. Als 1713 der preußische König Friedrich Wilhelm I. nach der Thronbesteigung die Künstler entläßt, wird Longuelune um 1715 an den Dresdener Hof berufen. 1718 folgte die Anstellung am Oberbauamt, bis er 1728 – dann gefördert von de Bodt als dem Nachfolger Wackerbarths – zweiter Oberlandbaumeister wurde.

Von bescheidenem Wesen und vorwiegend Theoretiker, vermochte er sich nur schwer gegen seine praktischer denkenden Kollegen durchzusetzen, zumal er kein Architekt war, der wie Pöppelmann mit einer sprudelnden Fülle von Ideen bestach. Dennoch dürfte Longuelune im Kreise der französischen Künstler um August den Starken neben dem Maler Louis de Silvestre der bedeutendste gewesen sein: Vertreter des

Der vermutlich am Anfang stehende Entwurf zeigt „Façade und Durchschnitt der fordern Seite von der Haupt Entrée gegen Dreßden" und dürfte nach 1723 entstanden sein (Abb. 73). Hier konzentriert sich der Formenreichtum auf den als Mittelrisalit ausgebildeten Kernbau, während die Rücklagen und Ecktürme ohne Gliederung bleiben; selbst die Fenster sind dort nur von einfachen Bandrahmungen umzogen.

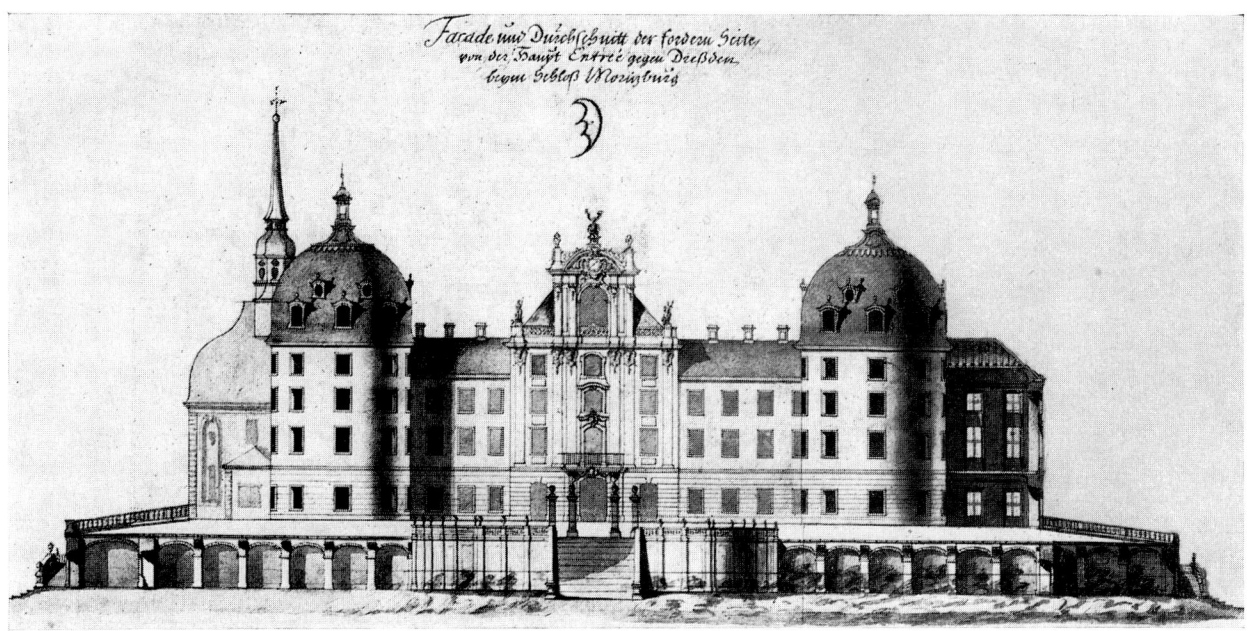

73 *Jagdschloß Moritzburg. Ansicht der Südfassade mit Schnitt durch die Terrasse. Wohl nach Entwurf von M. D. Pöppelmann. Federzeichnung, mehrfarbig getönt, nach 1723. Dresden, Staatsarchiv (OHMA Cap. V, Nr. 21a)*

klassischen Barocks der französischen Akademie und strengster unter den je in Dresden wirkenden Tektonikern, der hier zuerst die Lisene als vorherrschende Fassadenschmuckform einführte.

Auch die seit etwa 1724 entstehenden Projekte zur Fassadengliederung des Moritzburger Schlosses lassen im Durchdringen der Vorstellungen von Pöppelmann und Longuelune die Wandlung zur neuen Stilrichtung erkennen. Ausgangspunkte bleiben hierbei immer das übernommene Motiv der vier Rundtürme, der über die Hauptsimshöhe der Verbindungsflügel gezogene Kernbau sowie die in der Hauptachse vorspringenden Anbauten der Kapelle im Westen und des Speisesaales im Osten. Auf dieser Grundlage werden Varianten zur Gliederung der Schauseiten und zur Bekrönung des Kernbaues entwickelt, wobei teilweise auch versucht wird, die Kapelle unter Wegfall des Turmreiters dem östlichen Saalvorbau anzugleichen.

Kolossale Pilaster bilden hingegen das tektonische Gerüst des Mittelrisalites. Die Betonung der Nord-Süd-Achse durch einen Balkon im ersten Obergeschoß und darüber aufsteigende Fenster, deren Verbindung ihre Giebelverdachungen herstellen, deutet auf die entwerfende Hand Pöppelmanns: ähnliche Formen hatte er bereits um 1719 am Palais Vitzthum in der Dresdener Kreuzgasse verwendet (Abb. 74). Auch die Art der Pilasterkapitelle mit ihrer organisch-weichen Ausbildung und den an böhmisch-österreichische Einflüsse erinnernden Gehängen ist dort zu finden; in Moritzburg schauen aus ihnen Hirschköpfe, die heute noch unterhalb des Hauptsimses vom Kernbau zu sehen sind (Abb. 224). Ein Pavillonaufsatz, der zugleich den Dachwalm verdecken will, bildet den Abschluß. Segmentgiebel und Uhr zwischen barockem Zierat, Vasenstellungen und eine bekrönende Büste bringen hier nochmals Anklänge an den Zwingerstil, wie ohnehin aus der vertikalen

74 *Matthäus Daniel Pöppelmann (1662–1736): Das Gräflich Vitzthumsche, später Rutowskysche Palais in Dresden, erbaut 1720 bis 1724, durch Brand 1786 zerstört. Schauseite nach der Kreuzgasse. Federzeichnung, grau und rötlich getönt, um 1719. Dresden, Institut für Denkmalpflege*

Verselbständigung des Mittelrisalites und seiner Durchbrechung der Dachzone Pöppelmanns Prunkportalgedanke aus der zweiten Dresdener Schloßplanung spricht (Abb. 75).

Erst in den nachfolgenden Projekten erhalten auch die Rücklagen, Verbindungsflügel und Türme eine Gliederung, wobei die Anordnung der Fenster meist unverändert bleibt. Ebenso erscheint das Erdgeschoß als durchweg genutet. Die beiden Rücklagen werden jetzt in den Obergeschossen durch auf Lisenen gelegte Pilaster gegliedert; sie greifen mit Konsolen in das Untergeschoß, während eingetiefte Felder den wieder nur einfach gerahmten Fenstern vertikale Verbindung geben (Abb. 79). Die Türme zeigen – wie schon im Projekt von 1716 – zwischen den Fenstern angeordnete und ebenfalls eingetiefte, durch drei Geschosse führende Felder, deren Schmuck große Festons bilden. Sie dominieren damit gegenüber den hier gleichfalls durch eingelassene Spiegel vertikal

verbundenen Fenstern. In einer wohl von Pöppelmann um 1724 geschaffenen Variante ist jenes Gliederungsschema der Türme auch auf die Rücklagen übertragen, nur daß dort die zwischen den Fenstern hochstrebenden kolossalen Felder schmucklos bleiben; außerdem sind alle vorkommenden Felder nicht mehr eingetieft, sondern aufgesetzt (Abb.76). Der in der Gliederung des ersten Entwurfs belassene Mittelrisalit ist jetzt um ein halbes Geschoß erhöht; es wächst über einem kräftigen Zwischengesims auf und schließt mit hohem Mansarddach ab. Ein in der Mitte als Träger einer Uhr erscheinender kleiner Aufbau erinnert mit seinem Schnepfengiebel sowie den von Gehängen geschmückten Vorlagen und bekronenden Vasen wieder an den Zwingerstil. Wohl aus Gründen der Symmetrie kommt es zudem zum Versuch einer äußeren Angleichung von Kapelle und Speisesaal. Beide Baukörper bedecken ebenfalls Mansarddächer, wobei beim westlichen Vorbau allein

75 *Matthäus Daniel Pöppelmann (1662–1736): Zweite Planung zum Umbau des Dresdener Residenzschlosses.*
Variante der Hauptschauseite mit dem als Prunktor gestalteten Mittelrisalit. Federzeichnung,
grau getönt, nach 1711. Dresden, Sächsische Landesbibliothek

noch die übernommenen Klengelschen Fenstergruppen den dahinter befindlichen Andachtsraum ahnen lassen.

Zeigen bei diesen Varianten der Mittelrisalit samt seinem Aufbau wie auch die Pilaster mit ihren Kapitellen und Konsolen den unverkennbaren Duktus des Zwingerbaumeisters, so deuten Lisenen und Felder auf die strengere Formensprache Longuelunes. Hieraus läßt sich vermuten, daß der König zwischen dem französischen Architekten und Pöppelmann eine Art Wettbewerb veranlaßte, wie es ähnlich bei der Planung von Großsedlitz geschah: Dort sollten 1726 Pöppelmann, Longuelune und Knöffel ihre Ideen entwickeln, „ohne daß einer vom anderen wüßte und daß man dann das Gute von dem einen oder anderen wählen könnte", womit „in geradezu klassischer Weise das kollektive Vorgehen gekennzeichnet ist, das für die barocke Planarbeit so charakteristisch ist" (H. G. Franz). Aus den Moritzburger Ergebnissen entstand wohl eine Umzeichnung des ersten Pöppelmannschen Entwurfes von 1723, in der Gedanken des Zwingerarchitekten und Longuelunes zu einem Ganzen geführt sind (Abb. 77). Der Plan dürfte zugleich den endgültigen Fassadenvorschlag des Oberbauamtes auf Grundlage der königlichen Bestätigung vom 10. April 1726 darstellen: Pöppelmanns Ausbildung des Mittelrisalites ist übernommen, nur schließt er jetzt mit einem Giebel ab; ansonsten herrscht die Lisene als Gliederungsmotiv der Rücklagen, Verbindungsflügel und Türme vor. Sie hat sich jedoch zur Form von rechteckigen Feldern gewandelt, die frei auf den Putzflächen sitzen und daher keinen stati-

schen Eindruck mehr erwecken. Auf ihre Betonung durch Festons wird verzichtet; auch sind die kleinen, den Fenstern vertikale Verbindung gebenden Spiegel wieder aufgesetzt.

Pöppelmann verwendet hier das Lisenensystem Longuelunes, das bei diesem strengen Tektoniker immer primäre Bedeutung hat, als dekorativen Überzug der Fassaden; es wandelt sich damit zur Flächenzerlegung, die keinen tektonischen Zweck mehr erfüllt. Freilich sprechen solche Neigungen schon aus seinem um 1710 entstandenen Entwurf zur Erweiterung des Dresdener Taschenbergpalais (Abb. 78); weit stärker treten sie dann im Moritzburger Projekt von 1716 auf (Abb. 53), und 1721 zerlegt er die Gartenseite des Mitteltraktes vom Pillnitzer Wasserpalais in Fensteröffnungen und chinoresk bemalte Felder. Auch die Varianten zur Gliederung der Moritzburger Schloßfronten zeugen erneut vom großen Gestaltungsvermögen des Zwingerbaumeisters, indem er kein bloßes Nachahmen der Formelemente Longuelunes anstrebt, sondern diese nach eigener Auffassung umbildet. In Paris aber hatte er 1715 eine derartig konsequente Aufteilung von Fassadenflächen noch nicht sehen können; sie ist damals allein durch Longuelune in Dresden eingeführt worden. Pöppelmann, der trotz seiner glanzvollen höfischen Stellung immer dem Bürgertum verbunden blieb, mochte zudem fühlen, daß jenes Streben nach Mäßigung nicht grundlos in einer Zeit auftrat, wo sich der Verfall des am Kulminationspunkt seiner Macht stehenden Feudalabsolutismus bereits abzeichnete. Denn indem der Klassizismus das bürgerliche Ge-

dankengut der Renaissance wie auch bürgerlich-rea-
listische Tendenzen Frankreichs als Grundlage nahm,
wies er den Weg zur Erfüllung der Sehnsucht des
nun politisch und ökonomisch vorwärtsdrängenden
Bürgertums nach eigenem künstlerischen Ausdruck.
Dies war jedoch ein Wunsch, der innerhalb der bürgerlichen Kräfte Kursachsens aufgrund ihrer starken
Traditionen besonderen Widerhall fand.

Für das Moritzburger Schloß entstanden noch weitere Fassadenvarianten, die aber von den bereits ge-
äußerten Gedanken ausgingen und daher den Planungsverlauf nur zeitweise beeinflußten. So findet
sich auf dem Deckblatt zum vermutlich ersten Entwurf Pöppelmanns (Abb. 73) den Versuch, dem Dach-

einer Ideenskizze zur nördlichen Schloßfassade der
Anbau des Speisesaales in gleicher Höhe wie die Verbindungsflügel belassen. Man erkannte freilich, daß
dies im Zusammenhang mit der gegenüberliegenden
Kapelle zu einer Störung im Massenaufbau des
Schloßkörpers geführt hätte, so daß jener Saalbau
um ein halbes Geschoß erhöht wurde.

Als Sonderfall wirkt schließlich eine wohl ebenfalls um 1724 entstandene Variante. Zwar zeigen
hier der Mittelrisalit wie auch die Rücklagen, Verbindungsflügel und Türme den Gliederungscharak-
ter Pöppelmanns, doch schließt der mittlere Aufbau
mit einer großen Uhr ab. Sie wird von liegenden und
Posaune blasenden Genien flankiert, während ein

*76 Matthäus Daniel Pöppelmann (1662–1736): Planungsvariante zur Gestaltung der Südansicht von Schloß
Moritzburg. Federzeichnung, mehrfarbig getönt, um 1724. Dresden, Institut für Denkmalpflege*

aufbau des Mittelrisalits durch seitlich aufschwingen-
de Mauerbacken eine gefälligere Wirkung zu geben.
Unbefriedigend erscheint hingegen jene Variante,
die als Bekrönung des Dachaufbaues eine hochra-
gende barocke Kuppelgestaltung vorsieht, wie sie
ähnlich der Entwurf von 1716 brachte; auch wird auf

hoher Obelisk das Ganze bekrönt (Abb. 79). Dem
Entwurf könnte jener Befehl vom 5. April 1723 zu-
grunde liegen, der das Anfügen von zwei geräumigen
Sälen verlangte. Jedenfalls verzichtet man auf den
Turmreiter der Kapelle als unerwünschte Konkur-
renzdominante, und das Äußere der Klengelschen

77 Jagdschloß Moritzburg. Ansicht der Südfassade mit Entwurfsvariante zur Ausbildung des Mittelrisalites. Federzeichnung, farbig getönt, um 1726. Dresden, Staatsarchiv (OHMA Cap. V, Nr. 23)

Andachtsstätte erhält die Gestalt vom Anbau des Speisesaales, wobei beide Vorbauten jetzt mit Walmdächern bedeckt sind und an den Stirnseiten Frontons zeigen. Vor allem aber deutet jene Verwendung des Obelisken auf Longuelune, den dieses Motiv fortwährend bewegt hat. Ebenso bekundete August der Starke eine ausgeprägte Neigung zu solchen Formen, der wohl einst in Venedig erhaltene Anregungen zugrunde lagen: Dort sind Obelisken als Hauptsimsbekrönungen verschiedener Paläste am Canale Grande, aber auch auf den Balustradenecken der von Sansovino stammenden Libreria Vecchia an der Piazzetta di San Marco zu finden. Die Großmachtidee des sich schon als sächsischer Caesar Augustus fühlenden Königs brachte diesem Motiv, das in sich das A des Augustus verbirgt, bei damaligen höfischen Bauaufgaben mehrfache Verwendung. In Moritzburg mag man jedoch gemerkt haben, daß durch eine solche Betonung der Mitte den mächtigen Turmkuppeln ein zu schweres Gegengewicht erwachsen wäre, so daß der Kernbau mit einem schlichten Walmdach abgeschlossen wurde (Abb. 63, 80). Wie berechtigt diese Entscheidung war, zeigen zeitgenössische Darstellungen von Corvinus und Thiele, auf denen jene nicht realisierte Hervorhebung der Nebenachse des Schlosses bereits erscheint (Abb. 81, 82).

Die Schauseiten der Terrasse sollten ebenfalls Lisenen gliedern; sie treffen jeweils mit den Figurenpostamenten der Balustrade zusammen, während über den dazwischen angeordneten Fenstern und Türen wieder aufgesetzte Felder liegen (Abb. 79).

Von alldem blieb eine wohl schon um 1727 vorgenommene Bemalung der Fassaden beibehalten, die auf dem endgültigen Vorschlag des Oberbauamtes beruhte (Abb. 77): Über einem genuteten Erdgeschoß in dunklem Ocker erscheinen in den Obergeschossen weiße Wandflächen, auf die kolossale Felder zwischen und querliegende Spiegel unter den Fenstern gemalt sind. Ebenso wie die einfachen Rahmungen der Fensteröffnungen zeigen alle Felder den Ockerton des Erdgeschosses. In seiner Beschränkung auf das rein Architektonische entspricht dieses Gliederungsprinzip der um 1722 ausgeführten Bemalung der oberen Orangerie in Großsedlitz. Später verlorengegangen, wurde es aufgrund von Untersuchungen des Instituts für Denkmalpflege, Arbeitsstelle Dresden, seit 1979 rekonstruiert (Abb. 63, 64). Von der Idee her dürfte diese Form auf Pöppelmann zurückgehen, der auch in seiner Spätzeit die eigentliche Lisene nie verwendete, wie neben Moritzburg ein wohl 1732 geschaffener Entwurf zum Umbau des Schlosses Elsterwerda belegt. Dennoch ist bei der Moritzburger Planung die geistige Einwirkung Longuelunes nicht zu übersehen, läßt sich doch ohnehin seit etwa 1720 sein starker persönlicher und geistiger Einfluß auf die Entwicklung der Dresdener Baukunst feststellen. Denn das durch ihn veranlaßte zeitige Aufnehmen klassizistischer Gedanken sicherte seinen Stilformen eine lange Nachwirkung, indem jene typischen Fassadengliederungen, die dann der späte Knöffel im Durchdringen mit barocken Elementen zum spezifisch sächsischen Rokoko wandelt, die meisten Profanbauten Dresdens bis gegen Ende des 18. Jahrhunderts prägen. Auch beim Weiterführen der Moritzburger Planungen nach 1765 sollte dieser Einfluß des französischen Architekten fühlbar werden.

78 Matthäus Daniel Pöppelmann (1662–1736): Entwurf zur Erweiterung des Taschenbergpalais in Dresden. Seite nach dem Zwinger (Ausschnitt). Federzeichnung, grau getönt, nach 1710.
Dresden, Institut für Denkmalpflege

3. Grundrißdisposition und Raumgestaltung

Die Symmetrie, von der das äußere Erscheinungsbild des Schlosses bestimmt wird, kennzeichnet auch sein Inneres, wobei die Grundrißdisposition der mächtigen Anlage mehr als 200 Räume sowie vier große und drei kleine Säle umfaßt (Abb. 83, 84). Hierin kommt wieder jene eigentliche Zweckbestimmung zum Ausdruck, der schon die alte Moritzburg verpflichtet war: Unterkunft zu bieten für eine erhebliche Anzahl von Gästen der Jagdvergnügungen des Landesherrn und überdachten Raum zu besitzen für damit verbundene Festlichkeiten. Im Erdgeschoß des Kernbaues empfing die mit der Equipage ankommenden Personen eine Folge von drei Hallen, die als Durchfahrt angelegt sind und in der Nebenachse von Süd nach Nord verlaufen. Nach Osten und Westen schließen sich daran Räume, in denen ursprünglich das Dienst- und Wachpersonal untergebracht war. Von der Mittelhalle gelangt man über jene zwei seitlich liegenden Doppeltreppen von 1729 zum ersten Obergeschoß, das sich mit seinen großen, durch zwei Stockwerke führenden Festsälen als „bel étage" charakterisiert. Jeweils ein verglaster Gang, zu dessen Seiten kleine Lichthöfe angeordnet sind, führt von den beiden Treppenhäusern zunächst in den mittleren Steinsaal, von dem sich nach Süden der Monströsensaal und nach Norden der Billardsaal erschließen. Der große Speisesaal hingegen ist vom östlichen Treppenhaus zu erreichen, während der Zugang zur Kapelle im Erdgeschoß erfolgt, doch konnte man früher im ersten Stockwerk über die Westtreppe auf die obere Empore gelangen.

Beiderseits des Monströsen- und Billardsaales liegen jeweils drei Zimmer, die gemäß dem Gesetz der barocken Raumgliederung die Enfilade bilden. Von repräsentativem Charakter, dienten sie einst dem König und Angehörigen des königlichen Hauses, aber teilweise auch fürstlichen Gästen als Wohn- und Schlafräume, wobei offene, in den Ecken der Lichthöfe angebaute Übergänge die unmittelbar neben den Sälen gelegenen Zimmer direkt mit dem Steinsaal verbanden. Das über diesen Räumlichkeiten liegende Mezzanin enthielt viele kleinere Gelasse für Gefolge und Dienerschaft des Hofes. Weitere Quartiere, die über die Treppenhäuser der Verbindungsflügel erschlossen wurden, fanden sich in den Geschossen der Türme. Ebenso wie das Äußere des Schlosses blieben seine Grundrißdisposition, die letztlich doch den Gegebenheiten eines Umbaues folgen mußte, sowie bestimmende räumliche Gestaltungen weitgehend im originalen Zustand erhalten.

Mit dem inneren Ausbau dürfte 1726 begonnen worden sein, wobei das Anfertigen der Entwürfe

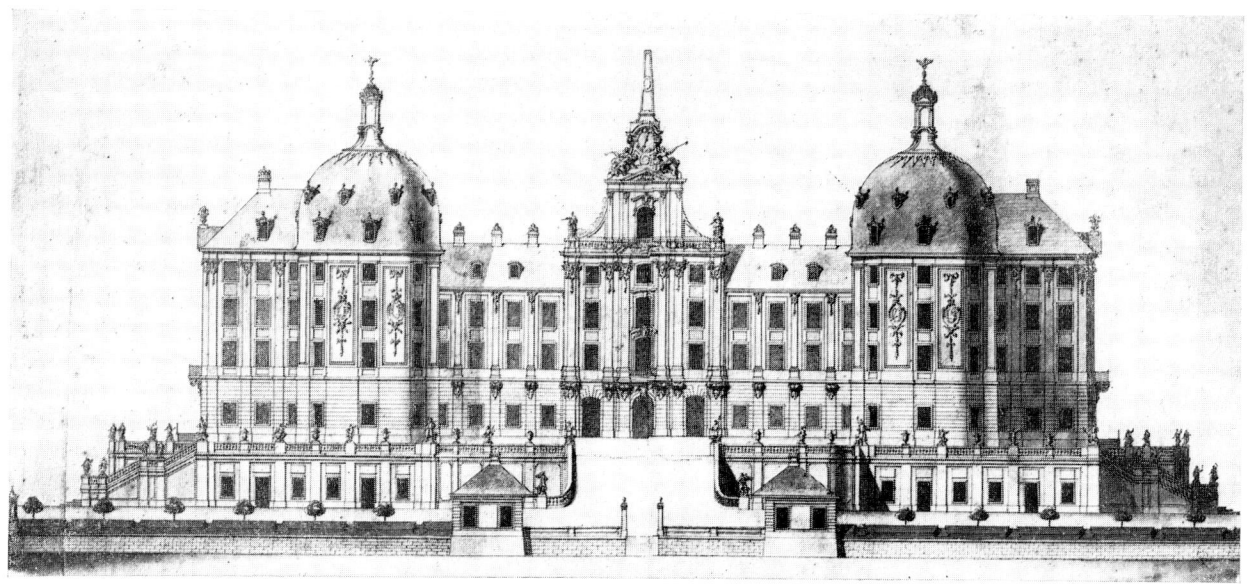

79 *Jagdschloß Moritzburg. Ansicht der Südfassade mit obeliskenbekröntem Mittelrisalit.*
Federzeichnung, farbig getönt, um 1724. Dresden, Institut für Denkmalpflege

und die Leitung der Ausführung in den Händen des Innenarchitekten Raymond Leplat lag. Von Herkunft ein Flame, war er schon 1698 nach Dresden gekommen und zeichnete seitdem als „Ordonneur du Cabinet" für Ausstattungen königlicher Bauten verantwortlich. Mit sicherem künstlerischen Geschmack hat er daneben fast drei Jahrzehnte hindurch die Kunstankäufe des Königs geleitet, eine Tätigkeit, der allein die Gemäldegalerie Hunderte von Bildern verdankt. Auch war ihm freie Hand gelassen beim Auswählen von fremden Künstlern für Vorhaben des Königs. So konnte er neben Italienern vor allem Franzosen wie den Maler Louis de Silvestre oder den Bildhauer François Coudray in sächsische Dienste vermitteln, und ebenso mag seine Fürsprache die Berufung Zacharias Longuelunes veranlaßt haben.

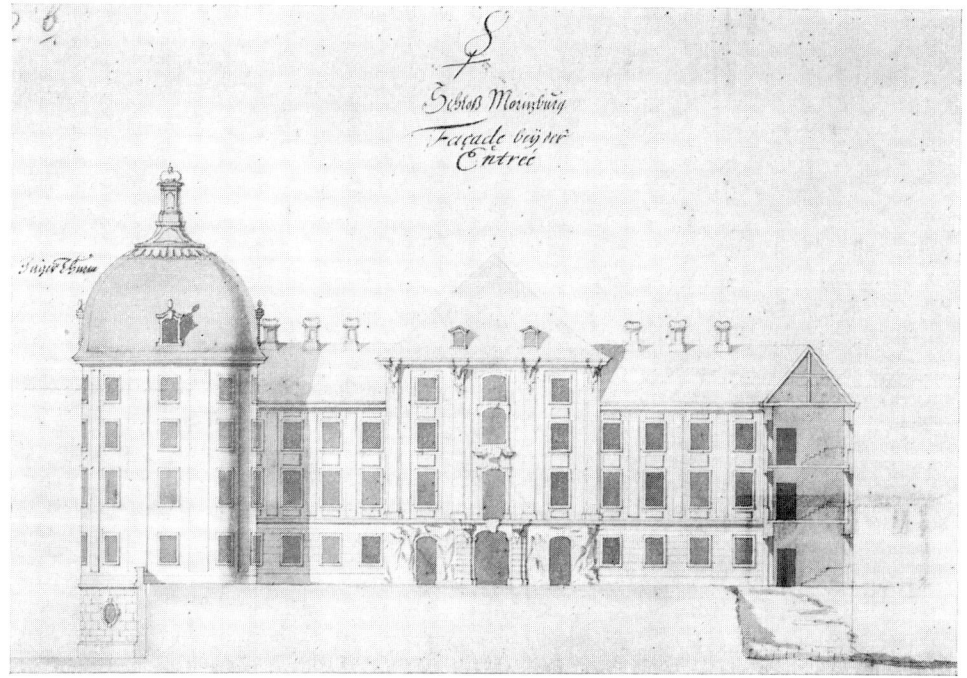

80 *Jagdschloß Moritzburg. Ansicht der Südfassade mit Schnitt durch den Verbindungsflügel zum Amtsturm und endgültiger Ausbildung des Mittelrisalites. Wohl nach Entwurf von M. D. Pöppelmann. Federzeichnung, farbig getönt, um 1727. Dresden, Staatsarchiv (OHMA Cap. V, Nr. 2b)*

81 Johann August Corvinus (1683–1738): „Prospect des Königl. Pohln. und Churfürstl. Sächß. schönen Jagd und Lust Schlosses, vormahls Moritzburg, jetzo Dianenburg genañdt." Darstellung nach dem nicht ausgeführten Idealprojekt. Kupferstich, 1733. Dresden, Institut für Denkmalpflege

82
Johann Alexander
Thiele (1685–1752):
Ansicht des Jagd-
schlosses Moritzburg
mit nicht realisiertem
Mittelrisalit.
Ausschnitt aus
Abb. 142

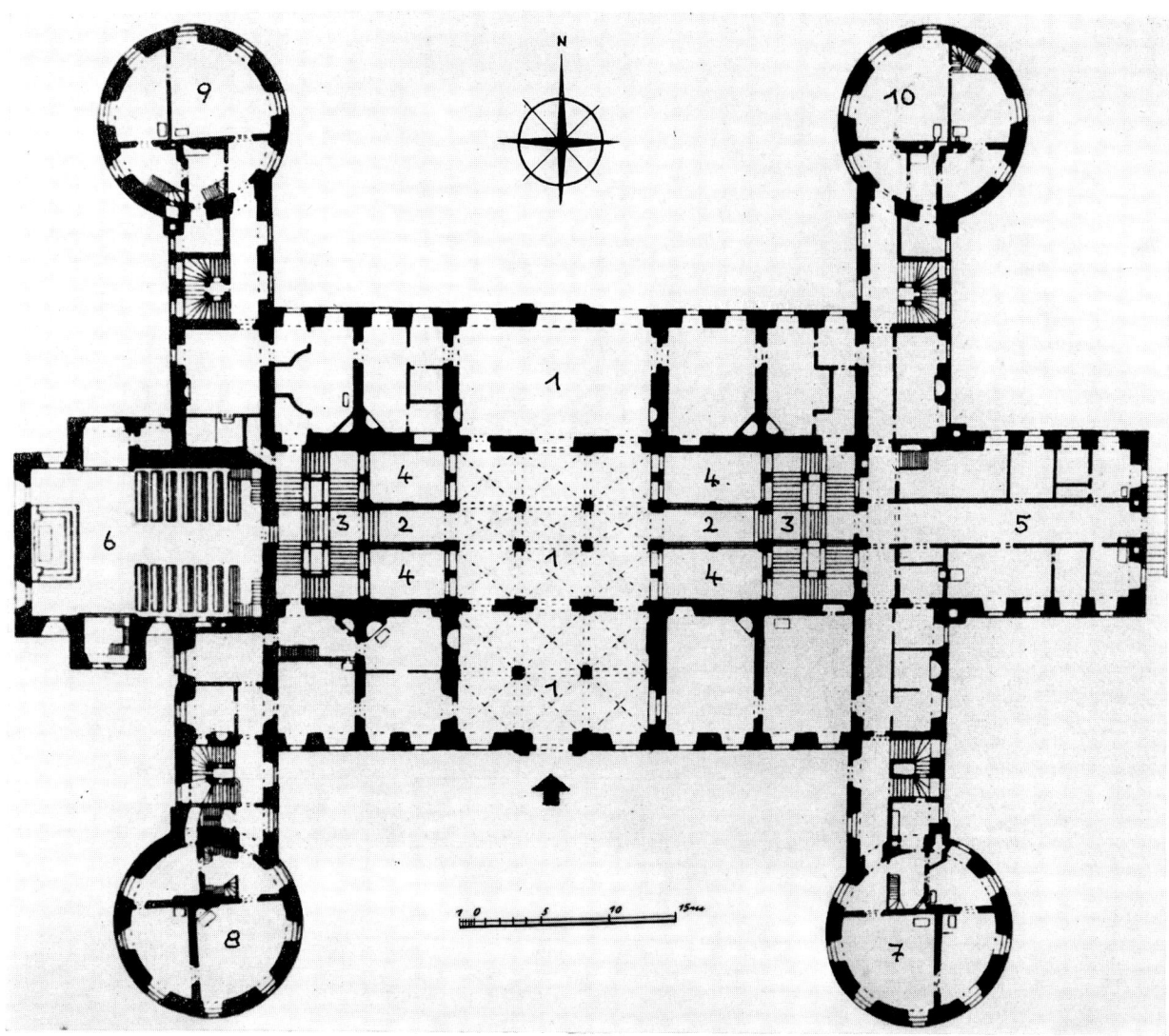

83 Jagdschloß Moritzburg.
Grundriß des Erdgeschosses. Aus C. Gurlitt: Beschr. Darstellung . . ., Bd. 26, S. 111
1 = Hallen der Erdgeschoßdurchfahrt, 2 = Gang, 3 = Treppenhäuser von 1729, 4 = Lichthof, 5 = Hofküche,
6 = Kapelle, 7 = Amtsturm, 8 = Jägerturm, 9 = Backturm, 10 = Küchenturm

Bei der Innenausstattung des Schlosses aber sind die besten der damals in Dresden wirkenden Kräfte am Werke gewesen: In der monumentalen Malerei finden wir Louis de Silvestre tätig, unter dessen Oberleitung die beiden Venezianer Lorenzo Rossi und Giovanni Battista Groni arbeiten; weitere Ausführungen übernahmen die Maler Johann Christian Kastel und Christian Trauschke, der Bildhauer Johann Christian Kirchner, der Vergolder Henry Hulot, die Malerin und Zeichnerin Anna Maria Wernerin, während die Herkunft der Ledertapeten unklar bleibt. Außerdem zählten zu den ursprünglichen

Einrichtungsgegenständen zahlreiche kostbare Möbel, Porzellane, Gläser sowie Öfen, die vorwiegend aus sächsischen Werkstätten kamen und an denen Dresdener Handwerker wie die Hoftischler Peter Hoese und Johann Christoph Schwartze, der Tischlermeister Johann Gottfried Heinrich Grahl (Abb. 85), der Maler Johann Georg Naake oder der Spiegelfaktor Erich Niclas Noor hervorragenden Anteil hatten.

Vor allem die heimischen Tischler zeigten ein hohes Leistungsvermögen, wobei ihren Möbeln ein kraftvolles, bis in Einzelheiten durchgebildetes Detail eigen ist. Als eine der kunstvollsten jener Schöp-

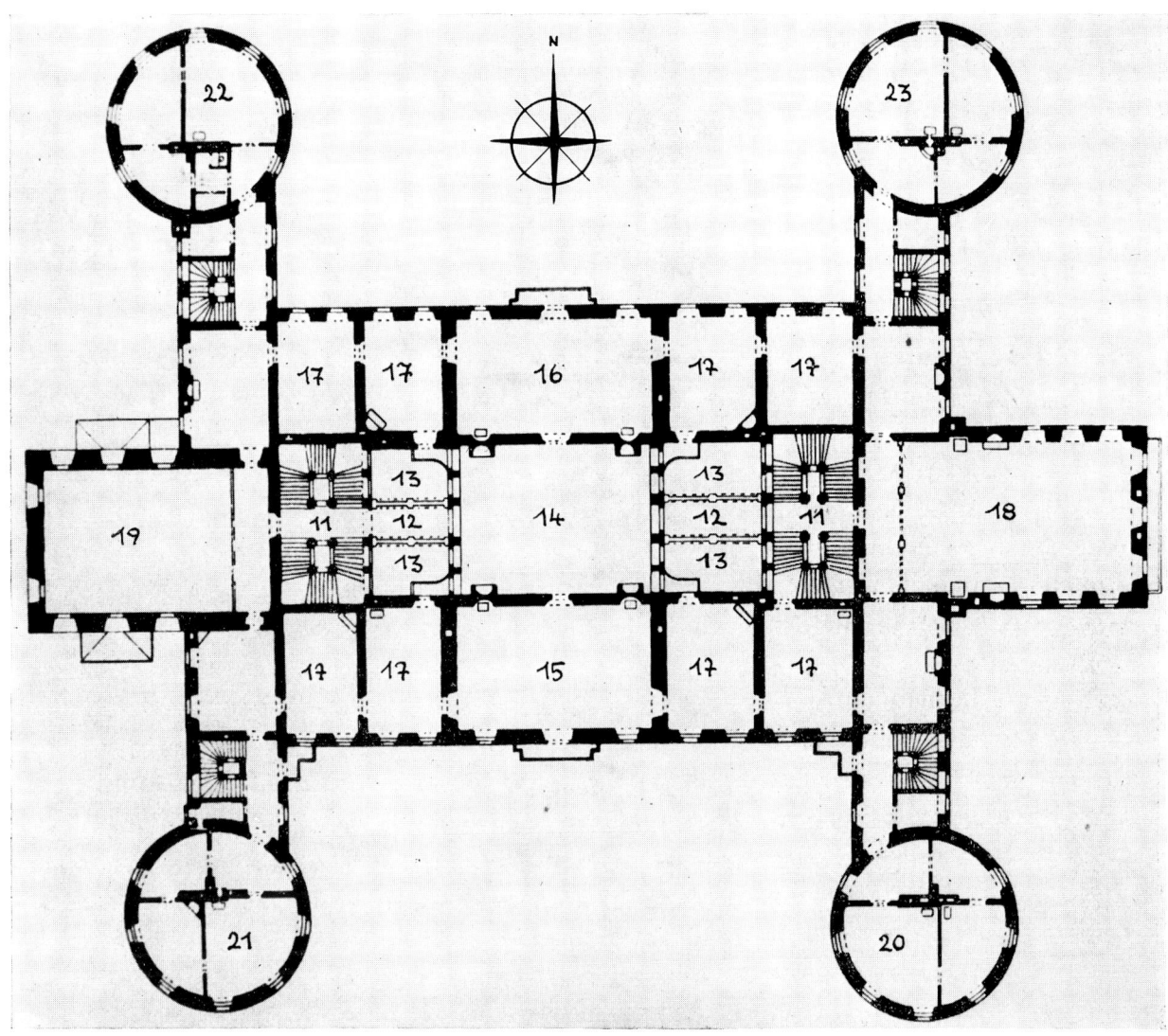

84 Jagdschloß Moritzburg.
Grundriß des 1. Obergeschosses. Aus C. Gurlitt: Beschr. Darstellung . . ., Bd. 26, S. 110
11 = Treppenhäuser von 1729, 12 = Zugangsgalerie, 13 = Lichthof, 14 = Steinsaal, 15 = Monströsensaal,
16 = Billardsaal, 17 = Wohnraum, 18 = Großer Speisesaal, 19 = Kapelle, 20 = Quartier im Amtsturm,
21 = Quartier im Jägerturm, 22 = Quartier im Backturm, 23 = Quartier im Küchenturm

fungen erhielt sich ein Schreibschrank, den Niclas
Noor am 20. November 1727 auf königlichen Befehl zur Ausstattung des Schlosses lieferte (Abb. 86),
wobei die Holzarbeiten wohl von J. G. H. Grahl
stammen. Das außen und innen mit Nußbaum
furnierte Möbel wird charakterisiert durch die hinter
hohen Spiegeltüren angeordnete Klappe des Pulttei-
les, Kabinettfächer und einen reichen geschliffenen
Glasbelag, während der klaren äußeren Flächenglie-
derung ein stark bewegtes Gesims Lockerung gibt.
Die qualitätvoll mit Unter- und Oberschliff verzierten Spiegel stammen aus der 1709 in Friedrichsthal

bei Senftenberg eingerichteten Glashütte, wo Erich
Niclas Noor Faktor war. Daneben erhielten sich viele
der 1727 durch den Hoftöpfer Johann Adam Fischer
im Schloß gesetzten Öfen, die vorwiegend aus eisernen Feuerkästen und tönernen Aufsätzen bestehen.
Unter ihnen finden sich zwei, deren Gußplatten „von
Ihro Exc. des Herrn Ober Marschall von Lobendahl
(Löwendahl) Hammer Werk gelieffert worden", dem
1725 gegründeten Vorgänger des Lauchhammerwer-
kes. Die meist früher gegossenen Platten anderer
Öfen sind im Gegensatz zu den reicheren Formen
der Aufsätze bewußt schmucklos gehalten oder zei-

Johann Gottfried Heinrich Grahl
(gest. 1734): Stollenschrank für
das Jagdschloß Moritzburg, 1725.
Fichte, Türrahmen in Eiche
in Nußbaum furniert.
Spiegelarbeiten wohl
von Erich Niclas Noor (1684–1748).
Barockmuseum Schloß Moritzburg.
(Leihgabe Staatl. Kunstsammlungen
Dresden, Museum für Kunsthandwerk
Schloß Pillnitz)

gen schlichte Blumenmotive wie auch Kriegergestalten (Abb. 207).

Von fast einmaliger Vielfalt ist die Ausstattung der Räume mit Ledertapeten aus der Zeit des Umbaues: golden schimmernd oder im Glanze aufgemalter Farben leuchtend, vielfach auch mit plastisch wirkenden ornamentalem und figuralem Dekor, vereinen sie sich in ihrer Gesamtheit zum künstlerisch-festlichen Erlebnis. Indes ist dieser Kunst ein langer Entwicklungsweg beschieden gewesen. Im Mittelalter hatten sie die Mauren aus der nordafrikanischen Stadt Ghadames nach Spanien gebracht, wo sich bald Cordova als Zentrum der Ledertapetenherstellung herausbildete: Ein Ambrosio de Morales schildert 1575 bewundernd das goldene Schimmern der Leder, die in der Stadt zum Trocknen aufgespannt hingen.

Damals war bereits jene Kunst nach Italien und Frankreich, aber auch nach den von Spanien beherrschten Niederlanden vorgedrungen, während sie erst später Deutschland, England und Schweden erreichte. Ihre Verbreitung lag jedoch nicht allein in der zunehmenden Handelstätigkeit begründet, sondern war ebenso auf die seit der Renaissance immer mehr von repräsentativen Erwägungen bestimmte Entwicklung der Wohnkultur zurückzuführen. Im Zuge dieser von Italien nach Frankreich verlaufenden Bewegung hatte sich seit der zweiten Hälfte des 17. Jahrhunderts auch beim deutschen Adel und Bürgertum eine Verfeinerung des Geschmacks ergeben: Bald kamen zu der bisher vorherrschenden Ausstattung der Repräsentationsräume mit Gobelins Wandbespannungen durch Ledertapeten, wobei flandrische

86
Aufsatzschrank in Nußbaum furniert;
geschliffenes Spiegelglas als Belag
und auf den Türen.
Dresden, 1726/27.
Holzarbeiten wohl
von Johann Gottfried Heinrich Grahl
(gest. 1734), Spiegelarbeiten
von Erich Niclas Noor (1684–1748),
Barockmuseum Schloß Moritzburg
(Leihgabe Staatl. Kunstsammlungen
Dresden, Museum für Kunsthandwerk
Schloß Pillnitz)

Erzeugnisse bevorzugt wurden. Deren bekannteste Herstellungsorte waren damals Brüssel und Antwerpen, während in Italien Venedig und in Frankreich Paris, Marseille, Rouen sowie Avignon als Zentren der Produktion von Ledertapeten galten, Spanien aber seine Bedeutung auf diesem Gebiet seit dem 17. Jahrhundert verloren hatte. Erst nach Mitte des 18. Jahrhunderts begann mit dem sich nun schneller wandelnden Geschmack die Stoff- und Papiertapete aus wirtschaftlichen wie auch modischen Gründen jene Lederprodukte zu verdrängen.

Wenn auch der eigene Goldton der Ledertapete nicht durch das Auflegen des teuren Blattgoldes erreicht wurde, so ist ihre Herstellung dennoch sehr kostenaufwendig gewesen. Allein für die Bespannung eines größeren Raumes benötigte man etwa zweihundert Leder in den möglichst einheitlich geforderten Abmessungen von jeweils 75 × 65 cm, wobei Hammel-, Ziegen- oder Kalbsleder zur Verarbeitung kam. Die vorher gegerbten Lederstücke wurden zunächst durch Einweichen und auf Stein schlagen geschmeidig gemacht, dann folgte das Glätten und Zuschneiden in rechteckige Formen. Nach der nunmehr vorgenommenen Grundierung mit Blattsilberauflagen kam meist die „Vergoldung". Sie geschah durch den Aufstrich eines Firnisses aus Fichtenharz und Kolophonium, dem Sandarah und Roßaloe beigegeben wurde; darauf kochte man das Ganze unter Zusatz von Leinöl, bis der gewünschte Goldton erschien. Dort, wo später farbige Behandlungen vorgesehen waren, wurde der Firnis entfernt. Nun erst begann die künstlerische Gestaltung, bei der die

Leder entweder bemalt, gepunzt oder gepreßt wurden, doch wendete man auch mehrere Techniken gemeinsam an. In Venedig ist wohl im 16. Jahrhundert nur das Bemalen bekannt gewesen, während Punzungen später hinzukamen. Bei ihnen wurden mit heißen, unterschiedlich geformten kleinen Metallstempeln winzige Strichlagen, Punkte oder Kreise in das Leder gedrückt, wodurch es verschiedenartigen Glanz erhielt; danach folgte das Bemalen mit Lasur- oder Deckfarben. Beim Pressen hingegen schnitt zuvor ein Künstler die verlangten Muster vertieft in ein Holzmodel; dann prägte sie der Tapetenmacher mittels einer Walzenpresse dem Leder von der Rückseite her ein, bis schließlich in der Werkstatt beschäftigte Maler die farbige Behandlung vornahmen. Zuletzt wurden die einzelnen Stücke miteinander vernäht und auf die Wand gespannt. Jene Vielfalt der Arbeitsgänge und deren handwerkliche wie künstlerische Ausführung bestimmten den hohen Wert der Ledertapeten.

Im Gegensatz zu den heute seltenen, meist nur in einzelnen Rapporten vorkommenden Ledertapeten des 17. Jahrhunderts zeigten diese damals innerhalb Deutschlands eine weite Verbreitung. Auch im alten Jagdhaus Moritzburg sollen bereits gegen Ende jenes Säkulums solche Wandbespannungen vorhanden gewesen sein, doch lesen wir erst im „Inventarium" von 1709, daß die im Erdgeschoß des Fürstenhauses gelegene Hofmarschallstube sowie ein Gästezimmer im ersten Obergeschoß „rings herum … mit güldenen Leder behangen" waren. Ebenso befanden sich zu jener Zeit im dritten Stockwerk des Jägerturmes „siebenunddreißig Stücke von ungleichen Größen vergoldetes und mit unterschiedenen Blumenwerk, Bildern geziertes Leder". Von diesem Bestand haben sich nur wenige Reste erhalten, die heute im Magazin des Schloßmuseums aufbewahrt werden: offenbar flämische Arbeiten, zeigen sie auf blauem Grund stark gepreßtes, im Goldlackton gehaltenes verschnörkeltes Rankenwerk, das von Putten, Vögeln und Insekten belebt wird (Abb. 39). Die meisten der dreizehn nach ihren Motiven unterschiedlichen Tapeten, die heute im Schloß zu finden sind, dürften jedoch zur Ausstattung des nach 1723 beginnenden Umbaues beschafft worden sein. Aus dem Inventar von 1733 geht der reiche Bestand an Ledertapeten hervor: Demnach waren vom Erd- bis zum zweiten Obergeschoß des Hauptbaues die Wände von etwa 60 Räumen wie auch alle Turmquartiere mit solchen Bespannungen versehen, unter ihnen „meuble von silbernen Leder mit roth, grün und goldenen Blumen" oder „rothen Leder mit goldenen auch silbernen Figuren". Von denen sich darunter befindlichen lederbezogenen Stühlen hatte 1727 Hoftäschner Sa-

muel Girckhoff, der auch Tapeten für das Schloß vernähte, 24 Dutzend nach Moritzburg geliefert. Ihre Bezüge der Sitzflächen und Lehnen korrespondierten mit Farbe und Dekor der Ledertapete in den einzelnen Räumen, wobei die sich aus dem königlichen Monogramm, dem Schloßnamen und der Jahreszahl zusammensetzenden Brandstempel auf den Rückseiten der Lehnen das Einmalige und die Wertschätzung jener Schloßbestuhlung hervorhoben.

Die Anbringung der Tapeten dürfte in den Räumen des Hauptbaues über niedrigen, ungegliederten Holzpaneelen erfolgt sein, wie es im Raum nördlich neben der Kapelle sichtbar blieb; dagegen sind die hölzernen Lambris der anderen Zimmer im Zuge einer 1924 vorgenommenen Neufassung der damals noch vorhandenen Tapeten entstanden. In den Türmen freilich lassen neuere Untersuchungen vermuten, daß dort raumillusionistisch gemalte Wandpaneele und Füllungen der Fensternischen vorherrschten, während die Decken durchweg weiß gehalten waren. An mobilen Ausstattungen kamen in diesen Quartieren Rehfuß- und Spieltische, Kommoden, Garderoben- und Schreibschränke, Betten sowie Schemel- und Lederstühle hinzu, wobei Vorhänge aus weißem Leinen, Gemälde wie auch zahlreiche Jagdtrophäen den ursprünglichen, eine satte Farbigkeit zeigenden Charakter der Einrichtungen abrundeten.

Indes bleibt die Herkunft der Moritzburger Tapeten ungewiß, zumal die darüber Auskunft gebenden Archivalien zu den Kriegsverlusten zählen. Vielleicht verbergen sich in ihnen Arbeiten des Franzosen Pierre Merçier, der 1686 als Réfugié nach Berlin gekommen war und Dienste beim Großen Kurfürsten nahm. In der dort von ihm gegründeten Gobelin-Manufaktur hatte er 1693 die berühmte Folge von Kriegstaten jenes 1688 verstorbenen Friedrich Wilhelm von Brandenburg gewebt, während ihn 1706 König Friedrich I. von Preußen zum „inspecteur des gobelins" ernannte. Nach Entlassung der Künstler durch König Friedrich Wilhelm I. kam Merçier 1714 nach Dresden und erhielt hier sogleich eine Anstellung als „inspecteur des tapisseries"; außerdem stellte man ihm zur Einrichtung einer „königl. concessionierten" Teppichwirkerei im Grundstück von „Berlichs Schänke" vor dem Pirnaischen Tore die Summe von 1000 Talern zur Verfügung. Als ersten Auftrag Augusts des Starken webte er bald darauf zwei große Gobelins mit den Darstellungen der Abreise des Kurprinzen und seiner Vorstellung am Hofe Ludwigs XIV. in Fontainebleau nach 1715 entstandenen Gemälden Louis de Silvestres. Dieser mußte zudem laut Anstellungsdekret bei Teppichen, die der „Tapezier" nach seinen Vorlagen herstellte, „mit Aufsicht führen, daß durch denselben es wohl ausgeführt werde". Merçier beschäftigte zehn

87 Jagdschloß Moritzburg. Detail einer gepreßten
und vergoldeten Ledertapete mit rotem,
nach den Seiten in Blau wechselndem Grund
aus dem 1. Obergeschoß, das Dekor in Formen der
Régence-Ornamentik gehalten. Vielleicht französische
oder niederländische Arbeit,
1. Drittel des 18. Jahrhunderts

lichem Treppenaufgang sowie je ein Raum im südöstlichen Bereich des Erdgeschosses und im Nordost-
turm teilbespannt. Die Beschränkung auf das erste
Stockwerk erfolgte 1924, als eine hohe Schadhaftig-
keit der Tapeten ihre Neufassung verlangte, doch gaben damals die Wettiner auch einen Großteil davon
an den Krakauer Wawel ab, wo sie seither mehrere
Räume schmücken. Zudem haben natürliches Schrump-
fen des Leders wie auch in der Vergangenheit un-
sachgemäß vorgenommene Retuschen die ursprüngliche Wirkung der Tapeten nachteilig beeinflußt.

Außer den acht Motiven der kompletten Wandbespannungen finden sich im Schloßmagazin fünf weitere Beispiele als Rapporte, zu denen auch jene beiden Muster zählen, die aus der alten Moritzburg
überkamen. Die restlichen elf Dekore unterscheiden
sich der Herstellungsart nach in gepreßte und bemalte
wie auch gepunzte Arbeiten, wobei den einzelnen
Stücken Abmessungen von etwa 40 × 60 cm eigen
sind. Ihre Herkunft bleibt freilich nur schwer be-
stimmbar, doch deuten in neuerer Zeit durchgeführte
Untersuchungen, die Analogievergleiche, chemische
Analysen und Materialbestimmungen einschließen,
auf zwei Fertigungsländer. So zeigen die gepreßten

88 Jagdschloß Moritzburg. Detail einer gepreßten
und vergoldeten Ledertapete. Ausschnitt aus Abb. 87

Gehilfen und durfte sein Gewerbe auch zu eigenem
Nutzen betreiben. Er hatte alle Tapeten der königlichen Gebäude instandzuhalten, sollte aber Neuan-
fertigungen „so gut, ja noch besser, als es in Paris
und Brüssel geschieht, weben". Als Merçier 1729
starb, übernahm dessen erster Gehilfe Jacques Nermot das Unternehmen. Seine Tätigkeit erstreckte sich
freilich fast nur noch auf die Pflege vorhandener
Tapeten, ging doch seit dem Tode Augusts des Starken das Interesse des Hofes an der Manufaktur zurück, bis Geldmangel ihr infolge des 1744 ausbrechen-
den Zweiten Schlesischen Krieges ohnehin ein Ende
bereitete. Die Moritzburger Tapeten aber könnte man
ebenso von auswärtigen Manufakturen bezogen haben, wobei vielleicht Merçier oder später Nermot als
Vermittler auftraten.

Heute zeigen nur noch elf Räume im ersten Obergeschoß des Hauptbaues vollständige Lederbespannungen mit ornamentalem Dekor; außerdem sind
dort ein kleines Zimmer zwischen Steinsaal und öst-

Stücke Merkmale der Régence-Ornamentik, die wohl
auf Ornamentstichen der Franzosen Daniel Marot und
Jean Bérain beruhen· aus eckig gebrochenen und sich
kreuzenden Bändern wachsen lange Akanthusranken,
während die Mitte meist eine breite Palmettenmu-
schel ziert. (Abb. 87, 88). Netzartiges Gitterwerk,
Blumen, Tücher, Blätter oder auch Vögel ergänzen
diese Muster, die somit auf französisch-niederländi-

sche Manufakturen weisen, zumal Marot seit 1713 in Den Haag tätig war. Anderen Tapeten ist eine flächig bleibende Bearbeitung durch Malerei und verschiedenartige Punzungen gemeinsam (Abb. 89, 90); auch hier verraten einige Dessins wieder den Einfluß der Régence-Ornamentik, doch läßt eine zweite

von Blüten und Blättern umgeben werden, Chinesenfiguren erscheinen (Abb. 91, 92). Solche Schmuckformen der um jene Zeit zunehmende Verbreitung findenden Chinamode sind damals jedoch weder französischen und italienischen noch englischen Manufakturen unbekannt gewesen. Bei alldem wechseln die

89 Jagdschloß Moritzburg. Detail einer gepunzten und mehrfarbig bemalten Ledertapete mit rosarotem Grund aus dem 1. Obergeschoß. Wohl italienische Werkstatt, 1. Drittel des 18. Jahrhunderts

90 Jagdschloß Moritzburg. Detail einer gepunzten und mehrfarbig bemalten Ledertapete. Ausschnitt aus Abb. 89

Gruppe mit ihren kleinteiliger angelegten vegetabilen Dekors, deren Vorbilder offenbar Damast- oder Brokatgewebe bildeten, italienische Erzeugnisse vermuten. Kaum nachweisbar bleibt indes die Herkunft einer mit Chinoiserien bemalten Tapete, die als künstlerisch besonders reizvolles Beispiel reich ornamentierte Szenen zeigt und einen der ehemaligen Wohnräume östlich des Monströsensaales schmückt. Hier umfaßt das Gesamtmotiv zwei zusammenhängende Rapporte, die in der Höhe jeweils seitlich versetzt sind. Mit kräftigen Punzungen in Grün, Rot und Gold liegt es auf silbernem Grund, wobei zwischen phantastischen Architektur- und Möbelformen, die

Grundtöne der Wandbespannungen in den einzelnen Räumen von grün-golden über blau-gold und rosa-gold bis zu silber-gelb oder grün-silber, wovon sich ihre Muster in harmonisch zueinander stehenden Farbwerten absetzen. Im Monströsen- und Billardsaal hingegen zeigen die völlig unbearbeitet gelassenen Tapeten großflächige Szenenbemalungen im Stil einer monumentalen Wandmalerei. Ihre kunstvollen Behandlungen ordnen die Moritzburger Lederbespannungen den besten kunsthandwerklichen Erzeugnissen aus dem Anfang des 18. Jahrhunderts zu.

Von solch festlicher Pracht fühlt man beim Durchschreiten des südlichen Hauptportals vorerst wenig:

eher erweckt die zunächst „par terre" folgende, in nüchternem Weiß gehaltene *Durchfahrt* den Eindruck einer Burg als eines Schlosses. Bestehend aus drei Hallen, deren Gesamtheit etwa dem Grundriß des alten Fürstenhauses entspricht, wurde die mittlere 1729, die südliche aber 1744 gewölbt, während sich über

teilweise noch dem alten Jagdhause entstammen. Zu ihnen zählt ein Werk Daniel Bretschneiders aus dem Jahre 1584, „worauf ein Hirsch gemahlet, so Churf. Augustus geschossen". Weiterhin fallen in der nördlichen und südlichen Halle jeweils zwei sich gegenüberliegende Kamine auf, deren einfache Formen

91 Jagdschloß Moritzburg. Gepunzte Ledertapete im 1. Obergeschoß, mehrfarbig mit Chinoiserien auf silbern belassenem Grund bemalt. Vielleicht englische Werkstatt, 1. Drittel des 18. Jahrhunderts

92 Jagdschloß Moritzburg. Detail eines Rapportes der Chinoiserie-Tapete. Ausschnitt aus Abb. 91

die nördliche eine ebene Decke spannt (Abb. 83, 93). Schlanke quadratische Säulen mit grau abgesetzten Sockeln tragen flache Kreuzgratgewölbe, und große zweiflügelige Glastüren geben den Hallen Verbindung; im Fußbodenbelag setzt sich jedoch das Motiv der Sandsteinplatten fort, mit denen die Schloßterrasse seit 1747 belegt ist. Als Wandschmuck dienen seit der Erbauungszeit Gemälde und Jagdtrophäen. Unter den am 27. Februar 1731 durch Johann Christian Kirchner gelieferten „12 großen accurath nach der Natur neu verfertigten Hirsch-Köpfe von Lindenholze" findet man in der Nordhalle vier Paare verkämpfter kapitaler Hirsche, während die Gemälde

dem völlige Zweckmäßigkeit atmenden Interieur dieser Räumlichkeiten entsprechen.

Von der mittleren Halle „gehet man durch Galerien auf zwey prächtigen englischen Treppen, eine gegen Morgen und die andere gegen Abend . . .", zu den Repräsentationsräumen des ersten Obergeschosses. Nach Benjamin Gottfried Weinarts „Topographischer Geschichte der Stadt Dresden" von 1777 waren einst jene Treppenhäuser „mit englischen Laternen, Statuen, Vasen und an den Wänden mit schönen Schilderyen versehen".

Der zunächst folgende *Steinsaal* bildet das Zentrum des Grundrißsystems, um das sich die Säle und Zim-

93
Jagdschloß
Moritzburg. Mittlere
Halle der Erdgeschoß-
Durchfahrt mit Gang
zum westlichen
Treppenhaus.
Zustand nach 1930

mer legen (Abb. 84, 94). Bei einer Grundfläche von
10,4 × 14 Metern und einer Höhe von 11,8 Metern
weist sein Name auf die Sandsteinplatten, mit denen
der Fußboden hier ebenfalls belegt ist. Als Auftakt
zu den anschließenden Festräumen hat man ihm eine
bewußt zurückhaltende Gestaltung gegeben: Während die Ost- und Westseite außer den axialen Trep-
penzugängen jeweils zwei übereinander angeordnete
Reihen von Fenstern zeigt, befinden sich in der Süd-
und Nordwand die Türen zum Monströsen- und Billardsaal sowie seitlich von ihnen je zwei „schöne
Camine" mit hohen geschwungenen Aufbauten. Diese
Feuerstätten wie auch die illusionistisch mit Gewänden und auf Voluten ruhenden Verdachungen umal-
ten Türöffnungen geben dem seit jeher weiß behandelten Raum seine farbigen Akzente, wobei neben grau-
en vor allem rot „marmelierte", also in Marmorimitation gehaltene Fassungen auffallen. Das Ganze überspannt eine flache Decke, deren große Kehlen in
einem umlaufenden Stuckgesims münden. Hingegen
stellt die im oberen Teil der Fensterwände jeweils
vorhandene Mitteltür ein Relikt der schon erwähnten ursprünglichen Planung einer in halber Raumhöhe gedachten Wandgalerie dar, die wohl das ungünstige Höhenverhältnis des Saales mildern sollte.
Seit dem Schloßumbau schmücken auch hier die weiß-
getünchten Wände neben Gemälden Elch-, Rentier-
und Rothirschgeweihe, wobei sich unter den letzteren
wiederum ein verkämpftes Paar findet. Die an der
Ost- und Westseite zu sehenden starken Schaufel-

94 Jagdschloß Moritzburg.
Der Steinsaal. Zustand um 1932

95
*Jagdschloß Moritzburg. Blick in
den Monströsensaal mit Wandgemälden
auf Leder aus der Dianasage.
Zustand um 1932*

geweihe von Elchen mögen – wie auch die Rentrophähen – vorwiegend osteuropäischer Herkunft sein; sie gelangten offenbar als Geschenke oder Ankäufe nach Moritzburg. Außerdem hängt über dem westlichen Saalzugang das durch seine Größe auffallende, etwa 10 000 Jahre alte verkieselte Geweih eines Riesenhirsches. Derartige Tiere lebten während der Eiszeit in Europa als Steppentiere, wobei ihre Skelette nebst Geweihen in pleistozänen Ablagerungen oder in Mooren vorkommen. Die Trophäe, die eine Ausladung von 2,20 Meter sowie Stangenlängen von 1,39 Meter und 1,19 Meter aufweist, erhielt wohl August der Starke als Geschenk vom russischen Zaren Peter I., der übrigens das alte Jagdhaus Anfang Juli 1698 besucht hatte. Zu weiteren Ausstattungsstücken des Steinsaales zählten früher auch jene beiden, über 26 Quadratmeter großen Gobelins, die 1716 und 1719 von Pierre Mercier nach den Sil-

vestre-Gemälden der Abreise des Kurprinzen Friedrich August und seiner Ankunft in Fontainebleau gewebt worden waren. Sie gelten heute als verschollen.

Für die angrenzenden Festräume des Monströsen- und Billardsaales begann der Innenausbau 1728, wobei mit ihrer Fertigstellung im Jahre 1731 der Höhepunkt festlicher Raumbildung innerhalb des Schlosses erreicht wurde. Der *Monströsensaal* trägt seinen Namen nach den hier angebrachten 39 krankhaft verbildeten Geweihen, entsprach doch das Sammeln alles Abnormen und Einmaligen dem damals herrschenden Zeitgeschmack (Abb. 95). Seine Ausmaße betragen in der Grundfläche 8,6 × 14,6 Meter und in der Höhe 9,2 Meter. Belichtet wird der Saal durch zwei in der Südwand übereinander angelegte Fensterreihen; hierbei dient die mittlere untere Öffnung als Zugang zu dem in der Nebenachse vorragenden Balkon, „von welchem man", wie Benjamin Gottfried Weinart 1777 schreibt, „den ohngefehr 400 Schritte vom Schloß entlegenen Markt-Flecken Eisenberg als einen der anmuthigsten Lustgärten erblickt". Nach Osten und Westen schließen sich die ehemals königlichen Gemächer an, während die axial in der Nordwand angeordnete zweiflügelige Tür zum Stein-

reichem Dekor versehenen gepreßten und vergoldeten Lederbordüren nur wenig Fläche. Bezugnehmend auf den Charakter des Schlosses schildern die Gemälde Ereignisse im Leben der Diana nach den Metamorphosen des Ovid, wobei die Göttin der Jagd als Beschützerin der Tiere und Hüterin der Keuschheit

96 Jagdschloß Moritzburg, Monströsensaal:
Diana und Apollo töten die Kinder der Niobe.
Wandgemälde auf Leder, um 1730

97 Jagdschloß Moritzburg, Monströsensaal:
Tötung der Niobiden. Ausschnitt aus Abb. 96

saal erst 1730 nach dem von Jean de Bodt veranlaßten Treppenumbau eingefügt wurde. Zwei vordem seitlich davon vohandene kleinere Zugänge dienen seither als Nischen für je einen Ofen mit eisernem Feuerkasten und blau-weißem, vasenbekröntem Aufsatz, beide Meißner Arbeiten aus Lommatzscher Ton darstellend. Seine besondere Wirkung aber erhält der Saal durch fast wandhohe Ledertapeten, die den Malgrund für gleichsam wie Gobelins erscheinende Ölmalereien abgeben. Hoftischler Peter Hoese, der auch die Türen fertigte, hat jene Lederbespannungen 1731 nach dem Schlosse gebracht, wo man sie vor dem Bemalen mühevoll auf Blindrahmen befestigte. Mit ihrer farbigen Vielfalt sowie ihren fast lebensgroßen Gestalten bestimmen sie den räumlichen Eindruck und lassen für die rahmenden, mit

auftritt: Diana und Apollo töten die Kinder der Niobe; Diana und Endymion; Aktäon belauscht Diana im Bade; Diana entdeckt die Verführung der Kallisto durch Zeus. (Abb. 96–100). Hingegen zeigen über den Türen und Ofennischen in Art von Supraporten gemalte Felder Darstellungen von Putti mit Blumengirlanden und Vasen. Den oberen Abschluß der Wände bildet ein reich stukkiertes und vergoldetes Gesims über einem umlaufenden Band, auf dem ebenfalls in Gold gehaltene Palmetten, Maskarone in Form von Männerköpfen sowie mit Tuchgehängen drapierte Flammenvasen zwischen ornamentalen und vegetabilen Schmuckelementen erscheinen. In Stuck angetragene und vergoldete Motive der Régence-Ornamentik, deren sich in beschwingtem Spiel entwickelnde Ornamentformen freilich

Nachahmungen einer späteren Zeit darstellen, schmük-
ken die abschließende große Kehle: aus bandartigen
Gebilden von mannigfacher Gestalt, die Blattranken
durchziehen, wachsen Akanthusblätter, während in
den Ecken wie auch an den Seiten netzartiges Gitterwerk und verschiedenartige Gehänge vorkommen.

dem nördlichen Zugang ein früher als 66-Ender be-
nanntes Geweih auf (Abb. 101); es stammt von einem
Hirsch, den der nachmalige König Friedrich I. von
Preußen am 18. September 1696 „im Ampte Fürsten
Walde" westlich von Frankfurt/Oder „selbst geschos-
sen", wobei der Heidereiter Siebenbürger, der dem

98 Jagdschloß Moritzburg, Monströsensaal:
Diana entdeckt die Verführung der Kallisto durch Zeus
(Ausschnitt). Wandgemälde auf Leder, um 1730

99 Jagdschloß Moritzburg, Monströsensaal:
Die Göttin Diana. Ausschnitt aus Abb. 98

Im Gegensatz zu diesem dekorativen Reichtum einer
vollendeten Innenraumkunst schließt das Ganze mit
einer flachen, weiß behandelten Decke ab.

Auf den Bordüren sind die monströsen Geweihe
mit den von Johann Christian Kirchner „zierlich geschnitzten und vergoldeten Köpfen" in hervorragend-
harmonischer Verteilung angebracht. Teils beruhen
diese Mißbildungen auf Krankheiten der Tiere, ab-
normer Hormonbildung oder anderen inneren Ursachen, teils auf äußeren Einwirkungen wie Bruch
der Stangen oder der sogenannten „Rosenstöcke",
den verknöcherten Fortsätzen des Stirnbeines, welche
die Geweihe tragen. Entsprechend solcher Anlässe
können bei der Geweihentwicklung die verschiedenartigsten monströsen Ausbildungen vorkommen. Unter den Abnormitäten des Monströsensaals fällt über

König das Tier zum Schuß gebracht hatte, mit einem
Bauerngut belohnt wurde. Später kam die Trophäe an
August den Starken, doch findet sich hierzu in Doe-
bels „Jäger-Practica" von 1746 die Wiedergabe einer
Bemerkung des preußischen Vize-Oberjägermeisters
von Meyrink, nach der „das Geweih selbst durch König
Friedrich Wilhelm von Preußen an den Kurfürsten
Friedrich August von Sachsen, für eine Kompagnie
großer Grenadiere geschenkt worden sei". Sollte dies
den Tatsachen entsprechen, so läge hier ein Parallel-
fall vor zu den bekannten „Dragonervasen" der Dresdener Porzellansammlung, die daran erinnern, daß
August der Starke 1717 vom preußischen König für
600 sächsische Dragoner eine größere Menge Porzellan erhielt, wobei pro Mann 20 Taler berechnet
wurden. Dieser von beiden Seiten nach Kräften ver-

heimliche Menschenhandel scheint sich demnach wegen eines zwar kuriosen, aber doch fast wertlosen Naturproduktes wiederholt zu haben.

Das Geweih jenes Hirsches, den Johann Elias Ridinger in einem Kupferstich festhielt (Abb. 102), zeigt als Merkmal eine kaum zu überbietende Anzahl von Enden. Um aber den Wert dieser Trophäe zu steigern, hat man früher jede winzige Unebenheit einbezogen, selbst wenn diese nur wenige Millimeter aus der Stange hervortrat. Da jedoch nach der seit 1952 gültigen internationalen Formel ein Geweihende eine Länge von mindestens 20 Millimeter aufweisen muß, kann die vormals als ungerader 66-Ender geltende Trophäe heute nur noch als ungerader 30-Ender mit insgesamt 27 Enden eingestuft wer-

101 Jagdschloß Moritzburg, Monströsensaal:
Das Geweih des sogenannten 66-Enders.
Der in Holz geschnitzte und vergoldete
Hirschkopf von Johann Christian Kirchner (1691–1732)

100 Jagdschloß Moritzburg, Monströsensaal: Kallisto.
Ausschnitt aus Abb. 98

den, wobei freilich aus historischen Gründen ihre ursprüngliche Bezeichnung beibehalten bleibt. Ebenso verbirgt sich in ihr kein besonders starkes Exemplar, sondern es ist eine jagdgeschichtlich und zoologisch bemerkenswerte Monströsität von 185 inter-

nationalen Punkten und einem Gewicht von 6,145 kg, die damit an Stärke von fast allen Geweihen im Speisesaal wesentlich übertroffen wird. Auch stellen einige monströse Trophäen des Saales keine sogenannten Paßpaare dar, da sie aus Einzelstangen verschiedener Hirsche zusammengefügt wurden. Hierzu zählt ein Geweih mit einer extrem nach unten verlängerten Augsprosse, während der von einem anderen Tier stammenden zweiten Stange die Augsprosse fehlt. Dennoch geben diese Mißbildungen durch ihre biologisch wie historisch interessanten Eigenheiten der im Schloß vereinigten Sammlung seltener Jagdtrophäen einen besonderen Reiz, zumal sie zusammen mit den Ledermalereien als dekoratives Element des Saales wirken. Daneben tritt im Verkleiden der breiten Fensterschäfte mit Spiegeln deren eigentliche Aufgabe hervor, sollten sie doch den Raum illusionistisch erweitern. Aufgrund der damals noch nicht voll entwickelten Fertigungstechnik entstanden solche großen Spiegelflächen durch das Aneinanderfügen von rechteckig geschnittenen Stücken, die hier Erzeugnisse der bei Senftenberg gelegenen Glashütte Friedrichsthal aus der Zeit um 1730 darstellen. Auch weist das Inventar von 1733 24 Englische Stühle mit rohrbeflochtenen Sitzflächen und Lehnen sowie „grün plüscherne Polster o. Küssen" aus. Zwei venezianische Kronleuchter vom Ende des 17. Jahrhunderts, deren Kerzen einst mittels darüber aufgespannter Schwefelfäden entzündet wurden, verstärken zudem mit den Lichtreflexen ihrer geschliffenen Glasgehänge die festliche Atmosphäre des Saales.

Der nördlich des Steinsaales liegende *Billardsaal* entspricht in den Abmessungen wie in der Anordnung seiner Fenster, Türen und Ofennischen dem Monströsensaal (Abb. 103), nur überblickt man hier von dem wieder axial vorgelegten Balkon den nördlich sich anschließenden Lustgarten (Abb. 125). Die gleichfalls mit bemalten Ledertapeten verkleideten Wände zeigen indes Szenen aus höfischen Festen und Jagden der Zeit Augusts des Starken. So finden wir die Darstellung einer Parforcejagd, bei der im Hintergrund ein umstellter Hirsch den Fangstoß erhält, während vorn ein Jäger und eine Dame im Jagdkostüm vorüberreiten und ein anderer, anscheinend betrunkener Jagdgenosse schlafend auf dem Waldboden liegt (Abb. 104). Daran schließen sich die Rast im Walde, ein Gelage im Freien (Abb. 103) und das polnische Fischerfest (Abb. 105) an. Auf letzterem Gemälde erscheint August der Starke im Habit eines polnischen Edelmannes; ihm folgt eine Dame in blauseidenem Gewand, über die ein Neger den aufgespannten Sonnenschirm hält, während dahinter eine weitere Dame sichtbar wird. Rechts neben dem König sehen wir den Hofzwerg Kyau nebst Hund und Papagei, im Vordergrund aber agiert der Hofnarr Fröhlich in seiner „steirischen" Tracht, bestehend aus Spitzhut, Halskrause, bäurisch-kurzer Jacke, knielanger Hose und Kanonenstiefeln. Da seine Abneigung gegenüber Eulen weithin bekannt war, hat ihm der Künstler wohl aus Scherz einen solchen Rakenvogel auf die linke Hand gesetzt: dazu betreiben seitlich und im Hintergrund polnische Fischer ihr Gewerbe (Abb. 106). Den Reigen dieser Malereien beschließen an der Fensterwand die beiden Themen „Die Fährte" sowie „Anteil der Hunde am erlegten Wild", während über den Türen und Ofennischen Grisaillen mit Darstellungen der vier Jahreszeiten und einer Allegorie erscheinen (Abb. 103). Wieder rahmen Lederbordüren die Gemälde und geben den Wänden zugleich Gliederung; ihre Ornamentik spricht mit dem eckig-gebrochenen Linienspiel sich kreuzender Bänder die Sprache der Régence, wobei Gitterdekor, Blumengehänge oder Maskarone das Bandwerk fül-

len. Im Gegensatz zum Monströsensaal, der seine Gesims- und Kehlenverzierungen erst später erhielt, bleiben hier diese abschließenden Elemente schmucklos und nehmen das Weiß der Deckenfläche auf. Wiederum erhöhen zwei Kronleuchter aus venezianischem Glas den festlichen Eindruck, während die ursprüngliche Einrichtung ebenfalls durch „24 Engl. Stühle mit roth plüsch Polstern o. Küssen" ergänzt wurde. Dagegen erhielt sich das „große deutsche Billard", das dem Saal seinen Namen gab. In Nußbaum furniert und mit sechs Löchern und Ballfängen in den Langbanden ausgestattet, stellt es eine sächsische Arbeit der Zeit vor 1700 dar, die 1727 erneuert wurde. Hierzu gehörten 12 Bälle aus Elfenbein sowie ein Gestell für die Stäbe.

102 Johann Elias Ridinger (1698–1767): Hirsch von 66 Enden. Kupferstich. Staatl. Kunstsammlungen Dresden, Kupferstich-Kabinett

Meisterhaft in ihrem kompositionellen Aufbau, lassen die Malereien des Monströsen- und Billardsaales eine vollendete Beherrschung der Perspektive erkennen, die den Sälen zugleich illusionistische Erweiterung gibt. Außerdem wollte man wohl durch die unterschiedliche Thematik der Dianasage und des Hoflebens den andersartigen Charakter beider Räum-

lichkeiten hervorheben, der beim Monströsensaal re-
präsentativ, beim Billardsaal aber festlich-heiter sein
sollte. Diesem Gedanken mögen auch stilistische Ver-
schiedenheiten innerhalb der zwei Motivgruppen dienen. Sie kommen besonders im Behandeln der vergoldeten Himmelsflächen zum Ausdruck: Wird im
Monströsensaal das Gold von den Bäumen überlagert, so daß es nie als geschlossene Fläche erscheint,
stehen im Billardsaal Figuren und Bäume scharf vor
dem Himmelsgrund. Ebenso betonen die zarten Valeurs der höfischen Genreszenen des letzteren Saales
eine zurückhaltend vorgetragene Neigung zum Ga-
lanten. Und schließlich unterscheidet sich die umriß-
haft-kraftvolle Behandlung der Personen des Fischer-

*103 Jagdschloß Moritzburg. Blick in den Billardsaal mit Wandgemälden auf Leder aus dem höfischen Leben
der Zeit: Polnisches Fischerfest und Gelage im Freien. Um 1730. Zustand um 1960*

festes merklich vom Einbinden der Gestalten in die ornamental geprägten Landschaften einiger Gemälde des Monströsensaales. Die hohe Qualität der Darstellungen läßt indes vermuten, daß Louis de Silvestre vom König den Auftrag zur Ausgestaltung der Säle erhielt, zählte doch dieser Künstler zu den hervorragendsten Vertretern höfisch-repräsentativer Ma-

tour befindenden sächsischen Kurprinzen Friedrich August und wird noch im gleichen Jahr von August dem Starken als „premier peintre du Roi" nach Dresden berufen. Dabei ließ der am 7. Januar 1715 in Paris vom Baron Raymond Leplat im Auftrage des Königs ausgefertigte Anstellungskontrakt deutlich durchblicken, daß man sich von Silvestre eine univer-

104 Jagdschloß Moritzburg, Billardsaal:
Parforcejagd mit Erlegung eines Hirsches.
Wandgemälde auf Leder, um 1730

105 Jagdschloß Moritzburg, Billardsaal:
Polnisches Fischerfest. Wandgemälde auf Leder,
um 1730

lerei jener Zeit (Abb. 107). 1675 in Sceaux nahe Paris als Sohn des Radierers Israël Silvestre geboren und somit von Anbeginn auf den Beruf eines Künstlers vorbereitet, war er zunächst Schüler von Charles Le Brun und Bon Boullogne gewesen. Nach Erhalt einer Medaille der Académie Royale ging Silvestre 1693 zur Vollendung seiner Ausbildung nach Rom, wo er in dem Maler Carlo Maratti einen Förderer seines künstlerischen Strebens fand. Als Preisträger der römischen Lukas-Akademie finden wir ihn dann nach kurzem Aufenthalt in Venedig im Jahre 1700 wieder in Paris. Dort 1702 Mitglied der Académie Royale und 1706 „professeur" geworden, malt er damals neben mythologischen Darstellungen auch viele Bilder religiösen Inhalts. In der Seinestadt begegnet der Künstler 1715 auch dem sich auf seiner Kavaliers-

selle künstlerische Tätigkeit im Stile Le Bruns erhoffte. Seit Mai 1716 in der sächsischen Residenz, sollte nun dieser französische Meister über einen Zeitraum von zweiunddreißig Jahren der Malerei in Sachsen und Polen entscheidende Impulse geben, war er doch vor allem als Bildnismaler den heimischen Künstlern weit überlegen. So wie ihm hier alle Formen von Ruhm und Anerkennung zuteil wurden, erhielt er auch nach seiner 1748 erfolgten Rückkehr nach Paris hohe Ehrenstellen der Académie Royale, deren Leitung er von 1752 bis zu seinem Tode im Jahre 1760 innehatte.

Neben zahlreichen Porträts, die als repräsentative Darstellungen des Königs, der Mitglieder seines Hauses wie auch sächsischer und polnischer Adelspersonen eine vielfältige Chronik der den Künstler

106 Jagdschloß Moritzburg, Billardsaal:
August der Starke (?) als polnischer Edelmann
und Hofnarr Fröhlich. Ausschnitt aus Abb. 105

umgebenden feudal-absolutistischen Gesellschaft bilden (Abb. 41, 71), hat Silvestre vor allem großflächig-dekorative Wand- und Deckenmalereien geschaffen. Höhepunkt dieser künstlerischen Äußerungen sind jene monumental angelegten Deckengemälde im Thronsaal und im königlichem Schlafzimmer des Residenzschlosses sowie im Mathematisch-Physikalischen Salon des Zwingers gewesen, die zwischen 1715 und 1723 entstanden. Nach deren Vernichtung beim Dresdener Inferno vom 13. Februar 1945 zeigen allein noch die Moritzburger Ledergemälde, wie der Künstler großformatige Wandflächen durch Malerei dekorativ zu gestalten verstand. Indes scheint er hier vornehmlich die Programme entwickelt und Entwürfe geliefert zu haben, deren Ausführung dann andere Kräfte übernahmen. Da Silvestre aufgrund eines vom Grafen Wackerbarth am 12. April 1727 in Warschau ausgefertigten königlichen Dekrets zum „directeur de l'académie Royale de peinture" ernannt wurde, dürfte er zahlreiche Schüler gehabt haben, die freilich wegen der Arbeitsüberlastung des Vaters meist

von seinem Sohn François Charles Unterricht erhielten. Von ihnen hat sicher ein Teil in der Werkstatt des „maître" an bestimmten Aufgaben mitgewirkt. Offenbar scheinen aber an den Ledergemälden auch die beiden Venezianer Lorenzo Rossi und Giovanni Battista Groni tätig gewesen zu sein. Während jedoch Rossi, der seit 1721 Hofmaler in Dresden war und 1726 unter den im Moritzburger Schloß beschäftigten Künstlern genannt wird, wohl mehr mit der Vermittlung von Bilderkäufen für die Dresdener Galerie beansprucht wurde, dürften von Groni die Grisaillen des Billardsaales stammen (Abb. 103). Der Moritzburger Anteil dieses seit 1719 in Dresden als Theatermaler angestellten Künstlers läßt sich indes

107 Anton Raphael Mengs (1728–1779): Oberhofmaler
Louis de Silvestre (1675–1760). Pastell auf Papier,
um 1744. Staatl. Kunstsammlungen Dresden,
Gemäldegalerie Alte Meister.
Seit dem zweiten Weltkrieg vermißt

nicht eindeutig belegen, doch kam er unter seinen sächsischen Berufskollegen allein neben Silvestre für ein sicheres Durchführen figurenreicher Kompositionen in Betracht; hiervon zeugen seine 1734 vorgenommene Ausmalung der Innenkuppel der Dresdener Frauenkirche wie auch das von ihm 1742 geschaffene Deckengemälde der Kapelle des Jagdschlosses Hubertusburg. Außerdem hat wohl an den Darstellungen im Monströsensaal des Zwingerbaumeisters ältester Sohn Johann Adolph Pöppelmann als Staffiermaler mitgewirkt.

Zu Beginn der Dekoration beider Säle stand Silvestre im fünfzigsten Lebensjahr und auf dem Gipfel seines Ruhmes, so daß ein Weitergeben eigener Aufgaben für ihn keine Schmälerung des Ansehens be-

oder ganzen Gruppen ein Wesenszug Silvestres, der schon früh motivliche Anleihen bei seinen Lehrern Le Brun und Bon Boullogne aufnimmt, die er später auf Nicolas Poussin und Antoine Coypel ausdehnt. Doch es kommt dabei zu starken Umbildungen der fremden Vorbilder, so daß eventuell verwendete Vorlagen auch bei den Moritzburger Ledergemälden unbestimmbar bleiben.

108 Jagdschloß Moritzburg. Der Speisesaal mit Blick auf die Musikempore. Zustand um 1932

deutet hätte. Dennoch zeigen jene Ledermalereien unverkennbar den Duktus des französischen Meisters. Als typisch erscheint die Darstellungsform der Waldbereiche, die ihm meist Kulisse sind für das sich im Vordergrund abspielende Geschehen. Weiß er dabei den Waldpartien stimmungsvollen Ausdruck zu geben, so kommt hier auch die Lärche als eine im 18. Jahrhundert kaum abgebildete Baumart vor (Abb. 96, 97). Daneben offenbart sich im Verarbeiten fremder Kompositionen, im Übernehmen von Einzelfiguren

Schloß Moritzburg birgt heute eine Anzahl von Arbeiten Silvestres, die den französischen Meister, der 1741 von König August III. geadelt wurde, als künstlerisch vielseitige Persönlichkeit ausweisen: Neben den großen Ledergemälden des Monströsen- und Billardsaales sind Hofhistorie und Mythologie, Porträt und religiöse Darstellung vertreten. Hierbei steht in der letzteren, von ihm nur begrenzt behandelten Themengruppe das Bild eines nach einer Wolkenerscheinung gemalten Christus am Kreuz als Episode

109 Jagdschloß Moritzburg. Blick von der Musikempore in den Speisesaal. Zustand um 1932

im Œuvre des sonst völlig den Formen seiner Zeit verpflichteten Künstlers. Keinem Auftrag, sondern einem persönlichen Erlebnis entsprungen, zeigt das 1734 entstandene und in der Schloßkapelle aufbewahrte Gemälde schon mit dem großartig-ernsten Aufbau sowie der kühlen, bläulich-grauen Farbigkeit Merkmale, die innerhalb seines Werkes eindrucksvolle Ausnahme bleiben. Wenn auch der französische Einfluß auf die Kunstentwicklung in Sachsen nicht erst mit Silvestre begann, so lassen seine heute in Moritzburg zu findenden Arbeiten doch jene Bedeutung erkennen, die er für die sächsische Malerei des 18. Jahrhunderts hatte: Mit seinen brillant gemalten, seit der Übersiedlung nach Dresden an strahlender Leuchtkraft gewinnenden Bildern führt Silvestre die traditionsreiche Entwicklung der französischen Malerei weiter, wobei Menge und Qualität des Werkes ihn als produktivsten unter den damaligen

sächsischen Hofmalern kennzeichnen. Seiner Nachwirkung auf die sächsische Malerei der zweiten Hälfte des 18. Jahrhunderts waren indes Grenzen gesetzt, konnte doch diese virtuos vorgetragene, meist festlich-dekorative und völlig im Dienste des Hofes stehende Kunst den veränderten gesellschaftlichen Bedingungen nach dem Siebenjährigen Kriege nicht mehr gerecht werden.

Zum *Speisesaal* als dem vierten und größten Saal des Schlosses gelangt man über die sich dem Steinsaal östlich anschließende gewölbte und verglaste Galerie, doch ist er ebenso von der Osttreppe wie von den beiden seitlich anliegenden Wohnquartieren zu erreichen (Abb. 84, 109, 220). Seine Grundfläche von 21,5 × 10,6 Meter und eine Höhe von 11,8 Meter ergeben hervorragende räumliche Proportionen, was zusammen mit seiner Größe auch die Nutzung als Ball- und Theatersaal bewirkte. So sah der neue

Speisesaal im November 1727 die Fortsetzung jener Dresdener Vorstellungen, mit denen sich die Hofgesellschaft seit dem vorangegangenen Jahr im Aufführen von französischen Komödien versuchte. In Moritzburg kamen „Le Facheux" von Molière und „Les Fêtes du Cours" von Dancourt zur Aufführung, so daß wohl damals der Saal als im wesentlichen vollendet gelten konnte. Seine einfach gehaltenen, heute weiß getünchten Architekturformen dürften einst farbige Fassungen belebt haben. Der Westseite mit dem axial angeordneten Hauptzugang ist über die gesamte Saalbreite eine Musikempore vorgelegt; sie ruht mit drei Korbbögen auf hölzernen, durch korinthische Pilaster verzierten Säulen und zeigt eine Bemalung in Marmorimitation (Abb. 108). Als schmückende Elemente wirken zwei Kamine mit großem stukkiertem Architekturaufbau, die sich an den beiden Längswänden gegenüberliegen (Abb. 108, 220). Über der schlichten, in Marmor gefaßten Feueröffnung wachsen seitlich Pilaster auf, deren Kapitelle zwischen Voluten befindliche Frauenköpfe mit Gehängen zeigen. Die nachfolgende giebelartige Verdachung läßt unter ihrem Bogen inmitten eines von Palmwendeln und Bändern umgebenen Lorbeerkranzes jeweils ein Bildnismedaillon erscheinen: Als Profilansichten in Halbrelief 1728 entstanden, stellt das nördliche August den Starken, das südliche aber den Kurprinzen Friedrich August dar. Eine sich auf der Verdachung erhebende Kartusche ist beim König mit dem Monogramm AR, beim Kurprinzen jedoch mit dem sächsisch-polnischen Wappen geschmückt, während darauf die Königskrone liegt. Das Ganze umgibt einen hohen facettierten Kaminspiegel in vergoldetem Holzrahmen. Im Freiraum zwischen der Verdachung und dem Wandgesims unterhalb der Deckenkehle erstreckt sich in Breite des Kaminaufbaues ein Feld, das von diagonal gekreuztem Gitterwerk mit rosettenartigen Blüten in den Rautenflächen übersponnen wird und damit wieder Motive der Régence-Ornamentik aufnimmt. Die aus dem Schloßkubus hervorspringenden Wandteile des Saales gliedern tiefe Nischen mit jeweils zwei übereinander angeordneten Fenstern (Abb. 109, 220). Der Ostseite ist zudem ein durch drei zweiflügelige Glastüren zugängiger und mit schmiedeeisernem Geländer umgebener Balkon vorgelegt. Von ihm schweift der Blick weit über die Wasserfläche des Schloßteiches und den angrenzenden Wald; dabei erscheint als Point de vue einer in der Ostachse des Schlosses weiterführenden Schneise das ferne, 1769 begonnene Fasanenschlößchen, doch waren einstmals von hier „neun durch den Wald gehauene Alleen" sichtbar. Den Saal überspannt wieder eine weiß belassene ebene Decke, deren mächtige Kehlen dem profilierten Wandgesims entwachsen.

Die Eigenart der vom Grundcharakter her einfachen, feierlich-strengen Saalarchitektur wird heute durch den nüchtern-weißen Anstrich der Wände noch betont. Auflockernd wirkt indes außer der „marmelierten" Musikempore eine Vielzahl „der stärksten und raresten" Rothirschgeweihe mit bis zu 34 Enden,

110 Glaspokal mit Diana und Aktäon. Auf der Kuppa in farbiger reliefplastischer Emailmalerei die Göttin Diana und der Jäger Aktäon. Farbloses Glas, dazu Vergoldung und Granate. Die Figur der Diana fehlt seit 1945. Dresden, vor 1733. Emailmalerei von Johann Friedrich Meyer (1680–1752). Ehem. Schloß Moritzburg. Jetzt Staatl. Kunstsammlungen Dresden, Museum für Kunsthandwerk Schloß Pillnitz

die als Wandschmuck dienen und in ihrer Gesamtheit eine wohl in der Welt einmalige Sammlung dieser Art darstellen. Im Inventar von 1733 werden 71 „braune mit grünen Weinblättern und goldenen Blumen sauber geschnitzte Hirschköpfe mit Geweyhen von unterschiedlichen Enden" erwähnt, wobei die Köpfe wieder von Johann Christian Kirchner und Benjamin Thomae „zierlich geschnitzt und auf das feinste vergoldet" wurden. Von den jetzt vorhandenen 67 Trophäen, die ein Mindestalter zwischen 250

und 350 Jahren besitzen, gelten 32 Stücke als schädel-
echt. Bei der 1969 vorgenommenen Restaurierung
des Saales hat man die letzteren zugleich aufgemes-
sen und nach der Formel des Internationalen Jagd-
rates (CIC) bewertet. Im Ergebnis übertrafen 8 Geweihe mit mehr als 252 Punkten den gegenwärtigen,
1970 in Ungarn erlegten Weltrekordhirsch, der 251,83
Punkte erhielt. 16 weitere Trophäen zählen mit 210
bis 251 Punkten zur Klasse der Goldmedaillen-Hirsche, während 8 mit 190 bis 210 Punkten dem Bereich
der silbernen und 3 mit einer Punktzahl von 175 bis
190 dem der bronzenen Medaillen angehören. Als
stärkstes Exemplar der Moritzburger Sammlung gilt
das Geweih eines ungeraden 24-Enders mit 298,60
Punkten, das bei einer Ausladung von 2,40 Metern
und dem enormen Gewicht von 19,865 kg zugleich
stärkstes aller bekannten Rothirschgeweihe der Welt
sein dürfte. Ihm folgen ein ungerader 22-Ender mit

275,758 Punkten und 16,260 kg Gewicht, ein ungerader 26-Ender mit 269,423 Punkten und 14,080 kg
Gewicht sowie ein ungerader 34-Ender mit 261,220
Punkten und einem Gewicht von 11,960 kg. Solch
kapitale Trophäen konnten sich freilich nur unter
günstigen Umweltbedingungen entwickeln, indem

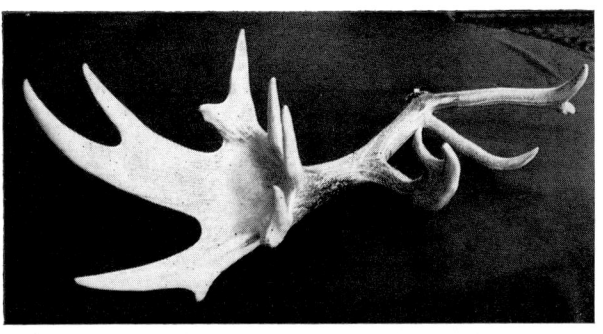

111
*Jagdschloß Moritzburg.
Der „Willkommen"
aus der Krone der rechten Stange
eines 36-Enders*

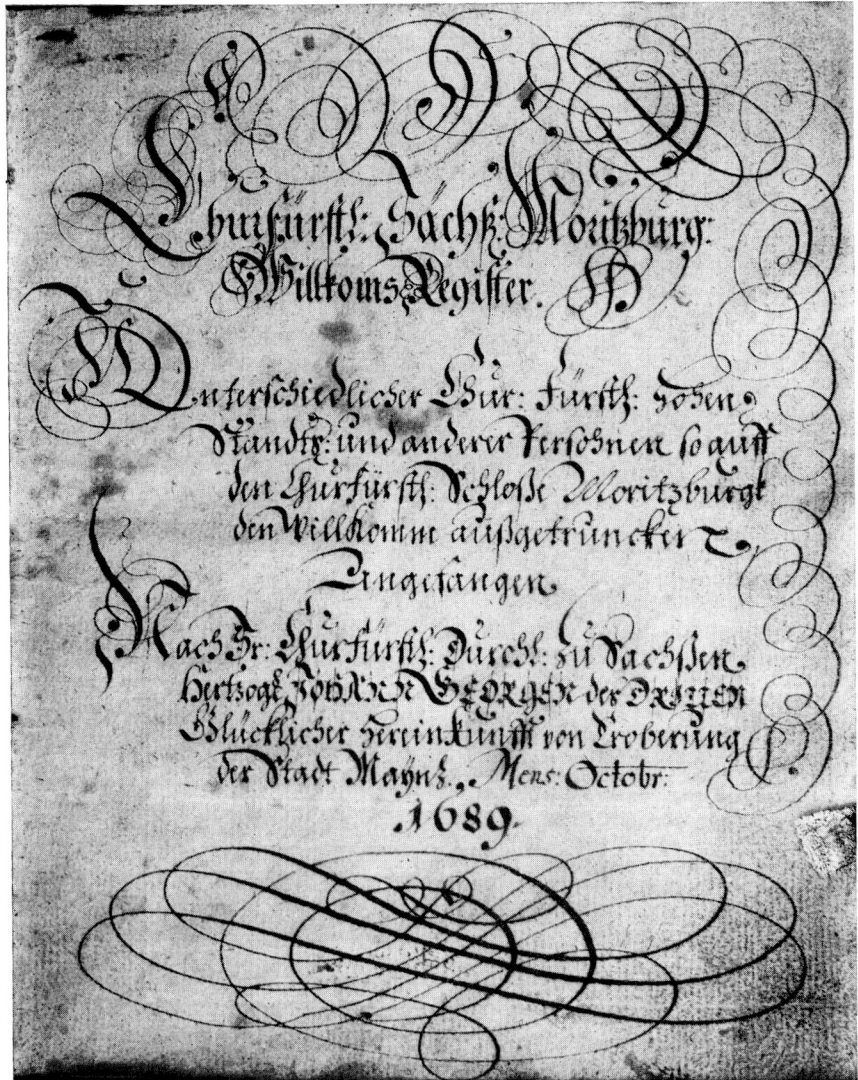

112
*Jagdschloß Moritzburg.
Titelseite des ersten Bandes
des Willkommen-Registers, 1689*

ohne geregelten Abschuß der Wildbestand allein für die fürstliche Jagd gehegt und gepflegt wurde. Deshalb finden sich auch in den damaligen Jagdlisten oftmals Hirsche mit Gewichten von 5 bis 6 Zentnern aufgeführt, wobei der schwerste der im Friedewald geschossenen Hirsche ein 12-Ender von 8 Zent-

Zur Ausstattung des Speisesaales zählten ursprünglich die große Hoftafel sowie Marmortische mit Rehfußgestellen und „36 geflochtene Englische Stühle mit gelben gedruckten Plüsch-Küssen". Zwei seit Anbeginn in den Nischen der Nord- und Südwand stehende Schränke wurden ihren Rechnungen zufolge

113 Jagdschloß Moritzburg, Kapelle:
Der Altar nach der Umgestaltung von 1728

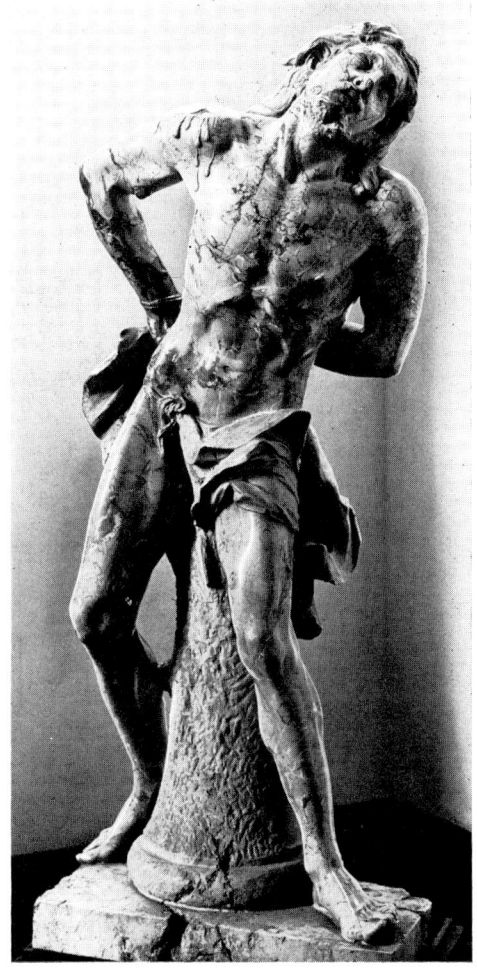

114 Balthasar Permoser (1651–1732):
Christus an der Martersäule.
Rotgefleckter Salzburger Plassenkalk, um 1725.
Jagdschloß Moritzburg, Kapelle

nern 25 Pfund war. Im Vergleich hierzu gilt heute ein solches Tier mit dem Gewicht von etwa 3 Zentnern schon als abnorm schwer. Leider hat man die Herkunft der Moritzburger Geweihe fast nur bei geschenkten oder erworbenen Exemplaren vermerkt, doch dürften viele der unbezeichneten Stücke in den umliegenden Wäldern und anderen sächsischen Revieren erlegt worden sein. Auch stammen einige der hervorragendsten Trophäen aus der ehemals berühmten Sammlung des Schlosses Augustusburg.

„zum Schenk Tischen gebrauchet ..., von vason als Engl. Schreibe Schränke 4 Ell 12 Zoll hoch 2 Ell 15 Zoll breit der Ober Theil mit einem Bogen Gesims und 2 Thüren, in welche Glas gemacht und in der Mitten mit einer Klappe, im Unter Theil auch zwey Thüren und der unterste Boden zieht sich heraus, Flaschen darauf zu sezen, auswendig alles von Nußbaumen Holtze und einwendig mit Fächern, ..." Beide Stücke waren 1728 vom Hoftischler Peter Hoese gefertigt worden, der „vor jeden 65 Thl." verlangt

115
Jagdschloß
Moritzburg.
Zimmer
der Südseite
mit gepunzter
und bemalter Le-
dertapete.
Zustand um 1950

hatte, während sie auf acht Schieböckern nach Moritzburg gefahren werden mußten. Auch enthielt ein weiteres Schrankpaar von J. G. H. Grahl und E. N. Noor (Abb. 85) „so manchen interessanten Ueberrest der zechlustigen Vorzeit Sachsens", darunter den Edelmetallschmuck und das Trinkgeschirr für die Hoftafel, doch ebenso zahlreiche Silber-, Glas- und Elfenbeinpokale. Von den Silbergeräten, die teilweise noch vom Ende des 16., vor allem aber aus dem 17. Jahrhundert stammten und Augsburger, Nürnberger sowie Dresdener Produkte darstellten, waren einige teils vergoldete Trinkgefäße als mancherlei Tiere gearbeitet: Man sah einen Bären, an dem ein Hund emporsprang, wie auch zwei Hirsche und eine Gans. Einen großen, in Email ausgeführten Mohrenkopf mit silbernen Ohrringen hatte der Nürnberger Goldschmied Christoph Jamnitzer geschaffen. Unter den Gläsern, von denen heute ein Großteil zu den Beständen des Museums für Kunsthandwerk Schloß Pillnitz der Staatlichen Kunstsammlungen Dresden zählt, fand sich neben buntbemalten Humpen, Stangengläsern, Pokalen und Flöten auch „eine ganze Folge von Bechern, von denen jeder als deutsches oder französisches Kartenblatt bemalt ist". Ebenso konnte man zwei Trinkspiele bewundern, die statt des Fußes eine silberne vergoldete Windmühle mit Wetterfahne und kleiner Treppe zeigten. Auf ihren Stufen stand ein Müller mit einem Sack, wäh

rend sich die Mühlenflügel durch Blasen in ein seitlich angebrachtes Rohr bewegen ließen. Ein davon erhalten gebliebenes Exemplar befindet sich heute im Kunstgewerbemuseum Berlin Schloß Köpenick. An den Besuch des preußischen Königs Friedrich Wilhelm I. im Jahre 1728 erinnerte ein großer Deckelpokal, der 1733 im Inventar des Schlosses erwähnt wird und sich heute in Pillnitz befindet. In Hoch-, Matt- und Klarschnitt gearbeitet, zeigt seine konische Kuppa ein bekröntes Trophäenmedaillon mit dem Reliefbildnis des preußischen Monarchen, die Gegenseite aber einen zur Sonne auffliegenden Adler, über dem ein Band mit dem Spruch „Nec soli cedit" erscheint. Der Knauf des hochgewölbten Deckels ist als bekrönter Adler ausgebildet. Eines der bekanntesten Stücke war das im Inventar von 1733 aufgeführte „extra fein Willkomm Glaß worauf der berühmte Jäger Actaeon und die Göttin Diana sehr sauber aufgetragen" (Abb. 110). Eine Dresdener Arbeit der Zeit vor 1733, stellt es einen eigenwilligen, mit Schmelzfarben vorgenommenen Veredlungsversuch des Hofemailleurs Johann Friedrich Meyer dar, der hier die „Embellierung" in teilweise freiplastischer Gestaltung um die Kuppa legt. Das Glas, auf dem die Figur der Diana seit 1945 fehlt, befindet sich jetzt ebenfalls in Pillnitz. Als weiteres Zeugnis einer jagd- und trinkfreudigen Zeit wirkte auch ein gläserner Pokal aus dem Jahre 1621, der mit Jäger,

Wild und dem kursächsischen Wappen bemalt war, während man als Inschrift las:

> „Ihr edle Jeger allzumal,
> Seit mir willkommn in diesem Sahl,
> Diana eure Göttinn hier,
> Versamblet hat allerley thier,
> Wer sie liebt trinckt mich auss, dabey
> Erschall ein fröhlich Jeger Geschrey."

Schließlich befand sich hier der noch erhaltene „Willkommen", die abgeworfene rechte Stange eines mächtigen 36-Enders, welche als „Trinkhorn" Berühmtheit erlangte (Abb. 111). Ihre Krone, „so von Natur wie ein Becher hohl gewachsen", faßt etwa den Inhalt einer Flasche Wein. Hieraus mußte jeder Gast, der erstmals im Schlosse weilte, den Willkommenstrunk tun, wobei der gezackte Rand dieses originellen Pokals einige Kunst voraussetzte, um ihn ohne Vergießen des Rebensaftes zu leeren. Mit dem bereits seit 1689 geübten Brauch hat man zugleich ein „Willkoms-Register" angelegt, in welchem über die gezeigte Geschicklichkeit der einzelnen Gäste Zensuren erteilt wurden, wie sich auch jeder, der „den Willkomm außgetruncken", darin eintragen mußte (Abb. 112). Den ersten Trunk tat Kurfürst Johann Georg III. nach „glücklicher Hereinkunfft von Eroberung der Stadt Maynz. Mens. Octobr. 1689". Ebenso trank er am 20. Oktober 1690 nach abermaliger Rückkehr von einem Feldzug den Willkommen, während Kurprinz Johann Georg IV. das Geweih und den Bären, der begleitende Generalwachtmeister Rudolph von Neitschütz aber das Geweih und den Hirsch leerten. Seither zeugen viele Eintragungen von einem mitunter recht ausgelassenen Treiben im alten Jagdhause wie im späteren Schloß. So hatte am Neujahrstag 1694 eine offenbar sehr fröhliche Gesellschaft hier Aufenthalt genommen, der neben Kurfürst Johann Georg IV. und seiner zwar schönen, doch geistlosen Mätresse Magdalene Sibylle von Neitschütz auch deren Mutter sowie weitere Mitglieder jener Familie angehörten. Nachdem sich alle Anwesenden im Register eingetragen hatten, zeichnete wohl der Kurfürst unter den Namenszug eines Kavaliers den Kopf eines Stieres, und als harmlose, dem Zeitgeist folgende Anspielung lesen wir daneben:

> „So war gestalt an seinem bart
> und Haren her Litig als er war
> bey 26 Jaren."

Als am 22. Oktober 1705 der damals neunjährige Kurprinz Friedrich August erstmals in der Moritzburg weilte, trank er den Willkommen aus der Hirschstange wie auch aus dem „Gobelet", einem mit Diamanten besetzten goldenen Becher. 1711 trug sich dann der fünfzehnjährige Graf Moritz von Sachsen und nachmalige Maréchal de France in das Register ein. Sein in sehr mangelhaftem Französisch verfaßter Vers besagt nach freier deutscher Übersetzung etwa:

> „Ich nenne mich Moritz,
> doch nicht nach diesem Fürstensitz.
> Hab ich die großen Gläser getrunken,
> dann bin ich bald zu Boden gesunken."

Die unbeschwerte Lebensauffassung der aristokratischen Gesellschaft des 18. Jahrhunderts kommt hingegen in einem Sinnspruch zum Ausdruck, mit dem sich Oberstallmeister Hans Gottlieb von Thielau ebenfalls 1711 einschrieb:

> „Amour durable,
> Amitié inviolable
> Et tout le reste au diable."

> (Dauerhafte Liebe,
> Unverletzliche Freundschaft
> Und den ganzen Rest für den Teufel.)

Von einem ähnlichen Geist zeugt auch die Eintragung eines Freiherrn von Racknitz aus dem gleichen Jahr: „Je suis content et sans soucy et bois les grands verres rarement à demy." – Ich bin zufrieden und ohne Sorge und trinke die großen Gläser selten zur Hälfte aus.

Um so gehobener mag dagegen die Stimmung am späten Abend des 18. Mai 1718 gewesen sein, als der Großkanzler von Litauen, Fürst Karl Stanislaus von Radziwill, mit einigen anderen Herren in der Moritzburg eingetroffen war. Der Fürst leerte fast alle vorhandenen Willkommen, und ein zu seinem Gefolge zählender Herr von Holtzendorf bemerkte dazu im Register: „J'ai en l'honneur de faire raison à Monseigneur le Prince de Radzivill tous les Willkommen qu'il m'a porté. (sic.)" Zu deutsch: Ich habe die Ehre gehabt, Herrn Prinzen von Radziwill Genugtuung widerfahren zu lassen für alle die Willkommen, die er mir gebracht hat.

Daß zu damaliger Zeit das Willkommentrinken auch Gefahren in sich barg, bekamen am 15. Juli 1720 die beiden Kammerherren Karl August von Bomsdorff und Johann Georg von Carlowitz zu spüren. Der Eintrag des ersteren bekundet seinen danach eingetretenen weinseligen Zustand; als er jedoch die „Verse verfertigt und unterschrieben und nun mit gehöriger Submission aufstehen und solche ablesen wollte, schlug sein Stuhl rückwärts um und der Herr Kammerherr fiel hin, wobei er aber so behende die

Beine über sich und gleichsam ein Rad schlug, daß er fast auf die Beine wiederum zu stehen kam, so nachrichtlich und zwar allerhöchst anbefohlenermaßen anher zu registrieren gewesen". Carlowitz aber schrieb in richtiger Erkenntnis der Situation unter die Verse seines Kollegen:

„Unser gnädigster Herr lebe lang!
Moritzburger Willkommen sind Bomsdorffs und mein Untergang."

Ebenso empfand 1721 der Kammerjunker Detlev von Einsiedel, nachdem er das Horn, den goldenen Becher, die Gans und den Hirsch geleert hatte, „ein heftiges Taumeln und mehr dergleichen operationes". Am 12. Februar 1728 trugen sich König Friedrich Wilhelm I. von Preußen und Kronprinz Friedrich in das Register ein. Beide waren der Einladung Augusts des Starken zum Dresdener Karneval gefolgt und weilten anschließend noch zwei Tage als Gäste des Königs im Schlosse Moritzburg. Unter Kanonendonner trank Friedrich Wilhelm den Willkommen „auf seiner Majestät von Polen gutte gesundheit und glücklich wiedersehn in Berlin", während der Kronprinz infolge des eiligen Aufbruchs nach Potsdam nur seinen Namen in das Register zu schreiben vermochte. Indes resümierte der „Soldatenkönig" über jenen Dresdener Aufenthalt: „Ich gehe nach Hause, fatiguiret von alle guhte Tage und wohlleben; es ist gewiß nit kristlich leben hier, aber Gott ist mein Zeuge, daß ich kein plaisir daran gefunden und noch so rein bin, als ich von Hause hergekommen ..." Und als der seit 1720 in französischen Diensten stehende Graf Moritz von Sachsen 1736 wieder einmal im Schlosse weilte, fügte er dem Register die nachfolgenden Worte zu: „Il y a 25 ans que jày bu le grand vere ho leureux tamp!" – Es sind 25 Jahre her, daß ich das große Glas für glückliche Zeiten getrunken habe!

Daneben finden sich zahlreiche weitere Eintragungen von historisch bekannten Persönlichkeiten wie auch anderen Personen, so daß die Bände des bis zur Abdankung der Wettiner im Jahre 1918 fortgeführten Registers zugleich eine kostbare Handschriftensammlung darstellen.

116 Jagdschloß Moritzburg. Mittelteil eines in Silber getriebenen und vergoldeten Kaminschirmes von Albrecht Biller (1663–1720), Augsburg, vor 1720, aus dem ehem. Residenzschloß Dresden (Leihgabe Staatl. Kunstsammlungen Dresden, Museum für Kunsthandwerk Schloß Pillnitz). Siehe auch Abb. 115

Die *Schloßkapelle* war als einzige Räumlichkeit von den Maßnahmen des Umbaues fast unberührt geblieben, bedingten sich doch die wenigen hier vorgenommenen Veränderungen allein aus der 1697 erfolgten Konversion Augusts des Starken. Damals hatte der König aufgrund von erwarteten Spannungen zwischen Protestanten und Katholiken zunächst Zurückhaltung gewahrt, weshalb man vorerst im Audienzsaal des Dresdener Residenzschlosses eine bescheidene Andachtsstätte einrichtete. Gegen Ende des Jahres 1699 übereignete dann August die protestantische Moritzburger Schloßkapelle der katholischen Kirche und ließ sie durch seinen Beichtvater Carlo Maurizio Vota „mit den gewöhnlichen Zeremonien" sowie der „Ablegung eines Frantzösischen Sermons" neu weihen. Papst Innocenz XII. bedankte sich dafür in einem persönlichen Schreiben, das der päpstliche Nuntius dem König am 15. März 1700 überreichte. Hier feierte August mit den Katholiken seines Hofes das Weihnachtsfest 1699, wobei er den Metten, die „ein zahlreiches Chor von Sängern der Königlichen Kapelle ... mit Gesang und verschiedenen Instrumenten" begleitete, wie auch dem von Pater Vota gehaltenen Hochamte beiwohnte. Zum Hochamt am Morgen des ersten Feiertages „läuteten die Glocken, und außerhalb der Kirche ertönte das Geschmetter der Posaunen, um der Wiederherstellung des katholischen Kultus in Sachsen die größte Oeffentlichkeit zu geben". Auch empfing der König das Heilige Abendmahl; nachmittags aber hörte er die Vesper, zu der man die Musiker der Hofkapelle herausbefohlen hatte. Ebenfalls „mit pompösen Processionen" begingen hier August und sein Gefolge den Neujahrstag 1700 sowie am nachfolgenden 6. Januar das Fest der Erscheinung Christi, bei dem „der feierliche ambrosianische Lobgesang von einem zahlreichen Sängerchor der königlichen Kapelle gesungen wurde". Für die Besorgung der geistlichen Geschäfte war ein Schloßkaplan angestellt worden; er erhielt jährlich 400 Taler Besoldung wie auch „eine schöne und angenehme Wohnung" im Schlosse, doch wurde die Stelle nach der am 5. April 1708 erfolgten Einführung des katholischen Gottesdienstes in Dresden wieder eingezogen. Damit entfielen ebenso die bis dahin regelmäßig in der Moritzburger Kapelle abgehaltenen öffentlichen Andachten. Auch vermeldete der „Schloß-Thor-Wärtter" im Juni 1704 einen Einbruch, wobei „ein leichtferttiger Mensch an einer Leither im Thier Garthen herauff gestiegen" und aus der Sakristei sowie dem Herrespaukerstand „deren rothe taftende Vorhänge ... und ohngefehr 24 Ellen desgleichen Tuch womit die Wände bekleidet gewesen herunter gerißen, und boßhafftiger Weise entwendet hat".

117 Jagdschloß Moritzburg. Zimmer der Nordseite mit Durchblick zum Billardsaal. Zustand um 1950

Vom König war die Kapelle mit kostbaren Kirchengewändern, Leuchtern und weiterem Zubehör ausgestattet worden, unter dem sich auch ein großes elfenbeinernes Kruzifix des italienischen Bildhauers Alessandro Algardi befand. Später fügte man dem hölzernen, mit Marmorfüllungen versehenen Altartisch einen in einem Holzrahmen befindlichen herausnehmbaren Stein ein, dessen lateinische Inschrift besagt, daß er am 12. Mai 1721 vom Abte Anselmus aus dem Prager Benediktinerkloster St. Nikolai zu Ehren der Jungfrau Maria geweiht und darin eine Reliquie eingeschlossen wurde. 1728 folgten jene schon erwähnten baulichen Veränderungen, in deren Verlauf der Klengelsche Altar seine Umgestaltung erfuhr und ein neues Gemälde mit der Darstellung der Himmelfahrt Mariä erhielt (Abb. 113). Zugleich brach man die alte, sich halbrund um den Altar legende Sängerempore ab und erhöhte die Ostempore, um ihren Zugang von den königlichen Gemächern der „bel étage" zu ermöglichen (Abb. 33). In seiner Gesamtheit dürfte das sonst ganz dem schweren

Pomp des 17. Jahrhunderts verpflichtete Innere mit dem Freilegen der unter dem kalten Weiß des späten 18. Säkulums verborgenen originalen Farbigkeit ein ähnliches Raumbild ergeben, wie es dem ein Dezennium danach entstandenen stilverwandten Hauptsaal des Palais im Dresdener Großen Garten eigen gewesen ist.

Auch die nachfolgenden Zeiten brachten für die Ausstattung der Kapelle manche Ergänzung. So kamen mit dem Altarkruzifix, zwei Leuchtern und den beiden Statuetten der Apostel Petrus und Paulus fünf Kunstwerke aus Meißner Porzellan der Zeit um 1740 hinzu, von denen die beiden letzteren nach Modellen Johann Joachim Kändlers gefertigt sind. Aus der berühmten römischen Manufaktur hingegen stammt das Mosaikbild eines Ecce homo, das Papst Pius VI. der Moritzburger Kapelle schenkte. Neben einer Folge von Gemälden des Hofmalers Christian Wilhelm Ernst Dietrich, die das Leben des heiligen Franz Xaver, des Familienpatrons der Wettiner, zum Inhalt haben, finden sich weitere religiöse Kunstgegenstände des 17. und 18. Jahrhunderts wie Hausaltärchen, Reliquiare, Fahnen oder Plastiken aus unterschiedlichen Materialien. Als wertvollstes der mobilen Kunstwerke der Kapelle gilt indes die Statue eines Christus nach der Geißelung, die Balthasar Permoser aus fleischfarbenem, rotgeflecktem Salzburger Plassenkalk geschaffen hat (Abb. 114). Das 1,14 Meter hohe Bildwerk zeigt Christus mit den Armen nach hinten an eine niedere Martersäule gefesselt; es erhält seine besondere Wirkung durch die Umbildung der roten Flecken und Adern des Gesteins zu blutigen Geißelungsmalen, so daß der Eindruck körperlicher und seelischer Pein auf das Höchste gesteigert erscheint. Dieses Thema hat den Künstler im gesamten letzten Lebensjahrzehnt bewegt, wobei drei Fassungen überliefert sind, die sich in Grundform und Material stets wiederholen. So war bereits 1721 ein solches Bildwerk entstanden, das seinen Platz über dem Taufstein der 1707 in Dresden eingerichteten ersten Katholischen Hofkirche erhielt und später in den Neubau Chiaveris kam. Der um 1725 geschaffenen Moritzburger Ausführung folgte schließlich 1728 die dritte Fassung mit Signum, Entstehungsjahr und Selbstbildnis des Künstlers auf der Rückseite der Säule sowie einem seitlichen Gethsemanerelief; sie befand sich bis 1945 in der Kapelle des Taschenbergpalais und gelangte dann ebenfalls in die Katholische Hofkirche. In seiner Suche nach letztmöglicher Ausdrucksform der Marter Christi benutzt Permoser Farbe und Aderung des Materials nicht zur Erzielung dekorativer Effekte; vielmehr will er durch illusionistische Wirkung den Eindruck von Qual und Schmerz erreichen, wobei teilweise die roten Gesteinsadern aus dem Körper hervorquellen, um den Eindruck von gestocktem Blut zu erwecken. Dabei deutet die Verarbeitung des farbigen Gesteins auf Anregungen, die er während seines langen Aufenthaltes in Italien sicher von Werken Berninis empfing, wenn auch der italienische Künstler mehr den Farbenreichtum des Materials zur Geltung zu bringen suchte. Indes erscheint die Moritzburger Fassung gegenüber den Ausführungen von 1721 und 1728 am natürlich-intensivsten bewegt: Blutrote Wunden überziehen gleich einem Netz den sich im peinigenden Schmerz nach vorn biegenden Oberkörper Christi, aus der offenen Schulterwunde quillt Blut, und die wir an dem leidensvollen Antlitz herabhängenden Haarsträhnen sowie das flatternde Lendentuch verstärken die sich dem Ganzen mitteilende hochbarocke Spannung, deren Wirklichkeitsnähe keine Steigerung mehr zuläßt.

Nach den Gestaltungsprinzipien des barocken Gesamtkunstwerkes hatten die innenarchitektonische Durchbildung der Räume wie auch ihre Ausstattung mit Möbeln und anderen Werken der Kunst und des Kunsthandwerkes eine von Anbeginn beabsichtigte Einheit mit der gesamten Bauaufgabe zu bilden. Hierbei verlangten die sich zunehmend verfeinernden Lebensgewohnheiten der fürstlichen Bauherren neuartige Raumanordnungen, die entsprechend ihrer Funktionen zu gestalten und einzurichten waren. Schloß Moritzburg zeigt in hervorragender Weise, wie das Verwirklichen solcher Forderungen unter den komplizierten Bedingungen eines Umbaues im Zusammenwirken der verschiedenartigsten Künste zu höchster Vollendung gedieh. Für die Realisierung der Absichten sind nicht nur dekorative Ausdrucksformen aus vielerlei Teilen der Welt bemüht worden; man erkannte vor allem das Leistungsvermögen des heimischen Kunsthandwerkes und bezog es in die Aufgabenstellungen ein. Immer aber bleibt der Repräsentationsgedanke prägendes Element, wird durch ihn alles zu harmonischer Vollendung geführt, deren Atem nicht nur die großen Säle (Abb. 94, 95, 103, 109), sondern ebenso die Wohnbereiche des Schlosses bis hin zu den Quartieren in den Türmen durchdringt (Abb. 115, 117). Dabei werden die Dekorformen zunehmend vom Einfluß der Régence bestimmt: Ihre in klarer geometrischer Ordnung sich kreuzenden und brechenden Bänder, die im beschwingten Spiel muschelartige Palmetten oder Maskarone umschließen, drängen das laute Pathos hochbarocker Dekorationen zurück und werden zum Ausdruck eines neuen, spielerisch-genußvollen Lebensgefühls der damaligen aristokratisch-feudalen Gesellschaft.

August Schumann berichtet in seinem sächsischen Staats-, Post- und Zeitungslexikon im Jahre 1819 über die Ausstattung: „Alle Säle insgesamt enthalten übrigens viele Spiegel von seltener Größe, Spiegelschränke, Uhren, Kommoden von wohlriechenden Hölzern, und gefüllt mit dem ganzen Tafelzeuge und Tischgeschirr, das sonst hier gebraucht wurde. Unter den vielen Jagd-, Thier- und historischen Gemälden, womit alle Zimmer, Vorsäle, Treppen und Gänge des alten Schlosses verziert sind, zeichnet sich ein Oelgemälde von Lucas Cranach aus, eine Jagdparthie in der annaburger Heide vorstellend (Abb. 118), auf welcher man über 40 Personen en miniature äußerst fein, und nach dem Leben gemahlt, bemerkt." Allein an Gemälden wies das Moritzburger Inventar um Mitte des 18. Jahrhunderts einen Bestand von 2110 Stück aus, doch hatten diese nicht immer besonderen künstlerischen Wert: Neben Werken von Lucas Cranach d. J., Hans Krell, Heinrich Göding, Zacharias Wehme, Samuel Bottschildt, Christian Schiebling, Louis de Silvestre, Jean-Marc Nattier oder Johann

Alexander Thiele fanden sich ebenso Darstellungen wie das Bild eines Hirsches von 3 Zentnern 6 Pfund Gewicht, den am 8. Oktober 1709 der damals 13 Jahre alte Kurprinz Friedrich August beim Pirschreiten am Gänsezippel im Steinbacher Revier geschossen hatte. Golden schimmernde Ledertapeten und monumentale Ledermalereien, sächsische Möbel

4. Der Schloßpark

Das barocke Parkgefüge ist ohne Bauwerk undenkbar, von ihm erhält es Maßstab und Regel. Indem die Schere des Gärtners den das Schloß umgebenden Naturraum in die strengen Gesetze von Geometrie und Symmetrie zwingt, summieren sich beide Teile

118
Lucas Cranach d. J.
(1515–1586):
Große Hirschjagd
des Kurfürsten Johann
Friedrich von Sachsen
bei Torgau.
Öl auf Holz, 1540
(Ausschnitt).
Ehem. Jagdschloß
Moritzburg

aus erlesenen Hölzern, Gemälde, französische Uhren, Augsburger Silberarbeiten, Stukkaturen, Glas aus venezianischen und sächsischen Hütten, Geweihe – dies war der dekorative Rahmen für das festliche Leben im Schloß, dem draußen das großartig-stille Naturpanorama von Wasser und Wald gegenüberstand.

Der königliche Bauherr freilich hat die Vollendung des Inneren nicht mehr erlebt: Wie dem nach seinem Tode angelegten Inventar von 1733 zu entnehmen ist, fanden sich damals noch viele Einrichtungsgegenstände in mehreren Räumen abgestellt. Doch „die Sorgfalt der Ausstattung ging bis in die letzte Kleinigkeit; es gab keinen Gegenstand, der nicht in Form und Ausführung erst durchdacht und dann souverän gestaltet worden wäre" (F. Löffler). Damit aber dokumentierte die Inneneinrichtung des Schlosses nach ihrer 1736 erfolgten Vollendung umfassend den Stand der sächsischen Handwerkskunst jener Zeit, wobei wenige ausländische, meist als Geschenke an den König gegangene Stücke ergänzend wirkten.

zum gestaltgewordenen Ausdruck absoluten Herrschertums. Deutlichstes Bekenntnis dieses Ausgangspunktes ist der Park von Versailles: Sein Symbolcharakter für das absolutistische Staatswesen wird allein daraus ersichtlich, daß schon Mitte des 18. Jahrhunderts Louis Herzog von Saint-Simon, französischer Memoirenschreiber und schonungsloser Kritiker des Absolutismus, einen seiner Angriffe gegen jenes System mit einer hämischen Kritik dieser Parkgestaltung verschlüsselte, von der er sagte: „Il résulte qu'on admire et qu'on fuit" – Sie hat zum Ergebnis, daß man bewundert und flieht.

Fest und Spiel bestimmen das Wesen des Barockparkes, dessen Dresdener Premiere 1678 mit dem Anlegen des Großen Gartens erfolgte. Seine in der Ebene entwickelte Komposition entsprach völlig den idealen Stilforderungen der Zeit Ludwigs XIV. und sicherte damit dem Einwirken französischer Gestaltungsformen im Dresdener Raum eine Zeitspanne von mehr als siebzig Jahren. So wurde dieser Einfluß auch bei der wohl nach 1725 beginnenden Gestal-

tung des Moritzburger Schloßparkes fühlbar. Angelegt auf einer Fläche von etwa 230 × 146 Metern
innerhalb des Waldgebietes hinter dem nördlichen
Teichufer, hielt sich zwar seine Ausdehnung gegenüber solch großräumigen Gartenplanungen, wie sie
damals für Pillnitz, Hubertusburg oder Großsedlitz
entstanden, in Grenzen; dennoch prägten auch ihn
wesentliche Merkmale barocker Gartenkunst. Für die
Ausführung wurden mehrere Varianten erarbeitet,
deren Schema immer eine sich in der Nord-Süd-Achse
des Schlosses nach Norden entwickelnde Anlage zeigt
(Abb. 119, 120, 123). Sie sollte zugleich als gestalterische Ergänzung der baulichen Substanz wirken:
So wie von Süden her eine breite Allee auf den
Schloßkörper zustrebt, so findet auf gleicher Linie
der Mittelweg des Parkes durch eine hinter dem Aus-
gangstor nordwärts in den kleinen Tiergarten geschlagene Schneise seine Fortsetzung, was dem Bestreben des Königs nach einem gleitenden Übergang entsprach. Auf jene Mittelachse, die als breite,
von Nadelgehölzen gesäumte Allee erscheint, bezieht
sich die gesamte Gestaltung des Gartens. Seine Raum-
struktur wird von einem Rasen- und einem angrenzenden Wasserparterre bestimmt (Abb. 119). Das
nach dem Schlosse zu gelegene Rasenparterre zeigt
quadratische Form, die ein breit angelegtes Wege-
kreuz durchschneidet. Zu seinen vier Seiten sind jeweils Rasenbeete angeordnet, deren wiederum kreuz-
artig geteilte Flächen ein kleines Rondell umgeben.
Außerdem werden die vier Ecken des Parterres von
je einem Kavalierhaus markiert. Zwischen ihnen
spannen sich entlang der Ost- und Westseite geräumige Heckengänge; sie bilden dort zugleich die Grenze jenes Parkteiles, während ihn nach Süden ein
schmiedeeisernes Gitter abschließt. Im Norden übernimmt diese Funktion ein weiterer Querweg, dem
das Wasserparterre mit zwei großen, zu seiten des
Achsweges liegenden Fontänenbecken folgt. Seine
halbrunde Grundform begrenzen gleichfalls Heckengänge; sie verbinden die beiden nördlichen Kavalierhäuser des Rasenparterres mit zwei ebensolchen,
den oberen Parkausgang torartig flankierenden Bauten. Dahinter sieht eine strenger gehaltene Variante
vor ein in Achse angeordnetes kleineres Wasserbecken
vor, dessen Seiten schmale Wege tangieren, die sich
nach dem Passieren des Tores mit der anschließenden
Waldschneise vereinigen. Auch umzieht hier den gesamten Park ein Weg, der nach innen von den Hek-
kengängen, nach außen aber von Bäumen begrenzt
wird (Abb. 120).

Das Planungsergebnis der barocken Architekten
zeigte damit ein Durchdringen im Sinne des engen
Zusammenhanges von Park, Bauwerk und Landschaft. Es dürfte gleichfalls unter Mitwirkung des

Königs entstanden sein, kannte er doch die französischen und italienischen Barockgärten aus teilweise
eigener Anschauung wie auch aus damaligen Kupfer-
stichwerken. Wieder scheint Pöppelmanns Formensprache alles zu beherrschen; sie klingt unverkennbar
aus Baumalleen und Wasserbecken, aus Fontänen, Rasenflächen und sich kreuzenden Wegen, die wohl-

*119 Jagdschloß Moritzburg. Entwurfsvariante
des Schloßparkes und Freiflächengestaltung
der Schloßinsel. Ausschnitt aus Abb. 69*

überlegt zur Steigerung des Eindrucks wie zur Klä-
rung von Raumverhältnissen eingesetzt werden. Dazu
sollten sicherlich Blumen die Rasenbeete beleben,
während eine Variante inmitten der vier kleinen Ron-
dells des Rasenparterres je einen Baum vorsieht und
Baumpflanzungen auch die Wiesenflächen umgeben
(Abb. 120). Befruchtend dürften hierbei Gedanken
George Meisters eingewirkt haben, des berühmten
Kunstgärtners, der 1689 nach Dresden kam und 1692
den „Orientalisch-indianischen Lustgärtner" veröffent-

licht hatte. Bücher wie jenes von Meister, der Japan wie auch andere Länder des Fernen Ostens aus eigenem Erleben kannte, erweiterten die botanischen Kenntnisse der Zeit und damit das gärtnerische Gestaltungsvermögen, konnten doch erst die farbenreichen Blumen jener fernen Länder den Lustgärten ihre prachtvolle Erscheinung geben. Französischen Anregungen folgend, verwendete man hier ebenfalls den illusionistischen Gedanken des „parterre d'eau": Es waren dies niveaugleich in das Terrain eingelassene Bassineinfassungen, so daß die Spiegelung der Umgebung in der nur wenig unterhalb des Beckenrandes stehenden Wasserfläche zur Vortäuschung einer größeren Tiefe des Parkes führte. Auf Vorbildern der römischen Antike beruhend, sind solche „Wasserlichter" auch im Zwinger, in Großsedlitz und wohl ebenso für Pillnitz vorgesehen gewesen. Hingegen fehlt Gartenplastik völlig. Im Gesamteindruck von einfacher, fast strenger Grundhaltung, zeigt die sich auf ebener Fläche entwickelnde Anlage das Prinzip des Barockgartens, wo Architektur und Park eine Einheit bilden, während in der Renaissance zwischen beiden Teilen kaum Beziehungen bestanden hatten. Indes ist ein gewisser offizieller Charakter nicht zu übersehen, wirkt doch die Mittelallee mit ihren bereits vorkommenden, seitlich sich reihenden Fichtenpyramiden gleichsam wie der verkörperlichte Ausdruck höfisch-barocker Repräsentation. Dabei sollte der Schloßgarten jener Zeit weniger einen distanzierenden Eindruck erwecken; als Freiraum für Spiel und Unterhaltung war er vielmehr Teil des persönlichen Bereiches seines Eigentümers, Platz bietend für mancherlei Lebensbedürfnisse. Bei dem ganz der Jagd gewidmeten Schlosse Moritzburg haben freilich Gartenfeste keine derartig bestimmenden Formen angenommen wie etwa in dem für das heitere Spiel geschaffenen Pillnitz oder Großsedlitz, wo das Stiftungsfest des polnischen Weißen Adlerordens als Staatsfeiertag der sächsisch-polnischen Union „en galla celebriret" wurde. Für die derbere Zweckbestimmung der Moritzburger Anlage waren der Wald und das Wasser geeignete Vergnügungsorte. Der Garten hingegen schafft hier den erforderlichen Abstand für die Wirkung des Schlosses von Norden und übernimmt somit die Vermittlung zwischen Bauwerk und Natur. Dabei kam er dem klassischen Versailler Reglement Schloß – Terrasse – Parterre – Boskett – Jagdpark am nächsten, wurden doch viele der damals geplanten Gärten zumeist nur teilweise realisiert.

Mit dem Anlegen des Gartens dürfte 1726 begonnen worden sein. In jenem Jahr hatte man auch die Anstellung Johann George Meisters, eines Sohnes des George Meister, als „Amts-Gärtner" erwogen,

doch zerschlug sich diese Absicht wegen der noch unfertig liegenden Anlage. Wohl aufgrund des fortgeschrittenen Arbeitsstandes wurde dann 1728 der bis dahin in Annaburg tätige Gärtner Johann Christoph Hartung als Pfleger des „neuen anzulegenden Lust-Baum und Küchen Garthen bey Unseren Jagd Schloß

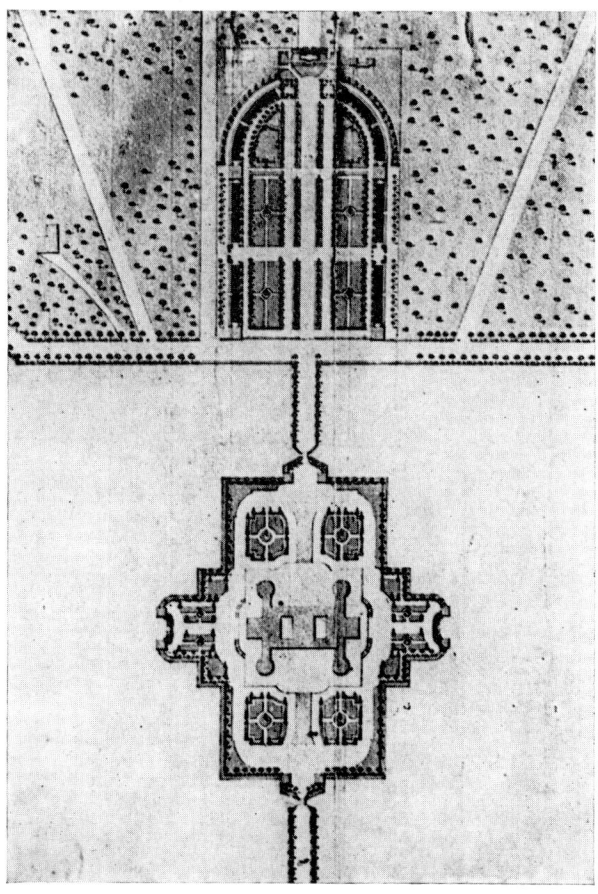

120 Jagdschloß Moritzburg Entwurfsvariante des Schloßparkes und Freiflächengestaltung der Schloßinsel. Wohl von M. D. Pöppelmann (1662–1736). Federzeichnung, farbig getönt (Ausschnitt), um 1725. Dresden, Staatsarchiv

Moritzburg" in Pflicht genommen. Diese Formulierung zeigt, daß man auch hier auf Wirtschaftlichkeit achtete, wird doch Hartung in seiner Bestallung dazu angehalten, neben der allgemeinen Gartenpflege „allerhand Welsche und andere Früchte, auch wohl riechende frembte Gewächse, Kräuter und Blumen (zu) zeugen" und „die ledigen Plätze mit guten Obst oder nach Gelegenheit mit anderen Blumen (zu) besetzen". Ebenso wurde er nachdrücklich darauf verwiesen, daß reife Früchte „zu bequemer Zeit abgenommen, und an gehörige Örter überantwortet, ausser dem aber sonst nichts entwendet, oder verun-

121 Jagdschloß Moritzburg. Blick in den Schloßpark mit Kavalierhaus von 1733. Zustand 1982

treuet werde, und daran zu seyn, damit alles das, so in den Garthen gezeuget und darin geschafft, zu Nutz und nichts davon umbkommt". Offenbar hat man damals die Randflächen des Gartens für den Obst- und Gemüseanbau genutzt; es sind Prinzipien, die zwei Dezennien später der preußische König Friedrich II. in Sanssouci nochmals aufnimmt.

Das Erwähnen einer 1732 für den Garten verausgabten Summe von 5140 Talern durch Jean de Bodt läßt zumindest erkennen, das damals daran gearbeitet wurde; zudem ist im selben Jahr George Gottlob Meister, ein weiterer Sohn George Meisters, als Gärtner in Moritzburg nachweisbar. Dennoch dürften zu jener Zeit erst die Grundzüge der Anlage mit der Mittelallee, den umlaufenden Heckengängen und einer bescheidenen Bepflanzung verwirklicht gewesen sein.

Wohl 1733 entstanden jene beiden Kavalierhäuser, die noch heute die südlichen Eckpunkte des Parkes markieren (Abb. 121, 122). Auf quadratischem Grundriß mit einer Breite von jeweils drei Achsen errichtet, zeigen sie Erdgeschoß und Mezzanin, während über dem Hauptgesims ein hohes Mansarddach aufstrebt, dessen vier Grate in einem bekrönenden Schornstein münden. Hohe Fenstertüren mit Stichbögen und großen Kartuschen darüber betonen die Mittelachsen der wohlproportionierten Baukörper; im Dachbereich sind ebenfalls axial ovale Fenster mit geohrten Sandsteingewänden und über ihnen kleine Schleppgauben angeordnet. Die durch in Stuck angetragene Voluten, Palmwedel, Blattgehänge, Flügel und die aufliegende Königskrone verzierten Kartuschen umgeben das sächsisch-polnische Wappen, aber auch das königliche Monogramm AR. Um die Fenster in beiden Geschossen legen sich geohrte Gewände.

Wie Untersuchungen des Instituts für Denkmalpflege, Arbeitsstelle Dresden, erbrachten, hat man damals die Fassadengliederungen illusionistisch monochrom aufgemalt. Nach den originalen Befunden 1966 am östlich gelegenen Kavalierhaus wiederhergestellt, besteht das Gliederungssystem aus Eck- und

Mittellisenen, die unterhalb des Hauptgesimses von einer schmalen Stableiste unterbrochen werden. Die Wandflächen zeigen ein lichtes Ocker, das in nur wenig hellerem Ton zum Absetzen der Lisenen, Gewände und Kartuschen dient; auch kommen Schattenkanten vor, während die axialen Fenstertüren teilweise ebenfalls aufgemalt sind. Damit entspricht diese Farbigkeit der um 1730 in Sachsen beginnenden Hinwendung zu völlig monochromen oder kaum noch differenzierten Fassadenbemalungen. Hingegen bleibt unklar, ob noch andere der geplanten sechs Kavalierhäuser errichtet wurden. So nennt ein Kostenanschlag von 1776 Reparaturen zur „Wiederherstellung des hintern Pavillons linker Hand im Churfürstl. Garten zu Moritzburg, allwo die obere verfaulte Kuppel abzutragen, und wieder neu abzubinden, mit Schiefer zu decken, die Decke wiederum herzustellen, auch der sich gesenkte Fußboden neu anzulegen ist"; zudem mußten „verfaulte Fenster" neu gefertigt werden. Demnach scheinen außer den beiden überkommenen vorderen Bauten noch weitere Pavillons bestanden zu haben, die später wohl wegen Baufälligkeit dem Abbruch verfielen.

Schließlich begann man mit der teilweisen Realisierung eines von George Gottlob Meister entworfenen Gartenplanes, doch verband sich seine kleinliche Formensprache nicht mit dem großzügigen Duktus der bereits im Mittelteil verwirklichten Pöppelmannschen Gedanken. Daher arbeitete wohl Johann Christoph Knöffel im Jahre 1740 ein neues Gartenprojekt und damit verbundene Anschläge aus (Abb. 123). 1686 in Dresden geboren und einer Bauhandwerkerfamilie entstammend, war er Schüler Pöppelmanns und Longuelunes gewesen (Abb. 124). Ihm gelang es, aus dem Maurerhandwerk bis zum ersten Baubeamten des Landes aufzusteigen; zudem gilt er als Begründer der sächsischen Rokokoarchitektur, die sich durch dekorative Zurückhaltung auszeichnet und damit zu besonders noblen Fassadengliederungen führte. Knöffel übernimmt in seinem Entwurf die alte Anordnung des Rasen- und Wasserparterres, doch erscheinen anstelle der vierteiligen Rasenflächen große, in lockere Formen gekleidete Broderiebeete. Dieser Kernteil wird nun mit einer Boskettanlage umgeben, die neben einem Schießplatz, einer „Eremitage" und einer Fläche für Gesellschaftsspiele auch ein Gartentheater enthält. Hierbei folgt der Grundriß des letzteren – ebenso wie in Pillnitz – italienischen Vorbildern und entspricht damit etwa der Grundanlage des 1719 von Pöppelmann dem Zwinger angefügten Dresdener Opernhauses. Bei alldem nutzt

122 *Frühling im Schloßpark*

123 *Johann Christoph Knöffel (1686–1752)?: Entwurf zur Gestaltung des Moritzburger Schloßparkes und der Schloßinsel. Federzeichnung, farbig getönt, 1740. Dresden, Institut für Denkmalpflege*

Knöffel das nach Norden leicht ansteigende Gelände für eine Vertiefung des Parterres gegenüber der Boskettanlage, wobei er die den Mittelteil rahmenden Heckengange sowie vier Kavalierhauser belaßt. Dadurch ergibt sich im Nordbereich eine doppelte Terrassierung im Zuge der Nord-Süd-Achse: Dort entfallen jetzt die beiden torartig angeordneten Kavalierbauten, und zwischen ihren ehemaligen Stand-

*124 Anton Tischler (1721–1780) nach einem Gemälde von Domenicus van der Smissen (1704–1760):
Oberlandbaumeister Johann Christoph Knöffel (1686–1752). Kupferstich, um 1750.
Staatl. Kunstsammlungen Dresden, Kupferstichkabinett*

125 Jagdschloß Moritzburg. Blick vom Billardsaal über den Schloßpark. Zustand um 1950

orten spannt sich eine breite Freitreppe; dahinter erscheint als Blickpunkt die halbrunde Wand eines Brunnens, zu dessen Seiten schmale Treppen auf einen durch vier Rasenbeete geschmückten Platz führen, den nordwärts das Parktor begrenzt.

Der Entwurf ist noch völlig vom barocken Gestaltungsempfinden geprägt und zeigt gleich den vorangegangenen Projekten eine eigenartige Verwandtschaft zum Sächsischen Garten in Warschau; er wirkt fast wie „eine den örtlichen Bedingungen angepaßte Miniaturwiedergabe" (W. Hentschel) jener seit etwa 1714 wohl nach Plänen von Johann Christoph Naumann oder dem Zwingerarchitekten verwirklichten bedeutendsten Idee Augusts des Starken für seine polnische Residenz. Wieder bezieht sich das Ganze auf die beherrschende Mittelachse, wobei freilich das vertiefte Parterre der französischen Gartenkunst fremd ist; hier haben offenbar italienische Vorbilder eingewirkt, denen ohnehin die Gestaltung der sächsischen Feststätten mancherlei Anregung verdanken dürfte. Trotz jener starken Hinwendung zur barocken Tradition erweist sich damit das Moritzburger Parkprojekt Knöffels als durchaus eigenständiges Werk, in dem deutsche, französische und italienische Stilelemente zur neuartigen Form verbunden sind, ein Merkmal, das ebenso die anderen von Knöffel geschaffenen Gartenentwürfe zeigen.

Freilich ist auch diesem Entwurf keine Verwirklichung beschieden gewesen. Von den Fichtenpyramiden zu seiten des Achsweges hat man damals 140 Stück gesetzt, während der restliche Bestand erst um 1890 vom Hofgärtner Keller angepflanzt wurde. An weiteren dendrologischen Besonderheiten fallen heute mehrere kanadische Helmlockstannen und eine amerikanische Riesenkastanieneiche auf, die wohl ebenfalls ein Alter von über 250 Jahren haben. Das nördliche Ende des Mittelweges markieren zu beiden Seiten hohe Pappeleichen; dazu findet sich eine stattliche Lebensbaumzypresse, die jedoch erst um 1845 zur Anpflanzung kam. Den Bereich des geplanten Rasen- und Wasserparterres aber beherrschen ruhige Wiesenflächen, wobei allein noch die sich den Nordseiten der beiden Kavalierhäuser anschließenden Heckengänge jene einstmals vorgesehene Begrenzung

andeuten. So bildet der überkommene Zustand des Parkes ein Zeugnis unentschlossenen Handelns des 18. Jahrhunderts, dem weder der Charakter einer französischen noch einer englischen Anlage eigen ist (Abb. 125). Und dennoch: Wer heute die Mittelallee mit ihrem feierlichen Saum sich reihender Fichtenpyramiden durchschreitet, mag noch jenen großartigen Gedanken ahnen, der zur Steigerung des Eindrucks dem Schloß diese Parkachse zuordnete.

Auf der Schloßinsel indes gelangte die dort vorgesehene Freiflächengestaltung im wesentlichen zur Ausführung (Abb. 119, 120). Über ihre Formen heißt es im Inventar von 1733: „Der gantze Um Creys vom Schloße ist mit einem Parapet von Raasen eingefaßt, und mit wilden Castanien Bäumen besetzt. Die Plans bis an die Souterrains sind Gazons mit Taxis umsetzt, auch in jeder Mitte ein wilder Castanien Baum." Demnach war zu seiten der nördlichen und südlichen Schloßauffahrt je eine kreuzförmig geteilte Rasenfläche angelegt, deren Mittelpunkt ein kleines Rondell mit einer Kastanie bildete. Ähnlich gestaltete Beete fanden sich auf der Fläche zwischen den Terrassenaufgängen und Ufertreppen im Ost- und Westteil der Insel. Sie erscheinen in fast gleichen Formen auf allen Varianten zur Gartengestaltung des Schlosses; allein Knöffel verbindet den Inselkörper im Norden durch drei Brücken mit einer in Breite des Parkparterres in den Schloßteich vorspringenden rechteckigen Landzunge und schmückt diese ebenfalls mit zwei großen Rasenbeeten (Abb. 123). Gelangte der Gedanke dann ohne die beiden seitlichen Übergänge zur Verwirklichung, so nahm das 19. Jahrhundert auf der Insel Veränderungen an den gärtnerischen Anlagen vor, wobei es wiederum zur Anpflanzung von Fichtenpyramiden kam. Hingegen war der südliche Teichdamm bereits beim Umbau des Schlosses beidseitig mit Kastanienbäumen besetzt worden. Außerdem flankieren seine Zugangsseite zwei Postmeilensäulen, die 1730 dort Aufstellung fanden (Abb. 126). Es sind Wegzeichen, wie man sie damals im Zuge von Verbesserungen des kursächsischen Post- und Verkehrswesens errichtete, wobei als Grundlage eine von August dem Starken geförderte und von seinem Geographen Adam Friedrich Zürner vorgenommene Landesvermessung diente. Ihrer Form nach zählen die Moritzburger Distanzsäulen zu jenen besonders gestalteten Exemplaren, mit denen im Nachgang zur Verordnung des Königs über das Aufstellen derartiger Markierungen vom 19. September 1721

die Distanzpunkte am Beginn aller Post- und Landstraßen an Städten sowie anderen bedeutsamen Orten zu kennzeichnen waren. Gefertigt aus pirnaischem Sandstein, erhebt sich auf einem reich profilierten Unterbau von viereckiger Grundform ein etwa 8 Ellen hoher Obelisk, der in seinem oberen Drittel die farbig gefaßten Wappenschilder Kursachsens wie auch des Königtums Polen samt aufliegender Krone je zweimal plastisch hervortreten läßt. Darunter zeigt die in jeweiliger Richtung „mit Teutzschen Buchstaben" eingehauene „Distanzschrifft derer auff den Straßen nacheinander folgenden Post-Stationen oder Städte bis an die Haupt-Orde oder Gräntzen" an, während am Fuße des Obelisken das Posthorn samt der Jahreszahl 1730 erscheint. Um 1920 auf Veranlassung des damaligen sächsischen Landesamtes für Denkmalpflege wiederhergestellt, erfuhren die beiden Säulen 1972 eine erneute Restaurierung. Heute zeigen sie uns als weiteste Strecken „Langensaltza" und Naumburg mit je 55 kursächsischen Postmeilen zu je 9,062 Kilometern an; dagegen wurden bis zur „Allbrechtsburg bey Meißen 3 St. ³/₄", bis nach „Pautzen 14 St. ⁷/₈", bis zum Schloß „Hartenfelß bey Torgau 15 St. ⁵/₈" oder bis zur „Pleißenburg bey Leipzig 23 St. ³/₄" benötigt.

5. Die Nebenanlagen

Der Tiergarten. In den meisten Moritzburger Planungen findet sich der Gedanke eines fast den gesamten Friedewald umspannenden riesigen Polygons als gestalteter und gegliederter Jagdbereich (Abb. 151). Während sein Zentrum den Laufplatz mitsamt dem Jagdschirm aufnimmt, erscheinen innerhalb der umliegenden Fläche funktionsbedingte Nebenanlagen, die vornehmlich das Schloß als zentralen Bezugspunkt der Gesamtanlage umgeben. Zu ihnen zählen das Stallgebäude, die Fasanerie, eine Menagerie, das Schwanenhaus, der Entenfang, der Auergarten, Teich- und Forsthäuser sowie der Ort Moritzburg. Dagegen mußte wegen des Schloßumbaues der dem alten Jagdhaus nach Westen vorgelegte „kleine Thiergarten" (Abb. 21a), der schon seit 1580 seltenes Rotwild und andere jagdbare Tiere beherbergt hatte, aufgelassen werden.

Dennoch diente der unter Kurfürst Johann Georg IV. im Friedewald westlich der Moritzburg angelegte Tiergarten mit seinen sechs sternförmig angeordneten Hauptschneisen auch bei August dem Starken zur Durchführung von Hofjagden. Wie M. Schlechte nachweisen konnte, belegen aber eigenhändige Skizzen des Königs sein starkes Interesse am weiteren Ausbau des Waldgebietes, wobei sicherlich die zu

126 *Jagdschloß Moritzburg. Kursächsische Postmeilensäule von 1730 an der Zugangsseite des südlichen Teichdammes*

jener Zeit an vielen deutschen Fürstenhöfen entstehenden Tiergärten anregend einwirkten. So erscheint in den Projekten der Jahre 1714/18 als neuartige Gestaltungsvariante für einen sternförmig geteilten Tiergarten anstelle des Polygons das Quadrat. Auch verlegte man um 1720 den Beginn der west-östlichen Hauptachse weiter nach Osten, so daß sie nun durch das bis dahin den Ausgangspunkt der Achsführung markierende Jagdhaus führte, womit eine Ausweitung des zu gestaltenden Landschaftsraumes bis zum Bärnsdorfer Großteich erfolgte.

Eine weitere Veränderung gegenüber den Planungen von 1691/93 bedeutete die Verlegung des Zentrums auf den sich nördlich des Reichbrodtschen Bruches erhebenden Grießberg. Nahm es vordem die Fläche jenes zwischen dem Hahnen- und Grießberg gelegenen Bruches ein, so entsprach die neue Lage den barocken Forderungen der Sicht- und Schneisenbeziehungen. Freilich bedingten sich daraus das Verschieben der Ost-West-Achse nach Norden sowie eine Schwenkung des Polygons, wobei man als Bezugspunkt das Schloß wählte. Obwohl nicht Mittelpunkt des Tiergartens, wurde damit sein Status als ideelles Zentrum der Anlage noch betont. Zudem verlor auch mit der erforderlichen Neuorientierung des Schneisensternes die anstelle des abgetragenen „Ziegenhübels" ausgewiesene Menagerie ihre Bedeutung. Doch der neuen Ost-West-Achse erstand wiederum ein Hindernis in Gestalt der nordwestlich vom „Ziegenhübel" gelegenen Hohburg. Wie ein Reskript von 1732 ausweist, ließ August der Starke „vom 4. Juny bis ult. Dezember 1729" mittels hierzu aufgebotener Bergleute einen 100 Meter langen, 5 Meter breiten und 4 Meter hohen Tunnel durch jenen Syenithügel brechen. Mit dem Tod des Königs 1733 blieb jedoch das Projekt unvollendet liegen. 1737 nutzte man den Durchbruch noch zum Einbau einer Eisgrube, die aber nur zwei Jahre bestand, während der Tunnel als Relikt der großartig angelegten Tiergartenplanung bis heute erhalten blieb.

Darüber hinaus hatte Matthäus Daniel Pöppelmann 1721 den Auftrag zur „Abtreibung" des nordöstlich vom Schlosse gelegenen Hellberges erhalten. Es war eine natürliche, auch Hellen- oder Höllenberg genannte Erhebung, die als Mittelpunkt für das Anlegen eines kleinen Schneisensternes dienen sollte. Solche Anlagen wurden vornehmlich zum Abhalten von eingestellten Jagden angelegt und waren in zahlreichen Tiergärten der Zeit neben den großen Schneisensternen zu finden. Daher veranlaßte man 1725 das Schlagen von acht auf den Hellberg zuführende Schneisen, wobei im Oktober Pöppelmann und Oberstleutnant von Fürstenhoff eine Besichtigung der Arbeiten vornahmen. Auch hier belegen eigenhändige Skizzen Augusts des Starken, daß jener Hügel trotz seiner etwas abseitigen Lage vom Schloß in Beziehung zur Gesamtanlage gebracht werden sollte. Ob ihn freilich schon damals eine Bebauung krönte, bleibt nur vermutbar. Da aber Carl Christian Schramm in seinem „Neuen Europäischen Historischen Reise-Lexicon" von 1744 einen auf dem Hellberg stehenden achteckigen Pavillon anführt, „welchen man Belvedere nennet", könnte das 1776 an gleicher Stelle errichtete Hellhaus durchaus einen Vorgängerbau besessen haben.

Die Fasanerie. Im Jahre 1727 wurde am Bärnsdorfer Großteich mit dem Einrichten einer Fasanerie begonnen. Ihr lag wohl der Gedanke einer Zusammenfassung der an unterschiedlichsten Orten im Lande entstandenen gleichartigen Anlagen zugrunde. Vom Umfang her zeigte sie außer einem Wohnhaus zwei Garnhäuser mit je einem Fach für Fasanen und Rebhühner. Hinzu kamen ein Rinderstall zur Lieferung von Milch für die Aufzucht der jungen Fasanen sowie eine Scheune und drei Brunnen. Auch hatte man ein überkommenes Bauernhaus mit einbezogen. Zum Schutz der Tiere vor Raubzeug war das Ganze von einer dichten Wacholder- und Fichtenhecke umgeben.

Aus Skizzen Augusts des Starken geht hervor, daß die Fasanerie als östlicher Blickpunkt der jetzt verlängerten ost-westlichen Hauptachse konzipiert war, so daß sie sicherlich auch in Sichtbeziehung zum Schlosse stand. Ihren Standort mag man sich im Bereich des um 1777 errichteten Brunnenwerkes der „Grotte" unterhalb vom gleichzeitig entstandenen Fasanenschlößchen denken (Abb. 167). Indes zeigte das Fasanenhaus bereits 1738 starke, von Feuchtigkeit und Schwamm verursachte Schäden. Nach ihrer Untersuchung erklärte Oberlandbaumeister Knöffel, daß ein Neubau mitsamt dem notdürftigen Herrichten des alten Gebäudes die gleichen Kosten beanspruchen würde wie die alleinige Instandsetzung des Altbaues. Mit Einverständnis des Kurfürsten ließ daher Johann Christoph Knöffel auf jener Anhöhe, die heute das Fasanenschlößchen trägt, ein neues Fasanenhaus errichten. Es bestand aus einem ebenerdigen Baukörper von einfachen Formen, der über quadratischem Grundriß aufwuchs und mit einem spitz zulaufenden Mansarddach abschloß, wie es ein von Johann Christoph Malcke 1771 geschaffenes Gemälde zeigte (Abb. 162). Hingegen nutzte man den reparierten Altbau zum Unterbringen der jungen Fasanen. Auch war der „Fasan Garthen" mit einer Mauer umgeben worden, die freilich in den nachfolgenden Dezennien öftere Instandsetzungen verlangte.

Entenfang, Schwanengarten und Menagerie. Das Anlegen von Entenfängen war eng mit der damals geübten Jagdpraxis verbunden, dienten doch die gefangenen Tiere zur Bereicherung der Hoftafel oder als Reserve für Entenjagden. Daher erging 1728 die Order zum Einrichten eines Entenfanges am Südufer des Großteiches nahe Cunnertswalde, wobei man zugleich den Torgauer Fang aufgab. Die Fertigstellung des Vorhabens, das auch ein Wohnhaus für den Entenfänger einschloß, erfolgte binnen Jahresfrist.

Hingegen sind für das Anlegen des Schwanengartens vor allem repräsentative Gründe bestimmend gewesen, denn der schon seit der Antike als Prachtoder auch Königsvogel geltende Schwan sollte nun Zierde des Schloßteiches sein (Abb. 81, 196, 197). Im Jahre 1730 hatte der Schwanengarten einen Bestand von etwa 50 Tieren, wobei die Anlage um 1732 am südöstlich vom Schlosse gelegenen Schwanenteich, einem Rest des alten Mosebruchteiches, ihr Domizil erhielt. Mit seiner zugleich vorgenommenen Erweiterung wurde auch die zuvor am Südwestufer des Schloßteiches angeordnete Menagerie hierher verlegt. Obwohl äußerlich als Provisorium wirkend, zählte sie aufgrund ihres reichen Bestandes an exotischen und anderen seltenen Tieren zu den bedeutendsten Menagerien des Landes.

Die Handwerkersiedlung. In Verbindung mit dem Schloßumbau war 1723 erneut jene Idee einer Handwerkersiedlung aufgegriffen worden, deren bauliche Vorbereitung August der Starke ebenfalls Pöppelmann übertrug: Hier sollten „fremde Künstler, Handwerker und Fabricanten", aber „auch andere Personen, welche bürgerl. und andere Gewerbe treiben wollten", angesiedelt werden. Das dabei erkennbare außergewöhnliche Interesse des Königs an diesem offenbar von Versailles inspirierten Projekt wurde indes nicht allein von gestalterischen Aspekten bestimmt; vielmehr lag dem Ganzen ein merkantiles Denken zugrunde, das in der Förderung einer Produktionsweise mündete, die bereits frühkapitalistische Züge trug und somit über das Feudalsystem hinausging.

Als Anreiz hatte August trotz der Bedenken seiner geheimen Räte „per Mandatum publicum ... denenjenigen, so sich allda niederzulassen, anzubauen und ihre Nahrung zu treiben gesonnen, die allerersinnlichsten Freyheiten promittiret, auch alle Bau Begnadigungen und Abgaben Erlasse auf lange Zeit allergnädigst versprochen", was in den Ämtern durch 500 Patenten zum öffentlichen Anschlag kam. Jene „Acta" über „den neuen Anbau zum Schloß Moritzburg" nennt dabei 54 Gewerbe, unter denen sich Steinmetzen, Baumeister, Strukkateure, Maler, Büch-

sen- und Hutmacher, Materialisten, Wachszieher, Kürschner, Bleicher, Orgelbauer und Leineweber als erwünschte Siedler finden. Vorgesehen war das Errichten von einheitlich gestalteten Häusern mit einer Grundfläche von 150 × 150 Ellen; dazu wollte man den Bewohnern das Halten einer Kuh, eines Kalbes und eines Schweines gestatten. Auch beabsichtigte der König den Bau einer Kirche und einer Schule sowie die Verleihung des Stadtrechtes für Moritzburg. Dennoch blieb die Zahl der Interessenten – wohl wegen der nahen Residenz – gering, so daß 1732 eine nur teilweise Realisierung des Vorhabens entlang der Dresdener Allee erfolgte (Abb. 69). Hierbei kamen von den beidseitig der Straße vorgesehenen Wohnhäusern nur wenige Bauten zustande, die noch an der heutigen Ernst-Thälmann-Allee zu sehen sind. Jedes dieser zweigeschossigen, im Grundriß quadratischen Gebäude wird von einem hohen Walmdach mit sehr kurzem First bekrönt. Die Hauptfront zeigt fünf Fensterachsen, während eine schlicht gehaltene Verzierung der axial angeordneten Haustür Betonung gibt.

Das Stallgebäude. Erst nach dem Tode des Königs wurde die große Stallanlage am Eckpunkt der von Dresden kommenden und nach Radeburg abzweigenden Straße errichtet, die zum Unterbringen der für die Parforcejagden benötigten Pferde diente (Abb. 68). Ihr Komplex erhebt sich an der Nahtstelle zwischen Schloßinsel und Alleebebauung, was wiederum jenem spezifisch barocken Gedanken eines auch das Umfeld einbeziehenden Gesamtkunstwerkes entspricht. Wie ein damals entstandener Gesamtplan der Schloßanlage ausweist, plante man wohl eine Wiederholung des Stallbaues an der ihm gegenüberliegenden Alleeseite (Abb. 69). In Verbindung mit der Handwerkersiedlung lag damit dem Ganzen eine einheitliche architektonische Idee zugrunde, wie sie ähnlich Pöppelmann 1724 in Dresden-Neustadt mit der vom Schwarzen Tor in Achse des Holländischen, später Japanischen Palais angelegten Königstraße verwirklicht hatte. Dort war aufgrund einer Verordnung Augusts des Starken die Bebauung der Strassenfluchten bei gleicher Hauptsimshöhe nur zweieinhalbgeschossig ausgeführt worden, um den Palaisbau in seiner Wirkung zu steigern; auch zeigten die Häuser schlichte, doch ausgewogene Fronten, wobei allein in den Hauptachsen sparsames Dekor erschien. Diese auf Prinzipien der italienisch-französischen Stadtbaukunst beruhende Gestaltungsabsicht, die noch an einigen erhalten gebliebenen Bauten der heutigen Friedrich-Engels-Straße verfolgt werden kann, sollte ebenfalls die Zufahrtsachse des Moritzburger Schlosses prägen. Man erreichte damit eine

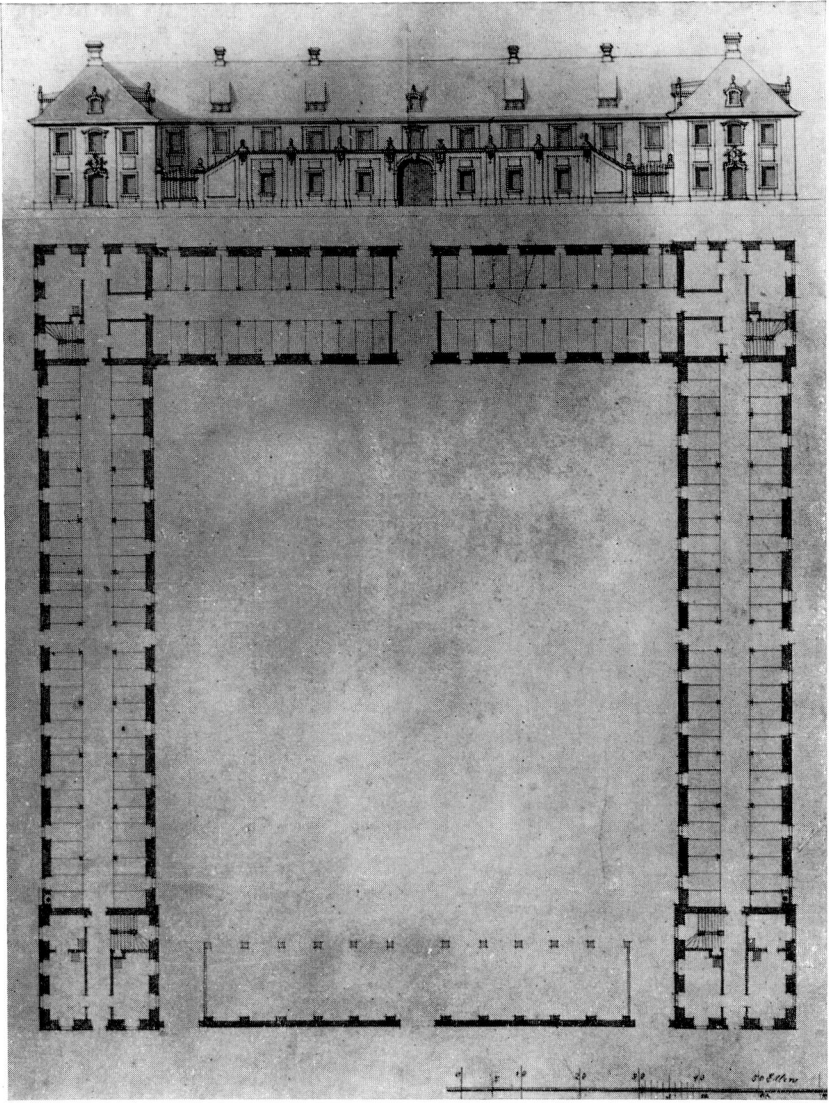

127
Westansicht und Grund-
riß des Moritzburger Stallgebäudes.
Federzeichnung, farbig getönt,
um 1730
(Ausschnitt linke Blattseite).
Dresden,
Institut für Denkmalpflege

Steigerung des Schloßkörpers wie auch die optische Verjüngung der Allee, Wirkungen, die durch jene Wiederholung des Stallkomplexes an der ihm gegenüberliegenden Straßenseite noch gefördert worden wären.

Den ersten Entwurf zur Stallanlage hatte Matthäus Daniel Pöppelmann gefertigt, der mehrfach bauliche Aufgaben für Gestüte übertragen erhielt. Nachdem aber eine 1732 in Teplitz vorgenommene Kur des damals fast Siebzigjährigen wohl ohne Erfolg geblieben war, erhielt Johann Christoph Knöffel als dritter Oberlandbaumeister einige Aufgaben des Zwingerarchitekten mit übertragen. Hierzu zählte auch die 1733 realisierte Ausführung jenes Stallkomplexes, wobei Knöffel den Formenduktus Pöppelmanns beibehielt, obgleich er eine Variante dazu entworfen hatte (Abb. 127). Die 1828 als Landesgestüt zur Haltung

von Zuchthengsten eingerichtete und veränderte Anlage zeigt noch heute den ursprünglichen quadratischen Hof, um den sich an drei Seiten Ställe für 176 Pferde legten, während die Alleeseite durch eine Mauer mit großem, später zugesetztem Einfahrtstor abgeschlossen blieb. Hingegen enthielten die vier als Risalite ausgebildeten und jeweils drei Achsen breiten Eckbereiche Wohnungen, „worinnen sich verschiedene Zimmer für Cavaliers und Hof-Officianten" befanden. Durchgehend zweigeschossig gehalten, bestimmte das Äußere des Baukörpers eine schlichte, lisenenartige Gliederung mit aufgesetzten Putzfeldern zwischen den Erd- und Obergeschoßfenstern. Von der dann vereinfachten Fassadengestaltung überkam allein die Betonung der axialen Zugangstüren an den Straßenfronten beider westlicher Eckrisalite durch Kartuschen: Sie zeigen neben dem sächsisch-polnischen Wappen die Königskrone sowie das Monogramm des Nachfolgers Augusts des Starken.

Auf dem Gesims über dem ehemaligen Zufahrtstor an der Dresdener Allee erinnern indes zwei steinerne Büsten als Darstellungen der beiden königlichen Hofnarren Joseph Fröhlich und Postmeister „Baron" Schmiedel an eine Episode, die sich wohl nahe dem Stallgebäude zutrug. Dem Vernehmen nach hatte einst August der Starke den „kurtzweiligen Rat" Fröhlich wegen eines derben Streiches in Arrest setzen lassen. Als aber der König bald darauf Schloß Moritzburg besuchen wollte, gelang es dem Hoftaschenspieler, durch Überlistung seiner Wächter aus der Haft zu entkommen. Er wie auch Baron Schmiedel wußten sich Pferde zu verschaffen, so daß beide

heute die beiden Büsten – etwas sinnwidrig – aus der Dachtraufe herausschauen und allen Vorüberkommenden ihren Gruß entbieten.

Gesamthaltung und Einflüsse der Schloßanlage. Das nachhaltige, wahrhaft volkstümlich gewordene Wirkungsbild des Jagdschlosses Moritzburg beruht vor allem auf seiner charakteristischen Erscheinung. Gleichsam herausgehoben aus der Wasserfläche des umgebenden Teiches vom doppelt gestuften Unterbau der Terrassen, strebt das Schloß kraftvoll empor, belebt vom auf- und absteigenden Rhythmus der Hauptgesimse wie auch von den feinen Gliederungen der Baumasse. Sein strenges Motiv des H-förmigen Grundrisses, dem in der Hauptachse die gedrungenen

128 a u. b Sandsteinbüsten der Hofnarren Joseph Fröhlich (links) und Baron Schmiedel (rechts) auf dem Dachgesims des ehemaligen Moritzburger Stallgebäudes. Nach 1730. Zustand 1982

vor der Hofkavalkade nach Moritzburg gelangten, wo sie Bäume erstiegen und aus luftiger Höhe ihren königlichen Herrn bei seiner Ankunft schalkhaft begrüßten. August war von dieser unerwarteten Ovation ebenso überrascht wie von dem Umstand, hier Fröhlich zu finden, doch soll er das Ganze mit Humor aufgenommen haben. Zur Erinnerung an dieses Ereignis hat man jene beiden Vertreter der Narrenzunft als steinerne Bildwerke auf die Torsäulen der wenig später errichteten Stallanlage gesetzt: Fröhlich mit in die Hände gestütztem und vom Spitzhut bedecktem Kopf als angriffslustiger Skeptiker (Abb. 128 a), Schmiedel aber mit Dreispitz und verschränkten Armen als geplagter Melancholiker (Abb. 128 b) trefflich charkterisiert. Im nachfolgenden Jahrhundert wurde der Rückseite jener einst die Zufahrt enthaltenden Mauer ein Schuppengebäude angefügt, so daß

Rechtecke von Kapelle und Speisesaal Weitung geben, erhält an den vier Eckpunkten durch wuchtig aufragende Rundtürme Schutz und Markierung. Allein die im Westen dem schweren Schloßkörper sich anschmiegende Kapelle zeigt noch den Formenschatz des 17. Jahrhunderts. Über ihrer kleinen, altväterlich-kunstvollen Gestalt mit den tief in das Mauerwerk gedrückten Fensterleibungen schwingt ein doppelt geschweiftes Dach hinauf zum nadelspitzen Turmreiter, dem Scherzo in diesem mehrstimmigen Tonsatz, dessen melodisch selbständige, doch harmonisch zusammenklingende Stimmen sich zur einzigartigen Komposition vereinen (Abb. 129).

Wirkten auch beim Umbau die Ausdehnung und der Umriß des alten kurfürstlichen Jagdhauses als Vorbild, so besteht die hervorragendste architektonische Zutat des Barock im Aufführen des großen, sich

in zwei Stufen entwickelnden Terrassenunterbaues: Er vor allem setzt den Schloßkörper in enge Beziehung zur umliegenden Wald- und Teichlandschaft. Hierin aber offenbart sich das Einmalige der Moritzburger Anlage: In der Grundanregung auf Ideenskizzen Augusts des Starken beruhend, von Markus Conrad Dietze 1703 weiterentwickelt und durch Pöppelmann zur Vollendung geführt, kommt jene Form der doppelten Terrasse sonst nirgends im europäischen Schloßbau der Zeit vor. Entsprechend den Forderungen des barocken Gesamtkunstwerkes wurde der umgebende Landschaftsraum durch Alleen und Schneisen, deren jede das Schloß zum Point de vue nimmt, in die Gesamtkomposition einbezogen. Solche weitausgreifenden Absichten ließen aber bei dem flachen Geländerelief eine derartig monumentale Steigerung des Bauwerkes zur Voraussetzung werden, drückte sich doch darin der alles umfassende Anspruch eines absolutistischen Herrschers aus, der hier zugleich seine architektonische Begabung glänzend unter Beweis stellte. Auch mag man erkannt haben, daß der Fernwirkung des Schlosses aufgrund seiner vom Umbau bestimmten massigen Gestalt besondere Bedeutung zukam: Indem sich nämlich sein mächtiger Baukörper mit dem spiegelnden Wasser, der dunklen Kulisse des Waldes und dem endlosen Himmelsgewölbe vermählt, erscheint das Gefüge der Architektur klarer, wirkt die Gliederung der Massen leichter (Abb. 64). Steht man freilich auf dem engen Inselplateau, ergibt sich ein mehr lastender Eindruck, dem offenbar die illusionistische Fassadenbemalung mit ihrer das rein Architektonische hervorkehrenden Haltung begegnen soll. Doch der Ankommende wird – in Anlehnung an Gestaltungsprinzipien der französischen Schloßbaukunst – durch die räumlich-visuellen Strukturen der emporschwingenden Auffahrt und dem Cour d'honneur einer scheinbaren Dreiflügelanlage zum plastisch betonten Zielpunkt des Hauptzuganges geleitet (Abb. 223). Zugleich übernehmen hier die oben am Mittelrisalit angeordneten Hirschköpfe (Abb. 131) das bereits von den Pikören eröffnete Jagdmotiv (Abb. 137) und verweisen damit auf die Zweckbestimmung des Baues als Jagdschloß. In der zentralen Halle lenken dann Aufforderungsmotive die Weiterführung zu den Repräsentationsräumen im ersten Obergeschoß.

Das Erlebnis Moritzburg wird somit von der großartigen Vereinigung von Bauwerk und Landschaft geprägt: Schloß, Park, Wald und Wasser bil-

130 Jagdschloß Moritzburg. Die Laterne des Amtsturmes mit der als polnischer Adler geformten Wetterfahne. Zustand 1982

den eine künstlerische Einheit, wie sie nur ein bedeutender Architekt zu gestalten vermochte. Aufgrund der in dieser Aufgabe liegenden und von Anbeginn erkannten Schwierigkeiten hatte der König alle namhaften Baukünstler des Oberbauamtes zur Erarbeitung von Lösungsvarianten herangezogen. Der dann von Matthäus Daniel Pöppelmann mit größtem Einfühlungsvermögen entwickelte Schloßkörper wirkt vor allem durch die ausgewogene Gliederung seiner Massen: Stark und frei steht er gleich einem Sinnbild absoluter Macht auf der oberen Terrasse, plastisch belebt vom reizvollen Licht- und Schattenspiel der vor- und zurückspringenden Bauglieder (Abb. 64). Allein die vier wuchtigen Rundtürme, mit denen das tektonisch ballende Element den Eckpunkten zugeordnet ist, assoziieren bereits den Eindruck von wehrhafter Stärke. Ihre mächtigen Kuppeln lockert an den Ansätzen jeweils ein Kranz von Fenstern mit barocken Verdachungen und bekrönenden Vasen auf; den Abschluß aber bilden durchbrochene La-

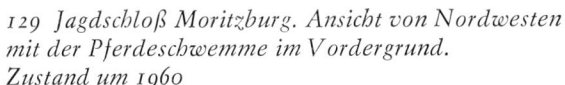

129 Jagdschloß Moritzburg. Ansicht von Nordwesten mit der Pferdeschwemme im Vordergrund. Zustand um 1960

ternen, deren leichte, schwingende Formen im wirkungsvollen Gegensatz zu den schweren Turmkuppeln stehen. In ihnen verbergen sich Schornsteine, während die Wetterfahnen über den kupfernen Hauben als polnische Adler ausgebildet sind (Abb. 130). Auf verschiedenen Entwürfen umziehen die Laternenansätze Lambrequins, die freilich unausgeführt blieben.

Balkon umgibt ein filigranes schmiedeeisernes Gitter, dessen streng-ornamentale, die Vertikale betonende Haltung in den beiden Seitenfeldern bewegter wird, wobei dort das vergoldete Monogramm AR samt aufliegender Königskrone erscheint. Ebenso zeigt die Rahmenarchitektur der Balkontür eine reichere Ausbildung: Über dem fein profilierten, geohrten

*132
Jagdschloß Moritzburg. Verdachung mit Wappenkartusche und aufliegender Königskrone über der Balkontür des südlichen Mittelrisalites.
Zustand 1982*

Plastischer Schmuck, noch im Zwinger zu einmaliger Synthese mit der Architektur geführt, fehlt am Schloßkörper fast völlig; er beschränkt sich auf eine Betonung der nord-südlichen Achse an den betreffenden Fronten des ohnehin höher geführten Kernbaues (Abb. 131) sowie auf die Ostseite des Speisesaalvorbaues. So markieren den südlichen Hauptzugang (Abb. 131) genutete Pilaster, deren derb geformte Volutenkapitelle zugleich als Konsolen für den dem Monströsensaal vorgelegten Balkon dienen. Das von dieser Gestaltung gerahmte, mit flachem Korbbogen abschließende Einfahrtstor zeigt einen Schlußstein, der sich in Form einer barocken Kartusche unter der Balkonplatte nach vorn zieht und mit dem königlichen Monogramm AR wie auch der Jahreszahl 1727 geschmückt ist; hingegen deuten in den seitlichen Zwickeln gekreuzte Jagdwaffen unter Schilden auf die Zweckbestimmung des Schlosses. Den

und mit Stichbogen versehenen Gewände liegt eine geschwungene Verdachung, deren als große Kartusche geformter Schlußstein mit dem sächsisch-polnischen Wappen und der aufliegenden Königskrone die Personalunion beider Staaten propagiert, während sich nach den Seiten Tuchgehänge spannen (Abb. 132). Im darüber befindlichen Bereich klingt diese Schmuckfreude aus. Hier ist das nachfolgende Fenster mit einer flach angelegten Verdachung und schlichterem Schlußstein versehen; die oberste Öffnung aber schließt nur noch mit einem Stichbogen ab, wobei sich der im ersten Obergeschoß durch zwei Stockwerke führende Monströsensaal nicht in der Fassade markiert. Diese Betonungsform von Achse und Zugang kehrt an der Nordseite des Kernbaues in gleicher Art wieder. Verschiedentlich lassen hierbei Detailausbildungen mit Anklängen an andere bauliche Gestaltungen Pöppelmanns dessen entwerfende Hand erkennen. So finden sich formähnliche Volutenkapitelle an der nach 1720 entstandenen Loge Christiane Eberhardines, Gattin Augusts des Starken, in der Kirche zu Pretzsch; weiterhin zeigte sie der Balkon

*131 Jagdschloß Moritzburg.
Das Hauptportal der Südfassade. Zustand 1984*

des 1720 bis 1724 entstandenen Gräflich Vitzthumschen Palais in Dresden, wo auch die Verdachung der
Balkontür verwandte Züge zur Moritzburger Ausführung trägt (Abb. 74), und schließlich kamen derartige Volutenkonsolen am axialen Austritt des hölzernen Aussichtspavillons für das Zeithainer Lustlager von 1730 vor. Es sind stilistische Eigenheiten,

Platten erscheinen sechs steinerne Volutenkonsolen,
deren vier mittlere jeweils gekuppelt sind; ihre Ausbildung lehnt sich eng an jene Pillnitzer Konsolen
an, die man zusammen mit den erdgeschossigen Frei-
gängen um 1723 den Elbfronten beider Seitentrakte
des Wasserpalais vorlegte. In den Schlußsteinen der
hohen Fenstertüren finden sich schlichte Verzierun-

133 *Jagdschloß Moritzburg. Vase mit Fischfang betreibenden Putti von der westlichen Terrassenbalustrade.
Sandstein, Höhe ca. 0,95 m, um 1730*

134 *Jagdschloß Moritzburg. Putto mit Jagdfalke als
Balustradenschmuck der südlichen Auffahrt.
Sandstein, Höhe ca. 0,95 m, um 1730*

aus denen nur noch schwach der einstige hochbarocke
Duktus des Zwingerbaumeisters spricht.

Gegenüber jener Betonung der Nord-Süd-Achse
erscheinen freilich die völlig symmetrisch angeordneten Schmuckformen der Ostseite des Speisesaalvorbaues von einfacherer Haltung, doch entspricht dieses
Hervorheben seiner tektonischen Funktion als Gegengewicht zur Kapelle. Die dreiachsige Fassade
faßt ein dem Saalgeschoß vorgelegter Austritt zusammen, dessen schmiedeeisernes Gitter im Vergleich
zum Balkongeländer der Südfront zwar ähnliche, doch
schlichter gearbeitete Formen zeigt. Als Träger der

gen, wobei im mittleren wieder die Jahreszahl 1727
vorkommt, während seine beiden seitlichen Felder
Naturmotive schmücken. Darüber liegen – ebenso
wie über den unmittelbar nachfolgenden oberen
Fenstern – einfache geschwungene Verdachungen.
Ansonsten bestimmt den Charakter der Fassaden jene
illusionistische Bemalung mit lisenenartigen Eckbetonungen und Spiegeln in Ocker und Weiß.

Die feine Gliederung des Schloßkörpers wird von
den Sockelterrassen mit ihren Auffahrten, ihren Freitreppen und den die Balustraden schmückenden Bild-
werken wirkungsvoll ergänzt. Besonders die in

Hauptachse der Ost- und Westseite vorgelegten Stufenanlagen zählen zu den gelungensten Baugliedern des Komplexes. Wie schon im Zwinger und in Pillnitz, so erweist sich Pöppelmann auch hier als ein Meister der Treppengestaltung: Im elegant angelegten Doppellauf schwingen sich die von Balustern eingefaßten Stufen bogenförmig aufwärts, jeweils

telbarer Nähe und in voller Höhe erblickt. Diesen im Barock beliebten Überraschungseffekt dürfte Pöppelmann bewußt verwendet haben; freilich erscheint er hier weniger ausgeprägt als bei den meisterhaft angelegten Freitreppen vor den Seitenpavillons des Zwingers, wo zudem durch einen unteren Auftakt von vier Stufen, die vor dem eigentlichen Beginn

135 Jagdschloß Moritzburg. Putto mit Steinbock von der südlichen Terrassenbalustrade.
Sandstein, Höhe ca. 0,90 m, um 1730

136 Johann Christian Kirchner? (1691–1732):
Gruppe zweier Putti mit Hunden von der südlichen Terrassenbalustrade des Jagdschlosses Moritzburg.
Sandstein, Höhe ca. 0,95 m, um 1730

zweimal unterbrochen von Podesten, die dem Zwecke des Ausruhens dienen. Dabei verstärkt sich der elegante Eindruck durch das flache Steigungsverhältnis, das den Damen, die Krinolinen trugen, ein bequemes Auf- und Absteigen ermöglichen sollte. Oben wird mit der in Form einer halben Ellipse vorgezogenen Terrassenerweiterung, die den Raum zwischen beiden Treppenmündungen einnimmt, das Thema des Treppenschwunges wiederholt. Doch die sich ausbauchende Terrassenwand führt außerdem dazu, daß man beim Hochsteigen erst von der obersten Stufe aus einen Teil der Schloßfassade in unmit-

der Treppenläufe auf ein Podest führen, das einladende Moment stärker betont ist. Dennoch will es scheinen, als wollte über die Moritzburger Stufenanlagen wie auch über die in weiten Schwüngen auslaufenden Auffahrten die Architektur gleichsam zur unteren Terrassenebene hinabfließen (Abb. 222).

Eine weitere Parallele zum Zwinger bildet die Dekoration der Terrassenbalustrade mit steinplastischen Werken, deren Ausführung 1727 begann. Auch hier beweist sich wieder Pöppelmanns Sinn für das Eigenartige und Phantastische: Im zwanglosen Wechsel sind Vasen und Putten aufgestellt, die samt ihren

beigegebenen Attributen der Jagd und Fischerei wie eine Huldigung an die umliegende, großartig-stille Natur wirken, ohne dabei in Pathetik zu verfallen. Neben jenen Vasen, die in vielfältigen, oft grotesk erscheinenden Variationen vorkommen und meist mit Tieren, Jagdemblemen, Gewächsen, Band- und Tropfwerk, Frauenköpfen oder Kindergruppen geschmückt sind (Abb. 133), fallen vor allem die Putti durch ihre lebensvolle Frische auf: Vorwiegend in unbekleideter Darstellung, zeigen sich diese vollblütig-prallen Geschöpfe beim Fischen, bei der Beize, stakend, mit Hunden und anderem Getier, aber auch beim Schießen sich angstvoll abwendend (Abb. 134–136). Der fröhliche Reigen dieser von wahrhafter Daseinsfreude geprägten, oftmals lebhaft bewegten Kindergestalten vermählt sich harmonisch mit dem in vornehmer Ruhe lagernden Schloß; hingegen werden der Beginn der Südauffahrt wie auch die beiden nach Süden weisenden äußeren Terrassenecken von kraftvollen, überlebensgroßen Jägerstatuen betont, deren für die gleichen nördlichen Standorte vorgesehenen Pendants nicht mehr zur Ausführung kamen (Abb. 137, 138). Die in den Balustraden integrierten Postamente der Bildwerke zeigen auf im Relief verzierten Feldern Bandwerk, das mit Jagdgerät oder Naturmotiven verflochten ist, während über den vorschwingenden Terrassenwänden beider Freitreppen zwischen Netzen erscheinende Karpfen, Hechte, Schleien und Aale auf die Fischerei Bezug nehmen (Abb. 139 a/b). Ebenso wie der vollplastische Schmuck blieben auch viele dieser Felder unvollendet.

An der Ausführung jener Dekorationen sind mit Benjamin Thomae und Johann Christian Kirchner zwei bedeutende, schon beim Zwingerbau erprobte Bildhauer maßgeblich beteiligt gewesen, doch vermochten sie die vielen damals anfallenden Aufträge kaum allein auszuführen, so daß ihnen innerhalb ihrer Werkstätten sicherlich Mitarbeiter zur Verfügung standen. Johann Benjamin Thomae wurde 1682 als Sohn eines Pfarrers im Dorfe Pesterwitz bei Dresden geboren. Vor Antritt seiner Wanderschaft hatte er zunächst den Beruf eines Kunsttischlers und Möbelschnitzers erlernt, doch finden wir ihn schon 1699 wieder in Dresden, das er nun – abgesehen von einer Reise nach Frankreich – nicht wieder verließ. Um 1700 dürfte dann Thomae Schüler von Balthasar Permoser geworden sein, wird er doch 1712 in dessen Werkstatt

*138 Johann Christian Kirchner? (1691–1732):
Statue eines Jägers auf der Südostecke der Terrassenbalustrade des Jagdschlosses Moritzburg.
Sandstein, Höhe ca. 2,30 m, um 1730*

*137 Johann Christian Kirchner? (1691–1732):
Statue eines Pikörs am Beginn der linken Balustrade der südlichen Auffahrt des Jagdschlosses Moritzburg.
Sandstein, Höhe ca. 2,00 m, um 1730*

als selbständiger Bildhauer mit einem jährlichen Gehalt von 200 Talern, das ihm August der Starke auf Antrag bewilligt hatte, fest angestellt .Ebenso erteilte der König 1715 dem Künstler die Erlaubnis zu einer Studienfahrt nach Paris und ließ ihm hierfür den Betrag von 300 Talern auszahlen. Der als „Permosers Gesell" und somit als sein Meisterschüler geltende Bildhauer dürfte diese Reise unternommen haben, um den neuesten Stand der bildkünstlerischen Entwicklung im Hinblick auf die Fortführung des Zwingerbaues zu studieren, wie es Pöppelmann damals am gleichen Ort für den Bereich der Architektur tat. Darüber hinaus war Thomae, der 1723 zum Hofbildhauer ernannt wurde, Lehrer des bedeutenden

*139 a u. b Jagdschloß Moritzburg. Zwei Brüstungsfelder der westlichen Terrassenbalustrade
mit Darstellungen verschiedener Fischarten der Moritzburger Teiche*

Porzellanmodelleurs Johann Joachim Kändler wie
auch Gottfried Knöfflers, seines Schwiegersohnes,
der später die Tradition der Dresdener Barockpla-
stik zum Rokoko und Klassizismus führte. Im Vergleich zu Permoser zeigen Thomaes Arbeiten, die der
ungemein produktive Künstler nicht nur für den
Zwinger und Schloß Moritzburg, sondern ebenso für
die Dresdener Dreikönigskirche, für Großsedlitz,
das Alte Schloß in Neschwitz oder den Bautzener
Dom schuf, eine straffere und kühlere, aber auch erd-
haftere und realistischere Haltung; dabei neigen seine
Skulpturen bereits zu klassizistischen Formempfin-
dungen, denen er in Paris begegnet war. Mit ihrer
maßvollen, weil auf klassischer Grundanlage beruhenden Diktion fügen sie sich harmonisch der Architektur Pöppelmanns ein, doch sind die Moritzburger
Werke des Künstlers kaum mit Sicherheit feststell-
bar, da keine Figur signiert ist.

Im Gegensatz zu Thomae zeichnen sich die Arbeiten des fast ein Jahrzehnt jüngeren Johann Christian Kirchner durch eine gelöstere, schon stark dem
Rokoko verpflichtete Auffassung aus. 1691 in Merse-
burg geboren, hatte er dort seine Lehre beendet und
war anschließend in die sächsische Residenz gekommen. Hier heiratete er eine Tochter des Hofbildhau-
ers Christoph Turner und übernahm nach dem 1714
erfolgten Tode ihres Vaters dessen Werkstatt und

Haus. Bereits 1717 stand der damals erst 26 Jahre
alte Künstler in solch hohem Ansehen, daß ihm eine
Stelle als Hofbildhauer übertragen wurde. Von Pöppelmann bevorzugt eingesetzt, war seine Wirkungsstätte neben dem Zwinger auch das Japanische Palais,
wo er die köstlichen Chinesenhermen im Ehrenhof
und in der Erdgeschoßhalle schuf. Daneben finden
wir Werke von ihm in Pillnitz und Großsedlitz, im
Schloßpark zu Neschwitz, innerhalb der Schloßanlage
von Joachimstein bei Zittau, doch ebenso in den
Dorfkirchen von Bretnig und Klix bei Bautzen. Flüs-
sig und locker gearbeitet, nähern sie sich dem Stil
Permosers, ohne freilich jenen herben Duktus wie
auch die technische Perfektion des gebürtigen Bayern
zu erreichen. Für Moritzburg bleibt der Anteil Kirchners aufgrund fehlender schriftlicher Hinweise ebenfalls nur vermutbar; immerhin aber deuten einige
Plastiken durch ihre stilistischen Eigenheiten auf
seine Hand. Vielleicht hat er jene originelle, fein bewegte Gruppe zweier Kinder mit jungen Hunden geschaffen, die die Terrassenecke links neben der Südauffahrt betont (Abb. 136). Aus ihr spricht deutlich
der Geist Permosers, dessen Arbeiten schon im Zwinger Maßstäbe für die mitwirkenden Künstler gesetzt
hatten: Man hört förmlich das Knurren und Bellen
der drollig-verspielten Tiere mit ihren flatternden
Ohrlappen; vor allem aber läßt die Behandlung der

Köpfe auf den prachtvoll modellierten Kinderkörpern schon Anfänge des Dresdener Rokoko spüren.

Indes dürften von Kirchner jene beiden überlebensgroßen Piköre stammen, die so männlich und stolz auf ihren Postamenten am Beginn der südlichen Auffahrt stehen (Abb. 137). Mit origineller Grandezza eine Hand in die Hüfte stemmend, halten sie mit der anderen ein großes kupfernes Jagdhorn, während sich ihnen zu Füßen jeweils ein mächtiger Hund befindet; dabei schafft die verschiedenartige Darstellung des einmal liegenden, zum andern erwartend aufschauenden Tieres den an sich ähnlichen Statuen ein belebend wirkendes Unterscheidungsmerkmal. Wohl 1733 aufgestellt, erscheinen die Piköre bereits auf einem Fassadenentwurf des Schlosses aus der Zeit um 1724 (Abb. 79); sie mögen indes zu den letzten künstlerischen Äußerungen Kirchners zählen, da er bereits 1732 verstarb; es sind „lebensvolle Gestalten, bei denen die Oberfläche der Jagdkleidung zu einem lebendigen, vielgestaltigen Organismus wird, der dem Beschauer wie ein bunter Strauß entgegenblüht" (W. Hentschel). Fast will es scheinen, als vernehme man den Klang ihrer Hörner, so frisch und lebensecht sind sie im Habit der Zeit dargestellt. Dagegen wirkt die Jägerstatue Wolf Ernst Brohns von 1660, „als stände sie hinter Glas" (Abb. 23); ihre „Kleidung erscheint wie eine harte Schale, bestimmt, das darunter atmende Leben zu verhüllen" (W. Hentschel) – Ausdruck der Einfachheit und Zurückhaltung nach den Notjahren des Dreißigjährigen Krieges. Ebenfalls von Kirchner oder zumindest aus seiner Werkstatt scheinen jene beiden steinernen Jäger zu stammen, die die äußeren südlichen Terrassenecken markieren (Abb. 138). Ihre kraftvoll-kernig geformten Gestalten mit Dreispitz und hohen Stulpenstiefeln halten jeweils einen Jagdspieß, und zu ihren Füßen erscheint wieder ein Hund. Gleich den Pikören sind auch sie, die ebenso auf dem Fassadenentwurf aus der Zeit um 1724 (Abb. 79) vorkommen, von der Diktion einer künstlerisch großen und kräftigen Zeit geprägt.

Hatte die Anlage der alten Moritzburg schon ihr Vorbild im Schloßbau der französischen Renaissance gefunden, so weisen einige Ideen des Umbaues in ihrem Ursprung wieder nach Frankreich. Vor allem dürfte die Anregung zur Rahmung des Schlosses durch acht auf der unteren Plattform angeordnete Pavillonbauten auf Marly-le-Roi zurückgehen jenem Schlößchen nahe Versailles, das von Hardouin-Mansart als Eremitage für Ludwig XIV. errichtet wurde (Abb. 140). Dort führten zu beiden Seiten eines Wasserparterres je sechs Pavillons zum Schlosse hin, einem Zentralbau, dessen 1679 begonnene Anlage August auf seiner Kavalierstour gesehen hatte.

Unter den erhaltenen Handskizzen des Königs finden sich mehrfach Entwürfe, die das Schema eines von Pavillons umgebenen Hauptbaues variieren (Abb. 141), wie es sich dann weit großzügiger in dem am Anfang der Pillnitzer Planung stehenden „Großen Plan" ausdrückt, wo zwölf durch Gitter verbundene Pavillonkörper einen in der Mitte aufstrebenden Zentralbau rahmen. Freilich war dieser Gedanke – gewiß nicht ohne Einwirkung des Vorbildes von Marly – schon 1684 im Dresdener Großen Garten verwirklicht worden: Dort faßte damals Johann Friedrich Karcher das Mittelparterre durch acht Pavillons ein, die sich um den zentral angeordneten

den. Ein solcher „Tempel der Lust" ist auf dem runden, westlich vom Schlosse erscheinenden Eiland überkommen, das wohl den Rest des ehemaligen „Ziegenhübels" darstellt (Abb. 68): Sein erdgeschossiger, einfach gehaltener Baukörper erhebt sich über quadratischem Grundriß und schließt mit einem Mansarddach ab. Wie uns zeitgenössische Darstellungen vorführen, belebten dazu Prunkgondeln, Schwäne, Zierenten sowie seltenes Wassergeflügel die Teichfläche (Abb. 81); auch hielt man in den benachbarten Gärten größere Landvögel, während am südöstlich vom Schlosse gelegenen Schwanenteich die Menagerie und der Schwanengarten lagen. Das „Straußen-

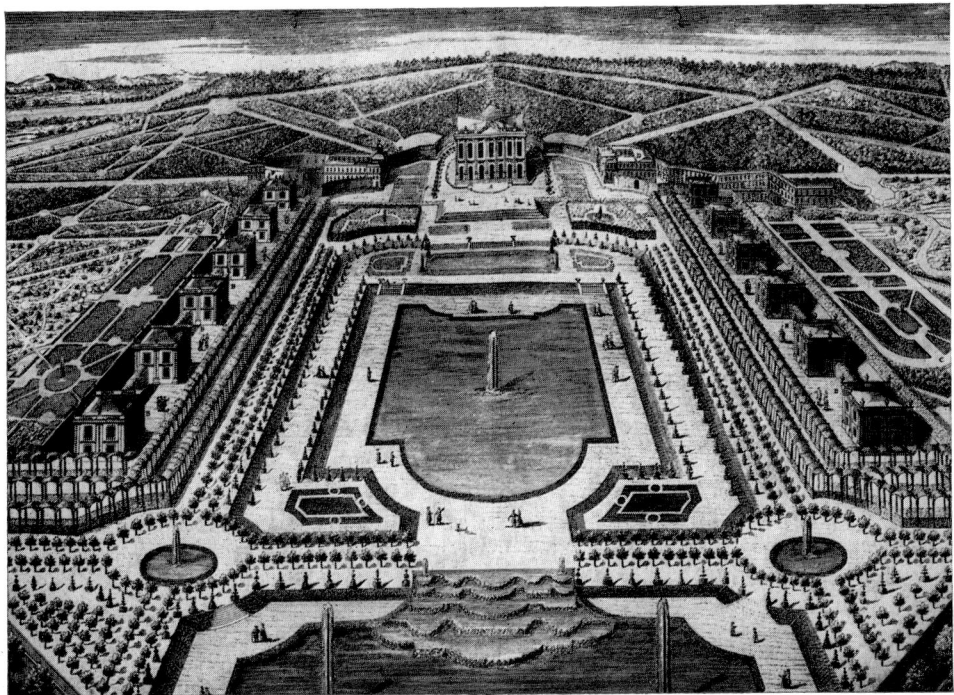

140
Sébastien Antoine (geb. 1687) nach Pierre Lepautre (1660–1744): Château Marly-le-Roi (während der Französischen Revolution zerstört). Kupferstich (Ausschnitt). Dresden, Institut für Denkmalpflege

Palaisbau Starckes legten. 1692 vollendet, steht diese Anlage wohl zwischen Marly und den Entwürfen des Königs, aus denen immer wieder sein Verlangen nach einem mächtigen Zentralbau spricht. Auch die Moritzburger Planung sollte anfangs jener königlichen „idée fixe" unterworfen werden, doch waren dann für Pöppelmann die Pavillons, deren Formen weitaus schlichter als im Großen Garten gehalten sind, ein willkommenes Mittel zur maßstäblichen Steigerung des Schlosses. Vom praktischen Zweck her mögen sie dem Wachpersonal wie auch untergeordneten Bedienten Herberge geboten haben.

Zu alldem schmückten damals den Schloßteich kunstvoll angelegte Inseln mit Fischerhütten und Pavillons, die in höfische Festlichkeiten einbezogen wur-

wärterhaus", ein massives, am südwestlichen Ufer des Schloßteiches erbautes Gebäude erinnerte hingegen an die hier mit sieben Tieren begonnene Straußenzucht. Die Laufvögel stammten von einer auf Anordnung Augusts des Starken 1731 bis 1733 unternommenen Afrika-Expedition, deren Aufgabe es gewesen war, seltene Tiere entweder lebend oder in Häuten, Skeletten und Abbildungen zu erlangen. Den Stäußen wurde zwar in Moritzburg ein Gehege eingerichtet, das zufolge eines königlichen Befehls vom 14. März 1736 repariert und erweitert werden sollte, doch bewährte sich die Zucht nicht. Mit ähnlichen Anlagen wollte der König die gesamte Umgebung des Schlosses beanspruchen: So forderte 1725 ein Plan Augusts zur Einfassung solcher Bereiche die Kritik

Pöppelmanns und das Ingenieur-Offiziers von Fürstenhoff heraus, da seine Realisierung mit zu hohen
Entschädigungsleistungen verbunden war.

Schloß Moritzburg präsentierte sich nach dem Umbau als bedeutendstes Wasserschloß im mitteldeutschen Raum wie auch als ideelles Zentrum des
Friedewaldes (Abb. 142). Sein Ausgangspunkt aber
im Sinne der geschichtlichen wie baugeschichtlichen
Entwicklung war die Residenz selbst, das Dresden
der Epoche Augusts des Starken, wo höchste Kraft-
und Geistentfaltung die Kunst des Barock während
einer kurzen, doch um so schaffensreicheren Zeitspanne zum Höhepunkt geführt hatte. Doch jene
kraftvoll-dynamische Freude an bewegter Masse, die
den Zwinger „als Gipfel des Barock in Europa" (H.
Weigert) durchpulst, die sich dort ballt, hervorspru-
delt, im Bewegungsdrange aufwärtsstrebt, um sta-
tische Formen zu sprengen, kehrt in Moritzburg nicht
wieder. Zwar verraten die kräftig akzentuierte Gliederung des Schloßkörpers, seine Dachgestaltung wie
auch die Freitreppen ein starkes Gefühl für Plastizität
im freien Raum, doch es beschränkt sich allein auf die
Architekturglieder. Die Wände hingegen lassen plastische Durchbildungen vermissen; es sind Flächen,
deren Aufteilung eine streng-tektonisch angelegte Architekturbemalung übernimmt. Freilich: Vom Rang
her verbot sich, die perlend-heiteren Formen des
höfischen Festplatzes Zwinger, jene „tollste aber zugleich graziöseste Faschingslaune der Architektur"
(W. Lübke), auf ein Landschloß zu übertragen, das
noch dazu dem männlich-derben Vergnügen der Jagd
gewidmet war. Doch dem Umbau der alten Wasserburg entgegenkommend, setzte sich hier ebenso jener
stilistische Wandel fort, der um 1720 in Pillnitz begonnen hatte und seinen Ursprung im Pariser Aufenthalt des Zwingerbaumeisters von 1715 fand: Die
Ablösung der großartig-dekorativen Auffassung Pöppelmanns durch den bürgerlich-rationalen Geist des
aufkommenden Klassizismus. In dieser Abkehr vom
Hochbarock offenbart sich ein Wesenszug der reifen
künstlerischen Persönlichkeit des Zwingerarchitekten,
stellte er doch stets sein schöpferisches Wirken in den
Dienst zukunftsweisender Forderungen der Zeit.

„Wie auswärtige Könige mit denen um die Re-
sidentz-Städte sich befindlichen Lust-Schlössern zu
prangen pflegen, also darff auch Sachsen hierinnen
keinen Königreiche nachzugeben sich schämen. Moritzburg, ist ein zwischen Dreßden und Hayn ...
in einer angenehmen Gegend liegendes Jagd-Haus,
welches seit einigen Jahren mit schönen ansehnlichen
und kostbahren Gebäuden, auch darbey angelegten
Lust-Garten also gezieret worden, daß sich kein König und Kayser darinnen zu logiren schämen darf,

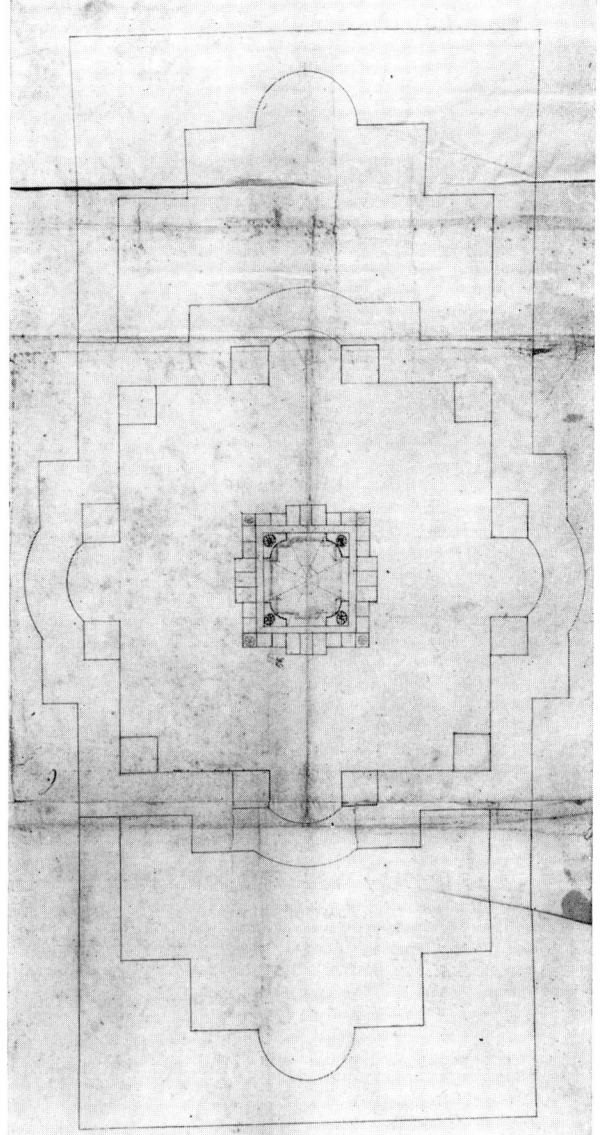

141 *August der Starke (1670–1733): Skizze für einen
Schloßbau mit umgebender Pavillonanlage. Feder,
Tusche. Dresden, Staatsarchiv
(Schrank Fach 99, Nr. 54)*

wie denn auch gemeiniglich alle fremde in Sachsen
ankommende Potentaten, Gesandten und hohe Passa-
giers dieses prächtige Jagd-Haus und Lust-Schloß
besuchen, und vergehet wohl kein Jahr, da nicht die
hohe Landes-Herrschafft einige Divertissements allda
zu halten pfleget, ...", weiß damals das „Kurtzge-
faßte Sächsische Kern-Chronicion" zu vermelden.
Doch wie der geistvolle Spötter Cyrill Northcote
Parkinson in seinem „Gesetz" unter dem Abschnitt
„Vorgeplante Mausoleen" bemerkt, entstanden die
großen Schloßbauten vielfach erst dann, wenn die

142 *Johann Alexander Thiele (1685–1752): „Ein Prospect von dem Königlichen Schlosse Moritzburg und umliegender Gegend." Ansicht von Südosten. Im Vordergrund König August III. nebst einem zahlreichen Jagdgefolge (gemalt von Chr. W. E. Dietrich). Öl auf Leinwand, 1736. Barockmuseum Schloß Moritzburg (Leihgabe Staatl. Kunstsammlungen Dresden, Gemäldegalerie Alte Meister)*

Macht des Bauherrn ihren Gipfelpunkt schon überschritten hatte. Es trifft dies für Versailles, den Londoner Buckingham-Palace, das Stockholmer Stadtschloß zu, aber ebenso für Moritzburg und für Großsedlitz: Als August der Starke den Umbau jener Anlagen begann, war sein Traum von der Großmachtstellung Sachsens bereits erschüttert.

Der Vedutenmaler Johann Caspar Ulinger hat 1733 die Wesenswirkung des Moritzburger Schlosses in seiner einmaligen Verbindung mit den landschaftlichen Elementen auf einer akribisch behandelten Zeichnung dargestellt: Frei schweift der Blick über die allseitig offene Anlage und die angrenzenden Forsten, so daß jene zeitgenössisch-poetische Vorstellung von der „insula fortunata" glaubhaft wird (Abb. 143). Uns aber gilt das Schloß als eines der eindrucksvollsten Vermächtnisse des 18. Jahrhunderts, zumal sich in ihm die Größe und die Kraft Pöppelmannscher Gestaltungskunst noch unmittelbar widerspiegelt.

V.

Das Ende der sächsisch-polnischen Personalunion und die Entwicklung nach dem Siebenjährigen Krieg

1. Die politische Entwicklung nach dem Tode Augusts des Starken

Die Jahrzehnte nach 1740 sind geprägt von einer Verschärfung der Widersprüche zwischen Feudalismus und Bürgertum wie auch von den Kämpfen absolutistischer Herrscher um die Ausweitung ihrer Hausmacht in Europa. Nach dem Tode Augusts des Starken im Jahre 1733 hatte auch sein Sohn Kurfürst Friedrich August II. versucht, die väterliche Politik des Großmachtstrebens fortzusetzen, doch blieben diese Bestrebungen aufgrund seiner Inaktivität erfolglos. Zwar wurde er nach dem polnischen Erbfolgekrieg (1733–1735) – wieder mit russischer Unterstützung – als August III. zum König von Polen gewählt; die Staatsgeschäfte jedoch überließ er vorwiegend dem Premierminister Heinrich Graf von Brühl, dessen unheilvolle Politik zur völligen Schwächung der ökonomischen wie militärischen Potenz des Landes führen sollte. Dabei war Sachsen bereits lange vor Ausbruch des Siebenjährigen Krieges kein reiches, blühendes Land mehr, und kritisch beobachtende Zeitgenossen erkannten bald den zunehmenden Verfall des gesamten Staatswesens. Besonders verhängnisvoll aber wirkte sich die Verwicklung in die Machtkämpfe zwischen Preußen und Österreich aus. Waren schon die beiden Schlesischen Kriege von 1740/42 und 1744/45 nicht eben glücklich für Sachsen verlaufen, so fiel Friedrich der Große am 29. August 1756 mit mehr als 65 000 Mann in das Land ein, womit der Siebenjährige Krieg seinen Anfang nahm. Das etwa 20 000 Mann starke sächsische Heer, durch Brühls Vernachlässigung zum wirksamen Schutz der Residenz außerstande, bezog ein befestigtes Lager im Raum Pirna, doch mußte es infolge Verpflegungsmangels schon am 16. Oktober auf der Ebenheit am Lilienstein kapitulieren. Nunmehr wurde Sachsen zum Schauplatz von Kämpfen zwischen den kriegführenden Mächten, so daß bald Verwüstungen, Truppendurchmärsche wie auch hohe Kontributionen am Mark des Landes sogen. Die von Friedrich II. befohlene ungerechtfertigte Beschießung Dresdens vom 14. bis zum 30. Juli 1760 bildete wohl den Höhepunkt der Kriegsgreuel: „Straße um Straße lodert ringsum, wieder und wieder, . . . auf; das unglückliche Dresden ist fortan, zwei Tage und Nächte hindurch, ein großer Vulkan", heißt es nach der am 19. Juli verstärkten Kanonade, an derem Ende fast zwei Drittel der Altstadt mit etwa 420 Häusern und der Kreuzkirche sowie alle Vorstädte zerstört lagen. Und als 1768 ein junger Leipziger Student namens Johann Wolfgang Goethe erstmals die vielgerühmte Kunststadt besucht, werden seine hier gemachten „köstlichen, Geist und Sinn zur wahren Kunst vorbereitenden Erfahrungen . . . durch einen der traurigsten Anblicke unterbrochen und gedämpft, durch den zerstörten und veröedeten Zustand so mancher Straßen Dresdens, durch die ich meinen Weg nahm . . . Von der Kuppel der Frauenkirche sah ich diese leidigen Trümmer zwischen die schöne städtische Ordnung hineingesät; da rühmte mir der Küster die Kunst des Baumeisters, welcher Kirche und Kuppel auf einen

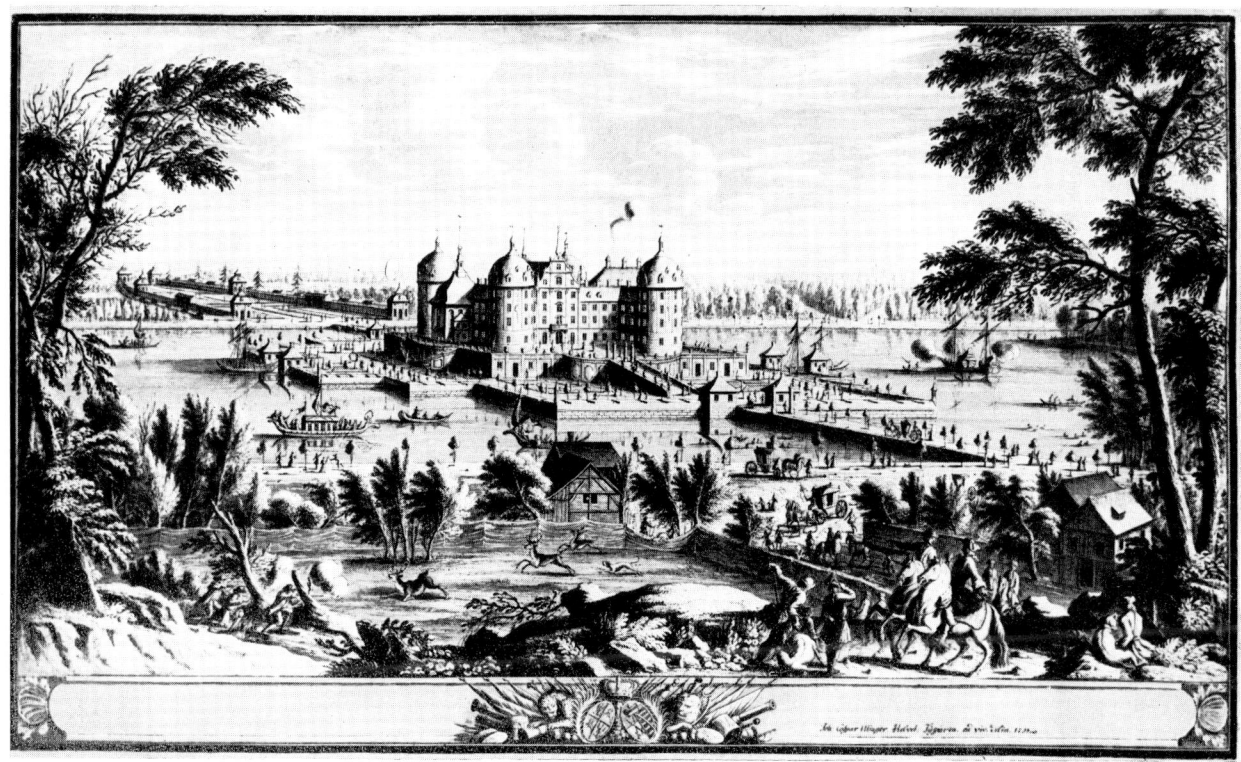

143 Johann Caspar Ulinger (1703–1768): Ansicht des Jagdschlosses Moritzburg von Südwesten. Feder, Pinsel in Blaugrau, weiß gehöht, auf graugrünem Papier, 1733. Staatl. Kunstsammlungen Dresden, Kupferstichkabinett

so unerwünschten Fall schon eingerichtet und bombenfest erbaut hatte. Der gute Sakristan deutete mir alsdann auf Ruinen nach allen Seiten und sagte bedenklich lakonisch: Das hat der Feind getan!". Zwar blieben nach dem Hubertusburger Frieden von 1763 die sächsischen Grenzen unverändert, doch der Wohlstand des Landes war vernichtet: Auf 100 Millionen Taler schätzte man den Verlust an Gut, die riesige Schuldensumme von 40 Millionen Talern war abzutragen, und 90 000 Untertanen hatten ihr Leben lassen müssen. Der Tod König Augusts III. und seines Premiers im Jahre 1763 setzte den Endpunkt unter ein Zeitalter: Die Großmachtträume der beiden Augusti waren gescheitert, die Bedeutung der Wettiner in der europäischen Politik endgültig verloren.

Dennoch betrieb man in Sachsen energisch den staatlichen wie praktischen Wiederaufbau. Nach dem Tode Augusts III. am 5. Oktober 1763 hatte sein Sohn Friedrich Christian den Kurhut übernommen. Er und seine Gemahlin, die geistvolle und willensstarke Maria Antonia von Bayern, vertraten gemeinsam die neuen Ideen des aufgeklärten Absolutismus, suchten aber auch als frühe Gegner der Brühlschen Politik die Aussöhnung mit Friedrich dem Großen. Der Kurfürst indes regierte zu kurz, um eingeleitete Änderungen zur Durchführung zu bringen, starb er doch schon im Dezember 1763 an den schwarzen Blattern. Unter Prinz Xaver, der nun als Kuradministrator die Regentschaft bis zur Mündigkeit des Thronfolgers Friedrich August III. übernahm, fand die begonnene Staatsreform, wenn auch abgeschwächt, ihre Fortsetzung. Sie änderte zwar nicht den feudalen Charakter, doch wurde mit der Forcierung der Wirtschaft nach 1763 die Entwicklung des Kapitalismus begünstigt. Man vereinbarte mit den wieder zu Einfluß gelangten Ständen die geordnete Abzahlung der Staatsschulden, kostspielige Hofämter wurden gestrichen, 1765 der Verzichtsvertrag über die polnische Krone mit König Stanislaus Poniatowski geschlossen. Freilich: „Ein Zug preußischer Nüchternheit legte sich über die Residenz, die eben noch eine Kolonie italienischer Kunstfreude und Lebenswärme gewesen war" (H. Kretzschmar).

Waren schon zur Zeit Augusts des Starken unter dem Einfluß der Aufklärung bestimmte Wünsche des sächsischen Bürgertums vernehmbar geworden, so machten diese Kräfte nun ihre Ansprüche offen geltend. Vor allem die wachsende ökonomische Bedeutung der Bourgeoisie veranlaßte jetzt den Adel, Persönlichkeiten bürgerlicher Herkunft oder aus bürgerlich aufgeklärten Kreisen verstärkt am Reorganisationswerk des Staates zu beteiligen, wobei dieses die Aufgabe der Beseitigung von Kriegsschäden weit

überschritt. Thomas Fritsch, Sohn eines Leipziger Verlagsbuchhändlers und seit 1763 sächsischer Konferenzminister, hat damals die maßgeblichsten Reformen bewirkt: Als Mitglied der bereits am 26. April 1762 gegründeten Restaurationskommission hob er die Verpachtung der Akzise auf, brachte ein zweckmäßiges Abtragen der Staatsschulden in Vorschlag und setzte sich für die Belebung des von Brühl vernachlässigten Manufakturwesens ein. Ebenso diente die 1764 geschaffene „Landesökonomie-, Manufaktur- und Kommerzien-Deputation" der weiteren Förderung des gesamten Wirtschaftslebens. So importierte man zur Verbesserung der Schafwolle seit 1765 spanische Merinos und pflanzte sie in Stammschäfereien rasserein fort; weiterhin wurden Produktionen wie Streichgarnspinnerei oder Posamentenherstellung eingeführt, so daß es in den Dezennien bis um 1800 zu einem erneuten Aufschwung der sächsischen Manufakturen kam. Ähnliche Zwecke verfolgte man mit der gleichfalls 1765 vorgenommenen Gründung der Bergakademie Freiberg, die vor allem zu besseren Lösungen der wachsenden Abbauprobleme im Bergbau beitragen sollte; dabei förderte der Landesherr solche fortschrittlichen Vorhaben wohl auch mit der Absicht, die ständige Entwicklung der Produktivkräfte zur Festigung seiner Herrschaft zu nutzen. Selbst der 1764 erfolgten Gründung der Dresdener Kunstakademie lagen ökonomische Erwägungen zugrunde, hatte doch Christian Ludwig von Hagedorn, Generaldirektor der Künste, Kunstakademien und Kunstsammlungen, in seinem Plan zur Reorganisation dieser aus rein höfischen Kunstschulen hervorgegangenen Einrichtung die damit verbundenen merkantilen Interessen besonders betont.

Man suchte somit die Reformierung des Staates nicht durch eine ehrgeizige Politik nach außen, sondern durch die planmäßige Förderung aller wichtigen Zweige der Staatsverwaltung und Volkswirtschaft zu verwirklichen, wobei es vor allem galt, den sächsischen Binnenmarkt weitgehend von ausländischen Erzeugnissen unabhängig zu machen. Hierbei blieb das Retablissement eng mit der europäischen Gesamtbewegung der Aufklärung verbunden, waren doch die Schriften der französischen und englischen Aufklärer eingehend vom sächsischen Bürgertum studiert worden. Freilich nahm mit dem Wachsen der wirtschaftlichen Kraft des Landes zugleich der soziale Protest schärfere Formen an, selbst wenn er nicht zur Ablösung der Monarchie drängte: Die ständische Monarchie trug den Wünschen des Adels Rechnung, berücksichtigte aber bedingt auch die Interessen des Bürgertums, besonders in ökonomischer Hinsicht. Vorerst jedoch trugen jene Reformbestrebungen dazu bei, daß sich innerhalb Kursachsens seit 1763 der monarchische Despotismus in einen aufgeklärten, bürokratischen Absolutismus zu wandeln begann.

2. Moritzburg
in den Jahren 1733 bis 1768

Im Kunstleben Dresdens hatte der Tod Augusts des Starken ebenfalls als Zäsur gewirkt. Gegenüber dem weltoffenen und temperamentvollen Wesen des Hercules Saxonicus zeigte der Sohn und Nachfolger einen bigotten wie auch tatlosen Charakter. Nur für künstlerische Dinge aufgeschlossen, trat er vor allem als Kunstkenner und leidenschaftlicher Sammler in Erscheinung. Aufgrund seiner Neigung zur Musik erhielten auch die Hoffeste völlig andere Formen: Die opera seria, Prunkoper heroischen Stils, sowie die pomphafte Messe nahmen jetzt den vorherrschenden Platz ein, doch es war eine Kunst, von der das Volk ausgeschlossen blieb. Für Jagdfestlichkeiten aber ließ sich August III. von Johann Christoph Knöffel das am Wermsdorfer Forst gelegene Schloß Hubertusburg erbauen; hingegen suchte er im Schloß Moritzburg vor allem die Geweih- und Gemäldesammlung zu vervollständigen. Doch die Glanzzeit der Dianenburg war vorüber: Mitunter diente sie noch dem König und seiner Gattin sowie anderen Mitgliedern des königlichen Hauses zu kürzeren oder längeren Aufenthalten, womit sich zugleich manche Festlichkeit verband. Auch fand hier in Anwesenheit des königlichen Paares am 29. April 1734 die Vermählung des Ministers Graf von Brühl mit Franziska Maria Anna Gräfin von Kolowrat-Krakowsky statt. Und am 11. Juli 1738 wurde im Schloß Prinz Albert als zwölftes Kind Augusts III. und Maria Josephas geboren: Während des Siebenjährigen Krieges in österreichische Dienste getreten, seit 1766 Schwiegersohn Maria Theresias und von ihr zum Herzog von Teschen erhoben, sollte er später Begründer der Graphischen Sammlung Albertina in Wien werden.

Bald aber brachten die Stürme der Schlesischen Kriege mit Plünderungen, Biwaks und Requirierungen auch für das Moritzburger Land Zeiten der Unruhe. Hatte es am Ende des Zweiten Schlesischen Krieges im Artikel 14 des Dresdener Übergabevertrages vom 17. Dezember 1745 geheißen: „Die Phasanen-, Hirsche- und andre Wildpreths-Jagden nebst ihren Equipagen, sowohl in Dresden, als in Neustadt und anderer Orten auf dem Lande verbleiben in ihrem statu quo", so war von Friedrich II. hinzugesetzt worden: „Was Jäger und Jagdequipage anbetrifft wird accordiret, zur Jagd selbsten haben die Preußen ebensoviel Recht als die Oesterreicher Allirten von Ihro Majt. in Pohlen, demohngeachtet wird Ihro Preuß. Majt. aus purer Generosité mehr Egard haben, als die Oesterreicher selbsten."

Als dann im Verlauf des Siebenjährigen Krieges der preußische General von Schmettau die Festung Dresden am 4. September 1759 den anrückenden Österreichern übergeben hatte, erschien unmittelbar danach ein von General von Wunsch geführtes preussisches Entsatzkorps vor den Boxdorf-Reichenberger Höhen, wo Truppen der Reichsarmee unter General von Vela standen. Diese wurden am 5. September um 5 Uhr früh von den Preußen angegriffen, so daß bald harte Kämpfe von den Hellerbergen bis hinunter ins Elbtal tobten. Dabei kam es zu vielerlei Übergriffen und Plünderungen. Auch hören wir aus den Jahren des Krieges, daß biwakierende Soldaten die Fasanerie am Großteich zerstörten und ihre Gehege verbrannten; ebenso erlitt wohl das Entenfängerhaus Beschädigungen, stürzt es doch 1760 dem damaligen Entenfänger Lingke beinahe überm Kopf zusammen, wobei ihn der sich neigende Schornstein zu erschlagen drohte. Jedenfalls besagt ein Kostenanschlag vom 18. Juni 1763 „über die wegen derer bey dem Fasan-Garthen in Moritzburg, durch die Kayserl. Königl. und Preußischen Trouppen, verursachten Schäden", daß zu ihrer Behebung 128 Taler 20 Groschen „an Gelde, und 12 Röhr-Höltzer, an Bauholtze" erforderlich wurden.

Bevor König Friedrich II. nach dem Friedensschluß von Hubertusburg Sachsen verließ, folgte er noch einer Einladung des von ihm als eigentlichen Friedensvermittler geschätzten Kurprinzen Friedrich Christian nach Moritzburg. Am 16. März 1763 wurde hier der preußische König vom Kurprinzen und seiner Gemahlin Maria Antonia „mit außerordentlicher Artigkeit" empfangen (Abb. 144); indes dürfte Maria Theresia als unversöhnliche Gegnerin Friedrichs II. dieses Treffen kaum mit besonderem Wohlwollen betrachtet haben, zumal sie damals in Maria Antonia ihre Bundesgenossin sah. Bald begann auch die Schloßanlage wieder stärker in das Interesse des Hofes zu rücken, war doch 1764 Befehl zur Ausführung von Reparaturen ergangen, deren Kostenermittlung „Oberlandbaumeister Schwarzen nach geschehener Besichtigung" vornahm. Schon in den Jahren 1737/38 hatte man die Fenster der Schloßkapelle erneuert und 1740 die Blechdächer über den beiden inneren Haupttreppen für 409 Taler 13 Groschen und 6 Pfennige durch Ziegeldeckung ersetzt. Ziemliche Sorge muß aber die Wasserdurchlässigkeit des Terrassenbelages bereitet haben, führte sie doch – ähnlich wie auch im Zwinger – zu Durchfeuchtungen der Gewölbe, zumal der Zeit wirksame technische Möglichkeiten für solche Abdichtungen fehlten. So war nach 1743 aufgrund eines Anschlages von Oberlandbaumeister Knöffel das alte Bruchsteinpflaster der Terrasse entfernt worden; danach belegte man sie und die beiden Auffahrten bis 1747 mit Sandsteinplatten, was eine Summe von 1791 Talern 5 Groschen erforderte. Da offenbar diese Maßnahme ohne Erfolg blieb, kam es 1769 nochmals zur Entfernung jenes Belages, worauf man eine Gußmasse aufbrachte und anschließend die Platten wieder verlegte, was insgesamt 3654 Taler 18

rend sich sein Verlauf innerhalb der Dresdener Heide fast mit dem auf der Oederschen Karte von 1572 als „Mundstück" bezeichneten Weg deckt: Im Zuge der bei Oeder „an der Kuchen" genannten Küchenbrücke über die Prießnitz führend, quert er nordöstlich der Gaststätte „Fischhaus" den Eisenbornbach, dann am Wolfshügel den Gutebornbach und später den Stechgrund sowie die Mordgrundbrücke. Von dort entlang der talwärts verlaufenden

144
Unbekannter Künstler:
Empfang König Friedrichs II. von Preußen
durch Kurprinz Friedrich
Christian von Sachsen und
dessen Gemahlin Maria
Antonia in Moritzburg
am 16. März 1763. Farbige
Lithographie aus Franz Lubojatzky: Hundertjährige
Chronik oder:
Die Schicksale des sächsischen Volkes seit 1750
bis 1850. Dresden, o. J.

Groschen kostete. Weiterhin wurden die in Bruchstein ausgeführten unteren Umfassungswände der Terrasse mit Sandstein verkleidet, schadhafte Baluster der Brüstungen ausgewechselt und an den beiden seitlichen Freitreppen Ausbesserungen vorgenommen; zudem mußten 29 Vasen und 27 Figuren repariert sowie 17 Vasen und 13 Figuren ersetzt werden, da diese durch Witterungseinflüsse oder Kriegshandlungen Schaden genommen hatten. Auch wurde 1759 das Schloß vom Amte Moritzburg „separiret". 1764 folgte der Bau eines neuen Überganges zur Schloßinsel, war doch die alte Zugbrücke von 1722 „gänzlich verfaulet und herunter". Damals brachte man außerdem die umfangreiche kurfürstliche Parforce-Equipage in Moritzburg unter, wobei schon vorher der Pferdestall des Forsthauses Kreyern zur Aufnahme von weiteren 14 Pferden vergrößert worden war. Schließlich kam es nach 1767 zur Anlage eines Verbindungsweges zwischen den beiden Schlössern Moritzburg und Pillnitz. Von Moritzburg kommend, erreicht dieser nahe Hellerau den Heiderand, wäh-

Schillerstraße Loschwitz erreichend, führt er nun längs der Elbe bis Pillnitz. Hierbei ist das Motiv für sein Anlegen wohl in dem Umstand zu suchen, daß im Juni 1765 die Kurfürstin-Mutter Maria Antonia dem damals noch unmündigen Thronerben Friedrich August III. den Pillnitzer Schloßkomplex zum Sommeraufenthalt bestimmt hatte. Bald nach seinem Regierungsantritt sollte indes ein verstärkt auflebendes Interesse an der Moritzburger Anlage zu ihrer östlichen Fortsetzung bis zum Bärnsdorfer Großteich führen und damit dem Ganzen den baulichen Abschluß bringen.

VI.

Der Friedewald und seine Umgebung bis zur Mitte des 18. Jahrhunderts

1. Forstwirtschaft

Der wohl nach 1250 in markgräflich-meißnischen Besitz gelangte Friedewald war mit seinen Sümpfen und Brüchen, den wildwachsenden Bäumen und einem üppig wuchernden Unterholz noch lange sich selbst überlassen geblieben. Sumpfige Bereiche förderten das Wachstum der Erle, frischere Böden wurden von Hain- und Rotbuchen sowie Eichen bevorzugt, während Birken, Espen und vereinzelt auch Kiefern auf den sandigen oder trockeneren Verwitterungsböden gediehen. Es bot sich damit noch immer das Bild eines urzeitlichen, fast unzugänglichen Mischwaldes, den wohl nur wenige Pfade durchzogen. Doch die gegen Ende des 15. Jahrhunderts mit der Entwicklung der Warenproduktion aufblühende Wirtschaft des Landes sowie wachsende Bevölkerungszahlen hatten zu einer enormen Steigerung des Holzbedarfs geführt, denn Holz galt damals als alleiniges Heizmaterial wie auch als vorrangig verwendeter Bau- und Werkstoff. Schon nach der deutschen Besiedlung waren den Bewohnern der Heidedörfer weitgehende Rechte zur freien Holzentnahme aus dem Walde eingeräumt worden; zudem übte der Landesherr vielfach den Brauch, ihm geleistete Dienste von Pfarren, Klöstern, Zünften, Gemeinden oder auch Einzelpersonen mit dem Verleihen von Holzgerechtigkeiten zu entlohnen. Als man dann im 14. Jahrhundert auf erschlossenen Flächen des Friedewaldes Raseneisenstein fand, mußte der Wald die zur Verhüttung erforderliche Holzkohle mittels Köhlerei liefern, doch ebenso zehrte das Gewerbe der Pechsieder an seiner Substanz. Damit aber rückte die Vernichtung des Waldes in greifbare Nähe: Seine Blößen dehnten sich zunehmend aus, so daß eine natürliche Verjüngung in Form von Besamung und Frischnachwuchs, die oftmals noch durch Waldweide, Hutung oder Laubrechen Behinderungen erfuhr, den am Altholz betriebenen Raubbau nicht mehr auszugleichen vermochte.

Doch der drohende Verlust des Waldes zwang schließlich die Landesherren zu ökonomischem Denken, wenn es zunächst auch von der Erkenntnis bestimmt wurde, daß bei Fortführung der bisher geübten Praxis den fürstlichen Einkünften empfindliche Minderungen bevorstanden. Denn indem die von

Blößen überzogenen Wälder dem Wilde kaum noch Schutz boten, waren die landesherrlichen Wildbahnen gefährdet, während der aufkommende Mangel an schlagfähigem Nutzholz fühlbare finanzielle Einbußen brachte. Sind noch von dem 1407 verstorbenen und 1414 durch einen Erbakt als einstiger Besitzer des Friedewaldes bezeugten Markgrafen Wilhelm von Meißen keine Maßnahmen gegen jene schrankenlose Waldausnutzung überliefert, so trat ihr nach 1500 erstmals Herzog Georg der Bärtige entgegen: Zwar suchte er durch Regelung des Holzeinschlages wie auch durch eine strengere Aufsicht Verbesserungen zu erreichen, doch konnte dies vorerst nur zur groben Unterbindung des Raubbaues führen, zumal solche Nutzungseinschränkungen noch lange Zeit zugunsten des Jagdwesens bestanden. Dennoch leiteten diese Anfänge der Waldpflege, die sich durch das Anlegen von Teichen und eines weitverzweigten Grabensystems mit Absichten der Melioration verbanden, den bedeutsamsten Abschnitt in der Entwicklung des Friedewaldes ein. Sie fanden unter den Kurfürsten Moritz und August ihre tatkräftige Fortsetzung und schafften der sächsischen Forstwirtschaft erste Grundlagen.

Vom Baumbestand her zeigte schon im 16. Jahrhundert die anspruchslosere Kiefer im Friedewald eine weite Verbreitung, hatten doch die großen Kahlschlagflächen des vorangegangenen Säkulums ihr Vordringen gefördert. Indes waren auch Eiche, Buche sowie andere Laubhölzer weitaus stärker als in der Gegenwart vertreten, machte doch allein die Buche etwa 30 % des Gesamtbestandes aus. Eine Forstordnung von 1590 nennt fast ausschließlich Laubbäume, während als Nadelholz nur die Kiefer erscheint; 1650 bestand der Wald zu 95 % aus Laubbäumen, doch drängten im 18. Jahrhundert Erle und Birke den Buchen- und Eichenanteil stark zurück. Hingegen sind die in unserer Zeit vorherrschenden Nadelholzbestände eine Folge der im 19. Jahrhundert einsetzenden rationellen Forstwirtschaft mit ihrer künstlichen Erhöhung jener Hölzer. Heute vermitteln nur noch wenige in den Revieren des Friedewaldes erhaltene und als Naturdenkmale gekennzeichnete uralte Eichen das Bild seines ehemaligen Aussehens.

Das Forstpersonal bestand bis weit ins 18. Jahrhundert hinein zumeist aus Jägern, denen der Wald vor allem als Jagdgebiet galt. Daher beschränkte sich ihre Waldpflege im wesentlichen auf das Verhindern größerer Schäden, während die Erhaltung von Samenbäumen oder das Aussäen von Baumsamen auf den Blößen der Verjüngung dienen sollte. Doch die schädigenden Auswirkungen eines rücksichtslosen Kahlschlages waren jetzt erkannt worden, so daß man den Plenterbetrieb einführte, der in der Einzelauswahl von schlagfähigen Bäumen durch die Förster bestand. Ein Beispiel für diese neue Auffassung der Waldpflege ist aus dem Jahre 1559 überliefert: Als dem Kurfürsten August berichtet wurde, daß der unter Obhut des Försters Fritz Lauber zu Coswig stehende südwestliche Teil des Friedewaldes große Schäden zeige, gab er Anweisung, „diesen Ort gentzlich hegen und verschonen" zu lassen. Für den Zeitraum, den jener Waldbereich zu seiner Erholung benötigte, verwies man die von dort ihr Holz beziehenden Bewohner von 24 Ortschaften der Lößnitz an den Eisenberger Förster Hans Sittich und auf die Laußnitzer Heide. Aber neben dem Bedarf der umliegenden Dörfer und dem Deputatholz, das als Gehaltsteil an die Beamten der Forstverwaltungen und des zuständigen Amtes gingen, waren aufgrund überkommener Gerechtigkeiten umfangreiche Mengen an einzelne adlige Grundherren zu liefern. Vor allem belasteten in dieser Hinsicht die Ansprüche derer von Miltitz auf Scharfenberg den Holzeinschlag des Friedewaldes: Obwohl ein Sigmund von Miltitz 1496 bereits ein Recht auf 75 Fuder Holz um 100 Gulden an Herzog Albrecht abgetreten hatte, besaß das Adelsgeschlecht 1559 noch immer einen Anspruch auf jährlich 208 Fuder. Nachdem es aber Kurfürst August im Jahre 1580 gelungen war, ein Gehölz nahe Kreyern von einem Martin von Miltitz zu erwerben, war der nun eine Fläche von etwa 7000 Acker umfassende Friedewald auf die ihm noch heute eigene Ausdehnung von mehr als 30 km² gebracht worden. Auch nahm man wohl damals seine bis ins 19. Jahrhundert während Einteilung in die Reviere Eisenberg, Kreyern und Steinbach vor, wobei eine Forstordnung des von 1591 bis 1601 regierenden Kuradministrators Friedrich Wilhelm von Sachsen-Weimar das Ganze in die Abteilungen Carossenholz, Plässenberg, Schwarzholz, Stollholz, Klippholz, Gänsezippel, Waldecke, Jennert, Oberecke, Buchwald, Miltitzer Holz, Kreyernsche Flur, Spitzberg, Hohenstein, Lauben, Kleine Burggrafenheide und Strang untergliederte.

Aufgrund zunehmender Waldverwüstung war bereits seit dem 14. Jahrhundert das alte Recht zur freien Holzentnahme aus dem Walde schrittweise abgebaut und schließlich auf ein Leseholzrecht beschränkt worden. Zwar weiterhin unentgeltlich, stand es jedoch durch die Ausgabe von Leseholzzeichen unter Aufsicht, während Nutzholz nun käuflich erworben werden mußte. Zum Zwecke des Holzverkaufs hielt man im Frühjahr und Herbst jeden Jahres an vorher bekanntgegebenen Tagen Holzmärkte als sogenannte „Förstereyen" ab, wobei die Preise der einzelnen Holzarten wie auch ihre Bezahlung und Abrechnung mittels Holzordnungen geregelt wurden.

Die älteste dieser auch den Bereich des Friedewaldes einbeziehenden Ordnungen war vom damaligen Herzog Moritz 1543 erlassen worden, der mit ihr bereits eine Trennung zwischen Jagdwesen und Forstwirtschaft anstrebte. Sein dem volkswirtschaftlichen Denken besonders verbundener Nachfolger Kurfürst August, der als hervorragender Land- und Forstwirt galt, hat dann mit seinen Holzordnungen von 1560, 1568 und 1575 den Grund für die sächsische Forstwirtschaft der nächsten zweihundert Jahre gelegt. So untersagte er 1556 die Streunutzung völlig, doch zog dies einen solchen Protest der Landbevölkerung nach sich, daß das Verbot mit geringen Vorbehalten bald wieder aufgehoben werden mußte. Waldweide, Waldmast und Waldgräserei blieben seitdem von größeren Einschränkungen verschont, beruhte doch die den Schwerpunkt der damaligen Landwirtschaft bildende Viehhaltung vornehmlich auf jenen Waldrechten. Sie zeigte sich am intensivsten im Bestand der Rinder und war aufgrund der damals wesentlich kleineren Tiere und des damit verbundenen geringeren Ertrags erforderlich. Hinzu kamen Laub- und Streurechen als Ersatz für das im Winter nicht ausreichende Stroh in den Ställen. Infolge der damit verbundenen schädigenden Auswirkungen auf den Wald hatte man diese Rechte schon zeitig geregelt und beschränkt: So durfte „die Gemeine zur Weinbehla 8 Tage frey Laub rechnen, als 4 Tage im Fruelinge und 4 Tage im Herbst", und zwar nur im Bereich der Burggrafenheide. Ebenso war es untersagt, Ziegen und Böcke in den Wald oder auf Waldwiesen zu treiben; traf sie der Förster dort an, mußte er die Tiere einziehen, wobei ihm die Hälfte davon zustand. Dennoch kam es öfters zu Übertretungen jener Hutungsbestimmungen, so daß das Verhältnis zwischen der Landbevölkerung und dem Forstpersonal sehr gespannte Formen annahm. Davon zeugt eine um 1600 erlassene Holzordnung, in der wir lesen: „Es sollen sich auch die Ober- und Unterförster nicht unterstehen, die Ambtsunderthanen noch andere Leute zu schlagen noch zu beschädigen, sondern do sie zu denselben erhebliche Ursachen hetten, sie pfenden …" Auch mußten sich die Förster oft Vorwürfe des Amtsschössers gefallen lassen, wenn das gern betriebene „Scheitholzfinden" überhandnehmen wollte.

Dem drohenden Rückgang des Laubwaldes suchte Kurfürst August zu begegnen, indem er Maßnahmen zur weitgehenden Schonung verfügte, machte er doch beispielsweise in der Holzordnung von 1575 das Fällen gesunder Bau- und Masteichen von der Erteilung besonderer Genehmigungen abhängig. Zeigt dies, daß man damals dem Übel noch nicht von Grund auf beizukommen wußte, sondern lediglich an den Folgen laborierte, so konnte den Holzordnungen auch durch Unzulänglichkeiten innerhalb des staatlichen Verwaltungsapparates kein hinreichender Erfolg beschieden sein: Indem nämlich die Forstbeamten ihre Besoldung zum kleineren Teil in Geld, den Rest aber in Naturalien und Gebühren erhielten, war der ungesetzliche Holzhandel kaum zu unterbinden. Zwar ergänzte der ohnehin mißtrauische Kurfürst jene Erlasse durch Kontrollbestimmungen, nach denen seit 1568 bei jeder Försterei neben dem Amtsschösser, dem Oberforstmeister und dem jeweiligen Förster ein besonders benannter „Befehlshaber" anwesend sein sollte; weiterhin war die Abgabe des auf dem Stamm verkauften Holzes nur gegen Barzahlung möglich. Der Käufer hatte es innerhalb eines Monats abzufahren, wobei zur besseren Überwachung eiserne Stempel eingeführt wurden, mit denen die „Zeichenschläger" das zum Verkauf stehende Holz kennzeichneten. Auch suchte man der Spekulation beizukommen, indem es Grundherren mit eigenen Waldungen untersagt war, Holz auf kurfürstlichen Förstereien zu erwerben, damit sie das eigene nicht für Zeiten der Teuerung zurückhalten konnten.

Die Verminderung der Holznutzung bewirkte ein Anziehen der Holzpreise, die bis um 1570 fast auf das Doppelte gestiegen waren. Für den Friedewald wurde 1569 der Preis einer dürren Eiche auf 28 Groschen, einer starken Kiefer auf 12 Groschen und einer Linde auf 8 Groschen festgesetzt. Selbst das Anweise- und Schreibgeld von 10 % jedes Stammpreises, in das sich bisher Schösser und Förster geteilt hatten, sollte nun an die kurfürstliche Kasse abgeführt werden. Welch hohe Summen damals die Wald- und Holznutzung erbrachte, zeigt ein im Jahre 1558 aufgestellter Anschlag, nach dem der Erlös aus den Förstereien im Herbst 1558 und Frühjahr 1559 für sämtliche kurfürstliche Waldungen mit 41 000 Gulden berechnet wurde, wobei allein der Friedewald mit 500 bis 600 Talern eingesetzt war. Die hohen Holzpreise hatten freilich den Unwillen der Bevölkerung erregt, was sich auch im Ansteigen der Holzdiebstähle bemerkbar machte. Zwar suchte man dagegen mit harten Strafen und einer Erhöhung des Forstpersonals vorzugehen; letztlich aber sah sich Kurfürst August gezwungen, die Preise wieder auf den Stand der Zeit vor 1550 zurückzuführen. Zudem brachte das Jahr 1590 eine große Dürre, durch die viele Bäume auf dem von Streu entblößten Waldboden abstarben, doch ebenso trugen Waldbrände zur Dezimierung des Baumbestandes bei. Hatte demnach das 16. Jahrhundert der unkontrollierten Ausnutzung des Waldes in gewisser Hinsicht Einhalt gebieten können, so vermochte es weder die Verschlechterung seines Zustandes noch die Verringerung der Holzvorräte aufzuhalten.

Indes erfolgte hier auch im 17. Jahrhundert keine Änderung. So hören wir aus einem Besichtigungsbericht der Zeit um 1620, daß zwar an verschiedenen Stellen der Reviere die Baumbestände als noch gesund erschienen, dennoch aber Mangel an geeignetem Bauholz bestand und fast überall dürre Bäume vorkamen. Außerdem dürfte 1621 wieder eine Trockenperiode geherrscht haben, heißt es doch damals von der benachbarten Dresdener Heide: „Das Holz auf den Brüchen dieses orths hat keinen Wachs, sindt mehrentheilß geringe Büchlein, die von Tage zu Tage verdorren und umbfallen." Mehrfach wird auch – freilich in „unterthänigster" Form – auf die übersteigerte Nutzung des Waldes hingewiesen, da allein die kurfürstliche „hoffstadt" enorme Mengen an Holz verbrauchte. Demnach waren die Holznutzungen noch immer wesentlich umfangreicher als der Zuwachs, wobei zur Verbesserung des Waldzustandes lediglich empfohlen wurde, vorerst die dürren und „strüpfichten" Bäume, unter denen sich Jungholz angesamt hat, für den Schlag auszuwählen, „damit hernach das Jungholz seinen Wachs besser haben könnte".

Als dann seit 1632 auch der Friedewald von den Ereignissen des Dreißigjährigen Krieges berührt wurde, fügte ihm vor allem die rücksichtslose Entnahme von Brennholz durch kaiserliche wie auch schwedische Truppen hohen Schaden zu. Hingegen brachte die mit der Entvölkerung umliegender Ortschaften verbundene Minderung wirtschaftlicher Nutzungen sowie der Rückgang des Wildbestandes dem Wald eine Erholungspause. Dies erlaubte freilich der Landbevölkerung nach dem Ende des Krieges, durch Waldweide, Waldgräserei und Streunutzung die Viehhaltung wieder ausgiebig zu betreiben und sich erneut einen kleinen Wohlstand zu schaffen. Aber nicht allein der Wiederaufbau ließ jetzt den Holzbedarf sprunghaft ansteigen; ebenso benötigten fast alle Gewerbe sowie die sich zunehmend erweiternden Städte immer größere Mengen an Holz als Werkstoff oder Brennmaterial. Aufgrund von Eingaben höherer Forstbeamter, in denen eindringlich auf den Rückgang des Holzvorrates vor allem im Bereich der Eichen und Buchen wie auch auf die bei der Holzvergabe herrschenden Mißstände hingewiesen wurde, sah sich schließlich Kurfürst Johann Georg II. im Jahre 1662 zum Erlaß von weiteren, den Holzverkauf einschränkenden Bestimmungen gedrängt. Während man nun den Verbrauch an Brennholz durch das Stechen von Torf innerhalb der Brüche zu senken suchte, gelangte damals für Bauzwecke statt Eichenholz auch schon Tanne, Fichte oder Kiefer zur Abgabe, zumal „sonderlich die Eichen gar sehr abnehmen", aber ebenso das Buchenholz

„gar langsam und sparsam wächset". Deshalb wurde empfohlen, die Entnahme von Bau- und Stammholz stark einzuschränken und „weder Breth-Bäume noch ander Bauholz" anzuweisen, es sei denn „aus sonderbahren Ursachen und Umbständen" wie etwa bei abgelegenen Walddörfern. Weiterhin erwog man die Erhöhung der „Taxen" für wertvollere Hölzer sowie ein Verbot des bei den Untertanen sehr beliebten Sammelns von „langen Schockholze zum Brauen und Backen". Indes wird aus alldem ersichtlich, daß unter einer „Conservierung" des Waldes wiederum nur die Beschränkung der Holznutzung verstanden wurde. Man erkannte noch immer nicht den durch zielgerichtete Pflege bald wieder auf Vorkriegshöhe gebrachten Wildbestand wie auch Waldweide und Streunutzung als wesentlichste Ursachen des anhaltenden Waldsterbens. Ebenso ist aber an ihm der Umstand beteiligt gewesen, daß statt einer Verjüngung des Waldes durch Ansäen und Anpflanzen noch die überkommene Selbstverjüngung in Form von Stockausschlag und Samenabfall üblich war.

Den Abtransport des Langholzes besorgten für die Käufer wie für den Hof meist Amtsuntertanen mit eigenen Fuhrwerken gegen Fuhrlohn. Da jedoch Wege und Straßen einen sehr mangelhaften Zustand zeigten, oblag den Untertanen auch das Instandhalten der Abfuhrwege; der Hof indes unterhielt nur die eigentlichen Jagdwege, was fortwährend zu Streitigkeiten zwischen beiden Parteien führte. Welche Schwierigkeiten aus den damaligen Wegeverhältnissen erwachsen konnten, ist dem Bericht eines Holztransportes von 1718 zu entnehmen. In jenem Jahr war der schon mehrmals reparierte Preßbaum der Weinpresse des Schlößchens Hoflößnitz völlig „verunglückt", so daß er ausgewechselt werden mußte. Nach einigem Suchen hatte man endlich in dem im Eisenberger Revier nördlich der Moritzburg gelegenen Birkichtbruch einen dafür geeigneten Stamm von 25 Ellen Länge und 2 Ellen 9 Zoll Höhe gefunden. Er wurde „allda zu rechter Zeit gefället und zur Abfuhr zugericht, sodann im Monath Julio bey einer übergroßen Hitze und Dürre meistentheils mit 40 Stück Zugvieh auf einen dazu besonders erbaueten starcken und weiten Stockwagen" über Eisenberg nach Boxdorf und von dort auf der Großenhainer Straße den „Heydeberg" hinabgefahren. Zur Vermeidung des weiten Umweges über Dresden legte man dann von der Baumwiese bis zur Meißner Straße einen Verbindungsweg „auf des Ambts Dreßden jungen Heyde beym lichten Eichen" an. Nun gelangte der Stamm über Radebeul und Serkowitz in die Hoflößnitz, wobei für den gesamten Transport 16 Tage benötigt wurden.

Bereits zu Beginn des 18. Jahrhunderts hatten die

im Verlauf des Nordischen Krieges in Sachsen eingefallenen Schweden auch dem Friedewald manche Wunde geschlagen, was sich dann im Siebenjährigen Krieg von seiten der Preußen wiederholte. War hierbei der Baumbestand infolge des hohen Bedarfs an Schanz- und Brennholz „ziemlichermaßen ruiniret" worden, so brachte auch die Erhöhung des Wildstandes im jagdfrohen Zeitalter Augusts des Starken schädigende Auswirkungen für den Wald. Trotzdem wurde jetzt nicht mehr ein solcher Wildreichtum wie während des 16. und 17. Jahrhunderts erreicht, zumal der Hof die oft vorkommenden Beschwerden der Landbevölkerung über Wildschäden kaum noch zu ignorieren vermochte. In verwaltungstechnischer Hinsicht hatte man schon im 17. Jahrhundert jedes der drei Reviere des Friedewaldes einem Revierförster unterstellt, der seine Tätigkeit mit Hilfe von Forstknechten und Zeichenschlägern ausübte, während der Oberhofjägermeister die Leitung sämtlicher Forsten selbständig wahrnahm. 1764 kam es jedoch zur Einrichtung der Stelle eines Oberlandforstmeisters mit Sitz in Hubertusburg, der nunmehr die Forsten gemeinsam mit dem Oberhofjägermeister leitete, wodurch die Forstverwaltung an Bedeutung gewann. Dennoch sollte jene Sorge einer ständig drohenden Holznot die sächsischen Landesfürsten erst zu Anfang des 19. Jahrhunderts verlassen, als Heinrich Cotta mit erneut aufgenommenen und systematisch weitergeführten Vermessungen und Taxationen des Staatswaldes den Grund legte für eine rationellforstwirtschaftliche Waldpflege.

2. Teichwirtschaft

Zugleich mit den nach 1500 im Friedewald beginnenden forstwirtschaftlichen Verbesserungen war es zum Anlegen von Teichen gekommen, die der Fischhaltung für den kurfürstlichen Hof dienten. Jene typische, aus Syenit-Granit-Gestein bestehende Kleinkuppenlandschaft bot hierfür mit ihren dazwischenliegenden wannenartigen Hohlformen günstige Voraussetzungen: Aufgrund der geringen Höhenunterschiede des sich auf einer Wasserscheide zwischen Elbe und Röder erstreckenden Geländes konnten die Staudämme niedrig angelegt werden. Die Eigenart des Reliefs findet auch darin ihren Ausdruck, daß einige der Teiche sowohl über den Lößnitz- und Lockwitzbach nach der Elbe wie auch über den Promnitzbach zur Röder abfließen. Somit haben die Gewässer kaum Zuflüsse; sie werden vor allem durch Regen- und Schmelzwasser gespeist, weshalb ihnen der Volksmund die Bezeichnung „Himmelsteiche" gab. Jene Abhängigkeit von der Niederschlagsmenge führt mitunter zu erheblichen Differenzen des Wasserstandes: Besonders wenn einem schneearmen Winter ein trockenes Frühjahr folgt, füllen sich die im Herbst abgelassenen Teiche nur unzureichend auf.

Am Ende des 15. Jahrhunderts waren im Friedewald neben einigen wohl noch aus sorbischer Zeit stammenden Teichen vorwiegend ungangbare und daher wenig nutzbare Brüche vorhanden. Viele dieser sumpfigen Bereiche ließ Herzog Georg zu Teichen umwandeln, sind doch derartige Anlagen ein Bestandteil der deutschen Wirtschaft des Mittelalters gewesen, zumal die damit verbundene Fischzucht den katholischen Fastengeboten entgegenkam. Zunächst wurden 1501 die beiden Volkersdorfer Waldteiche aufgestaut (Abb. 4). Ein Jahr später folgte durch Anstauung auf Bärnsdorfer, Cunnertswalder und Berbisdorfer Flur die Anlage des Großteiches, der bis zu seiner um 1920 vorgenommenen Teilung als größte unter den Moritzburger Wasserflächen galt. Da bei seinem Anlegen die Felder der Bärnsdorfer und Cunnertswalder Bauern teilweise überflutet worden waren, hatte man ihnen als Entschädigung neben der Schilfernte und der Grasnutzung um den Teich auch die freie Viehtränke sowie eine begrenzte Hutung vom Hohenholz und vom Ziegenbusch bewilligt. Außerdem erreichten die Cunnertswalder Bauern, daß der Teich aller neun Jahre auf ein Jahr trockengelegt wurde, damit sie auf den Flächen ihrer ehemaligen Felder Hafer ansäen konnten. Hierbei baute man eine besondere, als Teichhafer bezeichnete Sorte an. Schon 1513 aber begann ihnen der kurfürstliche Verwalter dieses Zugeständnis streitig zu machen, indem die Bauern für ihre Haferansaat Zins zahlen sollten. Der sich daraus entwickelnde Rechtsstreit zog sich bis ins 19. Jahrhundert hinein, doch gewannen schließlich die Nachfahren jener Bauern einen 1836 gegen die damalige königlich-sächsische Staatskasse angestrengten Abfindungsprozeß.

Wohl 1526 entstand dann durch Anstauung von vier aus Reichenberg, Boxdorf und Eisenberg zufließenden Bachläufen der Dippelsdorfer Teich. Man staute das Wasser durch fünf Dämme, wobei der stärkste den Abfluß über den Lößnitzbach nach dem südlich davon gelegenen Lößnitzgrund sperrte; dort aber befanden sich sieben Mühlen, deren Besitzer bald Beschwerde einlegten wegen des andauernden Wasserabzuges aus dem Dippelsdorfer Teich nach den Moritzburger Gewässern. Eine Änderung jenes Zustandes erreichten sie freilich nicht, so daß auch weiterhin die Mühlen zumeist nur Wasser erhielten, wenn der Teich im Herbst abgelassen wurde. Noch auf dem Oederschen Vermessungsplan aus der Zeit um 1570 wird der „Naue teich bey Diepelsdorf" genannt, während eine damals vorhandene Insel als

„teich hübel" erscheint (Abb. 150). Da der Ostteil des Teiches Reichenberger Flur beanspruchte, gestattete Herzog Georg jener Gemeinde 1529 aufgrund vieler Bittgesuche das Hutungs- und Weiderecht auf den überfluteten Feldern, doch kam hierfür im allgemeinen nur der Uferrand in Betracht, weil ein Sömmern der Teichfläche aller zwölf Jahre erfolgte. Die ebenfalls durch das Abtreten von Flurstücken geschädigten Dippelsdorfer Bauern erhielten dagegen freie Hutung in einem Teil des Friedewaldes, „worinnen sie Macht haben frei Eckern und Eicheln zu lesen und auch zu grasen". Erst 1851 entzog man ihnen das Hutungsrecht und entschädigte sie anderweitig.

Weiterhin wurden unter Herzog Georg südlich des Pfaffenberges der „Under alte teich" wie auch der „Ober alte teich" angelegt; dazu lassen sich 1537 der Frauenteich (Abb. 145), der Mittelteich und der „Krauschen teich" nachweisen, so daß wohl gegen Ende der Regierung jenes Landesherrn fast alle größeren Teiche vorhanden waren. Hinzu kamen kleinere Wasserflächen wie der später aufgelassene Rohrteich oder der Köckritz-, Silber-, Furt- und Neuteich, die schon am nördlichen Rand des Friedewaldes lagen, während Anlagen wie der Farrenteich erst nach Mitte des 17. Jahrhunderts entstanden.

Zur landesherrlichen Waldnutzung durch Jagd und Holzung, zu den Einnahmen aus Bienenzucht, Pechsieden und Köhlerei war damit eine hochentwickelte Teichwirtschaft gekommen, die unter Aufsicht des Moritzburger Amtsschössers stand, der deshalb den Titel „Landfischmeister" führen durfte. Ihm waren die Fischmeister als Bewirtschafter der Teiche unterstellt, wobei 1588 bereits 28 solche Gewässer gezählt wurden. Ihrer Bewirtschaftung dienten schon damals exakt ausgearbeitete Pläne, die vorgaben, mit wieviel Jungfischen jeder Teich zu besetzen war. Hingegen wurde das Ausfischen aller drei Jahre im Herbst, bei einigen Teichen aber auch im Frühjahr in gestaffelter Reihenfolge vorgenommen. Dabei fischte man jährlich nur etwa ein Drittel der Teiche aus, was wohl dem Bedarf des Hofes entsprach. Den Fang hatten die Fischmeister zum überwiegenden Teil an das Dresdener Hoffischhaus abzuliefern. Als für die Teichwirtschaft ertragreichster Fisch galt der Karpfen; daneben zog man vor allem Hechte auf, während die Schleie noch lange Zeit weniger beachtet blieb. Für die sehr zahlreich vorkommenden Karauschen und Weißfische bestand indes kaum Bedarf; den Großteil davon wie auch beim Fang verletzte Karpfen erhielten kostenlos die Fischer, Träger und Wächter. Fischdiebstahl ahndete man gleich dem Wildern mit grausamen Leibes- und Lebensstrafen.

Das Anstauen der Gewässer zog zudem eine Veränderung der Landschaft und ihrer biologischen Verhältnisse nach sich, nisteten doch im Uferschilf bald viele Arten von Wasservögeln. Dies nutzte man zum Anlegen von Entenfängen wie etwa an der Südwestecke des Bärnsdorfer Großteiches, wo ein solcher seit Anfang des 18. Jahrhunderts bestand. Hierbei führte vom Teich her ein mit Schilf bewachsener reusenartiger Trichter über einen engen Durchschlupf in den eigentlichen „Fang", der mit einer Lockente besetzt und überdacht war, so daß eingeschwommene Tiere nicht fortfliegen konnten. Unweit davon stand das Haus des Entenfängers, der als Jagdbediensteter dort wohnte. Das Ausüben dieser Tätigkeit erforderte neben einer reichen Erfahrung viel Ausdauer, wurde aber gut honoriert. Ebenso betrieb man an den Teichen den Biberfang, richtete doch dieser damals in Sachsen noch weit verbreitete Nager an den Dämmen manchen Schaden an, während sein Schwanz am Hof als begehrte Delikatesse galt.

Indes war eine derartig großzügig betriebene landesherrliche Teichwirtschaft nur durch restlose Ausnutzung der Rechte über die Amtsuntertanen in den umliegenden Dörfern möglich. So mußten dort ansässige Bauern unter fachlicher Anleitung die Teiche graben, Steine brechen und damit Dämme errichten wie auch Handdienste und – soweit sie Gespanne besaßen – Fuhrleistungen ausführen. Da sie freilich solchen Arbeiten möglichst fernzubleiben suchten, ließ bereits Kurfürst Moritz die Teichdienste jener Untertanen im Amtserbbuch von 1551 festlegen: Sie bestanden in Hilfeleistungen beim Ausfischen, im Abtransport der Fische nach Dresden, im Anfahren der Jungfische für den Teichbesatz und manchen anderen damit verbundenen Diensten. Noch Anfang des 19. Jahrhunderts hatte die Gemeinde Bärnsdorf im Herbst täglich 20 Handfischer, 3 Schieböcker sowie die zum Abfahren der Fische erforderlichen Wagen zu stellen. Ferner war der Antransport von Baumaterialien zur Instandhaltung der Dämme, Teichgebäude und Ständerhäuschen vorzunehmen, doch ebenso mußten die Bauern Gerinne und Flutgräben funktionsfähig halten wie auch beim Entschlammen der Teiche helfen. Waren solche Arbeiten meist unentgeltlich „ohne Kost und Lieferung" auszuführen, so bestand die Verpflegung bei größeren Fuhren aus Brot und Käse, während für die Pferde Futter hinzukam. Dagegen gab es beim Ausfischen, das in schwerer körperlicher Arbeit mit Fangnetz und Kescher geschah, zusätzlich Weißfische, doch wurden

mitunter auch Geldentschädigungen gezahlt. Ebenso war den Bauern eine geldliche Ablösung ihrer Dienstpflicht möglich: Als man 1673/74 den Farrenteich anlegte, leisteten die baupflichtigen Untertanen eine Beisteuer von 100 Talern, so daß für das Ausschachten Lohnarbeiter eingesetzt werden konnten.

Ihren Höhepunkt erreichte die Moritzburger Teichwirtschaft zwischen 1650 und 1750. Vor allem in der zweiten Hälfte des 17. Jahrhunderts kamen nordwestlich der beiden Volkersdorfer Waldteiche mit dem idyllisch gelegenen Steingrundteich, dem Johann-Georgen-Teich wie auch dem Fischer- und Jägerteich neue Wasserflächen hinzu, mit denen sich die Anzahl der bewirtschafteten Teiche auf mehr als 30 erhöhte. Schließlich entstand noch ab 1730 durch das Zusammenlegen von drei kleineren Gewässern der Moritzburger Schloßteich, dessen gestalterischer Gedanke einer Steigerung des Pöppelmannschen Schloßbaues sich mit dem praktischen Anliegen der Fischzucht verband. Wie es heißt, wurde er damals „jährlich gefischet" und von dem Fang „eine ungemeine Menge in die benachbarten Städte sonderlich in Dreßden zum Verkauff um sehr civilen Preiß gebracht". Unter dem Einfluß des aufkommenden Rationalismus setzte jedoch gegen Ende des 18. Jahrhunderts das Auflassen vieler Teiche ein, wobei die nach 1832 folgende Ablösung der Grunddienstbarkeiten mit dem Wegfall der billigen bäuerlichen Arbeitskräfte jene Entwicklung förderte. Vor allem im westlichen Teil des Friedewaldes wurden nun einige der größeren Teiche verkleinert, während man andere wie etwa den 39 Hektar großen Karauschenteich trockenlegte. An seiner Stelle erscheint noch im Oberreitschen Atlas von 1841/43 der Karauschenbruch, wo man damals Torf stach. Wie hier sind später die aufgelassenen Teichflächen aufgeforstet oder in Wiesen umgewandelt worden. Heute umfassen die Teiche des Moritzburger Gebietes eine Fläche von insgesamt 475 Hektar, wovon etwa 360 Hektar fischwirtschaftlich genutzt werden. Damit ist bis zur Gegenwart der besondere, auf dem fortwährenden Wechsel von Wasser und Wald beruhende Reiz dieser Landschaft erhalten geblieben.

3. Jagdwesen

Seine grundlegenden Organisationsformen jedoch erhielt der Friedewald durch die Jagd, indem sie bis in das 19. Jahrhundert hinein die Hauptnutzung des Waldes bildete. In der Urgesellschaft für den Menschen lebensnotwendig, war ihre Ausübung allen gestattet gewesen. Nach der Festigung des Feudaleigentums im 7./8. Jahrhundert

145 Moritzburger Teichgebiet: Partie am Frauenteich

kam es zu Eingriffen in lebenswichtige Grundrechte der Bauern, wobei auch bestimmte Gebiete wie Forste oder Gewässer mit dem Bann belegt und damit der allgemeinen Nutzung entzogen wurden. Freilich stießen solche Maßnahmen schon bald auf den Widerstand der Landbevölkerung, und seit dem 9. Jahrhundert erwuchs daraus ein fortwährender Kampf der Bauern um ihre Rechte. So leitete man aus dem Sachsenspiegel als dem ältesten, nach 1220 entstandenen deutschen Rechtsbuch des Eike von Repgow ab, daß das Jagen des Wildes außer innerhalb der mit dem Königsbann belegten Forsten allgemein frei sei. Aber noch während des Mittelalters setzte sich in Deutschland die Auffassung durch, daß das Jagdrecht zum Grundbesitz zähle: Zunehmend wurde es nun von den Landesfürsten beansprucht und teilweise schon auf die Eigentumsbereiche des niederen Adels ausgedehnt. Nachdem vor allem Ur und Wisent in den heimischen Wäldern nicht mehr vorkamen und der Elch in die nordöstlichen Gebiete Deutschlands abgewandert war, blieb neben dem Schwarzwild als Hauptgattung das Rotwild, das jetzt vornehmlich unter Bann gelegt wurde. Aufgrund landesherrlicher Hege entwickelte es sich nun zu einem immer zahlreicheren und qualitätvolleren Bestand.

Die Wettiner hatten als Jäger schon zeitig eine hervorgehobene Stellung innerhalb Deutschlands besessen, war doch bereits Markgraf Friedrich dem Ernsthaften vom Kaiser Ludwig IV. von Bayern die Würde eines „Obrist-Reichs-Jägermeisters" verliehen worden. Aufgrund dieses Amtes, das die wettinischen Landesfürsten fast fünf Jahrhunderte hindurch innehatten, durften sie „in aller Herren Wildbanne" jagen, während ihr Wildbann nur ihnen offenstand. Auch waren von den meißnischen Markgrafen schon im Anfang des 12. Jahrhunderts Maßnahmen zum Schutze des Wildes veranlaßt worden: So verbot man das Jagen innerhalb der Setzzeit, ließ für das Wild Salzlecken anlegen und bestrafte Wilddiebe mit Geldbußen. Ebenso enthielt eine vom Kurfürsten Ernst und Herzog Albrecht im Jahre 1482 erlassene Landesordnung Bestimmungen über die Schonzeit des Wildes. Indes war die Hochwildjagd bereits dem Landesherrn vorbehalten, der sie freilich als Gnadenbeweis mitunter auch anderen Personen überließ.

Bald wertete man nun die Jagd als exklusive höfische Tätigkeit, mit der sich ritterliche Tugenden wie sicheres Führen der Waffen, Kraft, Gewandheit, Mut und Ausdauer verbanden. Ihre vorherrschende Form ist zunächst die Hetzjagd auf Hoch- und Niederwild gewesen; hinzu kamen das Stellen von Netzen auf Hasen und Rebhühner sowie die Vogelbeize mit dazu abgerichteten Raubvögeln. Solche Jagden erstreckten

sich oft über Tage, wobei meist im Walde große Zeltlager aufgeschlagen wurden. Gegen Ende des Mittelalters begann sich in Deutschland und damit auch in Sachsen eine Wandlung des Jagdrechts abzuzeichnen: Mit der Herausbildung der Territorialherrschaft erlangten die Fürsten zunehmende Machtbefugnisse, so daß sie ihr gesamtes Territorium als persönlichen Besitz beanspruchten und die Jagd zum landesherrlichen Regal erklärten, war doch den Reichsständen schon bei Ausbildung der Lehenshoheit vom Kaiser mehr oder minder offiziell das Wildbannrecht in ihren Wäldern erteilt worden. Im Zuge dieser Entwicklung bildete sich auch innerhalb der sächsischen Erblande jenes Jagdregal heraus, dessen Ausbau vor allem durch die Kurfürsten Moritz und August erfolgte. Man schuf damals die Begriffe der Hohen und Niederen Jagd, während die später hinzugekommene Mittlere Jagd als Besonderheit nur in Kursachsen bestand. Die Hohe Jagd war alleiniges Vorrecht des Landesherrn und erstreckte sich nach einem Dresdener Verzeichnis vom 5. September 1662 auf Bär, Hirsch, Wolf, Adler, Auer-, Birk- und Haselhuhn, Schnepfe, Trappe, Kranich, Schwan, Reiher, Rohrdommel, Wildgans, Ziemer und Drossel; hingegen fielen Wildschwein, Reh und Ente unter die Mittlere Jagd. Dem Adel wurde nur die Niedere Jagd belassen; sie durfte nicht nur auf den eigenen Ländereien, sondern auch auf dem Grundbereich der Gutsuntertanen ausgeübt werden und betraf Hase, Fuchs, Dachs, Biber, Otter, Marder, Wildkatze, Rebhuhn sowie Wachtel. Freilich mußten den adligen Grundherren von seiten der Hofjägerei als Entschädigung für diese Jagdbeschränkungen umfangreiche und vertraglich festgehaltene Wildbretdeputate, teils frisch, teils gepökelt in Fäßchen, geliefert werden. Den Bauern aber hatte man ihr Jagdrecht bereits während des Mittelalters zunehmend eingeschränkt, so daß ihnen schließlich allein noch das Fangen von kleinem Raubwild und kleinen Vögeln gestattet blieb.

Für Kursachsen war unter Kurfürst August das Jagdregal, das im nachfolgenden 17. Jahrhundert als anerkannter Rechtsgrundsatz galt, abgeschlossen worden. Nach ihm kam dem Regenten die Befugnis zu, Jagdordnungen zu erlassen, die Jagdzeiten zu bestimmen, schädliche Jagdarten zu verbieten, den Jagdbediensteten Anweisungen zu erteilen, Bestrafungen von Wildfrevlern zu veranlassen und Jagddienste von den Untertanen zu beanspruchen. Auch durfte er an all jenen Orten jagen, wo nicht Privatpersonen die Jagdgerechtigkeit seit „unvordencklichen Zeiten" besaßen oder durch landesherrliche Verleihung erhalten hatten. Als bevorzugte Jagdart war bis weit ins 17. Jahrhundert hinein noch immer die groß angelegte Hetzjagd mit ihrem enormen Aufgebot an Jägern, Jägerburschen, Fußknechten, Treibern und Hunden üblich; sie gab dem Ganzen mit viel Lärm das Gepräge, verlangte aber auch von jedem Beteiligten den restlosen Einsatz seiner Person. Man jagte vor allem das Rotwild und unter ihm besonders den Hirsch, doch ebenso Schwarzwild, sofern es nicht in sogenannten „Saugärten", von denen einer in der Dresdener Heide bestand, erlegt wurde. Noch im Mittelalter hatten als Jagdwaffen Pfeil und Bogen, Schwert oder Wurfspeer, später die Armbrust gedient; nun trat an deren Stelle seit dem Aufkommen der Feuerwaffen im Anfang des 16. Jahrhunderts die Hakenbüchse, während der Hirschfänger das Schwert ersetzte und man die Wildschweine mit der lanzenähnlichen Saufeder zur Strecke brachte (Abb. 153). Drei der wildreichsten Reviere lagen unmittelbar vor den Toren Dresdens: Neben der Dresdener Heide und dem Grillenburger Forst war es vor allem der Friedewald, dessen Bereich schon im Mittelalter als bevorzugtes Jagdrevier galt. Günstige ökologische Bedingungen bewirkten hier einen heute unvorstellbar reichen Bestand aller damals heimischen Wildarten, wie auch seine Teiche den Hauptteil des Fischbedarfs der Hofküche deckten. Der aufgrund solcher günstigen Voraussetzungen 1542 begonnene Bau des Jagdhauses Moritzburg hat daher die Entwicklung des Friedewaldes prägend beeinflußt, stand doch seit dem 16. Jahrhundert die feudale Jagd im Vordergrund der Waldnutzung: sie erhielt den Wald, förderte Handwerk und Künste, aber durch sie wurden auch die Bauern mit maßlosen Fronen belegt und um die Früchte ihres Fleißes gebracht.

Vor allem Kurfürst August ist ein gewaltiger Nimrod gewesen, der mitunter über Wochen seiner Residenz fernblieb und in Freilagern oder Jagdhäusern lebte. Um das Jagdregal an sich zu bringen, kaufte er nicht allein viele Güter und Waldungen auf, sondern ließ selbst Dörfer zugunsten der Wildbahnen verlegen, wie es mit dem einst im Friedewald angelegten Kreyern geschah. Das Dorf, dessen Name sich wohl vom altsorbischen Kryry = Ort, wo es krächzt, ableitet, war 1421 erstmals urkundlich erwähnt worden, als „Frantz Kundige und Augustin sin Bruder, zcu Kryer gesessen", die beide dem wohlhabenden Dresdener Patriziergeschlecht der Kundige enstammten. Um 1445 zinsten „dry besessene menre mit spiesen" einem Dietrich von Miltitz, während die restlichen Bauern des Ortes dem Hochstift Meißen unterstanden. Ein Martin von Miltitz auf Scharfenberg trat dann 1542 das „Vorwergk Kreygern" samt Wiesen, Wäldern, Teichen sowie der Hohen und Niederen Jagd im Friedewald an Herzog Moritz ab, der hier einen Förster einsetzte. Schon damals besaß die

vermutlich als Straßenangerdorf angelegte Siedlung eine Kapelle, deren Betreuung dem Pfarrer zu Oberau oblag. An ihren kleinen, sicherlich schlicht gehaltenen Bau erinnert noch der Name des Kapellenteiches. Ebenso gab es eine Schenke, denn aus einer Beschwerde des Rates zu Meißen von 1555 geht hervor, daß offenbar der damalige Gastwirt zu Kreyern kein „Erbkretzschmar" war, weshalb er „von alters des bierbrauens und maltzens nicht befugt" sei. Im Jahre 1547 zählte die Gemeinde 25 besessene Mann mit insgesamt 16 Hufen Ackerland und einem als „steffel" bezeichneten Weinberg; um 1551 wohnten hier 26 besessene Mann, 3 Häusler und 12 Inwohner mit zusammen 17 Hufen Land. Hatte noch Kurfürst Moritz gewünscht, daß den Bauern zum Schutz gegen Wildschäden erlaubt würde, „ihre güter ... mit zäunen, so hoch sie wollten zu befriden", so strebte Kurfürst August den alleinigen Besitz der Wildbahn im Friedewald an. Er plante hierbei, den Wildzaun „zur befridung unsrer wildpane" von Ebersbach über Kalkreuth bis nach Großenhain zu führen, was viele Einsprüche der davon betroffenen Grundeigentümer hervorrief. Als aber 1554 Hans Hauboldt von Miltitz zu Taubenheim die Hohe und Niedere Jagd im Friedewald für 1000 Gulden an Kurfürst August abgetreten hatte, ließ dieser zwei Jahre später den Bewohnern von Kreyern durch seinen Hofsekretär Barthel Lauterbach mitteilen, daß er „der wildpane halber" ihren Verbleib nicht mehr „leiden kennen" und „gnädiglich bewilligt, daß alle und jede ... zu Kreyern weichen ...". Nach dem Kauf der Ortschaft erfolgte am 19. September 1557 die Übergabe mit dem amtlichen Vermerken, daß „die einwohner des dorffes kreyern dieses in underthenigkeit freywillig und bedechtich erblichen und unwiderruflichen abgetreten, übergeben und dem Churfürsten zu Sachsen, Herzog ... Augusten geeignet" haben. Damals wohnten im Ort außer dem Richter und dem Schenken 19 Bauern sowie 12 Häusler. Letztere wie auch zwei Bauern entschädigte man mit auf der Flur Coswig gelegenen „forwergksfeldern und wiesen"; die restlichen Bewohner wurden in dem miterworbenen und am Fuße des Spaargebirges liegenden Zaschendorf angesiedelt. Ihre Häuser, die zumeist aus Holz bestanden, setzten sie entweder um oder errichteten sich neue, wofür es Bauholz gab; ebenso durften die Einrichtung der Kapelle sowie alle „zeune und blanken" mitgenommen werden. Allein ihre auf Kreyerner Flur liegenden Weinberge konnten die Bauern behalten, da diese am Waldrand lagen und somit der kurfürstlichen Wildbahn nicht hinderlich waren.

Hatte auch jene Umsiedlung bei den Zeitgenossen beträchtliches Aufsehen erregt und zur Bildung mehrerer Sagen Anlaß gegeben, so blieb dennoch neben

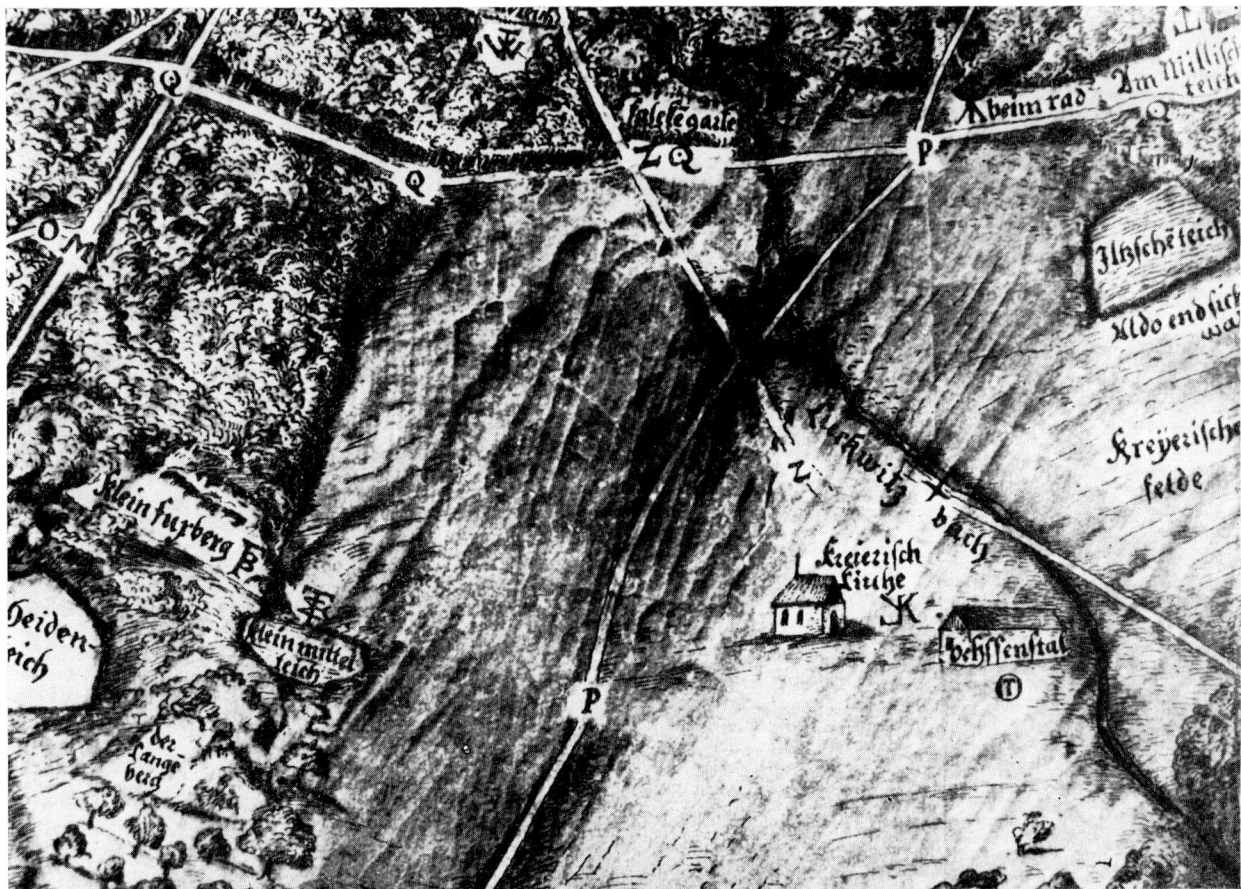

146 Der ehemalige Bereich des Dorfes Kreyern mit Kirche und Ochsenstall.
Ausschnitt aus der Karte des Friedewaldes von Georg Oeder aus der Zeit um 1570. Dresden, Staatsarchiv

dem Ortsnamen ein Siedlungsrest bestehen. Offenbar war dem volkswirtschaftlich denkenden Kurfürsten bekannt, daß die klimatischen Bedingungen wie auch der Boden dieses Waldbereiches günstige Voraussetzungen für eine Rindviehhaltung boten, denn bereits 1559 erging Anweisung, daß der Forstmeister Georg Dehn 34 Balkenhölzer aus der Dresdener Heide an den Zimmermeister Brosius König „für den Bau eines großen Vieh- und Ochsenstalles zu Kreiern" abgeben soll. Der nun hier entstehende landesherrliche Ochsenhof wurde nach seiner Fertigstellung zu einer Nebenstelle des nahe Dresden gelegenen Kammergutes Ostra: Von dort brachte man die Tiere im Sommer nach Kreyern, wobei die Anlage zugleich Düngersammelstelle für das „kurfürstliche Weingebürg" in der benachbarten Lößnitz war. Wie aus der großen, von Georg Oeder um 1570 angefertigten Karte des Friedewaldes hervorgeht, erhob sich das Stallgebäude unweit der erst später abgebrochenen Dorfkapelle (Abb. 146). Bauliche Er-

weiterungen, die um 1600 hinzukamen, zeigt dagegen eine Karte der Zeit um 1720: Nun lehnte sich an den Ostgiebel des großen Viehstalles das bescheidene Wohnhaus des „Ochsenvoigtes", während den nach Süden vorgelegten geräumigen Hof ein kleiner Bullenstall sowie eine Scheune rahmten (Abb. 147).

Weiterhin nennt das Inventarium von 1637 ein angeblich 1588 erbautes „alt Jägerhaus" samt dem Bemerken: „Darauf enthält sich anitzo der Röhrmeister, wenn aber die Jäger und Hunde anlangen, muß er mit seinem Viehe weichen." Hingegen ist „ein neu Jägerhaus" 1611 erbaut worden; es lag am oberen Eingang zum Spitzgrund und grenzte mit seiner Hoffläche unmittelbar an die Nordseite des Ochsenhofes (Abb. 147). Zugleich Sitz des Revierförsters, waren außer dem Hauptgebäude noch ein Pferde- und ein Kuhstall samt Wagenschuppen und Scheune vorhanden, während sich nach Westen der Garten des Försters anschloß. 1628 vom Landbaumeister Ezechiel Eckhardt umgebaut, zeigte nunmehr das

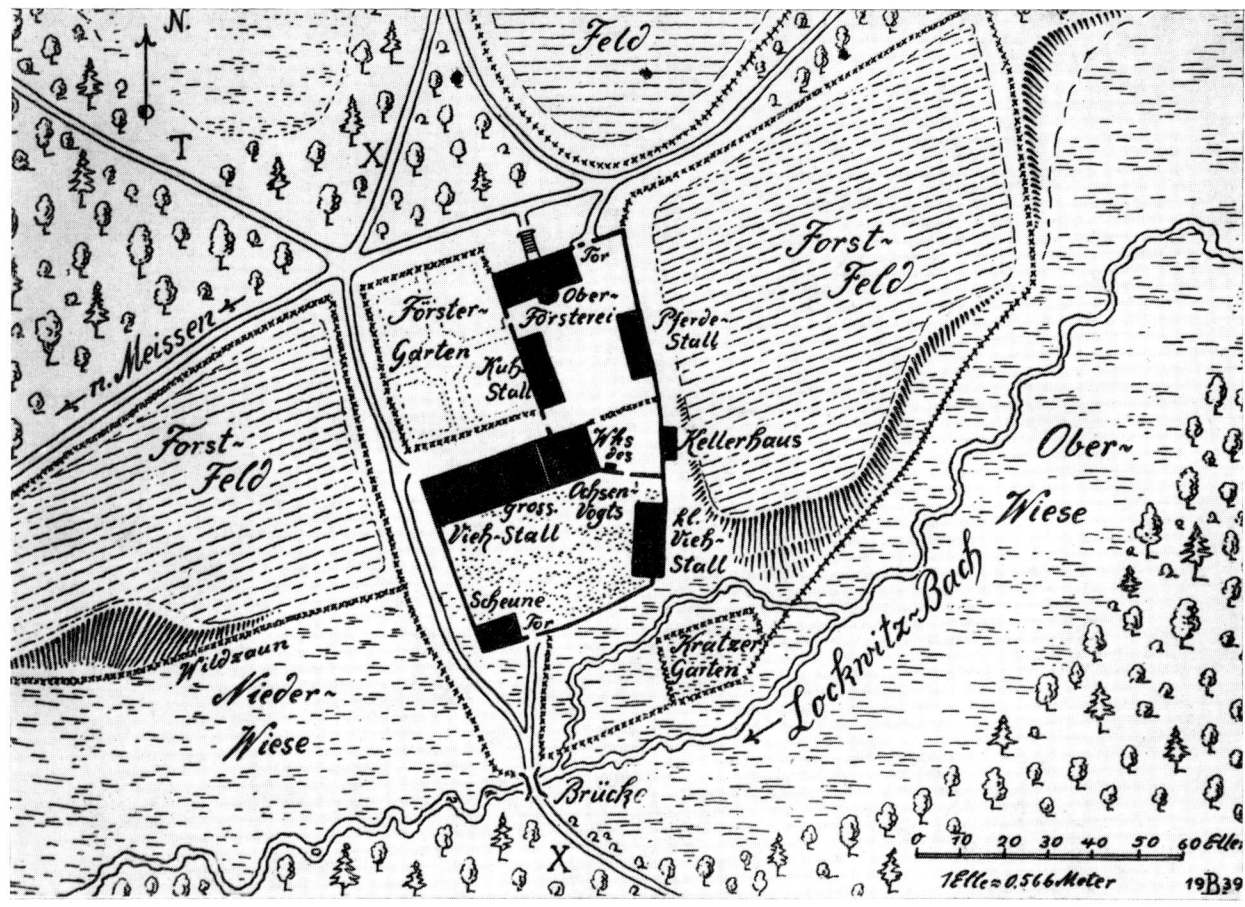

*147 Die Anlagen des Ochsenhofes und der Försterei zu Kreyern nach einer Karte aus der Zeit um 1720.
Umzeichnung von W. Bachmann*

Jagd- und Forsthaus im Untergeschoß eine massive Ausführung, im Obergeschoß aber Fachwerk (Abb. 148), wobei im Erdgeschoß Räumlichkeiten für das Gesinde sowie die Küche mit ihren Nebenräumen lagen. Eine Schnecke in dem der Südseite vorgelegten Treppenturm vermittelte den Zugang zum oberen Stockwerk: Dort gelangte man zunächst in einen geräumigen Vorsaal, zu dessen beiden Längsseiten jeweils zwei Zimmer für den Kurfürsten und den Förster angeordnet waren. Um 1670 erfuhr das Forsthaus eine Erneuerung. Die schlicht gehaltene Einrichtung der kurfürstlichen Gemächer bestand seitdem aus einem langen Eßtisch, den „angenagelte weiße Bänke und Simse um und um" sowie „ein eisenfarbener Kachelofen" mit eisernem Feuerkasten ergänzten. Weiterhin hören wir von einem hier befindlichen „gemahlten Bilde" wie auch „9 alten Hirschgeweihen mit ihren Schilden", wobei diese Räume bis ins 19. Jahrhundert hinein den sächsischen Landesherren als Aufenthalt bei ihren Jagdunterneh-

mungen im Friedewald gedient haben. Doch den Akten ist ebenso zu entnehmen, daß jene dicht beieinanderliegenden Einrichtungen des Forst- und Ochsenhofes nicht immer friedvolle Beziehungen unterhielten: So kam es vor allem um 1720 zu groben Auseinandersetzungen zwischen Förster und Ochsenvogt, die sich auf das Dienstpersonal beider Höfe ausdehnten und schließlich in Totschlagsdrohungen mündeten. Später führten häufige Klagen über den mangelhaften Bauzustand der Gebäude zu gründlichen Untersuchungen durch den Eisenberger „Jagdbaumeister" Adam, der 1764 feststellte, daß eine Generalreparatur unumgänglich sei, zumal „selbst Ew. Churf. Durchl. höchster Gemahlin Durchl. vorigen Jahres die Fatalität begegnet, daß Höchst-Selbte in der sog. Fürstenstube auf'm Fußboden durchgebrochen; auch übrigens in der Küche, weshalb die Hofköche stets unzufrieden sind; und in den Ställen alles ruiniret ist". Heute freilich zeigt das Forsthaus nicht mehr seine ursprüngliche Form, die dem Typ der sächsischen Herrenhäuser des 16. und 17. Jahrhunderts nahestand, brannte es doch in den frühen Morgenstunden des 23. März 1847 infolge eines Schornsteinschadens nieder. Der bald folgende Wiederaufbau sah neben einer nun durchgehend massiven Ausführung des Baukörpers auch Veränderungen im Erdgeschoßgrundriß vor, wobei der erhalten gebliebene Treppenturm mit einbezogen wurde. Gegen-

solcher Anlagen mit, daß er „eine uff der Grillenburgk, eine uff der alten zell und eine in Mortzburg" fertiggestellt habe. Eine Erfindung der Zeit, sind dies unterirdische Gänge von etwa 100 Ellen Länge und 3 Ellen Höhe gewesen, an derem einen Ende sich der Schützenstand in Form eines täuschend nachgebildeten Baumes befand. Zeitgenössischen Schilderungen zufolge war „solche schießhütte ... unten unge-

148
*Unbekannter Künstler:
Das Forsthaus Kreyern
im Friedewald
um 1800.
Aquarellierte Zeichnung*

wärtig dient das Gebäude Waldarbeitern zu Wohnzwecken, während ein Nebenbau die Verwaltung des Forstbezirkes Moritzburg des Staatlichen Forstwirtschaftsbetriebes Dresden aufgenommen hat.

Somit ist allein das damalige Dorf Kreyern eine Waldsiedlung im eigentlichen Sinne gewesen, lagen doch die anderen Dörfer des Friedewaldes schon seit ihren Ursprüngen immer an seinem Rande. Nach dem Auflassen des Ortes hat dann der Wald jene Fläche langsam wieder überzogen, zumal seit Kurfürst Augusts Zeiten der Friedewald nicht mehr besiedelt werden durfte, ein Grundsatz, mit dem freilich 1796 durch die trotz behördlicher Bedenken begonnene Anlage des „Neuen Anbaues" südlich der Karauschenwiese gebrochen wurde. Der Bereich um Kreyern aber hat seither eine wesentliche Rolle im Jagdgeschehen des Friedewaldes gespielt. Vielleicht ist hier auch der Schießgang Kurfürst Augusts zu suchen, teilt doch 1577 „Hans Graman, schwarzburgischer Birschjeger" und Fachmann für das Errichten

fähr vier Hände hoch dick mit sägespänen beschüttet, solches ist zu dem heimlichen schleichen gut. Darinnen man roth und schwarz wildpret als nemlich hirsch und wildpret, schwein und bärn und auch wolff und fuchs so nah beschleichen und belauschen kann, mit büchsen und armbrusten zu schießen, daß sie ein weder sehen noch hören, auch nicht wittern. Der mond scheine von aufgang bis niedergang vor gemelte schießhütten". Während die Reste der Grillenburger Anlage 1937 gefunden wurden, blieb die Lage des Moritzburger Schießganges bisher unbekannt.

Weiterhin gab es damals auch im Friedewald einen Saugarten, von dem wir freilich nur seine Lage am S-Flügel kennen, und schließlich war – wie im Grillenburger Forst – ein hölzernes „Pirschheusigen in der Helle" vorhanden. Vor allem den „gestellten Jagden" dienend, ist es auf der Karte Georg Oeders im Zentrum des Schneisensternes eingetragen. In der Art von Hochständen errichtet, stand das achteckige Bauwerk im Mittelpunkt der „Helle", die als kreisförmige Freifläche den Radius einer Schußweite hatte und von einem Wildzaun begrenzt wurde. Von den hier einmündenden acht Schneisen waren sieben mit im Zaun angeordneten Gattertoren versehen, während die achte den „Einsprung" in Form einer Fallgrube aufwies. Als „Zustellungen" bezeichnete Querwege, von denen diese Jagdart ihren Namen trug, gaben den Schneisen in wechselnden Abständen untereinander Verbindung. Am Beginn des Treibens wurde bei den von der Helle entferntesten Zustellungen mit dem Errichten großer Tuchwände begonnen, die man im Verlauf der Jagd zur Helle hin versetzte. Die hierzu benötigten Mengen an „großen und mittleren Tuchen" mußten auf „Zeug-Wagen" angefahren werden.

Für den eigentlichen Jagdbetrieb ist die feste Anstellung und Besoldung eines ausreichenden Stammes von Berufsjägern Voraussetzung gewesen; sie erhielten ihre grundlegende, aber rauhe Ausbildung im Dresdener Jägerhof, dem damaligen Zentrum des kursächsischen Hofjagdwesens, das von Kurfürst August 1568 gegründet worden war. Auch hatte sich gegenüber der ursprünglich graufarbenen seit etwa 1500 die grüne Jägerkleidung durchgesetzt; sie wurde gleichfalls von den Förstern getragen, nur ohne das Waldhorn als Attribut der Jäger. Welche Bedeutung das Jagdwesen zu jenen Zeiten besaß, zeigt sich darin, daß das Jahresetat der Hofjägerei stets als einer der höchsten Posten in den Ausgabelisten der kurfürstlichen Rentkammer erscheint, wie auch in Notzeiten hier immer zuletzt Einsparungen erfolgten. Dabei drängte sich der Adel, nachdem ihm das Recht der Hohen Jagd entzogen worden war, um die gut dotierten höheren Stellen des Hofjagddienstes.

Doch der übersteigerte Jagdbetrieb war ohne Hilfsdienste der Untertanen nicht durchführbar; sie wurden den Bauern vor allem bei Häufungen der Hofjagden zur schweren Last, obwohl es bereits seit Anfang des 16. Jahrhunderts für das Wild geregelte Schonzeiten gab, in denen Jagdfronen weitgehend entfielen. Für den Friedewald hatte man schon unter Kurfürst Moritz jene Dienste fest umgrenzt und im Moritzburger Amtserbbuch von 1551 niedergelegt. Danach mußten die Bauern das oft mehrere hundert Mann zählende Massenaufgebot an Treibern stellen, und ebenso waren von ihnen die durch Übersetzung der Wildbahnen erforderlich gewordenen Wildzäune instandzuhalten. Besitzer von Gespannen hatten hingegen die Anfuhr des umfangreichen Jagdgerätes vorzunehmen, während von den Eisenberger Bauern alles gefangene Wild an die jeweils vom Kurfürsten anbefohlenen Orte zu fahren war. Hierbei erhielten die Männer Beköstigung und die Pferde Futter. Weiterhin oblag ihnen im Verlauf der Jagd

149 Das Wolfsdenkmal im Friedewald, errichtet 1618

das Führen der Hunde, wobei es Brot und Käse sowie zum gemeinsamen Verbrauch eine Kanne Bier gab; auch war der Abtransport des meist zahlreich erlegten Wildes zu besorgen. Vor allem aber die Wolfsjagden galten als sehr beschwerlich, zumal sie oft im Winter bei Schnee stattfanden und ein großes Aufgebot an Treibern erforderlich machten, so daß vielfach hier vorkommende Dienstverweigerungen meist zum Aussprechen von harten Strafen führten.

Nach den Verzeichnissen der kurfürstlichen Jagdbücher sind zwischen 1611 und 1717 innerhalb Sachsens 6937 Wölfe erlegt worden, wobei in der Dresdener Gegend ihr Vorkommen seltener war. Dennoch hat man 1618 im Friedewaldbereich Lobetanz westlich von Kreyern in Gegenwart Kurfürst Johann Georgs I. einen besonders starken Wolf zur Strecke gebracht. Zur Erinnerung an jenes Ereignis wurde damals auf einer kleinen kreisförmigen Geländeerhebung unweit der Straße Moritzburg-Weinböhla das etwa 6 Meter hohe Wolfsdenkmal errichtet: Ein Unterbau aus Quaderstücken trägt ein rechteckiges Postament, dessen vier Seiten mit Inschriften bedeckt sind, während über dem abschließenden Gesims die lebensgroße Sandsteinplastik eines sitzenden Wolfes erscheint (Abb. 149). Sie dürfte der Dresdener Bildhauer und Architekt Sebastian Walther geschaffen haben, der zu jener Zeit als Nachfolger Giovanni Maria Nossenis vornehmlich mit dem Weiterführen des Lusthausbaues auf der Dresdener Jungfernbastei beschäftigt war. Jedenfalls zeigt er 1618 an, daß „der Wolff zusambt den Postament verfertiget" sei; dabei hatte ihm wohl als Vorbild einer der völlig gleich geformten spätantiken Molosserhunde gedient, die sich seit Mitte des 16. Jahrhunderts im Palazzo Pitti in Florenz befanden, wo sie vermutlich der Künstler bei seinem Aufenthalt in der Stadt um 1600 gesehen hatte. Daß ursprünglich eine farbige Fassung des Wolfes vorgesehen war, geht aus einer Aktennotiz vom 6. August 1618 hervor, nach der Sebastian Walther daran erinnerte, „ob Ew. Churf. Gn. gnädigst gesinnet zu befehlen, das derselbe mit farben möge ausgefolget werden, ... sowohl was vor schrift an das postament gehauen werden solle". Ob freilich die wohl naturfarben gedachte Bemalung ausgeführt wurde, entzieht sich unserer Kenntnis, doch ist ihre Realisierung anzunehmen, da auch die Steinbildwerke der alten Moritzburg von 1602 und 1660 eine farbige Behandlung erfuhren. Hingegen besagt die vorgenommene Beschriftung des Postamentes: „Im Jahr 1618 den 20. Aprilis hat auff den Friedewalde an hiesigem ortte der Durchleuchtigste Churfürst zu Sachsen und Burggraf zu Magdeburg Herr herr Johan George der Erste kegenwärtigen Wolff behetzet und geschossen zu welchen Gedächtnüsse höchstgedachte Seine Churf. Durchl. dieses Waldt zeichen verferttigen und auffrichten lassen." Anschließend sind die 36 Personen des Jagdgefolges namentlich aufgeführt, darunter Oberförster und Förster, „Virstmeister", Jägermeister und Jäger, Wildmeister, „Windehetzer", Stallmeister, Forstknechte, „Besuch Knechte" sowie „Edel Knaben bey der Jägerey". An letzter Stelle erscheint indes als eigentlicher Schütze „Anthoni Brum Jäger Jung So den Wolff geschossen." Aus den Nachkommen jenes Brum aber erwuchs manch bewährter sächsischer Forstmann, hatten doch Bruhms, wie sie sich später schrieben, in fast ununterbrochener Folge bis 1913 die Langebrücker Revierverwaltung inne. Das Denkmal jedoch ließ 1672 Kurfürst Johann Georg II. anläßlich eines von ihm „uff den Friedewalde" erlegten Hirsches von 16 Enden „wiederumb auffs neue aufsetzen und verfertigen", nachdem es „durch die länge der Zeit vonn dem Wetter ruiniret und eingegangen". Während der Re-

staurierung hatte es „unterm Gang im Hofe" der alten Moritzburg gelegen. Weitere Erneuerungen folgten 1736, 1866, 1913 und 1919, bis aufgrund schwerer Kriegsschäden von 1945 die Wolfsfigur um 1950 durch eine nach den Resten gefertigte Kopie ersetzt werden mußte. 1981 nochmals restauriert, steht heute das monumental wirkende Waldzeichen unter besonderem Schutz, stellt es doch das älteste jagdgeschichtliche Denkmal seiner Art dar. Dem Stifter Johann Georg I. aber gelang in den 45 Jahren seiner Regierungszeit die Erlegung von 3897 Wölfen; später verringern sich diese Zahlen allmählich, brachte es doch August der Starke von 1694 bis 1717 nur noch auf 240 Stück. Vor allem als ab 1693 jeder Förster das Recht zum sofortigen Erlegen auftauchender Wölfe auch ohne Anordnung vorgesetzter Stellen sowie eine Schußprämie von etwa 10 Gulden je Tier erhielt, war schließlich diese Plage der Dörfer und Wälder nach 1750 aus Sachsen nahezu verschwunden.

Die Untertanen freilich haben sich dem lastenden Druck der Jagdfronen nach Kräften zu widersetzen gesucht, wobei nachlässig ausgeführte Arbeitsleistungen oder das Verweigern von Diensten und Fronen als Hauptformen ihres aktiven wie passiven Widerstandes gegen die feudale Ausbeutung in Erscheinung traten. Meist konnten sie nur exemplarische Strafandrohungen zum Aufnehmen der Arbeit bewegen, vor allem, als dem sich nach 1550 ausweitenden Jagdbetrieb von seiten der Landesherrschaft fortwährend Versuche folgten, die auf noch stärkere Dienstbelegungen der Bauern zielten. Selbst außerhalb des Moritzburger Amtsbereiches mußten sie ihre Arbeitskraft zur Verfügung stellen, so 1687 in der Dresdener Heide, wo „bey der Hirschfeist 609 Mann ... aus 17 Ämbtern ... aufgewarttet", darunter 19 Mann des Amtes Moritzburg „vom 13. Julii bis mit dem 1. Sept. zusammen 51 Tage ...". Zwar sollten mit Hilfe eines aufgrund des Widerstandes der Landbevölkerung erlassenen Hufenrezesses von 1618 die Lasten nach Größe und Wert der Bauerngüter gerechter verteilt werden, doch ist das Klagen über die Jagddienste bis zu ihrer Ablösung nach 1832 nicht verstummt. Vor allem unter August dem Starken wurden wieder hohe Anforderungen gestellt, was sogar zu Widersetzlichkeiten gegenüber den Jagd- und Forstbeamten des Königs führte. So berichtete Landjägermeister von Leubnitz, daß im Amte Hayn – also unweit von Moritzburg – nur wenige Bauern zur Wolfsjagd erschienen seien. Auch hätten sich die Bewohner eines Dorfes geschlossen geweigert, wobei man dem Oberförster Glasewald den Jagdstock entrissen habe, so daß ihm andere Forstbedienstete zu Hilfe kommen mußten. Gegen ein Ausbreiten solcher Tendenzen empfahl der Herr Landjägermeister, die Wortführer in Arrest zu setzen und einige Teilnehmer mit Festungsbau zu bestrafen. Widerwillig sind indes derartige Dienste immer geleistet worden, weshalb es die Förster wie auch der Amtsschösser oft schwer hatten, die Säumigen zur Einhaltung der ihnen gesetzten Fronen zu bewegen. Dann aber konnte es freilich vorkommen, daß das Wildbret in der Dresdener Hofküche eintraf, wenn es bereits verdorben war.

Eine weitere schwere Belastung entstand der Landbevölkerung durch Wildschäden, führte doch die feudale Jagdordnung zum enormen Anwachsen besonders der Rot- und Schwarzwildbestände. Zwar mußten die Bauern mit ihren Hilfsdiensten einen Großteil des fürstlichen Jagdaufwandes tragen, doch durften sie nicht das Wild von ihren Feldern vertreiben, was vielfach zur völligen Vernichtung der Feldkulturen führte. Vor allem die Wildschweine richteten erheblichen Schaden an, wie ständigen Klagen zu entnehmen ist, beschwert sich doch 1579 selbst der Rat zu Meißen darüber, daß die Sauen alle umliegenden Felder und Weinberge verwüstet hätten. Über ihre Häufigkeit und Stärke geben die Jagdbücher der Zeit Auskunft, brachte doch Kurfürst August im Jahre 1585 allein 1608 wilde Sauen zur Strecke, während er 1583 u. a. ein hauendes Schwein von 737 Pfund erlegte. Besonders im Friedewald hatte sich aufgrund vieler Sumpfbereiche ein hoher Bestand an Schwarzwild ausgebildet, so daß hier mitunter über hundert hauende Schweine – also Eber ohne Bachen und Frischlinge – ausgemacht und dem Kurfürsten gemeldet werden konnten. Ebenso wiesen die Wälder einen großen Bestand an Rotwild auf, erlegte doch gleichfalls Kurfürst August 1565 eigenhändig 104 Hirsche, von denen zwei über 6 Zentner wogen.

Noch größere Bedeutung gewann die Hochwildjagd im nächsten Säkulum unter Kurfürst Johann Georg I., der trotz seiner gewaltigen Körperfülle ein passionierter Jäger war. Die technische Vervollkommnung des Gewehrs und damit auch der Büchse, mit der allein die Hochwildjagd betrieben wurde, brachte jetzt Pirsch, Anstand und Suche mehr in Aufnahme, wobei die Hirsche meist zur Brunftzeit erlegt wurden. Selbst auf das Einteilen des Jagdjahres wirkte damals die Hirschjagd bestimmend: So war Wildschießzeit von Januar bis Juni, Hirschfeist im Juli und August, Hirschbrunft im September und Oktober. Die hierbei veranstalteten kurfürstlichen Jagdzüge wiesen vielfach eine Beteiligung von mehreren tausend Mann auf, zumal oft fremde Potentaten samt großem Gefolge daran teilnahmen. Noch heute ist die Darstellung eines solchen Jagdzuges

Johann Georgs I. von 1656 als 50 Meter langer Wandfries in der Moritzburger „Waldschänke" zu bewundern. Den Schußlisten aus der von 1611 bis 1656 währenden Regierungszeit jenes Kurfürsten kann man entnehmen, daß dieser nahezu 2000 Jagden, darunter 992 Hirsch-, 423 Sau-, 340 Fuchs-, 77 Wolfs- und 35 Bärenjagden abhielt. Hierbei wurden von ihm 110 960 Stück der verschiedensten Wildarten „gefangen, geschossen und gehazt", davon allein 5 740 Hirsche, 15 900 Stück Rottiere und 31 902 Stück Schwarzwild. Auch sein Nachfolger Johann Georg II., der von 1656 bis 1680 regierte und gleichfalls die Jagdlust der Wettiner geerbt hatte, konnte in jener Zeit eine Jagdbeute von 13 343 Stück Wild aller Arten machen, darunter 6395 Stück Rotwild mit 2693 Hirschen, 660 Stück Damwild, 3716 Stück Schwarzwild, 6 Büffel, 71 Bären und 195 Wölfe. Ein derartig hoher Wildstand ließ sich freilich nur bei günstigsten Umweltbedingungen und sorgsamster Hege halten, Voraussetzungen, die damals durchaus gegeben waren, hatte doch schon Kurfürst August den Bauern das Einzäunen ihrer Felder verboten, damit das Wild gute Äsung fand. Dennoch sahen sich schließlich die Landesherren aufgrund zunehmender Beschwerden der Landbevölkerung zu Entschädigungen wie auch zu Maßnahmen der Abwendung von Wildschäden gezwungen, wobei den Vorstellungen der Bauern erst nach geraumer Zeit und dann meist nur teilweise entsprochen wurde. Da vor allem Hinweise kamen, daß größere Schäden nur durch Wildzäune und Wildhüter abzuwenden seien, durften sie zwar ihre Felder, wenn diese nicht wie in Eisenberg innerhalb der Wildbahn lagen, durch Einzäunungen schützen, mußten sie aber nach der Ernte, also zur Jagdzeit, wieder entfernen. Ebenso gestattete man ihnen, auf Feldern äsendes Wild durch Hunde vertreiben zu lassen; es durften jedoch keine Jagdhunde und nur kleine Tiere sein, die außerdem zu „klöppeln" waren, indem ein Holzknüppel am Halsband ihr Wildern verhindern sollte. Bei dem wehrhaften Schwarzwild, das besonders empfindliche Schäden anrichtete, sind indes solche Vorkehrungen meist erfolglos geblieben. Da aber der Kurfürst den übermäßigen Wildstand nicht zu verringern gedachte, mußte er die Bauern anderweitig entschädigen. Wildschadengeld, wie es noch unter Kurfürst Moritz üblich gewesen war, wurde zwar nicht mehr gezahlt, doch erfolgten nun Lieferungen von Wildschadenkorn. Auf den Bereich des Friedewaldes entfielen um 1600 insgesamt 141 Scheffel 1 ½ Viertel Korn, das auf 18 Ortschaften zur Verteilung kam, wobei der jeweils angerichtete Schaden die Menge der Zuteilung bestimmte. So erhielt Eisenberg auf seine 23 Feuerstätten oder 19 Hufen Ackerland 3 Viertel Korn,

Cunnertswalde aber auf nur 6 Feuerstätten oder 3 $^3/_4$ Hufen einen halben Scheffel, während das weniger betroffene Reichenberg mit 61 Feuerstätten oder 36 Hufen Acker nur Anspruch auf ein Viertel Korn hatte. Als im Dreißigjährigen Krieg die Lieferung des Wildschadenkorns einige Jahre ausgeblieben war, suchten die geschädigten Bauern den Ausgleich durch Aufrechnung von schuldig gebliebenen Steuerzahlungen zu erreichen; da jedoch das Ganze auf komplizierten Berechnungen beruhte, scheint dies das Rechnungswerk des Moritzburger Amtsschössers völlig durcheinandergebracht zu haben.

Die willkürliche Auslegung des Jagdrechtes, das nur mit harter Ausübung der landesherrlichen Gewalt aufrecht erhalten werden konnte, hatte schon zeitig Anlaß zum Aufbegehren der Bauern gegeben. Jenes Recht auf Freiheit der Jagd und des Fischfanges war deshalb auch eine der wesentlichsten Forderungen der aufständischen Landbevölkerung im Großen Deutschen Bauernkrieg von 1525 gewesen. Damals protestierte nicht nur Martin Luther mit scharfen Worten gegen das willkürliche Verhalten der Fürsten; ebenso heißt es in einer Bekanntmachung Thomas Müntzers mit deutlichem Hinweis auf den Sachsenspiegel: „Auch sey es ihnen verboten, das Wildpret, Gevogel oder Fisch ym flüssenden Wasser zu fahen, was uns ganz unzimlich und unbruderlich dunket. Auch will die Obrigkeit uns zu mächtigen Schaden das Gewild haben, uns das unserige, so Gott dem Menschen zum Nutzen hat wachsen lassen, die unvernünftigen Thiere zum Unnutz verfressen."

Dennoch brachten alle Forderungen, Aufstände und Proteste keinen oder nur vorübergehenden Erfolg, gab doch dem kurfürstlichen Jagdregal die Androhung schwerer Strafen Schutz. Hatte man bis gegen Ende des Mittelalters Wilddiebe nur mit Geldstrafen belegt, so wurden nach 1500 für solche Vergehen auch Leibesstrafen und seit einem Mandat des Kurfürsten Moritz von 1549 sogar die Todesstrafe verhängt. Einer 1572 erlassenen Jagdverordnung des Kurfürsten August zufolge sollten Wilderer mit Staupenschlag und Landesverweisung oder mit der tratto di corda (Wippen) sowie ewiger Landesverweisung bestraft werden. Für zurückkehrende und erneut Wildfrevel verübende Landesverwiesene oder für aus der Haft entsprungene Wilderer drohten ewiges Gefängnis und lebenslange Strafarbeit wie auch das Abhauen einer Hand oder die Lähmung eines Fußes. Diese grausamen Strafen, mit denen der leidenschaftlich dem Weidwerk ergebene Kurfürst oft Wald- und Wildfrevler belegte, erschüttern freilich jenes Bild des väterlich-milden Potentaten, das eine frühere Geschichtsschreibung von ihm entwarf. Erst gegen Ende des 17. Jahrhunderts kam es in der harten Beurteilung

des Wildfrevels zu einer gewissen Milderung, indem nun anstelle von Leibesstrafen empfindliche Geldbußen verhängt wurden. Für den Bereich des Friedewaldes scheint 1568 der „Schosser zu Moritzburgk" in seiner Eigenschaft als kurfürstlicher Jägermeister über den Diebstahl von Wild berichtet zu haben. Daraufhin gab ihm das Amt zu Dresden Anweisung, wie mit den „gefenklich gehaltenen" Wilderern Jeremias Hauswaldt und Erasmus Schroeter aus Bärwalde wie auch anderen zu verfahren sei. So mußte Schroeter und seine Frau „sammt ihren Kindern ... unser Lande die Tage seines Lebens meiden und nicht wieder dareinkommen", weil beim Durchsuchen seines Hauses „etzlich Stück wildpreth in fewer waren gefunden" worden. Hingegen verstand es um 1638 der Hasenschleicher und Wildschütze Hermann, dessen tollkühne Streiche Anlaß zu vielen Sagen gaben, seinen Verfolgern im Friedewald immer wieder zu entkommen. Daß freilich vielfach die Not den Bauern zu solchen Handlungen trieb, ließ damals die kurfürstlichen Beamten ungerührt.

Standen die Hofjagden sowie die damit verbundene übertriebene Wildhege einer traditionellen Waldpflege entgegen, so brachte das Jagdwesen dem Walde auch Vorteile. Als solcher erwies sich das unter den Kurfürsten Moritz und August vorgenommene Anlegen von Wegen zur Erschließung des Friedewaldes. Mochten schon in frühgeschichtlicher Zeit den Wald mehrere Pfade durchquert haben, so hatten sich mit zunehmender Bedeutung der Städte als Handelszentren einige Straßen für den ständigen Fuhrwerksverkehr herausgebildet, zu denen auch die Verbindung zwischen Dresden und Großenhain zählte. Hingegen dienten zum Bestimmen der Reviere im Walde Namen und Zeichen, die sich aus dem laufenden Jagd- und Forstdienst ergaben, zumal in älteren Zeiten das Verwenden von Karten für den praktischen Gebrauch noch nicht üblich war. Unter Kurfürst August wurden jene forstlichen Bezeichnungen gesammelt und in die jeweiligen Waldkarten eingetragen. Auch für den Friedewald wie die Burggrafenheide benutzte man derartige Markierungen, die als sogenannte „Lachen" von eigens dafür angestellten Zeichenschneidern in starke „Malbäume" eingeschnitten und rot oder schwarz ausgemalt wurden. Aktionen dieser Art wiederholten sich 1616, 1696 und 1735. Wege und Flügel zeigten rote Markierungen, so daß man die Pirschwege vorher festlegen und danach am Ort anhand der Zeichen an den Malbäumen verfolgen konnte. Wie für die anderen kurfürstlichen Wälder, so wurden auch für den Friedewald jene Forstzeichen in sorgfältig geführte Bücher eingetragen, wobei Kurfürst August sein Handexemplar von dem berühmten Hofbuchbinder Jakob Krause kostbar ein-

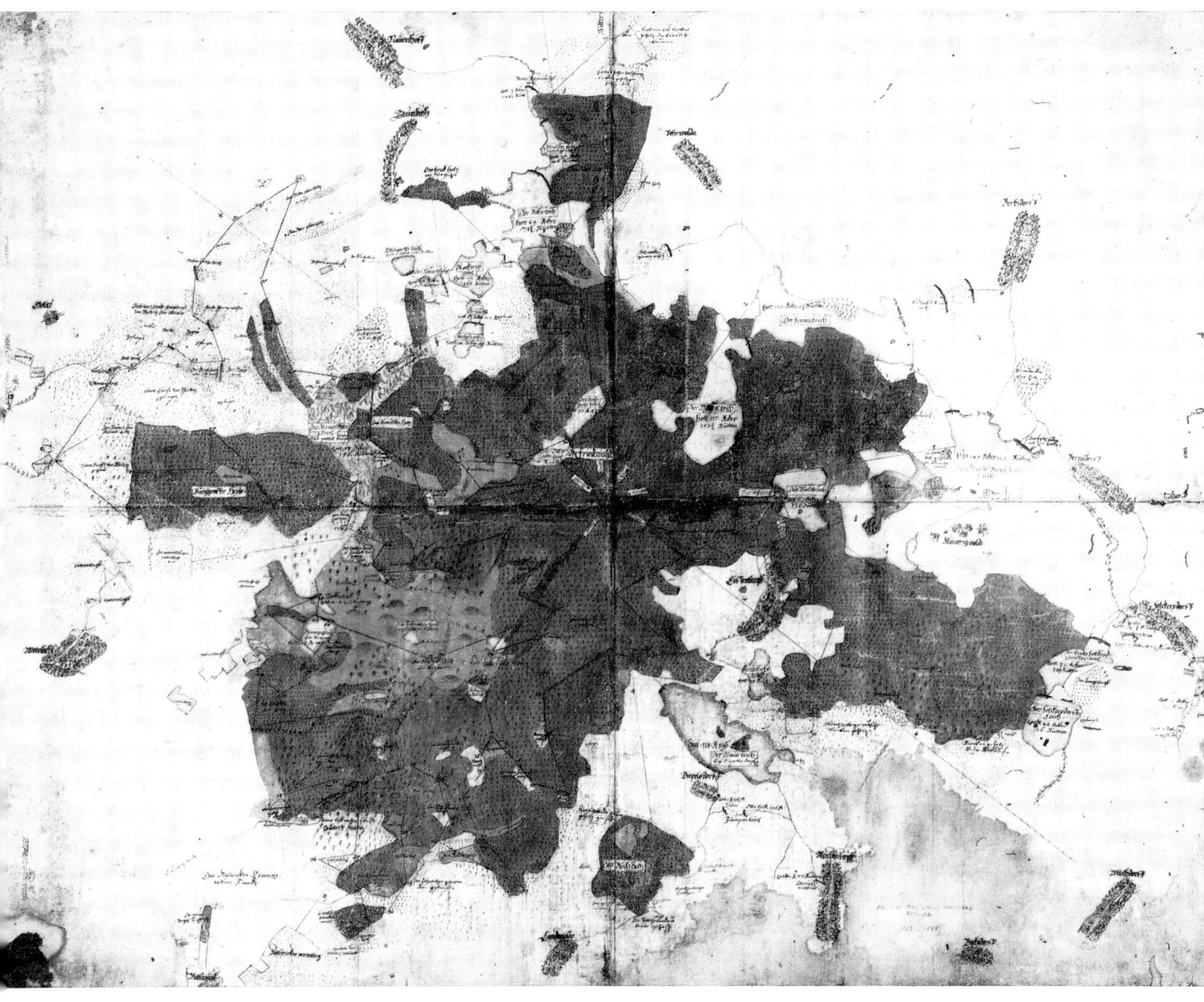

150 Matthias Oeder (gest. 1614): „Der Friedewald sambt denn Teichen unnd Dorffschafften."
Federzeichnung, farbig getönt, um 1570. Dresden, Staatsarchiv (Schrank III, Fach 45, Nr. 2)

binden ließ. Da die Oberförster und Förster beritten waren, nannte man deren jeweilige Reviere „Beritte". Ihre Grenzen wurden ebenfalls nach „Lachen" festgelegt; hierbei bestimmten die Förster den zahlenmäßigen Umfang der zu setzenden Grenzsäulen, ein Vorgang, der in den Jahren 1817 bis 1821 seine Wiederholung erfuhr.

Jene fürstliche Jagdleidenschaft bewirkte aber auch den Anstoß zur Entwicklung des sächsischen Kartenwesens, begann doch ab 1556 in allen Forstrevieren des Landes die dazu erforderliche Vorarbeit der Vermessung. So schreibt Kurfürst August am 19. April 1557 an den Leipziger Professor und Mathematicus Johann Humelius, er solle sich mit den entsprechenden Instrumenten bereit halten und „die Dresnische, Lausnitzsche, Torgawsche unndt andere haiden sambt denn Tarandischen unndt Friedewaldt alle aigentlich abmessenn unndt inn underschiedliche mappenn bringenn . . .". Vor allem den Zwecken der Jagd dienend, sollten jene Arbeiten sämtliche durch die Forsten führenden Wege sowie die an- und umliegenden Dörfer erfassen. Indes erreichte wohl das Vorhaben zunächst nicht den gewünschten Umfang, da sich Humelius mit seinen Pflichten als Universitätsprofessor entschuldigte, aber auch schon 1562 starb. Dennoch zählte der Friedewald, wo noch 1537 Berainungsprotokolle genügt hatten, zu den ersten sächsischen Forsten, in denen mit der Vermessung begonnen wurde. Über die dabei von Humelius geübte Arbeitsweise geben seine heute im Staatsarchiv Dresden aufbewahrten Karten Auskunft. So ist in den kreisförmig angelegten Aufnahmen ein Zentrum eingetragen, von dem insgesamt 32 Strahlen ausgehen. Die acht Hauptstrahlen sind numeriert, wobei man nach ihnen im Wald breite, als „Flügel" bezeichnete Schneisen ausschlug; hingegen wurden die durch Buchstaben gekennzeichneten 24 Zwischenstrahlen nur mit dem Kompaßdiopter durchgefluchtet, aber an Richtungsbäumen mit ihren jeweiligen Lettern ebenfalls als Flügel markiert. Fortgesetzt und zum Abschluß gebracht von den Kartographen Georg und Matthias Oeder wie auch Balthasar Zimmermann, entstand aus jener Vermessung der kurfürstlichen Wälder die berühmte sächsische Landesvermessung, deren Durchführung freilich der Dreißigjährige Krieg unterbrach. Hierbei hatten sich beide Oeder gleichfalls das Humeliussche System der acht Hauptstrahlen zur Grundlage (Abb. 150) genommen und 1574 ihren Karten Spezialbücher der schwarzen Wald- und roten Wegezeichen beigegeben. Einige der dort angeführten Bezeichnungen bleiben in ihrer Bedeutung bis heute ungeklärt, wie etwa eine am Westausgang von Eisenberg erscheinende „Strumpffische burg", während die unweit davon liegende Erhebung „am Sittichsberge" den frühesten Hinweis auf das bekannte Förstergeschlecht der Sittiche darstellt. Ebenso bezeugt das östlich von Kreyern vorkommende „Karrasholtz" einstige Besitzrechte jenes alten sächsischen Feudalgeschlechtes, die sich auch für andere Personen in Benennungen wie „an Bartzsch wiesen" oder „an Glöckners wiesen" ausdrücken. Hingegen bleibt der westlich vom Jagdhaus Moritzburg verzeichnete Platz „an der Glashütten" ohne nähere Auslegung. Weiterhin ist südlich der „Monniche haw", also der heutigen Münchenhauwiese, ein Bereich „an der Toden frawen" samt dem Waldzeichen einer Axt eingetragen, während nahebei die Bezeichnung „beim rad" mit entsprechender Darstellung erscheint (Abb. 146). Möglicherweise deutet dies auf ein dort begangenes Verbrechen und seine nachfolgende Sühne hin.

Schließlich kam es im Jahre 1723 zu einer „Circumferenz Bereitung" des Friedewaldes, die Hans Augustus Nienborg als sächsischer Hoffeldmesser und Karthograph vornahm (Abb. 151). Damals wurden sämtliche Waldbereiche wie auch ein Großteil der

Wege nach Ruten und Schuh aufgenommen, wobei man eine Rute = 4,30 Meter und einen Schuh = 43 Zentimeter rechnete. Einige der gegenwärtigen Wegebezeichnungen des Waldes gehen noch auf jene Forstkarte zurück. Zu ihnen zählt neben dem Gabel- und dem HW-Weg ebenfalls der V-Weg, dessen Verlauf teilweise mit dem uralten, durch die Lößnitz und die Junge Heide führenden und dann die Dresdener Heide erreichenden Diebssteig identisch ist. Er mündet beim Schlosse Lauben oberhalb von Weinböhla in den Galgenweg, an dem Georg Oeder auf seiner Karte aus der Zeit um 1570 auch eine solche Richtstätte eingetragen hat. Hingegen führt der Gabelweg, dessen Name sich von seinem ursprünglichen Wegzeichen eines Gabelstockes herleitet, vom Ameishübel, vorüber am Hohen Stein und dem idyllischen Seerosenteich, durch das östliche Waldgebiet zur Großenhainer Straße. Am „ohmshübel ... so bey Coswig gelegen" befand sich einstmals ein aus Privathand erworbener kurfürstlicher Weinberg, dessen Wein 1658 von der „Hofkellerey vor den besten im Lande gehalten" wurde. Der auch Heuweg genannte HW-Weg beginnt indes an der Westseite des Moritzburger Marktbereiches, verläuft dann nördlich der Auerstraße zur Münchenhauwiese und mündet zwischen Auer und Neuem Anbau ebenfalls in die Großenhainer Straße. Heute kreuzen Schneisen, die im Abstand von 500 Metern von Nord nach Süd und von 1000 Metern von Ost nach West verlaufen, das überkommene Wegenetz.

Letztlich aber begann weidgerechtes Denken und Handeln zunehmend in Verfall zu geraten, stand doch der von Vergnügungen übersättigten Hofgesellschaft des Spätfeudalismus allein der Sinn nach kurzweiliger Unterhaltung. Dies fand seinen Ausdruck in neuen Jagdmethoden, nach denen man aufgrund des noch anhaltenden Wildreichtums der Wälder immer größere Mengen an Tieren zu erlegen suchte. Damit trat anstelle des von der Einzeljagd gekennzeichneten echten weidmännischen Jagdbetriebes die Massenjagd: Eingebunden in höfische Festprogramme erhielt sie den Charakter einer Lustbarkeit, wobei das Edelwild in Massen und fast ohne persönlichen Einsatz des Schützen abgeschossen wurde. Bereits im 17. Jahrhundert hatte das sogenannte eingestellte oder Hauptjagen, das bald zur meistgeübten Jagdform auf Rotwild wurde, die Hetz- und Pirschjagden zu verdrängen begonnen. Hierbei mußten zunächst einige Jäger mit ihren Leithunden auf Vorsuche gehen und die Hirschfährten jeweils durch einen abgebrochenen Zweig, den Bruch, kenntlich machen. Nachdem so die Zahl der jagdbaren Hirsche „bestätigt" war, umzog man das Gehölz oder den „Jagen" mit herbeigeschafften Tüchern. Fleming beschreibt in

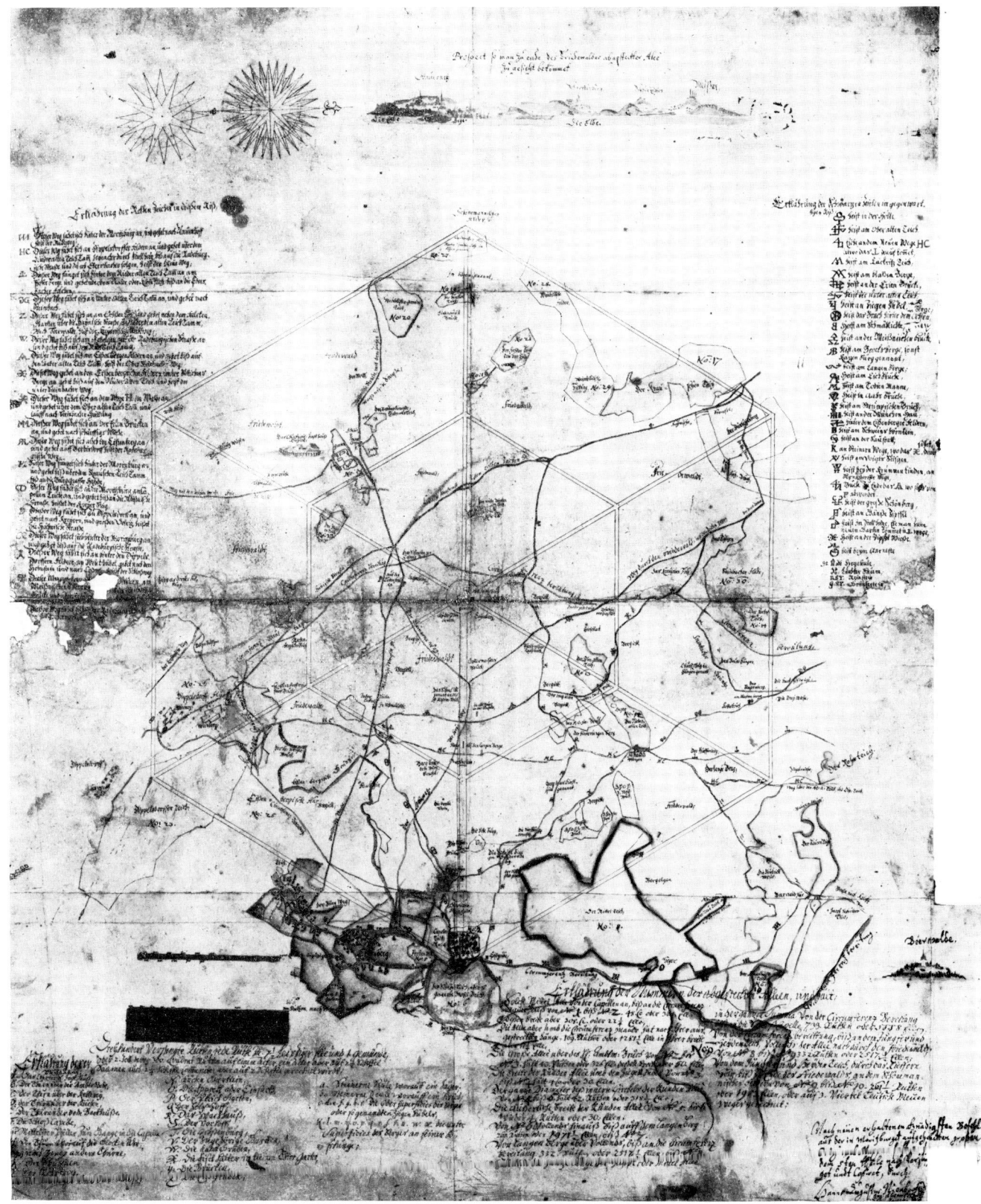

151 Hans Augustus Nienborg (1660–1729): Karte vom Friedewald mit Angabe der durchführenden Waldwege und Eintragung des Tiergarten-Polygons. Federzeichnung, 1723 (Ausschnitt). Dresden, Staatsarchiv (Schrank IX, Fach III, Nr. 20a)

seinem „Vollkommenen Teutschen Jäger" deren Anwendung: Sie „sind eins der vornehmsten Jagd-Ge-
zeuge, worinnen die wilden Thiere umbstellet und
mit Vergnügen auf unterschiedliche Art erleget werden. Ihre Höhe ist fünf Ellen oder dergestalt, daß
kein Wild übersetzen kann, und die Länge 200 Ellen,

oder auch in der Mitte den „Schirm", ein zimmmer-
tiges offenes Jagdzelt, das aus Kiefernholz gefertigt
und innen mit grünem Tuch ausgeschlagen war.
Nachdem die Herrschaft samt ihren Gästen den
Schirm betreten hatte, stellte sich „die gantze Jägerey" ihm gegenüber auf und erwartete das Zeichen

152 *Johann Elias Ridinger (1698–1767): Das umstellte Jagen. Kupferstich, nach 1720.*
Staatl. Kunstsammlungen Dresden, Kupferstichkabinett

das machen 80 gedoppelte oder 160 einfache Wald-
schritt". Am Tuche befanden sich eine starke doppelte
Oberleine sowie eine schwächere Unterleine, die
beide in angebrachten Ringen liefen. Mehrere solcher
Tücher wurden seitlich mit Knebeln und Stricken an-
einandergebunden. Zum Aufstellen der Tücher dienten als „Furkeln" bezeichnete Stangen aus Tannen-
holz, die etwa 3,15 Meter hoch sein mußten. Danach
wurde auf einer anschließenden ebenen Fläche der
eigentliche Schießplatz des „Laufs" eingerichtet und
gleichfalls mit auf- und zusammenziehbaren Tüchern
umstellt. Hier errichtete man nun an engster Stelle

zum Beginn. War es gegeben, wurde das „Rolltuch"
zwischen Jagen und Lauf zuzammengezogen und die
dort eingepferchten Hirsche in kleinen Gruppen
von Jägern und Hunden in den Lauf getrieben, wo
man sie vom Schirm aus abschoß (Abb. 152). Bei
einer solchen Massenjagd, die 1718 nahe der Moritzburg stattfand, ließen nach dem Anblasen mittels
Fanfaren die Rolltücher viermal je 100 Stück Rotwild frei, von denen 300 Tiere erlegt wurden, während der Rest die Freiheit erhielt. Außerdem brachte
man beim nachfolgenden Saustechen noch 100 Wildschweine mit blanken Waffen wie Saufeder, Schweins-

degen oder Hirschfänger zur Strecke (Abb. 153). Daß bei solchen „Lustbarkeiten" nicht gerade die Etikette regierte, ist damaligen Berichten über sächsische Hofjagden zu entnehmen. So war es mitunter üblich, daß nach beendeter Jagd jeder Fehlschuß bestraft wurde, indem man den Sünder gleich welchen Ge-

doch starkes Stück Wild – meist einen Hirsch – zur Strecke zu bringen (Abb. 154). Die Kunst, eigens hierfür abgerichtete Hundemeuten zu führen, entschied neben dem Geschick der Jäger zu Pferde letztlich über den Erfolg. Der Jagdschriftsteller H. W. Doebel beschreibt in seiner 1746 in Leipzig er-

153 *Johann Daniel Hertz d. Ä (1693–1754) nach Johann Elias Ridinger (1698–1767): Wildschweinjagd mit Saufeder und Schweinsdegen. Kupferstich, 1723. Staatl. Kunstsammlungen Dresden, Kupferstichkabinett*

schlechts auf ein Tier der Strecke legte, wo er mit dem Weidmesser einige Hiebe auf das nackte Gesäß erhielt; auch machten losgelassene Wildschweine „bey den Damen unter den Reif Röcken einen solchen Rumor, daß nicht zu beschreiben".

Als Gegenstück zum eingestellten Jagen war unter August dem Starken die aus Frankreich stammende Parforcejagd sehr in Aufnahme gekommen, eine Hetzjagd zu Pferde, die aber ein zahlreiches Jagd- und Hilfspersonal wie auch viele Pferde und Hunde erforderte. Dabei stellte sie harte Anforderungen an die berittenen Jäger, indem es galt, ein einzelnes, je-

schienenen „Jäger-Practica" ausführlich, „was zur Einrichtung einer Jagdequipage oder Parforcejagd gehöre". Demnach waren neben einem dafür geeigneten Forstrevier und unterschiedlichen örtlichen Einrichtungen etwa 100 Hunde für die Meute, 5 bis 10 Leithunde, etwa 70 Pferde mit 20 bis 40 Mann zur Betreuung sowie 20 Mann für Jagd und Hunde erforderlich. Die Jagd selbst verlief nach einem speziellen französischen Zeremoniell und endete mit dem Abfangen des von den Hunden gestellten Wildes, worauf Halali geblasen wurde. Den dazu nötigen hohen Aufwand konnte sich indes meist nur ein

Ds sucht der schnelle Hirsch den Hunden zuentgehen,
Sett uber Stock und Stauß und wagt sich in den Fluß;
Allein wan er vermeint ein Außflucht zuersehen,
So trifft aus dem Gebusch ihn knall ü Fall ein Schuß.

Der par force gejagte Hirsch.
IMBELLIS DEBELLATUS
CERVUS.

Latratu trepidans cervus per prata, per vadas
Profugit, at gressus jam premit usq, canis,
Non mora, non requies; aut si qua porta pateret,
Insidians fessi tempora glande petit.

154 *Georg Christoph Steudner, tätig um 1730, nach Johann Elias Ridinger (1698–1767): Der par force gejagte Hirsch. Kupferstich, um 1730. Staatl. Kunstsammlungen Dresden, Kupferstichkabinett*

Landesherr leisten, wobei freilich Fürst Egon von Fürstenberg als Statthalter Augusts des Starken eine Jagdequipage besaß, die aus etwa 90 Pferden, 200 Hunden, 30 Jägern und großem Jagdzeug bestand. Nach dem Tode des Fürsten erwarb sie der König 1719 für seinen Sohn und Nachfolger. Auch heißt es, daß August in Moritzburg einen Leithund hatte, der die Fährte von jedem Rotwild, welches abends zuvor aus einem anderen Ort gewechselt war, durch seinen ausgeprägten Geruchssinn dem Meisterjäger am folgenden Morgen mit größter Sicherheit anzeigte. Ebenso soll dieser Hund zur Brunft- oder Feistzeit die Fährte eines Hirsches ziemlich sicher von der des Mutterwildes aufgrund besonderen Verhaltens unterschieden haben. Das Tier befand sich stets in der Jagdequipage des Königs, wenn dieser seine Residenz nach Warschau verlegte.

Als weitere Jagdarten waren im Spätfeudalismus noch das Bestätigungsjagen, das Lancieren oder die Wasserjagd üblich, während Beizjagd und Pirsch

155   *Wisent aus dem Moritzburger Tiergarten. Randzeichnung auf einer Akte aus der Zeit um 1720. Aus W. Bachmann: Kreiern. Dresden 1940*

seltener zur Anwendung kamen. Auch fing man neben Bären und Wölfen gelegentlich Hirsche sowie Wildschweine in Netzen. Unter alledem ist jedoch die Wasserjagd ein besonders rohes höfisches Vergnügen gewesen, wie eine solche anläßlich der Hochzeit des Kurprinzen am 16. September 1719 in Dresden abgehaltene Veranstaltung zeigte. Da man diese mit einem Dianenfest verbunden hatte, ritt anschließend die Göttin der Jagd in den Wald, um mehrere hundert dort zusammengetriebene Hirsche, Rehe und Wildschweine aus ihren Kammern in die Elbe zu treiben. Hilflos den Strom hinabschwimmend, wurden sie von am Ufer errichteten Tribünen und später aus Gondeln beschossen, wobei die fürstliche Hochzeitsgesellschaft 394 Stück Wild erlegte. Tiere, die sich hierbei an Land retten konnten, machten Kavaliere mit Saufedern und Hirschfängern nieder. Derartig inhumane Jagdmethoden lagen in den damaligen gesellschaftlichen Verhältnissen begründet und sind die eigentlichen Ursachen gewesen für die enormen Streckenergebnisse jener Jagden.

Schließlich erfuhren auch die Geltungsbereiche der drei Jagdstufen eine Veränderung. So zählten seit 1717 Edel- und Damwild sowie Bär, Luchs, Schwan, Trappe, Kranich, Auerwild, Fasan und Rohrdommel zur Hohen Jagd, während unter die Mittlere Jagd Reh, Wildschwein, Wolf, Birk- und Haselwild wie auch große Brachvögel fielen. Hingegen betraf nun die Niedere Jagd Hase, Fuchs, Dachs, Biber, Fischotter, Marder, Wildkatze, Iltis, Eichhörnchen, Wiesel, Hamster, Schnepfe, Rebhuhn, Wildgans und Wildente, Reiher, Taucher, Seemöve, Wasserhühner und -schnepfen, Kiebitz, Wachtel, kleine Brachvögel, Ziemer, Amsel, Schnärrdrossel, Lerche, Drossel, sowie andere kleine Vögel. Hierbei erinnert das in jenem Verzeichnis jagdbarer Wildtiere neu angeführte Auerwild an die unter August dem Starken in Moritzburg vorgenommene Einrichtung eines Auergartens. Freilich handelte es sich dabei um den Wisent (Abb. 155), während der eigentlich Ur genannte Auer im 18. Jahrhundert fast schon ausgestorben war. Indes hatte man bereits zu Beginn des 17. Säkulums solche Tiere in Sachsen eingeführt, hören wir doch von Kurfürst Johann Georg I., daß er für eine neu errichtete Menagerie „weiße Rehe, schwarze Füchse, Gemsen, Auerochsen, barbarische Schafe, Renntiere, Dromedare, indianische Mäuse, nordländische Katzen und Paviane" aus „aller Herren Länder" kommen ließ. Es sind aber jene Auerochsen gleichfalls Wisente gewesen, deren Einfuhr wohl schon damals aus Ostpreußen erfolgte. Unter Kurfürst Johann Georg II. scheinen Wisente für Tierkämpfe verwendet worden zu sein; hingegen kam es während der Regierung Augusts des Starken und seines Nachfolgers zu grö-

ßeren Importen dieser Tiere, zumal in dem zum damaligen sächsischen Herrschaftsbereich zählenden Polen reiche Bestände vorhanden waren. Diese Wisente, deren Verwendung ebenfalls vornehmlich für Kampfjagden gedacht war, fanden zunächst in Moritzburg Unterkunft, wo südlich des alten Jagdhauses bereits um 1700 Stallungen bestanden, die ein Plan der Zeit als Auerochsen- und Büffelställe ausweist (Abb. 50). Jene Baulichkeiten, von denen einige auch für andere importierte Tiere sowie für die bei Kampf- und Waldjagden verwendeten Hetzhunde dienten, haben aufgrund ihrer Unzulänglichkeiten einer ordnungsgemäßen Pflege der Wisente stets entgegengestanden, hatte doch 1702 eines der Tiere den Eisenberger Häusler Mebert sogar tödlich verwundet. Dennoch hören wir 1711, 1712, 1713 und 1721 vom Antransport weiterer „Auerthiere aus Lithauen". Erst der Umbau des alten Jagdhauses veranlaßte auch den Abbruch jener Ställe, wobei August der Starke 1727 anordnete, „daß die bey Moritzburg befindlichen Auer- und andre Thiere nebst Thier Garthen, Wohnung und Stallung von hier weggenommen und hingegen bey Kreyern neue Behältnisse gebauet werden". Diese Gründung eines Auergartens erfolgte im Bereich des uralten, schon auf Georg Oeders Karte aus der Zeit um 1570 erscheinenden Falkenhofes, der etwa 500 Meter nordwestlich des heutigen Gasthauses „Zum Auer" am Ostrande der Dresden-Großenhainer Poststraße lag (Abb. 156), während der Falkengarten nach Kalkreuth verlegt wurde. Hierbei berechnete man die Kosten der Umfriedung des neuen Tiergartens auf 238 Taler 10 Groschen 8 Pfennige, denen für Ställe und die Wohnung des Auerwärters ein Anschlag von 600 bis 800 Talern gegenüberstand.

Leider beschränken sich die ohnehin spärlichen Überlieferungen von der Anlage auf verwaltungstechnische Belange sowie auf die Umzäunung des Geheges und die Zusatzfütterung des Tierbestandes, während vom Verhalten der Wisente, die aus den urwaldähnlichen polnischen Wäldern in den bereits weitgehend zur Kulturlandschaft umgestalteten Friedewald kamen, kaum etwas zu vernehmen ist. Ebenso sind über die Anzahl der in Moritzburg und Kreyern vorhanden gewesenen Tiere nur lückenhafte Angaben überkommen. So kamen aus Litauen im Juni 1731 sieben Kühe und 14 Wisentkälber, für die auf Befehl des Königs „ein neuer Stall gegenüber des alten Stalles und jenseits der Straße, eylichst aufgebaut und nöthige Vermachung darumb gezogen werden" mußte. Da die Muttertiere nicht ausreichend Milch gaben, besorgte man aus Königsbrück zwei gut melkende Ziegen, die auf Bänke gestellt wurden, damit deren Euter von den gößeren Wisentkälbern erreicht werden konnten.

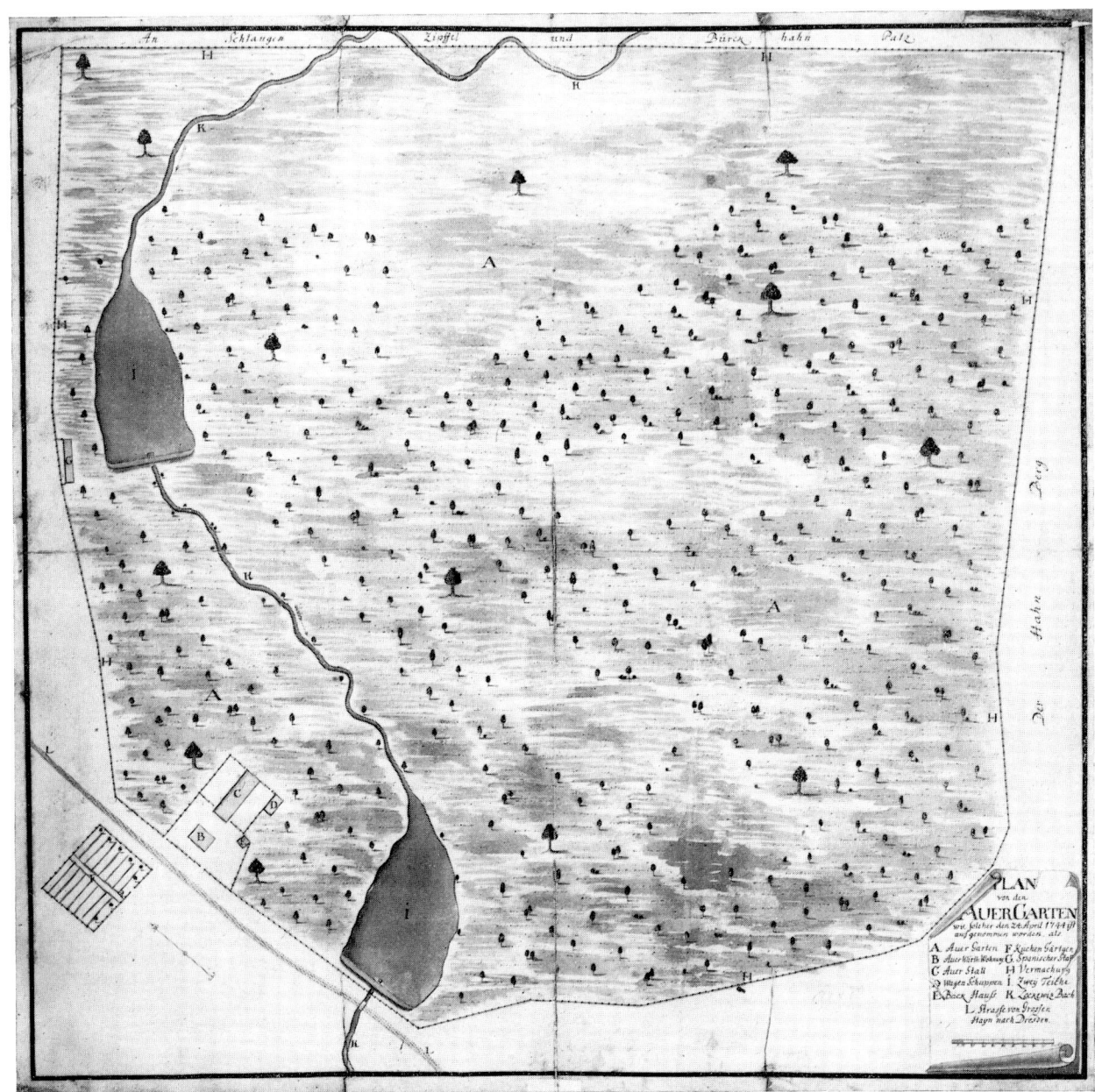

156 *„Plan von den Auer Garten wie solcher den 24. April 1744 ist aufgenommen worden."*
Federzeichnung, farbig getönt. Dresden, Staatsarchiv (Schrank XII, Fach 3, Nr. 27)

Auch am 19. Februar 1733 gelangten aus Litauen zwei Wisente und zehn meist trächtige Kühe nach Sachsen, während 1740 im Auergarten 25 Wisente sowie 11 Kälber vorhanden sind. 1747 vermeldet das Hofjournal vom 14. April, daß der Posthalter Opfermann „von Warschau anhergekommen und zwey Auerochsen in Kasten mitgebracht" habe. Auch sonst wurden die Wisente von Polen nach Sachsen mit Pferdegespannen in käfigartigen Kästen transportiert, doch fehlen Angaben, wie sie die lange Fahrt

überstanden haben. Dafür hören wir aus dem Jahre 1757, daß die Vermehrung der Wisente im Auergarten „nicht stark war, denn obwohl sie alle Jahre brunfteten, so blieben sie doch vielfach gelte", ein Urteil, das bereits Doebel für den gesamten deutschen Raum in seiner „Jäger-Practica" von 1746 ausgesprochen hatte. Die deshalb im Auergarten vorgenommene Zusatzfütterung der Tiere bestand aus Heu, Stroh und Hafer, wobei es freilich fortwährend Klagen über zu geringe Lieferungen gab. Entgegen früheren Annahmen scheint daher die von August dem Starken 1733 angeordnete Überführung von 49 Wisenten aus dem Auergarten „nach Liebenwerda und dasiger Gegend ins Freye" wie auch eine 1740 beabsichtigte Aussetzung einiger Tiere in das Gebiet von Grethen bei Grimma nicht erfolgt zu sein. Zumindest ließen sich bisher keine aktenkundigen Nachweise darüber erbringen, obwohl Oberhofjägermeister von Wolffersdorff aufgrund der königlichen Order schon bemüht gewesen war, „daß nicht nur die hierzu nöthigen zu Moritzburg befindlichen Kasten repariret und die im Jägerhofe alhier seyenden Zeug-Wagen, soviel davon von nöthen, dahin abgeführt, sondern auch zu deren Ueberbringung aus gedachten Auer Garten bis Liebenwerda und dasiger Gegend dergestaltiger Paß erteilet werde, ...". Der Transport eines Wisents verlangte acht Vorspannpferde sowie zehn Mann, „so den Kasten wider den Schwang halten". Vielleicht hat man aufgrund des hohen Aufwandes und der Gefahren, die mit einer Überführung so vieler Tiere verbunden waren, das Vorhaben aufgegeben.

Bei seiner Vermessung am 24. April 1744 zeigte sich das annähernd 250 × 300 Meter große Terrain des Auergartens vom „Lockewiz Bach" durchflossen; er querte zwei den Tieren zugleich als Tränke dienende Suhlteiche, während die Ostseite der Anlage von dem flachen „Hahn Berg" begrenzt wurde. Die an der Großenhainer Straße gelegene Baugruppe bestand aus dem Wohngebäude des Auerwärters, dem „Auer Stall", einem Wagenschuppen sowie dem „Back Hauß", wozu noch ein an der gegenüberliegenden Straßenseite befindliches „Küchen Gärtgen" kam. Außerdem war im westlichen Bereich des Tiergartens ein „Spanischer Stall" zu finden (Abb. 156). Indes gab die wohl aus Kostengründen von Anbeginn zu schwach bemessene „Vermachung" oft Anlaß zu Ärgernissen, heißt es doch 1754, daß die Wisente jenen Zaun wiederholt durchbrochen hätten und ihr Einfangen nur unter großen Mühen gelang. Dennoch wurden 1756 weitere Ställe errichtet, die freilich schon fünf Jahre später wieder als baufällig bezeichnet werden. Nachdem dann Oberforstmeister von Gersdorff am 24. Februar 1757 berichtet hatte, „daß kein Futter an Hafer, Heu und Stroh mehr vorhanden sei", wollte man plötzlich am 18. November 1764 „die weitläufige Vermachung" der Anlage meistbietend zum Verkauf stellen, „da kein Wisent mehr vorhanden und auch kein Wisent mehr angeschafft werden soll". Angebote gingen jedoch nicht ein, so daß wohl die ohnehin schadhafte Umzäunung allmählich verfiel und später zum Abbruch kam. Hiermit fand zugleich der Werdegang des Auergartens sein Ende: Die damaligen kriegerischen Auseinandersetzungen mit Preußen wie auch nachfolgend eingeleitete staat-

liche Sparmaßnahmen mögen an alldem Anteil gehabt haben. Der zuletzt eingesetzt gewesene Auerwärter Unger war „in den größten Kriegstroublen auf den Auer-Garthen gekommen und in Sonderheit bey dem letzten preußischen Vorbeymarsch gänzlich ausgeplündert und um all das seine gebracht worden". Trotzdem verblieb er im Anwesen, denn 1728 hatte hier einer der Vorgänger für Postreisende, denen das Umspannen Aufenthalt brachte, einen kleinen Bierausschank eingerichtet. Nach der um 1770 vorgenommenen Aufstockung des Auerwärterhauses diente es dann mit einer geräumigen Passagierstube im Obergeschoß „denen Reisenden zu großer Bequemlichkeit"; zudem wurde noch dem seit 1771 den Ausschank betreibenden Pächter Ohmann trotz eines 1772 vom Reichenberger Gastwirt „und Consorten" erhobenen Einspruchs weiterhin gestattet, „Bier, Wein, Branntwein und Caffee zu schenken, auch den Reisenden einen Bissen Brot zu reichen". Hatte noch 1771 die von der kurfürstlichen Rentkammer erhobene Pacht 5 Taler im Jahr betragen, so gab man das offenbar sehr rentable Unternehmen seit 1775 mit „550 Taler Erbstandsquantum" zuzüglich einer Pachtsumme von jährlich 12 Talern in Erbpacht. Später als Postrelaisstation der Dresden-Berliner Fahrpost zunehmend an Bedeutung gewinnend, tat dem Anwesen die im Oktober 1834 vorgenommene Eröffnung der Eisenberger Poststation merklichen Abbruch. Schließlich gingen die Baulichkeiten 1869 vermutlich durch Brandstiftung zugrunde. Bald aber entstand am Kreuzungspunkt der Grossenhainer mit der von Moritzburg nach Weinböhla führenden Straße nach Plänen des Eisenberger Amtszimmermeisters Adam ein neues Gasthaus, das mit seinem Namen „Zum Auer" bis heute an die einstige Wisenthaltung erinnert.

Die höfische Jagd in den deutschen Ländern des Spätfeudalismus und damit auch in Sachsen war noch immer von Wildreichtum und verschiedenartigen Jagdmethoden geprägt, doch trübte das Gesamtbild ihre meist rohe und tierquälerische Ausübung. Hinzu kam als weitere negative Erscheinung das rücksichtslose Ausnutzen der Jagdprivilegien durch die feudale Gesellschaft gegenüber einer davon schwer betroffenen Landbevölkerung. Den Künstlern hingegen erwuchs aus der enormen Bedeutung, die die Jagd innerhalb des höfischen Lebens hatte, ein weites Betätigungsfeld, das sie phantasievoll und zeitgemäß erschlossen: Jene Beweglheit, Opulenz, Pracht und Farbigkeit des Jagdgeschehens wußten sie in ihren Werken eindrucksvoll zu erfassen und wiederzugeben, so daß uns damit noch heute ein lebendiges Bild dieser Zeiterscheinung vermittelt wird. Zeugnis hier-

4. Eisenberg
und die Dörfer am Waldrand

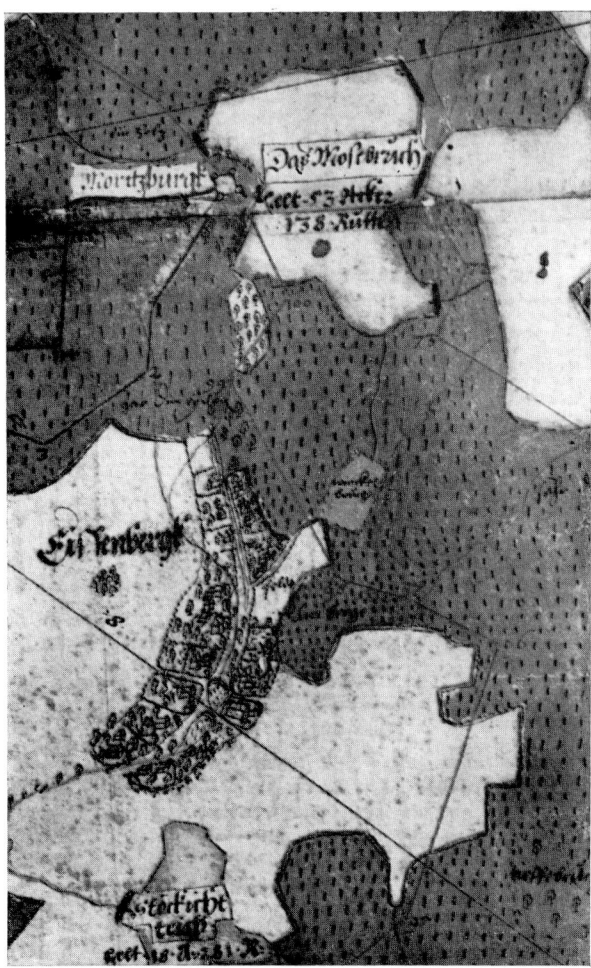

157 Das Dorf Eisenberg und die Moritzburg um 1570. Ausschnitt aus Abb. 150

von geben nicht nur die erlesenen kunsthandwerklichen Leistungen zahlreicher mit Jagdmotiven geschmückter Waffen und anderer Gebrauchsgegenstände des Weidwerks, sondern zugleich eine Vielzahl von Gemälden, die Ledermalereien im Billardsaal des Moritzburger Schlosses, Porzellangruppen wie auch Dekorationen der Gläser und Porzellane, für die vielfach Stiche Johann Elias Ridingers und anderer Künstler der Zeit als Vorlage dienten. Dieser Befruchtung der Kunst durch das Jagdwesen steht die negative gesellschaftliche wie ethische Auffassung des Feudalismus zur Jagd und zum Wild gegenüber, die uns heute bei allem äußeren Glanz des damaligen Jagdbetriebes abstößt und damit kein Leitbild mehr sein kann. Wir pflegen deshalb auch hier das als wertvoll erkannte kulturelle Erbe, sind uns aber zugleich bewußt, daß die in jener Zeit gültigen und historisch begründeten Formen der Jagdausübung ihre geschichtliche Überholung erfuhren.

Die Entwicklung der dörflichen Siedlungen auf der Moritzburger Hochfläche ist bis um Mitte des 19. Jahrhunderts engstens mit dem Friedewald und im Falle von Eisenberg auch mit dem Schloß verbunden gewesen. Seit dem 12. Jahrhundert hatte sich die sorbische Bevölkerung gemeinsam mit den ins Land gekommenen deutschen Bauern an der Rodung und Kolonisation des Waldgebietes beteiligt, so daß bis gegen Mitte des 13. Säkulums eine wesentliche Erweiterung des Siedlungsraumes erreicht worden war. Man schlug hierbei die Fluren der Dörfer in den alten Markwald hinein, wobei als vorwiegende Siedlungsformen Straßendörfer, aber auch lange Reihendörfer mit Waldhufenfluren entstanden. Dennoch zeigen einige Wüstungen des Friedewaldes, daß nicht alle damals angelegten Orte von Bestand gewesen sind. So war das in der Nordwestecke des Waldgebietes gelegene Droschkewitz 1433 erwähnt worden, als Bernhard von Miltitz sowie Hans und Günther von Ohorn die zu jener Zeit schon wüste Dorfstelle zusammen mit Gohlis und Oberau erwarben. Da der Name nach 1440 nicht mehr erscheint, wurde die Ortschaft vielleicht im Verlaufe der Hussitenkriege zerstört. Hingegen erinnert an das bereits in einem Lehnbrief von 1378 als wüst bezeichnete Dorf Krauschen, das zum Besitz der Meißner Burggrafen zählte, jenes nördlich vom Neuen Anbau liegende Karauschenholz wie auch die südlich anschließende und bereits 1795 so benannte Karauschenwiese. Ebenso mag die westlich vom X-Weg gelegene und schon zu Coswig gehörende, auch Ponitz genannte Bohnswiese mit der wüsten Mark Ponewitz im Zusammenhang stehen, zumal man dort Mauerreste fand. Als Ursachen für das Verschwinden solcher Siedlungen sind neben Kriegshandlungen auch Seuchen oder aufgetretene wirtschaftliche Schwierigkeiten anzunehmen.

Die Dörfer waren verschiedenen Grundherren oder auch dem Landesherrn zins- und dienstpflichtig. Sie zählten zum 1548 geschaffenen Amt Moritzburg, das man zwar wenig später mit dem Amte Hayn vereinigte, doch einige Jahrzehnte danach wieder von diesem trennte. Verwaltungsmäßiger Mittelpunkt des Amtes, zu dem auch ein Forsthaus gehörte, war die Moritzburg, wo der Amtmann seinen Sitz im Amtsturm hatte. Bedeutendster Ort jenes Verwaltungsbereiches und zugleich Eingangspforte zum Friedewald ist immer Eisenberg gewesen, dessen Name sich von dem hier im Mittelalter gefundenen Raseneisenstein herleitete. Der heute Moritzburg genannte Ort besteht bis zur Gegenwart aus drei erkennbaren Teilen: Während das ursprüngliche Dorf Eisenberg als Gründung der ostdeutschen Wiederbesiedlung ein typisches Straßendorf bildet (Abb. 157), stellt die entlang der geradlinigen Allee in Hauptachse des Schlosses verlaufende Bebauung ein Produkt barocker Planungsabsichten dar (Abb. 68). Nach Süden und Westen schließt sich die seit etwa 1900 entstandene Wohnsiedlung an.

auf ihm boten auch die Siebenlehner Schuhmacher, die Pulsnitzer Pfefferküchler und die Kamenzer Leineweber ihre qualitätvollen Erzeugnisse an.

Die mit dem Einrichten verschiedenartiger Märkte sprunghaft gewachsene Anziehungskraft des Ortes sowie der sich ständig ausweitende Umfang fürstlicher Jagdgesellschaften verlangten zudem den Neubau eines Gasthofes, konnte doch die überkommene, bereits im Amtserbbuch von 1551 erwähnte Erb-

158
Ober- und Unterdorf
des Marktfleckens Eisenberg
sowie die Moritzburg um 1723.
Ausschnitt aus Abb. 151

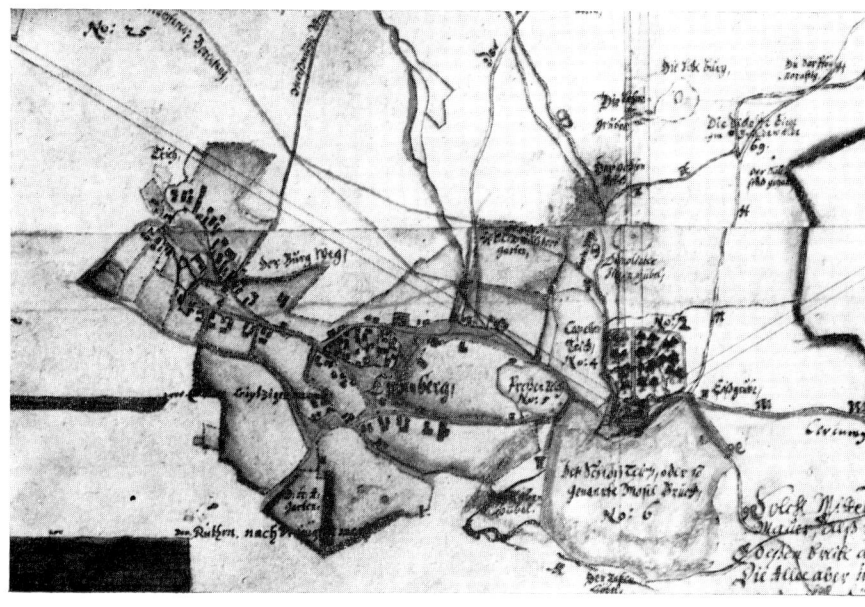

Das alte, von Syenitkuppen umgebene Bauerndorf erstreckte sich vom südlichen Ortsausgang nach Norden bis zum Ufer des späteren Schloßteiches (Abb. 158, 159). 1358 erstmals als „Ysenberg" erwähnt, ist es seit 1438 Sitz eines Försters gewesen, wobei der Ort vor seiner Übernahme in das Amt Moritzburg zur Pflege Dresden zählte. Um 1551 wohnten hier 21 besessene Mann, 2 Häusler und 13 Inwohner mit insgesamt 19 Hufen Ackerland. Die zunehmende Bedeutung der Siedlung im 17. Jahrhundert fand Ausdruck in ihrer 1675 vorgenommenen Erhebung zum Flecken mit gleichzeitiger Verleihung der Marktgerechtigkeit, so daß nun auch Handwerker und Gewerbetreibende Möglichkeiten zur Niederlassung erhielten. Der „Begnadigung" Kurfürst Johann Georgs II. zufolge durfte jährlich ein „öffentlicher Roß-, Vieh-, Getreide-, Kram- und Waren-Jahrmarkt" abgehalten werden, doch wurde später aufgrund zunehmender Beteiligung die Zahl der jährlich stattfindenden Märkte viermal erhöht. Vor allem der Eisenberger Jahrmarkt erfreute sich bald großen Zuspruchs, denn

schänke jenen vielfachen Anforderungen nicht mehr gerecht werden. Seine Gründung erfolgte ebenfalls 1675 am Markt als dem Handelszentrum des Ortes, wobei schon ein Jahr zuvor der Kurfürst die Zuteilung eines Grundstückes an den „Ambtmann zu Moritzburgh Johann Wilhelm Barwaßern" gestattet hatte. Dieser bat in einem weiteren Gesuch um Erteilung der Schankgerechtigkeit, die ihm Johann Georg II. am 25. November 1675 auf dem „von Uns ihm vor sechs Monaten gnädigst geschenkten Platze" gewährte. Indes sollten wohl damit gewisse Verdienste jenes kurfürstlichen Beamten belohnt werden, erhielten doch er wie auch seine Erben zudem das Recht, inner- und außerhalb des Gasthofes „Wirtschaft und Gastung nebst dem freien Salzschank zuhalten, Wein allerhand Bier und Brandwein vertreiben und verzapfen zu lassen, auch jährlich drei ganze Tranksteuerfreie Biere, die übrigen aber ... gegen Erlegung der halben Tranksteuer zu brauen".

Im nachfolgenden Säkulum wechselte der Gasthof mehrmals den Besitzer, bis ihn am 17. April 1780 der Zimmermeister Johann Gottlob Adam „mit allen dazugehörigen Pertinentien, Recht und Gerechtigkeiten, Privilegien, Nutzungen und Bewohnungen" für „Neunhundert und Fünfzig wohlgewichtige Dukaten in Gold" erwarb. Wenn auch zeitweise verpachtet, verblieb nun die Schankstätte bis um 1900 in Adamschen Familienbesitz; dann erst kam sie durch Verkauf in fremde Hand. Das einst aus über zwanzig kleineren Gebäuden bestehende Anwesen erfuhr im Laufe der Zeit mancherlei Verbesserungen und Erweiterungen, so daß es später aufgrund seiner Geräumigkeit sogar bei Hoffestlichkeiten beansprucht wurde. Heute bildet das Ganze eine dreiflügelige Anlage, die sich um einen tiefen Hof legt (Abb. 159): Ihn begrenzen nach Norden und Süden zweigeschossige Nebengebäude mit Walmdächern, während dem westlichen Abschluß des doppelgeschossigen Hauptbaues kräftiges Fachwerk im Obergeschoß sowie ein hohes Walmdach Betonung gibt. Eng mit der Ortsgeschichte verbunden, beherrscht damit „Adams Gasthof" als weitwirkender Anziehungspunkt des kleinen Gemeinwesen noch immer die Westseite des alten Marktbereiches.

Der nach 1723 begonnene Umbau der Moritzburg brachte auch für Eisenberg einen baulichen Aufschwung. Zugleich entwickelte sich um die 1727 in Nord-Süd-Achse des Schlosses nach Süden geführte Allee der Ort Moritzburg, wobei freilich jene geplante Randbebauung mit einfachen Wohnhäusern nur teilweise zur Realisierung kam. Von den wenigen damals vor allem für Handwerker errichteten Bauten erhielten sich Beispiele in der heutigen „Hirschapotheke" oder im Mittelteil des Gasthauses „Zur Goldenen Brezel", das wohl in anderer Form schon 1674 bestanden hat. Hingegen begann sich die 1733 am schloßseitigen Beginn der Allee erbaute Stallanlage erst nach 1828 zu einem Zentrum der sächsischen Pferdezucht zu entwickeln. Auch war 1723 am Roßmarkt ein schlichtes Bethaus für die bis dahin nach Reichenberg eingepfarrten Dorfbewohner entstanden, während die evangelischen Hofbeamten seit dem Glaubenswechsel Augusts des Starken den Gottesdienst in Bärnsdorf besuchen mußten.

Weitere Wohnbauten des 18. Jahrhunderts, die sich zumeist Handwerker, Gewerbetreibende oder Beamte in einfachen Formen errichten ließen, blieben am Roßmarkt und am Markt erhalten. Die Eigenart der hintereinander angeordneten Platzräume führt hier zu wirkungsvollen Gebäudegruppierungen, wobei früher die Obergeschosse vorwiegend Fachwerk zeigten. Auch gestatteten Eisenringe an Erdgeschoßwänden oder an Gartenmauern das Anbinden der zum Verkauf gestellten Pferde, während auf dem Roßmarkt stehende Holzbarrieren dem gleichen

Zweck dienten. Als weiteres bauliches Relikt des 18. Jahrhunderts überkam an der Einmündung des Marktes in die heutige Dr.-Wilhelm-Külz-Allee der reizvolle Fachwerkbau des „Bärenhäusels", das seinen Namen von einem steinernen Bären erhielt, der auf einer der beiden Torsäulen sitzt (Abb. 160). Im westlich des Marktes gelegenen Rüdenhof, den ein aus seiner Westseite vorspringender Treppenturm mit doppelt gestufter Haube charakterisiert, wurden die für die fürstlichen Jagden abgerichteten Hunde gehalten. Hingegen soll das in den Maßverhältnissen von der umliegenden Bebauung abweichende Haus

159 Der untere Teil des einstigen Dorfes Eisenberg mit Adams Gasthof im Mittelgrund sowie dem Schloßteich und dem Jagdschloß Moritzburg. Am linken Bildrand der Reit- und Turnierplatz des Gestüts von 1915. Luftbild um 1925. Luftbildgen. Nr. ZLB/L 0043/77

Markt 1, dessen Ostseite einstmals den später trok-kengelegten Preßenteich fast berührte, als Wohnge-bäude der zum Hofdienst befohlenen Kadetten ge-dient haben; zumindest ist auf einer gußeisernen Tafel über dem Zugang noch eine Grafenkrone samt der Jahreszahl 1706 erkennbar geblieben. Weiterhin gab es im Ort drei Schmieden, die vor allem Repara-turen der Hofkutschen und des Jagdgerätes sowie den Hufbeschlag der Pferde ausführten. Damit hatte sich Eisenberg, das 1764 von 20 besessenen Mann, 44 Gärtnern und 12 Häuslern bewohnt wurde, bis zur Mitte des 18. Jahrhunderts zu einer bedeutenden Marktsiedlung entwickelt, die durch das nahe könig-liche Jagdschloß ständig in unmittelbarem Kontakt mit dem Hofe stand und deren Wirkungsradius weit über den Friedewald hinausging.

Auch andere einst zum Moritzburger Amt zählende Randdörfer des Waldes weisen sich durch ihre Namen sowie ihre Flur- und Ortsformen als deutsche Gründungen aus: Bärnsdorf, Cunnertswalde, Dippelsdorf, Reichenberg, Volkersdorf oder das langgezogene Straßendorf Steinbach am Nordrand des Waldgebietes, das ebenfalls Sitz eines Försters war. Meist ist in den Ortsbezeichnungen der Name des einstigen Lokators verborgen, während das erstmals 1235 als „Richenberc" erscheinende Platzgassendorf Reichenberg etwa „fruchtbare Bergsiedlung" bedeutet. Sein bis 1723 mit Eisenberg in enger kirchlicher Beziehung stehendes Gotteshaus wie auch die Dorfkirche von Steinbach stammen noch aus romanischer Zeit, wobei sich spätere Veränderungen in Formen der Spätgotik, der Renaissance oder des Barock dokumentieren. Sonst überkamen in den Dörfern der Gegend nur vereinzelt ältere Bauten, da vielfach Brände alte Substanz zerstörten. So erlebte die 1378 erstmals als „Dypoldistorf" erwähnte Angeranlage von Dippelsdorf im Jahre 1874 eine verheerende Feuersbrunst, und 1872 brannten im Waldhufendorf Bärnsdorf acht Bauernhöfe mitsamt der Kirche von 1642 ab, so daß 1875 ein neues Gotteshaus in den Stilsprachen der Neogotik und Neorenaissance entstand. Zumeist wurden nach Bränden die einst in Fachwerk gehaltenen Wohnbauten mit verputzten stumpfwinkligen Giebeln errichtet, wobei man auch das vorher üblich gewesene Strohdach durch Ziegeldeckung ersetzte. Heute erinnern die Anwesen fast nur noch mit ihrer Grundanlage an alte Bebauungsformen: Vorherrschend sind schmal und tief angelegte Höfe, deren eng aneinandergefügte Wohnhäuser den Giebel zur Straße kehren. Dabei fehlt vielfach das für die fränkisch-obersächsischen Bauernhöfe typische, dem Wohn- und Stallhaus gegenüber erscheinende Seitengebäude, während – wie vor allem in Reichenberg – teilweise nicht streng eingehaltene Baufluchtlinien zu reizvoll-lebendigen Wirkungen der dörflichen Straßenräume führen.

Den Bewohnerzahlen zufolge zählten um 1551 Reichenberg, Volkersdorf und Bärnsdorf zu den größten Siedlungen der Moritzburger Gegend, ein Zustand, der bis um 1800 nur durch das Hinzukommen der Marktsiedlung Eisenberg eine Änderung erfuhr. Erst danach begann die Einwohnerzahl der Dörfer ständig zu steigen, wobei das noch 1946 nur 45 Bewohner zählende Cunnertswalde im Jahre 1950 nach Bärnsdorf eingemeindet wurde.

Die Dörfler lebten zu einem großen Teil vom Walde, sind doch für sie neben der Holznutzung vor allem die zahlreichen Laßwiesen wie auch die Hutungsrechte innerhalb des Waldes lebensnotwendig gewesen. So war ihre vom Bestand her hohe Viehhaltung nur möglich durch Waldweide und Waldheu, da aufgrund der ungünstigen Bodenbeschaffenheit des Moritzburger Gebietes die landwirtschaftlichen Erträge den Bedarf an Lebens- und Futtermitteln nicht zu decken vermochten. Hinzu kamen Laub- und Streurechen, um Ersatz zu schaffen für das im

160 Das „Bärenhäusel", ein Moritzburger Bauernhaus aus dem 18. Jahrhundert

Winter nicht ausreichend vorhandene Stallstroh. Der Wald freilich litt schwer unter jenen Rechten, und die Bauern mußten sie vor allem durch Jagd- und Teichdienste oder andere Fronen entgelten, wobei diese Leistungen voll dem Landesherrn zugute kamen. So finden sich um 1740 im Friedewald 102, in der Burggrafenheide 25 und im „erkauften Miltitzer Gehölze" 55 große wie auch kleinste Wiesen vom Amt Moritzburg erfaßt und verpachtet. Weiterhin hatten die Bauern „Sicheltage" auf dem vor Dresden gelegenen Vorwerk Ostra zu leisten, doch war ihnen auch das Ablösen solcher Dienste mit Geld gestattet. Außerdem mußte von den Amtsuntertanen die Heuernte für den Ochsenhof zu Kreyern eingebracht werden. Hierzu setzte ein Rezeß Kurfürst Johann Georgs II. von 1659 für die Gemeinde Lindenau das Arbeitspensum auf 460 Tage fest, so daß jeder der 23 Angesessenen – mit Ausnahme des Richters – 20 Tage im Jahr dort Dienste zu erbringen hatte. Die enge wirtschaftliche Verbindung jener Einrichtung mit dem Vorwerk Ostra drückte sich auch darin aus, daß im 18. Jahrhundert der Vogt des Ochsenhofes zugleich Vogt von Ostra war. Kreyern ist somit Jahrhunderte hindurch eine Nebenstelle jenes einst vom Kurfürsten August geschaffenen landwirtschaftlichen Mustergutes gewesen, der bis um 1800 das Liefern von Dünger für die kurfürstlichen Weinberge in der Lößnitz oblag. Wenn aber, wie 1661 infolge einseitiger Teichstreufütterung, Viehverluste eintraten und dadurch die Düngerproduktion absank, mußten von den Bauern die fehlenden Mengen unentgeltlich angefahren werden. Noch bis gegen Ende des 18. Jahrhunderts war ein Großteil der anliegenden Dörfer zur Lieferung solcher Düngerdeputate verpflichtet, wovon der zwischen Steinbach und Weinböhla verlaufende Mistweg seinen Namen hat. Danach aber ging die Rentabilität des Ochsenhofes zusehends zurück, so daß man den Stall schließlich 1820 abbrach.

Indes haben die Bewohner einiger Dörfer innerhalb ihrer Wirtschaften auch selbst Weinbau betrieben, werden doch 1630 11 1/2 Faß Reichenberger und 10 Faß Dippelsdorfer Wein an den kurfürstlichen Zeugkeller zu Dresden verkauft, was auf größere Anbauflächen deutet; ebenso erinnert in Moritzburg noch ein Holzschild am Seitengebäude eines Anwesens an der Kötzschenbrodaer Straße daran, daß hier 1664 Weinbauern aus Süddeutschland einwanderten und auf einem nahen Hügel Wein zogen. Hingegen sind nach der kurfürstlichen Mühlenordnung von 1661 die Dippelsdorfer und Reichenberger Bauern dazu verpflichtet gewesen, ihr Getreide in der etwa zehn Kilometer entfernten kurfürstlichen Schiffsmühle zu Kötitz an der Elbe mahlen zu lassen, war doch dieses Dorf 1557 an Kurfürst August gekommen und nach 1590 dem Amt Moritzburg unterstellt worden. Zudem gab es in der Umgebung des Friedewaldes – so bei Reichenberg, Boxdorf und Steinbach wie auch nahe dem Bärnsdorfer Großteich – mehrere Windmühlen, und noch Matthäus Daniel Pöppelmann hat hier in seiner Eigenschaft als Oberlandbaumeister Genehmigungen zum Neubau solcher Anlagen erteilt.

Während die Chronisten das Geschehen im Jagdschloß sowie damit verbundene Festlichkeiten und Jagden des Hofes oftmals bis ins Detail schildern, ist vom Leben der Bauern in den umliegenden Dörfern kaum etwas zu vernehmen. Denn wenig galt im Feudalismus der arbeitende Mensch; sein Dasein war geprägt von den Sorgen und Nöten um das tägliche Brot, vom Schrecken der häufigen Kriege, von Diensten und Fronen, die ihm die Feudalgesellschaft auferlegte. Für die vordem relativ freie sächsische Landbevölkerung hatte sich aus der Entwicklung Kursachsens zum Ständestaat im 17. Jahrhundert eine zunehmende Verschlechterung ihrer Lebenslage ergeben. Daraus entstehende Mißstände verschärften sich noch, als der Adel versuchte, seine gegenüber dem aufstrebenden Bürgertum schwindende Potenz durch verstärkte Ausbeutung der Untertanen auszugleichen. Dieser widerspruchsvolle Zustand, der die Entwicklung des Moritzburger Gebietes zu einem gewissen Teil mitbestimmte, sollte in Sachsen bis zur Ablösung der Grunddienstbarkeiten um Mitte des 19. Jahrhunderts bestehenbleiben; erst dann konnten die Bauern aufgrund ihres nunmehr weitgehend freien Eigentums an das Erarbeiten eines eigenen kleinen Wohlstandes denken.

VII.

Weiterführung und Abschluß des Moritzburger Bauprogrammes 1769 bis um 1800

1. Kursachsen unter Friedrich August III.

Der neue Landesherr Friedrich August III. hatte 1768 die Regierung des sächsischen Kurstaates übernommen. Unter ihm gelang es, durch strengste Sparsamkeit wie auch durch eine zielstrebige ökonomische Politik dem Lande die wirtschaftliche Kraft bis etwa zur Jahrhundertwende wiederzugeben. Bildnisse Anton Graffs zeigen den Kurfürsten von hoher schlanker Gestalt, den gutgeformten Kopf von großen, klugblickenden Augen belebt (Abb. 161). Am Beispiel der beiden Augusti war ihm die Erkenntnis gereift, zu welch negativen Folgen Verschwendungssucht und falsches politisches Streben führen konnten. Dem nüchternen Wesen Friedrich Augusts, geboren aus einer freudlos verbrachten, von schlimmen Mißgriffen seiner Erzieher geprägten Jugend, entsprach indes eine solch kritische Wertung des Vergangenen; sie führte jedoch bei ihm, der ohnehin eine lebenslange Scheu vor öffentlichem Auftreten hatte, zur völligen Isolierung vom Volke. Allein der Adel bildete seinen Umgang, genoß seine Bevorzugung. Damit aber geriet er zunehmend in einen inneren Gegensatz zu seinem Volk wie auch zu jenen Vertretern des Adels und der Beamtenschaft, die aufgrund ihrer fortschrittlichen Haltung nach einer neuen Staatsverfassung drängten, mit der das überholte ständische Recht durch die Gleichberechtigung aller Bürger ersetzt werden sollte.

Dabei lag die Wurzel der Entfremdung tiefer. Noch August der Starke wünschte, daß möglichst viele seiner Untertanen als Zuschauer und Akteure an den großen höfischen Festlichkeiten teilnahmen; der König kannte hier kaum Grenzen, war es doch vorgekommen, daß er während der „Wirtschaften" die Dresdener Bürger als Kellner bediente.

Mit der spätfeudalen Entwicklung aber begann sich der Hof auf seine Schlösser zurückzuziehen, um dort die Feste im intimen Rahmen zu feiern. Diese Absonderung übertrug sich bald auch auf das Volk: Hofadel und bürgerliche Beamte, Kaufmannschaft und Handwerker lebten nun in strenger Trennung nebeneinander, begleitet von Titelsucht und dem Nachahmen des Lebensstiles der kurfürstlichen Familie. Alles erschien überlagert von einer zeremoniellen Form, von der vor allem die Beamtenschaft geprägt war. „Der Unterschied der Stände zerschnitt alles gesellige Leben der höher sich dünkenden Klassen so unbarmherzig, daß sein eigentliches Wesen ganz zugrunde ging", schrieb Friedrich Laun alias Friedrich August Schulze in seinen 1837 als Vorabdruck veröffentlichten „Memoiren". „Den durch Geburt, Rang, Reichtum, Orden usw. Bevorrechteten wurde meist höchst unwohl, wenn sie irgendwo in Gesellschaft mit Personen von geringerem Belange zusammentrafen. Mit einem Worte: aus einem quasi pennsylvanischen Absonderungssystem hatte sich seit undenklicher Zeit in Dresden immer vollständiger ein tragikomischer Zustand entwickelt, der den gebildeten Ausländern, die hier einsprachen, oft unerträglich vorkam, während sich manche andere deutsche Stadt aus der seitherigen sozialen Unverträglichkeit immer besser herausarbeitete." Ebenso schrieb Schiller 1788 an die Schwestern von Lengefeld: „Die Kursachsen sind nicht die liebenswürdigsten von unseren Landsleuten, aber die Dresdner sind vollends ein seichtes, zusammengeschrumpftes, unleidliches Volk, bei dem es einem nie wohl wird"; Jean Paul, der 1798 in der Residenz weilte, hat damals seine „demokratischen Zähne geknirscht, am meisten über das gekrümmte Schranzen-Volk von Dresden, das nicht schön, nicht edel, nicht lesbegierig, nicht kunstbegierig ist, sondern nur höflich etc."; Johann Gottfried Seume schließlich traf hier „so viele trübselige, unglückliche, entmenschte Gesichter, daß man alle fünf Minuten auf eines stößt, das öffentliche Züchtigung verdient zu haben oder sie eben zu geben bereit erscheint". Dennoch sah die Residenz 1794 einen Streik sämtlicher Schneidergesellen, weil einer von ihnen von seinem Meister am Besuch einer Deputiertenversammlung der Gesellenbruderschaft gehindert worden war. Als man daraufhin etwa 300 Streikende festnahm, legten aus Protest annäherd 4000 Gesellen

anderer Handwerke ihre Arbeit nieder, doch wurde letztlich auch diese Bewegung unterdrückt. Dem Kurfürsten aber fehlte gleichfalls das Verständnis für außenpolitische Zusammenhänge, so daß weder internationale Spannungen noch der aufkommende nationale Gedanke sein sonderliches Interesse fanden.

161 Anton Graff (1736–1813): Kurfürst Friedrich August III. (1750–1827), als König von Sachsen seit 1806 Friedrich August I. Öl auf Leinwand, 1779 (Ausschnitt).
Museum für Geschichte der Stadt Leipzig

Er und seine Ratgeber bemühten sich im Sinne des inneren Aufbaues Sachsens um eine strenge Neutralitätspolitik, doch mußten sie spätestens nach den sächsischen Bauernunruhen von 1790 erkennen, daß die Auswirkungen der Französischen Revolution die Entwicklung des Landes von außen her spürbar beeinflußten.

Das fortschrittliche Bürgertum versuchte freilich, die geistige Enge der jetzt fast provinziell anmutenden Residenz zu durchbrechen und seinen Anspruch auf allseitige Bildung zu verwirklichen. In der Stadtwohnung des Appellationsgerichtsrates Christian Gottfried Körner trafen sich damals die bedeutendsten liberal denkenden Persönlichkeiten adliger und bürgerlicher Herkunft, unter ihnen Johann Christoph Adelung, der Maler Anton Graff, Elisa von der Recke, Freiherr von Racknitz, aber auch Schiller, Goethe, die Brüder Schlegel und Humboldt, Friedrich Schleiermacher, Ernst Moritz Arndt, Novalis, die Herzogin Anna Amalia von Sachsen-Weimar, Mozart, Heinrich von Kleist und viele mehr, zählte doch das Körnersche Haus nach Friedrich Laun „zu den wenigen ehrenvollen Ausnahmen, in denen weder Adel noch Orden, noch irgend eine äußere Auszeichnung, vielmehr bloß wahrhafte Bildung und Intelligenz Zutritt erhielten". Ebenso versammelte der Maler Gerhard von Kügelgen in seinem Hause „Gottessegen" Künstler, Gelehrte und Offiziere der unterschiedlichsten politischen und künstlerischen Anschauungen um sich, wobei der Hausherr auch als einer der ersten für die Kunst Caspar David Friedrichs eintrat. Nationale Fragen, Entdeckungen der Naturwissenschaften, Dichtung, Musik, Literatur und Malerei standen im Mittelpunkt der Gespräche jener Kreise; in ihren von Opposition geprägten Gedanken drückten sich die neuen ethischen und humanistischen Ideale eines selbstbewußt werdenden Bürgertums aus, wenn auch erst nachfolgende Generationen die Bedeutung dieser damaligen Zentren des Dresdener Geisteslebens erkennen sollten.

Der Hof aber stand solchen Regungen abwehrend gegenüber. Wohl verschloß sich Friedrich August III. nicht den wirtschaftlichen und literarischen Gedanken seiner Zeit, wohl zeigte er das Bestreben, den Staat auf das Fundament einer geordneten Verwaltung, eines bürgerlichen Rechts zu stellen, doch seiner von Nüchternheit, Sparsamkeit und Bürokratismus gekennzeichneten Regierung fehlte die Weltoffenheit, es gab kein aufgeklärtes Mäzenatentum wie in Weimar, das als Wegbereiter der aufblühenden deutschen Literatur und Kunst neue geistige Regungen hätte fördern können. Alles in Sachsen geschah volksfern und ohne Beteiligung der progressiven Kräfte, was wohl mit dazu führte, daß fast keiner der fortschrittlich denkenden Männer im damals vielgerühmten und bewunderten Dresden heimisch werden konnte. „Der Kurfürst kennt kaum die Straßen seiner Residenz, diejenigen ausgenommen, durch welche einmal und allemal der Weg nach Pillnitz führt. Noch unbekannter ist ihm das Land und die Lage seiner Untertanen. Er glaubt gutmütig, daß sie alle glücklich sind, weil er überzeugt ist, daß er es wohlmeint, aber er irrt sich", schrieb der Pfälzer Georg Friedrich Rebmann als genauer Kenner der damaligen sozialen Verhältnisse in Dresden. „Le roi de Saxe, le bon papa" – „Der König von Sachsen, der gute Vater" –,

sagte später Napoleon von ihm: es war ein zwar fleißiger, aber konservativer und pedantischer Monarch, dessen Schwerfälligkeit zum Unglück wurde, als die Kriege des Korsen das Land erschütterten.

2. Die Hinwendung zur Antike

Kunst und Kultur erfuhren unter dem sparsamen Kurfürsten nur eine zaghafte Förderung, wobei seiner mangelnden Baufreudigkeit entgegenkam, daß die Periode der großen Schloßbauten ohnehin ihr Ende gefunden hatte. Statt dessen war jetzt der Vorgang zu beobachten, daß die feudale Gesellschaft zunehmend von den Vorstellungen des aufstrebenden Bürgertums durchdrungen wurde, so daß sich auch in den künstlerischen Ausdrucksmitteln die beiden gegensätzlichen Klassen begegneten. Aus dieser Anpassung an das bürgerliche Denken, mit der sich die aristokratische Klasse zu behaupten wußte, folgte zugleich eine Veränderung ihres Lebensstiles: anstelle glanzvollen Prunkes trat eine bei aller Unnahbarkeit privatime, verbürgerlichte Lebensform. Bescheidene Dimensionen wie auch Zurückhaltung im Dekorativen kamen nun dem Wesen der bürgerlichen Wohnkultur nahe; überall strebte man aus dem Weiten ins Enge, aus der Repräsentation ins Intime.

Doch jene Hervorkehrung des Einfachen begründete sich noch aus einer anderen Ursache, nämlich dem grundlegenden Wandel in der Kunstauffassung. Im Bestreben, ein wirksames Gegengewicht zur Ideologie des Absolutismus zu schaffen, hatte das französische Bürgertum auf die Antike zurückgegriffen, in der es das Staatsideal einer von Vernunft bestimmten Demokratie sah. Als Vertreter der geistigen Strömung der Aufklärung förderten vor allem Voltaire, Diderot. Montesquieu und Rousseau jene bürgerliche Bewußtseinsbildung durch ihre schonungslose Kritik am Feudalismus, dem sie die Begriffe vom Menschlichen und vom Natürlichen entgegenstellten. Während aber in Frankreich die Zuspitzung der gesellschaftlichen Widersprüche 1789 zur Revolution führten, fehlte dem deutschen Bürgertum aufgrund der politischen Zersplitterung und relativ wirtschaftlichen Rückständigkeit des Landes die ökonomische Basis, um dem französischen Beispiel zu folgen. Seine Opposition blieb daher fast ausschließlich auf ästhetische und kulturphilosophische Bereiche begrenzt, wobei sich hier aber die Wandlung um so nachhaltiger vollzog.

Auch in Sachsen hatte der nach dem Siebenjährigen Krieg aufgekommene bürgerliche Rationalismus den Gedanken der Aufklärung einen fruchtbaren Boden bereitet. Aus Dresden, dem Zentrum des höfischen

Barock, kam damals der entscheidende Ruf für Deutschland zum Hinwenden nach dem antiken Vorbild: Mit seiner ersten, schon 1755 veröffentlichten Schrift „Gedanken über die Nachahmung der griechischen Werke in der Malerei und Bildhauerkunst" hatte hier Johann Joachim Winckelmann, Kunsttheoretiker und Altertumsforscher, das grundlegende Frühwerk der klassizistischen Kunsttheorie geschaffen. Indem es zu der Erkenntnis führt: „Der einzige Weg für uns, groß, ja, wenn es möglich ist unnachahmlich zu werden, ist die Nachahmung der Alten ...", werden „Schnörkel und das allerliebste Muschelwerk, ohne welches jetzt kein Zierat förmlich werden kann", als „verderbte" Formen verworfen. Ihnen wird „eine edle Einfalt und eine stille Größe" der griechischen Kunstwerke, die dem Verfasser freilich nur im römischen Habitus erlebbar blieben, gegenübergestellt, wobei sie ihre Aufwertung als ursprüngliche, unübertreffliche Äußerungen einer demokratisch-republikanischen Gesellschaftsordnung erfahren. In seiner 1763 erschienenen „Abhandlung von der Fähigkeit der Empfindung des Schönen in der Kunst" schreibt Winckelmann über die Architektur: „In der Baukunst ist das Schöne mehr allgemein, weil es vornehmlich in der Proportion besteht, denn ein Gebäude kann durch dieselbe allein, ohne Zieraten, schön werden und sein." Es klingt daraus seine kompromißlose Absage an den Barock, der nun unter dem Einwirken solcher Theorien für mehr als hundert Jahre als Verfallskunst angesehen wird.

Der Sohn eines Stendaler Flickschusters war damit zum Begründer einer neuen Kunstanschauung geworden, die sich von den „deutschen barbarischen oder französischen Fratzenfiguren" des Rokoko abwendete und somit den Forderungen des produktiven Bürgertums nach Einfachheit und Zweckmäßigkeit entsprach. Das sich daraus entwickelnde Unverständnis gegenüber der Wesenswirkung barocker Schöpfungen hat freilich bis gegen Ende des 19. Jahrhunderts zu schweren Bestandsverlusten in den Bereichen jener Kunst geführt, wobei erst Cornelius Gurlitt mit seiner „Geschichte des Barockstiles" von 1888 den Weg zu ebnen begann für ein neues Verstehen dieser Stilepoche. In Dresden, wo es unter dem Einfluß Longuelunes und seiner Schüler schon zeitig zur Abkehr vom Barock gekommen war, schlug Oberlandbaumeister Christian Friedrich Exner im Jahre 1780 allen Ernstes vor, die gesamten plastischen Dekorationen des Zwingers abzuschlagen. Sein Amtskollege Friedrich August Krubsacius, ein besonders streitbarer Vertreter des Klassizismus, war bereits 1747 in seinen „Betrachtungen über den wahren Geschmack der Alten in der Baukunst" scharf gegen das „Ungereimte des einreißenden Grillen- und Muschel-

werks" zu Felde gezogen; nun konnte er durchsetzen, daß aus einer der köstlichsten Schöpfungen Pöppelmanns, nämlich dem Grottensaal im Mathematisch-Physikalischen Salon des Zwingers, die Schmuckelemente als „sinnlose Verirrungen" herausgebrochen wurden. Jene vom Barock vollbrachte großartige geistige Leistung der Umwandlung des Begriffs vom Schönen in den der Qualität, der hier als ästhetischer Wert sich im Schaffen selbst erfüllte und einer schöpferischen Weiterentwicklung der Kunst vielfache Möglichkeiten bot, war nun der Negation durch die klassizistischen Theoretiker verfallen. Statt dessen kam es zur dogmatischen Einengung des künstlerischen Schaffens in feste Schönheitsvorstellungen früherer Epochen: Man nährte die Auffassung, daß die Entwicklung der Kunst im wesentlichen abgeschlossen sei und es nur noch galt, den Werkfundus der großen Meister aus Antike wie auch italienischer Hoch- und Spätrenaissance zusammenzustellen und nachzuahmen. Hieraus folgte zugleich eine Überschätzung der Wirkungsmöglichkeiten der Kunst, nahm man doch an, daß ästhetische Erziehung die Menschen von Grund auf verändern, vor allem aber zum Menschlichen führen könne. Karl Marx indes erkannte die Ursachen der „Totenbeschwörung" jener bürgerlichen Antikerezeption, indem er nachwies, daß sie zwingend wurde für „die Entfesselung und Herstellung der modernen bürgerlichen Gesellschaft ... Und ihre Gladiatoren fanden in den klassisch strengen Überlieferungen der römischen Republik die Ideale und die Kunstformen, die Selbsttäuschungen, deren sie bedurften, um den bürgerlich beschränkten Inhalt ihrer Kämpfe sich selbst zu verbergen und ihre Leidenschaft auf der Höhe der großen geschichtlichen Tragödie zu halten". Nicht allein die Realität der sprunghaft ansteigenden Produktivkräfte wirkte auf die Kunst der Zeit ein, sondern ebenso antike Bildvorstellungen: Es war eine Entwicklung, die letztlich in den unschöpferischen Historismus des späten 19. Jahrhunderts münden mußte, wobei freilich Winckelmann unbeabsichtigt – er hatte die Nachahmung der griechischen Kunstwerke nicht als bloßes Kopieren, sondern als Voraussetzung für das Entstehen von neuer Schönheit verstanden – zum Vater des Eklektizismus wurde. Das Moritzburger Schloß ist von jenen Strömungen kaum noch berührt worden; lediglich innerhalb der Parkbereiche geschahen kleinere Eingriffe, die das Unverständnis gegenüber der barocken Idee des Gesamtkunstwerkes erkennen ließen. Hingegen sollte im Neubau des Fasanenschlößchens nicht allein die jetzt vom fürstlichen Bauherrn bevorzugte bürgerliche Lebenshaltung, sondern auch das Einwirken der neuen klassizistischen Stiltendenzen sichtbar werden.

162 Johann Christoph Malcke (1725–1777): Die Fasanerie am Großteich aus der Zeit um 1739. Ausschnitt aus einem Gemälde im Speisesaal des Fasanenschlößchens. Öl auf Leinwand, 1771 (Kriegsverlust)

3. Das Fasanenschlößchen

Äußere Erscheinung. Kurfürst Friedrich August III. hatte seit seiner Jugend für die beiden Schloßanlagen von Pillnitz und Moritzburg eine besondere Neigung empfunden. Kam Pillnitz seinen Liebhabereien der Botanik, der Insektenkunde und der Gärtnerei entgegen, so reizten ihn in Moritzburg die idealen Möglichkeiten für das Ausüben der Parforcejagd, die er nach langer Pause wieder zu neuem Leben erweckte. Zunächst aber vermählte er sich am 29. Januar 1769 mit der Prinzessin Amalie Auguste von Pfalz-Zweibrücken. Ihr zu Ehren folgte am 3. August selbigen Jahres als dem Namenstag des Kurfürsten ein glanzvolles Fest auf dem Moritzburger Großteich mit allerlei Volksbelustigungen, einer Bärenjagd sowie einem prächtigen Land- und Wasserfeuerwerk. Von

dieser Festlichkeit erhielt sich bis 1945 im Speisesaal des Fasanenschlößchens ein wohl von Johann Christoph Malcke geschaffenes Gemälde mit der Wiedergabe der damaligen Landschaftssituation (Abb. 162): Während den Vordergrund die vom festlichen Treiben belebte Teichfläche einnahm, erhob sich auf einem am Ufer gelegenen Hügel jene um 1739 von Johann Christoph Knöffel errichtete „Fasanerie". Ihren schlichten, von einem Zeltdach bekrönten Pavillonbau ergänzte ein Fontänenbecken, wobei im Hintergrund der großen, nach Westen verlaufenden Schneise als Point de vue das Jagdschloß erschien. Indes muß bereits zum Zeitpunkt des Festes von 1769 der Neubau eines Schlößchens samt Fasanerie beschlossen gewesen sein, denn noch im gleichen Jahre beginnt man mit den Bauarbeiten auf jener Geländekuppe, die bis dahin die alte, von Knöffel entworfene Anlage getragen hatte. Als spiritus rector des Ganzen trat – wie wenig später auch bei den Erweiterungen der Pillnitzer Anlage – Graf Camillo Marcolini in Erscheinung, ein italienischer Conte, dem als „Ober-Cämmerer" des Kurfürsten die „Besorgung der privaten Liebhabereien, Wohlthaten und Unterhaltungen" seines Gebieters oblag (Abb. 163). Bereits 1765 war ihm die alte Fasanerie nebst der Fasanen- und Niederjagd auf den angrenzenden Fluren gegen geringes Entgelt bis auf Widerruf verpachtet worden; da sich aber das für die neue Anlage benötigte Gelände teilweise noch in Privathand befand, erhielt er nun vom Kurfürsten den Auftrag zum Erwerb dieser Flächen. Der Graf genoß als einstiger Jugendgespiele und Leibpage Friedrich Augusts III. dessen volles Vertrauen, bekleidete mehrere Hofämter, hatte später die Generaldirektion der Kunstakademie wie auch der Meißner Porzellanmanufaktur inne und brachte es 1809 bis zum sächsischen Kabinettsminister. Charakterlich bleibt seine Person umstritten, auch wenn es jetzt nicht mehr zu solch krassen Erscheinungen der Mißwirtschaft kam wie unter dem Brühlschen Regiment.

Wie das Malckesche Gemälde im Speisesaal erkennen ließ, hat man wohl den Neubau auf den vorhandenen Mauern des Knöffelschen Fasanenhauses errichtet; dafür sprechen der quadratische Grundriß sowie die gleiche Anordnung und Anzahl der Fensterachsen des Vorgängerbaues (Abb. 162). Entwurf und Ausführung lagen in den Händen von Johann Daniel Schade. 1730 in Nowgorod geboren, war dieser als Fünfzehnjähriger nach Deutschland gekommen und hatte in Dresden ein Architekturstudium aufgenommen. Zunächst Schüler von Oberlandbaumeister Schwarze und nach dessen Erblindung von Christian Friedrich Exner, ist er seit 1755 bis zu seinem Tode 1798 Kondukteur am Oberbauamt gewesen. Hohe Begabung und ein sicherer Geschmack brachten Schade bald das Mitwirken an bedeutenden Bauvorhaben in der Residenz, darunter am Umbau des Marcolinischen und des Japanischen Palais; ebenso erhielt er 1783 die Bauleitung der ersten Restaurierung des Zwingers übertragen, war an den Planungen für Schloß Pillnitz beteiligt und verwendete bei der nach 1790 folgenden Errichtung des Waldschlößchens erstmals für Dresden neogotische Formen. Wie einst Knöffel in Brühl, so fand Schade im Grafen Marcolini, dem die Oberaufsicht über sämtliche kurfürstlichen Bauvorhaben oblag, einen mächtigen Gönner. Bei der Planung des Fasanenschlößchens, das als Schades Hauptwerk gilt, wurde er gegen Ende der Arbeiten von dem jungen Johann Gottlob Hauptmann unterstützt, der – 1755 in Dresden geboren – gleichfalls ein Schüler Exners war.

1778 zum Baukondukteur und 1799 zum Hofbaumeister ernannt, trat er 1801 als Oberlandbaumeister die Nachfolge Christian Traugott Weinligs an, erreichte aber weder die Bedeutung seines Vorgängers noch die seines Nachfolgers Christian Friedrich Schuricht. Hauptmann, der auch als Professor für Bau-

163 *Carl Friedrich Holtzmann (1740–1811): Camillo Graf Marcolini (1739–1814). Gouache, nach 1780. Ehem. König-Albert-Museum Freiberg*

kunst an der Dresdener Akademie wirkte, hat 1802 bis 1804 den Umbau des Klengelschen Opernhauses am Taschenberg zum Hauptstaatsarchiv sowie einige Planungen städtebaulicher Art innerhalb der Residenz vorgenommen.

Die Hinwendung zu „edler Einfalt und stiller Größe", wie sie von den Dresdener Kunsttheoretikern des Klassizismus auch für die Architektur gefordert wurde, vollzog sich indes hier nur schleppend: Man führte das schon vor dem Siebenjährigen Krieg aufgekommene gemäßigte Dresdener Rokoko in noch etwas schlichter werdenden Formen bis etwa zur Jahrhundertwende weiter, wobei ihm selbst der streitbare Klassizist Krubsacius – wenn auch später unter dem Einbeziehen klassizistischer Stilelemente – verbunden blieb. Ebenso gliedert Schade seinen zweigeschossigen, über einem quadratischen Grundriß von nur 13,4 Metern Seitenlänge aufstrebenden Baukörper des Fasanenschlößchens durch eine sehr einfach gehaltene Lisenenarchitektur, die in der Mitte der vier Fronten jeweils zur breiteren Vorlage wird. Hierbei zeigt die West- und Ostfassade je fünf, die Nord- und Südfassade aber nur je vier Fensterachsen; auch bringen eingetiefte oder aufgesetzte Putzfelder weitere Gliederungsmomente, und ein umlaufendes Gurtgesims schafft der vertikal betonten Architektur das horizontale Gegengewicht. Die Öffnungen sind sämtlich als Fenstertüren ausgebildet und verraten damit ihre Herkunft von den französischen „chatelets". Während sie sonst durchweg mit Stichbögen abschließen, erscheinen über den axialen Öffnungen der Ost- und Westseite Rundbögen, die im Erdgeschoß mit Kurhut und Kurschwertern, im Obergeschoß jedoch durch eine große, von Girlanden und Palmwedeln umgebene Muschel geschmückt sind. In Stuck angetragen, bleiben diese Formen einziger plastischer Schmuck der Fassaden; dazu zeigen die oberen Fenstertüren reizvolle schmiedeeiserne Brüstungsgitter (Abb. 164, 165).

Seinen besonderen Charakter aber erhält der Baukörper durch das hohe, haubenartige Kupferdach, dessen kräftige Schweifung zusammen mit der aufgebogenen, wellenförmigen Traufe chinoreske Motivik anklingen läßt. Zur Belichtung des Dachgeschosses sind an jeder der vier Seiten drei hochovale Gaupen in Art des französischen Œil-de-bœuf angeordnet. Der Dachaufbau schließt mit einer nach oben sich abstufenden Plattform ab, die ursprünglich durch umlaufend vorgesehene Lambrequins in die Dachflächen eingreifen sollte; sie ist von einem filigranen eisernen Gitter umgeben, das sich zwischen mit großen Blechvasen besetzten Eckpostamenten spannt. Aus der Plattform wächst eine durchbrochene, kupferverkleidete Laterne, deren Haube eine in Eichenholz geschnitzte und farbig gefaßte Chinesengruppe trägt (Abb. 166): Auf einem Polster sitzt in würdevoller Haltung ein Mandarin, wobei ihn sein Diener mit dem Schirm vor den Unbilden der Witterung zu schützen sucht. Das humorvolle Bildwerk dient aber zugleich einem praktischen Zweck, vermag doch der Chinese vermittels eines in seinem Inneren angebrachten Pendelwerkes durch Kopfnicken die Windrichtung anzuzeigen. Jene heitere Grundstimmung des Ganzen erfährt noch ihre Betonung durch die als Nachklang des Rokoko wirkende Fassadenfarbigkeit: Während Wandflächen, Vorlagen und Putzspiegel in Rosé gehalten sind, er-

scheinen die eingetieften Felder um Fenstertüren und Spiegel in Apfelgrün. Aufgrund von Untersuchungen des Instituts für Denkmalpflege, Arbeitsstelle Dresden, konnte diese originale Abfärbung nachgewiesen und 1972 vorerst an zwei Schauseiten wiederhergestellt werden.

Ein intim-spielerischer Charakter prägt auch die Gestaltung der unmittelbaren Umgebung des Schlößchens (Abb. 167), das in den Akten stets als „Palais im Fasanengarten" oder „Jagdpalais" erscheint, doch seine Fertigstellung erst 1782 erfuhr. Das Bauwerk erhebt sich auf einer niedrigen und schmalen Terrasse, die aus künstlichen, in Sandstein gehauene Felsen besteht. Auf ihnen sind naturalistisch dargestellte Pflanzen und kleinere Tiere wie Eidechsen, Schlangen oder Frösche zu finden, während die vier Ecken des Palais durch lebensgroße, verendende Hirsche „mit ächten Geweyh" betont werden (Abb. 7). Hingegen liegen vor dem nördlichen Hauptzugang zwei zusammenlaufende, aus schiefen Ebenen gebildete Aufgänge, deren vorderer Abschluß ebenfalls einen künstlichen Felsen zeigt. Er umschließt eine steinerne Bank und wird von einem Adler bekrönt, der sein Nest bewacht. Auch weist hier eine vor dem mittleren Mauerschaft des Gebäudes angeordnete Dianenstatue in barock-bewegten Formen erneut auf die Jagd.

Der südlichen Terrassenseite war um 1775 – wohl gleichfalls durch Schade – mit dem „Garnhaus" ein kompliziertes Gebilde aus ineinandergreifenden vieleckigen Pavillons vorgelegt worden, das sich dem fallenden Gelände gemäß entwickelte (Abb. 168). Seine charakteristische Erscheinung brachten ihm die über den einzelnen Baukörpern einfach oder auch doppelstufig aufschwingenden zeltartigen Dächer, deren Bekrönung meist Vasen im Zopfstil bildeten. Aus weiß und grün gestrichenem Lattenwerk bestehend und teilweise von Schnitzereien geziert, diente das schindelgedeckte Bauwerk dem Halten von Lockvögeln für die Vogelstellerei wie auch zur Aufbewahrung der dazu erforderlichen Netze und Garne, doch fanden hier ebenso seltenere ausländische Vögel Unterkunft. Welche Aufmerksamkeit man dieser Anlage widmete, geht aus mehreren dafür gefertigten Entwürfen hervor. Von der reichen Phantasie der Zeit zeugt jene Variante, die einen zweigeschossigen Pavillon vorsieht, um den sich niedrigere Bauten aus Lattenwerk gruppieren. Freitreppen, an deren Balustraden kleine Drahtkäfige mit Vögeln hängen, dienen zur Überwindung des Geländegefälles und umgeben zugleich ein Brunnenbecken, in dessen Mitte ein großer Wasservogel als Fontäne erscheint. Obwohl ein wesentlicher Bestandteil der gesamten Fasanerie, mußte das „Garnhaus" im Jahre 1882 wegen Baufälligkeit abgebrochen werden. Danach wurde

164 *Moritzburg, Fasanenschlößchen: Südfassade mit Freitreppe (nach 1882) und vorgelegtem Rasenparterre*

165 Moritzburg, Fasanenschlößchen: Blick aus der Heckenachse auf die Ostfassade

166 Moritzburg, Fasanenschlößchen: Die Laterne
mit der bekrönenden Chinesengruppe aus bemaltem
Eichenholz (um 1780)

der Südseite des Fasanenschlößchens die bis heute
bestehende Freitreppe nebst dem sich anschließenden
Rasenparterre vorgelegt (Abb. 164, 200).

Einen Gegensatz zur Heiterkeit des Palais bilden
die es umgebenden, in strengem französischen Schnitt
gehaltenen Heckenwände aus Buchen, Linden und
Fichten. Sie erfahren freilich durch eine reiche Verwendung von Sandsteinplastik ihre Belebung, wobei
sich darunter einige Bildwerke aus kriegsverwüste-
ten Parkanlagen befinden sollen, die auf Veranlassung Marcolinis hier ihren neuen Standort fanden.
So werden jene auf die Gebäudeachsen orientierten
Heckenwege am Beginn jeweils von zwei allegori-
schen Statuen flankiert; auch stehen vor der nördlichen Heckenbegrenzung der Terrasse zwei qualität-
volle Skulpturen auf Postamenten, von denen die
rechte eine Mädchengestalt mit Hündchen darstellt,
während die andere einen Jüngling zeigt, dessen

Hand auf einem Wildschweinskopf liegt (Abb. 169).
Weiterhin findet man zu seiten des südlichen Rasenparterres mit der Vogeltränke und dem Vogelbad
zwei zierliche Brunnen, in denen sich die Verspielt-
heit des Ganzen fortsetzt: Hier wächst bei der öst-
lichen Anlage aus der noch barock geschwungenen
Schale ein kleiner Felsen, auf dem vier Frösche als
Wasserspeier sitzen; gegenüber aber gießen zwei
Bauernkinder aus Butten Wasser in das Becken.
Maßgeblich beteiligt an dem plastischen Schmuck ist
der begabte Carl Friedrich Schäfer gewesen, Sohn
eines Berliner Bildhauers und seit 1771 Schüler von
Gottfried Knöffler, des Schwiegersohnes und Nachfolgers von Benjamin Thomae. 1773 mit einer festen
Besoldung von jährlich 300 Talern in kurfürstliche
Dienste genommen und als Pensionär der Kunstakademie geführt, wurde ihm 1778 ein dreijähriger Ur-
laub zum Abschluß seines Studiums in Rom gewährt,
doch starb der Künstler dort 1781. Schäfer hat neben
den vier Hirschen auf der Terrasse, dem Jüngling
samt dem Wildschweinskopf und wohl noch anderen
Plastiken dieses Bereiches um 1777 auch jenes reich
bewegte, schon monumental wirkende Brunnenwerk
der „Grotte" geschaffen, das unterhalb der Westseite
des Schlößchens die große, scheinbar vom Jagdschloß
her kommende Wasserachse abschließt (Abb. 167,
170): Aus einem flachen, bohnenförmigen Becken erhebt sich ein künstliches Felsengebilde in barocker
Tradition, auf dem Leda mit dem Schwan lagert,
von Amor und einer Putte samt Füllhorn umgeben.
Dazu beleben spielende Putti, Delphine und Schild-
kröten den teilweise von Phantasiegewächsen überzogenen Felsen, wobei vor allem in den Kindergestalten der Einfluß Gottfried Knöfflers deutlich wird.
Vor dieser Anlage weitet sich der tieferliegende Kanal zum ovalen Bassin, in das das Wasser des oberen
Brunnens über eine axial angeordnete und wieder
von Felsenwerk gesäumte Schräge abfließt. Auch
stehen zu beiden Seiten des unteren Beckens jeweils
drei große, reich skulptierte Vasen auf hohen Postamenten. Während im locker-bewegten Duktus der
Statuen am Fasanenschlößchen noch die heitere Welt
des Rokoko nachklingt, wird in dem härteren Umriß
jener Vasenformen bereits die Kühle klassizistischen
Empfindens spürbar: Vier von ihnen lassen große
Widderköpfe auskragen, während den Mittelteil der
beiden anderen im Relief gearbeitete Szenen umlau-
fen, die Putten bei einem ländlichen Fest und bei der
Entenjagd zeigen (Abb. 171). In ihrer Behandlung
entsprechen sie etwa jenen Vasen, die zur gleichen
Zeit von Johann Baptist Dorsch und Thaddeus Wis-
kotschill für die Gärten des Marcolini-Palais und des
Palais der Sekundogenitur in Dresden geschaffen
wurden.

Das Wasser für die Fontänen der „Grotte" hatte man in einer Leitung aus Holzröhren vom nahe den Volkersdorfer Waldteichen gelegenen Steingrundteich unter dem Großteich hindurch bis zur Fasanerie geführt, wo es außerdem die Brunnen im Garten wie

Oberförster Probsthain und Hofgärtner Mäser angepflanzt worden, wollte doch damit Graf Marcolini dem Kurfürsten und seiner Gattin eine Huldigung darbringen. Der etwa 1,6 Hektar große Fasaneriegarten legte sich vor die Nordwestseite des Palais-

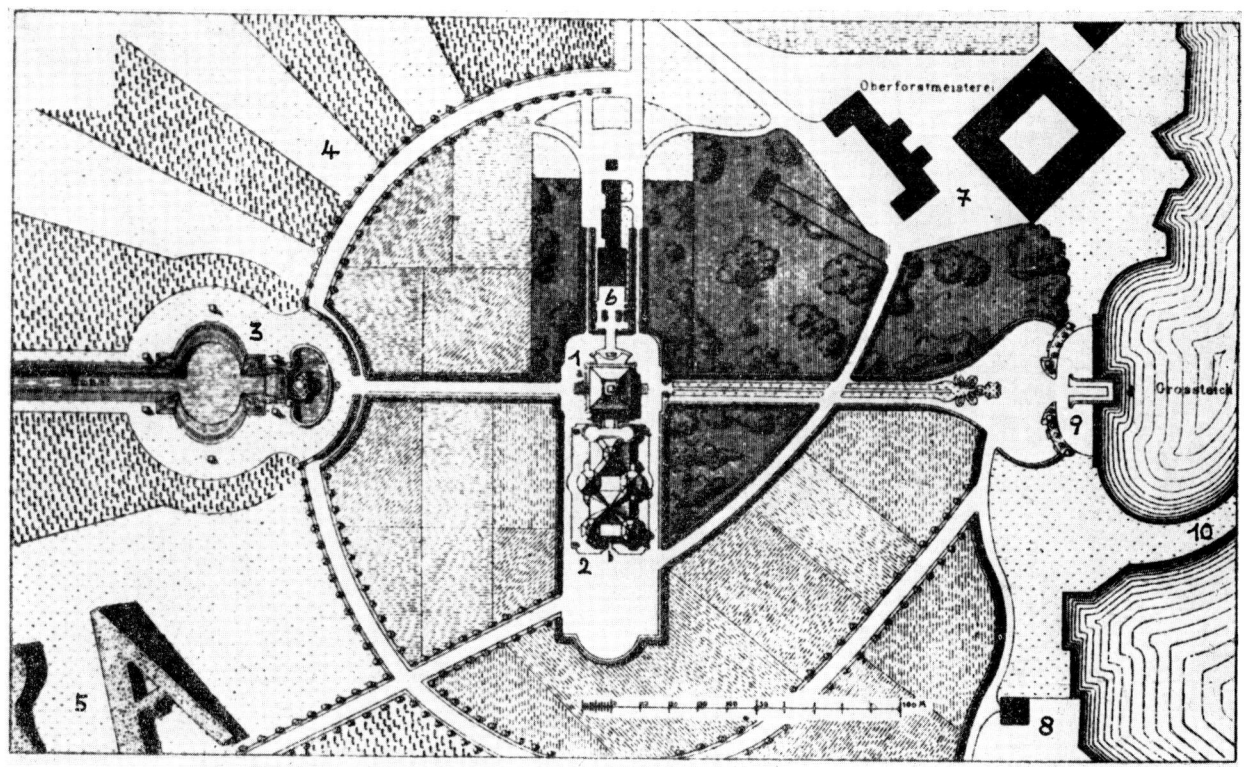

167 Lageplan der Fasanerie zu Moritzburg bis zum Jahre 1882. Aus H. Koch: Sächsische Gartenkunst, S. 276
1 = Fasanenschlößchen, 2 = Garnhaus, 3 = Grotte (Leda-Brunnen),
4 = Fasanengarten, 5 = Heckenbuchstaben A F A, 6 = Hofküche,
7 = Fasaneriegehöft, 8 = Bootshaus, 9 = Bootsanlegestelle, 10 = Mole zum Leuchtturm

auch die Wildtränken des ebenfalls damals angelegten Hirschgartens speiste. Der Kanal hingegen war bereits 1702 auf Befehl Augusts des Starken in der schon vorhanden gewesenen Schneise gegraben worden, um den Großteich mit dem geplanten Moritzburger Schloßteich verbinden zu können. Das Vorhaben scheiterte aber an der unterschiedlichen Höhenlage beider Wasserflächen, so daß man den Lauf des Kanals auf halbem Wege nach Südwesten abbog und vor Cunnertswalde in den Großteich führte. Auch befand sich früher am Nordrand des Weges von der heutigen „Waldschänke" zum Fasanenschlößchen ein eindrucksvolles gärtnerisches Kunstwerk, das die aus hohen Fichten- und Weißbuchenhecken gebildeten Riesenlettern A F A (Amalie – Friedrich August) zeigte (Abb. 167). Als Anfangsbuchstaben der Namen des kurfürstlichen Paares waren sie 1780 vom

hügels, wobei die Fasanen ihre Verstecke im künstlichen Gestrüpp der „Remisen" fanden (Abb. 167). Dort hatte man auch Rohrhütten und ähnliche Anlagen als Pflege- und Brutstätten für Vögel errichtet, war doch der Kurfürst ein Vogelliebhaber, der sich sogar in der Forstabteilung „Oberecke" südöstlich vom Jagdschloß einen Vogelherd anlegen ließ. Die exotischen Fasanenarten, aber auch Pfauen, waren hingegen im „Garnhaus" untergebracht, das zudem getrennte Drahtkäfige für andere seltene Vögel wie Steinadler, Reiher oder Uhus enthielt. Unmittelbar hinter der Nordseite des Palais lag die Hofküche, ein langgestrecktes Gebäude, dessen Kopfbau von einem oktogonalen Türmchen mit Zeltdach bekrönt wurde (Abb. 167, 185). Wie alle umliegenden, zur Hofhaltung zählenden Wirtschaftsgebäude und Stallungen (Abb. 172) war auch das nordöstlich vom Palais, nahe

168 Das 1882 abgebrochene „Garnhaus" vor der Südseite des Fasanenschlößchens

dem Ufer des Großteiches gelegene Fasaneriegehöft im sparsamen Stil des sächsischen Spätbarocks gehalten. Dort wohnte in dem von einem Mansarddach bedeckten und mit einfacher Lisenengliederung versehenen Hauptbau der Fasanenmeister, während im Obergeschoß die Wohnung des Grafen Marcolini lag. Johann Christoph Malcke hat uns das Aussehen der gesamten Anlage auf seiner um 1775 geschaffenen Vogelschau überliefert, wobei ein Großteil der Nebengebäude – wenn auch verschiedentlich später verändert – bis heute erhalten blieb (Abb. 173, 182).

Grundrißdisposition und Raumgestaltung. Der Grundriß des Fasanenschlößchens erweist sich als Meisterleistung des entwerfenden Architekten, gelang es ihm doch, innerhalb eines Quadrates von nur 13,4 Metern Seitenlänge eine ganze Hofhaltung en miniature unterzubringen. Dabei bewahren die Räumlichkeiten trotz winziger Ausmaße und gedrängter Anordnung ihren intim-wohnlichen Charakter, wurde doch die Gestaltung des Erdgeschosses von der Nutzung als eigentlicher Wohnbereich des kur-

fürstlichen Paares bestimmt (Abb. 174). Sämtliche Zimmer zeigen flache stukkierte Decken, wobei aus der stets erscheinenden Mittelrosette nie Glaskronen treten, da man hier nur Handleuchter verwendete. Auch sind lediglich drei Räume mit Wärmequellen ausgestattet; selbst das Arbeitszimmer des Kurfürsten enthält keinen Ofen. Die Innenarchitektur wird von der Formensprache des Zopfstiles bestimmt: Neben stilisierten Rocaillen, zartgliedrigen Blattzweigranken sowie naturalistisch gearbeiteten und teilweise farbig gefaßten Blüten finden sich Lorbeerblattfestons, Tuchgehänge oder Perlstäbe als neue, der Antike entlehnte Dekorationsformen. An den verschiedentlich vorkommenden Ausmalungen ist wohl der damals vielbeschäftigte Johann Ludwig Giesel beteiligt gewesen, ein Schüler des Dresdener Theatermalers Johann Benjamin Müller und Charles Hutins, Nachfolger Louis de Silvestres an der Kunstakademie. Ebenso dürfte das Mobiliar, das ein charakteristisches Girlandendekor und die hellen Farben des Zopfes zeigte, vorwiegend von Dresdener Tischlern gefertigt worden sein, während David Roentgen, bedeutendster Kunstschreiner der Zopfzeit, einige

Toilettenmöbel und mit chinesischen Figuren ausgelegte Spieltische lieferte. Dagegen könnten die Boiserien von den Dresdener Hoftischlern Georg Wilhelm Böhringer, Johann Gottlob Hesse und Johann Michael Kaufmann stammen. Freilich ist von alldem nur wenig überkommen, denn die Kriegsauswirkungen brachten 1945 den Räumlichkeiten schwere Zerstörungen, wobei die mobile Einrichtung weitgehend verlorenging.

Vom Nordeingang her betritt man zunächst das schmale Treppenhaus mit seiner reizvollen, noch barock anmutenden Stufenanlage; danach folgt rechts die einstige „Antichambre", ein Empfangszimmer, das als größter Raum des Erdgeschosses in den Abmessungen von 3,00 × 4,50 Metern gehalten ist (Abb. 175). Hier hat man die Decke weiß und golden stuckiert, wobei Blütenranken und in den Ecken mit Ölfarbe bemalte Bäume erscheinen. In Stuck angetragene Bäume begrenzen auch die Seiten der über den Türen liegenden Supraporten, deren von Rocaillen und Ranken gerahmte Felder kleine, mit zarten Blütengehängen spielende Engel zeigen. Ebenso erweist sich der in einer Zimmerecke angeordnete Empirekamin durch seinen Girlanden- und Vasenschmuck als typisch für die Gesamtausstattung.

Das nachfolgende Arbeitszimmer des Kurfürsten bietet infolge seiner Achslage eine reizvolle Fernsicht entlang der großen Schneise bis zum Blickpunkt des in der Ferne blauenden Jagdschlosses. Der Raum weist eine Größe von nur 3,60 × 2,80 Metern auf, wobei die Wände mit Furnierholz in Würfelintarsia verkleidet sind, während die Decke eine vergoldete Stuckdekoration aus Rankenwerk mit Blättern und Blüten zeigt. Die Wand gegenüber der Fenstertür ist als Nische ausgebildet und bezeichnet den Arbeitsplatz des Kurfürsten (Abb. 176). Ihren oberen Abschluß schmücken wieder Rocaillen; hingegen wird die Rückwand durch einen Spiegel verkleidet, den oben ein ovales, von einem Kranz gerahmtes Medaillon mit dem Profilrelief eines Dianenkopfes ziert. Köcher und Bogen sowie ein Waldhorn zwischen Band- und Rankenwerk zeigen auch jene festonartigen Verzierungen, mit denen die Wandrundungen zu seiten der Nische im oberen Bereich geschmückt sind; unten aber verbergen sich in ihnen kleine Drehtüren, die als „stumme Diener" eine unsichtbare Bedienung aus der dahinterliegenden Kaffeeküche erlaubten. Außerdem erscheinen rechts und links der Fenstertür „zwey Ecketageren auf vergoldeten Consolen mit 8 Fächern", die zum Aufstellen von Kleinporzellan dienten; ebenso zeigen die Supraporten über den Türen stuckierte und thematisch gleichfalls mit der Jagd verbundene Darstellungen, deren ovale Formen von Girlanden gerahmt werden.

Das sich anschließende, die Südwestecke des Gebäudes einnehmende Wohnzimmer des kurfürstlichen Paares zeigt dagegen als bemerkenswerte Eigenheit eine Wandbespannung aus Stofftapete, die „weißen Grosditour mit chinesischen Figuren gestickt" vorführt.

In Achse der Südfront ist das einstige Toilettenzimmer des Kurfürsten angeordnet. Der sehr kleine Raum wird im Inventar als „Stroh- und Schmelz Cabinett" bezeichnet, besteht doch die Verkleidung der

169 Carl Friedrich Schäfer (gest. 1781): Jüngling mit Wildschweinskopf und Muschel (Adonis?). Sandstein, Höhe ca. 2,00 m, um 1775. Moritzburg, Nordseite der Terrasse des Fasanenschlößchens

Wandflächen aus geflochtenen Strohhalmen, denen aus Perlen und winzigen Federn gefertigte chinesische Figuren aufgenäht sind. Auf den Supraporten über den vier Türen finden sich weißbemalte Flachreliefs mit Darstellungen von Mühlen, Ackerbaugeräten und ähnlichen Gegenständen in rustikal gehaltener Schnitz-

den. Den in der Außenwand unmittelbar neben der Fenstertür eingelassenen Durchgang verbirgt zudem eine Tür, die als Rokokoschreibschrank mit Glasaufsatz gestaltet ist. Offenbar von einem unbekannten Dredener Hoftischler gefertigt, zeigt das in Palisander furnierte Scheinmöbel in den Feldern der unten

170
Carl Friedrich Schäfer
(gest. 1781):
Grotte (Leda-Brunnen)
an der Fasanerie
zu Moritzburg (um 1777)

arbeit, während die Rückwand des Zimmers den Toilettenspiegel aufnimmt. Dem Inventar von 1816 zufolge ergänzte das Mobiliar ursprünglich noch ein „Tischgen ... von innländischen Steinen und vergoldeten Messing zusammengesetzt", das wohl der berühmte Dresdener Goldschmied Johann Christian Neuber in den Jahren nach 1762 geschaffen hatte. Die Platte jenes Konsoltisches, den die Stadt Freiberg 1769 dem Kurfürsten als Geschenk übergab, war aus sächsischen Bandachatplättchen zusammengefügt, wobei das in der Mitte eingelegte Monogramm FA nebst Kurhut sowie dem umgebenden Laub- und Blumenwerk aus Elsterperlen und 132 einheimischen Halbedelsteinen bestand. Ebenso erschienen am Tablier, an der Stegbekrönung wie auch an den Beinkanten Porzellanschilde mit miniaturhafter Malerei als Dekorform, die zu jener Zeit in Dresden vielfache Verwendung an Möbeln und bei Verkleidungen von Wänden fand. Leider kam 1920 die Platte des erhalten gebliebenen Tisches, der einen besonderen Raumschmuck bildete, durch Diebstahl abhanden

angedeuteten Schübe eine reizvolle, aus Pflaume und Ahorn bestehende Flechtwerkmarketerie, die jeweils durch dünne, geschweifte Bänder gerahmt wird. Hier konnte der Kurfürst über eine kleine, an der äußeren Gebäudewand angebrachte Wendeltreppe ungesehen in das dem Palais vorgelegte „Garnhaus" gelangen, wenn er seine Vögel füttern oder beobachten wollte.

Noble Vornehmheit kennzeichnet auch das Toilettenzimmer der Kurfürstin, obgleich es den kleinsten Raum innerhalb des Erdgeschosses darstellt. In Achse der Ostseite gelegen, öffnet sich von ihm aus der Blick durch den östlichen Heckenweg zum Großteich und darüber hinaus in die von sanften Hügeln belebte Landschaft. An der mit kleiner Kehle versehenen Decke kommen wieder weiß und golden behandelte Stukkaturen in Form von Rocaillen und Rankenwerk vor. Die Wand gegenüber der Fenstertür zeigt einen risalitartig vortretenden Mittelteil in blaßroter, gesprenkelter Marmorimitation; darin ist eine halbrunde Nische mit abschließendem Bogen und umlaufendem profilierten Gewände eingelassen, während darüber ein eingetieftes Feld mit vergoldetem Laubgewinde erscheint (Abb. 177). Die Nische dient zur Aufstellung eines aus weiß glasierter Keramik bestehenden Ofens in klassizistischen Formen: Sein runder, mehrfach unterteilter Sockelbau trägt eine große urnenförmige Flammenvase, wobei beide Teile mit reicher,

Das gemeinsame Schlafzimmer des kurfürstlichen Paares nimmt die Südostecke ein. Es wird nach seiner Wandverkleidung als „Federnzimmer" bezeichnet, wobei früher die sehr schlichten, weiß gestrichenen Bettgestelle wie auch die darüber schwebende kleine Kuppel ebenfalls mit inländischer Federnarbeit ge-

171 Gartenanlagen am Fasanenschlößchen

golden abgesetzter Ornamentik verziert sind. Hingegen schmückten einstmals die beiden seitlichen Wandstreifen je fünf von ovalen goldenen Rähmchen gefaßte Seidenstickereien: Blumenstücke darstellend, dürften es eigenhändige Arbeiten der Kurfürstin und ihrer Hofdamen gewesen sein. Ebenso zählt die ursprüngliche, aus weißer Seide bestehende Wandbespannung wie auch der Toilettentisch „von Silberpappelholz mit chinesischen Figuren nebst Spiegel" zu den Verlusten. Die über den beiden Türen liegenden Supraporten zeigen grisailleartig gemalte Aquarelle mit Gruppen von kleinen Pudeln.

schmückt waren. Dagegen zeigen die mit Rocaillen umrahmten Supraporten über den beiden Türen je einen lebensgroßen Fasan aus buntbemalten Stuck.

Das etwa 2,00 × 2,60 Meter große Zimmer in der Nordostecke erscheint im Inventar als „chinesisches Eckcabinett", was bereits auf die Art seiner Ausstattung hinweist (Abb. 178). Die wieder mit kleiner Kehle über dem einfachen Wandgesims liegende Decke ist hier nicht stukkiert, sondern mit einer Sonne sowie jeweils einem Drachen in den vier Ekken bemalt. Ebenso zeigen die aus Leinentapeten bestehenden Wandbespannungen einschließlich der Supraporten chinoreske Bemalungen: Wir sehen heitere Szenen mit Bäumen, Schmetterlingen, Vögeln, Bauten und agierenden Chinesen, die sich vor einem duftig behandelten Hintergrund abspielen. Dazu erscheinen in den Ecken von Mäanderbändern gerahmte kreisrunde Flächen mit chinesischen Schriftzeichen, die auch anstelle der sonst in den Zimmern üblichen hölzernen Lambris vorkommen. Hingegen hat man den braun glasierten Fayenceunterbau des in einer Raumecke stehenden Ofens als Rokokokommode ausgebildet, deren Aufsatz aus einer weißen, mit chinoiser Blaumalerei und Girlanden dekorierten Vase besteht. Als weiteres Kuriosum ist ein Klappbett vorhanden, das sich hinter einem täuschend nachgeahmten Büchergestell samt Buchrücken aus echtem Leder verbirgt. Da hier offenbar die Kammerdame der Kurfürstin wohnte, mag man jene Konstruktion gewählt haben, um den kleinen Raum, der zugleich einziger Zugang zum Toilettenzimmer der Kurfürstin war, nicht zusätzlich zu beengen.

zu steht die weiß lackierte Holzverkleidung der Wände, deren eingelassene Felder vergoldete Leisten umziehen. Sie erfuhren früher ihr Belebung durch 68 kleine Konsolen mit ausgestopften Vögeln, die ein dem Inventar beiliegendes Verzeichnis namentlich nennt. Ebenso waren auf den Supraporten über den sechs Türen solche Vögel angebracht, darunter „ein Schlaggan", ein Adler, ein Falke, zwei weiße Fasanen, ein Habicht, eine Wildgans und zwei Silberfasanen. Außerdem befanden sich einstmals in Mitte der beiden Stirnwände zwei große, von reichem Rocaille-Werk umgebene Ölgemälde: Während das eine ein Wasserfest auf der Elbe unterhalb

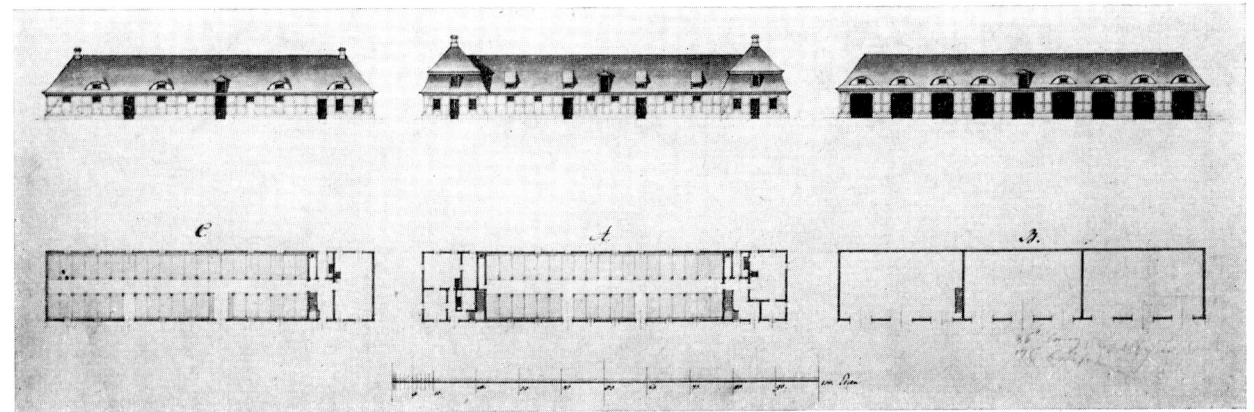

172 *Moritzburg, Fasanerie: Entwürfe zu Stallgebäuden. Ansichten und Grundrisse.*
Federzeichnung, farbig getönt, um 1775. Dresden, Institut für Denkmalpflege

Eine zierliche Treppe, deren rechteckige kannelierte Säulen Phantasiekapitelle mit Jagdmotiven zeigen, führt zu dem im Obergeschoß in Mitte der Westseite angeordneten Speisesaal (Abb. 179). Von drei Fenstertüren belichtet, erscheint er mit den Abmessungen von 6,00 × 4,50 Metern als größter Raum des Palais. Seine charakteristische, wieder weiß-golden gehaltene Ausstattung im Zopfstil hat wohl Johann Daniel Schade um 1771 geschaffen (Abb. 180). Den Saal überspannt die einzige Stuckdecke des Obergeschosses; sie tritt aus einem schweren, mit Akanthuslaub geschmückten Stabgesims, wobei ihre vergoldeten, aus Rocaillen, Palmetten und Gitterwerk bestehenden Zierformen noch ganz dem heiteren Rokoko angehören. Im strengeren Gegensatz dazu

des Liliensteins im Elbsandsteingebirge darstellte, war auf dem anderen jene „Wasserjagd zu Moritzburg de anno 1769" mit der Fasanerieanlage aus der Zeit um 1739 zu sehen (Abb. 162). Johann Christoph Malcke, der in der Friedrichschen Öltapetenfabrik in Dresden beschäftigt war und auch als Blumen- und Früchtemaler in Erscheinung trat, mag beide Bilder um 1771 geschaffen haben. In Achse der inneren Längswand des Saales erscheint wieder eine risalitartig vortretende Fläche aus künstlichem Marmor samt eingetiefter halbrunder Nische, die ein profiliertes Gewände umzieht. Mit einem Bogen abschließend, auf dem Rankenwerk liegt, dient sie ebenfalls zur Aufstellung eines Ofens. Sein Unterteil besteht hier aus einem auf Tierfüßen ruhenden gußeisernen Feuerkasten, dessen Platten das im Profil wiedergegebene Brustbildnis einer Jägerin in ovaler Umrahmung sowie Jagdembleme zeigen, während das Ganze von einer aus Terrakotta bestehenden kannelierten Trommel bekrönt wird.

Entlang der Ostseite des Obergeschosses sind drei zusammenhängende Gästezimmer angeordnet, die

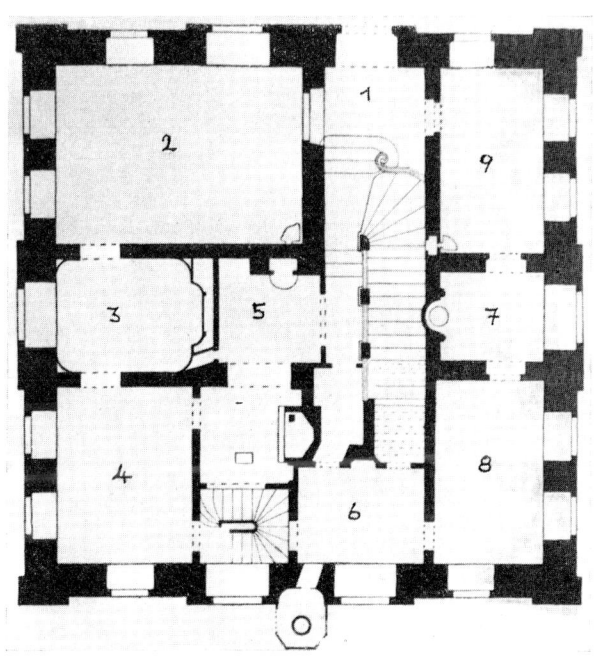

173 Johann Christoph Malcke (1725–1777): Die Anlagen der Fasanerie zu Moritzburg um 1775.
Ausschnitt aus Abb. 182

man gleichfalls vom Treppenflur aus erreicht. Von ihnen ist allein das an der Südostecke liegende „Fliegenzimmer" aufgrund seiner originellen Tapetenmalerei
erwähnenswert: Sie führt ländliche Beschäftigungen
vor, bei denen die agierenden Personen von aufge-
malten Fliegen belästigt werden. Hingegen zeigen die
Stofftapeten der beiden anderen Räume in Gouache-
malerei gehaltene Genreszenen von minderer Qualität, doch erschließt sich von mittleren Raum ein reizvoller Ausblick zum Großteich (Abb. 181). Früher be-

174 Moritzburg, Fasanenschlößchen:
Grundriß des Erdgeschosses.
Aus C. Gurlitt:
Beschreibende Darstellung . . ., Bd. 26, S. 113
1 = Eingang und Haupttreppe, 2 = Empfangszimmer
(„Antichambre"), 3 = Arbeitszimmer des Kurfürsten,
4 = Wohnzimmer, 5 = Kaffeeküche mit Nebenräumen,
6 = Toilettenzimmer des Kurfürsten, 7 = Toilettenzim-
mer der Kurfürstin, 8 = Schlafzimmer, 9 = „Chinesi-
sches Eckcabinett"

fanden sich hier oben noch zwei Bilder, die unbeabsichtigt zu einer Satire auf den Grafen Marcolini geworden waren. Auf seinen Befehl hin mußten einstmals Waldarbeiter nahe dem Schlößchen einen Baum fällen, der nach links fallen sollte. Da er aber trotz aller Anstrengungen nach rechts fiel, mußten ihn die

Anlage der Gedanke eines Refugiums zugrunde, wo der Kurfürst und seine Gemahlin – fern vom höfischen Gepränge und allenfalls im Kreise weniger Vertrauter – die Stimmungen der Landschaft genießen wollten. Jene starken Impulse, die von Rousseaus Ruf: „Retournons à la nature!" ausgingen,

175 Moritzburg, Fasanenschlößchen: Das Empfangszimmer. Zustand um 1930

Arbeiter wieder aufrichten und nach der von Marcolini gewünschten Seite zu Fall bringen. Offenbar noch stolz auf den für die Hilflosigkeit seiner Staatskunst symbolhaften Vorgang, ließ ihn der Graf durch jene beiden Gemälde für die Nachwelt festhalten. Der geräumige Dachboden des Palais war damals in kleine Kammern unterteilt, in denen das Dienstpersonal wohnte. Man gelangte dorthin über eine unsymmetrisch angelegte Wendeltreppe, die vom Erdgeschoß bis hinauf zur Plattform des Daches führt.

Gesamthaltung und Einflußbereiche. Die Moritzburger Fasanerie ist dem Modewild des 18. Jahrhunderts gewidmet gewesen. Vor allem aber lag ihrer

hatten mit dem freieren Verhältnis zum Natürlichen auch den Sinn für landschaftliche Reize keimen lassen. Sah aber Rousseau in der Natur kein biologisches Ganzes, sondern eine geistige Universalmacht, von der das Weltsystem durch ein Gleichgewicht der Kräfte in harmonischer Bewegung gehalten wird, so verstanden viele seiner Anhänger den völlig literarisch gemeinten Begriff auch biologisch-botanisch: Man betrachtete jetzt neben der Natur auch die darin eingeschlossene Landschaft als zwar vertrauten, doch unantastbaren Gegenstand, dem sittliche und gefühlsbedingte Wirkungen unterlegt wurden, um daraus kultivierende Einflüsse auf die menschliche Gesellschaft abzuleiten. Meist aber blieben die im Zuge dieser Entwicklung als Aufenthaltsorte entstehenden ländlichen Idyllen nur spielerisch-sentimentale Dekoration. Auch der kleine zweigeschossige Quadratbau des Fasanenschlößchens tendiert nach jener Richtung, doch zeigt er ebenso, daß sein Bauherr nicht mehr nach Repräsentation, sondern nach einfacher bürger-

Rokoko und den Anfängen des Klassizismus. Jenes blockhafte Hervorwachsen des quadratischen Kubus aus dem aufschwingenden Hügel vor allem, das noch von einem allseitig symmetrisch geformten Dach unterstützt wird, sichert dem Bauwerk trotz seiner Kleinheit das Wesensmerkmal der Monumentalität

176 Moritzburg, Fasanenschlößchen: Arbeitszimmer des Kurfürsten mit Arbeitsplatz. Zustand um 1930

177 Moritzburg, Fasanenschlößchen: Toilettenzimmer der Kurfürstin mit Ofennische. Zustand um 1930

licher Lebenshaltung strebte. Noch kein Menschenalter war vergangen seit den großen, völlig auf äußere Zurschaustellung monarchisch-zentraler Macht abgestimmten Schloßbauten Augusts des Starken, da genügte seinem Urenkel eine Behausung, die nicht den Umfang der Wohnungseinrichtung einer großbürgerlichen Familie jener Zeit überschritt. Diese verbürgerlichte Lebensführung des Regenten mit ihrer gesuchten Einfachheit und ihrem Drang zum Engen ist wohl deutlichster Ausdruck für die veränderten Lebensformen der spätfeudalen Gesellschaft.

In einer Zeit gärender stilistischer Wandlung erbaut, steht das Palais zwischen dem ausklingenden

(Abb. 164). Doch die Schauseiten bestimmt nicht mehr das kraftvoll-bewegte Spiel mit der Masse, sondern sie stehen im absolut gleichwertigen Verhältnis zueinander, zeigen das Einhalten eines Gestaltungsprinzips. Lebend von der bewußten Betonung struktiver Glieder und Akzente, verbleiben sie in der Fläche, in die die Strukturen leicht eingetieft sind, während Plastik kaum noch hervortritt. Hier wirkt über Knöffel das rationale Denken des französischen Klassizisten Longuelune nach: Die Fassaden erscheinen geprägt vom noblen Duktus des Dresdener Spätbarockstils, der eigentlich schon Frühklassizismus ist, wenn auch der schwingende Umriß des Daches samt der leicht aufstrebenden Laterne mit ihrer für Cha-

178 Moritzburg, Fasanenschlößchen:
Das „chinesische Eckcabinett". Zustand um 1930

rakter und Silhouette des Baukörpers wichtigen Chinesengruppe Reminiszenzen an die heitere Welt des Rokoko weckt.

Indes folgt die Einbeziehung des Schlößchens in das Moritzburger Gesamtkunstwerk noch barocken Gestaltungsprinzipien, ist es doch genau in Hauptachse des Jagdschlosses angeordnet, und ebenso wird der die Schneise teils begleitende Kanal von einem geometrisch geformten Wasserbecken mit monumentalem Brunnenaufbau abgeschlossen (Abb. 167, 170). Aber der Bau liegt fast versteckt im Walde und bietet keinen Überblick mehr über einen nach strengen französischen Regeln gestalteten Park; natürlicher Waldbestand wechselt mit Baumgruppen, einzelnen Bäumen oder ausgedehnten Wiesenflächen, was der Gesamthaltung einen malerisch-idyllischen Charakter gibt, für den die Beschreibung eines Idealgartenprojektes des Friedrich August Krubsacius hätte Vorbild sein können: „Überall war die Gegend mit schlängelichten Wegen durchschnitten, um von einem Orte zum andern zu gelangen ... Bei dem allen war aber eine gerade Hauptaussicht nicht vergessen ... Endlich lag oberhalb der Landschaft ...

ein ganzer runder Fasanengarten von ungefähr 600 Ellen im Durchschnitt. Er bestand aus einem Sterne von 16 Aussichten in's Freye ... die durch kleine Kanäle endigten, die auf einen Kanal aufstunden, der den Fasanengarten in die Hälfte teilte, daran die innere Hälfte mit niederen Sträuchern zu Fasanenständen, die äußere aber mit hochstämmigen Bäumen besetzt war." Freilich kamen bei der Moritzburger Anlage die natürlichen Gegebenheiten am Großteich den Gestaltungsabsichten der Architekten weit stärker entgegen (Abb. 182), während steinplastische Werke noch immer zur Erreichung von Kontrasten dienten, eine Aufgabe, die andernorts schon durch Staffagearchitekturen in Form von Ruinen, Tempeln, Pagoden oder Eremitagen übernommen wurde.

Doch ein Architekt von so sicherem Geschmack wie Johann Daniel Schade wußte auch bei der Innenausstattung gegensätzliche Stilformen harmonisch zu verbinden, wobei sich Rokoko und Zopf, antikisierende Formen und Chinoiserie wechselseitig durchdringen. Hatte das Rokoko Wände wie Decken mit wuchernder Ornamentik überzogen und damit die Tektonik fast entwertet, so kam es jetzt zur klaren Trennung von tragenden und lastenden Elementen. Auch im Fasanenschlößchen zeigen die mit Tapeten bespannten Wandflächen wie auch die hölzernen, in strenge Felder unterteilten Wandverklei-

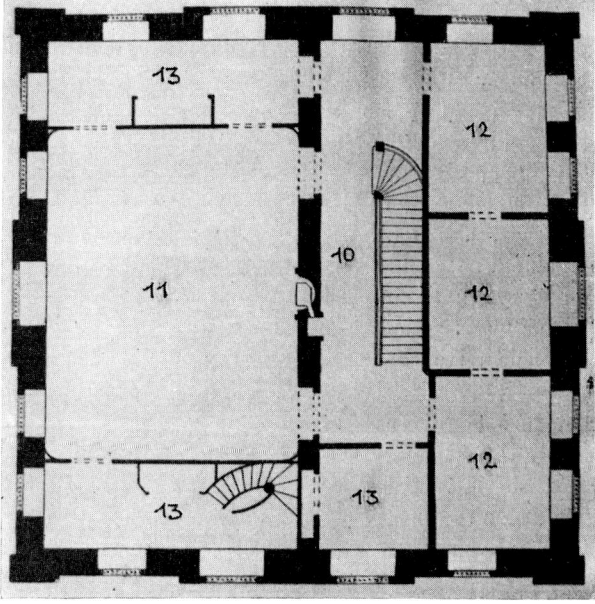

179 Moritzburg, Fasanenschlößchen: Grundriß
des Obergeschosses. Aus C. Gurlitt:
Beschreibende Darstellung ..., Bd. 26, S. 113
10 = Treppenflur, 11 = Speisesaal, 12 = Gästezimmer
(in der unteren Ecke das „Fliegenzimmer"),
13 = Nebenräume

dungen des Speisesaales (Abb. 180) jene neue Richtung an, während allein noch in den Deckenstukkaturen – freilich ebenfalls gemäßigt – die formästhetische Eleganz des Rokoko spürbar wird (Abb. 176): Geschnörkelte Rocaillen und anmutige, mit Blüten und Blattwerk besetzte Rankengeflechte wirken hier als Nachklang jenes durch Naturmotive angereicherten Stiles, dessen frühklassizistischen Tendenzen von Palladio, vom relativ einfach bleibenden Palladianismus des Engländers Inigo Jones und vom französischen akademischen Klassizismus Nicolas François Blondels befruchtet worden waren. Doch man fühlt bereits in allem eine gewisse Kühle, das Fehlen des frischen künstlerischen Duktus, wenn auch

Hingegen setzt sich im Verwenden von Chinoiserien die Vorliebe des 18. Jahrhunderts für chinesische Motivik fort. Ihre Anfänge hatte der um Mitte des 17. Säkulums aufkommende Import kunstgewerblicher Erzeugnisse aus ostasiatischen Ländern veranlaßt. Geistvoll-dekorative Darstellungen auf den nach Europa gelangenden Porzellanen, Lackarbeiten und Seidenstickereien nährten seitdem die Vorstellung, daß jene fremde Welt des Nahen und Fernen Ostens ein maskiertes Arkadien sei, wo ein ebensolches Dolce far niente zu herrschen schien wie innerhalb der absolutistischen Gesellschaft Europas. Dieser noch durch oberflächliche Reisebeschreibungen geförderte Hang zum Exotisch-Grotesken, in

180 Moritzburg, Fasanenschlößchen: Der Speisesaal im Obergeschoß. Zustand um 1930

die einzelnen Ornamente noch wirkungsvolle Anordnungen zeigen. Zudem erscheinen die Deckenkehlen gegenüber ihren barocken Vorbildern stark reduziert, wobei den Wandgesimsen – außer im Speisesaal – ebenfalls ein nur schwacher Betonungsgrad gegeben wird (Abb. 175).

dem sich zugleich auch eine Bewunderung chinesischer Weisheit ausdrückte, führte schließlich zur Geburt der Chinoiserie als einer Zierform, mit der man seit Beginn des 18. Jahrhunderts kunstgewerbliche Gegenstände, Mobiliar und Architekturen verfremdete. Besonders August der Starke mit seinem

181 Moritzburg, Fasanenschlößchen: Blick aus dem mittleren Gästezimmer des Obergeschosses über die östliche Heckenachse zum Großteich mit Hafen, Mole und Leuchtturm. Zustand um 1950

allen Exzentrischen zugetanen Charakter wurde vom Zauber des Exotischen beherrscht, so daß die China-mode in Dresden eine hervorragende Blütezeit erlebte: Sie äußerte sich nicht nur in enormen Ankäufen von chinesischer und japanischer Keramik, sondern bestimmte ebenso den ostasiatischen Geschmack an der Meißner Porzellanmanufaktur und brachte Auswirkungen im Baugeschehen, entstand doch vor allem mit der Schloßanlage von Pillnitz ein frühes Architekturbeispiel dieser nun das abendländische Kulturbild entscheidend mitprägenden Modeströmung. Dabei lagen jene Schöpfungen trotz starker Befruchtung vom Fernen Osten immer auf durchaus heimischer Ebene, wurden doch die fremden Anregungen von einer der wirklichen Kenntnis fernen Phantasie aufgenommen, mit der sie die Künstler nach eigenem Empfinden umbildeten. Hier konnte erst der Engländer William Chambers durch sein 1753 herausgekommenes Buch „Design of Chinese buildings" Wandel schaffen, indem die darin ange-

führten Beispiele auf den in China selbst erworbenen Kenntnissen des Verfassers beruhten. Zudem begann damals ohnehin die Intensität im künstlerischen Verarbeiten der ostasiatischen Ideenwelt nachzulassen, so daß wohl jene Veröffentlichung mit Anlaß war für ein nun erwachendes Interesse am Durchdringen der geographischen wie ethnographischen Wirklichkeit des fremden Vorbildes. Aber es lag jetzt diesem erneuten Aufleben der Chinoiserie das Sehnen nach dem romantisch-exotischen Landschaftserlebnis zugrunde, galt doch besonders China als Land der Natursehnsucht. In ihr haben auch die im Äußeren wie im Inneren des Fasanenschlößchens zu findenden chinesischen Anklänge ihren Ursprung, ohne freilich die Wesenswirkung des Originals zu erreichen: Vor allem den Chinoiserien der Innenräume fehlt jene Naivität und frische Fabulierlust, die gleichartige barocke Dekorationen auszeichnet, wobei ihr zwar exakterer, aber damit auch trockener gewordener Vortrag wohl ebenfalls von Chambers' Vorlagenwerk beeinflußt wurde (Abb. 178). Damit zählt das Palais zu jenen Bauten des ausklingenden Rokoko, die nur noch durch symbolische oder figurale Gestaltungen ihre Bezogenheit auf China bekunden, läßt doch eine vom Sachlich-Rationellen ausgehende Auffassung trotz chinoresker Relikte wie aufgebogener Wellentraufe oder bekrönender Chinesengruppe den ideellen Zusammenhang mit fernöstlichen Vorbildern kaum noch erkennen (Abb. 165).

Am klarsten treten indes die frühklassizistischen Stiltendenzen in den Formen der Öfen und des Mobiliars sowie in der Art der Farbigkeit hervor. Zarte Farben samt einer Vorliebe für den Weiß-Gold-Akkord bilden charakteristische Eigenheiten, die zusammen mit den zopfigen oder auch antikisierenden Gestaltungen der Öfen jene Stilwende ankündigen (Abb. 175, 177). Allein der im „chinesischen Eckcabinett"

stehende Ofen führt mit seinem als geschwungene Kommode ausgebildeten Fayenceunterbau nochmals das Modemöbel des Rokoko vor, während der Aufsatz bereits eine Vase im Zopfstil zeigt (Abb. 178). Diese aus dem französischen Louis-seize hervorgehende Stilform des Frühklassizismus hat damals mit ihren wieder handwerklich-solid gearbeiteten Gebrauchsgegenständen den Grund gelegt für die neue bürgerliche Wohnkultur, indem sie den nicht mehr steigerungsfähigen ornamentalen Spielereien des Rokoko die einfache Form als Ausdruck progressiver bürgerlicher Haltung entgegensetzt: alles überflüssige Dekor vermeidend, tritt fortan klar die Konstruktion zutage, wobei am weiß lackierten Mobiliar im Höchstfall sparsam eingefügte vergoldete Ornamente erscheinen. Auch die Möbel des Fasanenschlößchens werden von den typischen Girlandenformen und dem

182 Johann Christoph Malcke (1725–1777):
Vogelschau des Bereiches am Großteich mit der Fasanerie und den „Dardanellen".
Öl auf Leinwand, um 1775. Ehem. Moritzburg, Speisesaal des Fasanenschlößchens (Kriegsverlust)

Weiß-Gold des Zopfes bestimmt, selbst wenn teilweise noch geschwungene Ausführungen letzte Einflüsse des Rokoko verraten. Daneben zeigen sich die neuen Stilmerkmale in den symmetrischen Wandgestaltungen des kurfürstlichen Arbeitszimmers, des Toilettenzimmers der Kurfürstin oder des Speise-

von Schade stammt, eine durchgehende, mit vornehmer Zurückhaltung vorgetragene Ausbildung im Zopfstil, während wenig später Christian Traugott Weinlig im westlich des Pillnitzer Bergpalais gelegenen Seitenflügel die Gestaltungsabsichten des Frühklassizismus durch den Einsatz neuartiger Dekora-

183 Der Hafen mit Mole und Leuchtturm am Großteich. Zustand 1981

saales (Abb. 176, 177, 180); ebenso kommen sie jedoch in nun gern verwendeten geometrischen Formen, aber auch in den festgeflochtenen, gleichsam wie angenagelt wirkenden Blattgirlanden zum Ausdruck, einer Schmuckform, die dann der Klassizismus leichter und zarter ausbildet.

Trotz solch unterschiedlicher stilistischer Einwirkungen vermochte Johann Daniel Schade, mit einem alles erfassenden Rhythmus sämtliche Teile der Ausstattung zum überschaubaren Ganzen zusammenzufügen, wobei sich die einzelnen Dekorationsmittel harmonisch durchdringen. Hingegen zeigt bereits die zur gleichen Zeit entstandene Innenarchitektur des Englischen Pavillons in Pillnitz, die wohl ebenfalls

tionselemente und einer auf Kontrastwirkung beruhenden Farbigkeit klar zum Ausdruck bringt. Schade indes beweist mit seinem dem Übergang angehörenden Fasanenschlößchen, daß er den Stil Knöffels in unverminderter Noblesse weiterzuführen verstand, doch ebenso zeigt er sich beim Gestalten der Innenräume – wenn auch mit Abstand – der reichen Phantasie und Heiterkeit Weinligs verwandt.

4. Maritime Spielereien am Großteich

Nicht mehr das Hinwenden zum harmonisch-individuellen Naturerlebnis, sondern die Flucht in eine selbst konstruierte Scheinwelt kennzeichnen hingegen jene verspielt-maritimen Anlagen, die um 1780 nahe der Fasanerie am Großteich entstehen (Abb. 167, 185). Wohl ebenfalls „unter des gegenwärtigen Ober-Cammerherrn Grafens von Marcolini Excellenz Veranstaltungen und Angaben", kommt es damals in Fortsetzung der Ostachse des Fasanenschlößchens zum Anlegen eines Miniaturhafens, den eine sich im Bogen vorziehende Mole mit einem Leuchtturm einfaßt. Der vom Palais herabführende Heckenweg erweitert sich davor zu einem halbrunden Platz, dessen Begrenzung vier mächtige, von Delphinen geschmückte Sandsteinvasen auf hohen Postamenten markieren (Abb. 167, 183). Sie stehen mit kleinen Steintrommeln, zwischen denen sich Ketten spannen, auf bogenförmigen Rasenzungen; auch zierten offenbar früher den vom Schlößchen herabkommenden Weg zwei mit niedrigen Taxusbäumchen besetzte Wiesenstreifen, die unten in ein schleifenartiges Ornament mündeten (Abb. 167). Zudem ragt in Achse des Vorplatzes eine von steinernen Brüstungen gefaßte Bootsanlegestelle in den Hafen. Wie diese gesamte Anlage, so dürfte ebenso der sich am Ende der Mole erhebende Leuchtturm ein Werk Johann Daniel Schades sein (Abb. 183, 184, 185). Von guten Proportionen, wächst sein dreigeschossiger Baukörper über rundem Grundriß auf: im Untergeschoß bis zum breiten Gurtgesims leicht konisch aufstrebend, folgt danach das zylindrische Obergeschoß, während über dem weit ausladenden Hauptgesims ein ursprünglich kupfernes, jetzt aber in Schiefer gedecktes Dach in die abschließende Laterne schwingt. Von oktogonaler Form, treten aus ihren acht Ekken mit Voluten verzierte Pilaster hervor, zwischen denen jeweils Fenster erscheinen. Das Ganze bekrönt ein wieder geschwungenes Dach samt Knopf und Wetterfahne. Diese Leichtigkeit der Laterne steht im wirkungsvollen Gegensatz zum massiven Unterbau des Turmes, dessen Architektur nur einfache kreisrunde oder mit Rundbögen versehene Maueröffnungen zeigt, deren Fassung angeputzte gequaderte Gewände übernehmen. Auch werden die beiden sich gegenüberliegenden Zugänge von schlichten schmiedeeisernen Gittertüren verschlossen; hingegen sind alle vier Austrittsöffnungen des Obergeschosses mit Balkonen versehen, die rokokoartig ausbauchende und reicher gestaltete eiserne Brüstungsgitter aufweisen, wobei freilich der Umriß des Bauwerkes erneut an chinesische Vorbilder denken läßt. Im Inneren führte eine hölzerne Wendeltreppe bis hinauf zur Laterne, von der sich reizvolle Blicke über die umliegende Landschaft bieten. Wie zeitgenössische Darstellungen zeigen, war dem Turm ursprünglich in Anlehnung an echte Leuchttürme weißgefugtes rotes Zie-

gelmauerwerk aufgemalt, von dem sich die Gewände und Gesimse weiß absetzten (Abb. 185). Durch das Institut für Denkmalpflege, Arbeitsstelle Dresden, konnte aufgrund von Untersuchungen jene originale Farbfassung nachgewiesen und im Jahre 1976 wiederhergestellt werden (Abb. 183).

Weiterhin hatte man im Großteich zwei künstliche Inseln von unterschiedlicher Größe geschaffen, deren umfangreichere zu einer mit winzigen Kanonen bestückten Miniaturfestung ausgebaut worden war. Das andere, „Bäreninsel" genannte Eiland trug einen kleinen, von Bäumen umstandenen Teesalon, der sich in Form einer Fischerhütte im „otahaitischen" Geschmack mit strohgedecktem Mansarddach über quadratischem Grundriß erhob (Abb. 186). Es galt als geliebtes buen retiro der Kurfürstin: Wenn sich das fürstliche Paar hier aufhielt, wurden ihm die Speisen in einer Ledertrommel aus dem Hofküchengebäude geliefert. Den Verkehr zwischen den Inseln und dem Festlande vermittelten mehrere im Hafen stationierte Prachtschaluppen, die auch bei Wasserfesten Verwendung fanden. Ihre sonstige Unterbringung geschah in jeweils zwei zu beiden Seiten des Hafens errichteten Bootshäusern, deren schlichte, landschaftsbezogene Form eines niedrigen quadratischen Baukörpers mit hohem Mansarddach und abschließendem Türmchen uns noch zwei erhaltene Beispiele vorführen. Neben dem ersten Gondolier, dem als Schiffsaufseher auch die Pillnitzer Staatsgondeln unterstanden, gab es damals in Moritzburg zehn Gondelführer. Ihre farbenprächtige Bekleidung bestand aus seidenen „Barkarolen-Mützen und -Schärpen", seidenen Westen und Hosen sowie braunen oder weißen Schuhen mit seidenen Schleifen wobei der Verschleiß an Schuhwerk und Strümpfen sehr hoch war, da die Männer während der „Teichfahrten und Fischereyen" oftmals durch Wasser und Schlamm waten mußten. Wurden die Gondoliers nicht benötigt, verrichteten sie ihre privaten Arbeiten.

Doch der spielerische Gestaltungstrieb der Zeit ging noch weiter. Um bei seinen Wasserfesten repräsentative Seeschlachten vorführen zu können, ließ der Kurfürst 1789 nahe dem am Großteich gelegenen Entenfang eine kursächsische Schiffswerft einrichten. Auf ihr erbaute der ehemalige „Pontonier-Corporal" Johann Christoph Pätzold, der in Hamburg die Schiffsbaukunst erlernt hatte und nun zum Hofschiffbauer und -aufseher ernannt worden war, eine stattliche, völlig dem Vorbilde echter Kriegsschiffe gleichende Miniaturfregatte (Abb. 185). Am 18. Mai 1790 fand vor einer großen Zuschauermenge ihr feierlicher Stapellauf statt, während die Einweihung des fürstlichen Spielzeuges, das mit seiner gesamten Ausrüstung etwa 30 000 Taler gekostet hatte, anläß-

lich einer Wasserjagd unter Kanonendonner am 5. Mai 1791 erfolgte. Als Schauplatz der beabsichtigten Seeräuberspiele hatte man am äußersten Westzipfel des Großteiches die „Dardanellen" errichtet, künstliche, entlang des Ufers angelegte Ruinen und Bastionen, die den Zufluß des großen Kanals betonten und sämtlich mit Geschütz bestückt waren. (Abb. 187, 188). Ähnliches geschah auch am Hafen, „der durch einige vierpfündige Kugeln werfende Kanonen beherrscht wurde". Jene stolze Fregatte aber, die 50 Schiffer rudern mußten, kreuzte fast zwei Dezennien auf dem Großteich, wobei sie ursprünglich noch andere Moritzburger Gewässer befahren sollte: Mehrere Kanäle wurden hierzu angelegt, doch verhinderten die unterschiedlichen Höhen einzelner Wasserspiegel das völlige Ausführen dieser Idee. Im Kriegsjahr 1813 beschädigt und leck geworden, barg zunächst eines der Bootshäuser das immer baufälliger werdende Schiffswrack, bis man es 1818 endlich zerlegte. Danach kamen die künstlerisch wertvollen Teile in Meißen zur öffentlichen Versteigerung, während der Rest den Flammen übergeben wurde. Somit können wir diese in ihrer Art sicherlich zu den Meisterleistungen der Schiffsbaukunst zählende Fregatte Friedrich Augusts III. allein noch auf zeitgenössischen Abbildungen bewundern (Abb. 185, 187).

Schließlich war 1780 auch der Umbau eines alten, aus dem 17. Jahrhundert stammenden und südwestlich vom Fasanenschlößchen gelegenen Hegerhauses vorgenommen worden. Als eines der Torwärterhäuser vermittelte es seitdem den Zugang zu jener fürstlichen Puppenwelt, der die „Dardanellen" vergeblich einen Zug ins Heroische zu geben suchten, während Benjamin Gottfried Weinart in seinem damals erschienenen Dresdener Geschichtswerk bemerkt: „Diese neuen Gebäude innerlich zu betrachten, muß man sich von hieraus mit einer Special-Erlaubnis versehen, welche auch Personen vom Stande niemals abgeschlagen wird." Das Torwärterhaus aber, in dessen Hof noch lange nach 1900 Reste des 1882 abgebrochenen Garnhauses lagerten, erfuhr 1927 seine Umwandlung zur „Kurfürstlichen Waldschänke".

Doch die Anlage mit ihrem Miniaturschlößchen und dem nie in Aktion getretenen Leuchtturm, den Festungsattrappen und dem Spielzeugschiff für große Kinder wurde damals als Wunder bestaunt: Sie entsprach dem Zeitgeschmack, wie das wohlwollende Echo vieler Darstellungen beweist. Neben Kupferstichen verschiedener Künstler gab die zu den Kriegsverlusten zählende große Vogelschau Johann

184 Winterstimmung am Großteich

Christoph Malckes ein wirklichkeitsgetreues Abbild des Gesamtkunstwerkes (Abb. 182). Johann Friedrich Stieler aber, zu jener Zeit erster Münzschneider an der kurfürstlichen Münze zu Dresden, hat 1782 auf die Vollendung der Fasanerie eine silberne Medaille „blos zu seinem Vergnügen gefertigt und Sr. Exzel-

spielte sich das Familienleben Friedrich Augusts III. ab, umgeben von einer Natur, deren lockere Baumbestände an englische Parkanlagen erinnern, wie sie soeben Christian Laurenz Hirschfeld und Johann Georg Sulzer in ihren Veröffentlichungen als Idealbild von Harmonie und Sittlichkeit gepriesen hatten. Doch

185 *Unbekannter Künstler: Die Fasanerie am Großteich mit Fasanenschlößchen,*
Hafen, Leuchtturm und Fregatte. Aquarellierte Zeichnung, um 1810. Dresden, Institut für Denkmalpflege

lenz dem Grafen Marcolini gewidmet". Mit gutem Empfinden gestaltet, zeigt sie auf dem Avers die Südfront des Jagdschlosses (Abb. 189a), während der Revers eine Ansicht der „Faisanerie de Mauricebourg" wiedergibt (Abb. 189b), für die offenbar ein eben entstandener, bei Carl Christoph Thiele verlegter Stich Christian Gottlieb Werners als Vorlage diente (Abb. 190). Auch findet sich dort im Abschnitt die Dedikation für Graf Marcolini samt seinem ovalen, mit der Grafenkrone geschmückten Wappen auf dem Malteserkreuz, das umrahmt ist von der Kette des toskanischen Stephansordens.

Hier im Stillen, nur zuweilen unterbrochen vom theatralischen Spectaculum imaginärer Seeschlachten,

es war dies letztlich Flucht vor der Wirklichkeit der gesellschaftlichen Entwicklung in eine spielerischsentimentale Scheinwelt: merkwürdiges Tun eines deutschen Fürsten zu einer Zeit, in der Frankreich der Revolution von 1789 entgegenging.

5. Tiergarten, Hellhaus und sentimentaler Landschaftsstil

Realistischere Zwecke wurden wieder in der letzten Planungsphase des Moritzburger Gesamtkunstwerkes verfolgt, die dem Ausbau der Anlage für die vom Kurfürsten bevorzugte Parforcejagd galt. Schon

1772 hatte Friedrich August III. den unter August dem Starken angelegten kleinen Tiergarten vervollkommnen lassen, der das Waldgebiet zwischen dem Jagdschloß und dem Frauenteich mit den seitlichen Begrenzungen der Radeburger Straße im Osten und der Kalkreuther Straße im Westen beanspruchte.

durchzog. Wohl wieder auf Anraten Graf Marcolinis kam es 1776 zum Bau eines massiven Hellhauses auf jener Erhebung.

Das nach den Plänen Johann Daniel Schades errichtete Gebäude trägt freilich eher den Charakter eines schloßartigen Pavillons, ein Eindruck, der sich

186 Carl Gottfried Nestler (1730–1780): Die Fasanerie am Großteich mit Fasanenschlößchen., Leuchtturm und Wirtschaftsgebäuden von Osten. Links vorn die Insel mit dem Teesalon. Kupferstich, 1777. Aus B. G. Weinart: Topographische Geschichte der Stadt Dresden, Blatt XXII

Dieser meist mit gemischtem Hochwald bestandene Bereich war 1770/71 durch eine zwei- bis zweieinhalb Meter hohe und feste Bruchsteinmauer, aber teilweise auch mittels Wildzaun vom übrigen Revier samt dem Fasanengarten getrennt worden. Zudem hielt man in dem nahe der Fasanerie angelegten „Hirschgarten" zahme Hirsche, unter denen sich über zwanzig der seltenen weißen Hirsche befanden, wovon freilich 1817 nur noch einer vorhanden war. Eine andere Abteilung enthielt hingegen „schwarze, weiße und scheckige Sauen". Den Mittelpunkt jenes Tiergartens bildete der nordöstlich des Jagdschlosses gelegene „helle Berg", von dem aus ein bereits 1725 angelegter achtstrahliger Schneisenstern die Anlage

bei zwei offenbar vorangegangenen Entwürfen noch verstärkt. Die erste dieser Varianten zeigt einen über quadratischem Untergeschoß aufwachsenden oktogonalen Oberbau, aus dem an vier Seiten kurze Flügel hervortreten, so daß ein kreuzförmiger Grundriß mit Balkonen über den Ecken des Quadrates entsteht (Abb. 191). Während das genutete Erdgeschoß hochrechteckige Putzspiegel gliedern, erscheinen im Achteck des Obergeschosses in ebensolchen eingetieften Feldern hohe Fenster und Fenstertüren; hingegen werden die Öffnungen der als Durchgänge zu den vier Austritten dienenden Flügel seitlich mit Rund-, vorn aber mit Korbbögen abgeschlossen. Auf die von steinernen Balustraden begrenzten Balkon-

flächen gelangt man über eine der Zugangsseite vorgelegte doppelte Freitreppe, deren gebrochene Aufgänge am Beginn von jeweils einem Postament betont sind, das eine Skulptur trägt. Davor überwinden fünf Stufen eine leichte Anböschung, auf der
sich der gesamte Baukörper erhebt. Auch erhalten
die vier Flügel des Obergeschosses ihren Abschluß
durch Dreiecksgiebel mit Vasenstellungen, hinter denen sich Satteldächer verbergen. Sie führen in das
den oktogonalen Mittelbau überspannende Zeltdach,
dessen Spitze ein Schornstein bekrönt.

    Läßt dieser noch stark dem Formenduktus Knöffels
verpflichtete Entwurf eine klare Geschlossenheit vermissen, so entwickelt sich die zweite Variante in
straffer Ordnung aus den geometrischen Gebilden
von Quadrat und unregelmäßigem Achteck: Jetzt
steht das oktogonale Obergeschoß mit gleicher Ausdehnung auf dem quadratischen Unterbau, so daß
den Austritten nur die Dreiecksflächen vor den vier
kürzeren Schrägseiten des Oktogons überlassen bleiben. Auch im Äußeren ist anstelle konservativer

*188 Die künstlichen Ruinen der „Dardanellen" am West-
rand des Moritzburger Großteiches. Zustand um 1930*

Haltung die kühle Strenge klassizistischen Empfindens getreten (Abb. 192). So wird das genutete Erdgeschoß von Ecklisenen und einer breiten Mittelvorlage gegliedert, wobei neben zwei kleineren seitlichen Durchgängen eine große axiale Bogenöffnung erscheint. Hingegen zeigt das reicher ausgebildete Obergeschoß bei teilweiser Nutung an allen acht Seiten jeweils eine hohe, mit Bogen abschließende Fenstertür inmitten eines eingetieften Feldes; die vier breiteren Hauptfronten aber werden durch seitlich davon angeordnete kannelierte Doppelpilaster mit Blattschuppenkapitellen betont. Zudem kommen in den Bögen sämtlicher Fenstertüren konsolartige und mit Voluten geschmückte Schlußsteine vor, die von Blattgirlanden umgeben sind, während die durchweg verwendeten eisernen Brüstungsgitter nur an den

wobei die Ecken verbrochen sind. Jede der vier Hauptfronten wird in beiden Geschossen von zwei breiten Lisenen gegliedert, zwischen denen ein hochrechteckiges Feld eingetieft ist. Darin erscheint immer eine Fenstertür mit profiliertem Sandsteingewände, auf dessen Stichbogen eine von Rocaillen, Blattwerk und Blüten umgebene Kartusche ruht. Die Schrägseiten zeigen inmitten eingetiefter Felder im Erdgeschoß je eine Fenstertür mit Stichbogen, während im Obergeschoß über waagerecht abschließenden Glastüren jeweils ein ovales Fenster mit aufliegender Blattgirlande samt Mittelrosette vorkommt. Auch hier werden alle Öffnungen von profilierten Gewänden gerahmt; zudem weitet sich vor den oberen Fenstertüren das Gurtgesims zu kleinen, auf mächtigen Konsolen ruhenden Austritten, die von eiser-

189 a/b
Johann Friedrich Stieler
(1729–1790): Medaille,
wohl auf die
Fertigstellung
der Fasanerie bei
Moritzburg geprägt.
Avers (links): Ansicht
des Schlosses Moritz-
burg von Süden. Revers
(rechts): Ansicht der
Fasanerie bei Moritz-
burg. Silber, ⌀ 61,2 mm,
1782. Staatl. Kunst-
sammlungen Dresden,
Münzkabinett

vier Hauptseiten das ebenfalls von Girlanden gerahmte Monogramm FA (Friedrich August) zeigen. Über dem kräftigen, mit Zahnschnitt versehenen Hauptgesims folgt eine steinerne Balustrade, auf der in Achse der jeweiligen Pilasterpaare des Obergeschosses Blumenschalen stehen. Das Ganze bekrönt ein flach angelegtes und gebrochenes Zeltdach.

Trotz solcher eindeutig klassizistischen Stiltendenzen, die durch das vorzugsweise Verwenden von Formen der niederen Geometrie dem Baukörper eine kubische Wirkung geben wollen, wird der schließlich zur Ausführung gelangte Entwurf nochmals zu einer heiteren Demonstration des sächsischen Spätbarockstils (Abb. 193). Freilich drückt sich auch in seiner Grundform jene Bevorzugung des Kubischen aus, doch erfährt die flächig gehaltene Putzarchitektur durch reichere Detailausbildungen und sparsam verteilte Dekorationen anmutige Auflockerung. Das zweigeschossige Gebäude wächst über dem Grundriß eines Quadrates von 11,30 Metern Seitenlänge auf,

nen Geländern umgeben sind. Über dem kräftigen Hauptgesims strebt ein hohes, ausgebautes Mansarddach auf. Seiner Belichtung dienen an den Hauptseiten massive stehende Gaupen mit Stichbogenabschluß, an den Ecken aber kreisförmige „Ochsenaugen", die zusammen mit vier oberhalb austretenden Schornsteinen dem Dachaufbau einen bewegten Umriß verleihen. Ihn bekrönt „nach morgenländischer Art" eine Plattform, deren Anlage den Einblick in sämtliche acht Schneisen gewährt. Nach August Schumanns „Staats-, Post- und Zeitungslexikon" von 1819 mußte von dort oben „der Schwanenwärter, sobald der König jagt, mit einer Fahne stets den Ort und die Allee bezeichnen, wohin das Wild gelaufen ist", weshalb jene Jagdflügel von jeglichem Bewuchs freizuhalten waren. Außerdem sind der Ost- und Westseite des Gebäudes einfache Terrassen vorgelegt, die von im Bogen geführten Bruchsteinmauern begrenzt werden.

Mit den Lösungen der Grundrisse wiederholt

Schade jenes bereits beim Fasanenschlößchen geübte Prinzip einer Zentralanlage, wobei er durch streng-ökonomisches Unterteilen der zur Verfügung stehenden Flächen wieder eine Vielzahl winziger Räumlichkeiten gewinnt (Abb. 194). Allein im Erdgeschoß finden sich außer dem Treppenhaus und einem Flur sieben Zimmer, deren größtes 4,00 × 3,70 Meter mißt, während das Obergeschoß neben zwei

Seiten des Baues eine gleiche Gestaltung, deren flächige und schmucklose Behandlung das rationelle Element des französischen Klassizismus deutlich widerspiegelt. Klar wird den durch Quaderungen betonten Kanten des Oktogons das tektonisch ballende Moment zugesprochen, doch das Quadermotiv findet seine Wiederholung an den Gewänden der allein vorkommenden, im Erdgeschoß mit Rundbögen, im

190 Christian Gottlieb Werner (1734–1789): „Der Jappan bey Moritzburg.“ Kupferstich, um 1780.
Staatl. Kunstsammlungen Dresden, Kupferstichkabinett

dreieckigen Räumen und der Treppe sogar einen kleinen Saal enthält. Wie aus dem Inventar hervorgeht, war die Ausstattung sehr einfach gehalten, diente der Bau doch vor allem zum Einnehmen des Frühstücks nach den Jagden.

Dennoch scheinen sich die Arbeiten an dem damals als „neuer Pavillon auf dem Hellenberge" bezeichneten Gebäude bis nach 1800 hingezogen zu haben, gibt doch Hofschlossermeister Wilhelm Gottlob Wöhler erst 1803 seinen Entwurf zum filigranen Eisengeländer der Dachplattform ab. Die Vorläufer solcher Bauten dürften indes in Frankreich als dem Ursprungsland der Parforcejagd zu suchen sein. So bildet ein achteckiger Jagdpavillon im nördlich von Chartres gelegenen Forst der Stadt Dreux gleichfalls das Zentrum eines Schneisensystems: Sein wohl Anfang des 18. Jahrhunderts entstandener Kubus erhebt sich auf einer niedrigen Anböschung, zu der in den Achsen von vier Wegen breite Freitreppe emporführen (Abb. 195). Freilich zeigen hier alle acht

Obergeschoß mit leichtem Stich abschließenden Fenstertüren, wobei den oberen Öffnungen zarte Brüstungsgitter vorgelegt sind. Als Bekrönung erscheint über dem Hauptgesims eine steinerne Balustrade, die das flache Dach verbirgt. Neben der Lage ergeben sich damit im strukturellen Grundaufbau wie in der geschlossen-kubischen Wirkung unverkennbare Parallelen zum Moritzburger Hellhaus, wenn dort auch der klassischen Strenge des französischen Beispiels nochmals die anmutig-heitere Noblesse des ausklingenden Rokokos entgegengesetzt ist.

Obwohl der Tiergarten vor allem praktischen Zwecken diente, versäumte man nicht, ihn dem Zeitgeschmack entsprechend mit Grotten, einer Pagode, Hütten, kleinen Tempeln, Statuen und einem „Chinesen" auszustaffieren. Diese Insignien des empfindsamen Zeitalters, von denen sich freilich kaum Relikte erhielten, galten als romantischer Bestandteil jenes neuen, vom landschaftlichen Erlebnis ausgehenden Gartenideals, das seine geistige Fundierung bereits zu Anfang des Dezenniums durch den Engländer Ashley Cooper, Graf von Shaftesbury, erhalten hatte. Dessen pantheistische Auffassung, nach der die Natur in ihrem Urzustand ein Garten war, den menschlicher Unverstand verdarb, erhielt bald ethisch-religiöse Bedeutung und sollte zur Abkehr vom strengen Schema des Barockparks führen. Vor allem mit beeinflußt von der frühbarocken Landschaftsmalerei Poussins, Claude Lorrains und Ruysdaels, kam es zunächst in England über die Vorstufe parkähnlicher Weidelandschaften, wie sie dort aus dem radikalen Umwandeln der Ackerbauwirtschaft in eine ausgedehnte Schafzucht enstanden waren, zur Ausbildung des Landschaftsgartens. Gefördert von der naturrechtlichen Lehre Rousseaus und dem daraus neu erwachenden bürgerlichen Naturgefühl, das sich einer absoluten Gewalt widersetzte, verbreitete sich jener Gartentyp nun auch über Westeuropa und Deutschland, wo Christian Cajus Laurenz Hirschfeld als dessen bedeutendster Theoretiker in seiner 1779 bis 1785 erschienenen „Theorie der Gartenkunst" schrieb, „daß der Garten eine Landschaft im Kleinen seyn sollte, abgesondert von der großen Masse . . ., und durch den gefälligen Beystand der Kunst in natürlicher Schönheit erhoben". Im Bestreben einer Wiederherstellung jenes „Urzustandes" der Natur werden jetzt ebene Flächen und gerade Fluchten als Verkörperung des Absolutismus verabscheut: Die neuen Anlagen entwickeln sich in hügeligem, kontrastreichem Gelände, Freude am Spontanen und Zufälligen ist vorherrschend, und alles natürliche Grün wird seinem Wachstum überlassen, soll doch der Park möglichst nahtlos in die freie Landschaft überleiten. Auch der Architektur entzieht man hierbei ihre beherrschende Rolle: Sie erhält den Charakter einer Staffage, die sich in Form von Ruinen, Pagoden, Tempeln und anderen Kleinbauten dem großen Eindruck unterordnet. Damit besteht ihre Aufgabe allein noch im Erreichen von Kontrasten, im Erzielen von Überraschungseffekten, und eine vorgegebene Symbolik will zudem Stimmungen oder romantisch-sentimentale Empfindungen wecken, was schließlich derart übersteigert wurde, daß Goethe in dem Singspiel „Triumph der Empfindsamkeit" deutlich genug spotten konnte:

> „Denn, notabene! in einem Park
> Muß alles Ideal sein,
> Und – salva venia – jeden Quark
> Wickeln wir in eine schöne Schal' ein.
> So verstecken wir zum Exempel
> Einen Schweinestall hinter einem Tempel,
> Und wieder ein Stall, versteht mich schon,
> Wird geradewegs ein Pantheon.

> Die Sach' ist, wenn ein Fremder drin spaziert,
> Daß alles wohl sich präsentiert;
> Wenn's dem dann hyperbolisch dünkt,
> Posaunt er's hyperbolisch wieder aus,
> Freilich der Herr vom Haus
> Weiß meistens, wo es stinkt."

In Wirklichkeit aber stellten solche Übertreibungen, mit denen die Zeit den Ausdruck von Freiheit und Natursehnsucht verband, nur ein Ausweichen vor den immer spürbarer werdenden gesellschaftlichen Umbildungen in das noch harmonisch-individuelle Fluidum der Natur dar. Doch jene großartigerhabene Natürlichkeit der Moritzburger Landschaft und die mit ihrer praktischen Nutzung verbundenen Notwendigkeiten ließen dafür nur wenig Raum: Man begnügte sich – wie im Tiergarten – mit Kaschierungen des Vorhandenen, wobei allein die Ruinen der „Dardanellen" ein Memento mori im Sinne der Zeit sein sollten, Sinnbild der Vergänglichkeit alles Geschaffenen, das dem Erwecken „einer angenehmen Melancholie" inmitten der doch vom heiteren Moment ausgehenden Gesamthaltung diente.

Mit den Arbeiten im kleinen Tiergarten war das höfische Moritzburger Bauprogramm zum Abschluß gekommen; spätere Veränderungen betrafen nur noch innere Bereiche des Jagdschlosses sowie Schloßpark und Tiergarten. Hatten beim Errichten der Fasanerieanlage wesentliche Gedanken Augusts des Starken nachwirkend ihre Realisierung gefunden, so war von dem einst großartig geplanten barocken Tiergartenprojekt nur ein Bereich verwirklicht worden, der das Gelände vom Westufer des Mittelteiches über den Hellberg bis zum Ostufer des Großteiches umfaßte. So ist das, was wir heute unter dem Begriff jenes Gesamtkunstwerkes verstehen, eine Folge von zwei zeitlich unterschiedlichen, doch nahtlos miteinander verbundenen Kuläußerungen, die inmitten einer Landschaft von Wald und Wasser, der sie ihre Entstehung verdanken, in unmittelbarer Gemeinsamkeit erlebbar geblieben sind. Dieser eigene Reiz mit seiner geschlossen sichtbaren Tradition ist es wohl, der bis heute den Anlagen ihre Anziehungskraft sichert.

6. Das Jagdschloß

Gegenüber der Fasanerie trat die Bedeutung des Jagdschlosses nun zurück, nutzte es doch der Hof fast nur noch für offizielle Anlässe oder bei größeren Jagdveranstaltungen; es schien gleichsam, als fürchte sich der Kurfürst in den großen Räumen, die nach Repräsentation drängten. Dennoch war man um die Erhaltung der baulichen Substanz besorgt, zumal im Laufe der Zeit mancherlei Schäden entstanden

191 *Johann Daniel Schade? (1730–1798): Vermutliche Entwurfs-variante für das Hellhaus im Moritzburger Tiergarten.*
Bleistift, in Sepiagrau und Olivgrün getönt, um 1775. Dresden, Institut für Denkmalpflege

192 *Johann Daniel Schade? (1730–1798): Vermutliche Entwurfs-variante für das Hellhaus im Moritzburger Tiergarten.*
Feder, in schwachem Rosa, Sepiagrau und Olivgrün getönt, um 1775. Dresden, Institut für Denkmalpflege

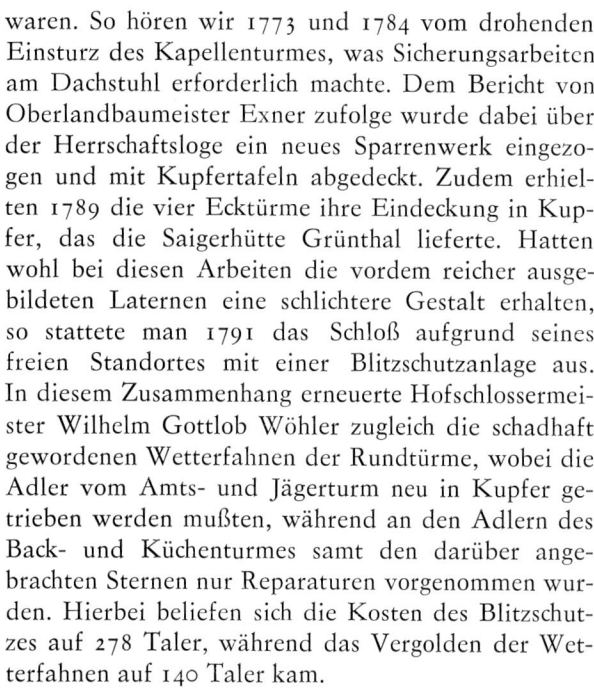

waren. So hören wir 1773 und 1784 vom drohenden Einsturz des Kapellenturmes, was Sicherungsarbeiten am Dachstuhl erforderlich machte. Dem Bericht von Oberlandbaumeister Exner zufolge wurde dabei über der Herrschaftsloge ein neues Sparrenwerk eingezogen und mit Kupfertafeln abgedeckt. Zudem erhielten 1789 die vier Ecktürme ihre Eindeckung in Kupfer, das die Saigerhütte Grünthal lieferte. Hatten wohl bei diesen Arbeiten die vordem reicher ausgebildeten Laternen eine schlichtere Gestalt erhalten, so stattete man 1791 das Schloß aufgrund seines freien Standortes mit einer Blitzschutzanlage aus. In diesem Zusammenhang erneuerte Hofschlossermeister Wilhelm Gottlob Wöhler zugleich die schadhaft gewordenen Wetterfahnen der Rundtürme, wobei die Adler vom Amts- und Jägerturm neu in Kupfer getrieben werden mußten, während an den Adlern des Back- und Küchenturmes samt den darüber angebrachten Sternen nur Reparaturen vorgenommen wurden. Hierbei beliefen sich die Kosten des Blitzschutzes auf 278 Taler, während das Vergolden der Wetterfahnen auf 140 Taler kam.

Damals erlebte man das Schloß in einer Form, wie sie uns ein kolorierter Umrißstrich von Johann Gott-

fried Jentzsch aus der Zeit um 1790 überliefert (Abb. 196): Monumental und voller Erhabenheit wächst das wuchtige Bauwerk aus der von Gondeln belebten Teichfläche empor; seine Fassaden tragen noch die Bemalung von 1727, und außer dem Schloßpark mit einem der Kavalierhäuser erscheint im Hintergrund das aus den Baumwipfeln des Tiergartens ragende Hellhaus. Ähnlich zeigt es auch eine farbige Transparentmalerei auf einem Glasbecher, die 1811 der Porzellan- und Glasmaler Gottlob Samuel Mohn geschaffen hat. Zudem heißt es bei Weinart, daß die in der Menagerie am Schwanenteich untergebrachten Arten „von verschiedenen ausländischen Feder-Vieh, als Löffelgänsen, Schwanen, Reihern, Trappen, schwarzen Störchen, indianischen Perlenhühnern, Englischen, Türkischen und Arabischen Hühnern, Enten, Kranichen etc. . . . meistentheils auf diesem Wasser um das Schloß herum schwimmen". Es war ein Bild friedlich lagernder Ruhe, wo selbst ein Einbruch unbemerkt blieb, den der Schuhmacher Johann Ge-

193 *Das Hellhaus im Moritzburger Tiergarten.*
Ansicht von Westen. Zustand um 1930

org Wochatz in der Nacht vom 3. zum 4. Januar 1788 im Schloß verübte. Nach dem Überqueren des zur Winterszeit abgelassenen Teiches in das Gebäude eindringend, konnte er dort eine seltene Uhr, wertvolle Tressen und andere Kostbarkeiten im Taxwert von insgesamt 256 Talern 10 Groschen erlangen, ohne daß man den Diebstahl sofort bemerkte; erst nachdem Wochatz wegen der Entwendung dreier Gemälde aus der Dresdener Galerie verhaftet worden war, kam die Moritzburger Tat mit zur Sprache.

nerne Stufenparthien paßieren, wo man, wenn man sich müde geritten hatt, Halß und Bein Brechen kann. Endlich gehts über eine wincklichte Treppe zu einem mit vielen Zimmern umgebenen Saal hinauf. Unser Zimmer war mit vielen Gemählden von sehr verschiedener Güte ausgeziehrt ... Der wirth Herr Großmann, ein Schlächter, ein poßierlicher geschwätziger Kerl mit einer Patriarchen Pfysionomie, der aber gereist hatte, ... Seine Frau war weniger Beredt hatte aber eine wahre Matronen Miene, die Mägde

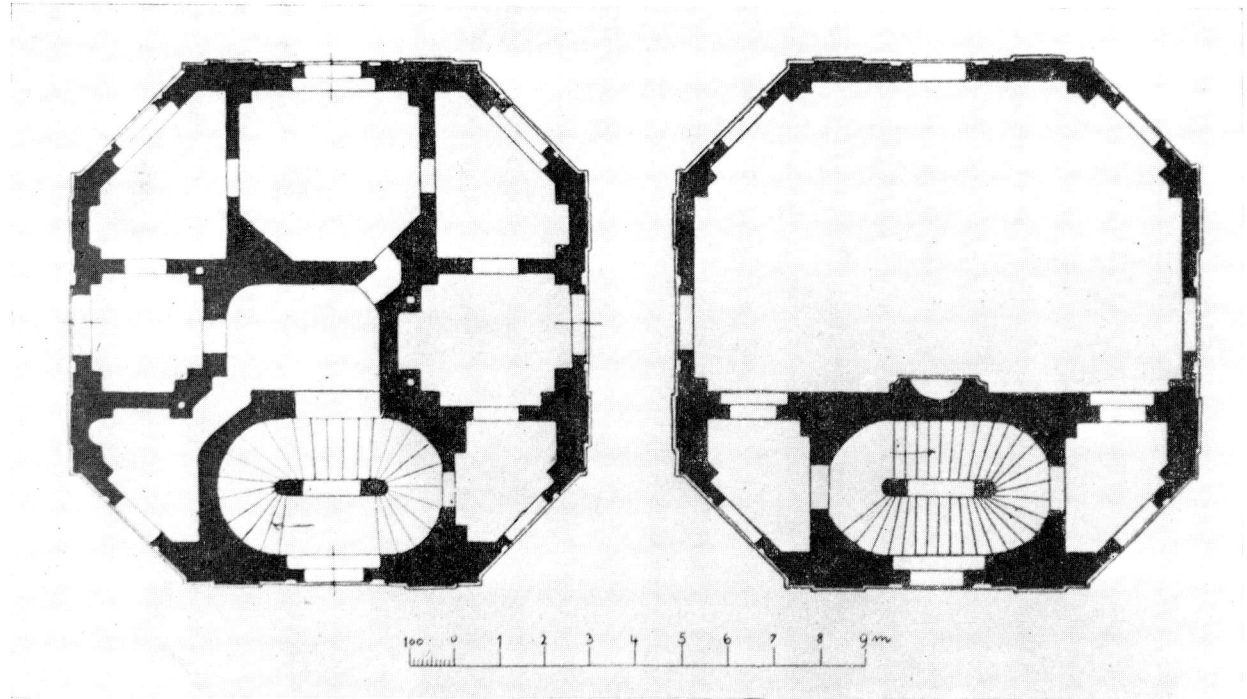

194 *Das Hellhaus im Moritzburger Tiergarten: Grundriß des Erdgeschosses (links) und des Obergeschosses (rechts). Aus C. Gurlitt: Beschreibende Darstellung ..., Bd. 26, S. 124*

Ein weiteres, wenn auch stark subjektiv geprägtes Zeugnis über Ort und Schloß enthält das Tagebuch „einer Lustreyse von Berlin nach Dreßden", die der Kupferstecher und Zeichner Daniel Chodowiecki im Juni 1789 in Gesellschaft seines Sohnes Wilhelm, des Schwiegersohnes Jacques Papin und des Berliner Malers Andreas Ludwig Krüger zu Pferde unternahm. Von Elsterwerda am späten Abend des 11. Juni nach Moritzburg kommend, nahm man offensichtlich Quartier im Adamschen Gasthaus, „welches wir in der Finsterniß Mühe hatten zu finden. Hier sah es sehr romantisch aus", schreibt Chodowiecki damals. „Ein großer Hoff mit vielen Gebäuden, Ställen und Beißenden Hunden an Ketten liegend umgeben, eh man ins Hauß hineinkommt muß man verschiedene stei-

waren alle häßlich und immer eine schmutziger wie die andre". Am nächsten Tag ging es „Bey Zeiten ... aufs Schloß, wo wir durch einen alten Kastelan der schon zu Augusts III. Zeiten da gewesen war herum geführt wurden". Hierbei erfahren wir vom Künstler, daß die Anlage „19 Soldaten Bewachung" hat, „die durch einen Unterofficier comandirt werden; ein jeder Soldat steht 12 Stunden Schildwach und alle Monath werden sie von Dreßden aus abgelöst". Das Bauwerk jedoch entlockt ihm – wie dann auch der Dresdener Zwinger, die Katholische Hofkirche und das Pillnitzer Schloß – kaum Bewunderung: Hier kommt deutlich das bereits verlorengegangene Verständnis für die Wesenswirkung barocker Kunstschöpfungen zum Ausdruck. So findet er den Schloßkörper zwar „sehr regulär gebaut, aber ohne alle Schönheit, das Beste daran sind die forn und hinten angebrachten großen Steinerne(n) Treppen die durch ein(e) Gallerie verbunden werden, worauf man rund ums Schloß gehen kan, und die schönen gegenden die da herum liegen . . . sehen kann"; auch erscheinen ihm jene am Beginn der Südauffahrt stehenden „Steinernen Statuen, die Modern gekleidete, auf Waldhörnern Blasende Jäger vorstellen", kaum mehr als „poßierlich". Im Inneren gilt das besondere Interesse dem „großen sehr hohen Jagtsaal" samt seinen „vielen Hirschköpfen mit natürlichen Geweyen", und das vorgewiesene Willkommen-Register entzückt ihn durch „eine Menge Nahmen herrlicher Trinker die hier getrunken haben, und größtentheils nicht mehr trinken". Wenn wir aber lesen, daß auf den Ledertapeten des Monströsensaales „mit öhlfarbe allerley Figuren und Gruppen, u. a. Diana mit Ihren Nympfen sitzend, alles schlecht und ohne Geschmack gezeichnet und gemahlt" sei, so bezeugt dies nicht allein Chodowieckis bekannten Charakterzug, grundsätzlich fast sämtliche Werke anderer Künstler kritikwürdig zu finden, sondern es deutet ebenso auf ein recht biederes geschmackliches Empfinden.

Indes sollte bald ein Ereignis den Schatten kommenden Unheils vorauswerfen. Am 27. August 1791 war in Pillnitz jene Konferenz zu Ende gegangen, auf der die durch Kaiser Leopold II. und den preußischen König Friedrich Wilhelm II. vertretene europäische Reaktion über Maßnahmen zur Wiederherstellung der Monarchie in Frankreich beraten hatte, um damit zugleich auch einer Ausweitung bürgerlich-revolutionärer Ideen zu begegnen. Für den nachfolgenden Tag war vom gastgebenden sächsischen Kurfürsten zu einer abschließenden Fahrt nach Moritzburg eingeladen worden, an der sich neben dem König und dem Kronprinzen von Preußen der Graf von Artois, Bruder des französischen Königs Ludwig XVI., sowie eine große Anzahl von Diplomaten und anderen Personen beteiligte. Man fuhr bereits früh um 8 Uhr mit sieben von Schimmeln gezogenen Kutschen in Dresden ab, da um 11 Uhr im Fasanenschlößchen ein Frühstück vorgesehen war. Eine danach geplante Fahrt mit der Spielzeugfregatte auf dem Großteich verhinderte jedoch „die üble Witterung", so daß statt dessen das Hellhaus besichtigt wurde. Anschließend begab sich die Gesellschaft zur Mittagstafel ins Schloß, nicht ohne vorher – wie das Register ausweist – den Willkommentrunk zu nehmen. Bald nach dem Essen empfahl sich König Friedrich Wilhelm II., „embrassirte zwei Mal herzlich den Churfürsten, war gegen Alle freundlich und herablassend, kalt aber gegen den Grafen Artois", und trat mit dem Kronprinzen die Heimreise an. Kur-

fürst Friedrich August III. aber geleitete den Grafen von Artois, der auf der Konferenz vergebens zum sofortigen Feldzug gegen das revolutionäre Frankreich gedrängt hatte, zurück nach Dresden. Die das Spiel der Pillnitzer Diplomatie abschließende Deklaration freilich wurde trotz ihrer von vorsichtiger Zurückhaltung diktierten Formulierungen vom französischen Volk als konterrevolutionäre Verschwörung gewertet und mit Empörung aufgenommen. Sie legte den Keim für die nachfolgenden Koalitionskriege gegen Frankreich, wobei der damit verbundene Aufstieg Napoleons besonders für Sachsen schwerwiegende Auswirkungen haben sollte.

195 Oktogonaler Jagdpavillon im Forst von Dreux bei Chartres (Frankreich). Aus: Dreux. Le Drouais et le Thimerais. Revue Géographique et Industrielle de France. Collection Villes et Régions. 1960, S. 46

196 *Johann Gottfried Jentzsch (1759–1826): Ansicht des Jagdschlosses Moritzburg von Südwesten.*
Kolorierter Umrißstrich, um 1790. Staatl. Kunstsammlungen Dresden, Kupferstichkabinett

VIII.

Die Napoleonzeit

1. Politische Entwicklung

Der sächsische Kurstaat war vom Wellenschlag der Französischen Revolution nicht unberührt geblieben. So kam es 1790 vor allem im Erzgebirge und in den Gegenden um Meißen, Lommatzsch und Pirna zu größeren Bauernunruhen, wobei die Bauern sämtliche Abgaben und Dienste verweigerten, ihre Gerichtshalter verjagten und die Aufhebung der feudalen Privilegien forderten. Wenn auch dieser von den tiefgreifenden Widersprüchen zwischen Adel und Landbevölkerung veranlaßte Aufstand durch Militär niedergeschlagen wurde, so trug er dennoch zur weiteren Erschütterung des Feudalsystems bei. Vielfältige Ausstrahlungen der französischen Ereignisse zeigten sich zudem im geistigen und literarischen

Leben, doch bewirkten sie keinen Einschnitt innerhalb der Gesamtentwicklung des Landes: Dem sächsischen Staatskalender zufolge herrschten noch nach 1800 die Bourbonen in Frankreich, und erst ein energisch vorgetragener Hinweis aus Paris konnte hier Richtigstellung schaffen. Vor der heranrückenden französischen Revolutionsarmee hatte sich Sachsen mit Preußen 1795 durch die im Frieden von Basel festgelegte Demarkationslinie geschützt, und ebenso kämpfte das Land zu Beginn der napoleonischen Kriege an der Seite Preußens gegen den korsischen Usurpator. Nachdem aber Kaiser Franz II. am 6. August 1806 die Krone niedergelegt und damit das Ende des „Heiligen Römischen Reiches Deutscher Nation" besiegelt hatte, löste sich Sachsen von Preußen und trat dem unter der Trikolore vereinigten Rheinbund bei. Zwar brachte dieser Schritt dem Kurfürsten im Frieden von Posen neben der Herrschaft über das neugegründete Großherzogtum Warschau die Erhebung zum König von Sachsen, doch stand solch äußerem Glanz eine Verwicklung seines Landes in die kriegerischen Auseinandersetzungen Frankreichs mit Preußen, Österreich und Rußland gegenüber. Die daraus dem Lande durch Verwüstungen, Heereslieferungen, Kontributionen, Einquartierungen, Seuchen und Menschenverluste erwachsenden Belastungen erreichten kaum ertragbare Ausmaße, so daß der nunmehrige König Friedrich August I. in zunehmenden Widerspruch zu seinen die napoleonische Fremdherrschaft ablehnenden Volksteilen geriet. Einem mißglückten Versuch des Monarchen, sich im Frühjahr 1813 von dem Korsen zu lösen, folgte schließlich die Katastrophe: Nach der Leipziger Völkerschlacht im Oktober jenes Jahres in Gefangenschaft geraten, wurde Friedrich August auf dem in öder Sandgegend bei Berlin gelegenen Landsitz Friedrichsfelde interniert.

Sachsen aber erklärte man am 21. Oktober 1813 zum „General-Gouvernement der Hohen Verbündeten Mächte" und stellte es unter russische Besetzung, die im November 1814 von einer preußischen Verwaltung abgelöst wurde. Auf dem Wiener Kongreß von 1814/15 folgte dann ein von egoistischen Interessen bestimmter Schacher um die sächsischen Gebiete, durch den das Land erhebliche territoriale Einbußen erlitt: Neben dem gesamten Kurkreis und der Niederlausitz mußten wesentliche Teile Thüringens wie auch der Oberlausitz an Preußen sowie an das Großherzogtum Weimar abgetreten werden; es war mehr als die Hälfte des sächsischen Territoriums mit zwei Fünfteln seiner Einwohner und zwei Dritteln der Einkünfte. Erst 1815 kehrte der König in sein Land zurück, dessen politische Bedeutung nun zunehmend sank.

2. Auswirkungen in Moritzburg

Wenn auch der Bereich um Moritzburg und Eisenberg trotz seiner geringen Entfernung von der Residenzstadt kein Schauplatz von Kampfhandlungen wurde, so blieben den Bewohnern schwere Belastungen nicht erspart. Zunächst aber sollten sie manch glanzvolles Ereignis erleben. So hatte der Hof am Vormittag des 26. Juli 1807 in Dresden die feierliche Bestätigung König Friedrich Augusts I. als Herrscher über das neugegründete Großherzogtum Warschau begangen. Mittags fuhr die königliche Familie mit Kaiser Napoleon und seinem Bruder, dem „König Immer lustik" genannten Jérôme von Westfalen, nach Moritzburg, wo man im Schloß den Willkommen trank, Tafel hielt und anschließend „eine solenne Jagd" veranstaltete. Ebenso weilte hier am 25. Mai 1812 eine erlauchte Gesellschaft: Mit der

Königsfamilie vereinten sich damals Kaiser Franz I. von Österreich nebst Gemahlin, Kaiser Napoleon und Gattin Marie Louise, die Königin von Westfalen sowie der Großherzog von Würzburg zu Jagd und großer Tafel. Während der Jagd kam es indes zu einem peinlichen Zwischenfall, den uns Generalleutnant Ferdinand von Funck, zu jener Zeit Generaladjutant König Friedrich Augusts I., in seinen Memoiren schildert: „Als die Jagd anging, fand sich's daß der König keinen Menschen um sich hatte, der ein Wort Französisch verstand, als den Jagdpagen Schleinitz, der aber gleichfalls den Franzosenhasser spielte und sich mit den Piqueurs verlor. Napoleon, dem niemand die Regeln der Jagd im Park erklärt hatte, wo man genau den Weg, den das Wild nehmen wird, voraus weiß, und ihm daher mit Bequemlichkeit stets auf bekannten Fußstegen vorbeugt, ritt in vollem Rennen den Hunden nach, so daß ihm der König nicht folgen konnte, und er sich zuletzt ohne alle sächsische Begleitung, als den Jagdpagen Feilitzsch, der zum Unglück kein Französisch verstand, mit Caulaincourt und noch einem Franzosen allein fand. Der König fühlte alle solche Unschicklichkeiten; aber er tat nichts, sie zu verhüten."

Unmittelbar danach begann Napoleon seinen Feldzug gegen Rußland. Als aber Anfang 1813 die kläglichen Reste der Grande armée nach ihrem dort erlittenen Debakel wieder durch Sachsen westwärts zogen, übten die sie verfolgenden Preußen und Russen gegenüber dem Lande zunächst Zurückhaltung, da man den König zur Aufgabe seines Bündnisses mit Frankreich zu bewegen hoffte. Dennoch brachten Einquartierungen sowie Lieferungen von Proviant und Pferdefutter auch den Bewohnern der Dörfer am Friedewald vielerlei Beschwernisse. Ein hierzu vom damaligen Moritzburger Amtsaktuarius Karl Baunack angelegtes Privataktenstück läßt uns die Vorgänge bis zum November 1813 nacherleben. So sollten in einem Falle die Eisenberger Einwohner nur ihnen entbehrlich erscheinende Mengen an Hafer und Heu liefern, wobei sie freilich in der folgenden Nacht von den unbewachten Wagen einen Teil wieder erlangen konnten. Auch das Schloß blieb von Einquartierungen nicht verschont, zumal man dort größere Vorräte an Nahrungsmitteln vermutete. Ebenso wurde aus der Fasanerie Heu und Hafer entwendet, während die Fische in den Hältern, das Wild des Tierparkes und der Wein aus den königlichen Beständen für die Verpflegung der oft wechselnden Truppen herhalten mußten.

Als aber nach dem Sieg Napoleons bei Großgörschen französische Marineinfanterie und westfälische Kavallerie am 13. Mai in das Dorf einfiel, tötete sie zunächst „mit Säbeln und Knütteln" alles bis da hin verschont gebliebene Federvieh. Auch wurden von den Einwohnern erhebliche Mengen an Lebensmitteln erpreßt, lagerten doch damals in Eisenberg und Umgebung etwa 7000 Soldaten. Im Schloß hatten sich zwei Generale samt ihren Stäben einquartiert, die gleichfalls „mit harten Worten gute und reichliche Verpflegung" forderten; zudem plünderte man wieder die Fasanerie sowie die Fischkästen im Schloßteich, wobei ein Offizier sogar das Ablassen und Ausfischen der Teiche androhte. Jedenfalls waren beim Abzug der Truppen am 16. Mai die Dörfer gründlich ausgeraubt, und als am Abend des nachfolgenden Tages französische Soldaten aus einem Lager bei Reichenberg nochmals in Eisenberg zu plündern versuchten, liefen Männer wie Frauen im Oberdorfe zusammen und trieben mit Knütteln „und was ihnen sonst zur Hand war" die Marodeure zurück.

Nach dem längeren, am 16. August abgelaufenen Waffenstillstand von Poischwitz erschien bereits zehn Tage später „eine ungeordnete, aus verschiedenen Regimentern zusammengewürfelte Masse von 3000 Mann französischer, polnischer und rheinbündlerischer Reiterei" im Ort. Da es stark regnete, trugen die auf Straßen und Teichdämmen lagernden Soldaten ausgehobene Türen und anderes Holzwerk zusammen, um daraus Hütten zu bauen. Obwohl der kommandierende Offizier gegen Ausschreitungen auftrat, kam es wieder zu Erpressungen von Lebensmitteln sowie zur Plünderung der königlichen Scheunen am Schwanen- und Schloßteich, doch blieb zumindest das Schloß von Belegungen verschont. Als aber gegen Abend des 27. August noch ein 600 Mann starker Troß ankam, wurde des Hofgärtners gesamter Heuvorrat wie auch manches andere aus dem Schloßpark entwendet, während man die Blumentöpfe für Kochzwecke benutzte. Nachdem dann am 28. August ein Teil der Truppen in benachbarte Dörfer verlegt worden war, rückte endlich zwei Tage später das gesamte Korps nach Dresden ab, wobei über 90 tote Pferde zurückblieben, deren Beseitigung die Einwohner vornehmen mußten.

Der September brachte weitere Beschwernisse, zumal damals die Franzosenherrschaft in Sachsen ihren Höhepunkt erreichte. So nahmen Soldaten im Tiergarten viele Baumfällungen vor, da alles geschlagene Holz einschließlich der Umzäunungen verbraucht worden war. Indes erschienen am 4. Oktober letztmalig Franzosen im Ort, die Nahrungsmittel und Vieh für die zum Zentrum des französischen Verteidigungssystems ausersehene Festung Dresden forderten. Als freilich am 19. Oktober ein preußischer Wachtmeister mit sieben westfälischen Soldaten beim Stallhausmann Bier zu erhalten hoffte, doch die Wohnung verschlossen fand, kam es aufgrund der Enttäuschung

zu Tätlichkeiten: Während von der Mannschaft mehrere Fenster eingeworfen wurden, verabreichte der Wachtmeister dem gerade vorüberkommenden Hofbettschreiber drei Knutenhiebe, da er in ihm wohl den Eigentümer des Hauses vermutete.

Dennoch sollte das unmittelbare Kriegsgeschehen der Moritzburger Gegend noch nahekommen. Nach der Leipziger Völkerschlacht wurde die von den Verbündeten eingeschlossene Festung Dresden durch 30 000 Franzosen unter Marschall Saint Cyr weiterhin verteidigt. Da aber Nahrungsmangel wie auch Seuchen einen Ausbruch der Belagerten in Richtung auf das noch französisch besetzte Torgau wahrscheinlich machten, hatten russische Landwehr und sechs österreichische Bataillone eine zweite Abwehrstellung auf der Linie Reichenberg – Boxdorf – Wilschdorf bezogen. Am Morgen des 6. November zwischen 3 und 4 Uhr fand das erwartete Ereignis auch statt, wobei ein unter dem Kommando des Grafen von der Lobau stehender Keil über den Wilden Mann zur Baumwiese vorstieß, während der andere unter General Bonet auf Trachau zielte. Bald gingen Transporte verwundeter Russen durch Moritzburg nach Königsbrück; die Eisenberger aber suchten in Sicherheit zu bringen „was anging" und standen bereit zur Flucht, da ein weiteres Vordringen der Franzosen gründliche Plünderung verhieß. Nach anfänglichen Erfolgen brach jedoch das französische Unternehmen gegen 10 Uhr vor der starken Stellung Reichenberg – Boxdorf zusammen, so daß den von Hunger entkräfteten Soldaten nur der Rückzug in die Festung blieb. Am 11. November wurde sie endlich den Verbündeten übergeben. „Bilder des Todes und des Jammers aller Art erfüllten die Stadt", schreibt Ludwig Richter in seinen „Lebenserinnerungen": Man hatte zuletzt kaum mehr die Verstorbenen ordentlich bestatten können.

In Moritzburg aber erschien bald darauf ein russischer Offizier mit Soldaten, „die im Tiergarten abschossen was sie erlangen konnten". Von der russischen Gouvernementsverwaltung war indes auf alles königliche Eigentum Beschlag gelegt worden, so daß nach einer Beschwerde jenen Übergriffen sogleich Einhalt geboten und dem Ort eine Schutztruppe von 200 russischen Soldaten zugeordnet wurde. Nachdem dann König Friedrich August I. am 7. Juni 1815 aus der Gefangenschaft zurückgekehrt war, besuchte er am 15. Juni erstmals wieder Moritzburg, das nun auch weiterhin zu seinen bevorzugten Aufenthalten zählte (Abb. 197). Ebenso weilte am 24. September 1818 nochmals Herzog Albert von Sachsen-Teschen im Schloß, wobei er im Rückblick auf sein wechselvoll verlaufenes Leben in das Willkommen-Register schrieb:

„Hier wo ich einst das Licht der Welt erblickt,
Wo Wiedersehn mein Herz erquickt,
Trink' ich nach achtzigjähr'ger Bahn
Den Willkommen jetzt recht froh hinan."

Schließlich lesen wir noch in dem 1854 erschienenen „Tagebuch eines Dresdner Bürgers" von D. A. Taggesell, daß am 10. März 1825 die gesamte königliche Familie nebst Gefolge nach Moritzburg kam, um sich gemeinsam mit vielen Zuschauern an einem Eskimopaar zu ergötzen, das in Seehundsanzügen auf dem Schloßteich seine Fertigkeit im Schwimmen, Tauchen und anderen Kunstübungen unter Beweis stellte. Nach jener Wasserpantomime beschenkte der König den Mann mit einer goldenen Repetieruhr, während die Frau von der Königin eine goldene Kette erhielt. Am 5. Mai 1827 aber starb Friedrich August I. nach neunundfünfzigjähriger Regierungszeit. Sein Tod bedeutete zugleich das Ende der alten kursächsischen Hofjägerei und ihres aufwendigen Jagdbetriebes, führten doch das Erstarken des Bürgertums wie auch die Einflüsse der Französischen

Revolution zu einem grundlegenden Wandel in der Jagdausübung. Es fand damit eine Periode der Jagdgeschichte ihren Abschluß, die bei aller Farbenpracht und allem Prunk von inhumanem Verhalten dem Wild gegenüber geprägt gewesen war.

IX.

Entwicklungen bis zum Sturz der Monarchie 1918

1. Das politische Geschehen

Auf dem Wiener Kongreß war das ein Jahrhundert während Vormachtstreben zwischen Sachsen und Preußen zugunsten des letzteren entschieden worden. Für den sächsischen Staat verband sich damit sein endgültiges Abtreten von der internationalen poli-

197 *Adrian Zingg (1734–1816): Ansicht des Jagdschlosses Moritzburg von Südosten.*
Sepiazeichnung, laviert, 1815. Staatl. Kunstsammlungen Dresden, Kupferstichkabinett

tischen Bühne. Das Herausbilden kapitalistischer Produktionsverhältnisse wurde durch die beibehaltene Zersplitterung Deutschlands gehemmt, zumal auch Reformen, wie sie in Preußen Stein und Hardenberg veranlaßt hatten, in Sachsen unterblieben waren. Daher zählte das wirtschaftlich mit am stärksten entwickelte Land zu den wenigen deutschen Staaten, deren verwaltungsmäßiger Aufbau die napoleonische Ära fast unverändert überdauerte. Hinzu kam die Unbeweglichkeit König Friedrich Augusts I., der mit seinem starren Rechtsempfinden und einem überholten Denken auch weiterhin allen Neuerungen meist ablehnend gegenüberstand. Der Tod des Königs im Jahre 1827 bewirkte indes keine Änderung dieser Zustände, folgte doch mit seinem zweiundsiebzigjährigen Bruder Anton ein Regent, dem gleichfalls jedes Verständnis für politische Zusammenhänge fehlte.

Jener staatliche Konservatismus ignorierte nicht nur die seit den Befreiungskriegen keimenden Hoffnungen des Volkes auf nationalen Zusammenschluß und demokratische Rechte, sondern er trug auch zur Verschärfung des sich aus der industriellen Revolution entwickelnden Widerspruchs zwischen den vorwärtsstrebenden Produktivkräften und den zurückbleibenden feudalen Produktionsverhältnissen bei. Die deshalb allgemein aufkommende Unzufriedenheit führte im September 1830 unter dem Eindruck der Pariser Julirevolution zu einer Volksbewegung, von der Bauern, Handwerksgesellen und Fabrikarbeiter, aber auch Teile des städtischen Bürgertums erfaßt wurden. Dadurch geriet die feudalbürokratische sächsische Monarchie in eine offene Krise, so daß sich König Anton zu weitreichenden Zugeständnissen gezwungen sah: Das reaktionäre Kabinett des Grafen von Einsiedel mußte den Rücktritt erklären, worauf es am 13. September zur Bildung einer reformwilligen Adelsregierung unter dem zum Minister des Inneren und Vorsitzenden des Gesamtministeriums berufenen Bernhard von Lindenau kam. Zudem ernannte der König seinen Neffen, den Prinzen Friedrich August, zum Mitregenten, womit freilich eine Abkehr vom alten Kurs umgangen worden war. Dennoch vereinte das neue Ministerium die führenden, liberal denkenden Persönlichkeiten des Landes, die erkannten, daß eine beschleunigte wirtschaftliche Entwicklung in Verbindung mit der Erneuerung des Staatsapparates einer Entfaltung des Kapitalismus förderlich sei. Bereits am 4. September 1831 erhielt Sachsen eine dem Charakter nach bürgerlich-liberale Verfassung, die den Übergang vom Ständestaat zur konstitutionellen Monarchie markierte. Am 2. Februar 1832 folgte die Städteordnung als Grundlage für eine bürgerliche Kommunalverwaltung und -po-

litik anstelle des feudalen Stadtregimentes, während das am 17. März 1832 erschienene „Gesetz über Ablösungen und Gemeinheitsteilungen" trotz seiner Unvollkommenheit für die sächsische Landwirtschaft eine kapitalistische Produktionsweise sicherte. Weitere Reformen auf den Gebieten des Finanz-, Justiz-, Bildungs-, Heeres- und Verwaltungswesens wie auch der 1834 vorgenommene Beitritt Sachsens zum Deutschen Zollverein förderten ebenfalls jenen Umwandlungsprozeß, so daß sich nunmehr endgültig der Übergang zur kapitalistischen Entwicklung vollzog.

Während der Jahrzehnte nach dem Tode König Antons regierten die Söhne des Prinzen Maximilian: von 1836 bis 1854 König Friedrich August II., danach bis 1873 König Johann. Es waren Landesherren, die sich den wirtschaftlichen Notwendigkeiten gegenüber aufgeschlossen zeigten und zu deren persönlichem Umgang bürgerliche Gelehrte und Künstler zählten. Sie erkannten, daß die Entwicklungsmöglichkeiten des Landes nicht mehr auf politisch-militärischem Gebiet, sondern innerhalb der ökonomischen und kulturellen Bereiche lagen, wobei ihnen ohnehin der Sinn fehlte für Politik und geschichtliche Realitäten, wie ihr Desinteresse an größeren nationalen Aufgaben zeigte. So wagte es 1843 König Friedrich August II., anstelle des Ministeriums von Lindenau wieder Vertreter des reaktionären Adels einzusetzen und damit hemmend auf die liberalen Anfänge im Lande einzuwirken. Im Sturm der Märzbewegung von 1848 aber erreichten Liberale und Demokraten gemeinsam den Sturz des Ministerium von Könneritz, worauf das liberale Bürgertum, das sich inzwischen als Klasse im nationalen Rahmen formiert hatte, die Regierung übernahm. Nach dem Einführen eines progressiven Wahlrechts gelang es den Demokraten, mit 66 Sitzen gegenüber 7 Liberalen und 2 Konservativen im Landtag die absolute Mehrheit zu erringen, doch vertiefte sich bald das Trennende zwischen Liberalen und Demokraten, während die aufkommende Arbeiterbewegung erste Versuche des Zusammenschlusses unternahm. Als aber König Friedrich August II. eine Annahme der Reichsverfassung ablehnte, kämpften Arbeiter, Handwerker und Bürgerliche im Mai 1849 gemeinsam auf den Dresdener Barrikaden für ihre fortschrittlichen Ziele. Doch mit Hilfe des von der Reaktion eiligst aus Berlin herbeigerufenen preußischen Militärs konnte die Entscheidung des Kampfes zugunsten der sächsischen Monarchie erzwungen werden.

Nach dem Scheitern jener gewaltigen Volksbewegung von 1848/49 standen die folgenden Dezennien unter dem Zeichen der Reaktion. Zwar wagte der König nicht, gefällte Todesurteile vollstrecken zu lassen, doch füllten sich jetzt die Gefängnisse mit

198
Jagdschloß Moritzburg.
Thron samt Baldachin in
indianischer Federarbeit
im Federzimmer.
Darauf der Thronsessel
Augusts des Starken,
1719 wohl von Benjamin
Thomae gefertigt.
Zustand 1934.
1972 abgebaut

den der sächsisch-preußischen Konterrevolution unterlegenen Kämpfern. Aber erst nach 1860 zwangen ökonomische Erwägungen zur Lockerung des reaktionären Druckes. Nun führte auch in Sachsen eine zunehmende Industrialisierung zum Sieg der Maschine und damit zur Durchsetzung der kapitalistischen Produktionsweise, wobei freilich von seiten des Hofes kaum noch nennenswerter Einfluß auf das wirtschaftliche Geschehen im Lande genommen wurde. Hier war die Führung endgültig an das Bürgertum übergegangen, das indes vor den Konsequenzen der Revolution zurückschreckte, zumal sich seine

Zusammensetzung bald veränderte: Vor allem als das in den Gründerjahren nach 1871 aufkommende Geldbürgertum wirtschaftliche Macht erlangte, kam es zur Verschärfung aller Widersprüche innerhalb der Bourgeoisie wie auch zwischen ihr und der sich nun kraftvoll organisierenden Arbeiterbewegung. Jetzt erlebte der Industriekapitalismus seine endgültige Herausbildung, so daß die Voraussetzungen für den Übergang zum Imperialismus zur Reife gelangen konnten. Daneben förderten Mangel an Bildung und Gleichgültigkeit gegenüber der nationalen Kulturaufgabe von seiten der Bourgeoisie das Aufkom-

199 Jagdschloß Moritzburg.
Der Monströsensaal um 1900. Nach einer Postkarte der Zeit im Besitz des Verfassers

men einer Pseudokunst, deren „hysterische Renaissance" (Heinrich Mann) schließlich in eine von Inhalt und Form her dekadente Kunstäußerung mündete.

Innerhalb der politischen Entwicklung hatte Sachsen nach dem Kriege von 1866, in dem es mit Österreich erfolglos gegen Preußen kämpfte, seine staatliche Eigenständigkeit völlig verloren: Nun schloß es sich endgültig dem preußisch-kleindeutschen System an, wobei Bundeskanzler von Bismarck die politische Handlungsfreiheit des Landes so einzuengen suchte, daß daraus für Preußen keine Gefahr mehr erwachsen konnte. Allein der damalige Kronprinz und spätere König Albert vermochte als Feldmarschall während des Deutsch-Französischen Krieges 1870/71 durch militärischen Erfolg das Land nochmals in ein gewisses Ansehen zu setzen. Zudem bildete die auf guter Arbeitsorganisation beruhende leistungsstarke sächsische Industrie eine der Basen für die 1871 unter preußischer Vorherrschaft vollzogene Gründung des Deutschen Reiches: Als Gliedstaat darin mit aufgegangen, war Sachsen seither an dessen imperialer Politik beteiligt, bis nach der Niederlage des deutschen Imperialismus im ersten Weltkrieg die am 10. November 1918 in Dresden ausgerufene Republik dem Fortbestehen der sächsischen Monarchie ebenfalls ein Ende setzte.

2. Die Schloßanlagen

Die nach dem Wiener Kongreß aufgekommene staatliche Passivität prägte auch das höfische Leben in Moritzburg: Zwar fanden noch Jagden und Besuche fürstlicher Personen statt, aber die damit verbundenen Festlichkeiten nahmen zunehmend intimere Formen an, erhielt doch das Schloß nun den Charakter eines Wohnbaues. Veränderungen blieben deshalb fast nur auf Neugestaltungen im Inneren beschränkt. Zunächst war 1830 das sich bis dahin im Japanischen Palais zu Dresden befindliche Federzimmer in den heutigen Lackmöbelraum östlich des Billardsaales verbracht worden. Als man aber um 1900 jene Räumlichkeit für Wohnzwecke beanspruchte, kam es in ein Nordzimmer des Erdgeschosses, doch waren schon damals nur noch Teile des alten Gesamtbestandes vorhanden, die sich aus einem Thron samt Baldachin sowie Resten von Tapeten und Supraporten zusammensetzten (Abb. 198). Wohl indianische Arbeiten aus Südamerika darstellend, prangten diese Stücke im Schmuck unzähliger farbiger Federn von Kolibris, Papageien, Aras und anderer exotischer Vögel. Indes blieb die Herkunft der Einrichtung, die früher ihren besonderen Akzent durch das Einbeziehen von Porzellanen in Pfirsichblütfarbe und Gold erhielt, bis heute ungeklärt: Offenbar wurde sie unter August dem Starken für Ausstattungszwecke des Japanischen Palais erworben. Aufgrund jener Unvollständigkeit, aber ebenso durch Überalterung und das Verbleichen der einstmals farbenprächtigen Federn war jedoch die ursprünglich sicher großartige Wirkung des Zimmers weitgehend verlorengegangen, so daß man sich 1972 zu seinem Abbau entschloß. Da freilich solche Vogelfedern nicht mehr zu beschaffen sind, dürfte eine Restaurierung der Gegenstände kaum möglich sein. Deshalb erinnern den heutigen Besucher noch eine vor dem Abbau gefertigte Zeichnung sowie einige Exemplare der Federn an die einstige Pracht, deren exotischer Farbenreichtum im eigenartigen Gegensatz zu den europäischen Jagdtrophäen des Schlosses stand.

Nach der 1831 vorgenommenen Trennung von Hof- und Staatsbesitz war das sich bis dahin in königlichem Besitz befindliche Schloß zum Staatseigentum erklärt worden, doch behielt der König neben dem unbeschränkten Wohnrecht auch das Privateigentum an der Inneneinrichtung. Während aber König Anton die Jagdfreuden weniger schätzte und daher das Schloß kaum aufgesucht hatte, huldigte sein Nachfolger Friedrich August II. weitaus stärker dem Weidwerk. So ließ er 1843 anläßlich eines mehrtägigen Aufenthaltes in Moritzburg im Erdgeschoßzimmer des Jägerturmes, wo man nach kleineren Jagden zu speisen pflegte, eine Gruppe von Tierköpfen anbringen. Auch kam es 1851 zu einer größeren Instandsetzung des wieder schadhaft gewordenen Kapellenturmes, der nun neu in Holz verschalt und mit Schiefer verkleidet wurde. Den dabei gleichfalls erneuerten Knopf hatte der Glockengießer und Kupferschmied Friedrich Gruhl aus Kleinwelka bei Bautzen in Kupfer getrieben, während seine Feuervergoldung der Bautzener Gürtlermeister Friedrich Gottlob Centner vornahm. Nachdem auf Anweisung des Königs eine Schrift über die Ereignisse der Dresdener Mairevolution 1849 sowie mehrere damals geprägte Münzen und andere Dokumente den 1665 eingelegten Gegenständen beigegeben worden waren, erfolgte am 14. Oktober 1851 – genau 186 Jahre nach dem Anbringen des ersten Knopfes – das Aufsetzen der Neuanfertigung. Das gesamte Vorhaben hatte unter Leitung von Hofbaumeister Bernhard Krüger und des Eisenberger Amtszimmermeisters Ernst Adam gestanden.

Nach 1855 ließ dann König Johann, der freilich Moritzburg seltener aufsuchte, das Schloß in einen bewohnbaren Zustand versetzen, sollten doch hier sein zweiter Sohn Prinz Georg und die Infantin Maria Anna von Braganza und Bourbon als dessen Gattin vorerst Wohnung nehmen. Im Verlauf der Arbeiten

kam es in den Eckräumen des ersten und zweiten Obergeschosses zum Einbau von Bädern und Toiletten, die man aber in späterer Zeit wieder entfernte; auch erhielten die Räumlichkeiten der „bel étage" neue hölzerne Türrahmungen und ebensolche Verkleidungen der tiefen Fensterleibungen in durchaus gut gelungenen Formen. Nach seiner Vermählung am 11. Mai 1859 traf das prinzliche Paar am 27. Mai im Schlosse ein, wo es von der königlichen Familie begrüßt wurde, während der 1848 von Robert Schumann gegründete Dresdener Chorgesangverein mehrere Gesänge darbot.

Mit König Albert bestieg am 29. Oktober 1873 ein der Jagd wieder eng verbundener Monarch den sächsischen Thron, was vor allem auch in Moritzburg spürbar werden sollte. Zu den Maßnahmen der Zeit zählte eine Erweiterung des Schloßparkes; auch wurde der bis dahin beidseitig um das Schloß verlaufende öffentliche Weg nach Kalkreuth eingezogen und am Westufer des Schloßteiches entlanggeführt. Weiterhin erhielt das Schloß 1881 eine neue Uhr, da der seit dem Pöppelmannschen Umbau im Kapellenturm untergebrachte Zeitanzeiger wegen Überalterung entfernt werden mußte. Amtszimmermeister Ernst Adam ließ deshalb einen in der Nord-Süd-Achse des Mittelbaues aus dem Dachwalm wachsenden Aufbau mit flachem Stichbogenabschluß und bekrönender Kugel errichten, der die vom Leipziger Turmuhrenfabrikanten Julius Hiemann gefertigte Uhr aufnahm. Deren Kosten beliefen sich auf 1086 Mark, wobei man den Schätzpreis von 50 Mark für das alte Werk dem Lieferanten in Abzug brachte. Schließlich begannen 1891 mit Hilfe ständischer Mittel umfangreiche Reparaturen und Umbauten des Schlosses, die teilweise technischen Charakter trugen. So wurde aus Gründen der Feuersicherheit eine Kesselanlage eingebaut, mit der sechs auf dem Dachboden angeordnete Wasserbehälter von je 35 Kubikmeter Inhalt gefüllt werden konnten. Weiterhin kam es zu Erneuerungen von schadhaft gewordenen Vasen und Figuren des Terrassenbereiches, zur Erweiterung der am westlichen Parkrand gelegenen Schloßgärtnerei und zur Umgestaltung der Gartenanlagen auf der Schloßinsel. Wurde die hierbei vorgenommene Bepflanzung vom Zeitgeschmack geprägt, so kam dieser nun auch in den Einrichtungen der Zimmer und Säle zum Ausdruck, wo bald Einflüsse des Makartstiles den ursprünglichen barocken Charakter zu überlagern begannen (Abb. 199). Ebenso legte man damals den beiden äußeren Ecken der Südseite im ersten Obergeschoß je einen kleinen rechteckigen Balkon als Übergang zu den Turmflügeln vor, während 1901 noch der Einbau eines durch Wasserdruck getriebenen und bis zum zweiten Stockwerk

verkehrenden Fahrstuhles folgte. Waren jene Veränderungen zumeist erforderlich gewesen, so bekundete dennoch ihr überwiegender Teil das Unverständnis der Zeit gegenüber dem barocken Gesamtkunstwerk und seinen Raumvorstellungen, obwohl Gottfried Semper wenige Jahre zuvor gerade auf diesem Gebiet aufklärend zu wirken gesucht hatte. Daher konnte 1903 auch der bekannte Dresdener Kunstwissenschaftler Dr. Robert Bruck über die Ledermalereien des Monströsensaales schreiben: „Diese Bilder berühren uns heute durch ihre theatralische und gezierte Auffassung äußerst fremd, da wir in unserer Zeit diese Mischung von Sinnlichkeit und Unschuld nur schwer verstehen und uns nicht leicht vorstellen können, wie der Maler sich so ganz in die Ungezwungenheit des Verkehrs der Menschen bei den ‚fêtes galantes' hineindachte, daß er diese selbst in den Geschichten der Götter abbildete." Indes kann die nach 1882 dem Abbruch des alten Garnhauses folgende Ergänzung der kleinen Freitreppe vorm Fasanenschlößchen als gelungene Leistung bezeichnet werden (Abb. 200). Das zweiläufige Treppenwerk öffnet sich seither dem von Süden nahenden Besucher mit einladendem Gestus, indem es über vier Stufen zunächst auf ein Zwischenpodest führt. Eine dort in Achse der vorschwingenden Rückwand erscheinende Nische mit Rundbogen bildet den vermauerten Rest jenes Ganges, durch den einst Kurfürst Friedrich August III. unbeobachtet vom Palais zu seinen Vögeln gelangte. Man nutzte diese Vertiefung zur Aufstellung der Kopie eines barocken Puttos mit Jagdfalken vom Terrassenbereich des Jagdschlosses (Abb. 134), die auf ihrem Postament als reizvoller Blickfang wirkt. Seitlich davon streben die beiden Treppenläufe leicht empor, wobei ihre Balustraden an den oberen Austritten von je einer Putte besetzt sind. Samt dem zugleich vorgelegten Rasenparterre atmet das Ganze eine in inniger Verbindung zum Palais stehende Lockerheit, die dem intim-heiteren Wesen des Rokoko durchaus gerecht wird. Leider wurde im ersten Weltkrieg die Kupferbedachung des Schlößchens abgenommen und Rüstungszwecken zugeführt, während man als Ersatz minderwertiges Material aufbrachte. Ebenso kam es nach den Pfingsttagen von 1916 wegen Futtermangels zur Aufhebung der Fasanerie, die mit ihren insgesamt über einhundert Gold-, Silber-, Diamant-, Königs-, Lady Amhorst- und Ringfasanen zu einer vielbesuchten Stätte geworden war, deren Zuchttiere in alle

Welt gingen. Nun gelangte ein Teil der Fasanen nach Pillnitz; den Rest aber gab man in Privathand.

Noch bis in den ersten Weltkrieg hinein haben die sächsischen Könige in Moritzburg Hofjagden abgehalten oder zu anderweitigen Anlässen Gäste empfangen. Unter den vielen hochgestellten Persönlichkeiten, die hier seit Mitte des 19. Jahrhunderts den Willkommen tranken, befand sich am 17. September 1859 auch der als Kunstförderer und Dichter bekannte, doch 1848 abgedankte ehemalige König Ludwig I. von Bayern. Weiterhin besuchten am 19. Juni 1863 der Großherzog Karl Alexander von Sachsen-Weimar mit Gemahlin Sophie und Prinzessin Marie Alexandrine das Schloß, während der letzte deutsche Kaiser Wilhelm II., der bereits 1886 und 1889 als Gast in Moritzburg geweilt hatte, am 2. und 3. Dezember 1892 einer Einladung König Alberts zur Jagd im Friedewald folgte. Zudem war dort im Sommer 1887 Kronprinz Friedrich August, nachmals König Friedrich August III., erstmals der sich besuchsweise im Schloß aufhaltenden Erzherzogin Luise von Toscana begegnet. Ihre 1891 in Wien geschlossene Ehe sollte freilich bald ein unglückliches Ende nehmen: das tragische Schicksal der sächsischen Kronprinzessin, die Dresden Ende 1902 aus nicht völlig geklärten Motiven verließ und 1903 von ihrem Gatten geschieden wurde, erregte damals weltweites Aufsehen.

Nach der farblos-kurzen Regierungszeit König Georgs bestieg Friedrich August III. am 15. Oktober 1904 den Thron. Von natürlichem und ungezwungenem Wesen, erfreute sich dieser letzte sächsische Monarch im Gegensatz zu seinem unnahbaren Vorgänger bald einer gewissen Popularität, hatte er doch, wie Ludwig Renn in „Adel im Untergang" bemerkt, schon als „Prinz . . . sehr wenig Sinn für die Steifheit des Hofes und das altspanische Zeremoniell, das da noch herrschte", besessen. Den für die Entwicklung des hochindustrialisierten Landes erforderlichen gesellschaftlichen Veränderungen brachte er jedoch kaum Verständnis entgegen, so daß Sachsen eines der am konservativsten regierten Länder im damaligen Deutschen Reich blieb. Indes ist Friedrich August III. nochmals ein ausgeprägter Liebhaber des Weidwerks gewesen: Wie schon König Albert, so erfüllte auch ihn weniger die große Treibjagd, sondern viel mehr der poesievolle Reiz des heimlichen Pirschganges als der edelsten Jagdart, wobei er vornehmlich im Friedewald auf Edelhirsch und Rehbock pirschte. Dennoch fand hier 1908 letztmalig ein großes eingestelltes Jagen im feudalen Stil anläßlich eines Besuches des Königs von Spanien statt. Zeitgenössischen Berichten zufolge trugen jetzt solche Veranstaltungen einen vornehmen Charakter: „An den Abenden be-

200 Moritzburg, Fasanenschlößchen:
Die nach 1882 ergänzte Treppenanlage
vor der Südseite des Palais

sonders festlicher Jagdtage strahlten die zum Schloß führende Brücke und die den Zufahrtsweg umsäumenden Steingeländer im magischen Scheine zahlloser kleiner Lichter; im Schloßhof aber lohte Fackelglut zu den mächtigen Mauern empor und beleuchtete die ‚Strecke‘ des erlegten Wildes, während die Jägerei mit ihren Fanfaren die Jagd abbließ.“

Bald aber kam es zum Ausbruch des ersten Weltkrieges, dessen Dauer sich entgegen allen optimistischen Voraussagen in die Länge zog, wobei bereits nach der Marneschlacht 1914 der sächsische Kronprinz Georg den kommenden Zusammenbruch voraussah und seinem Bruder Prinz Friedrich Christian gegenüber Krieg wie auch Monarchie für verloren gab. Gegen Ende des Krieges fand im Schloß Moritzburg die letzte höfische Festlichkeit mit einer Abendtafel aus Anlaß des Besuches Kaiser Karls I. von Österreich statt, „um dessen blasse und schwankende Gestalt schon die Schatten des Untergangs schwebten“ (H. v. Nostitz). Als dann am 8. November 1918 Demonstrationen der Dresdener Bevölkerung gegen eine Fortsetzung des Krieges begannen, verließ König Friedrich August III. am späten Abend das Residenzschloß und fuhr nach Moritzburg. Von dort begab sich der Monarch am nächsten Tag über Schloß Guteborn in der damaligen preußischen Lausitz, wo er am 13. November den Thronverzicht unterzeichnete, auf seine schlesischen Besitzungen Sibyllenort. Inzwischen aber war am 10. November im Dresdener Zirkus Sarrasani die Republik Sachsen ausgerufen worden. Damit hatte die über 800 Jahre währende Herrschaft des Hauses Wettin ihr Ende gefunden.

3. Wald, Wild und Jagd

Die Sorge vor der drohenden Holznot hatte seit Mitte des 18. Jahrhunderts grundlegende Maßnahmen zu ihrer Behebung als unumgänglich erscheinen lassen, weist doch 1783 der kurfürstlich-sächsische Oberforstmeister von Gersdorff darauf hin, daß eine Walderhaltung „durch die Natur alleine ohne besorglichen Geldaufwand zu erzwingen, sich nicht tun lasse“. Freilich war es schon vorher zu deutlichen Warnungen gekommen, denn nach größeren Holzverkäufen, die August der Starke wohl zwecks Auffüllung seiner Kassen veranlaßte, schrieb ihm Oberhofjägermeister von Leubnitz, daß bei einem weiteren starken Einschlag von Stammholz im Friedewald bald kein Stamm mehr zu finden sei. Zudem blieb damals die Pflege der Forsten noch immer auf Nutzungseinschränkungen, Schlagverbote von Masteichen und den Schutz der Verjüngungen vor Waldweide begrenzt, indes vor allem das Laubrechen dem

Walde den natürlichen Dünger sowie die für das Keimen von Eicheln und Bucheckern notwendige Humusschicht entzog. Hinzu trat eine durch die gesellschaftlichen Verhältnisse bedingte Vernachlässigung der Wälder infolge des übersteigerten höfischen Jagdbetriebes, sah doch die Feudalklasse den Wald fast ausschließlich als Ort zur Hege des Wildes an.

All dies hatte bis um Mitte des 18. Jahrhunderts eine zunehmende Dezimierung der Eichen- und Buchenbestände bewirkt, während hingegen die Kiefer vordrang. Um aber dem immer stärker fühlbar werdenden Holzmangel zu begegnen, mußte man sich endlich der heruntergewirtschafteten Waldböden annehmen, so daß aus dieser Erkenntnis heraus bald die Forstwirtschaft gegenüber der Jagd den Vorrang erhielt. Dennoch wurde erst seit etwa 1765 mit dem Einführen rationeller forstwirtschaftlicher Methoden begonnen. Wachsende Kenntnisse und Erfahrungen der Forstbeamten gaben nun einer fachgerechten Verjüngung des Waldes durch Saat und Pflanzung Raum, wobei auch im Friedewald neben ersten Vermessungen und Taxationen zunächst die Kahlschlagflächen ermittelt wurden. Ihre Einsaat mit Kiefernsamen war bereits im Forstverbesserungsvorschlag von 1764 vorgesehen, da man erkannt hatte, daß die durch Streunutzung und Waldgräserei ihres Nährstoffgehaltes beraubten Böden kaum den Wachstumsprozeß einer neuen Laubholzgeneration gefördert hätten. Weitere Ansätze zur wissenschaftlichen Waldpflege bildeten die 1781 im Friedewald in Form eines kleinen Eichgartens angelegte erste Moritzburger Pflanzenerziehungsstätte sowie das 1790 vorgenommene Auspflanzen von Lärchen als Fremdlinge, denen 1792 die bis heute bestehenden Weymouthskiefern am Hellhaus folgten. Auch waren 1782 umfangreiche Meliorationen in Gang gekommen. Schließlich wurde seit Beginn des 19. Jahrhunderts das Pflanzverfahren von jungen Nadelhölzern mit nackter Wurzel ebenfalls erfolgreich angewendet.

Indes zeigte auch das rasch wachsende Nadelholz keine befriedigende Beschaffenheit. Zwar mögen hier Verbißschäden infolge des seit dem Siebenjährigen Krieg erneut angestiegenen Wildbestandes mitgewirkt haben, doch minderten ebenso Waldweide und Streunutzung weiterhin die Qualität der Waldböden, zumal steigende Bewohnerzahlen in den Dörfern eine ausgedehntere Viehhaltung mit sich brachten. Zudem hatte 1796 der Moritzburger Amtsverwalter Heinrich Gottlieb Neitzsch ohne Genehmigung der Behörden auf einem wüsten Flecken „an der Karauschenwiese, da, wo die vorzüglichste Wildbahne und der beste Wildpretswechsel auf dem ganzen Friedewalde ist“, eine Schenke anlegen lassen, um die sich bald einige Bauern und Häusler ansiedelten. Neitzsch, der als Besitzer des nahen Rittergutes Naunhof jene Gründung veranlaßt hatte, bekam danach zwar Schwierigkeiten mit den kurfürstlichen Behörden, doch wurde die Siedlung 1805 als selbständige Gemeinde anerkannt. So entwickelte sich das kleine Gemeinwesen bis 1816 durch weitere Ansiedlungen zum „Neuen Anbau", der um 1840 auch als Klein-Naunhof erscheint und 66 Einwohner zählte, bis man ihn 1936 nach Weinböhla eingemeindete. Daneben hatte Neitzsch auch 1795 die am Mistweg zwischen Steinbach und Weinböhla gelegene Mistschänke errichten lassen, deren heutiges Gebäude freilich aus dem Jahre 1904 stammt.

In napoleonischer Zeit erfuhr der Bestand des Friedewaldes weitere Verluste, so daß Heinrich Cotta, als er im Zuge der nach 1815 wiederaufgenommenen Forstvermessungen das Waldgebiet vermißt, zu wenig erfreulichen Ergebnissen gelangte. Auch Cotta sah hierbei die Servitute als Grund allen Übels an, denn 1816 bemerkte er: „Das Streusammeln und die Hutungen fand ich in den Dresdner Revieren so gränzenlos verwüstend, daß bey dem Fortbestehen derselben nach meiner vollsten Überzeugung nicht die Hälfte des Ertrags erlangt werden kann, den sie ohne diese unermeßlichen Beschwerungen bringen könnten."

Mit dem Wirken Heinrich Cottas nahm nun die eigentliche sächsische Forstwirtschaft ihren Anfang. Im Jahre 1811 aus Thüringen als Direktor der Forstvermessung nach Sachsen berufen, hatte er zugleich eine forstliche Privatlehranstalt in Tharandt gegründet, die 1816 zur königlich-sächsischen Forstakademie erhoben wurde. Auf ihr erhielten jetzt Forstbeamte ihre Ausbildung, denen das Verbessern des Waldes als Lebensaufgabe galt. Zudem war der landesherrliche Waldbesitz mit dem Einführen der Verfassung von 1831 in Staatseigentum übergegangen, wobei das „Gesetz über Ablösungen und Gemeinheitsteilungen" vom 17. März 1832 auch der Servitute ein Ende setzte. Freilich kamen die erforderlichen Verhandlungen nur schleppend voran, so daß für den Friedewald erst nach Mitte des 19. Jahrhunderts die Waldrechte endgültig erloschen.

Seit 1832 aber hatte hier Cottas Devise „Forstwirtschaft ist halb Kunst, halb Wissenschaft" erste Auswirkungen gezeigt. Zunächst waren aus den bisherigen Revieren Eisenberg, Steinbach und Kreyern die beiden Forstamtsbezirke Moritzburg und Kreyern gebildet worden, während der Oberauer Wald in den Privatbesitz des Oberauer Grundherrn kam. Auch teilte man als Voraussetzung für eine räumliche Ordnung des Waldes sämtliche Reviere durch ein System von Flügeln und Schneisen in etwa gleich-

große Abteilungen neu auf, was eine Grundlage bildete für das Anfertigen neuer Waldbestandskarten. Ihre Fortschreibung wurde bei den nun in Abständen von jeweils zehn Jahren wiederkehrenden Hauptrevisionen vorgenommen. Den verplenterten Wald trieb man durch Kahlschläge ab, denen eine künstliche Wiederaufforstung folgte. Da aber das Laubholz eine stark rückläufige Tendenz zeigte, so daß bereits 1848 der Friedewald zu 80 Prozent aus reinen Nadelhölzern bestand, erhielt dabei seit etwa 1850 die Fichte den Vorrang. Obwohl sich die Moritzburger Stauwasserböden wenig für ihren Anbau eignen, kam es innerhalb der nächsten Jahrzehnte zur vorrangigen Anpflanzung reiner Fichtenbestände, wobei freilich wirtschaftliche Überlegungen aufgrund der vielseitigen Verwendbarkeit jenes Holzes im Vordergrund standen. Erst negative Erfahrungen veranlaßten Anfang des 20. Jahrhunderts eine Reduzierung des Anteils der Fichten. Auf geeigneten kleineren Flächen nahm man jetzt den Anbau von Laub- und anderen Mischhölzern vor, darunter auch der Lärche, deren Anpflanzung schon 1832 empfohlen worden war. Seit 1918 wurden zwar Versuche zur Abwandlung der Kahlschlagwirtschaft innerhalb von Reinbeständen unternommen, doch blieb sie mitsamt dem Reinanbau von Nadelhölzern noch bis 1947 die vorherrschende Wirtschaftsform im Friedewald.

Eng verbunden mit der Entwicklung des Waldes war der Einfluß des Wildstandes. Hier konnte nach dem Siebenjährigen Krieg wieder ein beachtlicher Anstieg festgestellt werden, obgleich er nicht mehr den Umfang früherer Zeiten erreichte. Dennoch klagte die Landbevölkerung zunehmend über dadurch entstandene Flurschäden, so daß sich während der sächsischen Bauernunruhen von 1790 mitunter ganze Dorfgemeinden zusammentaten, um das Wild zu töten. Unter dem Druck solcher Verhältnisse mußte Kurfürst Friedrich August III. einigen Änderungen der Jagdverordnungen und des Jagdbetriebes zustimmen: So wurden für das Wild wieder Schonzeiten eingeführt, die drückenden Jagdfronen der Bauern zumindest teilweise verringert und Jagdfrevel jetzt milder bestraft. Doch auch nach dem Absinken des Wildstandes während der Napoleonzeit hielt das Klagen der Bauern an, so daß man in den Jahren 1825 und 1827 einen verstärkten Abschuß von Rot- und Schwarzwild vornahm. Mit dem Niedergang der feudalen Gesellschaft und dem wachsenden Einfluß bürgerlicher Kräfte waren freilich jene Zeiten endgültig vorüber, in denen das vorrangige Interesse des Landesherrn einer Förderung der Jagd gegolten hatte. Vor allem unter dem Einwirken der seit 1830 aufkommenden Volksbewegungen erfuhren auch die überholten Jagdverordnungen ihre Wandlung: 1831 ging das landesherrliche Jagdregal auf den Staat über, nach 1840 kamen zugleich mit den anderen Fronen die Jagddienste in Wegfall, und 1848 erlosch das alte Jagdrecht auf fremden Grund und Boden, so daß jetzt selbst auf kleinstem Grundbesitz dem Eigentümer oder einer von ihm beauftragten Person die Jagd zustand. Weitere Beschwerden der Landbevölkerung sowie die ungünstige wirtschaft-

201 Christian Friedrich Gille (1805–1899):
Damwild im Park. Öl auf Pappe, um 1865.
Karl-Marx-Stadt, Städtische Museen

liche Lage des Landes veranlaßten König Anton, neben der Verringerung des Jagdpersonals einen nochmaligen Abschuß von Wild anzuordnen. Da man hierbei den Bestand bis auf wenige Stammtiere reduzierte, hatte dies zur Folge, daß innerhalb der nächsten Jahrzehnte Hochwild nur noch vereinzelt vorkam und Schwarzwild völlig fehlte, was freilich das Wachstum des Nadelholzes förderte. Allein Rehwild, Hasen und Federwild blieben in ihren Beständen erhalten.

Um aber den nunmehr von der Ausrottung bedrohten Wildarten im Friedewald eine Heimstatt zu geben und das Abhalten von Hofjagden zu sichern,

hatte man 1828 den „Alten Tiergarten" erweitert, indem der westlich vom Schloß bis zum Auer reichende Hinterwald, die südwestlich des Schlosses gelegene „Oberecke" sowie der Fasanengarten samt dem Hirschberg ihre Einbeziehung erfuhren. Das damit nahezu 1400 Hektar große Gelände wurde auf einer Länge von annähernd 22 Kilometern mit einem mehr als 2 Meter hohen Holzzaun umgeben, der sich über einer starken Sohlenmauer erhob, während ein zusätzlich entlang der Innenseite angelegter breiter Graben das Durchbrechen von Sauen verhindern sollte. Seither blieb das ohnehin einen bescheideneren Umfang annehmende höfische Jagdgeschehen auf jene umfriedete Fläche beschränkt, die anfangs den geringen Bestand von 22 Stücken Rotwild, 4 Stücken Damwild, 180 Wildschweinen und etwa 100 Fasanen aufnahm. Dennoch garantierte der Tiergarten bei Besuchen fremder Fürstlichkeiten jederzeit erfolgreiche Jagden, wobei die Anlage wohl einen Eindruck erweckte, wie ihn das von Christian Friedrich Gille um 1865 geschaffene Gemälde „Damwild im Park" vorführt (Abb. 201).

Bald aber erkannte man, daß dem Jagdwesen hohe wirtschaftliche Bedeutung zukam und der Wildstand einen Teil des Volksvermögens bildete. So förderte vor allem König Albert den Rotwildbestand, der sich nun auch im Friedewald wieder zu heben begann. Neben den regelmäßigen Hofjagden, die jetzt als Treibjagden im August und September auf Rot- und Damwild und von November bis Anfang Dezember vorwiegend auf Sauen unter Beteiligung nur weniger Schützen stattfanden, übte man damals das „Pürschfahren" aus: es war eine Jagdart, deren Reiz darin bestand, die Aufmerksamkeit des Wildes vom abgesessenen, sich anpirschenden Jäger weg auf das weiterfahrende Gespann zu lenken. Mit dem wieder poesievoll werdenden Jagdgeschehen, das auch den Pirschgang samt Abschuß vom Anstand aus einschloß, gingen freilich die Streckenergebnisse gegenüber früheren Zeiten merklich zurück: Bezogen auf einen Tag, wurden um 1890 im Moritzburger Tiergarten durchschnittlich 10 Stücke Rotwild, 40 Stücke Damwild und 50 bis 60 Stücke Schwarzwild erlegt, während eine am 28. November 1894 veranstaltete Treibjagd die weitaus beste Strecke von 2 Rothirschen, 2 Rottieren, 12 Damhirschen, 12 Damtieren und 63 Stücken Schwarzwild erbrachte. Auf Jagden des Königs Albert war die Zahl des alljährlich in unterschiedlichen Revieren geschossenen Rotwildes seit 1868 ziemlich gleichmäßig von 24 bis auf etwa 400 Stücke angestiegen, wobei er selbst 1906 Hirsche erlegte. Ebenso zeigten die Trophäen aufgrund ausreichender natürlicher und künstlicher Fütterung der Tiere eine zunehmend bessere Qualität, befanden sich doch unter den von König Albert bis 1894 zur Strecke gebrachten 1122 Hirschen neben 113 Zwölf-, 24 Vierzehn- und 5 Sechzehnendern je 3 Stücke von 18 und 20 Enden. Entsprachen die Geweihe mit ihrer Stangenstärke und Höhe durchaus den Trophäen vergangener Zeiten, so kam jene einstige Vielzahl an Enden jetzt nicht mehr vor.

Im Jahre 1895 wird der Wildstand des Moritzburger Tiergartens mit 96 Stücken Rotwild, 454 Stücken Damwild, 299 Wildschweinen und 137 Zierfasanen angegeben, Zahlen, die sich auch bis 1905 nicht wesentlich änderten. Es war dies der Sollbestand, denn aufgrund großer Hofjagden und nachfolgender strenger Winter trat mitunter eine erhebliche Verringerung an Tieren ein. Zudem zeigte das Wild infolge des ausgedehnten Umfanges der Anlage ein Verhalten wie in freier Wildbahn, was beim Jagen beachtet werden mußte. Schon Ende des 18. Jahrhunderts hatte man im Alten Tiergarten Sauen gefüttert; daraus entwickelte sich nun eine öffentliche Wildfütterung, deren Futterplatz 1870 nach der Radeburger Straße verlegt und zugleich verbessert wurde. Alljährlich beanspruchte das Füttern größere Summen, wird doch 1914 eine Höhe von 35 400 Mark genannt. Daher erhob man seit 1893 für die Besichtigung Eintrittsgelder, deren Großteil freilich Verwendung für den bald beginnenden Neubau der Moritzburger Kirche fand. Weiterhin erfolgte 1911 eine Ergänzung des heimischen Wildbestandes durch das Einführen von Mufflons, jenen aus den Mittelmeerländern stammenden Wildschafen, doch kam es damals ebenso zu einer ersten Verkleinerung des Tiergartens. Schließlich zwang Futtermangel in den nachfolgenden Kriegsjahren zur weiteren Verringerung des Wildbestandes. Hingegen war das einstmals am Großteich betriebene Fangen von Wildenten wohl schon nach Mitte des 18. Jahrhunderts zum Erliegen gekommen. Das danach anderweitig genutzte Entenfängerhaus mag wegen Baufälligkeit später abgebrochen worden sein, so daß allein noch die mitunter auf älteren Karten vorkommende Bezeichnung „Entenfang" an jene Anlage erinnert.

4. Eisenberg und Umgebung

Das Amt Moritzburg war nach dem Siebenjährigen Krieg vom Grafen Marcolini arg heruntergewirtschaftet worden, hatte er doch 1765 zugleich mit dem Fasanengarten viele Teiche und Laßwiesen zu äußerst niedrigem Zins gepachtet, der in den seltensten Fällen entrichtet wurde. Im oberen Dorf Eisenberg

folgte dann 1801 der Neubau eines stattlichen Brauhofes an einem Standort, den früher das bereits 1551 erwähnte Erbschänkgut einnahm. 1813 zählte Eisenberg-Moritzburg annähernd 700 Einwohner, wobei hier eine Nebenstelle des Justizamtes Großenhain bestand, die zudem erste Instanz für Verwaltungsangelegenheiten ihres Bezirkes war. Aus dem der Südseite des Stallgebäudes vorgelegten Gerichtshaus entwickelte sich nach späterer Erweiterung eine Blindenvorschule, während die gleichfalls umgebaute Fronfeste eine Abteilung für blinde Männer aufnahm. Heute beherbergt dieser Komplex das Feierabendheim „Dr. Margarete Blanck".

Landesgestüt und Landstallamt. Für eine profilgebende Einrichtung des Ortes wurde der Grund gelegt, als 1828 ein königlicher Erlaß das Stallgebäude von 1733 zum Landesgestüt für die Haltung von Zuchthengsten und zum Sitz des königlich-sächsischen Landstallamtes erhob. Bereits nach dem Einstellen der Parforcejagden hatte man ab 1766 die freigewordenen Hofgestüte als feste Stationen von Landesbeschälern für die private Pferdezucht genutzt, so daß es 1792 in Sachsen schon 15 derartige Einrichtungen gab, die vom kurfürstlichen Oberstallamt beaufsichtigt wurden. Während aber damals andere deutsche Länder schon über staatliche Hengsthaltungen verfügten, kam der Aufbau einer sächsischen Landespferdezucht nur zögernd voran, bis ihn die Wirren der Napoleonzeit völlig zum Erliegen brachten. Deshalb oblag dem nun geschaffenen Landesgestüt Moritzburg zunächst die Aufgabe, sämtliche Vatertiere nach Abschluß der Deckperiode hier zu vereinigen. Bereits vorher hatte alljährlich im Hof des Stallgebäudes das sogenannte „Pferdeeinfangen" stattgefunden, wo polnische Händler ihre meist noch halbwilden, aus Polen und der Ukraine stammenden Pferde eintrieben, von denen man die jeweils geeigneten als Militärremonte übernahm. Um aber den Komplex seiner neuen Bestimmung dienstbar zu machen, wurde ein Umbau erforderlich, dem sich 1837 die Errichtung eines Reithauses und später des Krankenstalles sowie der Schmiede anschlossen. 1828 waren die Ställe mit insgesamt 38 Hengsten belegt gewesen. Für die bis nach 1870 vorwiegend betriebene Züchtung von Wagen- und Reitpferden für das Militär bevorzugte man edle Hengste des ostpreußischen und litauischen Schlages wie auch englische und arabische Vollblüter. Indes kam es erst 1873 zur dringend erforderlichen rassenmäßigen Anpassung an die Eigenheiten der sächsischen Landwirtschaft, wobei der damalige Landstallmeister von Mangold als Zuchtziel „ein kurzbeiniges, stämmiges, dabei gängiges Durchschnittspferd . . ., ohne Erbfehler und von nicht zu gemeiner Abstammung, für den Dienst im Wagen und Pflug gleich geeignet" forderte. Hieraus ergab sich eine fortwährende Erweiterung des Hengstbestandes, der im Jahre 1900 auf 102 Stück angestiegen war und alljährlich im Zuchtgebiet stationiert wurde. Hatte man zunächst Hengsten des schweren Warmblutes den Vorzug gegeben, so erlangte zu Anfang des 20. Jahrhunderts das Kaltblutpferd wirtschaftliche Bedeutung. Daher vermehrte nun ein Ankauf von Kaltbluthengsten den Bestand, der 1940 die Zahl von 111 Vatertieren erreichte. Enge Kontakte verbanden das Gestüt auch mit der Fohlenstation Cunnertswalde, wo schon die Weidekoppeln des alten Moritzburger Stallgebäudes gelegen hatten; zudem legte man 1915 auf einem Gelände westlich von Adams Gasthof einen großen Reit- und Turnierplatz an. Hiermit war der Anlage eine Gestalt gegeben, die erst in neuerer Zeit wieder Veränderungen erfuhr.

Weitere Entwicklungen und Neubau der Kirche. Im Oktober 1834 konnte im Ortsteil Moritzburg eine neue Posthalterei eröffnet werden. Ihr noch an der Einmündung der Bahnhofstraße in den Käthe-Kollwitz-Platz erhaltenes Gebäude erinnert daran, daß der Ort einstmals zu den Hauptstationen der Berlin-Wiener-Fahrpost zählte, deren Strecke nun nicht mehr über Reichenbach-Dippelsdorf, sondern über Moritzburg nach Großenhain führte. Die sonst schmucklos gehaltene Architektur des Baues wirkt zumindest im Umriß als Nachklang der örtlichen barocken Tradition: Bei durchgehendem Hauptgesims erscheinen zwei quadratische Kopfbauten mit hohen Mansarddächern, zwischen denen sich ein langes Mittelteil samt abschließendem Satteldach spannt. Es enthielt einst Ställe für mehr als 50 Wechselpferde, verlief doch hier außerdem im Zuge der heutigen Bahnhofstraße die alte, von Dresden über Wilschdorf und Moritzburg nach Radeburg führende Poststraße.

Damals hatte der Ort insgesamt 920 Einwohner, wobei auf Eisenberg 756 und auf Moritzburg 164 Personen entfielen. Für ihren bäuerlichen Teil brachte das 1832 erlassene Gesetz über die Ablösung der Grunddienstbarkeiten, Naturalzinsen und Geldgefälle ebenfalls jenes Maß an Freiheiten, das die preußischen Bauern schon seit dem Reformwerk von Stein und Hardenberg (1807–1815) kannten. Es bedeutete den Abschluß eines Verhältnisses zwischen Grundherren und Landbevölkerung, durch das der Bauer besonders im 18. Jahrhundert zum Inbegriff des Untertanen geworden war, wenn auch die Landgemeindeordnung von 1838 den Bauern und Häuslern noch nicht ihre volle rechtliche Gleichstellung brachte. Ebenso kamen die mit dem Ablösungsgesetz

verbundenen Maßnahmen nur zögernd voran, so daß sie im Moritzburger Bereich wohl erst um 1850 zum Ende gelangten.

Daneben führten die mißlichen Schulverhältnisse des Dorfes oft zu Beschwerden, aus denen um 1800 sogar ein Schulstreik erwachsen war. Dennoch beließ man bis 1823 das Schulzimmer für die über einhundert Eisenberger Kinder auf dem engen und baufälligen Dachboden des Hirtenhauses; dann endlich erhielt der Ort sein erstes Schulgebäude. Mit Johann Samuel Gotthelf Hesse wirkte hier seit 1826 ein Lehrer, der den revolutionären Bewegungen der Zeit aufgeschlossen gegenüberstand. So konnte er in seiner fast fünfzigjährigen Dienstzeit trotz des Widerstandes konservativer Kreise erreichen, daß die Schule zu einer nach fortschrittlichen Prinzipien geleiteten Bildungseinrichtung wurde. Zudem hatte das sächsische Volksschulgesetz von 1835 die Errichtung eines größeren Unterrichtsgebäudes befördert: Den 1855 im Oberdorf entstandenen Bau kennzeichnen bis heute seine neogotischen Tür- und Fensterformen. Als schließlich auch diese Lernstätte räumlich nicht mehr genügte, folgte 1890 der Bau einer dritten Schule, die man 1898 erweiterte. Sie wurde nach 1980 wiederum durch einen Neubau ersetzt.

1871 wohnten innerhalb beider Ortsteile 1307 Personen. In Eisenberg waren es vorwiegend Bauern, Häusler und Handwerker, während von den 224 Moritzburger Bewohnern viele im Hofdienst, bei den Behörden oder im Gestüt beschäftigt waren. Die mit dem wachsenden Bevölkerungsvolumen verbundenen Ortserweiterungen bedingten vor allem seit 1900 Ausdehnungen der alten Siedlungskerne nach Osten und Westen, wobei aber der überkommene dörfliche Grundcharakter weitgehend gewahrt blieb. Zudem brachte das beginnende technische Zeitalter eine erhebliche Transportverbesserung: Die nach einer Bauzeit von 14 Monaten am 16. September 1884 eröffnete Schmalspurbahn Radebeul-Ost-Radeburg verbindet seither das Dresdener Elbtal und die Industrieorte der Lößnitz mit dem Moritzburger Hochland. Ihre 16,5 Kilometer lange Strecke vermittelt dabei landschaftlich reizvolle Eindrücke, erreicht man doch nach dem Durchfahren des romantischen, von bewaldeten Steilhängen umgebenen Lößnitzgrundes unter Überwindung einer Höhenstufe von über 60 Metern die Moritzburger Kuppenlandschaft mit ihren Teichflächen. 1884 sind an den Bauarbeiten etwa 260 Arbeiter mit 48 Maurern und 9 Zimmerleuten beteiligt gewesen, wobei in schwerer körperlicher Arbeit bei unzulänglichen technischen Hilfsmitteln außer der Gleistrasse noch 17 Brücken und 75 Durchlässe sowie eine Reihe von Hochbauten zu errichten waren. Vom Gesamtkostenaufwand von

747 532 Goldmark hat damals die Gemeinde Eisenberg-Moritzburg mit 6 500 Mark den höchsten Baukostenzuschuß aufgebracht. Auch galt es vor Baubeginn manches Hindernis zu überwinden, zumal sich verschiedentlich private Grundstückseigentümer gegen das Projekt stellten. Eine nun steigende Anziehungskraft des Ortes führte ebenso zu Erweiterungen der Gastronomie: Um 1900 werden neben „Adams Gasthof" und der „Goldenen Brezel" das Hotel „Bellevue", ein Bahnhofshotel, das Kurbadhotel, das „Forsthaus" sowie das westlich vom Gestüt gelegene Gasthaus „Au bon marché" genannt. Außerdem verlegte man 1899 die Kantoren-Ausbildungsstätte der evangelisch-lutherischen Landeskirche nach Moritzburg. 1872 in Obergorbitz gegründet, besteht sie bis zur Gegenwart als alleinige Einrichtung dieser Art im sächsischen Raum. In dem jetzt „Johann-Sebastian-Bach-Haus" benannten Gebäude erhalten jeweils etwa 60 Schüler innerhalb von zwei Jahren eine katechetische und kirchenmusikalische Vorausbildung, die anschließend an der Dresdener Kirchenmusikschule ihre Vertiefung findet.

1890 war die Einwohnerzahl beider Ortsteile auf insgesamt 1454 Personen angestiegen, von denen 1211 in Eisenberg und 243 in Moritzburg lebten. Somit genügte das alte Bethaus am Roßmarkt nicht mehr den räumlichen Anforderungen; auch machten sich erhebliche bauliche Mängel bemerkbar, obwohl man erst 1851 unter Zurückstellung des geplanten Schulbaues Reparaturen vorgenommen und eine neue Orgel beschafft hatte. Bis zur Verwirklichung eines Neubaues stellte daher König Albert der Gemeinde seit 1889 die katholische Schloßkapelle für regelmäßige evangelische Gottesdienste zur Verfügung, zumal im Jahre 1900 der Abbruch des Bethauses erfolgte. Dennoch begann die Realisierung der neuen Planung erst 1902, wobei als Standort die höchste, nordwestlich vom Bahnhof und unmittelbar an der großen Alleeachse liegende Geländeerhebung des Siedlungsbereiches gewählt worden war, während den Entwurf der Dresdener Architekt Richard Schleinitz lieferte. Mit dem Vorhaben verband sich zugleich das Errichten eines Pfarrhauses, das am 11. August 1902 seinen Anfang nahm. Wenige Wochen später, am 26. September, folgte die Grundsteinlegung zur Kirche, deren Hebefest man bereits am 2. Juli 1903 beging. Nachdem am Weihnachtsabend des gleichen Jahres die Glockenweihe stattgefunden hatte, konnte am 7. November 1904 das Einweihen des Gotteshauses vom ersten Pfarrer der nunmehr selbständigen Kirchgemeinde feierlich vollzogen werden. Zur Finanzierung der Baukosten in Höhe von 150 000 Mark dienten vor allem Stiftungen und Sammlungen sowie Mittel der Gemeinde.

Der mächtige, im Kern über dem Quadrat aufstrebende Baukörper erhebt freilich einen Monumentalitätsanspruch, dem sich die historisch gewachsene Umgebung nur schwer unterordnen will (Abb. 202). Zur östlichen, von zwei viereckigen Treppentürmen flankierten Hauptzugangsseite führt von der Dresdener Allee eine repräsentative Freitreppe empor, während der halbrunde Chor mit den seitlichen Sakristeianbauten aus der Westfassade wächst. Dazu zeigen sämtliche Schauseiten reiche neobarocke Architekturformen mit geschwungenen Giebeln wie auch ornamentalem und plastischem Schmuck, wobei die über dem Hauptportal erscheinende Statue des Apostels Paulus allein eine Höhe von drei Metern mißt. Das Ganze überspannt eine mächtige Kuppel in Ziegeldeckung, die von einer hohen, durchbrochenen Laterne bekrönt wird. In der Art ihrer Gestaltung schließt sich diese Kirche jenen Dresdener Bauten an, die nach dem Überwinden traditioneller neogotischer Forderungen eine bewegt-dekorative Ausbildung der Bauglieder im Sinne des aufkommenden Neobarocks anstreben. Sie findet damit den Anschluß an die nur wenige Jahre zuvor errichteten Repräsentativbauten des Kaiserpalastes am Pirnaischen Platz und des Zentraltheaters in der Waisenhausstraße, wenn auch aus dem Moritzburger Gotteshaus der persönliche Duktus des Architekten weit stärker spricht als aus jenen Dresdener Gebäuden, wo die eigene Handschrift der Entwerfenden zugunsten des Forderungsprogrammes der Auftraggeber zurücktritt.

Im Inneren finden sich neben mehreren Fenstern in Glasmalerei reiche Stukkaturen; ihre Ornamentik erinnert teilweise an die Ausstattung der nach dem Brande von 1897 durch Rudolf Schilling und Julius Gräbner neugestalteten Dresdener Kreuzkirche, bei der weitgehend Elemente des Neobarocks und Jugendstils verwendet worden waren. Als besonderer Blickpunkt wirkt der in rotem italienischen Marmor mit schwarz-weißer Aderung gehaltene Altarplatz. Über dem Altar erscheint ein hoher, reich vergoldeter Aufbau, dessen Predella eine Darstellung der Heiligen Nacht in Holzschnitzerei von dem Dresdener Bildhauer August Herzig zeigt. Darüber folgt das 1669 von dem Italiener Stefano Cattaneo geschaffene Altargemälde der Himmelfahrt Christi, während den abschließenden Teil ein vom Hofmaler Johann Fink um 1670 gemaltes Rundbild des Heiligen Geistes in Gestalt einer fliegenden Taube schmückt. Beide Werke, die man 1728 beim Einrichten der Schloßkapelle für den katholischen Gottesdienst daraus entfernt hatte, waren vom König Georg nebst einigen geschnitzten Rahmenteilen der Kirchgemeinde schenkungsweise überlassen worden.

Hingegen ist die Orgel mit ihren 25 klingenden Registern eine Schöpfung der Dresdener Orgelbauwerkstatt Gebrüder Jehmlich, während das Geläut aus drei in Bochum gegossenen Stahlglocken besteht. Schiff und Empore, zu der man über die beiden östlichen Treppentürme gelangt, fassen insgesamt 500 Personen. Weiterhin wurde dem Gotteshaus nach Nordwesten eine Friedhofsanlage vorgelegt.

Die Kirche bildete zunächst das mächtige Finale in der baulichen Entwicklung von Eisenberg-Moritzburg. Durch ihren Standort auf der Geländekuppe weithin wahrnehmbar, bieten sich von den Austritten der Laterne reizvolle Fernsichten in die angrenzenden Landschaften: Im Osten erscheint der Keulenberg mit dem Lausitzer Land (Abb. 3), im Südosten blauen die Tafelberge des Elbsandsteingebirges, der Süden zeigt die Vorhöhen des Erzgebirges, während sich zwischen West und Nord Blicke in das sächsische Flachland eröffnen. Unterhalb der Kirche aber liegt die Moritzburger Hochfläche mit ihren Kuppen und Teichen, den Siedlungen und Waldbereichen wie auch dem architektonischen Kleinod des Jagdschlosses, und wir erblicken somit alle jene Teile, die sich im gegenseitigen Bedingen zum lebendigen Gesamtorganismus zusammenschließen.

5. Das Moritzburger Intermezzo der „Brücke"-Künstler

Am 7. Juni 1905 hatten sich in Dresden vier Architekturstudenten der Technischen Hochschule – Fritz Bleyl, Erich Heckel, Karl Schmidt und Ernst Ludwig Kirchner – zur „Künstlergemeinschaft Brücke" vereinigt. Karl Schmidt, der sich bald nach seinem bei Chemnitz gelegenen Geburtsort Schmidt-Rottluff nannte, fand den symbolischen Namen, während Ernst Ludwig Kirchner 1906 das nur aus zwei Sätzen bestehende Programm verfaßte: „Mit dem Glauben an eine Entwicklung, an eine neue Generation der Schaffenden wie der Genießenden, rufen wir alle Jugend zusammen, und als Jugend, die die Zukunft trägt, wollen wir uns Arm- und Lebensfreiheit verschaffen gegenüber den wohlangesehenen älteren Kräften. Jeder gehört zu uns, der unmittelbar und unverfälscht das wiedergibt, was ihn zum Schaffen drängt." Leidenschaftliches Aufbegehren gegen eine dekadent gewordene spätbürgerliche Gesellschaft und die von Sterilität geprägte, offizielle Kunstauffassung der wilhelminischen Ära waren für diese Künstlergemeinschaft charakteristisch. „Drinnen

202 Die evangelisch-lutherische Kirche in Moritzburg, erbaut 1902/04

diese blassen, blut- und lebenslosen Atelierschinken, draußen das farbige, flutende Leben in Sonne und Trubel ... Warum malen die guten Herrn der Sezession nicht dies blutvolle Leben? Sie sehen es nicht, sie können es nicht, denn es bewegt sich, und nehmen sie es ins Atelier, so wird es eher Pose und nicht Leben", heißt es in einem späteren Brief Kirchners über eine Ausstellung der Münchener Sezession um 1900. Dennoch fehlte ihnen die Erkenntnis gesellschaftlicher Zusammenhänge, so daß ihr Protest auf die gemeinsame, sie verbindende Einstellung zum Leben und zu ihrer Zeit beschränkt blieb.

Seit 1906 stießen zeitweilig einige weitere Künstler zur „Brücke", darunter Emil Nolde, der Gussmann-Schüler Max Pechstein, Cuno Amiet, Otto Mueller; es waren alles noch unbekannte junge Maler, die in den Räumen eines ehemaligen Ladens in der Dresdener Friedrichstadt ihre Ateliers einrichteten und nun den Stil des Expressionismus entwickelten, der die nächsten beiden Jahrzehnte beherrschen sollte. „Man hatte hier die Möglichkeit, den Akt, die Grundlage aller bildenden Kunst, in freier Natürlichkeit zu studieren. Aus dem Zeichnen auf dieser Grundlage ergab sich das allen gemeinsame Gefühl, aus dem Leben die Anregung zum Schaffen zu nehmen und sich dem Erlebnis unterzuordnen", schreibt Ernst Ludwig Kirchner in seiner 1913 verfaßten, doch aufgrund ihrer programmatischen Darstellung von den Freunden abgelehnten Chronik der Gemeinschaft. Bald ging es auch zu Studienaufenthalten hinaus in die reizvolle Umgebung Dresdens. Wie der freilich schon 1906 aus der „Brücke" ausscheidende Fritz Bleyl in seinen „Erinnerungen" berichtet, „arbeiteten wir viel draußen, unmittelbar vor der Natur, etwa auf den Räcknitzer Höhen oder an der Elbe – stromauf bis Pillnitz-Pirna, stromab bis in die Meißener Gegend –, auch ab und zu in der Umgebung von Moritzburg". Ähnlich dem von der spätbürgerlichen Gesellschaft enttäuschten Franzosen Paul Gauguin, der wenige Jahre zuvor bei den naiven, naturverbundenen Menschen Tahitis eine heilere Welt gesucht hatte, fanden nun die jungen „Brücke"-Künstler in den abgelegenen Bereichen des Moritzburger Wald- und Teichgebietes ihr Eldorado: Hier lebten sie unbehelligt zusammen mit befreundeten Mädchen als ihren Modellen, übten mit gleicher Besessenheit wie im Atelier das Erfassen charakteristischer Haltungen, stellten sich völlig ungezwungen beim Spiel oder badend dar. Als Frucht solchen unmittelbaren Erlebens der Natur und des Weiblichen wurden neue künstlerische Ausdrucksformen gefunden, wobei man unbekümmert mit gewagtesten Verkürzungen und Deformationen, aber auch mit neuartigen Gruppierungen arbeitete. Besonders der

Holzschnitt, auf den die deutschen Vorbilder der In-
kunabelzeit anregend einwirken, wechselt nach an-
fänglich mehr dekorativen Versuchen zum Langholz-
schnitt über; er wird elementarstes Ausdrucksmittel,
und durch kühne, fast grabende Schnitte erfährt
seine schmale technische Skala eine Steigerung zu
überraschender Vielfalt und Dichte, während reine
Flächenschnitte mit ihren harten Schwarzweiß-Kon-
trasten großartig-plakative Wirkungen erzielen (Abb.
203). Es sind Auffassungen, die sich bereits in einer
1906 von Fritz Bleyl geschaffenen Zeichnung des
Jagdschlosses Moritzburg ankündigten. Ebenso ist
in der Malerei nach den vom Spätimpressionismus

203 Erich Heckel (1883–1970):
Im Sommer (Motiv von den Moritzburger Teichen).
Holzschnitt, 1911. Privatbesitz

beeinflußten Anfängen eine Reduzierung der Formen
zu bemerken, wobei sich die kräftigen, von leuchtender Frische bestimmten Farbakkorde in Verbindung mit Monumentalität zu dynamischen, das emo-
tionale Element betonenden Bildaussagen steigern.

Seit Mitte 1907 arbeiten die Künstler allein oder
in kleinen Gruppen den Sommer über in abgelegenen Gegenden der Nord- und Ostseeküste, aber auch
im Dresdener Raum. So finden wir während der
Jahre 1909 bis 1911 Ernst Ludwig Kirchner, Erich
Heckel und Max Pechstein in engster Arbeitsgemein-
schaft an den Moritzburger Teichen. Motivlich variieren ihre damals entstandenen Gemälde und graphischen Blätter immer wieder Menschen beim Baden
oder beim Spiel im Uferschilf, wobei nur angedeutete
landschaftliche Situationen den Hintergrund abgeben für bewußt deformierte Figuren, die meist das
Bildformat sprengen wollen. Dennoch wird das eigentliche künstlerische Ziel der „Brücke"-Maler, die
Darstellung des nackten Menschen in freier Bewegung bei enger Verbindung mit der Landschaft, erst

im Sommer 1910 erreicht. Damals stößt auch Max
Pechstein, der schon 1908 von Dresden nach Berlin
übersiedelt war, zu Heckel und Kirchner. Das nun
folgende, von keiner Dissonanz getrübte gemeinsame
Schaffen der drei Freunde bringt schließlich den er-
strebten künstlerischen Durchbruch, indem der sich
frei im Naturraum bewegende Mensch jetzt selbst
als Teil der Natur erscheint. Ein lebhafterer, flüchti-
gerer Duktus deutet den neuen Malstil an; seine
ungebrochenen, oftmals hart aufeinanderprallenden
Farben drücken aus, daß der Expressionismus „nicht
die Stimmung, sondern den Schrei" (R. Hamann)
will. Aber auch farbige Stifte und Kreiden, das Aquarell, die Technik des Radierens oder den spröden
Holzschnitt nutzt man zur Wiedergabe spontaner Bewegungen beim Baden und Spielen an den Teichen.
Und Erich Heckel malt 1910 ein großzügig angelegtes
Bild vom Fasanenschlößchen, das den heiteren Bau
zwischen zwei Reihen dunkler Fichten zeigt (Abb.
204). Aus ihm spricht ebenso die Freude am elemen-
taren Ausdruck leuchtender Farben wie das Wissen der
jungen „Brücke"-Künstler, jetzt ihren Stil gefunden
zu haben. Schon zwei Jahre zuvor hatte sich in einer
von Ernst Ludwig Kirchner geschaffenen Federzeichnung des Palais seine treffend beobachtende, später
zur Meisterschaft geführte Zeichentechnik angekün-
digt, die bei aller Sensibilität als „eine Art Psycho-
gramm des realen Erlebnisses" (W. Timm) wirkt
(Abb. 205).

Nie ist die Gemeinschaft dieser Künstler enger
gewesen als damals an den Moritzburger Teichen.
In seinen „Erinnerungen" schildert Max Pechstein
lebendig eine Episode aus der harmonisch-produk-
tiven Schaffenszeit des Sommers 1910. „Als ich in
Dresden ankam und in dem alten Laden in der
Friedrichstadt abstieg, erörterten wir die Verwirklichung unseres Planes. Wir mußten zwei oder drei
Menschen finden, die keine Berufsmodelle waren
und uns daher Bewegungen ohne Atelierdressur ver-
bürgten." Durch Vermittlung des Hausmeisters der
Kunstakademie fand man sie schließlich in der drei-
zehnjährigen Fränzi und ihrer etwas älteren Schwester Marcella, den Töchtern der Frau eines verstorbenen Artisten. „Sie besuchte uns in unserem Laden
in der Friedrichstadt, und da sie dort ein ihr ver-
trautes Milieu vorfand, war sie damit einverstanden,
daß ihre Töchter sich mit uns nach Moritzburg auf-
machten. Wir hatten Glück mit dem Wetter: kein
verregneter Tag. Zwischendurch fand manchmal in
Moritzburg ein Pferdemarkt statt. Ich habe das Ge-
dränge um die glänzenden Tierleiber in einem Bild
und zahlreichen Studien festgehalten. Sonst zogen
wir Malersleute frühmorgens mit unseren Geräten
schwer bepackt los, hinter uns die Modelle mit Ta-

204 Erich Heckel (1883–1970): Fasanenschlößchen bei Moritzburg. Öl auf Leinwand, 1910.
Köln, Wallraf-Richartz-Museum

schen voller Fressalien und Getränken. Wir lebten in absoluter Harmonie, arbeiteten und badeten. Fehlte als Gegenpol ein männliches Modell, so sprang einer von uns dreien in die Bresche. Hin und wieder erschien die Mutter, um als ängstliches Huhn sich zu überzeugen, daß ihren auf dem Teich des Lebens schwimmenden Entenkücken nichts Böses widerfahren sei. Beschwichtigten Gemüts und von Achtung vor unserer Arbeit durchdrungen, kehrte sie immer nach Dresden zurück. Bei jedem von uns entstanden viele Skizzen, Zeichnungen und Bilder. Nur einmal erschraken wir höllisch, und zwar verdankten wir das dem Ortsgendarm. Ohne daß wir es ahnten, war er uns nachgeschlichen. Er fragte uns, was wir hier trieben. Nun, wir waren platt. Schnell huschten die beiden Mädchen in ihre Bademäntel,

und wir standen vor ihm, nach seiner Meinung ertappt bei gröblicher Versündigung gegen die Sittlichkeit. Es nutzte nichts, ihm klarmachen zu wollen, daß das Aktmalen unsere berufsmäßig ausgeübte Arbeit sei und daß nicht nur wir, sondern auch die Malklassen der Königlich Sächsischen Akademie nackte Menschen in Gottes freier Natur zum Studium benötigten. Er beschlagnahmte als Corpus delicti mein soeben gemaltes Bild und gelobte uns eine gnadenlose Strafanzeige beim Staatsanwalt. Worauf er gerechnet hatte, das trat nicht ein: wir bettelten nicht als reuige Sünder um Schonung. Und das erboste ihn noch mehr. Wutschnaubend ob des unerhörten Geschehens entfernte er sich. Der einzige, der ihn begleitete, war sein freundlich mit dem Schwanze wedelnder Dackel. Bevor er aber im Walde verschwand, rief ich hinter ihm her, daß er haftbar sei, wenn meine Arbeit irgendwie beschädigt werde. Eine Antwort gab er selbstverständlich nicht. Wohl waren wir etwas betreten, beschlossen aber, auf einer Insel unsere Arbeit fortzusetzen. So schwammen wir, die Kleider um Kopf und Rumpf gebunden, die Leinwände gerollt, mit den auseinandergenommenen Keilrahmen hinüber; in dem Inselgesträuch fand

nen Farben, blau, rot, grün, gelb leuchten die Körper der Menschen im Wasser oder zwischen Bäumen ..." Und als er 1927 die Übernahme einer Professur an der Dresdner Kunstakademie in Betracht zieht, erscheinen in seinem Entwurf zur vorgesehenen Reform des Aktzeichnens „2 mal wöchentliche Ausflüge an die Moritzburger Seen mit 2–3 Modellen den ganzen Tag".

205
Ernst Ludwig Kirchner
(1880–1938): Fasanen-
schlößchen bei Moritz-
burg. Feder, 1908/09.
St. Ingbert/Saar,
Sammlung Kohl-Wei-
gand

kein Gendarm uns. Wir arbeiteten desto grimmiger fort. Eines Tages ... trudelte dann die Vorladung zum Dresdner Landgericht ein. Ich hatte mir von meinem ehemaligen Lehrer Professor Gußmann eine Bestätigung meiner Personalien als frei schaffender Künstler geben lassen und ging damit zum Staatsanwalt. In seinem Zimmer hing ... mein Bild, als Corpus delicti. Er lachte, als ich vor ihm stand, und ließ sich die Geschichte erzählen. Dann machte er einen dicken Punkt unter das Aktenstück, übergab mir mein inzwischen bei ihm trocken gewordenes Bild und schüttelte mir kräftig die Hand. Es freue ihn, sagte er, Menschen kennengelernt zu haben, die ihr Ziel so ernsthaft verfolgten, und er wünsche mir Glück. Das war der Sommer in Moritzburg. Er hatte mich abermals ein großes Stück vorwärts gebracht."

Auch Kirchner wertete später die Moritzburger Studienaufenthalte als ersten Höhepunkt seines Schaffens. Wie er in seinem Davoser Tagebuch bemerkt, brachten sie ihm „als Resultat die Lösung des Poblems, nackte Menschen in freier Natur mit neuen Mitteln darstellen zu können. In ungebroche-

Im Sommer 1911 finden wir Heckel und Kirchner zum letzten Mal gemeinsam arbeitend an den Teichen um Moritzburg, während sich Pechstein mit seiner jungen Frau in Nidden aufhält. Wieder ist eine Veränderung des Malstils zu beobachten: Statt großer Teichflächen mit weitem Blick in die umliegende Kuppenlandschaft als Rahmen der agierenden Personen erscheinen jetzt vom Wald begrenzte Seen, wobei die Natur das Primat gegenüber dem Menschen erhält (Abb. 206). Ein gedämpftes, dunkler glühendes Coleur ersetzt dazu die einst leuchtendfrische Palette ungebrochener Farben, während eckig und spitz werdende Formen der Figuren wie auch der Vegetation den aufkommenden Kubismus spüren lassen.

Hiermit fand ein für die Entwicklung der „Brücke"-Gruppe bedeutsames Intermezzo seinen Abschluß. Die sächsische Residenz aber mit ihrem vorwiegend konservativem Publikum konnte jenen Künstlern keine fortdauernden Wirkungsmöglichkeiten bieten. Schon Ende 1908 hatte Schmidt-Rottluff an Cuno Amiet geschrieben: „Es ist unbegreiflich, daß Dr. den Ruf einer Kunststadt außerhalb genießt, ganz unbegreiflich", wobei er „die im Grunde sehr reaktionäre Haltung der Stadt" erwähnt. So folgte ab 1911 ihre Übersiedlung nach Berlin, das damals neben München und Paris einen Mittelpunkt für die Strömungen der europäischen Kunst des frühen 20. Jahrhunderts bildete. Spannungen und Meinungsverschiedenheiten innerhalb der Gemeinschaft, deren Ursachen vor allem im Fehlen einer tragfähigen gesellschaftlichen Zielsetzung lagen, führten jedoch im Mai 1913 zur Auflösung des Künstlerbundes.

X.

Die Jahre zwischen den beiden Weltkriegen

1. Anfänge der musealen Nutzung des Jagdschlosses

Eine durch das Weltkriegserlebnis von Gleichgültigkeit geprägte Verhaltensweise der Bevölkerung brachte auch den Naturschönheiten des Moritzburger Gebietes mancherlei Schädigungen. So kam es zu Aufschreckungen des Wildes, während vielfaches Plündern von Gelegen der Vogelnester bald eine Verminderung vieler Arten von Wasservögeln bewirkte. Auch die 1918 staatlicherseits beschlagnahmten Einrichtungen der Schloßanlagen waren bedroht, wurde doch 1920 ein Einbruch im Fasanenschlößchen verübt, bei dem die Diebe aus dem ehemaligen Toilettenzimmer Kurfürst Friedrich Augusts III. jene mit Bandachatplättchen, Elsterperlen und sächsischen Halbedelsteinen besetzte Platte eines Konsoltisches entwenden konnten. Der Verlust wurde besonders schmerzlich empfunden, da sie als Arbeit des berühmten Dresdener Goldschmiedes Johann Christian Neuber aus der Zeit vor 1770 galt. Beide Schlösser mußten deshalb über den Frühling und Sommer jenes Jahres geschlossen bleiben und konnten erst nach entsprechenden Sicherheitsvorkehrungen ab Oktober 1920 wieder besichtigt werden. Aufgrund solcher Vorkommnisse verfaßte der damalige Landesverein Sächsischer Heimatschutz noch im gleichen Jahr eine Eingabe an den Landtag wie auch an die Ministerien des Inneren und der Finanzen des nunmehrigen Freistaates Sachsen, in der die entstandenen Gefahren aufgezeigt und Maßnahmen zu ihrer Beseitigung gefordert wurden. Hierbei betonte man, „daß das Volk das erste Anrecht an den Sehenswür-

digkeiten hat und daß dieses Recht für alle Zukunft sichergestellt werden möchte". Eine weitere Eingabe an das Finanzministerium galt dem Schutz der Moritzburger Vogelwelt: Sie empfahl vor allem schützende Vorkehrungen für die Teichufer als bevorzugte Brutstätten der Vögel, damit kurzsichtig erreichter wirtschaftlicher Gewinn nicht zu unersetzlichen Verlusten an Tieren und Pflanzen führe.

Indes war bereits im Jahre 1919 vom juristischen Vertreter des abgedankten Königs ein provisorischer Vertrag mit dem Freistaat Sachsen geschlossen worden, der vorsah, dem Haus Wettin im Rahmen der Fürstenabfindung das Jagdschloß Moritzburg, vier Forstreviere und eine Teichwirtschaft sowie Kunstgegenstände aus mehreren sächsischen Schlössern wie auch einzelne Depot- oder Doppelstücke aus dem staatlichen Sammlungsgut zu übereignen. Nach der trotz Einspruchs der kommunistischen Abgeordneten erfolgten Zustimmung durch den sächsischen Landtag gelangte am 25. Juli 1924 der Staatsvertrag über die Vermögensauseinandersetzung mit dem ehemaligen Königshaus zum gesetzlichen Abschluß. Damit übertrug der sächsische Staat die Moritzburger Domänengrundstücke mitsamt dem Schloß auf den nunmehrigen „Verein Haus Wettin Albertinische Linie" unter Vorbehalt des staatlichen Vorkaufsrechtes und der Bedingung, daß das Schloß an 150 Tagen im Jahr für öffentliche Besichtigungen zugänglich sein müsse. Zudem erhielt der Familienverein eine Barabfindung von 300 000 Goldmark mit Zinsen zu fünf Prozent ab 1. Juli 1920 sowie eine große Anzahl von Kunstgegenständen, während die bis dahin zum königlichen Hausfideikommiß zählenden Dresdener Kunstsammlungen mit der Gemäldegalerie, dem Kupferstichkabinett, der Skulpturensammlung, dem Grünen Gewölbe, der Porzellansammlung und dem Historischen Museum Staatseigentum wurden. Vorsitzender und gesetzlicher Vertreter jenes „Vereins Haus Wettin" war der einstige König, Leiter der Verwaltung mit Grundvollmacht sein jüngster Sohn Prinz Ernst Heinrich. Wie M. Schlechte annimmt, sind wohl die während des Schloßumbaues von 1723/36 erfolgten größeren Zuwendungen aus der Privatschatulle Augusts des Starken mit ein Grund gewesen für das Verbleiben des Schlosses im Privatbesitz der königlichen Familie nach 1924. Da Prinz Ernst Heinrich den Bau zugleich als Wohnsitz erhielt, machten sich grundlegende innere Umgestaltungen erforderlich. Versteigerungen eines Teils der bei den Abfindungsverhandlungen erlangten Kunstgegenstände dienten nun zum Beschaffen der für den Umbau benötigten Mittel; zudem gab der neue Schloßherr eine größere Menge alter Ledertapeten an den Krakauer Wawel ab, wo sie noch heute als Wandbespannungen zu sehen sind. Die Leitung der Neugestaltung wie auch die sachgemäße Ordnung und Unterbringung des Kunstbesitzes wurde Dr. Erwin Hensler übertragen, der als Direktor der Kunstsammlungen des Hauses Wettin große Erfahrungen auf allen Gebieten der Kunst besaß.

vorwegnehmende Gedanke fand die volle Zustimmung des nationalökonomisch und kunstwissenschaftlich vorgebildeten Schloßherrn, so daß er in einem Zeitraum von über einem Jahrzehnt verwirklicht werden konnte.

Es war eine glückliche Idee Erwin Henslers ge-

206 Erich Heckel (1883–1970): Ballspielende (Motiv von den Moritzburger Teichen). Öl auf Leinwand, 1911. Karlsruhe, Staatl. Kunsthalle

Bei den Arbeiten galt es vor allem, den geplanten musealen Bereich klar zu gliedern, ohne die Bewohnbarkeit des Schlosses zu beeinträchtigen. Hierbei wollte Hensler von Anbeginn kein unpersönliches Museum mit schematisch aufgestelltem Kunstgut schaffen, sondern im Rahmen repräsentativer Schloßquartiere Mobiliar, Öfen, Gemälde, Glas, Porzellane und Bücher zu einem zeitlich und stilistisch einheitlich abgestimmten Ganzen zusammenführen. Dieser bereits moderne museale Ausstellungsgrundsätze

wesen, in den dafür vorgesehenen Räumlichkeiten die besondere Charakteristica und die Liebhabereien von drei Jahrhunderten symbolisch hervortreten zu lassen: das Glas in dem von derber Genußfreudigkeit erfüllten 17. Jahrhundert, das Porzellan als Ausdruck merkantilen Strebens wie auch der verfeinerten Kultur im 18. Jahrhundert und das Buch in dem für Wissenschaft und Forschung sich öffnenden 19. Jahrhundert. Für diese drei Bereiche stand jeweils ein Obergeschoß der Quartiere in den mächtigen

Ecktürmen zur Verfügung. So zeigte das im ersten Obergeschoß des Jägerturmes eingerichtete und 1927 fertiggestellte „Porzellan-Quartier" ausschließlich Spitzenerzeugnisse der Meißner Manufaktur des 18. Jahrhunderts: In zwangloser Aufstellung spannte sich der Bogen von Böttger über Johann Gregor Höroldt

rundete, wie es bis heute noch teilweise erlebbar blieb (Abb. 207).

Als dann 1928 aufgrund staatlicher Kündigung des Dresdener Gebäudes die 1765 von der Kurfürstin Maria Antonia gegründete Sekundogenitur-Bibliothek wie auch die Kupferstich- und Handzeichnungs-

207 *Jagdschloß Moritzburg.*
Ein Zimmer des Porzellan-Quartiers im Jägerturm
in der 1927 abgeschlossenen Gestaltung

208 *Jagdschloß Moritzburg.*
Das Dantezimmer in dem nach 1928 im Küchenturm
eingerichteten Bibliotheks-Quartier

und Kändler mit den so seltenen blauen Papageien bis hin zum Abklingen in der Marcolinizeit gegen Ende des Säkulums. Da sich Fenster und Türen in sehr schlechtem Zustand befanden, mußte alles Holzwerk erneuert werden, wobei man eine klare Trennung von Altem und Neuem anstrebte: Schlicht gehaltene Kehlen gliedern die Türen, einfache Rahmungen lösen die für das kostbare Porzellan eingelassenen Vitrinen von den Wandflächen. Ohne sich dem Vorbild alter Porzellankabinette anzuschließen, vermittelte damit das Moritzburger Quartier dem Besucher eine Vorstellung von der hohen Kultur des 18. Jahrhunderts in Sachsen, die sich in Ergänzung mit zeitgenössischen Möbeln, Gemälden, Leuchtern, Spiegeln und Uhren zum harmonischen Gesamtbild

sammlung König Friedrich Augusts II. nach Schloß Moritzburg überführt wurden, gab dies den Anlaß, in Verbindung mit der Schaubibliothek im dritten Obergeschoß des Küchenturmes ein „Bibliotheks-Quartier" einzurichten. An einen Vorraum mit Bänden von Jakob Krause und anderen bibliophilen Kostbarkeiten schloß sich ein als Einbandgalerie gestalteter Gang an, dessen farbige Note von den braunen, goldverzierten Kalblederbänden des 17. Jahrhunderts bestimmt wurde. Danach betrat man das erste Quartierzimmer, das Erinnerungen an die Kurfürstin Maria Antonia und ihre vielseitigen geistigen Interessen barg; ihm folgte das Inkunabel-Zimmer mit etwa 200 Wiegendrucken und Proben der Moritzburger Autographensammlung. Dagegen befanden sich in

den mächtigen Mahagonischränken des anschließenden Dante-Zimmers die dunkelroten Maroquinbände
der in ihrer Art größten und vollständigsten deutschen Dante-Bibliothek König Johanns (Abb. 208):
Als Schöpfer der ersten metrischen Übersetzung der
Divina Commedia war er unter dem Pseudonym

Hier fand man kostbare Zeugnisse der trinkfreudigen
Zeit des 17. Jahrhunderts in Form von geschnittenen
wie auch bemalten Gläsern und Humpen, darunter
die berühmten sächsischen Hofkellereigläser, während große Rundtische und schwere Sessel der Zeit
sowie Ledertapeten das Gesamtbild ergänzten.

209 Otto Westphal (1878–1975): Im Teichgebiet um Moritzburg. Öl auf Leinwand, 1944. Verbleib unbekannt

„Philalethes" in die Literaturgeschichte eingegangen.
Der letzte Raum schließlich führte in die stille Gesel-
ligkeit des Pillnitzer Schlosses, indem hier das Lese-
zimmer König Johanns Aufstellung gefunden hatte.
Auch diese Räumlichkeiten erfüllten nicht allein museale Zwecke: Sie bildeten vielmehr den repräsentativen Mittelpunkt der gesamten Bibliothek mit ihren
anschließenden Arbeitszimmern und Bücherdepots.

Um 1934 folgte noch die Einrichtung eines „Trink-
Quartiers" im ersten Obergeschoß des Backturmes.

Ebenso kam es in anderen Räumen des Schlosses
zu gestalterischen Verbesserungen. Hierzu zählte vor
allem der Steinsaal, dessen unbefriedigender Zustand
eine Folge vernachlässigter Planungsabsichten gewesen war. Bei der 1930/31 durchgeführten Erneuerung
ersetzte man die alte systemlose Ausstattung mit
Jagdtrophäen und zum Teil minderwertigen Gemälden durch qualitätvollere Bilder und rhythmisches
Anordnen der Geweihe; zudem trugen zwei große,
über den Türen zu den benachbarten Sälen ange-

brachte Wandteppiche aus der Dresdener Tapisserie-Manufaktur des Pierre Mercier zum Ausgleich gegenüber den Mängeln der Architektur bei (Abb. 94), so daß Erwin Hensler im „Dresdner Anzeiger" vom 6. Dezember 1932 schreiben konnte: „Der jetzt neu gestaltete Steinsaal ist damit endlich nicht mehr als Stiefkind des Schlosses zu betrachten, sondern er tritt gleichberechtigt neben seine prächtigen goldglänzenden Nachbarn und stellt eine ihrer würdige Verbindung zwischen beiden her."

Weiterhin wurden die ehemaligen Wohnzimmer seitlich der Hauptsäle durch sinngemäße Ergänzungen in organischen Zusammenhang gebracht und Neufassungen der schadhaft gewordenen Ledertapeten vorgenommen.

Nach ihrem Abschluß konnte jene Neugestaltung des Schlosses als bedeutende denkmalpflegerische Leistung bezeichnet werden, hatte doch damit die prächtige äußere Form des Bauwerkes eine gleichwertige innere Gestalt erhalten, von der zudem starke geistige Anregungen ausgingen. Dies kam besonders bei den festlichen Veranstaltungen zum 200. Todestag Augusts des Starken im Jahre 1933 zum Ausdruck: Damals war im großen Speisesaal als Anschauungsobjekt eine Hoftafel für 24 Personen gedeckt, und bei der hier abgehaltenen Gedenkfeier gaben Mitglieder der Dresdener Staatskapelle unter Karl Maria Pembaur dem Festvortrag durch musikalische Kostbarkeiten des Barock eine zusätzliche Steigerung. War das Kunstgut, das den deutschen Fürsten nach der Auseinandersetzung mit der Republik zufiel, meist veräußert oder öffentlicher Besichtigung entzogen worden, so hatte der „Verein Haus Wettin" seinen bedeutsamsten Kunstbesitz im Schloß Moritzburg konzentriert und der Öffentlichkeit zugänglich gemacht. Hierbei ging Prinz Ernst Heinrich in Erkenntnis der kulturellen Bildungsaufgabe über die staatliche Forderung hinaus, indem er das Schloß fast ganzjährig für Besichtigungen offenhielt.

Um den Besuchern zugleich ein stilvolle Einkehrmöglichkeit zu bieten, war das nahe dem Fasanenschlößchen idyllisch im Wald gelegene einstige Torwärterhaus zur „Churfürstlichen Waldschänke" umgebaut worden. Unter der sachkundigen Beratung durch Erwin Hensler erhielt jenes Gebäude in den Jahren 1926/27 von dem Dresdener Regierungsbaurat R. Schumann eine schlichte, den überkommenen Formen angepaßte Gestalt. Auch beim Ausstatten der Galeräume suchte man die historische Reminiszenz, ohne dabei in falsche Romantik zu verfallen. Neben Gemälden und Kupferstichen, Jagdtrophäen und Ledertapeten sowie einem alten keramischen Ofen aus dem Schlosse fand hierbei auch ein Jagdfries Kurfürst Johann Georgs I. Anordnung, der

sich vordem im Schloß Wermsdorf befunden hatte. Wegen ihrer Länge von 50 Metern auf zwei Räume verteilt, führt die bis heute erhaltene Darstellung in die Zeit nach dem Dreißigjährigen Krieg zurück und bietet kulturgeschichtlich interessante Einzelheiten aus dem damaligen Jagdleben. Außerdem nahm das Sächsische Landesamt für Denkmalpflege an dem in seiner baulichen Substanz sehr gefährdeten Fasanenschlößchen Sicherungsarbeiten vor, wobei auch die durch Witterungseinflüsse schadhaft gewordene Chinesengruppe abgenommen und in der Werkstatt des Landesamtes erneuert wurde. Daneben führte eine 1928 auf Veranlassung des damaligen Landesvereins Sächsischer Heimatschutz vorgenommene Ausbesserung der baufällig gewordenen „Dardanellen" zur Sicherung des überkommenen Bestandes.

2. Wald, Wild und Jagd

In den staatlichen Moritzburger Forstrevieren blieb auch nach 1918 das Kahlschlagverfahren die vorherrschende Betriebsform, wobei von der sächsischen Staatsforstverwaltung im Interesse größerer Beweglichkeit eine streng geregelte Hiebzugswirtschaft angestrebt wurde. Ebenso setzte man den Reinanbau von Nadelholz fort, der allein auf bestimmten Flächen zwischen Moritzburg und der ehemaligen Fasanerie seine Auflockerung durch andere Hölzer erfuhr. So ergab sich im Tiergarten die Möglichkeit eines kleinflächigen Anbaues von Laubhölzern, da dort wegen der Gefahren des Verbeißens und des Schälens der Stangenhölzer durch das Wild sämtliche Kulturen umzäunt werden mußten. Hingegen blieb die im Bereich um die „Churfürstliche Waldschänke" gelegene „Reserve" aufgrund des ständig wachsenden Verkehrs vom Wild fast unberührt, so daß hier größere Flächen von Laubholz natürlich verjüngbar waren; zudem erhielt man in allen Waldteilen aus landschaftsgestalterischen Gründen alte Eichen, Rotbuchen, Lärchen oder Weymouthskiefern. Somit zeigte das damalige Bild der Moritzburger Forsten neben monoton wirkenden Nadelholzbeständen westlich des Ortes auf wenigen Flächenanteilen im Norden und Osten forstlich wie landschaftlich wertvolle Mischbestände, was die volkswirtschaftliche Bedeutung des Waldes zur Aufgabe als Volkserholungsstätte erweiterte (Abb. 209).

Da aber aus mancherlei Gründen auch der Wildhege Bedeutung zukam, suchte die Staatsforstverwaltung den Ausgleich, indem sie zwar einer Vermehrung der Tiere durch Abschüsse begegnete, jedoch mit sorgfältiger Auswahl und Fütterung einen mäßigen und dennoch guten Wildstand hegte. Zur jederzeiti-

210 Pferdemarkt in Eisenberg um 1930

gen Überwachung des Abschusses wurde dieser auf Rechnung des Staates von den Forstbeamten selbst ausgeführt, wobei sich der Jagdbetrieb nach der Jagdordnung vom 6. September 1923 regelte. Die sächsische Regierung als größter Waldbesitzer des Landes erließ daneben Schutzbestimmungen für das Wild, die teilweise in dem erstmals auch Belange des Naturschutzes berücksichtigenden Jagdgesetz vom 1. September 1925 enthalten waren. Hierzu zählten die Verlängerung der Schonzeit für bestimmte Wildarten sowie die Verbote der Abhaltung von Nachttreiben und des Schrotschießens auf Rotwild, während man das Durchsetzen spezieller Bestimmungen mittels Verordnungen zumindest zeitweise erreichte. Nach der Machtübernahme Adolf Hitlers im Jahre 1933 wurde auch die Jagdausübung zunehmend vom imperialen Streben des deutschen Faschismus überlagert. „Kein Zweifel, daß der Jäger ... an seinem Teil dazu beitragen kann, der großen Idee des Führers zu dienen ... Wenn er dies unter dem Gesichtswinkel volklicher Verbundenheit tut, dann ist er als Jäger Soldat des

Führers zugleich", heißt es im Aufsatz „Die ethische Bedeutung des deutschen Weidwerks", der 1936 in den „Mitteilungen des Landesvereins Sächsischer Heimatschutz" erschien. Er ist Beweis, daß auch die Jagd in die Kriegsvorbereitungen der nazistischen Machthaber einbezogen wurde.

Wirtschaftliche Erwägungen hatten bereits 1928 die Einschränkung des Moritzburger Tiergartens auf eine Größe wie vor 1828 veranlaßt. Der hohe Aufwand für das Instandhalten der Umzäunung wie auch enorme Schäden, die das Wild innerhalb seines Lebensraumes bewirkte, ließen jene Maßnahme erforderlich werden, wobei die nun auf etwa 900 Hektar verkleinerte Anlage von einem 15 Kilometer langen Gatter umgeben wurde. Ihr die verschiedensten Altersstufen umfassender Wildbestand zeigte damals 25 Rothirsche, darunter 10 geweihte, 60 bis 80 Stück Damwild mit etwa 30 Schauflern sowie annähernd 100 Wildschweine; zudem waren neben mehreren Mufflons auch Sikahirsche eingeführt worden, eine kleinere, aus Ostasien stammende Rotwildart mit geflecktem Fell. Damit trat im Charakter des Tiergartens eine völlige Wandlung ein, diente doch dieser ehemalige Jagdbereich der Wettiner nunmehr dem einfachen Halten des Wildes unter weitgehend natürlichen Bedingungen. Einen besonderen Anziehungspunkt bildete hierbei die an der Radeburger Straße eingerichtete öffentliche Schaufütterung, die den Anblick des Wildes, wie es sich in der freien Natur bewegt, erlebbar machte. Ihr Zuspruch erfuhr noch eine Steigerung, nachdem seit Pfingsten 1925 eine Autobusverbindung zwischen Dresden und dem 1934 in Moritzburg umbenannten Eisenberg die bestehende Kleinbahnlinie ergänzte. Im Ort, der 1935 etwa 2000 Einwohner zählte, setzte sich zudem in den Monaten März, Mai, August, Oktober und Dezember die Tradition mit den größten Pferdemärkten Sachsens fort (Abb. 210).

Daneben hatte die Teichwirtschaft nach ihrem gegen Ende des 18. Jahrhunderts erfolgten Niedergang seit 1923 einen erneuten Aufschwung genommen. Damals führte Walter Rosengarten als Pächter der Teiche neueste Bewirtschaftungsmethoden ein, zu denen vor allem das künstliche Düngen und Kalken sowie die Bekämpfung des Schilfwuchses zählten. Hierbei stieß freilich die letztere Absicht auf einige Schwierigkeiten, da einesteils von den Wettinern in dem ihnen verbliebenen Bereich die Jagd gegenüber der Fischzucht bevorzugt wurde und zum anderen auch staatlicherseits kaum Interesse an der Durchführung solcher Arbeiten bestand.

3. Käthe Kollwitz in Moritzburg

Am 20. Juli 1944, dem Tage, an dem die Welt vom Attentatsversuch auf Hitler erfuhr, kam eine kranke, siebenundsiebzigjährige Frau nach Moritzburg, von der wohl nur wenige Bewohner des Ortes wußten, daß sie zu den bedeutendsten Künstlerinnen des 20. Jahrhunderts zählte: Käthe Kollwitz (Abb. 211). Seit dem sinnlosen Tod ihres Sohnes Peter im ersten Weltkrieg zur Kriegsgegnerin geworden und künstlerisch wie menschlich für das Proletariat eintretend, hatten sie die Nazis schon 1933 zum Austritt aus der Preußischen Akademie der Künste gezwungen, dem bald das Ausstellungsverbot folgte. Die damit in ihrer öffentlichen Wirksamkeit weitgehend eingeschränkte Künstlerin flüchtete im August 1943 aus dem zunehmend von Luftangriffen heimgesuchten Berlin in das Harzstädtchen Nordhausen, wo sie bei der jungen Bildhauerin Margret Böning herzliche Aufnahme fand. Hier mußte sie erfahren, daß Bomben am 23. November 1943 die Berliner Wohnung mitsamt dem Atelier und wertvollen Erinnerungen

zerstört hatten. Wie der zu jener Zeit in Berlin lebende Sohn Dr. Hans Kollwitz schreibt, begann in diesen Monaten auch ihr „Versagen des Herzens, das sie manchmal damals schon an den Rand des Todes brachte. Sie fühlte, wie alle körperlichen und geistigen Kräfte sich immer mehr auflösten, wie nur Trauer und Müdigkeit und Unbeweglichkeit zurückblieben ..., und sie verlangte sehnlichst und dringend nach der Erlösung durch den Tod". Hinzu kamen die katastrophalen Auswirkungen des Hitlerkrieges, der nun auf Deutschland zurückschlug. „Die Menschen sind rein wahnsinnig geworden, es ist wirklich, als wenn die Welt untergehen soll", klagte damals Käthe Kollwitz, während sie sich in einem an ihre Schwiegertochter Ottilie gerichteten Brief vom 21. Februar 1944 recht bestimmt dazu äußerte: „Aus Deutschlands Städten sind Trümmerhaufen gemacht, und das Schlimmste von allem ist, daß jeder Krieg seinen Antwortkrieg schon in der Tasche hat. Ein jeder Krieg wird mit einem neuen Krieg beantwortet, bis alles, alles kaputt ist. Wie dann die Welt aussehen mag, wie Deutschland aussehen mag, weiß der Teufel. Darum bin ich mit ganzem Herzen für einen radikalen Schluß dieses Irrsinns und erwarte nur noch vom Weltsozialismus etwas."

Da indes auch Nordhausen infolge nahegelegener Produktionsstätten von V-Waffen nicht mehr sicher vor Luftangriffen schien, kam der Künstlerin ein Angebot des Prinzen Ernst Heinrich zur Übersiedlung nach Moritzburg gelegen. Der Prinz hatte die Kollwitz bereits 1943 in Berlin besucht, nachdem er im Zusammenhang mit der Erweiterung der Kupferstich- und Handzeichnungssammlung König Friedrich Augusts II. einige ihrer Arbeiten erwerben konnte. „Ich wünschte mir damals sehr, sie persönlich kennenzulernen, was durch Vermittlung von Freunden ermöglicht wurde", schreibt er später. „Sie war eine sehr interessante Persönlichkeit und eigenwillige Künstlerin. Mich fesselte vor allem ihre starke Ausdrucksform, die bei einer Frau ungewöhnlich ist ... In Berlin, und vor allem später in Moritzburg, führte ich viele Gespräche mit ihr, die ihr Leben, ihre Einstellung zu den Dingen und ihr Schaffen betrafen."

Käthe Kollwitz bewohnte in dem an der Südwestecke des Schloßteiches gelegenen „Rüdenhof" zwei Zimmer, durch deren Fenster sich ein weiter Blick über die Wasserfläche bis zu den anschließenden Wäldern öffnete (Abb. 212). Ein noch im Schloßarchiv befindliches Foto zeigt die Einrichtung des Wohnraumes: Wir sehen ein altertümliches Bett, einen runden Tisch mit Mittelfuß, einen geschwungenen Stuhl, einen schmalen hohen Spiegel, dazu einen Waschständer und an den Wänden Bilder – in solch schlichter Umgebung verbrachte die große

211
*Käthe Kollwitz (1867–1945):
Vermutlich letztes Selbstbildnis.
Kohle auf Ingres-Papier, wohl 1943.
Hamburg, Kunsthalle*

Künstlerin die letzten neun Monate ihres Lebens und fühlte sich hier geborgen: „Wenn es in der Ewigkeit ebensogut ist, wird es schon auszuhalten sein", schreibt sie damals.

Betreut wird sie anfangs noch von der geliebten Schwester Lise und deren Nichte Clara Stern, in den letzten Monaten von ihrer Enkelin Jutta. Sofern es seine bemessene Zeit erlaubt, besucht an den Wochenenden auch Hans Kollwitz die Mutter: „Wenn ich an Sonnabenden von Berlin kam –, es wurde mit der Zeit immer schwieriger –, von Weinböhla zu Fuß durch den schon ganz dunklen Wald, kam ich meist überraschend. Meine Tochter Jutta, ... saß in dem zweiten kleinen Zimmerchen meist noch auf. Bei der Mutter war es längst dunkel. Ich trat leise zu ihr herein und streichelte sie. Sie sagte: ,Ist es der Hans? Ach, das ist schön. Nun werde ich heute gut träumen.' Und morgens beim Aufwecken zu Jutta: ,Habe ich geträumt oder ist gestern der Hans gekommen?' Dann, wenn sie aufstehen konnte, saßen wir, bis ich am frühen Sonntagnachmittag schon wie-

der fort mußte, am Fenster mit dem ihr so vertraut gewordenen Blick auf die Teiche und Wälder von Moritzburg und das merkwürdige Schloß auf der rechten Seite. Wir sprachen sehr wenig von der für sie schon ferngerückten und verblaßten Gegenwart, mehr von der Vergangenheit, die ihr immer näher kam."

Erlaubte es das Wetter, hielt sich Käthe Kollwitz auch auf dem ihrem Zimmer vorgelegten hölzernen Balkon auf, denn Sehschwäche und das Herzleiden verwehrten ihr die künstlerische Tätigkeit: „Das, woran ich mich halte, ist der weite Horizont, der tut sehr gut", lesen wir im Brief vom 19. Oktober 1944. Dennoch verband sich diese Zurückgezogenheit nicht mit geistiger Passivität. „Meine lieben Kinder! Ich schrieb lange nicht und muß Euch mal erzählen, was ich jetzt treibe", heißt es in einem Brief vom 14. November 1944. „In Arnes Kalenderbuch bin ich dem alten Goethe nachgegangen, schreibe Tag für Tag auf, was er mir bringt. Das gegenüberliegende Ufer hat seine farbige Schönheit verloren, das bisherige Wasser ist durch die Stauung moddrig geworden, große Schwärme von Möven sitzen da zusammen. Jetzt endlich läßt die Stauung, die durch die Verpachtung des ganzen Sees zu Fischereizwecken notwendig war, nach. Meine Arbeit besteht nun darin, Tag für Tag dem Ablauf eines Tages zu folgen und über ihn Buch zu führen. Da notiere ich, wie die Wolken wandern, wie der Wind sich verhält, und so komme ich dem Ablauf eines Tages auf die Spur. Ich erreiche damit eine gewisse Zufriedenheit, wenn ich Buch führe, zum Beispiel: Wind dreht sich so und so. Hättest Du, lieber Hans, einen Kompaß, den Du mir leihen kannst, würde ich mich freuen. – An eine andere Arbeit kann ich doch nicht denken und so liegt hierin doch eine Systematik, die mich befriedigt. Schon früher wünscht ich mir mal ein ganzes Jahr verfolgen zu können in allen seinen Phasen, und was Goethe wissenschaftlich betrieben hat, tu ich nun auf eine mindere Weise, aber auf meine Weise ... Was soll ich sonst erzählen? Daß Lisens Zeit hier am Montag abgelaufen ist und daß ich nun Abschied von ihr nehmen muß. Daß des Prinzen Geburtstag vor der Tür steht und daß ich mich ihm erkenntlich zeigen möchte. Seine Wünsche sind leicht zu befriedigen und ich will sie ihm gern erfüllen. Auf eine Arbeit schreibe ich ihm eine Widmung."

Prinz Ernst Heinrich besuchte die Künstlerin oft und erweckte damit immer Freude bei ihr. „Sie übergab mir ihren gesamten Besitz an Handzeichnungen usw. zur Verwahrung und ermächtigte mich, mir jederzeit alles anzusehen. Es handelte sich, ich möchte sagen, um das Allerprivateste der Künstlerin, das sie ausschließlich für sich selbst geschaffen hatte. Es befanden sich darunter auch verschiedene Entwürfe. Das Studium dieser Dinge hat mir das Schaffen der Künstlerin besonders nahegebracht." Jene zunächst eigenartig anmutende Freundschaft zwischen dem Prinzen und einer sozialistischen Ideen gegenüber aufgeschlossenen Künstlerin fand ihre Basis im fruchtbaren Gedankenaustausch über die Grundlagen und Ziele der Kunst von Käthe Kollwitz, zumal Prinz Ernst Heinrich ein kundiger Sammler war. Aber er mußte gleichfalls feststellen, „daß sie lebensmüde wurde, denn ihre schlechte Gesundheit machte ihr sehr zu schaffen, und es deprimierte sie, daß sie nicht mehr arbeiten konnte". Trotzdem unternahm die willensstarke Frau nochmals einen Versuch, wie wir ihrem Brief vom 14. November 1944 entnehmen können: „Gestern brachte mir die liebe Jutta aus Dresden Zeichenpapier und sogar Materialien mit, und wir haben folgendes Abkommen geschlossen: Jeden Morgen trinke ich eine Tasse Bohnenkaffee, ich muß gleich aufstehen und kann versuchen, etwas zu arbeiten." Anwesende berichten indes: „Es war ein ergreifender Augenblick, als man der großen Künstlerin den Kohlestift in die Hand gab und Papier vor sie hinlegte. Zögernd faßte Frau Kollwitz nach dem Stift und sah sinnend auf das weiße Zeichenpapier. Doch dann legte sie ihn wieder beiseite und sagte in ihrer kurzen, bestimmten Art: ‚Nein, ich arbeite nicht mehr, denn Zweitrangiges will ich nicht schaffen.‘ "

Ebenso schreibt Lenka von Koerber, die die Künstlerin vor Weihnachten 1944 in Moritzburg besuchte, in ihrem Buch „Erlebtes mit Käthe Kollwitz": „Ich wußte, daß sie sehr schwer hörte, ... ich wußte auch, daß sie sehr hinfällig geworden war. Aber ihr Geist blieb klar bis zum letzten Tage, und Goethe blieb ihr unentbehrlich." Seit ihrer Kindheit war Käthe Kollwitz von den Schöpfungen des Dichters und seinem Humanismus prägend beeinflußt worden; nun läßt sie sich von den beiden Enkelinnen Jutta und Jördis aus seinen Werken vorlesen, während über ihrem Bett Goethes Totenmaske hängt, „die sie", wie Jutta schildert, „wieder und wieder, bei geschlossenen Augen, mit den Fingern abfühlte ‚zur Orientierung‘, wie sie sagte, und in deren Betrachtung sie sich immer aufs neue versenken konnte". Daneben künden Briefe und Gespräche von ihrem erneuten Auseinandersetzen mit Goethe; auch rezitiert sie für sich Teile aus seinen Dichtungen zur Gedächtnisprüfung. Unter dem Einfluß solchen Tuns, das ihr die körperliche Schwäche ertragen hilft, steigt zugleich wieder der Lebenswille. Er klingt aus einem Brief vom 16. Dezember 1944, wo wir lesen, daß die Enkelinnen beim morgendlichen Aufräumen „einen Mordskrach" machten, „so etwas von Reinemachen hab ich noch nicht erlebt, mein ganzes Bett wurde abgeschoben ... Dann ging es an ein Abrubbeln meiner Person – auch das ist überstanden. Und jetzt ist Frieden und Juttel raucht etwas zur Belohnung. Für morgen aber als Sonntagsfreude ist mir Rizinus in Aussicht gestellt! ... Eure wieder etwas hoffende Mutter". Doch auch einer besseren Zukunft der Menschheit gelten ihre Gedanken. „Siehst du die reizenden Äpfelchen draußen?", spricht sie zu Jutta. „Es könnte alles so schön sein, wenn nicht dieser Wahnsinn des Krieges wäre. Sage nicht ‚Es hat schon immer Kriege gegeben‘, damit überzeugst du mich nicht, Kriege wohl, aber nicht d e n Krieg." Und weiter: „Aber einmal wird ein neues Ideal entstehen, und es wird mit allem Krieg zu Ende sein ... In dieser Überzeugung sterbe ich. Man wird hart dafür arbeiten müssen, aber man wird es erreichen." Es ist dies das Credo einer großen Künstlerin, die inmitten der Agonie des Faschismus den Glauben an Menschlichkeit nicht verloren hatte.

In den letzten Monaten litt Käthe Kollwitz schwer unter der Trennung von ihrem Sohn und Schwester Lise. Die Schwester war mit ihrer Tochter in Gößnitz untergekommen, doch machte nach Weihnachten das sich verschärfende Kriegsgeschehen ein Reisen unmöglich. Dem Sohn schreibt die Mutter im März 1945: „Alle Nacht träume ich von Dir, ich m u ß Dich noch einmal sehen. Wenn es wirklich so ist, daß Du unter keinen Umständen kommen kannst, dann glaube ich Dir. – Aber ich muß es von Dir

Doch endlich, am Karfreitag dem 30. März 1945, kann der Sohn die ihr Ende nahen fühlende Mutter nochmals besuchen: „Ich las ihr die Ostergeschichte aus dem Matthäusevangelium, die sie früher so oft als Oratorium gehört hatte, und den Osterspaziergang aus ihrem geliebten Faust vor. Wie eine Königin im Exil wirkte sie, trotz aller Zerstörung von einer bezwingenden Güte und Würde. Das ist das letzte Bild, das ich von ihr habe." In der Nacht des 22. April 1945 gegen 2 Uhr entschlief Käthe Koll-

212
Der Rüdenhof in Moritz-
burg, letzter Wohnsitz
von Käthe Kollwitz

selbst hören. Dann gib mir die Freiheit, daß ich Schluß mache ... Denn ohne Dich ein einziges Mal noch gesehen zu haben, kann ich nicht fort." Und dann resignierend im Brief vom 16. April 1945: „Es geht nicht, ich weiß, aber immer und immer wieder kommt der Gedanke, ich könnte Dich in meinen Armen halten, und dann würde ich Dich mit Jubel in meine Arme schließen ... Der Krieg begleitet mich bis zum Ende.

    ,Krieg ist das Losungswort,
    Sieg und so hallt es fort.'
Wie heißt es weiter?
    ,Träumst du vom Sieges-Port?
    Sieg und so hallt es fort.
    Träume, wer träumen mag.'
Geliebte, nehmt nur diesen Gruß   Eure sehr alte Käthe."

    Wie hatte sie in einem der letzten Gespräche mit Jutta auf deren Frage, was ihr von Goethe wohl am liebsten sei, geantwortet?: „Alles, alles! Nimm diese kleine Klage ,Ein alter Mensch ist stets ein König Lear....'."

witz; früh fand sie Frau Starke-Bittner, eine im Ort lebende ehemalige Schülerin von ihr, tot im Bett, am Mund die Trillerpfeife, mit der sie sich sonst immer bemerkbar zu machen pflegte. Ihr Stock, „der Gute Treue", lehnte am Nachttisch.

    Der Körper der Verstorbenen wurde am späten Nachmittag des 24. April auf dem kleinen Moritzburger Friedhof zur Ruhe gebettet. Die Trauergemeinde zählte außer den beiden Enkelinnen Jutta und Jördis nur neun Personen, wobei Frau Erna Starke-Bittner den einfachen kiefernen Sarg mit Magnolienblüten schmückte. Ehrende Worte des Pfarrers Seibt, der das würdige Begräbnis veranlaßt hatte, vermischten sich mit dem Lärm detonierender Geschosse, der aus der Gegend von Meißen herüberdrang. Er begleitete statt einer nicht zu beschaffen gewesenen Trauermusik die Künstlerin, deren tiefste Sehnsucht dem Frieden gegolten hatte, noch im Tode. Ihr Sterben freilich blieb der Öffentlichkeit zunächst verborgen: Erst am 17. Juli 1945 erschien in der Tagespresse eine Mitteilung über ihr Ableben. Im November desselben Jahres wurden die sterblichen Überreste exhumiert und in Meißen eingeäschert. Danach fand Käthe Kollwitz, entsprechend ihrem Willen, auf dem Zentralfriedhof Berlin-Lichtenberg an der Seite ihres bereits 1940 verstorbenen Mannes und der Geschwister die letzte Ruhestätte.

4. Moritzburg
am Ende des Hitlerfaschismus

Mit dem Beginn der sowjetischen Winteroffensive an der Weichsel im Januar 1945 trat der zweite Weltkrieg in seine letzte Phase ein. Bald vernahm man auch in Moritzburg den Kanonendonner der sich nahenden Front, während erste Flüchtlingszüge aus dem Osten bereits Ende 1944 den Ort berührt hatten. Die anglo-amerikanischen Luftangriffe auf Dresden am 13. und 14. Februar 1945 verschonten zwar das damals etwa 2400 Einwohner zählende Dorf, doch die Folgen bekam es ebenfalls zu spüren, denn Ausgebombte trafen in sehr großer Zahl ein. Während ein Teil von ihnen im Schloß unterkam, fanden andere aus der brennenden Stadt flüchtende Menschen, von denen viele verwundet waren oder nur das nackte Leben gerettet hatten, vorübergehend im Ort und in umliegenden Dörfern Unterkunft. Prinz Ernst Heinrich aber vermochte sich nicht von seiner durch Herkunft und Entwicklungsgang bedingten antisowjetischen Grundhaltung zu lösen, obgleich er dem Nationalsozialismus ablehnend gegenüberstand. So verließ er gegen Ende Februar 1945 das Schloß, begab sich zunächst nach Westdeutschland und bewirtschaftete später in Irland einen Bauernhof.

Die Rote Armee aber hatte am 12. Januar ihre großangelegte Weichsel-Oder-Offensive begonnen; etwa zehn Tage später überschritten die in Richtung Breslau-Dresden vorstoßenden Truppen der 1. Ukrainischen Front die deutsche Reichsgrenze; am 1. Februar standen sowjetische Spitzenverbände 70 Kilometer vor Berlin. Den eigenen Untergang vor Augen, versuchten jetzt die faschistischen Machthaber durch zügellosen Terror wie auch das Aufbieten aller noch verfügbarer Menschen ihr Ende hinauszuzögern. So beschlossen sie am 20. Februar den Bau eines „Verteidigungsringes“ um das zerstörte Dresden, der von Heidenau über Moritzburg bis nach Hartha verlaufen sollte. Bald danach durchzogen Schützengräben, Panzersperren und Minenfelder jenes Gebiet; auch brachte die Nazi-Zeitung „Der Freiheitskampf“ am 16. April einen „Aufruf“ des Gauleiters Martin Mutschmann, in dem er als „Reichsverteidigungskommissar“ von Sachsen unverhüllt drohte: „Die militärische Lage schließt einen Angriff auf Dresden nicht aus. In diesem Falle wird die Stadt mit allen Mitteln und bis zum letzten verteidigt … Wer dem Feind auf diese oder andere Weise Vorschub leistet, wird unbarmherzig ausgemerzt. Ich erwarte von jedem einzelnen den letzten Einsatz …“ Um das Vordringen sowjetischer Einheiten zur Elbe aufzuhalten, ließ Nazigeneral Schörner im Raum Dresden mehrere Divisionen, darunter auch Panzerverbände, konzentrieren. Hierbei wurde eine SS-Ersatztruppe in ein Waldlager zwischen Dresden und Moritzburg verlegt, wobei sie Befehl erhielt, den Nordabschnitt Dresdens zu verteidigen. Zudem hatte sich ein Stab General Schörners im Jagdschloß einquartiert, während die SS eine Sprengung der vier Rundtürme des Baues beabsichtigte, um ihre Nutzung als Beobachtungsstellen auszuschließen.

Auch im Moritzburger Land wütete der Faschismus bis zu seiner letzten Stunde unter der Bevölkerung. So ordneten nazistische Ortsgruppenleiter Evakuierungen der Einwohner an. In Berbisdorf wurden mehrere kriegsmüde Soldaten wegen „Feigheit vor dem Feind“ ermordet, und ein im Moritzburger Pfarrhaus amtierendes Kriegsgericht sprach Todesurteile aus, wobei einem Verurteilten mit Hilfe der Frau des Pfarrers Seibt noch die Flucht gelang. Erst der Einmarsch sowjetischer Truppenteile am 6. Mai 1945 beendete den faschistischen Terror: Für Moritzburg begann damit ebenfalls ein neues Kapitel seiner Geschichte.

Von 1945 bis zur Gegenwart

I.

Vom schweren Beginn

Am 6. Mai vormittags gegen 10 Uhr befreiten sowjetische Soldaten Moritzburg, nachdem noch eine abziehende SS-Einheit die Saupfützenbrücke sprengen konnte. Ilja B. Schulmann, damals Militärdolmetscher im 290. Gardeschützenregiment des 32. Gardeschützenkorps, erinnert sich: „Am 6. Mai befand sich unser Regimentsstab an der Kreuzung Moritzburg-Großenhain-Dresden am Auer. Am Vormittag des 7. Mai besetzte das Regiment Friedewald. Ich bekam den Auftrag, eine Unterkunft für den Stab zu suchen. Als ich mit einem MPi-Schützen eines der Häuser betrat, ... entdeckte ich ein Telefon. Mir kam der Gedanke, die faschistischen Truppen zur Kapitulation aufzufordern." Ein im Haus anwesender Bewohner half bei dem Herstellen der Verbindung. „Er erklärte mir, daß er das deutsche Militärkommando nicht anrufen könne, aber eine Verbindung mit dem Oberbürgermeister Kluge in Dresden herzustellen wüßte." Nachdem der mit höheren Offizieren hinzukommende General Rodimzew von dem Vorhaben erfahren hatte, befahl er die Einleitung von Kapitulationsverhandlungen. „Wir forderten den Dresdener Oberbürgermeister auf, Maßnahmen zur sofortigen Kapitulation der deutschen Truppen zu treffen. Wir erklärten ihm, daß wir zum Sturm auf die Stadt bereitstünden, aber die weitere Zerstörung der Stadt und neue große Verluste unter der Bevölkerung vermeiden wollten. Er berief sich auf seine zivile Stellung, versprach aber, das Militärkommando zu verständigen. Wir gaben ihm zwei Stunden Zeit. Nach dem Ablauf dieser Frist stellten wir die Verbindung nach Dresden wieder her. Der Oberbürgermeister berichtete uns, daß eine Beratung im Militärstab stattgefunden habe. Dresden werde zur offenen Stadt erklärt, der Volkssturm aufgelöst. Die SS-Verbände hätten die Kapitulation abgelehnt und zögen aus Dresden ab ... Wir nutzten diese Gelegenheit, um auch mit der Stadtverwaltung von Radebeul zu sprechen und die Kapitulation der dortigen faschistischen Truppen zu fordern." Wie Ilja B. Schulmann schreibt, übergab der Radebeuler Bürgermeister

nach längeren Verhandlungen die Amtsgeschäfte zwei antifaschistischen Bürgern der Stadt, denen es durch eine List gelang, die deutschen Einheiten zur Kapitulation zu zwingen. Dieser rasche Vorstoß des 32. Gardeschützenkorps unter General Rodimzew bewirkte, daß der Großteil der faschistischen Verbände überstürzt den Raum Dresden verließ und die Stadt am 8. Mai eingenommen werden konnte. Dies war eine Voraussetzung zur Durchführung der Prager Operation und damit zur Befreiung der Tschechoslowakei.

Die vordringlichste Aufgabe der neuen antifaschistisch-demokratischen Selbstverwaltung nach dem Zerschlagen des Hitlerstaates bestand im Normalisieren aller Lebensbereiche, denn es bot sich überall ein trostloses Bild der Not, Zerstörung und Verwüstung. Auch in Moritzburg vollzog sich dieser Prozeß des Neubeginns unter großen Erschwernissen, galt es doch die Versorgung der Einwohner zu sichern, das Bestellen der Felder in Gang zu bringen und vielen Flüchtlingen neue Existenzmöglichkeiten zu schaffen. War auch der Ort glücklicherweise von Zerstörungen verschont geblieben, so hatten in den Wirren des Kriegsendes die Innenausstattung von Schloß und Fasanenschlößchen schwere Schäden erlitten. Zudem verbrannte bereits beim Luftangriff auf Dresden am 13./14. Februar 1945 in einem auf der Durchfahrt befindlichen und in der Altstadt abgestellten Transportfahrzeug wervolles Kunstgut aus dem Jagdschloß, darunter Möbel sowie unveröffentlichte Zeichnungen von Rembrandt und Caspar David Friedrich aus der Handzeichnungs- und Kupferstichsammlung König Friedrich Augusts II. Auch lag der Tiergarten verwüstet, wobei noch vorhandenes Wild wegen Futtermangel abgeschossen werden mußte.

Indes gelang es den antifaschistisch-demokratischen Kräften unter Führung der KPD und mit tatkräftiger Hilfe der sowjetischen Besatzungsorgane schrittweise die Macht in ihre Hände zu nehmen. Eine der wirksamsten Maßnahmen zur ökonomischen und politischen Entmachtung der reaktionären Kräfte im Osten Deutschlands war hierbei die demokratische Bodenreform, deren Durchführung für das Land Sachsen die Landesverwaltung am 10. September 1945 beschloß. Ihre Bestimmungen sahen eine entschädigungslose Enteignung des 100 Hektar übersteigenden Bodenbesitzes von Junkern, Kriegsverbrechern und aktiven Nazifaschisten vor, wobei durch das Aufteilen jenes Grundbesitzes Wirtschaften mit weniger als fünf Hektar Land vergrößert sowie Bauernstellen für landarme Bauern, Landarbeiter und Umsiedler geschaffen werden sollten. In Moritzburg gingen damals das Schloß, das Hellhaus, das Fasanenschlößchen und der ehemalige Gutsbezirk Moritzburg mit 2500 Hektar Wald und 476 Hektar Teichfläche in Volkseigentum über, während jene vor Mitte des 19. Jahrhunderts gebildeten Forstamtsbereiche Moritzburg und Kreyern ihre Aufteilung an die Randgemeinden erfuhren. Es waren Maßnahmen einer Reform, die das seit Jahrhunderten erträumte Werk der Bauernbefreiung einleitete und damit eine der Voraussetzungen zur antifaschistisch-demokratischen Erneuerung Deutschlands bildete. 1946 bewohnten den Ort Moritzburg 2533 Personen; unter ihnen befanden sich viele Umsiedler, denen die Bodenreform Möglichkeiten eines Neubeginns eröffnete. So führte bald optimistisches Besinnen auf die eigene Kraft wie auch gemeinsames Zufassen zur Überwindung der materiellen und geistigen Hinterlassenschaft des Hitlerfaschismus und damit zur schrittweisen Verbesserung der komplizierten Situation.

II.
Die Schloßanlage als Stätte geistig-kultureller Bildung

1. Barockmuseum Schloß Moritzburg

Mit dem durch die demokratische Bodenreform im September 1945 veranlaßten Übergang des Schlosses Moritzburg in Volkseigentum war alles dort vorhandene Kunstgut den Staatlichen Kunstsammlungen Dresden zugefallen. Schon am 2. Oktober 1945 erließ dann Marschall Shukow als Oberster Chef der damaligen Sowjetischen Militäradministration Deutschlands (SMAD) den Befehl Nr. 85 über die Wiedereinrichtung der Museen. Ihm folgte im Juli 1946 ein weiterer Befehl, nach dem ausgelagertes Museums- und Kunstgut sowie Kunstbesitz von Privatpersonen, die sich als Kriegs- oder Naziverbrecher zu verantworten hatten, der deutschen Selbstverwaltung zu übergeben war. Auf Grundlage dieser Anordnungen wurden nun in Ergänzung des Schloßinventars aus Beständen ehemaliger Dresdener Museen Kunstgegenstände des 17. und 18. Jahrhunderts aus-

gewählt und im Jagdschloß museal vereinigt, wobei die Leitung der Arbeiten in den Händen von Prof. Wolfgang Balzer und Frau Hilde Rakebrand lag. Damit konnte im Herbst 1947 der damalige sächsische Volksbildungsminister Erwin Hartzsch den Bau als „Barockmuseum Schloß Moritzburg" neu eröffnen. Seine wertvolle Sammlung vereint seither vorwiegend Kunstgewerbe, Malerei und Plastik des Barock: zusammen mit den überkommenen Formen der Raumgestaltung wird somit ein charakteristisches Bild der Lebensweise und Wohnkultur jenes Zeitraumes vermittelt, wobei das vielfache Einbeziehen von jagdlicher Thematik die ursprüngliche Nutzung des Schlosses betont. Aber auch dem Porzellan hat man seit Anbeginn wesentliche Bedeutung beigemessen. Neben dem Porzellanquartier im Jägerturm mit Erzeugnissen der Meißner Manufaktur von der Frühzeit bis um 1800 wurden anfangs im Backturm ostasiatische Porzellane gezeigt (Abb. 213), während den Monströsen- und Billardsaal Gruppierungen japanischer Deckel- und Flötenvasen der Imarizeit belebten. Dieses Einbeziehen kostbarer Porzellane ist bis heute beibehalten worden, zumal von ihrer Verbindung mit den goldschimmernden Ledertapeten starke ästhetische Wirkungen ausgehen. Den Gedanken des ehemaligen Trinkquartiers aufnehmend, zeigte man außerdem im Küchenturm eine Schau verschiedenartiger Gläser des 17. und 18. Jahrhunderts, die später teilweise ins Museum für Kunsthandwerk Schloß Pillnitz kamen. Seit seiner Eröffnung ist das Moritzburger Barockmuseum im fruchtbaren Zusammenwirken mit den Staatlichen Kunstsammlungen Dresden ständig ergänzt und verbessert worden. So bezog man 1953 den Eckraum südlich der Kapelle ein, der nun zur Ausstellung von Kupfer- und Zinngerät aus der einstigen Hofküche diente. Seither belegen dort Kannen, Kasserolen und Kanister, doch ebenso Back-, Pudding-, Eis und Pastetenformen mit ihren eigenständigen Gestaltungen das hohe Können von sächsischen Kupferschmieden und Zinngießern der Schweiz. Auch wurden die drei Hallen der Erdgeschoß-Durchfahrt in die museale Nutzung aufgenommen. Hier fanden neben Rothirschgeweihen vornehmlich jagdbezogene Darstellungen ihre Anordnung; zudem kamen in der Mittelhalle eine Galakutsche von 1805 und zwei Sänften aus der Zeit um 1750 zur Aufstellung, während die Nordhalle einen Reisegepäckwagen des frühen 18. Jahrhunderts zeigte. Unter den Gemälden, die nicht immer hohen künstlerischen Rang besitzen, kommen außer dem reichen Bestand an Werken Louis de Silvestres Schöpfungen von Lucas Cranach d. J., Hans Krell, Zacharias Wehme, Samuel Bottschildt und Heinrich Christian Fehling, aber auch von Jean Ranc, Pietro Rotari, Jean Marc

Nattier oder Johann Alexander Thiele vor (Abb. 41, 142). Sie gehören meist nicht zur ursprünglichen Ausstattung des Schlosses, sondern stellen Leihgaben der Staatlichen Kunstsammlungen Dresden dar. Man bemerkt darunter viele Jagdszenen, doch ebenso Bildnisse von Fürsten und Hofdamen der Zeitspanne

Johann Gottfried Heinrich Grahl (Abb. 85, 86); dagegen findet sich im Lackmöbelzimmer originales Mobiliar aus Ostasien wie auch als Nachahmung des berühmten Dresdener Hoflackierers Martin Schnell, das freilich nicht zur ursprünglichen Ausstattung des Schlosses zählte (Abb. 214). Ergänzend

213 Barockmuseum Schloß Moritzburg. Ostasiatisches Porzellan und Lackmobiliar im Backturm um 1955. Leihgaben der Staatl. Kunstsammlungen Dresden

vom ausgehenden 16. bis etwa zur Mitte des 18. Jahrhunderts, die oftmals kostümkundliche Bedeutung haben. Neben den Gemälden und Ledertapeten trägt besonders das teilweise zum originalen Inventar zählende Mobiliar zur glanzvollen Wirkung der Räumlichkeiten bei, denn sie enthalten eine Vielzahl an Schreibschränken, Kommoden, Kleiderschränken, Tischen und Stühlen, Guéridons, Uhren sowie anderen Gegenständen, die den hohen Stand der Wohnkultur des Barock belegen. Zu ihren hervorragendsten Beispielen zählen neben Möbeln französischer und englischer Herkunft deutsche Arbeiten von Peter Hoese, Erich Niclas Noor, Christian Reinow oder

wirken dazu Plastiken und Bronzen aus Deutschland und Frankreich, während der Augsburger Goldschmied Albrecht Biller mit einem in Silber getriebenen und vergoldeten Tisch sowie einem gleichartigen Kaminschirm aus der Zeit vor 1720 vertreten ist (Abb. 116). Unter den mannigfachen, teilweise mit Ledertapeten bezogenen Sitzmöbeln fallen zudem im Steinsaal sieben Stühle aus dem Besitz des ehemaligen Historischen Museums in Dresden auf. Angefertigt um 1585 nach Entwürfen von Giovanni Maria Nosseni, variieren sie den Typ des italienischen Brettschemels: Mit ihrem Schnitzwerk an Füßen und Lehnen, ihren Sitzflächen aus Serpentinit und einem reichen Besatz an vermutlich sächsischen Halbedelsteinen sind es kunsthandwerkliche Zeugnisse der gehobenen fürstlichen Lebenshaltung in jener Zeit.

Bereits am 24. Juli 1945 hatte die damalige Sächsische Landesverwaltung beschlossen, den letzten Wohnsitz von Käthe Kollwitz im Rüdenhof zu einem

Blätter aus den berühmten Folgen „Ein Weberaufstand" und „Bauernkrieg". Doch man spürt beim Betrachten jener Werke zugleich eine vom harten Weiß der Wände noch gesteigerte Dissonanz zwischen der herben, aufrüttelnden Sprache dieser Kunst und dem heiteren Fluidum des barocken Schlosses. Sie läßt

214 Barockmuseum Schloß Moritzburg. Zimmer östlich des Billardsaales mit Lackmöbeln ostasiatischer und sächsischer Herkunft sowie Bildnissen sächsischer Kurfürsten und Kurfürstinnen des 16. und 17. Jahrhunderts (Leihgaben der Staatl. Kunstsammlungen Dresden). Zustand um 1970

Ort des Gedenkens auszugestalten. Jene geplante Erinnerungsstätte wurde jedoch erst am 22. April 1955, dem 10. Todestag der Künstlerin, in einem Erdgeschoßraum des Schlosses eröffnet, während man den Rüdenhof 1967 renovierte und durch eine von Erich Otto damals geschaffene Bronzetafel kennzeichnete. Die kleine Schau im Schloß aber konnte 1973 neu gestaltet und erweitert werden. Noch aussagekräftiger angelegt, befindet sie sich seit dem 22. April 1982 in einem Erdgeschoßzimmer an der Nordseite des Baues. Neben Dokumenten zum Leben von Käthe Kollwitz wird eine Auswahl ihrer graphischen Arbeiten in Reproduktionen gezeigt, darunter auch mehrere

uns freilich um so eindringlicher das Wahre der Worte empfinden, die Käthe Kollwitz einmal ihrem Sohn Hans schrieb: „Nie hab' ich eine Arbeit kalt gemacht, sondern immer gewissermaßen mit meinem Blut. Das müssen die, die sie sehen, spüren."

Inzwischen waren noch mancherlei andere Verbesserungen vorgenommen worden, die sich mit Erhaltungs- und Sicherungsarbeiten sowie einer schrittweisen Rekonstruktion originaler Raumstrukturen verbanden. So konnte 1971 in zwei Räumen östlich der Erdgeschoß-Durchfahrt ein Schloßcafé eröffnet werden, dessen stilvolle Erscheinung von Ledertapeten, alten Gemälden und anderen historischen Ausstattungsstücken bestimmt wird. Auch richtete man bis 1973 mehrere Zimmer im zweiten Obergeschoß zur Nutzung für Sonderausstellungen her. Weitere Umgestaltungen folgten in den Jahren nach 1976 innerhalb der nördlichen Erdgeschoßzone, wo außer der Käthe-Kollwitz-Gedenstätte zusätzliche Räumlichkeiten für Sonderausstellungen, eine kleine Schau zur Baugeschichte des Schlosses sowie Besuchertoiletten entstanden. Schließlich begann 1982 mit Unterstützung der Staatlichen Kunstsammlungen Dresden das Vorhaben einer grundlegenden Neuprofilierung des Barockmuseums, die in der musealen Gesamtaussage auf eine stärkere Betonung von Jagd und Kunst orientiert. Hierbei ist beabsichtigt, die Raumfolge der Südfront als feudale Wohnschloßanlage des 18. Jahrhunderts samt der entsprechenden Austattung zu rekonstruieren und die weltbekannte Trophäensammlung durch weitere starke Geweihe zu ergänzen. Ebenso wird im Quartier des Backturmes ein erläuternder Überblick über das Zeitalter Augusts des Starken und die Herrschaftsform des Absolutismus gegeben, der auch den damaligen Entwicklungsstand von Kunst, Wissenschaft und Handwerk einschließt. Zudem soll die kostbare barocke Originalplastik zum Schutz vor weiterer Verwitterung von den Balustraden abgenommen und in einem Lapidarium vereinigt werden, während auf der Terrasse Kopien zur Aufstellung kommen. Weiterhin will man den Werdegang der Fischerei darstellen. Im Zuge dieser Vorhaben konnte Mitte Mai 1984 das neugestaltete Porzellanquartier des Jägerturmes eröffnet werden, wo Erzeugnisse der Meißner Manufaktur aus dem 18. Jahrhundert zu sehen sind.

Neben den Schätzen des Museums vermitteln vielseitige kulturelle Veranstaltungen zusätzlich geistige Anregungen. So unterrichten Sonderausstellungen über die Entwicklung von gesellschaftlichen Organisationen und Einrichtungen wie auch über das Kunstschaffen in Vergangenheit und Gegenwart. Herausragende Bedeutung hatte hierbei die 1975 von den Staatlichen Kunstsammlungen Dresden gezeigte Gedächtnisausstellung zum 300. Geburtstag Louis de Silvestres: Auf Grundlage der vielen im Schloß vorhandenen Arbeiten konnte erstmals ein umfassendes Bild von Leben und Werk dieses Künstlers vermittelt werden, das wesentlich zur Aufwertung seines Schaffens beitrug. Im Sommer 1980 vereinigte dann die Ausstellung „Deutsches Zinn" kostbare Gegenstände vom 16. Jahrhundert bis zur Gegenwart aus den Beständen des Museums für Kunsthandwerk Schloß Pillnitz. Einen weiteren Höhepunkt bildete die 1983 veranstaltete Schau mit Druckgraphik und Zeichnungen von Johann Elias Ridinger, die sich aus Leihgaben verschiedener Museen und Bibliotheken

der DDR zusammensetzte. Das Werk des außer bei Jagdkundigen sonst wenig bekannten Künstlers wurde hier durch seine vorwiegend zu Weidwerk und Wild geschaffenen Stiche, aber auch mit Darstellungen von Fabeln, Allegorien, und religösen Themen einem breiten Besucherkreis zugänglich gemacht (Abb. 102, 152). Weiterhin konnte man 1984 eine Ausstellung historischer Moritzburger Ansichten bewundern. Sie war anläßlich der im Mai jenes Jahres in der DDR stattgefundenen VII. Generalversammlung des Internationalen Denkmalrates (ICOMOS), die in Moritzburg abschloß, eingerichtet worden.

Einen eigenen Reiz strahlen musikalische Veranstaltungen im festlichen Interieur des Schlosses aus, führt doch die innige Beziehung zwischen Musik und Architektur zu besonderen Steigerungen des Klangerlebnisses. Innerhalb der 1968 von dem damaligen Moritzburger Kantor Kurt Flämig begründeten Schloßkonzerte übten vor allem die unter Leitung des Dresdener Kreuzorganisten Herbert Collum veranstalteten Kammermusikreihen starke Anziehungskraft aus. Ebenso finden heute solche Darbietungen stets ein aufnahmebereites Publikum, wie auch das Schloß aufgrund jener idealen Bedingungen für musikalische Interpretationen in die seit 1978 bestehenden internationalen Dresdener Musikfestspiele einbezogen ist. Und wenn heute in den Sälen die intime Musik alter Meister erklingt, so bildet der architektonische Raum mit seinen festlichen Dekorationen Einstimmung und polyphonen Gegenpart zur flüchtigen Tonschöpfung: Dann werden im gegenseitigen Berühren beider Künste wesensähnliche Strukturen fühlbar, deren rhythmisch-harmonische Sensibilität für Hörende als auch Ausführende zum beglückenden Erlebnis wird.

Somit ist aus dem ehemaligen Jagdschloß der Wettiner eine Stätte vielseitiger kultureller Anregung geworden, die auch auf das Kulturleben der nahen Bezirksstadt ausstrahlt. Jährlich steigende Besucherzahlen spiegeln diese Entwicklung wider: Zählte man 1950 noch 22 868 Personen, so waren es 1954 schon 121 218, während ihre Zahl 1962 auf etwa 180 000 und 1972 auf annähernd 230 000 stieg. Schließlich konnten 1982 über 260 000 Besucher, also beinahe das Zwölffache von 1950, registriert werden. Sie alle erleben, wie die alte Mehrfachnutzung des Schlosses in idealer Weise durch das Zuordnen an neue Aufgabenbereiche, die sich dem prunkvollen Rahmen der Vergangenheit zwanglos einfügen, ihre Fortsetzung findet: Indem das Museum seine Schätze dialektisch interpretiert und spezielle Entwicklungen sichtbar macht, wirkt es als Bildungsfaktor für die Freizeitgestaltung des werktätigen Menschen. In dieser Form der ideellen Aneignung durch den persönlichen Dialog mit dem Kunstwerk wie auch durch eine vielseitige gesellschaftliche Nutzung drückt sich das Wesensmerkmal des Funktionswandels feudaler Bauten in der sozialistischen Gesellschaft aus.

2. Das Fasanenschlößchen als Heimstatt des Vogelschutzes

Ebenso erfuhr das nach Kriegsende verwaiste Fasanenschlößchen eine sinnvolle Umwandlung seiner ehemaligen Funktion: Als 1946 die Anordnung der damaligen Forstverwaltung des Landes Sachsen zum Aufbau einer sächsischen Vogelschutzwarte in Moritzburg erging, richtete man die kriegsbeschädigten Räume des Palais zur Aufnahme einer vogelkundlichen Sammlung her. Zwar wurde dann im Zuge der Verwaltungsreform von 1952 jene Warte wieder aufgelöst und in Form einer Vogelschutzstation nach Neschwitz bei Bautzen verlegt, doch verblieb zumindest die Vogelsammlung im Fasanenschlößchen. Bereits vor 1945 war in Moritzburg unter Mitwirkung des damaligen Landesvereins Sächsischer Heimatschutz eine Vogelsammlung eingerichtet worden. Sie ging im Ursprung auf den Dresdener Schuhmachermeister Paul Heinze zurück, der die Vögel unter großen persönlichen Opfern von bekannten deutschen Präparatoren erwarb, so daß sich nach seinem Tode im Jahre 1937 mehr als zweihundert Exemplare heimischer Arten vorfanden. Dazu kamen Belegstücke von Sumpf- und Wasservögeln des Moritzburger Gebietes, die der Ornithologe Paul Bernhardt zusammengetragen hatte. Nach dem Verlust dieser wertvollen Präparate im Mai 1945 baute ein Jahr später Paul Bernhardt als hervorragender Kenner der Moritzburger Vogelwelt eine Schausammlung im Fasanenschlößchen auf, die sich vorzüglich in den architektonischen Rahmen des Palais einordnete. Sie bildete den Grundstock für das hier als Außenstelle des Staatlichen Museums für Tierkunde Dresden eingerichtete Museum für Vogelkunde und Vogelschutz, dessen 1970 neu gestaltete ständige Ausstellung über die Vogelwelt des Moritzburger Gebietes wie auch über allgemeine Probleme der Ornithologie informiert (Abb. 215). Wir erfahren hierbei, daß innerhalb der letzten hundert Jahre aufgrund exakter Beobachtungen im Bereich um Moritzburg 222 Arten von Sumpf-, Wasser-, Greif- und Singvögeln festgestellt wurden. Davon treten 134 Arten als Brüter auf, während den Rest teilweise sehr seltene Durchzügler oder Wintergäste wie Kormorane, Graureiher und Fischadler darstellen. Ebenso ist der vom Aussterben bedrohte Seeadler seit 1985 hier heimisch geworden. Die Vögel wechselten vom Kamenzer Teich-

gebiet über, so daß Moritzburg nun als südlichstes Vorkommen von Seeadlern innerhalb der DDR gilt. Darüber hinaus vermittelt die Ausstellung Einblicke in die tiefen und gesetzmäßigen Zusammenhänge in der Natur, wobei sie ebenso für einen biologisch begründeten Vogelschutz wirbt und Hinweise zu seiner praktischen Durchführung gibt. Der sich daraus ergebende ständige Kontakt mit vielen Menschen läßt das Fasanenschlößchen gleichfalls zu einer lebendigen kulturhistorischen Wirkungsstätte werden, ohne daß die sinnvolle Nutzung seine Bedeutung als Baudenkmal mindert.

3. Das Wildgehege

Die Auflösung des jahrhundertealten Moritzburger Tiergartens im Jahre 1945 schien zunächst das Ende einer langen historischen Entwicklung von Wildhege und Jagd zu bedeuten. Aufgrund vielfach vorgetragener Wünsche aus der Bevölkerung sah sich jedoch die Staatliche Forstverwaltung nach einiger Zeit veranlaßt, im Bereich des ehemaligen Hirsch- und Fasanengartens ostwärts der Radeburger Straße wieder eine Schaufütterung von Rot- und Damwild, Wildschweinen und Rehen anzulegen. Am 25. November 1958, anläßlich des 5. Jahrestages der Verkündung des ersten sozialistischen Jagdgesetzes, konnte die Anlage als „Wildgehege Moritzburg" eröffnet werden, wobei staatlicherseits für ihren Aufbau 80 000 Mark aus Lottomitteln zur Verfügung gestellt worden waren. Der Tierbestand des zunächst 32 Hektar umfassenden Geheges zählte anfangs 16 Stücken Rotwild, 6 Stücken Damwild, 4 Mufflons sowie einige Stücken Schwarzwild. Nachdem 1960 der Staatliche Forstwirtschaftsbetrieb Dresden die Einrichtung übernommen hatte, begann ihr Ausbau zu einem Schau-, Lehr- und Zuchtgatter, dessen nunmehr auf 40 Hektar vergrößerter Flächenbereich bald 160 Stücken Wild von 24 Arten aufnahm. Im Gegensatz zum früheren Tiergarten ist hier die Jagd völlig aufgegeben; vielmehr soll der Besucher das Wild unter weitgehend naturnahen Bedingungen erleben, weshalb es für die Tiere auch keine winterfesten Unterkünfte gibt. Dem Zuschauer bequem sichtbar, können sie in ihren Bewegungen und Gewohnheiten, auf Wiesenflächen, an der Tränke oder an der Futterraufe beobachtet werden, wobei an den Quartieren angebrachte Holztafeln Erläuterungen zu ihrer Lebensweise enthalten (Abb. 216). 1970 zeigte der Bestand 21 Stücken Rotwild, 26 Stücken Damwild, 17 Stücken Muffelwild und 19 Wildschweine. An Arten, denen man sonst kaum im Freien begegnet, sind Fuchs, Baum- und Steinmarder,

*215
Moritzburg, Fasanen-
schlößchen: Vogelkund-
liche Ausstellung des
Staatlichen Museums
für Tierkunde Dresden
im ehemaligen Speise-
saal*

Uhu und Waldkauz vorhanden; Falke, Habicht, Sperber, Bussard und Steinadler vertreten die Greifvögel, während von den bei uns ausgestorbenen oder verdrängten Tieren Elch, Luchs und Kolkrabe erscheinen. Waschbären sowie weitere Vogelarten ergänzen das Ganze. Damit erhält die Anlage zugleich den Charakter einer Lehrstätte, wo es Schülern möglich wird, Erkenntnisse des Biologie- und Heimatkundeunterrichtes durch die natürliche Anschauung zu vertiefen. Eine ebensolche Bedeutung kommt dem Gehege als Zuchtstation für Dam-, Muffel- und Rehwild zu. Hierbei gelangt ein Teil der gezüchteten Tiere in die freie Wildbahn; andere hingegen werden an Heimattierparks abgegeben oder exportiert. Besondere Zuchterfolge stellten zudem die Geburt zweier Luchse im Jahre 1981 und zweier Elche im Frühjahr 1982 dar, während 1983 nochmals Luchse für Nachwuchs sorgten.

Jene landeskulturelle Besonderheit des Geheges, dessen Anlagen eine ständige Instandhaltung und

216 Wildgehege Moritzburg. Damwild an der Futterstelle

Verbesserung erfahren, sichert ihm gleichfalls steigende Besucherzahlen: Allein 1980 zählte man etwa 200 000 Personen, wobei an manchen Tagen fast 4 000 Gäste registriert werden konnten. Dabei bietet ein Besuch zu jeder Jahreszeit reizvolle Erlebnisse: im Frühling, wenn sich die Frischlinge der Wildschweine im gestreiften Jugendkleid munter tummeln; im Sommer, wenn der starke Hirsch sein neugebildetes Geweih inmitten des Rudels stolz zur Schau trägt; im Herbst, wenn ein in brennenden Farben aufleuchtender Wald vom Kampfruf des Brunfthirsches widerhallt (Abb. 217), oder im Winter, wenn das Wild in den verschneiten Quartieren zu den Raufen und Futterstellen drängt. So ist auch aus dem einstigen Tiergarten eine Stätte der Belehrung und Entspannung geworden, die durch all ihre Eigenschaften einen Teil unserer Landeskultur repräsentiert und sich damit einfügt in die fruchtbaren Wechselbeziehungen innerhalb der Moritzburger Gesamtanlage.

Das Wild aber hat seine Existenz ebenso in dem westlich vom Gehege gelegenen und bis zum Auer reichenden Waldgebiet behauptet. Dort finden vor allem Reh- und Schwarzwild sowie Hasen und anderes Niederwild Lebensraum, doch erfolgt zur Ver-

hütung von Schäden in der Land- und Forstwirtschaft eine planmäßige Bewirtschaftung wie auch Hege des Wildbestandes. Die Zielstellung hierfür wurde im „Gesetz über das Jagdwesen der DDR" vom 15. Juni 1984, das an die Stelle des 1953 erlassenen Gesetzes zur Regelung des Jagdwesens trat, neu formuliert. Es sichert auch weiterhin die Jagd als Einheit von wirtschaftlicher Tätigkeit, aktiver Erholung und sinnvoller Freizeitgestaltung. Der sozialistische Staat gewährleistet dabei den Jagdgesellschaften die Bedingungen zur Ausübung der Jagd und stellt ihnen unentgeltlich entsprechende Flächen zur Verfügung. Dies ermöglicht den Mitgliedern das Jagen unabhängig vom sozialen Stand und den Einkommensverhältnissen.

4. Das Staatliche Hengstdepot

Wenn auch heute nicht unmittelbar zur Moritzburger Schloßanlage zählend, so ist das Staatliche Hengstdepot zumindest durch seine ursprüngliche Zweckbestimmung mit ihr verbunden. Die Auswirkungen des zweiten Weltkrieges hatten hier gleichfalls chaotische Zustände hinterlassen. Da aber bald eine aufgrund der Bodenreform erstarkende bäuer-

218 Pferde des Staatlichen Hengstdepots Moritzburg in der Schwemme am Schloßteich

liche Produktionsbasis nach Zugtieren verlangte, mußte mit Hilfe staatlicher Investitionen der Pferdebedarf auf die wirtschaftlich erforderliche Höhe gebracht werden, ein Ziel, das bis 1951 erreicht wurde. Auch als danach zunehmend Traktoren zum Einsatz kamen, galt es, der Landwirtschaft vorerst einen gewissen Pferdebestand zu erhalten; deshalb waren 1957 im Hengstdepot 153 erstklassige Vatertiere stationiert, deren Zahl sich bis 1964 einschließlich des Nebenbetriebes in Stotternheim bei Erfurt auf über 225 erhöhte. Ihnen stand innerhalb der Bezirke Dresden, Karl-Marx-Stadt, Leipzig, Cottbus, Gera, Erfurt und Suhl als den Einzugsbereichen des Staatlichen Hengstdepots Moritzburg eine Anzahl von 9 165 eingetragenen Zuchtstuten gegenüber, wobei die Vatertiere während der Deckperiode auf 115 staatliche Deckstellen sowie Vertragsstationen verteilt wurden.

217 Herbstliches Motiv vom Moritzburger Schloßteich

Die fortschreitende Technisierung im Verkehrswesen und in der Landwirtschaft hatte jedoch eine Reduzierung des Pferdebedarfs bewirkt. Damit kam es seit etwa 1970 zur völligen Wandlung des Zuchtzieles, sollten doch nun die Pferde vornehmlich den Anforderungen von Sport und Freizeitgestaltung entsprechen. Daraus folgte eine Bevorzugung des edlen Warmblutes, das sich für Dressur-, Spring- und Vielseitigkeitssport sowie für Touristik eignet; hingegen finden Kaltblüter weiterhin eine wirtschaftsbetonte Verwendung in der Forstwirtschaft, während dem Haflinger die Nutzung in der Reit- und Fahrtouristik neben dem Warmblutpferd vorbehalten bleibt. Wie ehedem, so werden auch heute nach Abschluß der alljährlichen Deckperiode sämtliche Hengste im Moritzburger Depot stationiert, wo ein intensives Training erfolgt, um den Organismus der Tiere durchzuarbeiten und die Zuchtverwendungsfähigkeit zu erhalten. Nach zwei bis drei Monaten folgt die als „Körung" bezeichnete Zuchtwertbeurteilung für das anschließende Zuchtjahr, wobei

219 Jagdschloß Moritzburg.
Kopie eines Puttos mit Delphin von der Westterrasse.
Sandstein, Höhe ca. 0,95 m. Zustand 1982

Junghengste als Voraussetzungen für ihre Deckfähigkeit, was gewährleistet, daß nur dafür geeignete Tiere zur Zucht kommen (Abb. 218). Um jene vielfältigen Aufgaben besser erfüllen zu können, entstand in den Jahren 1979/80 im Bereich des Depots der Neubau einer internationalen Anforderungen genügenden Reithalle. Sie erleichtert den qualifizierten Fachkräften des heute der VE Pferdezuchtdirektion Süd zugeordneten Hengstdepots ihre verantwortungsvolle Aufgabe der Bereitstellung eines den Zuchtfortschritt mitbestimmenden Vatertierbestandes. Vor allem aus den Warmblutzuchten kann damit ein von Modell und Leistungsfähigkeit entsprechendes Pferd den Reit- und Fahrsportlern des Inlandes zur Verfügung gestellt werden, doch ist ebenso der Export von Sportpferden als wichtiges volkswirtschaftliches Anliegen gegeben.

III.

Denkmalpflege

Grundanliegen. Die Pflege und Erhaltung des kulturellen Erbes zählt zu den Grundsätzen der Kulturpolitik in der Deutschen Demokratischen Republik, fordern doch alle seit 1952 zum Schutz von Denkmalen erlassenen Verordnungen, solche Zeugnisse der Geschichte und Kultur unseres Volkes zu erhalten, zu erforschen und einer gesellschaftlichen Nutzung zuzuführen. Denkmalpflegerisches Bemühen muß daher immer von der Erschließung des Denkmals für die Menschen unserer Tage ausgehen, zugleich aber seinen typischen Charakter, seine künstlerischen Eigenheiten, seine Beziehungen zur Umwelt im ursprünglichen Zusammenhang wieder erlebbar machen. Die Moritzburger Gesamtanlage kann für das Verwirklichen solcher Forderungen als ideales Beispiel gelten: Hier wird die Verbindung der im originalen Habitus weitgehend erhaltenen Baudenkmale mit ihnen entsprechenden musealen Einrichtungen in vorbildlicher Weise den gesellschaftlichen Bedürfnissen gerecht. Zusammen mit der Wiederherstellung des ursprünglichen Zustandes von Bauten und Anlagen, die auch deren ästhetische Wirkung im charakteristischen Landschaftsbild einbezieht, erfährt diese Synthese aus Tradition und Gegenwart ihre Steigerung zum internationalen Bildungs- und Kulturzentrum, das der Vermittlung bestimmter gesellschaftlicher und kultureller Entwicklungen dient. Indem damit die Denkmalpflege dem wachsenden Bedarf an künstlerisch-ästhetischen Erlebnissen und an Informationen zur Ge-

den Anforderungen nicht genügende Hengste ausgeschieden werden. Höhepunkt des Zuchtjahres bilden die im Herbst stattfindenden Hengstparaden, die vor allem der Werbung für den Pferdesport dienen. Bei jenen Leistungsschauen auf dem Turnierplatz westlich von Adams Gasthof demonstrieren Voll-, Warm- und Kaltbluthengste sowie Haflinger die Ergebnisse erfolgreicher Pferdezucht durch abwechslungsreiche Darbietungen, denen mitunter bis zu 30 000 Zuschauer beiwohnen. Danach findet der Ankauf von Junghengsten durch das Depot statt. Die ausgewählten Tiere werden bis zur Körung des nachfolgenden Jahres in der 1952 eingerichteten Hengstprüfungsanstalt stationiert, wo sie das Arbeiten im Geschirr und unter dem Reiter lernen. Eine am Ende dieser zwölfmonatigen Ausbildung stehende Prüfung berücksichtigt Gesundheit, Leistungsfähigkeit, Arbeitswillen, Gehorsam und Vielseitigkeit der schichte nachkommt, fördert sie zugleich das Formen kultureller Ansprüche wie auch das Verhältnis des Menschen zu Umwelt und Kunstwerk.

Restaurierungen am Schloß. Aus der Verpflichtung zur Pflege und Erhaltung des Moritzburger Gesamtkunstwerkes, das aufgrund seiner hohen Wertigkeit Aufnahme in der Zentralen Denkmalliste der DDR fand, hatten sich bereits ab dem Jahre 1950 erste

sprünglichen Sinne zu sichern. So begannen 1965 Reparaturen am Kavalierhaus im Ostteil des Schloßparkes. Nach der aufgrund von Befunden vorgenommenen Wiederherstellung seiner illusionistischen Architekturgliederung von 1733 (Abb. 121, 122) schloß sich innerhalb des nachfolgenden Zeitraumes das Instandsetzen und Abfärben der auf der Schloßinsel gelegenen Wachthäuschen an. Bei diesen bis 1984 andauernden Arbeiten führte die im ursprüng-

220 *Barockmuseum Schloß Moritzburg. Der Speisesaal nach der Restaurierung von 1969*

Instandsetzungsarbeiten ergeben. Im Zusammenhang mit dem Erschließen von Naherholungsbereichen um Dresden kam es dann seit 1961 unter maßgeblicher Mitwirkung des Instituts für Denkmalpflege, Arbeitsstelle Dresden, zur Durchführung eines umfassenden Instandsetzungs- und Restaurierungsprogrammes. Dem langfristig geplanten Vorhaben, das durch die Bereitstellung bedeutender staatlicher Mittel unterstützt wird, liegt als Ziel eine weitgehende Wiederherstellung des originalen Zustandes der Anlage zugrunde, um ihr Erlebbarkeit im ur-

lichen Weiß und Ocker gehaltene Bemalung ebenfalls zu einer ästhetischen Aufwertung jener Baukörper. Inzwischen hatte man 1968 die Neueindeckung der Schloßdächer in Angriff genommen, ein Vorhaben, das die vier Rundtürme wie auch Dach und Turm der Kapelle einbezog; zudem begannen im gleichen Jahr Dresdener Bildhauer mit dem Erneuern der Sandsteinplastiken auf den Terrassenbalustraden (Abb. 219). 1969 folgte nach vorangegangenen Farbuntersuchungen die Restaurierung des Speisesaales (Abb. 220) und 1970 die des

221 Adrian Ludwig Richter (1803–1884): Ansicht des Jagdschlosses Moritzburg von Süden.
Radierung, 1819/20 (Blatt 59 der „70 Mahlerischen An- und Aussichten der Umgegend von Dresden").
Staatl. Kunstsammlungen Dresden, Kupferstichkabinett

Steinsaales. Hinzu kamen 1970/71 das Einrichten eines Cafés im Erdgeschoß sowie bis 1973 der Ausbau von acht Räumen für Sonderausstellungen im zweiten Obergeschoß. Auch hatten 1972 die vier kleinen Innenhöfe aufgrund von Befunden ihre barocke Gliederung zurückerhalten. Der 1973 durchgeführten Restaurierung des Pferdestalles im südwestlichen Terrassenkeller schlossen sich 1974/75 Arbeiten zur Rückgewinnung des farbigen Charakters der Erdgeschoßhallen an, die bis 1976 in den beiden Treppenhäusern ihre Fortsetzung fanden. Weiterhin wurden 1974 beim Wiederherstellen der Deckenfarbigkeit in einigen Südräumen des ersten Obergeschosses neobarocke Bemalungen freigelegt und konserviert wie auch restauriert.

Bei all diesen Arbeiten kam einer Wiederherstellung der ursprünglichen Farbigkeit grundlegende Bedeutung zu, bedingt sich doch die vom Schöpfer beabsichtigte künstlerische Einheit des Bauwerkes aus seiner materiellen Körperlichkeit und der originalen Polychromie. Da nur unter solchen Voraussetzungen das Denkmal die ursprüngliche Aussagekraft zurück-

erhalten kann, müssen subjektive ästhetische Empfindungen ausgeschlossen bleiben. Dieser in Moritzburg vom Institut für Denkmalpflege, Arbeitsstelle Dresden, von Anbeginn verfolgte Grundsatz ist ebenso bei der Rekonstruktion der illusionistischen Fassadengliederung des Schlosses bestimmend gewesen. Die auf Pöppelmann zurückgehende Architekturbemalung von 1727 war – wie eine Radierung Ludwig Richters zeigt – im Jahre 1820 noch erkennbar (Abb. 221), doch hatte man sie bald danach unter dem Einwirken des im ausgehenden 18. Jahrhundert aufgekommenen Geschmackswandels durch einen monochromen gelblichen Anstrich ersetzt. Nachdem 1967 aufgrund von Befunden an der Nordfassade eine Probe des barocken Gliederungssystems angetragen worden war, begann 1978 das Vorhaben mit der Instandsetzung und Abfärbung des Amtsturmes (Abb. 222). Anschließend konnten 1980/81 die Südfront zwischen Amts- und Jägerturm und 1982 die Ostfassade mit dem Vorbau des Speisesaales fertiggestellt werden; danach setzten sich 1983/85 die Arbeiten am Jägerturm sowie an der

Westseite unter Einbeziehung der Kapelle fort. Während die Abfärbung der Nordfassade mitsamt des Back- und Küchenturmes noch aussteht, nahm man zwischenzeitlich Instandsetzungen an der Nordbrücke sowie an den restlichen Wachthäusern vor.

Der in Silikat ausgeführte Farbanstrich läßt auf weißem Grund in kräftigem Ocker gehaltene Felder erscheinen, deren Farbe im gesamten, von weißen Nutungen belebten Erdgeschoßbereich wiederkehrt (Abb. 63, 64, 223). Hingegen zeigen die illusionistischen Architekturdetails vermittelnde Grautöne. Besondere Akzente werden allein am Mittelrisalit

bemerkbar (Abb. 131, 132): Die axiale Wappenkartusche über dem ersten Obergeschoß erhielt eine den heraldischen Forderungen entsprechende Farbfassung; auch wurden jene einstmals aus den sechs illusionistischen Pilasterkapitellen unter dem Hauptgesims herausschauenden Hirschköpfe wieder angebracht (Abb. 224). Als Zutat von 1881 hat man jedoch das Uhrgehäuse im Dachwalm entfernt, während der Vorbau des Speisesaales seit dem Aufmalen zusätzlicher Fensterformen seinen originalen Gestaltungsrhythmus erkennen läßt. Auch folgte den Instandsetzungsarbeiten an den Turmlaternen das Vergolden

222 Jagdschloß Moritzburg. Luftbild der Gesamtanlage von Südosten bei Beginn der Fassadenrekonstruktion am Amtsturm. Zustand 1979. Luftbildgen. Nr. ZLB/L 0314/79

223 *Jagdschloß Moritzburg. Die Südfront nach Wiederherstellung der originalen Farbigkeit.*
Zustand 1984

ihrer Wetterfahnen (Abb. 130). Neben einer Bewahrung der Bausubstanz konnten somit die ursprünglichen Strukturen des Schloßkörpers zurückgewonnen werden, und ihr barock-heiterer Charakter verbindet sich seither im Zusammenklang mit der umliegenden Landschaft zum einmaligen Erlebnis (Abb. 228).

Das Fasanenschlößchen und die Anlagen am Groß-teich. Auch im Bereich der ehemaligen Fasanerie wurden vom Institut für Denkmalpflege, Arbeitsstelle Dresden, erhebliche Anstrengungen unternommen, um die überkommenen Anlagen als charakteristisches Zeitdokument zu bewahren. So begannen 1966 am Fasanenschlößchen die Instandsetzungs- und Rekonstruktionsarbeiten mit dem Eindecken des Daches in Kupfer, das jenes im ersten Weltkrieg aufgebrachte minderwertige Material ersetzte. Im Jahre 1972 folgte die Abfärbung von zwei Fassaden in den originalen Farben Rosé, Apfelgrün und Weiß, während man

1975 die Rekonstruktion der ursprünglichen Wand-dekoration des Fliegenzimmers sowie Tapetenrestau-rierungen vornahm. Auch mußte Ende 1981 die schadhaft gewordene Chinesengruppe von der La-terne abgenommen und repariert werden, wobei sie zugleich eine neue farbige Fassung erhielt.

Im Bereich der Außenanlagen wurden 1975 die Restaurierung der Wirtschaftsgebäude nördlich vom Palais wie auch eine Rekonstruktion des farbigen Gliederungssystems der beiden Bootshäuser am Groß-teich vorgenommen; ebenso setzte man die Sand-steinbrüstungen der Anlegestelle instand. Am Leucht-turm waren bereits 1950 Wiederherstellungsarbeiten ausgeführt worden, hatte doch damals eine von Kin-dern im Inneren errichtete Schilfhütte Feuer gefangen, das auf die hölzerne Wendeltreppe übergriff und den Dachaufbau mitsamt der Laterne zerstörte. Beim Er-neuern des Außenputzes im Jahre 1976 konnte zu-dem durch Untersuchungen die originale Fassadenfarbigkeit nachgewiesen werden, die in Anlehnung an Bauformen der Küste weißgefugtes illusionistisches Backsteinmauerwerk zeigte. Nach dem Wiederherstellen dieser Bemalung hebt sich die in Weiß gehaltene Hausteinarchitektur der Simse und Gewände wirkungsvoll vom roten Ziegelton ab (Abb. 183). Auch folgte im Winter 1976/77 das Ausbaggern des Hafenbeckens, so daß seitdem der Wasserspiegel

fügt sich ein Aufenthalt in diesem gastromischen Kleinod harmonisch dem unvergeßlichen Erlebnis des Moritzburger Gesamtkunstwerkes ein.

Trotz jener vielfältigen denkmalpflegerischen Anstrengungen, die von seiten des Staates durch hohe finanzielle Zuschüsse ihre Förderung erfahren, läßt sich ein Vorhaben solchen Umfanges nur abschnitts-

224
Jagdschloß Moritzburg, Südfront. Detail der rekonstruierten Bemalung mit illusionistischen Pilasterkapitellen und plastischen Hirschköpfen. Zustand 1982

des Großteiches wieder bis an die Molenmauer reicht.

Schließlich diente ein weiteres denkmalpflegerisches Vorhaben dem Entlasten der wegen des zunehmenden Touristenverkehrs überbeanspruchten Moritzburger Gaststätten, wurde doch 1968/69 die historische Waldschänke zur attraktiven gastronomischen Einrichtung ausgebaut. Durch Umbau- und Erweiterungsmaßnahmen, zu denen auch das Anlegen eines Binnenhofes zählte, entstand ein Restaurant mit 200 Innen- und 600 Außenplätzen, während 25 Hotelbetten Übernachtungsmöglichkeiten bieten (Abb. 225, 226). Die Gestaltung der Anlage wahrt in hervorragender Weise den landschaftsbezogenen Charakter des ehemaligen Hegerhauses, wobei besondere Sorgfalt dem Ausstatten der Gasträume galt: Neben vielen unterschiedlichen Trophäen vermitteln hier Gemälde, Stiche und andere Gegenstände, darunter auch der Jagdzug Kurfürst Johann Georgs I. von 1656, interessante Einblicke in die Kulturgeschichte des Weidwerks im 17. und 18. Jahrhundert. Damit

weise aufgrund langfristiger Planungen verwirklichen. So zählt zu den noch offenstehenden Arbeiten die Wiederherstellung des ursprünglichen Zustandes der Schloßkapelle, wobei dazu erforderliche Untersuchungen bereits 1971 zum Abschluß kamen. Als vorrangige Aufgabe gilt indes das Rückführen des Schloßparkes auf seine barocke Plankonzeption, da erst damit jenes von Pöppelmann angestrebte freiräumliche Gliederungsprinzip im Zusammenhang mit dem architektonischen Rahmen voll erlebbar wird. Hierzu wurde 1969 auf Grundlage der noch vorhandenen Originalpläne ein Entwurf erarbeitet, der eine weitgehende Rekonstruktion des barocken Parterres vorsieht und somit die Anlage zum künstlerisch gestalteten Erholungsraum steigert. Begann hier die Realisierung schon 1984, so sind weiterhin die Wiederherstellung des Hellhauses und seines Schneisensternes wie auch die Rekonstruktion der Blickachse zwischen Jagdschloß und Fasanenschlößchen mitsamt dem Ledabrunnen vorgesehen; ebenso wurde mit dem

225 Waldschänke Moritzburg. Ansicht des Eingangsbereiches nach der Renovierung von 1968/69

Instandsetzen der „Dardanellen" begonnen. Nach Abschluß dieser Vorhaben wird das einmalige Ensemble des Moritzburger Gesamtkunstwerkes seine historisch gewachsenen Ordnungsprinzipien wieder mitteilen und zusammen mit den neuen gesellschaftlichen Nutzungen das Erlebnis einer gestalterischen und funktionellen Einheit vermitteln.

IV.

Moritzburg in der Gegenwart

Neben dem großen Vorhaben der Rekonstruktion des Schloßbereiches kam es auch im Ort Moritzburg zu vielen positiven Veränderungen. So vereinigten sich die Bauern in einer landwirtschaftlichen Produktionsgenossenschaft, die Grundschule wurde 1958 in eine Mittelschule und ein Jahr später in eine Polytechnische Oberschule umgewandelt, während um

1970 am südlichen Ortsausgang der Neubau mehrerer Wohnblöcke folgte. Schon 1947 hatte man inmitten einer kleinen Anlage am Käthe-Kollwitz-Platz einen Gedenkstein für die Künstlerin enthüllt; sein Bronzerelief mit dem nach einem Selbstbildnis geformten Porträt der Kollwitz schuf die Dresdener Bildhauerin Etha Richter. Im Zuge der weiteren zielgerichteten Pflege des Ortsbildes wurden zudem 27 Gebäude auf die Kreisdenkmalliste gesetzt; ebenso fand das zusammenhängende Platzgefüge des Roßmarktes und Marktes aufgrund seiner für den Ort typischen Struktur wie auch der Rüdenhof als Wohn- und Sterbehaus von Käthe Kollwitz in der Bezirksdenkmalliste Aufnahme. Mit Unterstützung des Instituts für Denkmalpflege, Arbeitsstelle Dresden, konnten bereits mehrere alte Wohnbauten, die Zeugnisse einer volksnahen Handwerkskunst darstellen, ihr ursprüngliches Aussehen zurückerhalten (Abb. 160). Darüber hinaus beteiligten sich die Einwohner aktiv an der Realisierung verkehrstechnischer Projekte, am Anlegen von Lehrpfaden und zahlreichen anderen gesellschaftli-

chen Vorhaben, die einer Verbesserung der Lebens-
und Umweltbedingungen dienen.

Ebenso kommt der Pflege der Moritzburger Wald-
und Teichlandschaft hohe Bedeutung zu. Um ihre
charakteristischen Eigenheiten zu erhalten, wurde bereits 1954 das eine Fläche von 2511 Hektar umfassende Gelände zwischen dem Dippelsdorfer Teich,
dem Niederen Waldteich bei Volkersdorf, dem Groß-
und Frauenteich sowie dem Bauerteich und den beiden Altenteichen zum Landschaftsschutzgebiet „Teichgebiet Moritzburg" erklärt. 1977 nach Nordwesten
bis zur Reichsbahnstrecke Dresden-Berlin nördlich
von Weinböhla und im Süden bis nahe an Coswig
erweitert, umschließt es heute eine Fläche von etwa
5565 Hektar. Zugleich wurden einige der darin gelegenen Teiche aufgrund ihrer in den Uferzonen vorkommenden seltenen Flora und Fauna unter Naturschutz gestellt. Innerhalb des Landschaftsschutzgebietes bildet der Moritzburger Wald eine zusammenhängende Fläche von etwa 4000 Hektar. Seine Bewirtschaftung erfolgt nach neuesten biologisch-wissen-

schaftlichen Erkenntnissen und auf Grundlage forst-
licher Standorterkundungen. Dort, wo sich die ursprüngliche Bestockung erhielt, erinnern vor allem
Buchen, Hainbuchen und Eichen an das einstige
Waldbild. Planmäßig anfallende Kahlschläge werden
mit standortgerechten Baumarten aufgeforstet, wobei
man aus wirtschaftlichen Gründen die Kiefer bevorzugt; daneben nehmen annähernd ein Drittel der
gesamten Waldfläche Lärche, Eiche, Buche, Birke,
und Erle ein. Anliegen der heutigen Waldnutzung,
die auch Maßnahmen zur Erneuerung und Verbesserung der Bodenbeschaffenheit einschließt, ist eine
größere und qualitativ bessere Holzproduktion zur
Versorgung der Volkswirtschaft sowie das Erhalten
des Waldes für Erholungs- und landeskulturelle
Zwecke.

Die Teichwirtschaft hatte nach ihrem seit 1923
genommenen Aufschwung bei Kriegsende einen erneuten Niedergang erlebt, der sich vor allem in einer
starken Verringerung des Fischbestandes ausdrückte.
Mit Unterstützung der damaligen sächsischen Landes-

226 Waldschänke Moritzburg. Die erdgeschossige Halle nach der Renovierung von 1968/69

228 Sommerliche Stimmung am Moritzburger Schloßteich

regierung wurde aber bald der Mangel an Satzkarpfen überwunden. Damit konnte die Produktion von Speisefisch gesteigert werden (Abb. 227), zumal auch seit 1963 der Einsatz maschineller Methoden beim Fischfang die schwere Arbeit der Fischer erleichterte. Von den etwa 30 Teichen des Moritzburger Bereiches dienen 23 mit einer Fläche von insgesamt 360 Hektar

als Abwachsteiche zum jährlichen Aussetzen der sorgfältig aufgezogenen Satzkarpfen. Im Herbst eines jeden Jahres werden sämtliche Teiche abgefischt; hierbei beginnt man mit dem am tiefsten gelegenen und läßt das Wasser des jeweils nachfolgenden Teiches nach Abschluß des Fischens in den vorherigen einlaufen, um ihn sogleich wieder nutzen zu können. Durch ihre hohen Hektarerträge beim Karpfenfang steht heute die dem VEB Binnenfischerei Dresden zugeordnete Teichwirtschaft Moritzburg mit an führender Stelle in der DDR.

227 Beim Abfischen des Frauenteiches (um 1965)

Die Moritzburger Wald- und Teichlandschaft zählt zu den flächenmäßig kleinsten Erholungsräumen unserer Republik, doch wird sie aufgrund ihres Reichtums an Erlebnissen mit am intensivsten genutzt. Einbezogen in die Naherholungsstätten um Dresden, zieht sie in den Sommermonaten Tausende von Menschen an. Bereits nach 1920 waren an den Volkersdorfer Waldteichen Badegelegenheiten entstanden, die heute stark beansprucht sind; ebenso finden sich am Dippelsdorfer Teich mehrere Bäder, darunter das 1928 von Dresdner Arbeitersportlern gegründete Bad Sonnenland, dem jetzt ein großer Zeltplatz zugeordnet ist. Gegenwärtig liegen im Bereich um Moritzburg sechs Freibäder; mit fünf Zeltplätzen und anderen Freizeitstätten sind sie seit 1970 im VEB Naherholung zusammengeschlossen, der aus einem schon längere Zeit bestehenden Zweckverband hervorging. Auch trägt das Staatliche Hengstdepot durch Kutschfahrten und Reitmöglichkeiten zur vielseitigen Urlaubsgestaltung bei. In Moritzburg erhielt das sich zwischen dem östlichen Ufer des Mittelteiches und der Kalkreuther Straße auf einem Waldstreifen von fast einem Kilometer Länge erstreckende Mittelteichbad hohe Bedeutung. Der Ausbau dieser bereits 1880 angelegten Einrichtung begann zwischen 1952 und 1957. Erweiterungen innerhalb der Jahre 1963 bis 1965, die das Errichten eines internationalen Campingplatzes einschlossen, ließen 1970 die Zahl der Gäste auf über 150 000 ansteigen. In Fortführung des Ausbauprogrammes folgte 1973 bis 1976 der Bau einer Ufergaststätte, eines Cafés und eines Betriebsferienlagers, was dem Bad 1982 mehr als 200 000 Erholungssuchende brachte. Zugleich wurden auch in anderen Bädern Verbesserungen vorgenommen, so daß sich die materielle Basis des Moritzburger Erholungswesens ständig erhöhte. Um dabei zum konzentrierten Einsatz der Kräfte und Mittel zu gelangen, gründete man 1975 den Gemeindeverband Moritzburg, dem die Gemeinden Boxdorf, Friedewald, Moritzburg, Reichenberg und Volkersdorf angehören.

Der als Höhepunkt der 625-Jahr-Feier des Ortes am 1. Oktober 1983 in Moritzburg durchgeführte „1. Landschaftstag Friedewald-Moritzburger Teichgebiet" war zugleich Anlaß für eine Bilanz des bisher Erreichten. So bewohnen gegenwärtig das Landschaftsschutzgebiet etwa 100 000 Menschen. Auf Grundlage eines 1977 vom Rat des Kreises Dresden-Land verabschiedeten Landschaftspflegeplanes erbrachte ein Großteil von ihnen mit Unterstützung der staatlichen Organe und gesellschaftlichen Organisationen wie auch ansässiger Betriebe allein in den Jahren 1977 bis 1982 Leistungen im Gesamtwert von mehr als 4 Millionen Mark. Jene hohe Bedeutung, die Erholungswesen und Naturschutz hier einnehmen,

geht daraus hervor, daß jährlich etwa 800 000 Badegäste und Urlauber sowie über zwei Millionen in- und ausländische Touristen das Gebiet aufsuchen. Da aber in allen volkswirtschaftlichen Bereichen den Erfordernissen der Intensivierung und Leistungssteigerung entsprochen werden muß, unterliegt die Entwicklung des Landschaftsschutzgebietes „Friedewald und Moritzburger Teichgebiet" gleichfalls bestimmten Prämissen. Schon heute besteht seine Attraktivität in einer sinnvollen Mehrfachnutzung, die mit zunehmender Tendenz auch das perspektivische Geschehen bestimmen wird. Den hierbei in mannigfacher Form auftretenden Wechselbeziehungen zwischen den einzelnen Komplexen werden langfristige Konzeptionen zum weiteren Ausbau des Erholungswesens, dem zuverlässigen Schutz von Natur- und Baudenkmalen sowie zu Aufgaben der sozialistischen Landeskultur gerecht. Damit bleibt die historische Schloßanlage weiterhin Hauptanziehungspunkt (Abb. 228): Der stete Ausbau als internationales Touristenziel steigert das Gesamtkunstwerk in den Rang eines weitwirkenden Bildungs- und Kulturzentrums, in dem unter unseren neuen gesellschaftlichen Bedingungen alte Funktionen ihre Fortsetzung finden. So dienen alle Maßnahmen der Verpflichtung, die einmalige Einheit von Schloß und Landschaft unter Beachtung der gesellschaftlichen und ökonomischen Voraussetzungen auch zukünftig zu wahren.

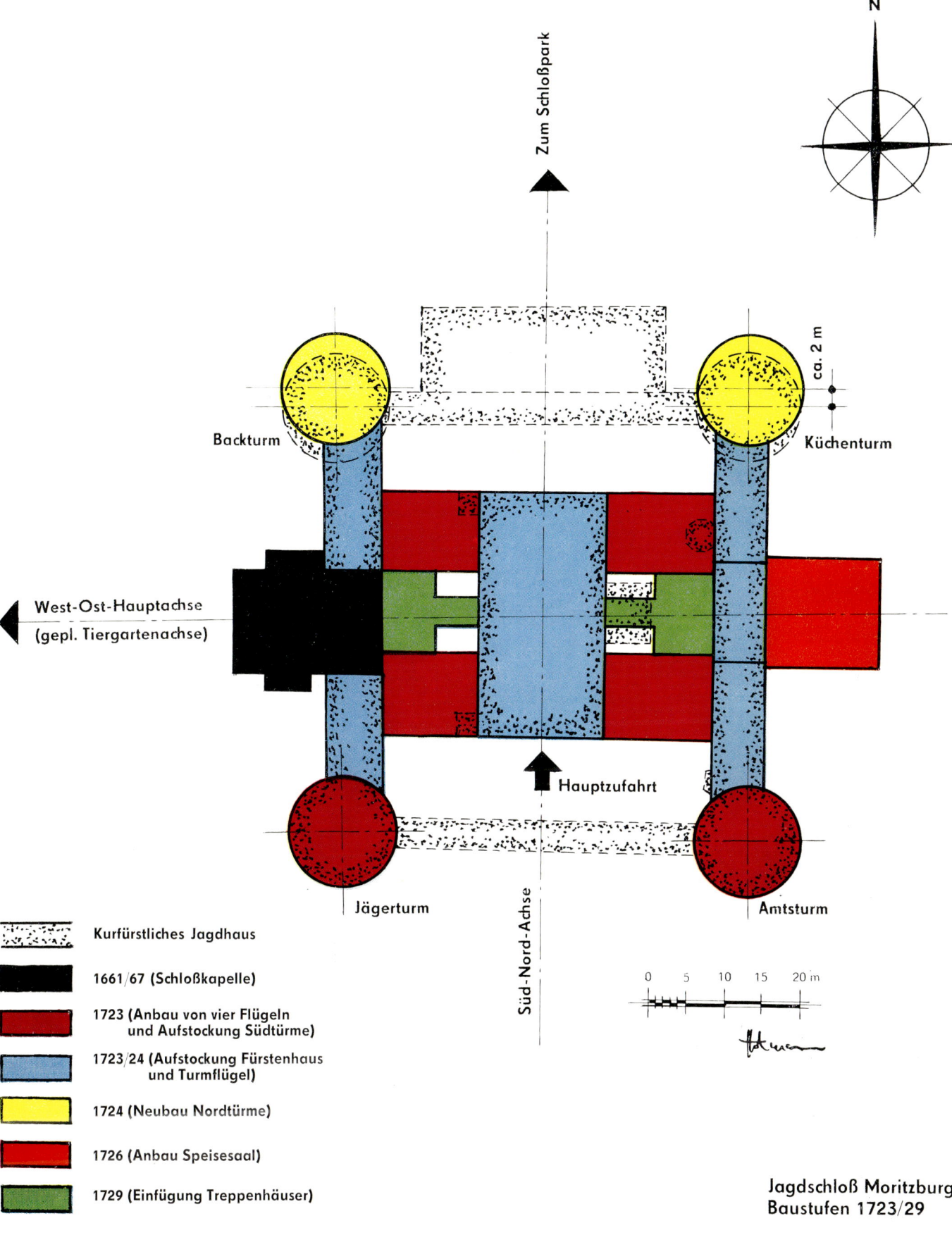

N

Zum Schloßpark

West-Ost-Hauptachse
(gepl. Tiergartenachse)

Backturm

Küchenturm

ca. 2 m

Hauptzufahrt

Jägerturm

Amtsturm

Süd-Nord-Achse

Kurfürstliches Jagdhaus

1661/67 (Schloßkapelle)

1723 (Anbau von vier Flügeln
und Aufstockung Südtürme)

1723/24 (Aufstockung Fürstenhaus
und Turmflügel)

1724 (Neubau Nordtürme)

1726 (Anbau Speisesaal)

1729 (Einfügung Treppenhäuser)

0   5   10   15   20 m

Jagdschloß Moritzburg
Baustufen 1723/29

Sacherläuterungen

Akanthus. Griechischer Name für Bärenklau, einer distelartigen Pflanze. Die Form ihrer Blätter wurde als Ornament verwendet.

Altan. Balkonartiger Vorbau.

Apotheose. Verherrlichung.

Apparaille (franz.): Repräsentative Auffahrt.

Arkade. Von Säulen oder Pfeilern getragene offene Bogenreihung.

Äsen. Nahrungsaufnahme der Wildarten mit Ausnahme von Schwarz- und Haarraubwild (hier Fressen) sowie von Greifvögeln (hier Kröpfen).

Atlas Royal. Königlicher Atlas. Von August dem Starken zur Herausgabe vorgesehener Atlas, der u. a. die geplanten Gebietserweiterungen Kursachsens enthält.

Bache. Weibliches Stück Schwarzwild ab Beginn des dritten Lebensjahres.

Balustrade. Brüstung mit Freistützen.

Bel étage (franz.): Erstes (vornehmstes) Stockwerk eines Schlosses.

Boskett. Französische Gartenform mit angepflanzten dichten Gehölzen (Hecken).

Broderieparterre. In der französischen Gartenkunst eine aus kleingeschlagenen farbigen Steinsorten und niedrigen Gewächsen zusammengesetzte Schmuckanlage, meist mit Buchsbaumeinfassung.

Brunft. Begattungszeit und Begattung beim Schalenwild außer Schwarzwild (hier Rauschzeit).

Büchse. Ausschließlich für den Kugelschuß bestimmte jagdliche Schußwaffe mit gezogenem Lauf.

Buen retiro. Einsam gelegenes ländliches Schlößchen.

Château (franz.): Schloß

Chinoiserie. Chinesennachahmung, Chinamode.

Cour d'honneur (franz.): Ehrenhof. Der Freiraum zwischen den vorgeschobenen Seitenflügeln eines Barockschlosses oder -palais.

Dolce far niente (ital.): Süßes Nichtstun.

Egard (franz.): Rücksicht.

Einzeljagd. Das Ausüben der Jagd durch nur einen Jäger.

Equipage. Ausrüstung für die Parforcejagd.

Eremitage. Einsiedelei.

Fayence (franz.): nach der ital. Stadt Faenza. Tonware mit porösem gelblich grauem oder rötlichem bis bräunlichem Scherben, die mit einer undurchsichtigen weißen oder farbigen, meist bemalten Zinnglasur bedeckt ist.

Feston (franz.): Gehänge. Girlandenartiges Gehänge aus Laub, Blumen und Früchten als Dekorationselement.

Fêtes galantes (franz.): Galante Feste. Höfische Feste im 18. Jahrhundert, die von sentimentaler Natursehnsucht bestimmt waren.

Flinte. Jagdliche Schußwaffe mit glattem Lauf für den Schrotschuß bei der Jagd auf Niederwild.

Frischling. Junges Stück Schwarzwild beiderlei Geschlechts bis zum vollendetem ersten Lebensjahr.

Frontispiz. Giebel über dem Mittelrisalit eines Gebäudes, auch Fronton genannt.

Fronton s. Frontispiz.

Gazon (franz.): Rasen.

Generosité (franz.): Edelmut.

Gesprengter Giebel. In der Mitte nicht geschlossene Giebelform.

Grenzverwerfung. Mit geographischer Grenze übereinstimmende Lageveränderung in den oberen Schichten der Erdkruste.

Guéridon (franz.): Hohes, schmales, meist rundes Abstelltischchen, das seit dem Ende des 17. Jahrhunderts zu den Luxusmöbeln zählt. Benannt nach einem berühmten schwarzen Galeerensklaven.

Gurtgesims. Das an den einzelnen Geschossen in Höhe der Balkenlage oder der Fensterbrüstung angebrachte Gesims.

Halali, franz.: Ha lá lit! = Ha, da liegt er! Hornsignal bei Parforcejagden zur Bezeichnung der Fangstelle des Wildes.

Hauptgesims. Das den Gebäudeabschluß am Dachansatz bildende Gesims.

Hausfideikommiß. Unveräußerliche, zumeist aus Grundbesitz bestehende Vermögensmasse, die beim Tode des Besitzers geschlossen an ein anderes Familienmitglied überging und dadurch oftmals das Entstehen umfangreicher Güter begünstigte. Durch die 1945 in der damaligen Sowjetischen Besatzungszone Deutschlands durchgeführte Bodenreform wurde das Fideikommiß für das Gebiet der heutigen DDR gegenstandslos.

Hifthorn. Historisches Jagdhorn, das aus den Hörnern des Hausrindes gefertigt wurde und ein natürliches oder metallenes Mundstück besaß. Es zählte zur Ausrüstung der einfachen Jäger.

Intarsien. Einlegearbeiten, wobei andersfarbige Hölzer oder andere Werkstoffe zu Mustern oder Bildern zusammengesetzt und in oder auf das Blindholz des Möbels geleimt werden.

Kannelierung. Gesamtheit der senkrecht in den Schaft der Säule oder des Pilasters eingetieften Hohlkehlen (Kanneluren).

Kapitell. Oberer kopfartiger Abschluß eines Pfeilers, einer Säule oder eines Pilasters.

Kartusche. Schildartiges Ornament, meist mit Wappen oder Inschrift.

Keiler. Männliches Stück Schwarzwild ab Beginn des dritten Lebensjahres.

Kolossalordnung. Durch mehrere Geschosse führende Säulen oder Pilaster.

Konsole. Aus einer Mauer oder Wand vorstehender Kragstein.

Lambrequin (franz.): Zungenförmiges, meist mit Quasten versehenes Schmuckmotiv des 18. Jahrhunderts.

Lambris (franz.): Holz-, Keramik-, Marmor- oder Stuckverkleidungen in Innenräumen, die auf den unteren Teil der Wandflächen begrenzt sind.

Laterne. Türmchenartiger, durchbrochener oder verglaster Aufbau auf dem Scheitel einer Kuppel.

„L'État c'est moi" (franz.): Der Staat bin ich.

Lisene. Wenig hervortretender senkrechter Streifen zur Gliederung einer Wandfläche.

Louis-seize (franz.): Der unter Ludwig XVI. (er regierte 1774–1792) in Frankreich herrschende Stil, der den Übergang vom Rokoko zum Klassizismus bildet und bereits nach 1760 beginnt.

Makartstil. Nach dem österreichischen Maler Hans Makart (1840–1884), der mit seinen pseudonaturalistischen Dekorationen den erfolglosen Versuch unternahm, die Widersprüche in Gesellschaft und Kultur der Gründerzeit mit einem Farbenrausch zu überspielen.

Manierismus. Stil zwischen Spätrenaissance und Frühbarock, der sich durch eine subjektive, antiklassische Haltung auszeichnet.

Mansarddach. Gebrochenes Dach mit ausgebautem Geschoß französischer Herkunft (nach dem Architekten François Mansard, 1598–1666).

Marketerie. Technik zur Holzoberflächenveredlung. Sie unterscheidet sich von der Intarsientechnik dadurch, daß die zu Bildern und Ornamenten benötigten Holzteilchen mit der Säge ausgeschnitten, dann auf einer das Muster zeigenden Vorzeichnung zusammengesetzt und auf sie aufgeleimt werden. Danach folgt das Aufbringen der „Marketerie" auf das Grundholz.

Maskaron (franz.): Fratzengesicht. Phantastische oder groteske Maske.

Medaillon. Medaillenförmige Schmuckform der Architektur.

Mezzanin. Halb- oder Zwischengeschoß.

Monochromie (griech.): Einfarbigkeit. Bemalung in Tonwerten jeweils nur einer Farbe.

Monströs, franz. monstrueux = vom lat. monstrum = Ungeheuer.

Œil-de-bœuf (franz.): Ochsenauge. Runde oder ovale Fensteröffnung, vor allem im Dachgeschoß. Motiv des Barock.

Ökologie. Lehre von den Beziehungen zwischen den Lebewesen und ihrer Umwelt.

Oktogon. Regelmäßiges Achteck.

Palladianismus (Palladianischer Klassizismus). Strömung der europäischen Baukunst, die, der Hoch- und Spät-renaissance Italiens und vor allem Andrea Palladio folgend, in fast allen Ländern Europas dem Manierismus, Barock und Rokoko parallel läuft, jedoch bei ähnlichen inhaltlichen Anliegen bzw. Bauaufgaben teilweise entgegengesetzten gestalterischen Tendenzen folgt.

Palmette. Ornament in Form von Palmblättern.

Paneel. Wandvertäfelung aus Holz.

Parterre (franz.): auf der Erde. Parkfläche mit ornamentaler Aufgliederung.

Parterre d'eau (franz.): Wasserparterre. In der französischen Gartenkunst Schmuckanlage mit Einbeziehung des Wassers.

Perlstab. Stab mit perlartig aneinandergereihten Gliedern. Charakteristisches Zierelement.

Pikör. Ein früher bei der Parforcejagd eingesetzter Berufsjäger.

Pilaster. In der Art von Säulen gegliederter Wandpfeiler.

Pirsch. Jagdart, bei der sich Jäger dem Wild durch Angehen oder Anschleichen unbemerkt zu nähern versuchen, um es zu bejagen.

Plassenkalk. Kalksteinart vom Untersberg bei Salzburg, die stratigraphisch dem oberen Jura (Malm) angehört und chemisch meist aus 99 Prozent Kalziumkarbonat besteht.

Plenterbetrieb. Hochwaldbetriebsart mit heute geringer Verbreitung. Ernte, natürliche Verjüngung und Erziehung erfolgen einzelstamm- bis gruppenweise, wodurch ein ungleichartiger und vielstufiger Waldaufbau erreicht wird.

Point de vue (franz.): Blickpunkt, Aussicht. Vornehmlich in der Gartenkunst gebräuchliche Bezeichnung für den Blick- und Zielpunkt einer Aussicht oder Allee.

Polychromie (griech.): Vielfarbigkeit.

Polygon (griech.): Vieleck.

Positiv. Kleine Standorgel.

Postmeile, kursächsische. Hatte urspr. eine Länge von 9,062 km nach heutiger Rechnung und wurde an den Postmeilensäulen mit „St" bezeichnet. Daraus geht hervor, daß „Stunde" nicht im Sinne einer Zeiteinheit, sondern als Entfernung zu verstehen ist. Diese kursächsische Meile hatte weit über 100 Jahre Gültigkeit, ehe sie 1840 von der neuen Meile mit 7,5 km Länge abgelöst wurde.

Raken, Racken. Familie der Baumvögel.

Rankenwerk. Eine aus pflanzlichen Motiven gebildete Ornamentform.

Réfugié (franz.): Flüchtling. Ein um seines reformatorischen Glaubens willen im 16. und 17. Jahrhundert aus Frankreich geflüchteter Hugenotte.

Refugium. Zufluchtsort.

Régence. Stilrichtung der französischen Kunst während der Regentschaft des Phillipp von Orléans 1715–1723, die den Übergang von der Pracht des Louis-quatorze-Stils zu dem leichteren und eleganteren Rokoko bildet.

Relikt. Überbleibsel.

Reminiszenz. Erinnerung.

„Retournons à la nature!" (franz.): Zurück zur Natur!

Risalit. Aus der Fluchtlinie in gesamter Höhe vorspringender Gebäudeteil (Mittel-, Seiten- und Eckrisalit).

Rocaille (franz.): Grotten- und Muschelwerk. Grundmotiv der Rokokoornamentik.

Rustikal. Ländlich, bäuerlich.

Schlußstein. Hervorgehobener Stein im Kreuzungspunkt zweier Gewölberippen oder im Scheitelpunkt eines Bogens, oft mit reichem plastischem Schmuck.

Schnepfengiebel. Dreieckige Giebelform mit konkav geschwungenen Seiten.

Servitute. Dienstbarkeit, Grundlast.

Sgraffito. Wandmalerei auf verschiedenfarbigem Putz, auf dem die Zeichnung mit dem Griffel eingeritzt wird und sich in der Farbe der unteren Schichten abhebt.

Spiegel. Meist zwischen den Fenstern der Fassade eines Gebäudes zu Schmuckzwecken aufgesetzte oder eingetiefte rechteckige Putzform.

Suche. Jagdart, bei der die Jäger mit Hilfe von Jagdhunden das Wild in Wald und Feld aufsuchen, um es zu bejagen.

Supraporte. Im Feld über der Tür angebrachtes Gemälde oder Relief.

Tambour. Zylinderförmige Verbindung zwischen Kuppel und Kuppelträger.

Tablier. Herabhängendes Schmuckstück in der Mitte der Zarge eines Möbels, das meistens durch Kartuschen, Maskarons u. a. verziert ist.

Tektonik. In der Baukunst das Zusammenfügen starrer Teile zu einem organischen Ganzen.

Terrakotta. Gebrannter Ton.

Trakt. Flügel eines Gebäudes.

Treibjagd. Jagdart, bei der das Wild durch Jagdhelfer und Hunde den davor aufgestellten Jägern zum Bejagen zugetrieben wird.

Valeurs (franz.): Tonwerte. Die feinen Abstufungen der farbigen Werte oder Helligkeiten einer Farbe gegenüber der anderen.

Vedute. Darstellung einer Landschaft oder Stadt unter dem Gesichtspunkt der Richtigkeit.

verkämpfen. Das Ineinanderverfangen der Geweihe, Gehörne oder Schnecken von Hirschen, Böcken oder Muffelwiddern bei Brunftkämpfen, so daß sich diese aus eigener Kraft nicht mehr trennen können.

Verkröpfung eines Gesimses. Herumführung eines Gesimses um einen Mauervorsprung bei gleichbleibender Ausladung.

Volute. Ornament in Form einer Spirale.

Wildstand. Gesamtheit des Schalenwildes sowie der Wildarten Bär, Wolf, Luchs, Auer, Trutwild und Trappe oder eines dieser Wildarten in einem bestimmten Territorium.

Zäsur. Einschnitt.

Zopfstil. Teil jener europäischen Kunstentwicklungen, die auf unterschiedliche Weise den Übergang vom Rokoko zum Klassizismus vermitteln. In der Innenarchitektur Versteifung der geschwungenen Formen des Rokoko.

Literaturverzeichnis

Siglen

DG = Dresdner Geschichtsblätter
MSH = Mitteilungen des Landesvereins Sächsischer Heimatschutz
NASG = Neues Archiv für Sächsische Geschichte und Altertumskunde
SH = Sächsische Heimatblätter

Zur Geschichte und Kunstgeschichte allgemein

Alewyn, Richard, und Karl Sälzle: Das große Welttheater. Die Epoche der höfischen Feste in Dokument und Deutung, Hamburg 1959. Neuauflage Berlin 1985.

Basdevant, Denise: L'Architecture française des origines à nos jours (Bibliothèque des Guides Bleus), Tours 1971.

Blaschke, Karlheinz: Historisches Ortsverzeichnis von Sachsen, Leipzig 1957.

Brinckmann, Albert Erich: Baukunst des 17. und 18. Jahrhunderts in den romanischen Ländern (Handbuch der Kunstwissenschaft), 2 Bde., Berlin-Neubabelsberg 1919 und 1922.

Czok, Karl: Zur Stellung Sachsens in der deutschen Geschichte, in: SH, 28. Jg. (1982), H. 5, S. 193–199.

Ders.: Die Entwicklung des kursächsischen Territorialstaates im Spätfeudalismus, von der Mitte des 16. Jahrhunderts bis um 1790, in: SH, 28. Jg. (1982), H. 5, S. 235–240 und H. 6, S. 241–254.

Ders.: Kurfürst August von Sachsen: Landesherr und frühkapitalistischer Unternehmer, in: SH, 33. Jg. (1987), H. 1, S. 1–8.

Decker, Paul: Fürstlicher Baumeister, Augsburg 1711/16, Reprint New York 1978.

Dehio, Georg: Handbuch der deutschen Kunstdenkmäler. Bezirke Dresden, Karl-Marx-Stadt, Leipzig, Textbd. Berlin 1965, Bildbd. Berlin 1968.

Dohmann, Albrecht: Deutsche Kunstdenkmäler. Ein Bildhandbuch. Bezirke Dresden, Leipzig, Karl-Marx-Stadt, Leipzig 1969.

Fischer von Erlach, Johann Bernhard: Entwurf einer historischen Architectur, Wien 1721 und Leipzig 1725.

Frenzel, Rainer: Paläste und Schlösser in Europa (Europa-Querschnitte), Leipzig 1970.

Gothein, Marie Luise: Geschichte der Gartenkunst, 2 Bde., Jena 1926.

Hamann, Richard: Geschichte der Kunst, Bd. 2, Berlin 1955.

Haupt, Albrecht: Baukunst der Renaissance in Frankreich und Deutschland (Handbuch der Kunstwissenschaft), 2 Bde., Berlin-Neubabelsberg 1923.

Hautecœur, Louis: Histoire de L'Architecture classique en France, 2 Bde., Paris 1948.

Hempel, Eberhard: Geschichte der deutschen Baukunst (Deutsche Kunstgeschichte 1), München 1949.

Hentschel, Walter: Bibliographie zur sächsischen Kunstgeschichte (Schriften zur Kunstgeschichte 4), Berlin 1960 (bis einschl. 1955).

Kaemmel, Otto: Sächsische Geschichte, Leipzig 1905.

Kathe, Heinz: Der „Sonnenkönig". Ludwig XIV., König von Frankreich, und seine Zeit 1638–1715, Berlin 1981.

Koch, Hugo: Sächsische Gartenkunst, Berlin 1910.

Kötzschke, Rudolf, und Hellmut Kretzschmar: Sächsische Geschichte, 2 Bde., Dresden 1935. Nachdruck in einem Bd. Frankfurt/Main 1965.

Le Blond, Alexandre: Die Gärtnerey sowohl in ihrer Theorie oder Betrachtung als Praxis oder Übung. Ausgabe Augsburg 1731. Reprint Leipzig 1986 (Bibliotheca hortensis 1).

Lexikon der Kunst, 5 Bde., Leipzig 1968 bis 1979.

Löffler, Fritz: Das alte Dresden. Geschichte seiner Bauten, 6. neubearb. und erweit. Aufl., Leipzig 1981.

Magne, Emile: Les Fêtes en Europe an 17e siecle, Paris 1930.

Sachsen, hrsg. von Walter Schlesinger (Handbuch der historischen Stätten 8), Stuttgart 1965.

Sächsische Bibliographie. Regionalbibliographie für die Bezirke Dresden, Karl-Marx-Stadt und Leipzig, hrsg. von der Sächsischen Landesbibliothek Dresden, Dresden 1961 ff.

Schmidt, Otto Eduard, und Jean Louis Sponsel: Bilderatlas zur sächsischen Geschichte, Leipzig und Dresden 1909.

Sponsel, Jean Louis: Fürstenbildnisse aus dem Hause Wettin, Dresden 1906.

Thieme, Ulrich, und Felix Becker: Allgemeines Lexikon der bildenden Künstler von der Antike bis zur Gegenwart, 37 Bde., Leipzig 1907 bis 1950.

Vollmer, Hans: Allgemeines Lexikon der bildenden Künstler des XX. Jahrhunderts, 6 Bde., Leipzig 1953 bis 1962.

Wengel, Tassilo: Gartenkunst im Spiegel der Zeit, Leipzig 1985.

Zur Moritzburger Geschichte allgemein

Albert, Herzog zu Sachsen: 250 Jahre Jagdschloß Moritzburg bei Dresden, in: Bohemia, Jg. 13 (1972), S. 169–181.

Autorenkollektiv: Lößnitz und Moritzburger Teichlandschaft. Ergebnisse der heimatkundlichen Bestandsaufnahme im Gebiet von Radebeul und Dresden-Klotzsche (Werte unserer Heimat 22), Berlin 1973.

Bachmann, Walter: Schloß Moritzburg und der Friedewald, Dresden, um 1936 (ungedruckt, Korrekturexemplar im Institut für Denkmalpflege, Arbeitsstelle Dresden).

Ders.: Kreiern, Dresden 1940.

Ders.: Moritzburg (Große Baudenkmäler 104), Berlin 1947.

Becher, Wilhelm: Geschichte und Beschreibung des Königlich Sächsischen Lust- und Jagdschlosses Moritzburg, Dresden 1866.

Berger, Karl: Die Schlösser im Walde. Moritzburg und Fasanenschlößchen, in: MSH, Bd. 11 (1922), H. 10–12, S. 239–244.

Bruck, Robert: Zur Baugeschichte des Jagdschlosses Moritzburg, in: Dresdner Anzeiger, Sonntagsbeil. Nr. 26 vom 28. 6. 1903 und Nr. 27 vom 5. 7. 1903.

Dietrich, Ch. V.: Geschichte und Beschreibung des großen und kleinen Königl. Sächs. Lust- und Jagd-Schlosses zu Moritzburg und seiner Umgebungen, Meißen 1822.

Fränzel, Helmut: Moritzburg, Dresden 1962.

Ders., Kurt Burk und Hans-Joachim Schwark: Moritzburg (Städte und Landschaften 6), Leipzig 1964.

Gurlitt, Cornelius: Beschreibende Darstellung der älteren Bau- und Kunstdenkmäler des Königreichs Sachsen, Bd. 26 (Amtshauptmannschaft Dresden-Neustadt), Dresden 1904, S. 95–125.

Gurlitt, Hildebrand: Schloß Moritzburg, in: Aus Alt-Sachsen, Berlin und Wien 1928, S. 135–139.

Handt, Ingelore: Das Schloß im Friedewald, in: 600 Jahre Moritzburg. Hrsg. vom Rat der Gemeinde Moritzburg, 1958, S. 2–4.

Hensler, Erwin: Jagdschloß Moritzburg, Dresden [1928].

Iccander (Johann Christian Crell): Das Kgl. Lust-Schloß Moritzburg, in: Kurtzgefaßtes Sächsisches Kern-Cronicon, 54. Couvert (1725), S. 440–442.

Kempe, Lothar und Renate und Roger Rössing: Schloß Moritzburg, in: Schlösser und Gärten um Dresden, Leipzig 1979, S. 19–67.

Koepert, Otto: Moritzburg, in: Altsächsische Jagdschlösser (Geschichtliche Wanderfahrten 9), Dresden 1931, S. 10–16.

May, Walter, Werner Pampel und Hans Konrad: Architekturführer DDR. Bezirk Dresden, Berlin 1979, S. 83 (Moritzburg).

Meiche, Alfred: Moritzburg, ein fürstlicher Jagdtraum, in: Wiss. Beilage des Dresdner Anzeigers, 2. Jg. (1925), Nr. 38, S. 149–151.

N., R.: Der Friedewald. Bilder vom Jagdschloß Moritzburg und seiner Umgebung, in: Dresdner Anzeiger 1927, Nr. 438, S. 5, u. Nr. 439, S. 6.

Naumann, Rolf: Moritzburg im Friedewald (Geschichtliche Wanderfahrten 49), Dresden 1937.

Neef, Ernst: Moritzburg, in: Exkursionsführer zur 6. Wissenschaftlichen Hauptversammlung der Geographischen Gesellschaft der DDR, Dresden 1961, S. 28–30.

Nostitz, Helene v.: Moritzburg, in: Festliches Dresden. Die Stadt Augusts des Starken, Berlin 1941, S. 168–176.

Schäfer, Ernst: Moritzburg, in: Parkwanderungen im Dresdener Elbtal, Berlin 1979, S. 26–39.

Schmidt, Otto Eduard: Moritzburg . . ., in: Kursächsische Streifzüge Bd. 6, Dresden 1928, S. 169–178.

Spooner, E.: Das Jagdschloß Moritzburg, in: Dresden (Merian, Städte und Landschaften 10), Hamburg 1967, S. 42–43 u. 47.

Stöhr, Hans: Jagdschloß Moritzburg, in: Leipziger Tageblatt 1899, Nr. 474, S. 7145.

Ders.: Führer durch Jagdschloß Moritzburg. Seine Geschichte und Umgebung, Dresden 1905.

Ders.: Jagdschloß Moritzburg, in: Aus den Sachsenlanden, 1905, S. 55, 61, 93 u. 99.

Störzner, Siegfried: Moritzburger Miszellen aus alter und neuer Zeit, in: Lößnitz-Heimat, Jg. 2 (1926), Nr. 4.

Thümmler, Gerhard: Betrachtungen zur Baugeschichte des Jagdschlosses Moritzburg, in: SH, Jg. 18 (1972), H. 2, S. 57–72.

Voigt, Oswald: Schloß Moritzburg, in: Leipziger Tageblatt 1901, Nr. 240, S. 3506.

Weinart, Benjamin Gottfried: Morizburg, in: Topographische Geschichte der Stadt Dresden, und der um dieselbe herum liegenden Gegenden, Dresden 1777, Reprint Leipzig 1974, S. 356–361, Taf. 21 u. 22.

Widemann, Emil: Jagdschloß Moritzburg geschichtlich und topographisch dargestellt, Dresden [1879].

Zerkaulen, Heinrich: Drei Jahrhunderte sächsischer Kultur in Moritzburg, in: Jahrbuch Sachsen 1930, S. 86–90.

o. Verf.: Führer durch Moritzburg und seine Umgebung, hrsg. vom Ortsverein zu Eisenberg-Moritzburg, o. J.

o. Verf.: Moritzburg, in: Der Sachsenfreund, Jg. 5 (1834), H. 3, S. 47.

o. Verf.: Das Königliche Jagd- und Lustschloß Moritzburg, in: Saxonia. Museum für Sächsische Vaterlandskunde, Bd. 1, Dresden 1835, S. 95 f.

Jagdwesen, Teich- und Forstwirtschaft

Bösener, Rolf, und Ch. Stubbe: Der „66-Ender“ von Moritzburg, in: Unsere Jagd, Jg. 19 (1969), H. 8, S. 227–229.

Bösener, Rolf: Die „Goldmedaillen-Hirsche“ des Jagdschlosses Moritzburg in: Unsere Jagd, Jg. 19 (1969), H. 9, S. 259–262 u. H. 10, S. 292–295.

Ders.: Die Geweihsammlung des Jagdschlosses Moritzburg bei Dresden, in: SH, Jg. 18 (1972), H. 3, S. 121–134.

Brichzin, Hans: Kursachsens älteste Karten. Ausstellungskatalog. Hrsg. vom Staatl. Mathematisch-Physikalischen Salon – Forschungsstelle – Dresden. Dresden 1986.

D., E.: Die brillanten Fischerei auf dem Schloßteiche zu Moritzburg in: Sammler im Elbtal, Jg. 2 (1837), S. 387–392.

Distel, Theodor: Nachrichten über einige Geweihe und Bilder im Schlosse zu Moritzburg bei Dresden, in: Zeitschrift für Museologie und Antiquitätenkunde, Jg. 5 (1882), S. 123 f. u. 171 f. Nachtrag von A. B. Meyer ebenda S. 147.

Ders.: Die verkämpften Hischgeweihe der Moritzburg, in: Waidmann, Jg. 19 (1888/89), S. 369.

Doebel, Heinrich Wilhelm: Neueröffnete Jägerpractica oder Der wohlgeübte und erfahrene Jäger, Leipzig 1746, Neuauflage Neudamm 1912.

Fleming, Hanns Friedrich v.: Der Vollkommene Teutsche Jäger, 2 Teile, Leipzig 1719 bis 1724 und 1749, Nachdruck Graz 1971.

Francke: Der Moritzburger Wildpark, in MSH, Bd. 17 (1928), H. 7–8, S. 375–378.

Friesen, H. v.: Beiträge zur Jagdchronik des Sächsischen Hofes aus der Zeit des Königs August III. 1733–1756, in: Jahrbuch der Königl. Sächs. Akademie für Forst- und Landwirthe zu Tharandt, Bd. 15 (neue Folge Bd. 8), Leipzig 1863, S. 283–308.

Fürst, H.: Illustres Forst- und Jagd-Lexikon, Berlin 1904.

Hill, Wolfram: Das Wildgehege zu Moritzburg, in: Die Union, Jg. 33, Nr. 261 v. 4./5. 11. 1978 (Wochenendbeilage).

Hobusch, Erich: Das große Halali. Eine Kulturgeschichte der Jagd und der Hege der Tierwelt, Leipzig 1978.

Hucho, H.: Gesetze und Verordnungen betreffend die Ausübung der Jagd im Königreich Sachsen (Meinholds Juristische Handbibliothek 80), Leipzig 1896.

Klengel, A.: Die sächsischen Wolfsdenkmäler und die Geschichte des Wolfes in Sachsen, in: MSH, Bd. 9 (1920), H. 4–6, S. 97–104.

Koepert, Otto: Jagdzoologisches aus Altsachsen. Beiträge zur sächsischen Jagdgeschichte (Beilage zum Jahresbericht des Vitzthumschen Gymnasiums zu Dresden auf das Schuljahr 1913/14), Dresden 1914.

Lampadius, Felix: Über das Vorkommen des Wisents in Sachsen, in: SH, Jg. 23 (1977), H. 4, S. 164–168.

Merkert, Hans Heinrich: Sechshundert Jahre Waldwirtschaft, in: 600 Jahre Moritzburg. Hrsg. vom Rat der Gemeinde Moritzburg, 1958, S. 5–10.

Meyer, A. B.: Die Hirschgeweih-Sammlung im Königlichen Schlosse zu Moritzburg bei Dresden, Dresden 1883.

N., R.: Das Muffelwild im Moritzburger Tiergarten, in: Dresdner Anzeiger 1928, Nr. 109, S. 5.

Rosengarten, Walter: Fischzucht in Moritzburg, in: 600 Jahre Moritzburg. Hrsg. vom Rat der Gemeinde Moritzburg, 1958, S. 15–16.

Ruge, Sophus: Die erste Landesvermessung des Kurstaates Sachsen durch Matthias Oeder 1586–1607, Dresden 1889.

Schimpff, Georg v.: König Albert und das edle Waidwerk, Dresden 1895.

Schmidt, Ludwig: Kurfürst August von Sachsen als Geograph. Ein Beitrag zur Geschichte der Erdkunde, Dresden 1898.

Ders.: Zur Geschichte der Kartographie unter Kurfürst August von Sachsen, in: NASG, Bd. 20 (1899), S. 155–160.

Schöbel, Johannes: Barockes Halali. Jagdwaffen und Jagdgerät aus dem Historischen Museum der Staatlichen Kunstsammlungen Dresden (Die Schatzkammer 22), Leipzig 1968.

Schruth, A.: Der Friedewald, in: Die Elbaue. Blätter für sächsische Heimatkunde (Beilage zum Generalanzeiger Kötzschenbroda), Jg. 12 (1935), Nr. 2, S. 5–8; Nr. 4, S. 13–16; Nr. 8, S. 29–31.

Schulze, Wolfgang: Einteilung, Vermessung und kartographische Darstellung sächsischer Wälder vom 16. bis zum 19. Jahrhundert, in: SH, Jg. 34 (1988), H. 1, S. 18–22.

Störzner, Siegfried: Wann wurde der Bärnsdorfer Großteich angelegt?, in: Lößnitz-Heimat (Beilage zum Radebeuler Tageblatt) Jg. 2 (1926), Nr. 11.

Ders.: Der Entenfang am Großteich bei Moritzburg, in: Lößnitz-Heimat, Jg. 3 (1927), Nr. 8.

Stubbe, W.: Johann Elias Ridinger, Hamburg 1966.

Täntzer, Johann: Der Dianen Hohe und Niedere Jagd-Geheimnisse, Leipzig 1734.

Weißwange, G.: Der Rothirsch in Sachsen im Spiegel der Geschichte, in: MSH, Bd. 17 (1928), H. 7–8, S. 347–367.

Zimmermann, Rudolf: Vom Wisent. Mit Mitteilungen über seine Geschichte in unserem sächsischen Vaterlande, in: MSH, Bd. 13 (1924), H. 9–10, S. 372–385.

Zum Kapitel „Die Landschaft"

Gilsenbach, Reimar: Wälder und Teiche um Moritzburg, in: Natur und Heimat. 1954, H. 8, S. 235–238.

Lang, Lothar: Ernst Hassebrauk. Aquarelle, Zeichnungen, Collagen, Leipzig 1980.

Löffler, Fritz: Hans Jüchser. Bildnis eines Künstlers, Berlin 1964, S. 15 u. Abb. 10.

Ders.: Dresdner Bilderbuch. Zeichnungen von Ernst Hassebrauk, Dresden 1968.

Mannsfeld, Karl: Das Gebiet um Moritzburg in landschaftsökologischer Sicht, in: SH, Jg. 11 (1965), H. 1, S. 49–64.

Ders.: Naturräume der sächsischen Bezirke. 5. Westlausitzer Platte, in: SH, Jg. 32 (1986), H. 5, S. 195.

Menzhausen, Joachim: Dresden links und rechts der Elbe. 100 Zeichnungen von Ernst Hassebrauk, Dresden 1986.

Neef, Ernst: Die naturräumliche Gliederung Sachsens, in: SH, Jg. 6 (1960), H. 4–9 (Die Lausitzer Platte in: H. 7, S. 412–414). Auch als Sonderdruck der SH, Dresden 1960, erschienen.

Ders.: Der Reichtum der Dresdener Landschaft, in: Geographische Berichte, Jg. 7 (1962), Nr. 24, S. 259–269.

Pätzold, Rudolf: Aus Moritzburgs Vogelwelt, in: SH, Jg. 18 (1972), H. 2, S. 91–97.

Störzner, Siegfried: Von Radebeul bis Radeburg, in: Lößnitz-Heimat (Beilage zum Radebeuler Tageblatt), Jg. 3 (1927), Nr. 3 u. 5.

Zum Kapitel
„Zur Geschichte des Jagdschlosses Moritzburg und seiner Umgebung"

Bis 1700

Bachmann, Walter: Oberlandbaumeister Johann Georg Starcke, der Erbauer des Palais im Großen Garten, in: Wiss. Beilage des Dresdner Anzeigers, 10. Jg. (1933), Nr. 3 und 4.

Ders.: Grillenburg, in: MSH, Bd. 25 (1936), H. 5–8, S. 97–149.

Beschorner, Hans: Ezechiel Eckhart, der Erbauer der Hoflößnitz, in: DG, Jg. 18 (1909), Nr. 2, S. 30–35.

Blaschke, Karlheinz: Sachsen im Zeitalter der Reformation, in: SH, Jg. 13 (1967), H. 4, S. 145–192 u. H. 5, S. 206–224. Auch als Sonderdruck der SH, Dresden 1967, erschienen.

Ders.: Moritz von Sachsen. Ein Reformationsfürst der zweiten Generation (Persönlichkeit und Geschichte 113), Göttingen/Zürich 1983

Bruck, Robert: Holzmodelle alter Dresdener Schloßbauten, in: Mitteilungen aus den Sächsischen Kunstsammlungen, Jg. 6 (1915), S. 1–10.

Distel, Theodor: Das Altarbild in der Schloßkirche zu Moritzburg, in: Kunstchronik, Jg. 20 (1885), S. 699.

Ders.: Das alte Altarbild aus der Moritzburger Schloßkapelle, in: Das Neue Blatt, 1900, S. 510.

Ducerceau, Jacques Androuet: Le premier volume des plus excellents Bastiments de France, Paris 1576.

Engels, Friedrich: Dialektik der Natur, in: Karl Marx/ Friedrich Engels: Werke, Bd. 20, Berlin 1973, S. 312 (Einleitung).

Gurlitt, Cornelius: Paul Buchner, ein Dresdner Baumeister der Renaissance, in: DG, Jg. 9 (1900), S. 249–260.

Ders. und Karl Berling: Daniel Bretschneider, in: Zeitschrift für bildende Kunst, Kunstchronik, Jg. 23 (1888), S. 239–241.

Haug, Heinrich: Das kurfürstliche Amt Dresden vom 14. bis zum 19. Jahrhundert, in: Mitteilungen des Vereins für Geschichte Dresdens, 1902, H. 16, u. 33.

Hempel, Eberhard: Unbekannte Skizzen von Wolf Caspar von Klengel (Abhandlungen der Sächs. Akademie der Wissenschaften zu Leipzig. Philologisch-historische Klasse, Bd. 49, H. 4), Berlin 1958.

Hentschel, Walter: Der Dresdner Bildhauer Sebastian Walther, in: Zeitschrift für bildende Kunst, Jg. 64 (1930), S. 59–64.

Ders.: Wolf Ernst Brohn, ein vergessener Dresdner Barockbildhauer, in: Wiss. Beilage des Dresdner Anzeigers, Jg. 9 (1932), Nr. 43, S. 169–172.

Ders.: Dresdner Bildhauer des 16. und 17. Jahrhunderts, Weimar 1966.

Hoyer, Siegfried: Sachsen in der Zeit des Frühkapitalismus und der Frühbürgerlichen Revolution, 15. bis 16. Jahrhundert, in: SH, Jg. 28 (1982), H. 5, S. 221–234.

Junecke, Hans: Die Königsschlösser der Loire, in: Zeitschrift für Kunst, Jg. 1 (1947), H. 2, S. 19–33.

Plaul, Rudolf: Die Stuckdecken in Sachsen, Berlin 1920

Richter, Otto: Ein Hosenbandordensfest am Dresdner Hofe, in: DG, Jg. 6 (1897), H. 1, S. 11–14.

Ders.: Geschichte der Stadt Dresden, Bd. 1 (Dresden im Mittelalter), Dresden 1900, S. 29–34.

Sigismund, Ernst: Ein sächsischer Künstler und Soldat des 17. Jahrhunderts, in: DG, Jg. 22 (1913), S. 33 ff. (betr. W. C. v. Klengel).

18. Jahrhundert

Asche, Sigfried: Über Benjamin Thomae, in: Wiss. Zeitschrift der Technischen Hochschule Dresden, Jg. 6 (1956/57), H. 1–3, S. 425 ff. Auch als Festschrift für Eberhard Hempel zum siebzigsten Geburtstag, 1956/ 57.

Ders.: Balthasar Permoser. Leben und Werk, Berlin (West) 1978.

Bachmann, Walter: Die Fasanerie zu Moritzburg, in: Jahrbuch zur Pflege der Künste 2, Dresden 1954, S. 18–38.

Beeger, Dieter: Das steinbildnerische Werk Balthasar Permosers und sein Material, in: Neue Museumskunde, Jg. 27 (1984), H. 2, S. 98–103.

Boroviczény, Aladár: Graf von Brühl. Der Medici, Richelieu und Rothschild seiner Zeit, Zürich, Leipzig und Wien 1930.

Chodowiecki, Daniel: Journal gehalten auf einer Lustreyse von Berlin nach Dreßden Leipzig Halle Deßau. Anno 1789 (Deutsche Akademie der Wissenschaften Berlin, Schriften zur Kunstgeschichte 6), Berlin 1961, S. 2–4.

Czok, Karl: Zur absolutistischen Politik Augusts des Starken in Sachsen, in: SH, Jg. 29 (1983), H. 4, S. 145–153.

Ders.: August der Starke und Kursachen. Leipzig 1987.

Döring, Alfred: Matthes Daniel Pöppelmann, der Meister des Dresdner Zwingers. Ergänzt u. hrsg. von Hubert Georg Ermisch, Dresden 1930.

Düsterwald, Erich: Moritz von Sachsen Marschall von Frankreich, Sankt Augustin 1972.

Forberger, Rudolf: Die Manufaktur in Sachsen vom Ende des 16. bis zum Anfang des 19. Jahrhunderts, Berlin 1958.

Ders.: Zur wirtschaftsgeschichtlichen Neueinschätzung der sächsisch-polnischen Union, in: Um die polnische Krone. Sachsen und Polen während des nordischen Krieges 1700–1721, Berlin 1962, S. 231 ff.

Ders.: Zu einigen ökonomischen Schwerpunkten und Problemen Kursachsens an der Wende vom 17. zum 18. Jahrhundert, in: SH, Jg. 29 (1983), H. 4, S. 161–163.

Franz, Heinrich Gerhard: Zacharias Longuelune und die Baukunst des 18. Jahrhunderts in Dresden, Berlin (West) 1953.

Fürstenau, Moritz: Zur Geschichte der Musik und des Theaters am Hofe zu Dresden. 2 Teile, Dresden 1861 bis 1862, Reprint Leipzig 1971, 1. Teil, S. 108; 2. Teil S. 20–21, 126, 163.

Groß, Reiner: Außen- und innenpolitische Verhältnisse Kursachsens an der Wende vom 17. zum 18. Jahrhundert, in: SH, Jg. 29 (1983), H. 5, S. 218–220.

Gurlitt, Cornelius: August der Starke. Ein Fürstenleben aus der Zeit des deutschen Barock. 2 Bde., 2. Aufl., Dresden 1924.

Haake, Paul: Ein politisches Testament König Augusts des Starken, in: Historische Zeitschrift, Bd. 87, 1900, S. 1 ff.

Ders.: Johann Friedrich von Wolfframsdorff und das Portrait de la Cour de Pologne, in: NASG, Bd. 22 (1901), S. 69–101 u. 344–370.

Ders.: August der Starke im Urteil seiner Zeit und der Nachwelt, Dresden 1922.

Ders.: August der Starke, Berlin und Leipzig 1926.

Ders.: Christiane Eberhardine und August der Starke. Eine Ehetragödie, Dresden 1930.

Ders.: Kursachsen und Brandenburg-Preußen, Berlin 1939.

Haase, Gisela: Das Inventar der Willkommen- und Gesundheitsgläser vom Schloß Moritzburg und die Ausstellung „Sächsisches Glas" im Schloß Pillnitz, in: Dresdener Kunstblätter, Jg. 18 (1974), H. 3, S. 66–78.

Dies.: Sächsisches Glas vom 17. bis zum Anfang des 19. Jahrhunderts. Staatliche Kunstsammlungen Dresden, Museum für Kunsthandwerk Schloß Pillnitz (Ausstellungskatalog), Dresden 1975.

Dies.: Das Dresdener Möbel im 18. Jahrhundert. Phil. Diss. Halle 1976 (Masch.-Schrift).

Dies.: Dresdener Möbel des 18. Jahrhunderts, Leipzig 1983.

Dies.: Sächsisches Glas, Leipzig 1988.

Haenel, Erich, und Erna von Watzdorf: August der Starke. Kunst und Kultur des Barock, Dresden 1933.

Hartmann, Hans-Günther: Pillnitz. Schloß, Park und Dorf, 2. Aufl. Weimar 1984.

Heckmann, Hermann: M. D. Pöppelmann als Zeichner, Dresden 1954.

Ders.: Matthäus Daniel Pöppelmann. Leben und Werk, München und Berlin (West) 1972.

Ders.: Matthäus Daniel Pöppelmann und die Barockbaukunst in Dresden, Berlin 1986.

Ders. und Johannes Pape: Matthes Daniel Pöppelmann, Herford und Bonn 1962.

Hensler, Erwin: Schloß Moritzburg und August der Starke, 1934.

Ders.: König und Künstler. August der Starke und die bildende Kunst, in: Wiss. Beilage des Dresdner Anzeigers, Jg. 12 (1935), Nr. 5.

Hentschel, Walter: Kursächsischer Eisenkunstguß (Forschungen zur sächsischen Kunstgeschichte 4), Dresden 1955, S. 168–170 u. 247–249.

Ders.: Die sächsische Baukunst des 18. Jahrhunderts in Polen, 2 Bde., Berlin 1967.

Ders.: Die Zentralbauprojekte Augusts des Starken. Ein Beitrag zur Rolle des Bauherrn im deutschen Barock (Abhandlungen der Sächs. Akademie der Wissenschaften zu Leipzig. Philologisch-historische Klasse, Bd. 60, H. 1), Berlin 1969.

Ders.: Denkmale sächsischer Kunst. Die Verluste des zweiten Weltkrieges (Deutsche Akademie der Wissenschaften Berlin, Schriften zur Kunstgeschichte 15), Berlin 1973, Katalog-Nr. 375, 385 u. 386.

Ders. und Walter May: Johann Christoph Knöffel. Der Architekt des sächsischen Rokokos (Abhandlungen der Sächs. Akademie der Wissenschaften zu Leipzig. Philologisch-historische Klasse, Bd. 64, H. 1), Berlin 1973.

Justi, Carl: Winckelmann und seine Zeitgenossen, 2 Bde., Leipzig 1943 (1. Aufl. 1866 bis 1872). Auszugsweiser Druck aus Bd. 1, Das augusteische Dresden, Dresden 1955.

Kalisch, Johannes, und J. Gierowski (Bearb.): Um die polnische Krone, Berlin 1962.

Keller, Heinrich: Nachrichten von allen in Dresden gegenwärtig lebenden Künstlern, Leipzig 1788.

Kläbe, J. G. A.: Neuestes gelehrtes Dresden oder Nachrichten von jetzt lebenden Dresdner Gelehrten, Schriftstellern, Künstlern, Bibliotheken und Kunstsammlern, Leipzig 1796.

Kötzschke, Rudolf: August der Starke, in: Vergangenheit und Gegenwart, 23, 1933, S. 65 ff.

Krubsacius, Friedrich August: Untersuchungen über den Ursprung, Wachstum und Verfall der Verzierungen in den schönen Künsten, Leipzig 1759.

Kuhfahl, Gustav Adolf: Die kursächsischen Postmeilensäulen beim 200jährigen Bestehen, in: MSH, Bd. 11 (1922), H. 4–6, S. 69–95.

Ders.: Die kursächsischen Postmeilensäulen beim zweihundertjährigen Bestehen, Dresden 1930.

Kyaw, Rudolf v.: Das Jagdschloß Moritzburg und sein Willkommenregister, in: Mitteilungen des Königlich Sächsischen Alterthumsvereins 1874, H. 24, S. 52–67.

Langhof, Bernd: Pillnitzer und Moritzburger Pläne und Bauten Johann Daniel Schades, in: Wiss. Zeitschrift der Technischen Universität Dresden, Jg. 13 (1964), H. 1, S. 47–60.

Lippert, Woldemar: Kaiserin Maria Theresia und Kurfürstin Maria Antonia. Briefwechsel 1747–1772

(Schriften der Königl. Sächsischen Kommission für Geschichte 14), Leipzig 1908.

Loen, Johann Michael v.: Erinnerungen. Mitgeteilt bei Friedrich Förster, Die Höfe und Kabinette Europas im 18. Jahrhundert, Bd. 3, Potsdam 1839.

Marx, Harald: Zu den Monumentalmalereien auf Leder im Schloß Moritzburg, in: Dresdener Kunstblätter, Jg. 15 (1971), H. 4, S. 109–119.

Ders.: Silvestre-Bilder in Moritzburg, in: SH, Jg. 18 (1972), H. 2, S. 73–85.

Ders.: Die Gemälde des Louis de Silvestre. Staatl. Kunstsammlungen Dresden, Katalog Französische Malerei, Ergänzungsband. Hrsg. aus Anlaß der 300. Wiederkehr des Geburtstages von Louis de Silvestre 1675–1975, Dresden 1975.

Ders. u. a.: Matthäus Daniel Pöppelmann 1662–1736. Ein Architekt des Barocks in Dresden. Ausstellung zum 250. Todestag und zum 325. Geburtstag des Erbauers des Dresdener Zwingers. Hrsg. von den Staatl. Kunstsammlungen Dresden, Dresden 1987 (Katalog).

Marx, Karl: Der achtzehnte Brumaire des Louis Bonaparte, in: Karl Marx/Friedrich Engels, Werke, Bd. 8, Berlin 1960, S. 116.

Mehring, Franz: Die Lessing-Legende. Zur Geschichte und Kritik des preußischen Despotismus und der klassischen Literatur. 7. unveränd. Aufl., Stuttgart 1920, S. 239.

Meinert, Günther: Zur Geschichte des Kursächsischen Oberbauamtes im 18. Jahrhundert, in: Forschungen aus mitteldeutschen Archiven. Zum 60. Geburtstag von Hellmut Kretzschmar, Berlin 1953, S. 285–303.

Meister, George: Der Orientalisch-Indianische Kunst- und Lustgärtner, Dresden 1692, Neuausgabe Weimar 1973.

Meyer, Rudolf: Hecken- und Gartentheater in Deutschland im XVII. und XVIII. Jahrhundert (Die Schaubühne. Quellen und Forschungen zur Theatergeschichte 6), Emsdetten 1934, S. 166–167, Abb. 48.

Mittenzwei, Ingrid: Friedrich II. von Preußen. Eine Biographie, Berlin 1980.

Müller, Gustav Otto: Vergessene und halbvergessene Dresdener Künstler des vorigen Jahrhunderts, Dresden 1895.

O'Byrn, Friedrich August Freiherr: Camillo Graf Marcolini, Königlich Sächsischer Cabinetsminister, Oberstallmeister und Kämmerer. Eine biographische Skizze, Dresden 1877.

Ders.: Die Hof-Silberkammer und die Hof-Kellerei zu Dresden, Dresden 1880.

Ders.: Giovanna Casanova und die Comici italiani am polnisch-sächsischen Hofe, in: NASG, Bd. 1 (1880), S. 289–314,

Parkinson, Cyrill Northcote: Parkinsons Gesetz und andere Untersuchungen über die Verwaltung, Stuttgart 1958, S. 83–97.

Pöllnitz, Karl Ludwig Freiherr v.: La Saxe galante (Das galante Sachsen), Amsterdam 1735, Neudruck Dresden-Hellerau 1927.

Pönicke, Herbert: August der Starke. Ein Fürst des Barock (Persönlichkeit und Geschichte 71), Göttingen, Zürich und Frankfurt/M. 1972.

Rachel, Paul: Fürstenbesuche in Dresden, in: DG, Jg. 20 (1911), Nr. 1, S. 143 (betr. Pillnitzer Konferenz 1791).

Rehschuh, Günther R.: Adams Gasthof, in: 600 Jahre Moritzburg, hrsg. vom Rat der Gemeinde Moritzburg, 1958, S. 21.

Richter, Otto: Ein Bildnis Pöppelmanns, in: Dresdner Anzeiger, 1894, Nr. 139.

Rudloff-Hille, Gertrud: Staatliche Kunstsammlungen Dresden. Abteilung Barocktheater im Zwinger (Katalog), Dresden 1954, S. 17, 22 u. 26, Abb. 9.

Schäfer, W.: Sachsenchronik, Dresden 1854, S. 80 (betr. Pillnitzer Konferenz 1791).

Schepers, Wolfgang: Hirschfelds Theorie der Gartenkunst (1779–1785) (Grüne Reihe, Quellen und Forschungen zur Gartenkunst 2), Worms 1980.

Schlechte, Horst: Zur Vorgeschichte des „Retablissement" in Kursachsen, in: Forschungen aus mitteldeutschen Archiven. Zum 60. Geburtstag von Hellmut Kretzschmar, Berlin 1953, S. 339–362.

Ders.: Die Staatsreform in Kursachsen 1762 bis 1763, Berlin 1958.

Schlechte, Monika: Zu einer Entwurfsskizze Augusts des Starken zu Moritzburg, in: SH, Jg. 29 (1983), H. 6, S. 273–275.

Dies.: Zum Prinzip der Wirtschaftlichkeit in der Arbeitsweise des Oberbauamtes unter August II., in: SH, Jg. 30 (1984), H. 5, S. 203–204.

Dies.: Das barocke Architektur- und Landschaftsensemble Moritzburg (Die Umgestaltungsphase in der Regierungszeit Augusts des Starken). Phil. Diss. Dresden 1984 (Masch.-Schrift).

Dies.: Der barocke Tiergarten Moritzburg – Planung der Gesamtanlage, in: Jahrbuch der Staatl. Kunstsammlungen Dresden 1984, Bd. 16, Dresden 1987, S. 23–42.

Schmidt, Otto Eduard: Zur Charakteristik Augusts des Starken, in: NASG, Bd. 26 (1905), S. 121 ff.

Schramm, Carl Christian: Neues Europäisches Historisches Reise-Lexikon, ... Leipzig 1744, Spalte 1084–1091 (Moritzburg). Reprint Leipzig 1984.

Schubert, Franz: Matthes Daniel Pöppelmann. Gedächtnisausstellung zum zweihundertsten Todestag des Künstlers 1936. Staatl. Kupferstichkabinett Dresden (Katalog). Dresden 1936.

Schüttauf, Hermann: Moritzburg, Schloßpark, in: Parke und Gärten in der DDR, Leipzig 1969, S. 94–96.

Sieber, Friedrich: Volk und volkstümliche Motivik im Festwerk des Barock, Berlin 1960.

Sponsel, Jean Louis: Der Zwinger, die Hoffeste und die Schloßbaupläne zu Dresden, Dresden 1924.

Staszewski, Jacek: Polen und Sachsen im 18. Jahrhundert, in: Jahrbuch für Geschichte 23, Berlin 1981.

Ders.: Die sächsisch-polnische Union und die Umwandlungsprozesse in beiden Ländern, in: SH, Jg. 29 (1983), H. 4, S. 154–158.

Störzner, Siegfried: Der Moritzburger Fasanengarten, in: Lößnitz-Heimat, Jg. 1 (1925), Nr. 12.

Ders.: Das Hellenhaus im Moritzburger Tiergarten, in: Lößnitz-Heimat, Jg. 2 (1926), Nr. 5.

Ders.: Die Pillnitzer Staatsgondeln, in: MSH, Bd. 16 (1927), H. 7–8, S. 347–350.

Stübel, Moritz: Der Landschaftsmaler Johann Alexander Thiele und seine sächsischen Prospekte (Schriften der Königlich Sächsischen Kommission für Geschichte 21), Leipzig und Berlin 1914.

Stulz, Percy, und Alfred Opitz: Volksbewegungen in Kursachsen zur Zeit der Französischen Revolution, Berlin 1956.

Theiner, Augustin: Geschichte der Zurückkehr der regierenden Häuser von Braunschweig und Sachsen in den Schooß der Katholischen Kirche im achtzehnten Jahrhundert und der Wiederherstellung der Katholischen Religion in diesen Staaten. Nach und mit Originalschriften, Einsiedeln 1843, S. 120–123.

Voigt, Christian: Kurfürstlich Sächsischer Wassersport, in: NASG, Bd. 51 (1930), S. 135–145.

Weber, Karl v.: Moritz Graf von Sachsen, Leipzig 1863.

Weidhaas, Hermann: Einige Mitteilungen über das Leben Jean de Bodts, in: Anschauung und Deutung. Willy Kurth zum 80. Geburtstag, Berlin 1964.

Werner, Brunhild: Die ornamentalen Ledertapeten im Schloß Moritzburg, in: SH, Jg. 18 (1972), H. 5, S. 211–220.

Willnau, Carl: Joseph Fröhlich, Hofnarr Augusts des Starken, der Erbauer des Narrenhäusels in Dresden, in: MSH, Bd. 29 (1940), H. 1–4, S. 60–74.

Winckelmann, Johann Joachim: Gedanken über die Nachahmung der griechischen Werke in der Malerei und Bildhauerkunst, Dresden 1763. Neudruck in: Winkkelmanns Werke in einem Band (Bibliothek deutscher Klassiker), 3. Aufl., Berlin und Weimar 1982, S. 1–36.

Ders.: Abhandlung von der Fähigkeit der Empfindung des Schönen in der Kunst und dem Unterricht in derselben, Dresden 1763. Neudruck in: Winckelmanns Werke in einem Band (Bibliothek deutscher Klassiker), 3. Aufl., Berlin und Weimar 1982, S. 137–164.

Wohlfahrt, Cordula: Eine Medaille von Moritzburg, in: Dresdener Kunstblätter, Jg. 12 (1968), H. 7, S. 105–109.

Ziekursch, Johannes: August der Starke und die katholische Kirche in den Jahren 1697–1720, in: Zeitschrift für Kirchengeschichte, Jg. 24, (1903), S. 87 ff.

Ders.: Die polnische Politik der Wettiner im 18. Jahrhundert, in: NASG, Bd. 26 (1905), S. 107 ff.

o. Verf.: 250 Jahre Adams Gasthof Moritzburg, in: Die Elbaue, Jg. 2 (1925), S. 99–100.

19. Jahrhundert

Ermisch, Hubert Georg: Das Japanische Palais in Dresden-Neustadt (Geschichtliche Wanderfahrten 40), Dresden 1935, S. 14 u. 16 (betr. Federzimmer Schloß Moritzburg).

Ders.: Das Japanische Palais in Dresden-Neustadt, in: Denkmalpflege, Heimatschutz, Naturschutz. Erfolge, Berichte, Wünsche, Dresden 1936, S. 176 (betr. Federzimmer Schloß Moritzburg).

Funck, Ferdinand v.: Im Banne Napoleons. Aus den Erinnerungen des sächsischen Generalleutnants und Generaladjutanten König Friedrich Augusts I. Hrsg. von Artur Brabant, Dresden 1928, S. 237.

Meltzer, O.: Eisenberg-Moritzburg im Kriegsjahr 1813. Nach gleichzeitigen Aufzeichnungen, Dresden [1905].

Schmidt, Gerhard: Die Staatsreform in Sachsen in der ersten Hälfte des 19. Jahrhunderts. Eine Parallele zu den Steinschen Reformen in Preußen, Weimar 1966.

Schumann, August, und Albert Schiffner: Vollständiges Staats-, Post- und Zeitungslexikon von Sachsen, Zwikkau 1814 bis 1833, Bd. 6 (1819), S. 559–567.

Schwark, Joachim: Das Staatliche Hengstdepot, in: 600 Jahre Moritzburg. Hrsg. vom Rat der Gemeinde Moritzburg, 1958, S. 11–14.

Staude, Fritz: Sachsen im preußisch-deutschen Reich (1871–1917/18), in: SH, Jg. 30 (1984), H. 3, S. 123–137.

Weber, Rolf: Das Königreich [Sachsen] in der Epoche der bürgerlichen Umgestaltung (bis 1870), in: SH, Jg. 30 (1984), H. 3, S. 111–122.

Zeise, Roland: Der historische Platz der revolutionären Volksbewegungen 1830/31 und der Staatsreformen in Sachsen, in: SH, Jg. 29 (1983), H. 1, S. 1–9.

Zierold, Johannes: Die Schule [in Moritzburg] im Wandel der Zeiten. in: 600 Jahre Moritzburg. Hrsg. vom Rat der Gemeinde Moritzburg, 1958, S. 19–20.

Zwahr, Hartmut: Sachsen im Übergang zum Kapitalismus und im Revolutionsjahr 1830, in: SH, Jg. 30 (1984), H. 3, S. 97–110.

o. Verf.: Hofjagd in Moritzburg 1807. Nach den Aufzeichnungen eines sächsischen Forstmannes, in: Dresdener Nachrichten, Jg. 71 (1927), Nr. 271.

20. Jahrhundert bis 1945

Bleyl, Fritz: Erinnerungen, in: Hans Wentzel, Bildnisse der Brücke-Künstler voneinander (Reclams UB B 9063), Stuttgart 1961, S. 23–29.

Braeß, Martin: Eingabe an das Finanzministerium. – Die Erhaltung der Moritzburger Vogelwelt betreffend, in: MSH, Bd. 9 (1920), H. 10–12, S. 255–256.

Buchheim, Lothar-Günther: Die Künstlergemeinschaft Brücke, Feldafing 1956 und Dresden 1957.

Ernst Heinrich, Prinz zu Sachsen: Mein Lebensweg vom Königsschloß zum Bauernhof, München 1968.

Hensler, Erwin: Das Dantezimmer im Schloß Moritzburg, in: Dresdner Kalender 1930, Dresden 1930, S. 90 ff.

Ders.: Der Steinsaal des Schlosses Moritzburg und was seine Teppiche erzählen, in: Wiss. Beilage des Dresdner Anzeigers, Jg. 9 (1932), Nr. 48, S. 4 ff.

Hentschel, Walter: Schloß Moritzburg, in: Deutsche Kunst und Denkmalpflege, 1934, H. 1–2, S. 20–26 (betr. Restaurierungen um 1930).

Hoeber, Karl: Erwin Hensler. Ein Cicerone deutscher Kunst, Berlin und Bonn 1936.

Huth, Hans: Ein neues bedeutsames Museum. Schloß Moritzburg, in: Unsere Heimat. Sonntags-Beilage zum Sächsischen Erzähler, 1927, Nr. 26, S. 1–2.

Jähner, Horst: Künstlergruppe Brücke. Geschichte einer Gemeinschaft und das Lebenswerk ihrer Repräsentanten, Berlin 1984, S. 46–49.

Kirchner, Ernst Ludwig: Davoser Tagebuch. Hrsg. und mit Einleitung versehen von Lothar Grisebach, Köln 1968, S. 75, 85 u. 151.

Koerber, Lenka v.: Erlebtes mit Käthe Kollwitz, Berlin 1957, S. 236–237.

Kollwitz, Käthe: Tagebuchblätter und Briefe. Hrsg. von Hans Kollwitz, Berlin 1948, S. 14–16, 161–162, 167–172 u. 190–192.

Liebmann, Kurt: Käthe Kollwitz in Moritzburg, in: 600 Jahre Moritzburg. Hrsg. vom Rat der Gemeinde Moritzburg, 1958, S. 17–18.

Lohrmann: Eingabe an den Landtag des Freistaates Sachsen, das Ministerium des Inneren, das Ministerium der Finanzen, die Erhaltung der Moritzburger Sehenswürdigkeiten betreffend, in: MSH, Bd. 9 (1920), H. 10–12, S. 253–255.

Lorenz, Willy: Die Hengste des Landstallamtes zu Moritzburg mit besonderer Berücksichtigung des sächsischen Zuchtzieles, Radeburg 1922.

Nagel, Otto: Käthe Kollwitz, Dresden 1971, S. 92–95.

Melzer, Reinhard, und Gisela Frei: Käthe Kollwitz in Moritzburg. Museum Schloß Moritzburg 1985.

Pechstein, Max: Erinnerungen. Hrsg. von Leopold Reidemeister, Wiesbaden 1960, S. 41–44.

Reidemeister, Leopold: Künstler der Brücke an den Moritzburger Seen 1909–1911. Erich Heckel, Ernst Ludwig Kirchner, Max Pechstein. Ein Beitrag zur Geschichte der Künstlergruppe Brücke. Katalog der Ausstellung im Brücke-Museum Berlin (West) 1970, Berlin (West) 1970.

Renn, Ludwig: Adel im Untergang (Gesammelte Werke in Einzelausgaben 2), Berlin und Weimar 1964, S. 14.

Rothe, Edith: Die Bibliothek auf Schloß Moritzburg, in: Archiv für Schreib- und Buchwesen, Jg. 3 (1929), H. 1, S. 1–6.

Dies.: Die Jacob Krause- und Caspar Meuser-Einbände in der Bibliothek auf Schloß Moritzburg, in: Archiv für Buchbinderei, Jg. 29 (1929), H. 4, S. 39–43.

Zerkaulen, Heinrich: Das „Buchquartier" im Schloß Moritzburg, in: Illustrierte Zeitung Leipzig, 1928, S. 611. Desgl. in: Dresdner Neueste Nachrichten, Jg. 36 (1928), S. 224.

Zum Kapitel
„Von 1945 bis zur Gegenwart"

Breithaupt, Gerhard: Gedanken und Vorschläge der Ständigen Kommission Kultur des Kreistages Dresden-Land zur Profilierung und Organisation der kulturellen Entwicklung im Naherholungsgebiet Moritz- burg, in: Neue Museumskunde, Jg. 11 (1968), H. 1, Beilage 1, Teil I, S. 44–50.

Creutz, Gerhard: Jubiläum im Fasanenschlößchen, in: SH, Jg. 20 (1967), H. 1, S. 45.

Feiler, Alfred, und W. Helbig: Tiere Moritzburgs. Hrsg. vom Staatl. Museum für Tierkunde Dresden, 2. Aufl. Dresden 1979.

Gonschor, Brunhild: Moritzburg, in: Denkmale in Sachsen. Ihre Erhaltung und Pflege in den Bezirken Dresden, Karl-Marx-Stadt, Leipzig und Cottbus (Schriften zur Denkmalpflege in der Deutschen Demokratischen Republik), Weimar 1978, S. 466–467.

Groth, G., und die AG des Staatl. Forstwirtschaftsbetriebes Dresden: Gehegeführer Wildgehege Moritzburg, Dresden 1979.

Hg., W.: Käthe-Kollwitz-Feier in Moritzburg, in: Volkszeitung. Organ der KPD, Bezirk Sachsen (Ausgabe Dresden), Nr. 37 v. 13. 9. 1945.

Linke, Harald: Erholungsraum Moritzburg – ein Vorschlag, in: Deutsche Gartenarchitektur, Jg. 12 (1971), H. 1.

Magirius, Heinrich: Zur Farbigkeit an Renaissance- und Barockfassaden, in: Denkmale in Sachsen. Ihre Erhaltung und Pflege in den Bezirken Dresden, Karl-Marx-Stadt, Leipzig und Cottbus (Schriften zur Denkmalpflege in der Deutschen Demokratischen Republik), Weimar 1978, S. 278–292.

Mannsfeld, Karl: Das Naherholungsgebiet Moritzburg. Analyse der physisch-geographischen Grundlagen zur Gebietsprognose, in: SH, Jg. 18 (1972), H. 2, S. 49–56.

Möbius, Ingrid: Moritzburg. Barockmuseum Schloß Moritzburg, in: Bildhandbuch der Kunstsammlungen der DDR. Hrsg. u. eingel. von Gerhard und Ursula Stelzer, Leipzig 1984, S. 560–567.

Nadler, Hans: Denkmalpflege und die Erhaltung historischer Gärten, in: Der Deutsche Gartenbau, 1954, H. 1.

Rudloff-Hille, Gertrud: Das Barockmuseum Schloß Moritzburg. Hrsg. von den Staatl. Kunstsammlungen Dresden, Dresden 1953.

Schulmann, Ilja B.: Erinnerungen an Befreiung und Neubeginn, in: Die Union, Jg. 35, Nr. 108 v. 8. 5. 1980.

Schulz, Matthias: Denkmalpflegerische Untersuchungen und Erneuerungen von Renaissance- und Barockfassaden, in: Denkmale in Sachsen. Ihre Erhaltung und Pflege in den Bezirken Dresden, Karl-Marx-Stadt, Leipzig und Cottbus (Schriften zur Denkmalpflege in der Deutschen Demokratischen Republik), Weimar 1978, S. 293–296.

Schwendler, Gerhild: Zur Durchführung der demokratischen Bodenreform im Lande Sachsen, in: SH, Jg. 8 (1962), H. 4, S. 342–352.

Seydewitz, Max und Ruth: Das Dresdener Galeriebuch. Vierhundert Jahre Dresdener Gemäldegalerie, 2. Aufl. Dresden 1960, S. 137–138.

Steiner, Herta und Heinz Hoffmann, Eberhard Walther, Volker Bartholdt: Pferde in Moritzburg. Hrsg. von der VE Pferdezuchtdirektion Süd Moritzburg, 1978.

Wehner, Helfried u. a.: Als der Krieg zu Ende war ...

Berichte von der Befreiung und dem Neubeginn im Kreis Dresden-Land aus dem Jahre 1945. Zum 40. Jahrestag des Sieges über den Hitlerfaschismus und der Befreiung des deutschen Volkes (Beiträge zur Geschichte der Arbeiterbewegung im Kreis Dresden-Land, Heft 2), Dresden 1985.

Wehner, W.: Probleme der Naherholung im Ballungsgebiet Dresden, dargestellt am Beispiel des Erholungsgebietes Moritzburg-Friedewald, in: Probleme der Geographie des Fremdenverkehrs der DDR und anderer Staaten, Leipzig 1968, S. 145–155.

Werner, Brunhild: Moritzburg bei Dresden. Schloß und Park, in: Denkmale der Geschichte und Kultur. Ihre Erhaltung und Pflege in der Deutschen Demokratischen Republik. Hrsg. vom Institut für Denkmalpflege, Berlin 1974, S. 241–242 u. Abb. 105.

Dies. und Dieter Beeger: Sieben Stühle nach dem Entwurf von Giovanni Maria Nosseni, in: SH, Jg. 18 (1972), H. 2, S. 86–90.

o. Verf.: Barockmuseum Schloß Moritzburg. Hrsg. vom Barockmuseum Schloß Moritzburg, 1957.

o. Verf.: Käthe-Kollwitz-Gedenkstätte Museum Schloß Moritzburg. Hrsg. vom Museum Schloß Moritzburg, 1975.

Verzeichnis der benutzten Quellen

Staatsarchiv Dresden

Hausmarschallamt Lit. R Kap XVI Nr. 67: Inventarium über Ihro Königl. Hoheit des Chur-Fürsten zu Sachsen Lust- und Jagdschloß Moritzburg 1733.

Hausmarschallamt Lit. R Kap. XVI Nr. 78: Inventarium über das Palais auf der Fasanerie zu Moritzburg 1816.

Loc. 494. Die dem Cämerer Grafen Marcolini überlassene Fasanerie ...

Loc. 1210, S. 40. Schreiben des Grafen Wackerbarth an Carl Friedrich Pöppelmann v. 1. 1. 1727.

Loc. 1210, S. 54. Scheiben des Grafen Wackerbarth an Carl Friedrich Pöppelmann v. 7. 5. 1727.

Loc. 1307. Den neuen Anbau beym Schloß Moritzburg betr., 1723 ff.

Loc. 1318, Nr. 17. Das zum Bau in Moritzburg erforderl. Holz und die zwischen dem ... von Erdmannsdorf und Oberlandbaumeister Pöppelmann wegen Fällung der Bauhölzer entst. Irrungen betr., 1723 ...

Loc. 1318, S. 67. Oberstleutnant Fürstenhoff und Pöppelmann besichtigen im Okt. 1725 die durch den kl. Tiergarten in Moritzburg gehauene Allee.

Loc. 2548. Die Aussicht über den Thiergarten zu Moritzburg, 1816.

Loc. 4449. Des Oberlandbaumeister Kargers Vorschläge, 1709.

Loc. 4455. Die Grundlegung der Moritzburger Schloßkapelle betr., 1661.

Loc. 33347, fol. 237. Bestallung vor den Gärtner beym Jagd Schloß Moritzburg, 1728 (betr. J. Chr. Hartung).

Loc. 34777. Die Anlage und Einrichtung der neuen Straße von Moritzburg nach Dresden betr.

Loc. 34976, S. 744. Einbruch in die Capelle zu Moritzburg ..., 1704.

Loc. 35751. ... bey den Kgl. Schlössern zu Moritzburg vorgefallene Reparaturen, 1744/45.

Loc. 35775. Anschläge aufs Jahr 1776, Bl. 168–174, 176, 178–180, 182–186, 188–192, 194–198.

Loc. 35985. Baulichkeiten in Moritzburg 1699–1732.

Loc. 35972. Die zum Apparaille des Schloßes Moritzburg erforderliche Geld-Kosten betr., 1743, Bl. 1–3, 8, 10, 12.

Loc. 38795, Nr. 84. Betr. den Bestand des Wildprets im Thier- und Fasanengarten zu Moritzburg, 1817.

Loc. 38802, S. 1 u. 2, 10, 20, 22. Die bey dem Fasan-Hausse und Garthen zu Moritzburg vorgefallenen Reparaturen betr., 1750 ff.

Copial 349, Bl. 121, 131, 221. Berichte des Schössers zu Moritzburg über Wilddiebstahl an Kurfürst August, 1568.

Personenverzeichnis

Die Nummern der Abbildungen sind *kursiv* gesetzt.
Mythologische und literarische Gestalten wurden nicht
aufgenommen.

1552 in Weimar, war 1519 bis 1545 Ratsherr und mehrmals Bürgermeister von Wittenberg, neben A. Dürer der bedeutendste dt. Künstler der Renaissance, Freund M. Luthers 20

Cranach, Lukas d. J. (1515–1586): dt. Maler, Sohn Lukas Cranachs d. Ä., leitete seit 1550 die väterliche Werkstatt, von 1549 bis 1568 Ratsherr, Kämmerer und auch Bürgermeister von Wittenberg, zählt neben seinem Vater zu den bedeutendsten dt. Künstlern der Renaissance 123, 255; *11, 18, 118*

Crell, Nikolaus (1511–1601): 1589 bis 1591 kursächsischer Kanzler, 1591 u. a. wegen seines Vorgehens gegen den Adel unter dem Vorwand von Kryptokalvinismus verhaftet, 1601 in Dresden hingerichtet 30, 46

Dancourt, Florent, eigentl. Carton Sieur d'Ancourt (1661–1725): franz. Lustspieldichter und Schauspieler 115

Dante Alighieri (1265–1321): ital. Dichter 246; *208*

Dehn-Rothfelser, Hans von (1500–1561): Oberrüstmeister, Festungsbaumeister und Intendant über die Erweiterungsbauten des Dresdener Schlosses und der Moritzburg 26

Diderot, Denis (1713–1784): Schriftsteller der franz. Aufklärung 187

Dientzenhofer, Christoph (1655–1722): Architekt des Barocks unter Einfluß G. Guarinis in Prag 86

Dietrich III. von Schönberg (1400–1476): seit 1463 Bischof von Meißen 18

Dietrich, Christian Wilhelm Ernst, gen. Dietericy (1712–1774): dt. Maler, Hofmaler in Dresden und Weimar, 1764 Professor an der Dresdener Kunstakademie 122; *142*

Dietze, Markus Conrad (1656–1704): dt. Architekt und Bildhauer, seit 1680 in Dresden, nach 1700 „Hofarchitekt", Nachfolger J. G. Starckes und Vorgänger M. D. Pöppelmanns 36, 58 ff., 64, 67, 69, 84, 86, 139; *47, 48*

Dilich, Wilhelm (1571–1655): Architekt und Zeichner, seit 1625 in Dresden, Oberlandbaumeister 36

Dinglinger, Johann Melchior (1664–1731): Goldschmied Augusts des Starken, seit 1692 in Dresden, führte die Dresdener Goldschmiedekunst auf ihren Höhepunkt 51, 73

Doebel, Heinrich Wilhelm (1699–nach 1760): Jagdschriftsteller, Jäger 107, 175, 178

Dönhoff, Maria Magdalena geb. von Bielinska (gest. 1730): poln. Gräfin, Mätresse Augusts des Starken 68, 70; *57*

Dorsch, Johann Baptist (1744–1789): dt. Bildhauer, Schüler von F. Titz in Bamberg 194

Ducerceau, Jacques Androuet (um 1510–um 1584): bedeutender franz. Architekturtheoretiker und Architekt der Renaissance 57 f.; *17*

Dürr, Ernst Caspar (zwischen 1634–1692): dt. Medailleur *38*

Eckardt, Ezechiel (1595–nach 1664): Landbaumeister, seit 1623 in sächs. Diensten 34, 164

Eckardt, Johann Albrecht: Sohn E. Eckardts, 1656 Vizebaumeister, 1659 Unterlandbaumeister 34 ff., 37

Ehlers-Kollwitz, Ottilie (1900–1963): Graphikerin, Gattin von Dr. Hans Kollwitz, des Sohnes von Käthe Kollwitz 249

Einsiedel, Detlev Graf von (1773–1861): Verwaltungsbeamter und Staatsmann, 1813 bis 1830 sächs. Kabinettsminister 226

Engels, Friedrich (1820–1895): mit Karl Marx Begründer des wissenschaftlichen Sozialismus 20

Erdmannsdorff, Wolf Dietrich von: kursächs. Oberhofjägermeister unter Johann Georg IV. und August dem Starken 45, 72

Ernst, Kurfürst von Sachsen (1441–1486): regierte gemeinsam mit seinem Bruder Albrecht 1464 bis 1485, dann allein im ernestinischen Landesanteil bis 1486 18, 20, 162

Ernst Heinrich, Prinz, Herzog zu Sachsen (1896–1971): dritter Sohn König Friedrich Augusts III., 1924 bis 1945 Eigentümer des Schlosses Moritzburg 243, 247, 249, 251, 253

Esterle, Gräfin von, geb. Gräfin von Lamberg: Mätresse Augusts des Starken 1696 56

Eugen (Franz Eugen), Prinz von Savoyen (1663–1736): österreichischer Heerführer und Staatsmann, besiegte mehrmals die Türken 56

Exner, Christian Friedrich (1718–1798): Architekt, Schüler Z. Longuelunes und J. Chr. Knöffels, 1766 Nachfolger J. H. Schwarzes im Oberlandbauamt 188, 190, 218

Fabritius, Kilian (gest. 1633): Maler, seit 1620 in Dresden, Vertreter des Manierismus 31

Faesch, Johann Rudolph (1680–1749): Architekt und Architekturtheoretiker, seit 1712 in Dresden, 1742 Obrist beim Ingenieurkorps 84

Fehling, Heinrich Christian (1654–1725): Hofmaler, seit 1677 in Dresden, 1706 zweiter Akademiemeister, Mitarbeiter und Nachfolger S. Bottschildts, 1707 Galerieinspektor 225; *26*

Feilitzsch, Ferdinand Heinrich Karl Lazarus: sächs. Jagdpage um 1812 223

Ferdinand I., dt. Kaiser (1503–1564): 1526 König von Böhmen, 1531 römischer König, 1556 Kaiser, in Dresden 1538 21

Fink, Johann (1628–1675): Hofmaler, seit 1658 in Dresden, Nachfolger Chr. Schieblings 41, 237

Fischer, Johann Adam: Hoftöpfer in Dresden um 1727 97

Fischer von Erlach, Johann Bernhard (1656–1723): Architekt und Architekturtheoretiker des Barocks in Wien 86

Flämig, Kurt (1909–1981): Kantor in Moritzburg, begründete 1968 die Moritzburger Schloßkonzerte 258

Fleming, Hanns Friedrich Freiherr von (gest. nach 1726):

list, seit 1952 in Dresden, 1969 Professor an der Hochschule für Bildende Künste 15

Stern, Clara: Nichte von Käthe Kollwitz' Schwester Lise 250

Steudner, Georg Christoph: dt. Kupferstecher, tätig um 1730 *154*

Stieler, Johann Friedrich (1729–1790): dt. Münzschneider und Medailleur, seit 1756 an der kurfürstl. Münze in Dresden als zweiter, seit 1764 als erster Münzeisenschneider beschäftigt 212; *189 a/b*

Sulzer, Johann Georg (1720–1779): Philosoph, Ästhetiker und Kunstschriftsteller schweiz. Herkunft, erster dt. Theoretiker des Landschaftsgartens, Schwiegervater von A. Graff 212

Swan, William Sir: engl. Gesandter bei der Hansestadt Hamburg, weilte 1678 in Dresden 43

Taggesell, David August: Verfasser des 1854 in Dresden erschienenen „Tagebuchs eines Dresdner Bürgers ... vom Jahre 1806 bis 1851 ...“ 225

Thielau, Hans Gottlieb von: kurfürstl.-sächs. Oberstallmeister um 1711 119

Thiele, Carl Christoph (1715–1796): Prozellanmaler an der Meißner Manufaktur für Figur und Landschaft, Drucker von Kupferstichen, die ihm Chr. G. Werner seit 1767 stach 212

Thiele, Johann Alexander (1685–1752): dt. Landschaftsmaler und -radierer, 1715 bis 1728 und seit 1738 als Hofmaler in Dresden, Vorgänger B. Bellottos, Begründer der sächs. Landschaftsmalerei des 18. Jh. 14, 92, 124, 256; *82, 142*

Thomae, Johann Benjamin (1682–1751): Bildhauer und Tischler, Möbelschnitzer, Schüler von B. Permoser, seit 1699 ständig in Dresden, 1723 Hofbildhauer, seit 1741 Schwiegervater von G. Knöffler 75, 115, 145 f., 194; *198*

Timm, Werner: Kunstwissenschaftler in Berlin 240

Tischler, Anton (1721–1780): Kupferstecher in Wien, arbeitete u. a. für das Galeriewerk des Grafen H. v. Brühl *124*

Trauschke, Christian (um 1671–1730): Bildnismaler in Dresden, 1715 Hofmaler 96

Trenello, Antonio: ital. Stukkateur 2. Hälfte des 17. Jh. 40

Tüllmann, Friedrich Wilhelm: Amtmann in Moritzburg z. Zt. Augusts des Starken, mit M. D. Pöppelmann freundschaftlich verbunden 76, 81

Turner, Christoph (gest. 1714): Hofbildhauer in Dresden, Schwiegervater J. Chr. Kirchners 146

Ulinger, Johann Caspar (1703–1768): schweiz. Vedutenmaler, Kupferstecher und Radierer 14, 150, *143*

Unger: Wärter und Pächter des Auergartens und -ausschankes um 1758 bis 1771 179

Vela (Vehla), Franz von: königl.-kaiserl. Generalmajor, General der Reichsarmee im Siebenjährigen Krieg 153

Voigt von Wierandt, Caspar (gest. 1560): Architekt und Festungsbaumeister, seit 1541 in Dresden 22, 26

Voltaire, François Marie Aronet de (1694–1778): franz. Philosoph und Schriftsteller 56, 187

Vota, Carlo Maurizio S. J. (1629–1715): Beichtvater der poln. Könige Jan III. Sobieski und August II. (August der Starke), 1645 Eintritt in die Gesellschaft Jesu, Leiter einer Akademie für geographische Wissenschaften in Venedig und Turin, genoß als Gelehrter europäischen Ruf 121

Wackerbarth, Christoph August Reichsgraf von (1662 bis 1734): Generalintendant aller Militär- und Zivilbauten, seit 1685 in Dresden, 1695 Oberaufseher des zivilen Bauwesens in Nachfolge J. G. Starckes, 1697 Generalintendant des Militärbauwesens, 1705 Reichsgraf, 1710 Geheimer Kabinettsminister, 1718 Gouverneur von Dresden, 1728 Rücktritt als Chef des Bauwesens, 1730 Generalfeldmarschall, wohl selbst Architekt 71, 74, 76, 84, 87, 112

Walther, Christoph IV (etwa 1572–1626): Bildhauer in Dresden, zweiter Sohn Christoph W. II. 32

Walther, Sebastian (1576–1645): Bildhauer in Dresden, vierter Sohn Christoph W. II, Vater des Christoph Abraham W., Schüler und Nachfolger G. M. Nossenis, Dresdener Hauptmeister im zweiten Viertel des 17. Jh. 168

Wehme, Zacharias (um 1558–1606): dt. Maler und Holzschneider, Schüler L. Cranachs d. J., Hofmaler in Dresden 123, 255

Weigert, Hans (1896–1967): dt. Kunstwissenschaftler und Architekturhistoriker 149

Weinart, Benjamin Gottfried (1751–1795): Gerichtsdirektor, dann Finanzprokurator, Topograph und Chronist in Dresden 103, 105 f., 211, 218; *186*

Weinlig, Christian Traugott (1739–1799): Architekt des Frühklassizismus, Schüler J. H. Schwarzes, Schriftsteller, 1799 Oberlandbaumeister in Nachfolge Chr. F. Exners 190, 208

Werner (Wernerin), Anna Maria, geb. Hayd (1688 bis 1753): Malerin und Zeichnerin, Schülerin ihres Vaters Andreas Hayd, seit 1705 Gattin des Miniaturmalers Christoph Joseph W., seit 1721 Hofmalerin in Dresden 96

Werner, Christian Gottlieb (1734–1789): dt. Kupferstecher, arbeitete seit 1767 für C. Chr. Thiele 212; *190*

Westphal, Otto (1878–1975): Maler und Graphiker, Schüler von C. Bantzer und R. Müller an der Dresdener Kunstakademie, seit 1907 ständig in Dresden 15 f.; *209*

Wilhelm II., König von Preußen, dt. Kaiser (1859 bis 1941): regierte von 1888 bis 1918, Sohn Kaiser Friedrichs III. 231

Abbildungsnachweis

Deutsche Fotothek Dresden: Abb. 2–4, 8, 9, 11, 12, 15, 16, 18, 20, 21 a und b, 22, 26, 32, 33, 35, 36, 40–43, 55, 57, 65, 69, 71, 72, 74–76, 78, 81, 82, 87, 89, 91–102, 104–115, 117–120, 123–127, 140, 142, 143, 145, 152–154, 159, 161, 163–165, 168, 169, 172, 175–178, 180–182, 185, 186, 188, 190, 193, 196–198, 205, 207, 208, 210, 212, 213, 220, 221, 225, 226

Rolf Dvoracek, Bautzen: Abb. 31, 34, 52, 137, 146–148, 155, 195

Erhardt Freund, Wilsdruff: Abb. 218

Erich Fritzsch, Dresden: Abb. 1, 5, 7, 63, 64, 66, 70, 103, 116, 129, 131, 135, 136, 160, 166, 170, 200, 202, 216, 223, 227, 228

Hamburg, Kunsthalle: Abb. 211

Hans-Günther Hartmann, Bautzen: Abb. 10, 30, 37, 49, 56 a und b, 58, 67, 68, 83, 84, 121, 130, 132–134, 138, 139 a und b, 144, 157, 158, 167, 174, 179, 194, 199, 203, 219, 224

Ernst Hirsch, Dresden: Abb. 222

Institut für Denkmalpflege, Arbeitsstelle Dresden: Abb. 13, 14, 19, 23, 24, 27–29, 38, 39, 46, 50, 51, 53, 54, 59, 60, 73, 79, 88, 90, 149, 162, 173, 187, 191, 192, 214

Jürgen Karpinski, Dresden: Abb. 85, 86

Wolfgang Krammisch, Dresden: Schutzumschlag (Vorderseite), Abb. 6, 122, 171, 183, 184, 217

Günter Mittag (†), Dresden: Abb. 215

Rheinisches Bildarchiv Köln: Abb. 204

Eberhard Sprigade, Bautzen: 17, 25 a und b

Staatliche Kunsthalle Karlsruhe: Abb. 206

Staatsarchiv Dresden: Abb. 44, 45, 47, 48, 61, 62, 77, 80, 141, 150, 151, 156

Staatl. Kunstsammlungen Dresden (Münzkabinett): 189 a und b

Städtische Museen Karl-Marx-Stadt: Abb. 201

Berichtigung

Seite 36, Abb. 25 a/b: Avers und Revers der Gedenkmünze (vierfacher Taler) auf die . . .

Seite 65, linke Spalte, 4. Zeile v. u.: zunächst (nicht: zuerst)

Seite 169, rechte Spalte, 10. Zeile v. oben: 15 740 Hirsche (nicht: 5740)

Seite 275: 1661/72 Schloßkapelle (nicht: 1661/67)